쇼펜하우어의 행복론과 인생론

을유사상고전

쇼펜하우어의 행복론과 인생론

아르투어 쇼펜하우어 지음 | 홍성광 옮김

❀ 을유문화사

을유사상고전

쇼펜하우어의 행복론과 인생론

발행일
2013년 2월 15일 초판 1쇄
2023년 1월 10일 개정 증보판 1쇄
2024년 5월 10일 개정 증보판 9쇄

지은이 아르투어 쇼펜하우어
옮긴이 홍성광
펴낸이 정무영, 정상준
펴낸곳 (주)을유문화사

창립일 1945년 12월 1일
주소 서울시 마포구 서교동 469-48
전화 02-733-8153
팩스 02-732-9154
홈페이지 www.eulyoo.co.kr

ISBN 978-89-324-4009-5 04160
ISBN 978-89-324-4000-2 (세트)

옮긴이 서문

무명의 철학자 아르투어 쇼펜하우어를 세상에 알리는 기폭제가 된 『쇼펜하우어의 행복론과 인생론』(원제 『*Parerga und Paralipomena*』, 1851)은 일종의 에세이라고 할 수 있다. 에세이라는 단어는 '시도' 또는 '시험'의 뜻을 지닌 프랑스어의 '에세$_{essai}$'에 그 기원을 둔다. 에세이 형식은 16세기 말 몽테뉴가 만들었는데, 그는 기존의 글의 형식으로는 담아낼 수 없던 것을 담기 위한 새로운 시도를 한다는 의미로 '에세'라는 말을 사용했다. 그가 주목한 것은 일상의 문제였다. 그는 자신의 위대한 행적이나 업적을 기록하기 위해 글을 쓰지 않았다. 그는 우정, 식인종, 옷 입는 습관, 또 같은 일로 울기도 웃기도 하는 까닭과 냄새, 잔인함, 심지어 엄지손가락에 대해 자신의 생각과 느낌을 적어 나갔다. 그의 『에세이집$_{essais}$』(1588)은 아직도 에세이 문학의 백미로 손꼽힌다.

영국 최초의 에세이 작가인 베이컨은 심각하고 무거운 주제를 다루었고 문체는 위엄 있고 장중했다. 영국 에세이의 대가 중 한 사람인 찰스 램은 삶을 예리하게 관찰하는 재능을 해학·공상·감정과 결합시켰다. 또한 자신의 저서들에서 쇼펜하우어의 글을 인용한 랠프 월도 에머슨과 헨리 데이비드 소로는 근대 문명을 비판하고 고독한 생활을 추구하면서 인간에게는 틀에 박힌 것을 거부하는 개성이 중요하다고 말했다. 에머슨은 『에세이집』에서 고상한 사고와 풍부한 논조를 펼쳐 보였고, 그의 제자 소로는 『월든』에서 개성적이고 독창적인 필치를 보여 주었다. 루카치는 『영혼과 형식』에서 이러한 에세이 흐름의 맥을 잇고 있다.

쇼펜하우어의 경우에는 그의 방대한 에세이가 지식인은 물론이고 일반 대중과 여성들로부터 갈채를 받음으로써 뒤늦게 그의 주저 『의지와 표상으로서의 세계』가 새삼 세인의 주목을 끌게 되었다. 대중과 유리된 기존의 공허하고 난해한 철학과는 달리 쇼펜하우어의 에세이는 우리의 피부에 와닿는 생활 철학을 담고 있기 때문이다. 그는 평생 무시와 냉대를 당하다가 이제 세계적인 철학자의 반열에 올라서게 되었다. 그로써 염세주의 철학자는 만년에 행복을 만끽하며 철학 교수들을 비웃을 수 있게 되었다. 기존의 부정적인 편견에서 벗어나 객관적인 시각으로 그의 에세이를 읽으면 삶의 지혜, 생존의 고통과 죽음, 종교, 여성, 교육, 행복, 심리학과 관상론, 논리학과 변증술, 심지어 색채론 등에 관한 쇼펜하우어의 독창적이고 천재적인 시각에 감탄하게 될 것이다. 그 자신이 죽기 전에 예언했듯이 그의 영향은 그의 사후 150년이 지나도 여전히 식을 줄을 모른다. 그만큼 현대의 많은 독자가 그의 글과 견해에 무릎을 치며 동조하고 경탄하기 때문일 것이다.

『쇼펜하우어의 행복론과 인생론』이 나온 지 어언 10년이 다 되어 간다. 개정 증보판을 내는 기회에 기본적인 교정을 하는 이외에 부족하다 싶은 부분을 다시 보강할 필요성을 느껴 추가 작업에 돌입하게 되었다. 새로운 추가 번역으로 많은 노력과 정성이 필요한 작업이었다. 대체로 일반 독자가 관심을 가지고 흥미를 느낄 만한 내용이 담긴 장을 중심으로 보충했다. 그리하여 '사물 자체와 현상의 대립에 대한 몇 가지 고찰', '범신론에 관한 몇 가지 말', '저술과 문체에 대하여', '논리학과 변증술에 대하여', '신화에 관한 몇 가지 고찰', '심리학적 소견', '관상론', '소음과 잡음에 대하여' 그리고 '색채론에 대하여' 장章이 새로 들어가게 되었다. 해설도 더욱 풍부하고 충실히 만들어 그의 의지 철학, 행복관과 인생관을 일목요연하게 들여다볼 수 있게 했다. 그 결과 생각 외로 지면이 꽤 많이 늘어나게 되었다. 추가되는 장과 그 내용을 간단히 살펴보면 다음과 같다.

'사물 자체와 현상의 대립에 대한 몇 가지 고찰'에서 쇼펜하우어는 자신의 사물 자체와 현상에 대한 이론을 심화하고 있다. 그는 불교 철학과 마찬가지로 모든 사물의 기본 성격을 무상함으로 본다. 사물의 순전히 주관적인 본질이 바로 사물 자체이고, 사물 자체는 인식의 대상이 아니다. 인간은 사물들을 그것들이 본래 존재하는 대로 인식하지 못하고 현상하는 대로만 인식할 뿐이다.

'범신론에 관한 몇 가지 말'에서 쇼펜하우어는 낙관주의적인 범신론을 반박하고 증명되지는 않았으나 오히려 유신론을 지지하는 쪽을 택한다. 전능전지한 존재가 고통받는 세상을 창조한다는 것은, 그 이유는 알기 못한다고 해도 여전히 생각할 수 있기 때문이다. 하지만 범신론을 받아들임으로써 창조하는 신 자신이 끝없이 고통당하는 존재로서 이 모든 일을 자발적으로 수행한다는 것은 터무니없는 일이라고 본다. 이런 의미에서 쇼펜하우어는 만일 어떤 신이 이 세계를 만들었다면 자신은 그 신이고 싶지는 않다고 말한다. 이 세상의 비탄이 그의 가슴을 찢을 것이기 때문이다.

'논리학과 변증술에 대하여'에서 쇼펜하우어는 '변증술Dialektik'과 '논쟁술 Eristik'을 구별한다. 변증술은 논쟁의 상대방이 무언가를 반박하거나 무언가를 증명하여 주장할 때 사용하는 말하기 기술로, 그 목적은 '오로지 자신의 주장이 옳다는 것'을 견지하는 것이다. 반면에 논쟁술은 '정당한 수단을 쓰든 정당치 못한 수단을 쓰든' 자신의 주장을 방어하고 상대방의 주장을 무너뜨리는 데 사용하는 기술이다.

'신화에 관한 몇 가지 고찰'에서 그리스 신화를 알레고리적으로 파악하는 쇼펜하우어는 만물을 의인화하려는 그리스인들의 유희 충동에서 신화가 생겨났다고 본다. 우라노스는 공간이고, 현존하는 모든 것의 첫 번째 조건이며, 따라서 사물들의 담지자인 가이아와 함께 최초의 창조자이다. 크로노스는 시간이다. 그는 생식 원리를 무력화한다. 아버지의 식탁에서 벗어난 제우스는 질료이다. 오직 질료만이 다른 모든 것을 파멸시키는 시간의 힘에서 벗어난다. 그는 그리스 신화에서 크로노스가 아버지 우라노스를 죽이고 자신도 아들 제우스에 의해 죽임을 당하는 것을 시간의 법칙으로 파악한다. 시간 속에서 매 순간은 선행하는 순간인 자신의 아버지를 없앤 후에야 존재하며, 다시 그 자신도 이내 말살되기 때문이다.

'심리학적 소견'에서 쇼펜하우어는 의지와 지성 사이에 얼마간의 적합성과 균형을 유지하는 것이 필요하다고 하면서, 지성의 사명이 의지의 걸음의 등불이자 안내자가 되도록 하라고 충고한다. 의지의 내적 충동이 격렬하고 충동적이고 격정적일수록 그것에 부속된 지성은 그런 만큼 완전하고 명석해야 한다는 것이다. 의지가 격렬한데 지성이 매우 미약한 경우 무분별과 오류, 파멸에 빠지기 쉽기 때문이다. 쇼펜하우어는 니체와 카를 융에 앞서 배우의 가면을 의미하는 페르소나에 대해 고찰한다. 페르소나를 쓴 인간은 있는 그대로의 자기 모습을 보여 주지 않고, 각자 가면을 쓰고 어떤 역할을 한다.

'관상론'에서 쇼펜하우어는 인상은 위장술이 미치지 못하는 유일한 것으로서 인간의 얼굴을 하나의 상형문자로 보아 그것을 해독할 수 있다고 주장한다. 모든 사람은 암암리에 각 개인이 보이는 그대로의 존재이기 때문이라는 것이다. 그러나 그는 말을 들어서는 보다 깊은 곳에 자리하고 있는 인간의 도덕적 자질을 판단할 수 없다고 본다. 도덕적인 면, 즉 인간의 품성은 지적인 면과 달라서, 인상으로 알아차리기가 훨씬 더 어렵기 때문이다.

'소음과 잡음에 대하여'에서 쇼펜하우어는 칸트, 괴테, 장 파울 등과 같은 문필가를 예로 들면서 소음과 잡음에 대한 고충을 토로한다. 뛰어난 정신은 늘 모든 방해, 중단, 정신산란, 특히 소음을 강요당하는 상황을 극도로 싫어해 왔다는 것이다. 그는 외부의 두드리고, 망치로 치고, 달그락거리는 소리, 마부의 채찍질 소리에 민감하게 반응한다. 특히 채찍질 소리가 많은 위대하고 멋진 사상을 세상에서 내쫓아버린 것에 대해, 소음이 사고를 중단시키고 파괴해 호젓하게 상념에 젖는 순간을 말살하는 것에 대해 하소연하며 탄식한다.

'색채론에 대하여'는 '행복론과 인생론'과 다소 무관한 것 같아 관심 있는 사람이 볼 수 있도록 마지막에 참고 자료 형식으로 수록했다. 괴테는 자신의 색채론을 문학 작품들보다 훨씬 중요하고 가치 있는 것으로 생각했다. 쇼펜하우어는 괴테의 입장에 서서 뉴턴의 색채론을 비판하면서도 자신이 괴테를 넘어 한 걸음 더 나아갔다고 밝힌다. 그는 지금까지 항상 놓쳐 왔던 각 색상의 본질과 그 색상이 감지되는 방식의 연관성을 자신의 이론에서만 얻을 수 있다고 자신만만하게 주장한다.

이처럼 쇼펜하우어는 진리와 진실에 이르기 위한 도정에서 사물 자체와 의지, 범신론, 변증술, 심리학, 신화, 관상론, 색채론 등에 대한 자신의 고유한 논지를 펴고 있다. 몽테뉴의 물음들과 마찬가지로 쇼펜하우어의 글 역시 결국 하나의 물음, '어떻게 세상을 바라보고 어떻게 살아갈 것인가'로 수렴된다. 그는 어떻게 해야 잘살 수 있는지, 즉 올바르고 명예로운 삶뿐만 아니라 만족스럽고 풍요로운 삶이 어떤 것인지에 대한 물음의 해답을 찾기 위해 글을 쓰고 책을 읽었다. 쇼펜하우어의 의지 철학에는 모순되는 점도 드러나고 있다. 그는 의지가 이성보다 우위에 있다고 주장하지만 예외를 인정하고 있다, 특수한 경우에는 지성이 의지를 제압할 수 있다는 것이다. 보통 사람들의 경우에는 이성이 의지에 봉사하지만 지성의 정도가 현저히 높은 경우에는 의지에 대한 봉사로부터 자유로운 잉여 인간이 나타나는데, 그것이 상당한 정도에 이르는 사람을 그는 천재라고 부른다.

2023년 1월
홍성광

차례

제1부
행복론

삶의 지혜를 위한 아포리즘

행복을 얻기란 쉽지 않다.
우리 자신의 내부에서 행복을 얻기란 매우 어려우며,
다른 곳에서 얻기란 아예 불가능하다.

샹포르,『성격과 일화』

- Nicolas Sebastien de Chamfort(c. 1740~1794), 프랑스의 극작가. 많은 금언과 격언으로 프랑스의 상류 사회를 비판하였다.

15쪽, 「디오니소스 축제」, 샤를 조셉 나투아르, 1745/1749

머리말

나는 여기서 삶의 지혜라는 개념을 전적으로 내재적인 의미로 다룬다. 즉 가능한 한 즐겁고 행복하게 살아가는 기술이라는 개념으로 받아들인다. 이런 기술에 대해 가르치는 지침을 행복론이라고 부를 수도 있겠다. 그에 따라 행복론이란 행복한 생활을 위한 지침이라고 말할 수 있다. 그런데 순전히 객관적으로 고찰하면 또는 오히려(이런 문제에 대해서는 주관적 판단이 중요하므로) 냉정하고 철저히 숙고하면, 행복한 생활은 아무튼 비생존非生存보다 훨씬 나은 생활이라고 정의할 수 있을 것이다. 행복한 생활에 대한 이런 개념에서 볼 때 우리가 그것에 집착하는 것은 행복한 생활 자체 때문이지 단순히 죽음에 대한 공포 때문은 아니다. 그 때문에 우리는 행복한 생활이 끝없이 지속되기를 바라는 것이다.

인생이 그러한 생활의 개념에 부합하는지, 또는 부합할 수 있는지에 대한 질문에 알다시피 나의 철학은 아니라고 대답한다. 반면에 행복론은 이러한 질문에 대한 긍정을 전제하고 있다. 즉 이러한 행복론은 사실 여기에 내재하는 오류에 기초하고 있는 것으로, 나의 주저 『의지와 표상으로서의 세계』 II, 49장 '구원의 길'에서 그 오류를 질타하고 있다. 그럼에도 그런 행복론을 완성하기 위해 나는 나의 철학이 원래 목표로 하는 좀 더 높은 형이상학적이고 윤리적인 관점에서 완전히 탈피할 수밖에 없었다. 따라서 이 책의 전체 논지가 평범한 경험적인 관점에 머무르고 그 관점의 오류를 견지하는 한 그 논지는 어느 정도 순응을 기초로 하고 있다. 그에 따라 행복론이라는 단어 자체는 미사여구에 불과하므로 행복론의 가치도 조건부의 가치에 지나지 않는다. 더구나 행복론은 또한 완벽성을 요구할 수 없다. 그것은 끝없이 논의할 수 있는 주제인데다, 그것 말고도 다른 사람이 이미 말한 것을 내가 되풀이할 수밖에 없기 때문이다.

현재의 잠언과 유사한 의도로 집필된 읽을 만한 책으로는 카르다노Girolamo Cardano(1501~1574)[1]의 『역경에서 얻을 수 있는 이득에 관해』밖에 기억나지 않는다. 그 책을 통해 여기서 서술한 것을 보충할 수 있다. 사실 아리스토텔레스도 그의 저서 『수사학』 제1권 5장에 간단한 행복론을 끼워 넣었지만, 무미건조한 것에 그치고 말았다. 나는 이러한 선대 철학자들의 사상을 이용하지 않았다. 다른 사람의 사상을 편집하는 것이 나의 일이 아니기 때문이다. 그러다 보면 이러한 종류의 저작의 핵심이라고 할 수 있는 견해의 통일성을 상실하기 때문이다. 대체로 시대를 막론하고 현자들은 같은 말을 해 왔고, 어느 시대든 절대다수를 점하는 우중愚衆은 언제나 그에 반대되는 일을 해 왔다. 그러므로 앞으로도 그런 현상은 변하지 않을 것이다. 그래서 볼테르는 "우리는 이 세상에 태어났을 때와 똑같이 어리석고 불량한 상태로 이 세상을 떠날 것이다"라고 말했다.

---

1 이탈리아의 의사, 수학자, 점성가, 철학자

제1장
기본 분류

아리스토텔레스(『니코마코스 윤리학』)는 인생의 자산을 세 부류로 나누었다. 외적인 자산, 영혼의 자산, 신체의 자산이 그것이다. 나는 여기서 세 가지 숫자만 받아들여, 인간의 운명이 차이 나는 것은 세 가지 기본 규정에 기인함을 말하고자 한다. 그것은 다음과 같다.

1. 인간을 **이루는** 것, 즉 가장 넓은 의미에서의 인격을 말한다. 그러므로 여기에는 건강, 힘, 아름다움, 기질, 도덕성, 예지와 예지의 함양이 포함된다.

2. 인간이 **지닌** 것, 즉 일반적인 의미에서의 재산과 소유물을 의미한다.

3. 인간이 남에게 **드러내 보이는** 것, 이러한 표현은 알다시피 타인의 눈에 비친 자신의 모습, 즉 타인에게 **어떤 인상을 주는가** 하는 것이다. 따라서 타인의 견해를 말하는 그것은 명예, 지위, 명성으로 나뉜다.

첫 번째 범주에서 고찰할 수 있는 차이는 자연 그 자체가 인간들 사이에 설정해 놓은 차이다. 이런 사실에서 볼 때 자연이 인간의 행복이나 불행에 미치는 영향은 단순히 인간의 규정에 의한 차이, 나머지 두 가지 범주에서 제시된 차이가 야기하는 것보다 훨씬 더 본질적이고 결정적임을 알 수 있다. 지위가 아무리 높고 출생 신분이 좋다 해도, 심지어 왕가에서 태어났다고 해도, 또 재산이 아무리 많다고 해도, 그런 장점을 위대한 정신이나 위대한 마음씨를 지닌 **참된 인격적 장점**과 비교하면 그것은 실제의 왕과 무대 속의 왕의 관계와 같다. 에피쿠로스의 수제자인 메트로도로스는 일찍이 '우리 내부에 있는 행복의 원인이 사물에서 유래하는 행복의 원인보다 더 크다'(클레멘스 알렉산드리아누스, 『스트로마타*Stromata*』 제2권 21장)라는 제목의 글을 썼다. 말할 것도 없이 인간의 행복, 그러니까 인간의 전체 생존 방식에서 중요한 것은 인간의 내부에 존재하거나 거기서 일어나는 것임이 분명하다. 무엇보다도 인간의 느낌, 의욕, 사고의 결과라고 할 수 있는 내적인 유쾌함이나 불쾌함은 말하자면 인간의 마음속에 고스란히 들어 있기 때문이다. 반면에 외부의 것은 모두 유쾌함이나 불쾌함에 간접적인 영향을 미칠 뿐이다. 그 때문에 외부의 사건이나 사정이 같을지라도 사람마다 전혀 다른 작용을 하며, 같은 환경에 있을지라도 저마다 다른 세계에 산다고 할 수 있다. 모든 사람은 자신의 표상, 감정, 의지의 움직임과만 직접적으로 관계하고, 외부의 사물은 그런 것들을 유발하는 한에서만 그에게 영향을 미치기 때문이다.

각자 살아가는 세계는 무엇보다 그의 세계관에 의해 좌우되므로 생각의 차이에 따라 달라진다. 이러한 차이에 따라 세계는 빈약하고 진부하거나 하찮은 것이 되기도 하고, 풍요롭고 재미있거나 의미심장한 것이 되기도 한다. 예컨대 몇몇 사람은 다른 사람이 살면서 겪은 재미있는 사건을 부러워하는 경향이 있다. 그런데 그런 자는 오히려 그런 사건을 중요하게 생각하고 묘사할 줄 아는 다른 사람의 이해력을 부러워하는 게 좋을 것이다. 같은 사건이라도 재기 있는 사람은 너무나 재미있게 표현하는 반면, 평범한 두뇌의 소유자에게는 일상생활의 진부한 장면에 불과할 것이기 때문이다. 현실 생활의 체험을 토대로 지은 것이 분명한 괴테와 바이런의 여러 시에서 그런 사실이 여실히 드러난다. 어리석은 독자는 그런 시를 읽고 시인의 매력적인 체험을 부러워할 뿐, 평범한 사건을 그토록 멋지고 위대한 시로 만들어 낸 왕성한 상상력은 부러워하지 않는다. 마찬가지로 다혈질인 사람에게는 단지 재미있는 갈등일 뿐이고, 점액질인 사람에게는 중요하지 않은 일로 보이지만, 우울질인 사람에게는 비극적인 장면으로 보이는 것이다.

이 모든 일은 현실, 즉 충만한 현재가 물속의 산소와 수소처럼 아무리 필수 불가결하고 밀접한 화합물로 이루어져 있다 해도 주관과 객관이라는 두 가지 절반으로 이루어져 있는 데서 기인한다. 따라서 객관적인 절반이 완전히 같지만 주관적인 절반이 다르거나, 반대로 주관적인 절반은 같고 객관적인 절반이 다른 경우에도 현재의 현실은 완전히 달라진다. 객관적인 측면이 아무리 멋지고 좋다 해도 주관적인 측면이 아둔하고 열악하면 열악한 현실과 현재가 되고 만다. 이는 아무리 경치 좋은 곳이라도 날씨가 나쁘거나 질 나뿐 카메라로 찍으면 변변치 못한 것과 마찬가지다. 좀 더 분명히 말하자면 누구나 자신의 피부 속에 들어 있는 것처럼 자신의 의식 속에 들어 있어, 자신의 의식 속에만 갇혀 살아가는 것이다. 그러므로 외부에서 그를 도와줄 방법이 별로 없다.

무대 위에서 어떤 사람은 제후 역할을 하고, 어떤 사람은 고문관 역할을, 또 어떤 사람은 하인이나 병사 또는 장군 등의 역할을 한다고 해도 이러한 차이는 단지 외적인 것에 불과하다. 그런 현상의 핵심인 내면을 들여다보면 누구나 똑같이 고통과 궁핍에 시달리는 가련한 희극 배우에 불과하다. 인생도 이와 마찬가지다. 지위와 부의 차이에 따라 각자 자신의 역할을 수행하지만, 행복과 즐거움의 내적 차이가 결코 그런 역할과 일치하는 것은 아니다. 이 경우에도 한풀 벗기고 나면 궁핍과 고통에 시달리는 똑같은 가련한 멍청이에 지나지 않는다. 사람에 따라 고통과 궁핍의 내용은 다를지언정 형식상으로, 즉 본질적으로는 누구에게나 대체로 동일하다. 물론 정도의 차이는 있다 해도 그것이 신분과 부, 즉 역할에 따른 차이는 결코 아닌 것이다. 다시 말해 인간에게 있고 인간에게 일어나는 모든 일은 언제나 그의 의식 속에 있고 이 의식에서 일어나는 것이므로 분명 의식 자체의 성질이 무엇보다 중요하며, 대부분의 경우 의식 속에 나타난 형상보다 이러한 성질이 더욱 중요하다. 온갖 호사와 향락도 멍청한 자의 둔한 의식 속에서 벌어지는 경우 불편한 감옥에서 『돈키호테』를 썼을 때의 세르반테스의 의식에 비하면 빈약하기 짝이 없다.

현재와 현실의 객관적인 측면은 운명의 수중에 있으므로 변하는 반면, 주관적인 측면은 우리 자신이므로 그 본질이 변하지 않는다. 따라서 모든 인간의 삶은 외부에서 변화가 일어난다 해도 일반적으로 동일한 성격을 띠므로, **하나**의 주제를 중심으로 한 일련의 변주곡에 비유할 수 있다. 자신의 개성에서 벗어날 수 있는 사람은 아무도 없다. 동물은 어떠한 상황에 처해도 자연이 그 본성에 거역할 수 없게 설정해 놓은 좁은 한계를 벗어나지 못한다. 그러므로 예컨대 사랑하는 동물을 행복하게 해 주려는 우리의 노력도, 결국 동물의 본성과 의식에 그처럼 한계가 있기 때문에 언제나 좁은 한계 내에서만 행해질 수밖에 없다. 인간의 경우도 이와 마찬가지다. 개성에 의해 인간이 누릴 수 있는 행복의 한도가 미리 정해져 있다. 특히 정신력의 한계에 따라 고상한 향유를 누릴 수 있는 그의 능력이 최종적으로 확정되는 것이다. 정신력의 한계가 협소하면 그의 행복을 위해 외부에서 아무리 노력해도, 그는 평범하고 반쯤은 동물적인 행복과 즐거움 이상을 넘어서지 못할 것이다. 그는 언제까지나 관능적인 향유, 단란하고 명랑한 가정생활, 저급한 사교나 저속한 소일거리에 의존한다. 심지어 교양조차 대체로 그런 한계를 넓히는 데 약간의 도움은 될지언정 그다지 커다란 기여는 하지 못한다. 젊은 시절에는 우리가 정신적 향유에 대해 잘못 생각했을지도 모르지만 가장 고상하고 다양하며 지속적인 향유는 정신적 향유이기 때문이다. 그런데 이러한 향유 능력은 주로 타고난 정신력에 달려 있다. 이런 사실로 보아 우리의 행복이 우리를 **이루는** 것, 즉 우리의 인격에 얼마나 좌우되는지 분명해진다. 반면에 사람들은 대체로 우리의 운명만, 우리가 지닌 것이나 우리가 남에게 **드러내 보이는** 것만 계산에 넣는다. 하지만 운명은 나아질 수 있다. 게다가 내면이 풍요로우면 운명에 많은 요구를 하지 않을 것이다. 그런데 바보는 끝까지 바보로 있고, 멍청이는 끝까지 멍청이로 있다. 설령 천국에 가서 미녀들에 둘러싸여 있더라도 말이다. 그래서 괴테는 이렇게 말한다.

> 평민이든 노예든 정복자든
> 저마다 고백한다. 시대를 막론하고
> 덧없는 존재인 인간의 최고 행복은
> 인격에 좌우될 뿐이라고.
> (『서동시집』 8, 7)

우리의 행복과 향유에는 주관적인 것이 객관적인 것보다 비할 데 없이 중요하다. 그런 사실은 시장이 반찬이고, 노인이 젊은이의 연인을 아무렇지 않은 시선으로 바라보는 데서부터 천재나 성자의 삶에 이르기까지 모든 면에서 확인되고 있다. 특히 건강은 외적인 어떤 재화보다 월등히 중요하므로 정말이지 건강한 거지가 병든 왕보다 더 행복하다고 할 수 있다. 완벽한 건강과 조화로운 신체에서 비롯되는 차분하고 명랑한 기질, 분명하고 생기 있으며 통찰력 있고 올바르게 파악할 줄 아는 분별력, 온건하고 부드러운 의지, 그에 따른 한 점 부끄럼 없는 양심, 이런 것은 지위나 부로 대신할 수 없는 장점이다. 그도 그럴 것이 어떤 인간 자신을 이루는 것, 홀로 있을 때에도 그를 따라다니는 것, 아무도 그에게 주거나 빼앗을 수 없는 것이야말로 그가 소유할 수 있는 모든 것이나 남의 시선에 비친 그의 모습보다 분명 더 중요하기 때문이다.

재기 있는 사람은 혼자 있을 때도 자신의 사고와 상상력으로 커다란 즐거움을 얻을 수 있지만, 둔감한 사람은 번갈아 가며 사교나 연극, 소풍이나 오락을 계속 즐길지라도 고통스러운 지루함을 견디지 못할 것이다. 선하고 온건하며 부드러운 인격을 지닌 사람은 궁핍한 상황에서도 만족할 수 있지만, 탐욕스럽고 시기심이 많으며 사악한 성격을 지닌 사람은 아무리 부유해도 만족하지 못한다. 하지만 비범하고 정신적으로 탁월한 인격을 한결같이 지닐 수 있는 자에게는 일반 사람이 추구하는 대부분의 향락이 불필요하고 거추장스러우며 성가신 것에 불과하다. 그 때문에 호라티우스는 자신에 관해 이렇게 말한다.

> 상아, 대리석, 장신구, 티레니아의 조각상, 그림들,
>
> 은제품, 게투리산產 보라색 염료로 물들인 의복,
>
> 그런 것을 갖고 싶어 하는 사람이 많지만, 원치 않는 사람도 더러 있다.
>
> (『서간집』 2, 2, 180~182)

그래서 소크라테스는 가게에 진열된 사치품을 보고 "나한테 불필요한 물건이 왜 이렇게 많을까!"라고 말했다.

그러므로 우리의 행복에서 우리를 이루는 것, 즉 인격이 두말할 필요 없이 가장 중요하다. 인격은 어떤 상황에서도 한결같이 효력을 발생하기 때문이다. 또한 인격은 다른 두 가지 범주의 자산과 달리 운명에 종속되지 않으므로, 우리에게서 그것을 빼앗아 갈 수 없다. 그런 점에서 다른 두 가지 범주가 단순히 상대적인 가치를 지닌 것과 달리 인격의 가치는 절대적이라고 할 수 있다. 이런 사실에서 미루어 볼 때 인간이 외부의 영향을 받는 경우는 일반적으로 생각하는 것보다 훨씬 적다는 것을 알 수 있다. 이 경우에도 막강한 시간만이 자신의 권리를 행사한다. 육체적 장점이든 정신적 장점이든 시간의 힘 앞에 점차 굴복하고 만다. 그런데 도덕적인 성격만은 시간도 어찌할 수 없다. 이런 점에서 물론 후자의 두 가지 범주의 자산은 시간이 직접 빼앗아 갈 수 없는 것이므로 첫 번째 범주의 자산보다 장점이 있을지도 모른다. 또 한 가지 장점으

로 다른 두 가지 범주는 객관적 성격을 띠므로 그 성질상 획득 가능하며, 적어도 누구나 그것을 소유할 가능성이 있다. 반면에 주관적인 것은 우리 인간의 힘으로 어찌해 볼 수 없는 신의 권한에 속하기에 일평생 변하지 않는다. 그러므로 한 치의 어긋남도 없이 다음과 같은 잠언이 적용된다.

> 네가 이 세상에 태어난 날
> 태양은 혹성을 맞이하러 떠 있었고
> 너는 그때부터 무럭무럭 자랐지,
> 네가 태어났을 때의 규칙에 따라서.
> 넌 그럴 수밖에 없고, 달리 피할 수도 없어.
> 남녀 예언자들이 벌써 그렇게 말했지.
> 살아서 발전해 가는 독특한 형태를
> 시간도 힘도 토막 낼 수 없다고.
> (괴테, 『고금의 명언, 오르페우스적인』)

그러므로 우리가 할 수 있는 유일한 일은 주어진 개성을 최대한 유리하게 이용하는 것뿐이다. 따라서 인격에 부합하는 일에만 노력을 경주하고, 개성에 맞는 종류의 도야에 힘쓰며, 다른 모든 것은 피하고, 개성에 적합한 신분이며 일, 생활 방식을 골라야 한다.

헤라클레스처럼 탁월한 체력을 지닌 사람이 외적인 사정으로 앉아서 하는 일, 즉 자질구레하고 곤혹스러운 수공업에 종사할 수밖에 없거나, 그에게 전적으로 부족한 능력을 필요로 하는 다른 종류의 연구나 정신노동을 할 수밖에 없어서 자신의 탁월한 힘을 발휘할 수 없다면 그는 평생 불행하다고 느낄 것이다. 또한 지적 능력이 월등하게 뛰어난 사람이 그것이 필요하지 않은 하찮은 일이나 힘에 부치는 육체노동을 하느라 자기 능력을 개발해 이용하지 못한다면 그는 더욱 불행하다고 느낄 것이다. 하지만 이 경우, 특히 젊은 시절에는 자신이 갖지도 않은 힘을 과신하는 지나친 억측은 피해야 한다.

첫 번째 범주가 다른 두 가지 범주보다 훨씬 중요하다는 사실을 감안하면 부를 얻기 위해 노력하기보다는 건강을 유지하고 능력을 키우는 것이 더 현명함을 알 수 있다. 그렇지만 삶에 필요하고 알맞은 것을 획득하는 일을 소홀히 해도 된다고 오해해서는 안 된다. 그러나 남아돌 정도의 부富는 우리의 행복에 그다지 기여하지 않는다. 부자들 중 많은 사람이 불행하다고 느끼는 것도 그 때문이다. 그들은 이렇다 할 지적 교양도 지식도 없어서 정신적인 일을 할 만한 토대가 되는 객관적인 흥미를 느끼지 못하는 것이다. 우리에게 실제로 필요한 것 이상의 부는 우리의 행복감에 그다지 영향을 미치지 못한다. 오히려 많은 재산을 유지하느라 쓸데없는 걱정을 하므로 우리의 행복감이 방해받는다. 인간을 이루는 것이 인간이 지니는 것보다 우리의 행복에 훨씬 기여한다. 그럼에도 사람들은 지적 교양을 갖추기보다는 부를 얻기 위해 수천 배 더 노력한다. 그래서 우리는 이미 쌓은 부를 늘리기 위해 아침부터 밤까지 쉬지 않고 개미처럼 열심히 일하는 사람들을 많이 본다. 그들은 재물의 영역이라는 좁은 시야를 벗어나서는 아는 것이 하나도 없다. 정신이 텅 비어 있어서 다른 모든 것에 둔감하다. 그래서 그들은 최고의 향유인 정신적 향락을 맛볼 수 없다. 시간은 별로 들지 않지만 많은 돈을 들여 가끔 누리는 찰나적이고 관능적 향락을 통해 정신적 향락을 대신해 보려고 하지만 소용없다. 인생을 총결산하는 임종 시점에 가서 운이 좋으면 막대한 부를 축적하지만, 후손이 그것을 늘릴지 아니면 탕진할지는 아무도 모르는 일이다. 그런 자가 아무리 진지하게 뻐기는 표정을 짓는다 해도 그렇게 살아온 사람의 인생은 붉은 두건에 방울을 단 어릿광대의 인생처럼 어리석기 짝이 없다고 하겠다.

그러므로 **원래 자체적으로** 지닌 것이 인간의 행복에 가장 중요하다. 그런데 이것이 미미한 관계로 궁핍과의 싸움에서 이겨 낸 사람들 대부분도 아직 궁핍에 시달리는 사람들과 마찬가지로 불행하다고 느낀다. 내면의 공허, 의식의 빈약, 정신의 빈곤 때문에 그들은 자신과 같은 부류의 사람들과 어울리려고 한다. 유유상종[2]인 것이다. 이렇게 함께 여흥과 오락을 추구하는데, 처음에는 관능적 향락과 각종 즐거움을 맛보려고 하다가 결국 방탕한 생활을 추구한다. 부잣집 아들로 태어난 많은 사람이 막대한 유산을 믿기 어려울 정도로 단기간에 탕진해 버리는 경우가 종종 있는데, 이처럼 구제 불능으로 낭비하는 원인은 앞에서 말한 것과 같은 정신의 빈곤과 공허에서 비롯된 무료함 때문이다. 그런 청년은 부자로 태어났지만 내면은 빈곤하며, 무엇이든 **외부로**

---

2 • 호메로스의 『오디세이아』(17, 218)에 나오는 말로 속담처럼 쓰인다.

부터 받아들이려고 하면서 외적인 부를 통해 내적인 부를 대신하려고 노력하지만 아무 소용없다. 이것은 소녀가 발산하는 정기로 젊음을 되찾으려는 노인의 경우와 유사하다. 내적 빈곤이 결국 외석 빈곤을 초래하는 것이다.

인생의 자산 중에서 다른 두 가지 범주의 중요성을 내가 굳이 강조할 필요는 없을 것이다. 오늘날 재산의 가치는 너무나 일반적으로 인정되고 있으므로 새삼스레 추천할 필요가 없겠다. 세 번째 범주는 단지 타인의 견해에 의해 성립되는 것이므로 두 번째 범주에 비해 에테르와 같은 성질을 지닌다. 누구나 명예, 즉 좋은 평판을 얻으려고 노력해야겠지만, 지위를 얻는 사람은 국가에 봉사하는 자에게만 한정된다. 명성을 얻을 수 있는 사람은 극소수에 불과하다. 그런데 명예는 대단히 귀중한 자산으로 여겨지고, 명성은 인간이 얻을 수 있는 가장 값진 것으로 여겨진다. 말하자면 선택된 사람만이 받을 수 있는 금양모피[3]인 것이다. 어리석은 자들만이 재산보다 지위를 선호할 뿐이다. 로마의 저술가 페트로니우스(『풍자시』 77, 6)의 "재산이 있으면 평판이 좋아진다"라는 말은 옳다. 반대로 타인의 호평은 어떤 형태든지 재산을 얻도록 도와준다. 아닌 게 아니라 그런 점에서 두 번째와 세 번째 범주는 이른바 상호 작용 관계에 있다.

---

3 그리스 신화에서 영웅 이아손이 콜키스에서 빼앗은 보물로, 황금 양털을 말한다.

제2장
인간을 이루는 것에 대하여

우리는 인간을 이루는 것이 인간이 지닌 것이나 남에게 드러내 보이는 것보다 행복에 훨씬 기여한다는 사실을 이미 인식했다. 인간을 이루는 것, 따라서 인간이 원래 지닌 것이 언제나 중요하다. 개성은 언제 어디서나 인간을 따라다니며, 그가 체험하는 모든 것은 개성에 의해 채색되기 때문이다. 인간은 모든 점에서 어떤 경우에도 맨 먼저 오직 자기 자신만을 즐긴다. 육체적 향락에서도 그러하니 정신적 향유에 대해서는 굳이 말할 필요가 없을 것이다. 이런 점에서 '즐기다'라는 말을 영어로 '자신을 즐기다enjoy oneself'라고 하는 것은 매우 적절한 표현이다. 예컨대 '그는 파리에서 자신을 즐긴다He enjoys himself at Paris'라고 하지 '그는 파리를 즐긴다He enjoys Paris'라고는 하지 않는다. 하지만 개성의 성질이 떨어지면 어떤 향유도 쓸개즙을 머금은 입속의 맛좋은 포도주와 같다. 좋은 일이든 나쁜 일이든 중대한 재난이 아닌 경우라면, 살면서 인간에게 일어나고 닥치는 일보다는 그 일을 어떻게 느끼는지, 즉 모든 면에서 감수성의 종류와 강도가 문제 되는 것이다.

인간의 내면적 모습과 인간이 원래 지닌 것, 요컨대 인격과 그것의 가치가 행복과 안녕의 유일한 직접적 요인이다. 다른 모든 것은 간접적인 것이다. 따라서 다른 모든 것의 작용은 무효로 돌릴 수 있지만 인격의 작용은 결코 그럴 수 없다. 바로 그 때문에 인격의 장점에 대한 질투는 가장 조심스럽게 은폐된 것이긴 해도 가장 조정하기 힘든 질투다. 더구나 의식의 성질만은 언제까지나 변함이 없으며, 개성은 매 순간 많고 적음의 차이는 있어도 지속적이고 항구적으로 작용한다. 반면에 다른 모든 것은 언제나 때에 따라 그때그때 일시적으로 작용할 뿐이며 세상의 변화에 덧없이 따르는 것이다. 그래서 아리스토텔레스는 『에우데모스 윤리학』 제7권 2장에서 "자연은 신뢰할 수 있지만 돈은 그렇지 못하다"라고 말했다. 우리가 전적으로 외부에서 닥친 불행을 스스로 초래한 불행보다 차분하게 견디는 것은 그 때문이다. 운명은 변할 수 있어도 자신의 성질은 결코 변하지 않는다. 그러므로 고상한 성격과 뛰어난 두뇌, 낙천적 기질과 명랑한 마음, 튼튼하고 아주 건강한 신체와 같은 주관적인 자산, 즉 "건강한 신체에 깃드는 건강한 정신"[4]이 우리의 행복에서 으뜸가는 가장 중요한 것이다. 따라서 우리는 외적인 자산이나 명예를 얻으려고 하기보다는 앞에서 든 자산을 키우고 유지하는 데 힘써야 할 것이다. 그런데 이런 모든 자산 중에서 가장 직접적으로 우리를 행복하게 해 주는 것은 명랑한 마음이다. 이러한 좋은 특성은 즉각 보답을 주기 때문이다. 즐거워하는 사람은 언제나 그럴 만한 이유가 있다. 말하자면 그가 즐거워한다는 사실이 바로 그 이유다. 이러한 특성만큼 다른 모든 자산을 완전히 대체할 수 있는 것은 존재하지 않는다. 그런 반면 이런 특성 자체는 다른 어떤 것으로 대체할 수 없다. 젊고 잘생긴 데다 부자며 존경받는 사람이 있다고 치자. 그가 행복한지 판단하려면 그가 명랑한지 알아보아야 한다. 반면에 그가 명랑하다면 젊든 늙었든, 몸이 반듯하든 굽었든, 가난하든 부자든 전혀 문제가 되지 않는다. 그는 행복한 것이다. 유년 시절 나는 어느 고서를 뒤적이다가 "많이 웃는 자는 행복하고, 많이 우는 자는 불행하다"라는 글을 읽은 적이 있다. 매우 단순한 말이다. 비록 진부하기 짝이 없지만 소박한 진리를 담고 있어서 나는 그 글을 잊을 수가 없다. 그러므로 명랑함이 우리를 찾아오면 언제라도 문을 활짝 열어 줘야 한다. 명랑함이 잘못될 때 찾아오는 법은 결코 없기 때문이다. 그런데 우리는 모든 면에서 만족할 이유가 있는지 먼저 알려고 하면서 명랑함을 받아들이는 데 주저하는 경우가 가끔 있다. 또한 진지한 숙고와 중대한 걱정이 명랑함으로 인해 방해받을까 봐 우려해서 주저할 때도 있다. 우리가 진지한 숙고와 중대한 걱정으로 무엇을 개선할 수 있을지는 매우 불확실하다. 반면에 명랑함은 직접적인 이득이 된다. 명랑함만이 행복의 진짜 주화鑄貨와 같은 것이다. 다른 모든 것처럼 어음과 같은 것이 아니다. 직접적으로 현재를 행복하

4   유베날리스, 『풍자시』제10편 356

게 해 주는 것은 명랑함밖에 없기 때문이다. 그러므로 현실의 모습이 두 개의 무한한 시간 사이에 있는 불가분의 현재라는 형태를 띠고 있는 사람에게 명랑함은 최고의 자산이다. 우리는 다른 것을 가지려고 노력하기에 앞서 이러한 자산을 얻고 키우는 데 힘을 쏟아야 한다.

그런데 명랑함에 가장 큰 도움을 주는 것은 부富가 아니라 건강이다. 하층 노동 계급, 특히 땅을 경작하는 사람들은 명랑하고 만족한 얼굴을 하고 있는 반면, 부유하고 고상한 사람들은 흔히 언짢은 얼굴을 하고 있다. 우리는 명랑함이 활짝 꽃피어 나도록 무엇보다도 높은 수준의 완전한 건강을 유지하려 노력해야겠다. 그러기 위해서는 알다시피 무절제와 방탕, 격하고 불쾌한 감정의 동요, 과도하거나 지속적인 정신적 긴장을 피하고, 하루에 두 시간씩 실외에서 활발한 운동을 하고, 자주 냉수욕을 하며, 식이요법 등을 통한 건강 관리에 힘써야 한다. 매일 적당한 운동을 하지 않으면 건강을 유지할 수 없다. 모든 생리적 과정이 순조롭게 진행되려면 그 과정이 일어나는 개별 부분의 운동뿐만 아니라 전체적인 운동도 필요하다. 그 때문에 "생명의 본질은 운동에 있다"[5]라는 아리스토텔레스의 말은 옳다. 생명의 본질은 운동에 있으며, 생명은 운동에 그 본질이 있다. 유기체의 내부 전체는 끊임없이 활발한 운동을 하고 있다. 심장은 확장과 수축이라는 복잡한 이중 운동을 하면서 지칠 줄 모르고 격렬하게 고동친다. 스물여덟 번의 박동으로 대순환과 소순환을 해 혈액을 몸 전체에 공급한다. 폐는 증기 기관처럼 쉬지 않고 펌프 운동을 한다. 장은 연동 운동을 하며 계속 꿈틀거린다. 모든 샘은 흡수와 분비 작용을 멈추지 않는다. 뇌조차 맥박과 호흡에 따라 이중 운동을 한다.

하루 종일 앉아서 생활하는 수많은 사람처럼 외적 운동이 거의 없는 경우에는 외적인 안정과 내적인 소요 사이에 심하고 해로운 부조화가 발생한다. 내부의 지속적인 운동조차 외부의 운동을 통해 지원받을 필요가 있기 때문이다. 이는 우리의 내부가 감정의 동요로 들끓고 있는데 그것을 외부로 표출하지 못할 때 생기는 부조화와 유사하다. 나무조차 무럭무럭 자라려면 바람을 통한 운동이 필요하다. 이 경우에 "무릇 운동이란 빠를수록 더욱 운동다운 것이다"라는 말로 매우 간결하게 표현되는 규칙이 적용된다. 우리의 행복은 명

---

5 • 『영혼론』에 있는 말인데, 단어 그대로는 아니다.

랑한 기분에 크게 좌우되고, 명랑한 기분은 건강 상태에 크게 좌우된다. 동일한 외부 사정이나 사건이라 해도 우리의 몸이 건강하고 튼튼할 때와 병 때문에 짜증나고 불안한 기분일 때 우리가 받는 인상을 비교하면 그런 사실을 잘 알 수 있다. 우리를 행복하게 하기도 하고 불행하게 하기도 하는 것은 사물의 객관적이고 실제적 모습이 아니라 사물에 대한 우리의 견해다. "사람을 불안하게 하는 것은 사물이 아니라 사물에 대한 견해다"라는 에픽테토스의 글도 그런 의미다. 대체로 우리 행복의 90퍼센트는 건강에 의해 좌우된다. 긴강해야 모든 것이 향유의 원천이 된다. 반면에 건강하지 못하면 어떤 종류의 것이든 외부의 자산을 즐길 수 없다. 또한 정신적 특성, 감정, 기질과 같은 그 외의 주관적 자산조차 병약함에 의해 기가 꺾이고 크게 위축된다. 따라서 사람들이 만날 때 서로의 건강 상태를 묻고 서로의 건강을 비는 것도 아무 까닭 없는 것이 아니다. 인간의 행복에서 가장 중요한 것이 바로 건강이기 때문이다. 그러므로 생업이나 승진을 위해서든, 학식이나 명예를 위해서든, 무슨 일을 위해서든 건강을 희생하는 것이 가장 어리석다. 성적 쾌락이나 찰나적인 향락을 위해서라면 더 말할 나위도 없다. 건강이 있고 난 뒤에 다른 모든 것이 있다. 이처럼 건강이 우리의 행복에 매우 중요한 명랑함에 크게 기여하지만, 명랑함이 건강에 의해서만 좌우되는 것은 아니다. 완벽하게 건강한데도 우울하거나 슬픈 기분이 들 수 있기 때문이다. 그것의 궁극적 원인이 유기체의 원래적이고 변경 불가능한 성질 때문임은 의심할 여지가 없다. 더구나 대부분의 경우는 민감성과 재생력에 대해 감수성이 다소 정상적인 관계를 갖는가 하는 것 때문이다. 비정상적으로 감수성이 예민한 경우에는 감정의 기복, 주기적인 과도한 명랑함, 우세한 우울감이 나타날 것이다. 그런데 천재에게도 정신력, 즉 감수성의 과도함이라는 특징이 있으므로, 아리스토텔레스가 "철학이든 정치든, 문학이든 예술이든 탁월한 인간은 모두 우울한 것 같다"라고 하면서 탁월하고 뛰어난 모든 인간은 우울하다고 지적한 것은 전적으로 옳다. 다음과 같이 곧잘 인용되는 키케로의 말은 의심할 여지없이 앞의 아리스토텔레스의 말과 같다. "아리스토텔레스는 천재적 인간은 모두 우울하다고 말한다."(『투스쿨룸 논총』[6] 제1권 33장) 이러한 고찰을 토대로, 셰익스피어는 타

---

6 기원전 45년에 발행된, 5권으로 이루어진 이 책 전체를 꿰뚫는 주제는 '어떻게 해서 사람은 행복할 수 있는

고나 근본 기분의 커다란 차이를 다음과 같이 점잖게 묘사했다.

> 자연은 그 옛날 이상한 괴짜들을 만들어 냈다.
> 흡족한 듯 계속 눈을 희번덕거리며
> 앵무새처럼 풍각쟁이를 보고도 웃는 자들이 있는가 하면,
> 언짢은 표정으로 이를 드러내고 미소조차 짓지 않는 자들이 있다.
> 네스토르가 웃을 만한 농담이라고 맹세까지 했건만.
> (『베니스의 상인』 제1막)

플라톤은 이 차이를 침울함과 명랑함이라는 단어로 표현했다. 이 차이는 사람마다 유쾌한 인상과 불쾌한 인상을 받아들이는 감수성이 다른 데에 기인한다. 그렇기 때문에 어떤 사람은 거의 절망에 빠지는 일에도 다른 사람은 그냥 껄껄 웃고 마는 것이다. 더구나 불쾌한 인상에 대한 감수성이 강할수록 유쾌한 인상에 대한 감수성은 그만큼 약해진다. 반대 경우도 마찬가지다. 어떤 사건이 행복한 결과를 가져올 가능성과 불행한 결과를 가져올 가능성이 반반인 경우 침울한 사람은 불행한 일이 닥치면 화를 내거나 몹시 괴로워하지만, 행복한 일을 맞아도 기뻐하지 않는다. 반면에 명랑한 사람은 불행한 일을 당하고도 화를 내거나 괴로워하지 않지만, 행복한 일을 맞으면 기뻐한다. 침울한 사람은 열 가지 계획 중에서 아홉 가지를 성공하더라도 이 아홉 가지에 대해 기뻐하지 않고 그 한 가지 일을 실패한 것에 화를 낸다. 명랑한 사람은 한 가지 일에 성공한 것으로도 자신을 위로하고 유쾌한 기분을 가질 줄 안다. 대비책을 강구하면 쉽게 재난이 일어나지 않듯이 이 경우도 마찬가지다. 침울한 사람, 그러므로 음울하고 불안한 성격을 지닌 사람은 대체로 명랑하고 아무 걱정 없는 사람에 비해 상상 속에서는 불운이나 고통을 많이 겪지만, 실제로는 그런 일을 별로 겪지 않는다.

만사를 비관적으로 보고 항시 최악의 경우를 두려워하며 그에 대한 예방책을 강구하는 자는 항시 사물의 밝은 면을 보고 낙관적으로 생각하는 자에

가?'라는 문제이며 죽음, 정신적·육체적 고통과 그 극복, 그리고 최후로 덕에 관한 논의로 끝난다. 로마인이 즐길 수 있는 인생철학 입문서라고 할 만한 것으로 투스쿨룸에 있는 키케로의 별장이 토론의 무대로 되어 있다는 데서 책 제목을 달았다.

비해 잘못 셈하는 경우가 적을 것이다. 하지만 신경계나 소화기관에 생긴 병적인 질환이 타고난 침울한 기분을 도와주면 그런 기분이 더욱 심해질 수 있다. 그리하여 지속적인 불쾌감이 삶에 대한 염증을 낳아 자살하고 싶은 기분이 생긴다. 그렇게 되면 아주 사소한 언짢은 일에도 자살 충동을 느낀다. 이뿐만 아니라 불쾌감이 극에 달하면 언짢은 일이 없더라도 불쾌감이 오래 지속되는 것만으로도 자살을 결심해서, 냉정한 숙고와 단호한 결단력으로 이를 실행에 옮긴다. 따라서 이미 감시받는 환자들 대부분은 언제나 그 생각에만 빠져 조금이라도 감시가 느슨해지는 틈을 타 망설임이나 심적 갈등, 두려움 없이 해결책을 실행에 옮긴다. 그 해결책이 자연스럽고 바람직하다고 생각해서다. 이런 상태를 상세히 기술한 책이 에스키롤Jean-Etienne Dominique Esquirol(1772~1840)[7]의 『정신질환에 대해서』다. 하지만 물론 사정에 따라서는 지극히 건강하고 명랑하던 사람도, 커다란 고통이나 피할 길 없이 다가오는 커다란 불행이 죽음의 공포를 압도해 자살을 결심하는 경우가 있다. 그 차이는 자살을 하는 데 필요한 계기의 크고 작음인데, 이 크고 작음은 침울한 기분과 반비례한다. 침울한 기분이 클수록 그 계기가 작아져서, 결국 영으로 떨어질 수 있다. 반면에 명랑한 기분이 크고 이를 뒷받침하는 건강이 좋을수록 그 계기는 커진다. 따라서 타고난 침울한 기분이 병적으로 심해져서 저지르는 자살과 건강하고 명랑한 사람이지만 전적으로 객관적인 이유 때문에 저지르는 자살의 양극단 사이에는 수많은 단계의 증례들이 있다.

건강과 부분적으로 비슷한 것이 아름다움이다. 아름다움이라는 주관적인 장점이 사실 직접적으로 행복에 기여하는 것이 아니라 그냥 간접적으로 타인에게 주는 인상으로 우리의 행복에 기여할지라도 그러한 장점은 매우 중요하다. 이는 남자의 경우에도 마찬가지다. 아름다움은 미리 우리의 환심을 얻는 공개적인 추천장이다. 그 때문에 특히 호메로스의 시구는 아름다움을 찬양한다.

가벼이 여기지 마라, 신이 주신 훌륭한 선물을,
신만 주실 수 있을 뿐 마음대로 얻을 수 없으니.

---

7 프랑스의 정신의학자로 정신질환의 임상 증상에 대해 최초로 통계 분석을 시도했다.

(『일리아드』 3, 65 이하)

얼핏 살펴보아도 인간의 행복을 가로막는 두 가지 적수는 고통과 무료함임을 알 수 있다. 한쪽이 멀어질수록 다른 쪽이 다가온다. 그 반대 경우도 마찬가지다. 그러므로 우리의 인생은 사실상 진폭의 차이는 있더라도 이 두 가지 적수 사이를 오가는 것이라고 할 수 있다. 그것은 양자가 이중의 적대 관계, 즉 외적 혹은 객관적 적대 관계와 내적 혹은 주관적 적대 관계에 있는 데서 기인한다. 다시 말해 외적으로는 궁핍과 결핍이 고통을 낳는 반면, 안전과 과잉은 무료함을 낳는다. 따라서 하층 계급 사람들은 궁핍, 즉 고통과 끊임없이 싸우는 반면 부유하고 고상한 세계의 사람들은 무료함을 상대로 끊임없이 때로는 정말이지 절망적인 싸움을 벌인다.

문명의 가장 낮은 단계에서 나타나는 유목 생활은 최상층에서 일반화된 관광 생활에서 다시 발견된다. 유목 생활은 궁핍에서, 관광 생활은 무료함에서 비롯되었다. 그런데 고통과 무료함의 내적 혹은 주관적 적대 관계는 개개인의 경우 한쪽에 대한 감수성이 다른 쪽에 대한 감수성과 상반되는 관계에 있기 때문이다. 이때 감수성은 정신력의 정도에 의해 규정된다. 다시 말해 정신의 둔감은 보통 느낌의 둔감함이며 예민함의 부족과 함께 나타난다. 이런 성질을 부여받은 사람은 온갖 종류나 크기의 고통과 슬픔에 둔감한 편이다.

한편 이러한 정신의 둔감함 때문에 수많은 사람의 얼굴에 새겨진 내면의 공허가 발생한다. 이러한 내면의 공허가 드러나는 이유는 아무리 하찮은 사건이라도 외부 세계에서 일어나는 모든 일에 늘 정신을 집중하기 때문이다. 내면의 공허가 바로 무료함의 근원이다. 이 공허는 무언가를 통해 정신과 기분을 움직이려고 늘 외적인 자극을 갈망한다. 따라서 무엇을 선택할지 까다롭게 굴지 않는다. 형편없는 일을 하면서 시간을 때우는 사람, 이와 마찬가지로 그들의 사교와 대화의 종류, 그리고 많은 문지기나 창문 안을 엿보는 사람을 보면 그런 사실을 알 수 있다. 온갖 종류의 사교와 오락, 여흥과 사치를 병적으로 추구하는 까닭은 주로 이러한 내면의 공허 때문이다. 그래서 많은 사람이 낭비하고 비참한 상태에 빠져든다. 이런 잘못된 길로 빠지지 않게 우리를 가장 확실히 지켜 주는 것은 내면의 풍요, 즉 정신의 풍요다. 정신이 풍요로워질수록 내면의 공허가 들어찰 공간이 줄어들기 때문이다. 끝없이 활발한 사고, 내부 세계와 외부 세계의 다양한 현상을 접하며 늘 새로워지는 유희, 힘과 그 힘을 언제나 다르게 결합하려는 충동 때문에 두뇌가 뛰어난 사람은 피로한 순간을 제외하고 전혀 무료함을 느끼지 않는다. 그러나 다른 한편으로 뛰어난 지력은 수준 높은 감수성을 직접적인 조건으로 삼으며 의지, 즉 열정의 격렬함을 뿌리로 삼는다. 이런 까닭에 그런 사람의 감정은 누구보다도 훨씬 섬세해, 정신적인 고통과 육체적인 고통을 매우 민감하게 받아들인다. 그러므로 어떤 장애나 아무리 사소한 방해도 도저히 참지 못한다.

이 모든 것을 높이는 데 크게 이바지하는 것은 풍부한 상상력에서 기인하는, 꺼림칙한 상상도 포함하는 전체적인 상상의 활기다. 이러한 점은 가장 우둔한 멍청이에서부터 가장 뛰어난 천재에 이르기까지 드넓은 공간을 가득 채우는 중간 단계의 모든 사람에게 일률적으로 적용된다. 그러므로 인간은 각자 객관적으로뿐만 아니라 주관적으로도 인생의 고뇌의 한쪽 원인에서 멀어질수록 다른 쪽의 원인에 가까이 있다.

그런 점에서 인간은 자신의 자연스러운 성향에 따라 객관적인 면을 주관적인 면에 되도록 맞추려고 할 것이다. 그러므로 고뇌의 원천 중에 자신의 감수성이 좀 더 예민한 쪽에 대한 철저한 예방책을 강구하려고 할 것이다. 재기 있는 인간은 무엇보다 고통이 없는 상태, 괴롭힘을 당하지 않는 상태, 안정과 여유를 얻으려고 애쓸 것이다. 즉 조용하고 검소한 생활, 하지만 논란의 여지가 없는 생활을 추구할 것이고, 그에 따라 사람들과 약간의 친교를 맺은 후에는 은둔 생활을 추구할 것이다. 또한 뛰어난 정신력을 지닌 사람은 심지어 고독을 선택할 것이다. 그도 그럴 것이 원래 지닌 것이 많을수록 외부로부터 필요한 것이 더 적어지고, 다른 사람이 덜 필요하다. 그래서 뛰어난 정신의 소유자는 비사교적인 인간이 된다. 정말이지, 사교의 질이 양에 의해 대체될 수 있다면 큰 세계에 나가 살아 볼 만하겠지만, 유감스럽게도 백 명이나 되는 한 무더기의 바보는 한 명의 똑똑한 사람만 못하다. 반면에 다른 극단에 있는 사람은 궁핍함에서 벗어나 겨우 한숨 돌릴 만하면 어떤 대가를 치르더라도 심심풀이와 사교를 추구하고, 자기 자신으로부터 도망치고 싶은 일념에 어떤 것에도 쉽게 만족할 것이다. 누구나 자기 자신의 모습으로 되돌아가는 고독한 상태에서는 원래 지닌 것이 드러나기 때문이다. 그럴 때 왕족이 입는 진홍색 옷을 걸친 멍청이는 자신의 애처로운 개성이라는 떨쳐 버릴 수 없는 무거은 짐을 지고 한숨짓는다. 반면 재능이 뛰어난 자는 삭막하기 그지없는 환경을 자신의 사상으로 채우고 활기차게 만든다. 그 때문에 세네카가 "어리석은 자는 모두 자기 자신에 대한 권태에 시달린다"(『서간집』 제9권, 22절)라고 한 말이나, "바보의 삶은 죽음보다 고약하다"라는 예수스 시락Jesus ben Sirach[8]의 격언은 그야말로 진리를 꿰뚫는 표현이다. 따라서 정신이 빈약하고 천박한 사람일수록 사교적임을 알 수 있다. 사람은 이 세상에서 고독과 천박함 중 하나를 선택할 수밖에 없기 때문이다. 인간 중에서 흑인이 지적으로 가장 뒤떨어져 있으니 흑인이 가장 사교적이라 하겠다. 프랑스 신문 「르 코메르스Le Commerce」(1837년 10월 19일자)의 북아메리카발 기사에 따르면 흑인들은 코가 납작한 검은 얼굴을 실컷 바라보기 위해 자유민이든 노예든 아주 좁은 공간에서 우글거리며 지낸다고 한다.

따라서 두뇌가 전체 유기체의 기식자나 하숙생 같은 역할을 하는 것과 비슷하게, 각자가 얻어 낸 **자유로운 여가**는 그의 의식과 개성을 자유롭게 만끽할 수 있게 해 주므로 노력과 수고뿐인 그의 전체 생활의 결실이자 소득이라고 할 수 있다. 하지만 대부분의 인간에게 자유로운 여가가 가져다주는 것이 무엇인가? 관능적 향락을 즐기거나 한심한 일을 하는 데 온통 여가를 보내다 그러지 않을 때는 무료해지거나 멍한 상태가 된다. 그런 사람들의 여가가 얼마나 무가치한지는 그들이 여가를 어떻게 보내는지를 보면 알 수 있다. 그것이 바로 아리오스토가 말한 "무지한 사람들의 무료함"(『광란의 오를란도』)이다.

평범한 사람들은 단지 시간을 **보낼** 생각만 하지만, 재능 있는 사람들은 시간을 **활용**한다. 빈약한 두뇌를 지닌 사람이 무료하게 시간을 보낼 수밖에 없는 것은 그들의 지성이 다름 아닌 의지를 위한 **동기의 매개체**에 지나지 않기 때문이다. 그런데 당분간 취할 동기가 없다면 의지는 휴식을 취하고 지성은 활동을 멈춘다. 지성은 의지와 마찬가지로 독자적으로 활동을 개시하지 않기 때문이다. 그 결과 온몸 속의 모든 힘이 끔찍한 정체 상태에 빠진다. 즉 무료함이 찾아오는 것이다. 이러한 무료함에 대처하기 위해 단지 일시적이고 임의로 취한 하찮은 동기를 의지 앞에 내세워 의지를 자극하고, 그럼으로써 지

---

8 기원전 200년경에 태어난 예루살렘의 유대인으로 도덕적 금언집 『위경僞經』을 집필했다.

성이 동기를 취하도록 해 활동을 개시하게 한다. 이러한 동기의 실제적이고 자연스러운 동기에 대한 관계는 은화에 대한 지폐의 관계와 같다. 이러한 동기의 효력은 그때그때 달라지기 때문이다.

그러한 동기가 되는 것은 앞에서 말한 목적을 위해 고안된 카드놀이 같은 것이다. 그런 일을 하지 못하면 두뇌가 빈약한 인간은 손에 잡히는 것은 무엇이든 달그락거리거나 두드려 대며 시간을 때운다. 시가도 그들에게는 사고를 대신하는 훌륭한 대용품이다. 그러므로 카드놀이는 어느 나라에서나 모든 사교 모임의 주된 소일거리가 되었다. 카드놀이는 사교 모임의 가치를 재는 척도이자 온갖 사고 행위에 대한 파산 선고다. 다시 말해 그들은 생각을 교환할 필요가 없으므로 카드를 돌리면서 상대의 돈을 뜯어내려고 하는 것이다. 아, 얼마나 한심한 족속들인가! 이 경우에도 나는 카드놀이를 부당하게 평가하지 않기 위해 어쨌든 사람들이 카드놀이를 변호하기 위해 인용할지도 모르는 생각을 용납하고자 한다. 그것은 사회생활을 위한 예행연습이 될 수 있다는 것이다. 카드놀이를 하여 자기로서는 어찌할 수 없는 우연히 주어진 상황(자기가 받은 카드)을 현명하게 이용해 어떻게 해서든 유리한 결과를 만들어내려 하고, 그런 목적을 위해 상황이 좋지 않더라도 명랑한 표정을 지어 보이면서 태연한 척하는 데도 익숙해질 수 있다. 하지만 바로 그 때문에 다른 한편으로 카드놀이는 도덕에 좋지 않은 영향을 줄 수 있다. 다시 말해 카드놀이의 정신은 어떻게 해서든, 즉 온갖 계략과 술수를 써서 타인이 가진 것을 빼앗는 것이다. 그러나 이런 식으로 놀이하는 습관이 뿌리를 내려 실생활에 번져 나가면 타인과 소유권이 걸린 문제에서도 점차 그런 방법을 쓴다. 그래서 이득이 되는 일이라면 법률적으로 허용되는 한 무엇이든 가능하다고 생각한다.

이런 일은 시민 생활에서 날마다 일어난다. 그러므로 앞에서 말했듯이 **자유로운 여가**는 모든 사람에게 자신의 자아를 갖게 해 주어 생활의 정수이거나 결실이므로 자존감을 지닌 사람은 나름대로 행복하다고 할 수 있다. 반면에 대부분의 사람은 자유로운 여가를 주체하지 못하고 끔찍하게 지루해하며 자신을 짐스럽게 생각한다. 그렇기 때문에 우리는 "그런즉 형제들아 우리는 여종의 자녀가 아니요 자유 있는 여자의 자녀니라"(「갈라디아서」 3장 31절)와 같은 상황을 기쁘게 생각한다.

한편 외국으로부터 물건을 수입할 필요가 별로 없거나, 전혀 없는 나라가 가장 행복하듯, 내면의 부가 충분해서 자신을 지탱하기 위해 외부의 도움이 그다지 필요 없거나 전혀 필요 없는 사람이 가장 행복하다. 그런 공급품은 비용이 많이 들고 의존하게 만들고 위험을 초래하고 불만을 야기하면서도 결국 자국 생산품에 대한 나쁜 대용품에 불과하기 때문이다. 그도 그럴 것이 어느 모로 보나 타인이나 외부로부터 크게 기대할 게 없기 때문이다. 인간이 타인에게서 얻을 수 있는 것은 극히 좁은 한계 내에서다. 결국 인간은 누구든 혼자다. 그러므로 지금 혼자 있는 자가 누구인가가 중요한 문제다. 따라서 이런 경우에 대해서도 "모든 일에서 각자는 결국 자기 자신에게로 되돌아가게 되어 있다"라고 한 괴테(『시와 진실』)의 말이나, **올리버 골드스미스**의 다음과 같은 말이 옳다고 할 수 있다.

우리 자신의 행복을 얻고 누리는 일은
언제나 우리 자신에게 맡겨져 있다.
(『나그네』 431행 이하)

이 때문에 가장 좋고 가장 바람직한 것은 각자 자기 자신을 위해 존재하고 존재할 수 있어야 한다. 그런데 그런 것이 많을수록, 따라서 향유의 원천을 자기 자신 속에서 더 많이 발견할수록 인간은 더 행복해진다. 그러므로 아리스토텔레스가 "행복은 스스로 만족해하는 사람 것이다"(『에우데모스 윤리학』 제7권 2장)라고 한 말은 참으로 지당하다. 그도 그럴 것이 행복과 향유의 모든 외적 원천은 그 성질상 극히 불확실하고 믿을 수 없고 무상하며, 우연에 내맡겨져 있으므로 아무리 유리한 상황에 있다 해도 쉽게 막혀 버릴지 모른다. 정말이지, 이러한 외적 원천은 언제나 손에 닿을 수 있는 것이 아니므로 그런 상황을 피할 도리가 없다. 게다가 노년이 되면 그런 원천은 필연적으로 거의 고갈되고 만다. 나이를 먹으면 애정이나 농담, 여행이나 승마의 욕구도, 사회에 쓸모 있는 인물이 되겠다는 생각도 사라지기 때문이다. 친구나 친척도 하나둘 우리 곁을 떠나 버린다. 그러면 자신이 원래 지닌 것이 지금까지보다 더 중요해진다. 이것이야말로 가장 오랫동안 옳은 것으로 입증되었기 때문이다. 또한 바로 그것이야말로 행복의 진정한 원천이자 유일하게 영속적인 원천이다. 세계 어디서도 그만한 것을 손에 넣을 수 없다. 세상은 궁핍과 고통으로 넘친다. 그것을 면한 사람에게는 사방에서 무료함이 호시탐탐 노리고 있다. 게다가 세상에는 나쁜 것이 주도권을 쥐고 있고, 어리석음이 큰소리를 치고 있다. 운명은 잔혹하고 인간은 가련하다. 이러한 세상에 원래 지닌 것이 풍부한 자는 눈 내리고 얼음이 언 12월 밤에 밝고 따뜻하며 흥겨운 방에서 크리스마스를 축하하는 것과 같다.

탁월하고 풍부한 개성, 특히 뛰어난 정신을 지닌 자는 의심할 여지없이 지상에서 가장 행복한 혜택을 누린다. 비록 정말로 가장 행운아는 아니라 해도 말이다. 그렇기 때문에 겨우 열아홉 살이었던 스웨덴의 크리스티나 여왕이 당시 20년 동안 네덜란드에서 매우 고독한 생활을 하던 데카르트에 대해, 고작 **한 편**의 논문과 입으로 전해 들은 이야기로 그를 알고 있었음에도 "데카르트 선생은 모든 사람 중에서 가장 행복한 분입니다. 그래서 그의 처지가 부럽다는 생각이 듭니다"라고 한 말은 참으로 현명한 발언이었다. 다만 데카르트의 경우도 마찬가지겠지만, 또한 자기 자신을 소유해 자신을 즐길 수 있을 정도로 외적인 상황이 유리하게 전개될 필요가 있다. 그 때문에 「전도서」(7장 11절)에서는 이미 "지혜는 유산같이 아름답고 햇빛을 보는 자에게 유익이 되도다"라고 말하고 있다. 자연과 운명의 호의로 이런 혜택을 누리는 자는 행복의 내적 원천이 고갈되지 않게 철저한 감시를 게을리하지 않을 것이다. 그러기 위한 조건은 독립과 여가다. 그런 사람은 다른 사람들과 달리 향유의 외적 원천에 신경 쓸 필요가 없는 만큼 절제와 절약을 통해 이러한 조건을 획득할 것이다. 따라서 관직과 금전, 세인의 인기와 갈채를 얻을 가능성이 있어도 자기 자신을 내던지면서까지 사람들의 저열한 의도나 저급한 취향에 영합하려 하지 않을 것이다.[9] 만약의 경우에는 **호라티우스**가 마이케나스에게 보낸 서간(『서간집』제1권 7통)에서와 같은 행동을 취할 것이다. **대외적** 이득을 얻기 위해 **대내적** 손실을 자초하는 것, 즉 부귀영화, 지위, 사치, 칭호와 명예를 위해 자신의 안정, 여가, 독립을 완전히 또는 대부분 희생하는 것은 어리석기 그지없는 짓이다. 그런데 괴테는 그런 식으로 살았다. 나의 수호신은 나를 단호하게 다른 쪽으로 이끌었다.

---

9 • 여러분이 여가를 희생한 대가로 복지를 쟁취한다고 할 때, 복지만을 바람직한 것으로 만들기 위해 자유로운 여가를 바쳐야 한다면 복지가 내게 무슨 소용이 있단 말인가?

인간 행복의 주된 원천은 자신의 내부에서 발원한다는 진리는 **아리스토텔레스**의 매우 올바른 지적에 의해서도 확인된다. 그는 『니코마코스 윤리학』(제1권 7장, 제7권 13, 14장)에서 모든 향유란 어떤 행동을, 즉 어떤 힘의 사용을 전제로 하는 것이며 그런 행동이 없으면 존재할 수 없다고 했다. 인간의 행복은 자신의 두드러진 능력을 아무런 방해도 받지 않고 행사하는 데 있다는 아리스토텔레스의 가르침을 스토바이오스도 소요학파의 윤리학에 관해 서술하면서(『윤리학 선집』제2권 7장) 그대로 사용했다. 예컨대 행복이란 바라던 바대로 성공을 거둘 수 있는 일에서 덕을 따르는 활동이라면서, 좀 더 짧은 표현으로 덕이란 기교의 완벽성이라는 설명까지 덧붙였다. 그런데 자연이 인간에게 부여한 힘의 진정한 사명은 사방에서 그를 죄어 오는 궁핍과 싸우는 것이다. 그러나 이러한 싸움이 일단 잠잠해지면 할 일이 없는 힘은 그에게 부담이 된다. 그래서 인간은 이제 그 힘을 가지고 놀 수밖에, 즉 그 힘을 아무런 목적 없이 사용할 수밖에 없다. 그렇지 않으면 고통의 또 다른 원천인 무료함에 곧장 빠져들기 때문이다. 신분이 높은 자들이나 부자들은 이러한 무료함에 시달린다. 일찍이 루크레티우스가 그들의 한심한 모습을 묘사한 바가 있는데, 오늘날 모든 대도시에서 매일 벌어지는 일을 보면 그의 묘사가 적절한 것임을 알 수 있다.

> 집에 있기 싫다며 종종 거대한 저택에서 나와
> 바깥으로 달려가지만 금방 집으로 돌아간다,
> 바깥에서도 무엇 하나 마음에 드는 것이 없다며.
> 또는 불이 나서 불을 끄러 가는 것처럼
> 급히 별장으로 말을 몰아 보지만
> 문턱을 넘자마자 무료함에 하품을 한다.
> 또는 다시 도시로 돌아가기 싫다며
> 잠에 빠져 자신을 잊으려 한다.
> (『사물의 본성에 대하여』제3권, 1060~1067행)

이런 자들도 젊었을 때는 근력과 생식력이 좋았을 것이다. 그러나 나중에는 정신력만 남는다. 이때 정신력이 부족해, 정신이 활동하기 위한 재료가 충분치 못하면 몹시 참담한 꼴이 된다. 그런데 의지만이 끊임없이 솟아나는 유일한 힘이기 때문에 이젠 의지가 열정의 흥분에 의해, 예를 들면 참으로 낯 뜨거운 악덕이라고 할 커다란 요청에 의해 자극받는다. 별달리 할 일이 없는 개인은 저마다 특별히 타고난 능력에 따라 일 대신 볼링이나 체스, 사냥, 그림, 경주나 음악, 카드놀이나 시작詩作, 문장學章學이나 철학 등과 같은 놀이를 선택할 것이다. 그뿐만 아니라 우리는 인간의 모든 힘이 발현되는 근원, 그러므로 **세 가지 생리적인 기본적 힘**으로 거슬러 올라가 문제를 체계적으로 연구할 수 있다. 따라서 우리는 그 기본적 힘이 아무런 목적 없이 행하는 놀이를 살펴보아야 한다. 그럴 때 세 가지 기본적 힘은 누릴 수 있는 향유의 세 가지 종류의 원천으로 나타난다.

인간은 각자 세 가지 중 어느 것이 내면에서 우세한가에 따라 자신에게 적합한 것을 선택한다. 첫 번째는 **재생력**과 관련된 향유다. 먹고 마시기, 소화, 휴식, 수면 욕구가 이에 속한다. 심지어 어느 나라의 국민 전체가 이런 것을 국민적 즐거움으로 삼아 다른 나라의 칭찬을 받고 있다. 두 번째는 육체적 자극과 관련된 향유다. 산책, 뜀박질, 레슬링, 무용, 검도, 승마 및 각종 운동 경기와 심지어 사냥이나 전투, 전쟁이 이에 속한다. 세 번째는 정신적 감수성과 관련된 향유다. 탐구, 사유, 감상, 시작, 조각, 음악, 학습, 독서, 명상, 발명, 철학적 사고 등이 이에 속한다. 이 세 종류의 향유가 지닌 가치, 등급, 지속성에 대해 여러 가지를 고찰해 볼 수 있겠지만, 그것은 독자의 몫으로 남겨 놓는다.

어쨌든 향유란 자신의 힘을 이용해야 얻어진다. 따라서 자주 향락을 얻어야 행복하므로 향락을 맛보게 해 주는 힘이 고상할수록 더욱 행복해짐을 누구나 쉽게 알 수 있다. 이런 점에서 볼 때 인간의 정신적 감수성이 다른 동물에 비해 월등히 우세한 반면, 다른 두 가지 생리적인 기본적 힘은 인간과 동물이 같거나 동물이 더 우세하다고 할 수 있다. 그 점에 대해서는 아무도 부인하지 못할 것이다. 우리의 인식 능력은 정신적 감수성에 달려 있다. 그 때문에 정신적 감수성이 우세하면 **인식 작용**을 본질로 삼는 향유, 이른바 **정신적** 향유가 가능해지며, 정신적 감수성이 우세할수록 정신적 향유가 커진다.[10] 정상적

---

10 • 자연은 끊임없이 향상된다. 우선 무기물계의 역학적·화학적 작용에서 식물계와 그것의 둔감한 자기 향유로 향상되며, 거기서부터 지력과 의식이 시작되는 동물계로 향상된다. 동물계의 미약한 초기 상태에서 한 단계씩 서서히 올라가 결국 마지막으로 가장 큰 도약을 해서 인간에까지 올라간다. 그러므로 자연은 인간의 지성

이고 평범한 사람은 어떤 일이 그의 의지를 자극해서 개인적 관심을 유발할 때 그 일에 강렬한 관심을 가질 수 있다. 하지만 어떤 종류의 의지든 끊임없이 자극받으면 고통스럽기 마련이다. 그런데 의지를 일부러 자극하는 수단이 있는데, 그것이 카드놀이다. 더구나 그것은 극히 사소한 재미를 주면서 지속적이고 심각한 고통을 일으키지 않고 극히 가벼운 순간적 고통을 일으키므로, 단순히 의지를 간질이는 것으로 볼 수 있다. 어디서든 '상류사회'에서 흔히 하는 일이 이 카드놀이다.[11]

반면에 정신력이 압도적으로 우세한 사람은 의지를 전혀 개입시키지 않고 단순히 인식만으로도 매우 강렬한 관심을 가질 수 있고, 그런 관심을 필요로 하기도 한다. 그런데 그는 이런 관심을 가져 본질적으로 고통과 전혀 무관한 영역으로, 말하자면 '마음 편히 살아가는 신들'[12]의 분위기로 옮겨 간다. 평범한 사람들은 일신의 안녕과 관계되는 사소한 이해관계에 얽매어 온갖 종류의

에서 모든 소산所産의 정점이자 목표에 도달해, 자연이 산출할 수 있는 것 중에서 가장 완성도가 높고 가장 복잡한 것을 제공한다. 하지만 인간이라는 종種 내에서도 지성은 많은 등급이 있고 그 등급에 따라 확연히 다르며, 최고의 지성, 참으로 높은 지성에 도달하는 경우는 극히 드물다. 따라서 가장 높은 지성은 보다 협소하고 보다 엄밀한 의미에서 볼 때 자연의 소산 중에서 가장 드물고 가장 소중한 것이다. 그러한 지력에 가장 명민한 의식이 나타나며, 세계는 다른 어디에서보다 더 명료하고 더 완전한 모습을 드러낸다. 그렇기 때문에 그러한 지력을 부여받은 사람은 지상에서 가장 고귀하고 가장 값진 것을 지니고 있다. 따라서 온갖 하찮은 향유와는 비교가 되지 않는 향유의 원천을 갖고 있는 것이다. 그런 사람은 자신의 소유물을 즐기고 자신이 지닌 다이아몬드를 연마할 여가 말고는 외부로부터 더 이상 아무것도 필요하지 않다. 그도 그럴 것이 다른 모든 것, 즉 지적이지 않은 향유는 저급한 종류의 것이기 때문이다. 향유란 어디를 지향하든 간에 모두 의지의 활동, 즉 소망, 희망, 염려, 성취를 목표로 한다. 이때 고통이 없을 수 없으며, 향락을 맛보아 대체로 많든 적든 환멸을 맛본다. 그 대신 지적인 향락을 맛볼 때는 진리가 점점 명료해진다. 지력의 나라에는 고통이 지배하지 않고 모든 것이 인식이다. 그러나 지적 향유는 누구에게든 매개만 되어 있을 뿐이며, 자신의 지력 정도에 따라 얻을 수 있다. 이 세상의 모든 정신은 정신 자체를 갖지 못한 자에게는 무용지물이기 때문이다. 하지만 그러한 장점에는 현실적인 단점이 동반해 나타난다. 전체 자연계에는 지력의 등급이 높아 감에 따라 고통을 느끼는 능력도 향상되므로, 마찬가지로 가장 지력이 높은 사람이 고통도 가장 많이 느끼는 것이다.

11 *저급함의 본질은 대체로 의식에서 의욕이 인식을 압도하는 데 있다. 그리하여 인식이 의지에 전적으로 봉사하는 정도에 이른다. 따라서 굳이 봉사를 강요하지 않는 경우, 즉 크든 작든 아무런 동기도 존재하지 않는 경우 인식 작용이 완전히 정지하며, 생각이 매우 빈약해지는 일이 발생한다. 그런데 인식이 없는 의욕이란 세상에서 가장 열등한 것이다. 통나무도 인식이 없는 의욕은 있으며, 쓰러질 때는 적어도 그것을 드러내는 것이다. 때문에 그러한 상태가 저급함을 말해 준다. 그와 같은 상태에서는 감각 기관과 감각 기관이 받은 자극을 이해하는 데 필요한 지성만이 활동할 뿐이다. 그 결과 저급한 인간은 어떤 인상도 항시 받아들일 상태에 있으며, 그의 주변에서 벌어지는 일은 무엇이든 금방 지각하므로 아무리 작은 소리나 아무리 사소한 상황이라도 바로 동물의 경우에 그렇듯이 그의 주의를 끄는 것이다. 이러한 상태는 그의 얼굴이나 외모에 그대로 나타나 그의 모습이 저속하게 비친다. 대부분의 경우 그렇듯이, 이 경우에도 의식을 홀로 가득 채우는 의지가 저열하고 이기적이며 열등하므로 그런 자의 인상은 더욱 눈에 거슬린다.

12 호메로스, 『일리아드』 6, 138

보잘것없는 것을 추구하며 어리석게 살아간다. 그 때문에 그들은 그런 목적의 추구가 뜻대로 되지 않아 자신의 원래 상태로 되돌아가면 감내할 수 없는 무료감에 사로잡힌다. 이때 막힌 상태를 타개할 수 있는 것은 열정이라는 거친 불꽃뿐이다. 반면에 정신력이 압도적으로 우세한 사람은 생각이 매우 풍부해, 언제나 활기차고 의미 있게 생활한다. 몸 바쳐 일할 가치 있고 재미있는 대상이 있다면 그런 일에 종사하겠지만, 그는 자체적으로 가장 고상한 향유의 원천을 지니고 있다. 외부의 자극이라고는 자연의 활동과 인간의 행위를 지켜보는 것뿐이다. 그 외에도 그는 모든 시대와 모든 국가의 재능이 뛰어난 사람들의 다양한 업적에서 자극받기도 한다. 그런 것을 이해하고 느낄 수 있는 사람은 그 자신 외에 아무도 없으므로 결국 혼자서 그런 업적을 향유할 수 있다.

따라서 이처럼 재능이 뛰어난 사람은 사실상 그를 위해 살고, 그에게 도움을 청한 셈이 된다. 반면에 우연히 스쳐 지나가는 방관자인 그 이외의 다른 사람들은 이것저것을 어중간하게 파악할 뿐이다. 물론 이 모든 사실로 인해 그는 다른 사람들보다 더 큰 욕구를 느낀다. 그것은 배우고 보고 연구하고 명상하고 연마하려는 욕구이자, 자유로운 여가를 가지려는 욕구이기도 하다. 그런데 "진정한 욕구가 없으면 진정한 향유도 없다"라고 볼테르가 정확히 지적하듯이, 이러한 욕구가 바로 마음껏 향락을 얻을 수 있는 조건이다. 다른 사람들은 온갖 아름다운 자연과 예술품 또는 정신적 산물이 잔뜩 쌓여 있더라도, 매춘부를 눈앞에 둔 백발노인처럼 그런 향락을 맛볼 수 없다. 그 결과 특별한 재능을 지닌 사람은 개인적인 생활 말고도 제2의 생활, 즉 그에게 점차 원래적인 목표가 되는 지적인 생활을 영위한다. 그는 개인적인 생활은 그저 수단으로 간주할 뿐이다. 반면에 다른 사람들은 이런 진부하고 공허하고 암담한 생활 자체를 목표로 간주하는 것이 분명하다. 따라서 그는 주로 지적인 삶에 매진할 것이다.

지적인 생활은 통찰과 인식이 계속 더해 감에 따라, 마치 완성 과정의 예술품과 마찬가지로 연관성을 획득해 끊임없이 향상되고, 점점 온전하고 완전한 형태로 완성되어 간다. 그것과 비교하면 다른 사람들이 추구하는 실제 생활, 일신상의 안녕만을 지향하고 깊이가 아니라 길이만 늘일 뿐인 생활은 한심한 대조를 이룬다. 그럼에도 앞서 말했듯이 다른 사람들은 그런 생활을 분명 목적 자체로 보는 반면, 지적인 생활을 하는 사람에게는 그런 생활이 단순한 수단일 뿐이다.

다시 말해 우리의 실제 현실 생활은 열정에 의해 움직이지 않으면 지루하고 무미건조해진다. 하지만 열정에 의해 움직이면 곧장 고통스러워진다. 그러니 의지에 봉사하는 데 필요한 정도 이상의 지성을 부여받은 자만이 행복하다. 그들은 실제 생활 외에도 지적인 생활을 영위할 수 있기 때문이다. 지적인 생활은 지속적으로 그들을 아무런 고통 없이 활기차게 일에 매진하도록 해 준다. 단지 **여가**가 있다는 것만으로, 즉 지성이 의지에 봉사하는 일에 **매달리지 않는** 것만으로는 그러기에 충분하지 못하며 **힘**이 실제로 남아돌아야 한다. 그래야만 의지에 봉사하지 않고 순전히 정신적인 일을 할 수 있다. 반면에 "정신적인 일에 종사하지 않는 여가는 죽음이며 인간의 생매장당한 신세다"(세네카, 『서간집』 82). 그런데 이처럼 남아도는 지성의 높고 낮은 정도에 따라서 현실 생활 말고도 영위할 수 있는 지적 생활에는 곤충, 조류, 광물, 화폐를 수집해 기록하는 일에서부터 문학과 철학에서 최고의 업적을 내는 데까지 수많은 단계가 있다. 그러한 지적 생활은 무료함을 예방해 줄 뿐만 아니라 무료함에 의한 해로운 결과도 예방해 준다. 즉 그런 생활은 나쁜 친구와 어울리는 것을 막아 주는 울타리가 되고, 행복을 현실 생활에서만 추구하는 경우 빠지는 수많은 위험, 재난, 손실, 낭비를 막아 주는 방벽이 된다. 그런 이유로 예컨대 나의 철학은 내게 무언가를 가져다준 것은 없지만, 내가 매우 많은 일을 면하게 해 주었다.

반면 평범한 사람은 인생의 향유에 관련해 자신의 바깥에 있는 사물, 즉 소유물이나 지위, 여자와 자식, 친구나 사교계 등에 의존한다. 그가 느끼는 인생의 행복은 이러한 것에 의해 지탱된다. 그 때문에 이 같은 것들을 잃어버리거나 이 같은 것에 환멸을 느끼면 인생의 행복은 무너지고 만다. 이런 관계는 무게중심이 **그의 바깥**에 있다고 말할 수 있겠다. 그의 소망이 계속 달라지고 기분이 변덕스러운 것은 바로 그 때문이다. 재력이 허용하는 경우 별장이나 말을 사고, 잔치를 열거나 여행을 가는 등 호사를 누리는 것은 어디서든 **외부**에서 만족을 구하기 때문이다. 그것은 건강과 체력의 참된 원천이 자신의 생명력에 있음에도 몸이 쇠약해진 사람이 걸쭉한 고기 수프나 약제로 건강과 체력을 회복하려는 것과 마찬가지다.

또 다른 극단으로 넘어가지 않기 위해 이런 사람 말고 정신력이 탁월하지 않지만 그래도 평범한 수준을 약간 넘어서는 사람을 살펴보기로 하자. 이런 부류의 사람은 가령 취미로 그림 연습을 하거나 식물학, 광물학, 물리학, 천문학, 역사학 같은 실용 학문을 추구해 자신의 향유 대부분을 거기서 발견할 것이고, 외부의 원천이 막히거나 그러한 원천으로 더 이상 만족할 수 없으면 미술이나 실제 학문에서 원기를 되찾을 것이다. 그런 점에서 그의 무게 중심이 이미 부분적으로는 **그 자신의 내부**에 있다고 하겠다. 그렇지만 예술에서의 단순한 취미로는 아직 창조적 능력에 한참 미치지 못하고, 단순한 실용 학문은 서로에 대한 현상의 관계에 머물러 있으므로 개인으로서 그 속에 온전히 빠져들지 못하고, 온 마음을 다해 그러한 것에 전적으로 몰두할 수 없어서, 그의 삶은 이외의 다른 것에는 완전히 관심을 잃을 정도로 그런 실용 학문과 혼연일치가 되지 못한다. 최고 높은 정신적 경지에 올라 흔히 천재라는 호칭을 받는 사람만 그런 상태에 이를 수 있다. 정신적으로 탁월한 사람만이 사물의 존재와 본질을 전반적이고 절대적으로 자신의 주제로 삼고, 그 후 개인적 성향에 따라 예술, 문학, 철학을 통해 그런 것에 대한 심오한 견해를 피력하려고 노력할 것이기 때문이다. 이런 종류의 천재는 아무런 방해도 받지 않고 자기 자신이나 자신의 생각, 작업에 몰두하기를 원해, 고독을 환영하고 자유로운 여가를 최고의 재산으로 여기며, 다른 모든 것은 없어도 되고 있으면 오히려 때로 부담스러운 것으로 생각하기도 한다. 따라서 그런 사람에게는 무게 중심이 **완전히 자신의 내부**에 있다고 말할 수 있다. 극히 드문 이런 부류의 인간이 성격은 아무리 좋다 해도 친구, 가족, 공동체에 대해 몇몇 다른 사람들처럼 진심 어린 한없는 관심을 보이지 않는 것을 그런 점에서 설명할 수 있다. 그런 사람은 무슨 일이 일어나든 자기 자신을 붙들고 있기만 하면 위안을 얻을 수 있기 때문이다. 그들 내부에는 고립적 요소가 남들보다 더 많이 잠재되어 있다. 그들은 다른 사람들에게서 결코 완전히 만족하지 못하는 만큼 고립적 요소가 더욱 강해진다. 그들은 누구에게서든 언제나 자신과 다른 이질적 요소를 느껴 결코 남들을 자신과 같다고 보지 않는다. 그러므로 그들은 사람들 사이에서도 상이한 존재로 행동하는 것과, 다른 사람들에 관해서도 1인칭 복수인 '우리'가 아니라 3인칭 복수인 '그들'로 생각하는 것에 점차 익숙해진다.

이러한 관점에서 볼 때 지적인 면에서 자연의 은총을 매우 풍부하게 받은 자가 가장 행복하다고 할 수 있다. 객관계의 작용은 어떤 종류의 것이든 언제나 주관계를 통해서 매개된 것, 즉 단지 2차적인 것에 불과한 만큼 주관계가 우리에게 보다 가까운 것이 확실하다.

> 참된 부窗는 영혼의 내부에 있는 부일 뿐이고,
>
> 다른 것은 모두 이득보다 불행을 안겨 준다.
>
> (루키아노스, 『명작선』 12)

이처럼 내적으로 풍부한 사람이 자신의 정신적 능력을 갈고 닦아 내면의 부를 누리기 위해 외부로부터 필요한 것은 소극적인 선물, 즉 자유로운 여가밖에 없다. 그러므로 평생에 걸쳐 매일 매시간 그 자신 자체일 수만 있다면 더 이상 아무것도 필요할 게 없다. 자신의 정신의 발자취를 전 인류의 가슴에 새기고자 마음먹었을 때, 그에게 행복과 불행은 한 가지로만 결정된다. 즉 소질을 완전히 발휘해 자신의 작업을 완성할 수 있느냐, 방해를 받아 자신의 뜻을 이루지 못하느냐에 달려 있다. 그는 다른 모든 것은 하찮게 여길 뿐이다. 따라서 우리는 시대를 막론하고 위대한 정신의 소유자들은 자유로운 여가를 무엇보다 가장 소중하게 생각하는 것을 볼 수 있다. 누구에게든 자유로운 여가는 그 자신만큼이나 소중하기 때문이다.

아리스토텔레스는 "행복이란 여가에 있다"(『니코마코스 윤리학』 제10권 7장)라고 말하고, 디오니게스 라에르티오스도 "소크라테스는 여가를 인간의 소유물 중에서 가장 아름다운 것이라고 칭송했다"(『철학사』 제2권 5장 31절)라고 보고한다. 철학적 삶이 가장 행복한 삶이라고 선언한 아리스토텔레스(『니코마코스 윤리학』 제10권 7~9장)의 말도 그와 같은 취지의 표현이다. 나아가 그가 『정치학』(제4권 11장)에서 "행복한 삶이란 아무런 방해 없이 유능함을 펼칠 수 있는 삶이다"라고 기술했는데, 이것을 철저히 해석하면 '어떤 종류의 것이든 자신의 탁월함을 아무런 방해도 받지 않고 발휘할 수 있는 것이 진정한 행복이다'라는 의미다. 그러므로 "재능을 받아 재능을 가지고 태어난 자는 그 재능에 따라 사는 것이 가장 행복한 삶이다"라는 『빌헬름 마이스터의 수업 시대』에 나오는 괴테의 말도 같은 취지의 표현이다.

하지만 자유로운 여가를 갖는다는 것은 인간의 일반적인 운명뿐만 아니라 일반적인 본성에도 생소하다고 할 수 있다. 자신과 자기 가족에게 필요한 것을 조달하는 데 시간을 들이는 것이 인간의 자연스러운 직분이기 때문이다. 인간은 궁핍의 아들이지 자유로운 지력이 아니다. 따라서 온갖 허구적인 거짓 목적을 내세워 각종 놀이와 오락, 취미로 시간을 보낼 수 없다면 자유로운 여가는 일반적인 사람에게 곧 짐이 되고 결국에는 고통이 된다. 또한 "여가에 안주하는 것은 위험한 일이다"라는 당연한 말이 있듯이 자유로운 여가는 같은 이유로 인간에게 위험을 초래하기도 한다. 하지만 다른 한편으로 정상적인 수준을 훨씬 뛰어넘는 지성 역시 비정상적이고 부자연스럽다.

그럼에도 그런 지성을 지닌 사람이 존재한다면 그런 재능을 타고난 사람의 행복을 위해 다른 사람에게는 때로 성가시고 때로 해로운 자유로운 여가가 필요하다. 이런 여가를 갖지 못하면 그런 사람은 멍에가 씌워진 페가수스天馬처럼 불행해질 것이기 때문이다. 그런데 두 가지 부자연스러움, 즉 외적인 부자연스러움과 내적인 부자연스러움이 만나는 경우는 뜻밖의 행운이라고 할 수 있다. 이 같은 혜택을 받은 사람은 좀 더 높은 종류의 삶, 다시 말해 인간의 고통 중에서 상반되는 두 가지 원천, 즉 궁핍과 무료함, 생존을 위해 억척스럽게 살아가는 행위와 여가(자유로운 생존 그 자체)를 견디지 못하는 상태로부터 해방된 삶을 영위할 것이다. 인간이 그 두 가지 나쁜 일을 모면하려면 그것들이 서로를 중화시켜 상쇄되는 수밖에 없다.

하지만 한편으로 이 모든 것의 이면裏面을 살펴볼 필요가 있다. 정신적으로 뛰어난 재능을 부여받은 사람은 신경 기능이 무척 활발하므로 어떤 형태로든 고통을 느끼는 감성이 극도로 예민하다. 나아가 그런 사람은 당연히 열정적인 기질을 갖추고 동시에 으레 그렇듯이 온갖 상상력이 넘치고 완벽하며, 그로 인해 유쾌한 감정보다 곤혹스러운 감정이 훨씬 많긴 하지만 감정의 변화는 비교가 안 될 만큼 격렬하다. 또한 원래 지닌 것이 많을수록 남들에게서 얻을 수 있는 것이 적으므로, 정신적으로 뛰어난 재능을 부여받은 사람은 자신의 소유물로 다른 사람들과 그들의 행위를 소원하게 만든다. 그들은 일반인이 커다란 만족을 느끼는 수백 가지 일을 진부하게 여기고 참지 못한다. 그래서 어디서나 통용되는 보상의 법칙이 어쩌면 이 경우에도 효력이 있을지 모른다. 우리는 정신적으로 가장 떨어지는 사람이 실은 가장 행복하다는 주장을 귀가 따갑도록 들어 왔는데 실제로도 그럴지 모른다. 그렇지만 아무도 그런 사람의 행복을 부러워하지는 않을 것이다. **소포클레스**조차 이 문제에 관해 정반대의 발언을 한 적이 있으니, 나는 독자에게 미리 최종적인 결정을 내릴 생각이 없다.

행복의 첫째 조건은 분별력에 있다.
(『안티고네』 1328행)

그런데 다음과 같은 말도 있다.

아무 생각 없이 사는 것이 가장 유쾌한 삶이다.
(『아이아스』 550행)

사실 구약 성경의 기자들끼리도 서로 견해가 일치하지 않는다.

바보의 삶은 죽음보다 고약하다.
(예수스 시락, 『위경偽經』)

또한 이런 말도 있다.

지혜가 많으면 번뇌도 많다.
(「전도서」 제1장 18절)[13]

그런데 여기서 꼭 언급해야 할 말이 있다. 겨우 평범한 수준의 지력을 지녀서 **정신적인 욕구가 없는** 인간은 '필리스터(속물)'라고 불린다. 독일어에만 있는 고유한 표현인 그 단어는 원래 대학 생활에서 비롯되었다. 그러다가 좀 더 고상한 의미에서 뮤즈의 아들과 반대되는 인간을 가리킨다는 점에서는 여전히 원래 의미와 유사하게 사용된다. 다시 말해 속물이란 예술적 감각이 없는 인간을 말한다. 그런데 나 같으면 좀 더 고상한 입장에서 속물의 정의를 줄곧

---

13 지혜가 많으면 번뇌도 많으니 지식을 더하는 자는 근심을 더하느니라.

현실이 아닌 현실에 매우 진지하게 관여하는 사람이라고 내릴 것이다. 하지만 그런 식으로 선험적 정의를 내리면 내가 이 책에서 취하는 대중적 입장에 맞지 않을 것이고, 또한 그 때문에 어떤 독자는 전혀 이해하지 못할지도 모른다. 하지만 앞서 기술한 정의는 특수한 해설을 덧붙이기에 한결 수월하고 문제의 요점, 즉 속물을 특징짓는 모든 특성의 근원을 충분히 나타낸다. 따라서 속물은 **정신적 욕구가 없는 인간**이다. 그런데 이러한 사실에서 여러 가지 결론이 나온다.

첫 번째 결론은 속물 **그 자체와 관련해**, "진정한 욕구가 없으면 진정한 향유도 없다"라는 이미 언급한 원칙에 따라 그는 정신적 향락을 누리지 못한다. 인식과 통찰을 위한 아무런 충동이 없고, 인식과 통찰에 대한 충동과 매우 유사한 미적 향유에 대한 충동도 없으므로 그의 생활은 활기를 띠지 않는다. 그러한 종류의 향유가 가령 유행되고 권위를 지녀 어쩔 수 없이 그것을 강요받는 경우에도 일종의 강제 노역으로 여기고 되도록 빨리 끝내 버리려 할 것이다. 속물이 즐길 수 있는 현실적 향유란 감각적 향락뿐이다. 즉 그는 감각적 향유로 대신한다. 그러므로 굴과 샴페인을 즐기는 것이 그들 생활의 정점이며, 육체적 행복에 기여하는 것은 무엇이든 손에 넣는 게 인생의 목적이다.

이 같은 목적을 위해 바쁘게 움직이며 살아가면 그야말로 행복하다! 재산이 미리 주어져 있으면 그는 반드시 무료함에 빠지기 때문이다. 그렇게 되면 무료함을 이기려고 무도회, 연극, 사교, 카드놀이, 도박, 승마, 여자, 음주, 여행 등 생각해 낼 수 있는 온갖 것을 시도한다. 그렇지만 정신적 욕구가 부족해서 정신적 향락을 맛볼 수 없기에 무엇을 하든 무료함을 달랠 수 없다. 그 때문에 동물적인 진지함과 유사한 아둔하고 무미건조한 진지함이 속물의 고유한 특성이 된다. 그런 자는 무슨 일에도 기뻐하지 않고 자극을 느끼지 못하며 관심을 보이지 않는다. 감각적 향락이 금방 고갈되기 때문이다. 바로 그러한 속물로 이루어진 사교계는 곧 따분해지고, 카드놀이는 결국 지루해진다. 어쨌든 그 나름대로 허영심에 대한 향유는 아직 남아 있다. 그러한 허영심은 부나 지위, 세력이나 권력으로 타인을 능가해 존경받으려는 마음이거나, 같은 속물 중에서 결출한 사람과 교제해 그런 자의 후광을 즐기려는 마음이다(영어의 '스놉snob'이 그런 자를 일컫는다).

앞에서 내세운 속물의 근본 특성에서 **타인과 관련해 두 번째** 결론이 나온다.

즉 속물은 신체적 욕구밖에 없으므로 정신적 욕구가 아닌 신체적 욕구를 충족시켜 줄 사람을 찾는다. 그러니 그가 다른 사람들에게 압도적인 정신적 능력을 요구하는 일은 거의 없다고 할 수 있다. 오히려 정신적 능력을 대하면 그는 혐오감, 심지어 증오감마저 느낄 것이다. 그럴 경우 그는 단지 불쾌한 열등감을 느낄뿐더러, 막연하고 은밀한 질투를 느낀다. 그는 질투심을 주도면밀하게 은폐하려고 하는데, 그로 인해 질투심이 더욱 커져 때때로 무언의 원망이 되기도 한다. 따라서 그러한 특성에 따라 가치 평가를 하거나 누구를 존경하고 싶은 마음은 결코 생기지 않을 것이다. 그는 오로지 지위와 부, 권력과 영향력만 존경할 것이다. 그는 그런 점에서 남보다 뛰어나기를 바라므로 그의 눈에는 그런 것만이 참된 장점으로 보인다. 하지만 이 모든 일이 빚어지는 이유는 그가 **정신적 욕구가 없는** 인간이기 때문이다.

모든 속물의 커다란 고민은, **이상적인 것**에서는 즐거움을 얻지 못하고, 무료함에서 벗어나기 위해서는 항시 **현실적인 것**을 필요로 한다는 데 있다. 다시 말해 현실적인 것은 한편으로 곧 고갈되어 즐거움을 주는 대신 피곤을 안겨 주고, 다른 한편 온갖 종류의 재난을 초래한다. 반면 이상적인 것은 고갈되지 않고 그 자체로 무구無垢하고 무해하다.

나는 지금까지 우리의 행복에 이바지하는 개인적 특성을 고찰하면서 육체적 특성에 이어서 주로 지적 특성을 다루었다. 이것 말고 도덕적 탁월함이 인간을 어떤 식으로 행복하게 하는지 나의 현상 논문 「도덕의 기초에 대하여」 22절에 서술해 두었으니 참조하기 바란다.

제3장
인간이 지닌 것에 대하여

행복론의 위대한 교사 **에피쿠로스**는 인간의 욕구를 세 가지 항목으로 나누었는데, 이는 올바르고 훌륭한 구분이다. 첫째는 자연스럽고 꼭 필요한 욕구다. 이것은 충족되지 않으면 고통을 일으킨다. 따라서 여기에 해당하는 것은 먹을 것과 입을 것에 대한 욕구뿐이다. 그것은 충족시키기 쉽다. 둘째는 자연스럽기는 하지만 꼭 필요하지는 않은 성적性的 충족의 욕구다. 하지만 디오게네스 라에르티오스의 보고에 의하면 에피쿠로스는 이런 말을 하지 않았다(나는 여기서 그의 학설을 조금 고치고 다듬어서 재현하고 있음을 밝혀 둔다). 이러한 욕구는 좀 더 충족시키기 힘들다. 셋째는 자연스럽지도 꼭 필요하지도 않은 사치, 호사, 부귀영화에 대한 욕구다. 이것은 끝이 없고 충족시키기가 무척 어렵다(디오게네스 라에르티오스의 저서(제10권 27장 149절)와 키케로의 저서 『한계에 대해서』(제1권 14장과 16장)를 참조하라).

소유물에 관한 우리의 합리적인 소망의 한계 설정이 불가능해지는 않지만 어려운 문제다. 소유물에 관한 각자의 만족은 절대적인 양이 아니라 상대적인 양, 즉 그의 요구와 그의 소유물 간의 관계에 기인하기 때문이다. 소유물만 따로 떼어 놓고 생각한다는 것은 분모가 없는 분자처럼 아무런 의미가 없다. 어떤 사람은 어느 정도의 재산을 가져야 하는지 결코 생각하지 않는다. 재산이 없어도 곤란해하지 않으며 완전히 만족스러워한다. 반면에 어떤 사람은 그보다 백배 많은 재산이 있음에도 자신이 원하는 한 가지가 없다고 불행해한다. 이러한 점을 보더라도 인간은 각자 어쩌면 도달할 수 있는 것에 대한 자신의 지평선을 갖고 있다. 각자의 요구는 이 지평선의 범위 내에서 움직인다.

이 지평선의 범위 내에 있는 어떤 대상이 획득 가능할 것처럼 보이면 그는 행복하다고 생각하지만, 어려움이 발생해 그럴 가능성이 사라지면 불행하다고 느낀다. 시야 밖에 위치하는 이러한 사물은 그에게 아무런 영향을 미치지 못한다. 그 때문에 부자들의 막대한 재산은 가난한 사람들의 마음을 불안하게 하지 않는 반면, 부자들은 자신의 계획이 실패로 돌아가면 이미 많은 재산을 소유하고 있어도 위로받지 못한다. 부는 바닷물과 같아서 마시면 마실수록 목이 마르다. 명성도 이와 마찬가지다.

부를 잃거나 유복한 상태가 사라진 후 최초의 고통을 이겨 내고 나면 일상적인 기분은 예전과 그다지 다르지 않다. 그 이유는 운명에 의해 소유물이 줄어들면 우리 스스로 요구 수준을 현격히 낮추기 때문이다. 하지만 불행한 일이 일어났을 경우 이러한 처리 방법은 사실 고통스럽다. 처리 과정이 완수되면 고통이 점점 적어지고, 결국 더 이상 고통을 느낄 수 없다. 즉 상처가 아문 것이다. 반대로 행복한 일이 일어났을 경우에는 우리의 요구를 억누르는 압축기가 밀려 올라가 요구가 팽창한다. 이때 기쁨을 느낀다. 하지만 이러한 처리 과정이 완전히 끝나면 기쁨도 더 이상 지속되지 않는다. 확대된 요구 수준에 익숙해져서 그 수준에 부합하는 소유물에 대해 무관심해지는 것이다. 호메로스는 『오디세이아』(18, 130~137행)에서 이미 그런 사실을 말하고 있다.

이처럼 지상에 사는 인간의 마음은 여러 신과 인간의 아버지가
은혜를 베풀었던 먼 옛날과 마찬가지이기 때문이다.

우리가 만족하지 못하는 이유는 요구를 억누르는 요인을 끌어올리려고 항시 부단히 애쓰지만 그것을 방해하는 다른 요인이 움직이지 않기 때문이다.

인간처럼 물질을 필요로 하고 여러 욕구로 이루어진 종족에게는 부가 다른 어떤 것보다 더 노골적으로 존경과 숭배를 받고 있다는 사실, 심지어 권력조차 오로지 부를 얻는 수단으로만 여겨져도 하등 놀랄 일이 아니다. 아울러 다른 모든 것이 돈을 벌려는 목적 때문에 무시되고 망가지는 것, 예컨대 철학이 철학 교수에 의해 망가지는 것도 하등 놀랄 일이 아니다. 인간의 소망이 주로 돈에 향해 있고, 인간이 무엇보다 돈을 사랑한다고 종종 비난받기도 한다.

하지만 지칠 줄 모르고 변신에 능한 프로테우스Proteus[14]처럼 변화무쌍한 우리의 소망과 다양한 욕구의 대상을 언제라도 충족시켜 주는 돈을 사랑하는 것은 자연스럽고, 어쩌면 불가피한 일일지도 모른다. 다시 말해 다른 재화는 **단 한 가지** 소망, 한 가지 욕구만을 충족시키기 때문이다. 음식은 배고픈 사람에게, 와인은 건강한 사람에게, 약은 환자에게, 모피는 겨울에, 여자는 젊은이에게 좋다. 따라서 이 모든 것은 특정한 목적을 위한 재화일 뿐이다. 즉 상대적으로 좋은 것에 불과하다. 돈만이 절대적으로 좋은 것이다. 돈은 구체적으로 단 하나의 욕구에만 소용되는 것이 아니라 추상적으로 욕구 전반에 소용되기 때문이다.

현재 지닌 재산은 일어날 수 있는 많은 재난이나 사고에 대비한 방호벽으로 보아야지, 세상의 즐거움을 얻게 해 주는 허가증이나 그럴 의무가 있는 것으로 보아서는 안 된다. 원래 재산이 없지만 어떤 종류의 것이든 자신의 재능을 통해 많은 돈을 번 사람들은 자신의 재능은 고정 자본이고 소득은 거기에서 나오는 이자라는 착각에 빠지기 쉽다. 따라서 그들은 번 것의 일부를 남겨 고정 자본으로 모아 두려 하지 않고 번 만큼 써 버린다. 그런 후에 그들은 대체로 가난에 빠진다. 가령 거의 모든 예술적 재능을 보면 알 수 있듯이 재능 자체는 무상한 종류라서 고갈되므로 돈벌이가 막히거나 중지되기 때문이다. 또는 특수한 사정이나 경기가 좋아서 돈을 많이 벌었는데 그런 사정이나 경기가 끝나 버리기 때문이다. 수공업자라면 앞에서 말한 식으로 계속 살아도 될지 모른다. 제품을 만드는 그들의 능력은 쉽게 사라지지 않고, 직공의 손을 빌려 보충될 수도 있으며, 그들이 만든 제품은 욕구의 대상이라서 언제든지 팔 수 있기 때문이다. "수공업은 황금나무"라는 속담은 옳은 말이다. 하지만 모든 종류의 예술가나 거장이 그렇다는 것은 아니다. 바로 그 때문에 이들이 높은 보수를 받는 것이다. 그들은 번 것을 자본으로 축적해야 한다. 하지만 그들은 불손하게도 번 것을 이자라고 생각해 파멸을 맞는다.

반면 상속으로 물려받은 재산이 있는 사람들은 적어도 무엇이 자본이고 무엇이 이자인지 금방 알아챈다. 그래서 그들 대부분은 자본을 안전하게 두려 노력하고, 그것에 결코 손대려 하지 않는다. 가능하면 적어도 이자의 8분

14　그리스 신화에 나오는 바다의 신. 모든 사물로 모습을 변화할 수 있으며 예언력이 있다고 한다.

의 1이라도 저축해서 돈줄이 막히는 경우에 대비하려고 한다. 그들이 대체로 잘사는 것은 그 때문이다. 앞에서 말한 모든 내용은 상인에게 적용되지 않는다. 그들에게는 돈 자체가 더 많은 벌이를 위한 수단, 말하자면 수공업자의 도구와 같은 것이기 때문이다. 그들은 전적으로 그들 스스로의 힘으로 돈을 벌었지만 그것을 이용해 돈을 유지하고 늘리려 한다. 그러므로 어떤 계층보다 상인 계층이 더 부유한 생활을 한다.

대체로 이미 궁핍이나 부족과 싸워 본 경험이 있는 사람들은 그런 것을 그저 소문으로 들어 알고 있는 사람들에 비해 비교되지 않을 정도로 궁핍과 부족을 두려워하지 않으므로 낭비하는 경향이 훨씬 강하다. 어떤 종류의 행운이나 어떤 종류의 특수한 재능에 의해 상당히 빨리 가난에서 벗어나 부자가 된 사람들은 모두 전자에 속한다. 이에 반해 유복한 집안에서 태어나 계속 부유한 사람은 후자에 속한다. 후자는 보통 전자보다 더욱 미래를 생각하고, 그 때문에 더욱 경제적이다. 이런 점에서 궁핍이란 멀리서 바라볼 때만큼 고약한 것은 아니라고 결론 내릴 수 있을지도 모른다. 그렇게 말할 수 있는 진정한 이유는 다음과 같은 것이라고 할 수 있다. 즉 부유한 집안에서 태어난 사람에게 부는 없어서는 안 되는 것으로, 공기와 마찬가지로 유일하게 생활을 가능하게 해 주는 요소로 여겨진다. 그러므로 그런 자는 부를 자신의 생명처럼 지키고, 대체로 규율이 바르며 신중하고 검소하다. 반면에 가난한 집안에서 태어난 사람에게 빈곤은 자연스럽게 받아들여지고, 어쩌다가 굴러들어 온 부는 단지 향락과 낭비에 적합한 여분의 것으로 여겨진다. 그래서 부가 다시 사라졌을 때도 예전처럼 재산 없이 그럭저럭 살아갈 수 있으며 오히려 걱정거리 하나가 사라진 것으로 여기기까지 한다. 셰익스피어의 다음과 같은 말은 이런 경우를 두고 한 표현이다.

말을 탄 거지는 말이 죽을 때까지 달린다는 속담이
그대로 맞아떨어졌구나.
(『헨리 6세』 제3부 1막 3장)

그런 사람들은 일부는 운명에 대해, 일부는 궁핍과 가난에서 벗어나게 해 준 자신의 수완에 대해 확고하고 강한 신뢰감을 머리와 마음속에 품고 있다.

그렇기 때문에 그들은 부유한 환경에서 태어난 사람들과 달리 끝없이 밑으로 추락한다고 생각하지 않고 바닥에 부딪히면 다시 위로 올라온다고 생각한다. 결혼 전에 가난했던 부인이 많은 지참금을 갖고 온 부인보다 가끔 과도할 정도로 요구하고 낭비벽이 심한 것은 인간의 이러한 특성으로 설명할 수 있다. 대체로 부잣집 딸들은 재산뿐만 아니라 재산을 유지하려는 유전적 본능까지 가져온다. 그런데 내 말과 반대되는 주장을 하려는 자는 아리오스토의 첫 번째 풍자에서 자신에 대한 근거를 발견할 것이다. 이에 반해 영국의 존슨 박사는 내 견해에 찬성한다. "부잣집에서 태어난 여성은 돈을 다루는 데 익숙해 분별 있게 돈을 쓴다. 하지만 결혼 후 비로소 돈을 마음대로 쓰게 된 여자는 돈을 쓰는 데 맛을 들여 터무니없이 낭비한다." 어쨌든 나는 가난한 여성과 결혼한 사람한테, 아내에게는 자본이 아닌 이자만 물려주고, 특히 자식의 재산이 아내의 수중에 들어가지 않도록 조심해야 한다고 충고하고 싶다.

내가 여기서 벌어들인 재산과 물려받은 재산을 유지하도록 애쓰라고 간곡히 권고했다고 해서 나의 펜에 어울리지 않는 일을 했다고 생각하지는 않는다. 왜냐하면 나면서부터 많은 재산을 소유하고 있다는 것, 가족들은 제외하고 자기 혼자만이라도 진정으로 독립해서, 즉 일하지 않고 편히 살아갈 수 있다는 것은 비길 데 없는 특전이기 때문이다. 이것이야말로 인간의 생활에 따라다니게 마련인 결핍과 고난의 면제다. 또한 인간의 어쩔 수 없는 숙명이라고 할 수 있는, 누구에게나 부과된 힘든 부역賦役으로부터의 해방이다. 운명의 이러한 혜택을 받고 태어나야만 진정한 자유민이라고 할 수 있다. 그러면 참으로 독립적인 입장으로 시간과 자신의 힘의 주인이 되어, 매일 아침 "오늘도 내 것이다"라고 말할 수 있다. 따라서 천 탈러의 이자를 받는 사람과 10만 탈러를 이자로 받는 사람의 차이는 천 탈러의 이자를 받는 사람과 한 푼도 받지 못하는 사람의 차이에 비하면 얼마나 미미한지 모른다. 하지만 물려받은 재산이 최고의 가치를 발휘하는 경우는 마침 그런 사람이 보다 높은 종류의 정신력을 타고나 돈벌이와 그다지 관계없는 일을 추구하는 경우다. 그는 운명으로부터 이중의 혜택을 받은 셈이라서, 자신의 창조적 재능에 따라 살아갈 수 있다. 그는 다른 사람이 할 수 없었던 일을 성취하고, 전 인류에 도움이 되는, 어쩌면 인류의 명예라고 할 수 있는 일을 해내 인류에게 자신의 채무를 백

배로 갚을 것이다. 또한 어떤 사람은 그처럼 혜택을 받은 상황에서 박애적인 노력을 통해 인류에게 공헌할 것이다.

반면에 이 모든 일 중에서, 단지 어느 정도도 하지 않거나 시험 삼아서 아무것도 하지 않는 자, 그러니까 학문을 철저히 연구해 적어도 그것을 진흥시킬 가능성조차 개척하지 않는 자는 물려받은 재산이 있더라도 빈둥거리며 그저 밥만 축내므로 경멸해야 한다. 그런 사람은 행복해질 수도 없다. 궁핍을 면한 대신 인간적 비참함의 또 다른 극인 무료함에 시달리기 때문이다. 그런 자는 차라리 궁핍해서 바쁘게 일했다면 훨씬 더 행복했을지도 모른다. 무료함은 자칫하면 그를 극단으로 치닫게 하여, 그런 자에게 어울리지 않은 장점을 앗아 갈지도 모른다. 실제로 자신들을 짓누르는 무료함을 순간적으로 달래기 위해 돈을 마구 써 버려 빈곤에 쪼들리는 사람들이 무수히 많다.

그렇지만 국가 공무원이 되어 출세하는 것이 목적이라면 사정은 달라진다. 호의, 친구, 연줄을 얻어야만 단계적으로 올라갈 수 있고, 어쩌면 최고 높은 지위까지 승진할 수도 있다. 다시 말해, 이런 경우에는 사실 아무런 재산 없이 세상을 살아가는 것이 더 나을지도 모른다. 특히 귀족은 아니지만 어느 정도 재능을 타고난 사람은 완전히 빈털터리인 경우가 참된 장점이 되어 추천할 만한 사유가 될 것이다. 모든 사람은 상대의 열등한 점을 가장 많이 찾고 가장 좋아하기 때문이다. 이러한 점은 단순한 대화에서도 그렇지만 직장에서 일할 때는 훨씬 더하다고 할 수 있다. 빈털터리만이 자신이 완전하고도 철저히 열등하고 무의미하며 무가치하다는 것을 확신하고 그런 점을 필요한 만큼 제대로 인식한다. 그런 자만이 번번이 뻔질나게 머리를 숙이고, 그런 자만이 허리를 90도로 굽히는 것이다. 그런 자만이 무슨 일이든 따르며 미소를 짓는다. 그런 자만이 자신의 공로가 전혀 무가치함을 인식한다. 그런 자만이 자신의 상사나 그 밖의 유력 인사가 쓴 졸작을 걸작이라며 큰 소리로 또는 대서특필하며 공공연히 찬양한다. 그런 자만이 구걸하는 요령을 터득하고 있다. 따라서 그런 자만이 괴테가 다음의 글에서 우리에게 알려 준 숨겨진 진리를 젊었을 때 재빨리 체득할 수 있다.

비열함을 불평해 보아야 아무 소용없다.
누가 뭐라든 그런 자가 세상을 지배하니.

(『서동시집』, 「나그네의 마음 평정」)

반면에 나면서부터 생활에 어려움이 없는 자는 대체로 건방지게 행동한다. 그는 고개를 쳐들고 걷는 데 익숙해 있으며, 앞에서 말한 구걸 기술은 하나도 배우지 못했다. 또한 무슨 재능이 있다고 으스댈지도 모르지만 평범하고 비굴한 사람들의 재능에 비할 바가 못 됨을 알아야 한다. 결국 그는 자신의 상사가 열등한 사람임을 알게 될지도 모른다. 그리고 상사에게 모욕당하기라도 하면 불손한 태도를 지니거나 겁을 먹는다. 그래서는 출세할 수 없다. 결국 그런 사람은 볼테르의 표현을 거리낌 없이 말하고 싶을지도 모른다. "우리가 이틀밖에 더 살지 못한다 해도 경멸스러운 놈들에게 고개를 숙이며 살 수는 없다." 유감스럽게도 경멸스러운 놈은 세상에 수없이 많다. 그래서 유베날리스Decimus Junius Juvenalis(55~140)[15]는 이렇게 말한다.

가정 형편이 어려워서 재능을 충분히 발휘하지 못하면 출세하기가 힘들다.
(『풍자시』 3, 164)

이 말은 정치적 또는 사회적 야망을 지닌 사람보다 문학이나 예술에 종사하는 사람에게 더욱 해당한다고 할 수 있다.

나는 인간이 지닌 것에 처자식을 포함하지 않았다. 그가 오히려 처자식의 소유물이기 때문이다. 친구는 거기에 넣을 수 있겠다. 그렇지만 친구를 소유하는 자는 친구의 소유물도 될 수 있다.

---

15 고대 로마의 시인. 『풍자시』에서 당시의 부패한 사회상에 격렬한 분노를 보였다.

제4장
인간이 남에게 드러내 보이는 것에 대하여

우리는 약한 본성을 타고났으므로 남에게 드러내 보이는 것, 즉 타인의 눈에 비친 자신의 존재를 지나치게 의식하는 경향이 있다. 하지만 조금만 생각해 보면 그것이 우리의 행복에 그다지 중요하지 않음을 알 수 있다. 따라서 타인의 좋은 평가를 받아 나름대로 허영심이 충족되면 다들 속으로 기뻐하는 것을 나는 좀체 이해할 수 없다. 고양이를 쓰다듬어 주면 목에서 꾸르륵거리는 소리를 내듯, 인간도 자신이 자랑스러워하는 분야에서 칭찬받으면 비록 입에 발린 거짓말이라 해도 얼굴이 밝아진다. 인간은 실제로는 불행하더라도, 혹은 지금까지 논의해 온 행복의 두 가지 주된 원천이 아무리 보잘것없어도 타인이 칭찬하면 종종 위안을 얻는다.

그와 반대로 어떤 의미로든 어느 정도로든 어떤 상황에서든 자신의 공명심이 상처받거나 홀대받고 무시당하면 어김없이 모욕감을 느끼고 때로 매우 고통스러워하는 것은 참으로 놀라운 일이다. 명예심이 인간 본성의 이러한 특성에 기인한다면 이 특성은 도덕성의 대체물로서 많은 사람의 훌륭한 처신에 유익한 영향을 미칠지도 모른다. 그렇지만 그것이 인간 자신의 행복에는, 특히 행복에 무척 중요한 요소인 마음의 안정과 독립에는 유익한 작용을 하기보다 방해되고 불리한 작용을 할 것이다. 그러므로 우리 관점에서 보면 이런 약한 특성에 제한을 가해, 재산의 가치를 적절히 숙고하고 올바로 평가해 타인의 알랑거리는 말이나 상처를 주는 견해에 되도록 민감하게 반응하지 않는 것이 현명하다. 왜냐하면 두 가지 모두 같은 실에 달려 있기 때문이다. 또한 그러다가는 언제까지나 타인의 견해와 생각의 노예가 되기 때문이다.

칭찬을 갈구하는 사람은
하찮은 말에 기가 꺾이기도 살기도 한다.

(호라티우스, 『서간집』 2, 1)

따라서 자신의 내부에 비치는 것의 가치를 단순히 타인의 눈에 비치는 것과 비교해서 올바르게 평가하면 행복에 큰 도움이 될 것이다. 전자에 속하는 것은 우리 자신의 생존 기간에 포함되는 모든 내용, 우리 존재의 내적인 내용, 즉 '인간을 이루는 것'과 '인간이 지닌 것'이라는 항목으로 앞서 고찰한 모든 자산이다. 이 모든 일이 벌어지는 장소는 바로 자신의 의식이기 때문이다. 반면에 타인에게 비치는 장소는 자신이 아닌 타인의 의식이다. 즉 그것은 우리가 타인의 눈에 비치는 표상이며, 그와 아울러 그런 표상이 불러일으키는 개념이다.[16] 그런데 이런 것은 우리에게 직접적으로 존재하는 것이 아니라 간접적으로, 다시 말해 우리에 대한 타인의 태도가 그러한 표상에 의해 규정되는 한, 존재하는 것에 불과하다. 그런데 이러한 태도 자체도 실은 우리의 **내부에서 우리 자신**에게 비치는 생각을 바꾸게 해 주는 무언가에 영향을 미칠 때만 고려될 뿐이다. 타인의 의식 속에서 무슨 일이 일어나든 우리에게는 상관없다. 우리 역시 대부분 사람의 생각이 얼마나 피상적이고 얕은지, 개념이 협소하고 신조가 천박한지, 견해가 왜곡되고 잘못되었는지 제대로 알면 타인의 견해를 점차 아무렇지 않게 여길 것이다. 또한 그런 자를 두려워하지 않거나 그런 자가 하는 말이 자신의 귀에 들어가지 않는다고 생각되자마자, 모두가 하는 말이 때로 얼마나 하찮게 들리는지 경험으로 알면 타인의 견해를 아무렇지 않게 여길 것이다. 형편없는 인간들이 위대한 인물을 깎아내리는 말을 들어도 아무렇지 않게 여길 것이다. 그렇게 되면 타인의 견해에 커다란 가치를 부여하는 사람이 그들에게 지나친 경의를 표하는 게 이해될 것이다.

어쨌든 자신의 행복을 앞에서 기술한 두 가지 부류의 자산에서 얻지 못하고 세 번째 부류에서 찾아야 하는 자, 즉 자신의 실제 모습이 아니라 타인의 눈에 비친 자기 모습에서 찾아야 하는 자는 빈약한 자원에 의존하고 있다. 무

---

16 •최고의 지위에 올라 온갖 부귀영화를 누리는 사람은 "우리의 행복은 전적으로 우리 자신의 외부에 있다. 우리의 행복이란 타인의 머릿속에 있기 때문이다"라고 말할지도 모른다.

릇 우리 존재의 토대, 즉 우리 행복의 토대를 이루는 것은 동물적 본성이기 때문이다. 우리의 행복에 가장 중요한 것은 건강이며, 건강 다음으로 중요한 것은 우리를 유지하게 해 주는 수단, 즉 아무 걱정 없이 마음 편히 살아가는 것이다. 명예, 영화, 지위, 명성은 그것에 많은 가치를 부여하는 사람들이 제법 있긴 하지만, 방금 말한 본질적인 자산과 비교할 수 없으며, 그것을 대체하지도 못한다. 오히려 필요하다면 본질적인 자산을 위해 그런 것들을 아무런 미련 없이 희생해야 할 것이다. 그러므로 각자 현실적으로 자신의 견해 속에서 살아가는 것이지 타인의 견해 속에서 살아가는 것이 아니라는 단순한 진리를 깨닫는 것이 행복에 큰 도움이 될 것이다. 즉 건강, 기질, 능력, 수입, 처자식, 친구, 주거지 등에 의해 규정되는 우리의 실제적·개인적 상태를 어떻게 하면 타인의 마음에 들까 골몰하는 것보다 그런 진리가 행복에 백배는 더 중요하다. 이것과 반대되는 망상이 우리를 불행하게 한다. "명예가 목숨보다 더 중요하다"라는 말은 "생존과 행복은 무가치하고, 우리에 대한 타인의 견해가 중요하다"라는 의미다. 물론 이 말은 세상에서 출세하기 위해서는 명예, 즉 우리에 대한 타인의 견해가 종종 꼭 필요하다는 평범한 진실이 근거로 삼는 과장된 표현으로 간주할 수 있다. 이 문제에 대해서는 나중에 언급하기로 하겠다.

이에 반해 우리가 일평생 쉼 없이 노력하고 수천 가지의 위험과 간난신고를 무릅쓰면서 지칠 줄 모르고 애쓰는 목적은 거의 대부분 이러한 타인의 견해로 자신의 입지를 높이기 위해서다. 다시 말해 관직이나 칭호, 공훈은 물론 부와 학문[17], 예술조차 주로 그러한 목적을 위해 추구된다. 타인으로부터 더 많은 존경을 받는 것이 궁극적인 목표라면 안타깝게도 그것은 인간이 얼마나 어리석은지 증명해 줄 뿐이다. 타인의 견해에 너무 지나친 가치를 부여하는 것은 어디서나 볼 수 있는 망상이다. 이러한 망상은 우리의 본성에 뿌리박고 있거나 사회와 문명의 여파로 생겨났을지도 모른다. 어쨌든 그러한 망상은 우리의 행위 전체에 엄청난 영향을 미치고, 우리의 행복에 해로운 작용을 한다. 이러한 영향을 추적해 보면 사람들은 "남들이 뭐라고 할 것인가?"의

---

17 •네가 알고 있는 것을 남이 알아주지 않는다면 네가 아는 것은 아무 소용이 없다(페르시우스, 『풍자시』).

노예가 되어 불안에 사로잡히거나, 심지어 베르기니우스[18]처럼 자신의 비수로 딸의 심장을 찌르기도 한다. 또는 사람들을 오도해 사후의 명성을 위해 평안, 부, 건강, 심지어 자신의 목숨마저 희생시키기도 한다. 이러한 망상이 사람들을 다스리거나 조종해야 하는 사람에게는 좋은 구실이 됨은 말할 필요도 없다.

어떤 종류의 것이든 인간을 훈련하는 기술에서는 명예심을 왕성하게 하고 북돋우는 것이 무엇보다 중요하다. 하지만 우리가 문제 삼는 인간 자신의 행복과 관련해서 본다면 사정은 완전히 달라진다. 오히려 타인의 견해에 너무 지나친 가치를 부여하지 않도록 충고한다. 하지만 일상적인 경험으로 보건대 사람들 대부분은 타인의 견해를 중요시하고, 자신에 대한 타인의 견해를 최고로 중요하게 생각해 자신의 의식보다 타인의 생각에 초점을 맞춘다. 따라서 자연스러운 순서를 뒤집어 타인의 견해를 자기 존재의 현실적인 한 부분으로 보는 반면, 자신에게 직접 존재하는 것을 단순히 관념적인 한 부분으로 보는 경향이 있다. 다시 말해 파생된 것, 부차적인 것을 좀 더 중요하게 생각해서, 이러한 본질 자체보다 타인의 머릿속에 있는 본질의 영상에 더욱 관심을 쏟는다. 우리는 이처럼 직접적으로 전혀 존재하지 않는 것을 그러한 것으로 평가하는 이 같은 어리석음을 허영이라 불러 왔는데, 이는 이러한 노력의 무의미함과 실속 없음을 나타내기 위해서다. 허영이란 탐욕과 마찬가지로 수단 때문에 목적을 망각하는 것에 속한다.

사실 우리가 타인의 견해에 가치를 부여하는 것과, 그러한 견해에 끊임없이 신경을 쓰는 것은 대체로 합리적으로 얻기를 원하는 결과와 거의 맞지 않으므로, 타인의 태도에 대한 이런 관심은 일반적으로 널리 퍼진 광기 또는 선천적인 광기의 일종으로 볼 수 있다. 우리는 모든 행동을 할 때 무엇보다 다른 사람과 다른 사람의 견해에 신경을 쓴다. 잘 생각해 보면 우리가 여태까지 염려하고 불안하게 생각한 것의 거의 절반은 남이 나를 어떻게 생각할까를 염두에 두었기 때문이라고 볼 수 있다. 걸핏하면 상처받고, 병적으로 민감한 모든 자존심의 밑바닥에는, 또한 뽐내고 뻐기는 태도뿐 아니라 모든 허영과 허

---

18 베르기니우스는 권력자 클라우디우스가 자기 딸을 첩으로 삼으려 하자 딸의 정조와 명예를 지키기 위해 단검으로 딸을 찔렀다.

세의 밑바닥에도 그러한 우려가 자리하고 있다. 이 같은 우려와 병적 집착이 없다면 사치가 지금의 10분의 1로 줄어들지도 모른다. 온갖 자부심, 명예심과 명예욕은 종류와 형태는 다를지라도 이러한 우려에 기초하고 있다. 이러한 우려 때문에 얼마나 큰 희생이 치러지는지! 벌써 어린아이 때부터 그런 우려가 보이며, 모든 연령층에서 드러나는데, 가장 강렬한 것은 만년에 이르러서다. 만년에 가서는 감각적인 향락을 즐길 능력이 고갈되어 허영과 교만에 이어 탐욕에 함께 지배되기 때문이다.

이런 현상은 프랑스인에게서 가장 극명하게 드러난다. 그것은 프랑스인들 사이에 유행하는 풍토병으로, 종종 더없이 몰취미한 외경심, 우스꽝스럽기 짝이 없는 허영심, 말할 수 없이 후안무치한 허풍으로 분출된다. 따라서 그들의 노력은 다른 민족에게 웃음거리가 되고 '위대한 민족'이라는 말이 그들의 별명이 되면서 헛수고가 되고 만다. 그런데 타인의 견해에 이처럼 지나치게 신경 쓰는 것의 불합리함을 더욱 상세히 설명하기 위해 여기서 인간의 천성에 뿌리박고 있는 어리석음의 예를 들어 보겠다. 그것은 상황이 적절한 성격과 일치하는 효과를 거두어 보기 드물게 혜택을 받은 최상의 예라고 할 수 있다. 그러한 실례를 통해 극도로 불가사의한 동기가 얼마나 강력한지 측정할 수 있기 때문이다. 1846년 3월 31일 자 「더 타임스」에는 복수하기 위해 자기 주인을 살해한 직공 **토머스 위크스**가 최근 처형당한 기사가 상세히 실렸는데, 다음은 그중 일부다.

처형이 집행되던 날 아침 이른 시각에 교도소 전속 신부가 그를 접견했다. 위크스는 차분한 태도를 취했지만 신부의 훈계에 아무런 관심을 보이지 않았다. 오히려 그에게는 자신의 수치스러운 마지막을 지켜보는 관중 앞에서 의연한 모습을 보이는 것이 유일하게 중요한 문제였다. 그는 그렇게 하는 데도 성공했다. 감옥 옆에 견고하게 설치된 교수대를 향해 걸어가는 도중 안뜰에서 그는 "자, 좋습니다. 전 도트 박사의 말대로 곧 위대한 비밀을 알게 될 거요!"라고 말했다. 그는 팔이 묶여 있는데도 전혀 도움을 받지 않고 교수대의 사다리를 올라갔다. 사다리를 다 올라가서는 관중을 향해 좌우로 고개 숙여 인사했다. 그러자 그곳에 모인 군중은 우레와 같은 박수갈채로 응답했다.

이것이야말로 참으로 끔찍한 죽음과 그 뒤에 올 영겁의 시간을 목전에 두고도 그곳에 몰려든 구경꾼들에게 심어 줄 인상과 그들의 뇌리에 남길 견해 말고는 다른 어떤 걱정도 하지 않는 명예욕의 멋진 본보기다! 그리고 같은 해 프랑스에서 국왕 살해 미수죄로 처형된 르콩트가 재판을 받으면서 가장 불만스러워한 것은 정장을 갖추고 상원에 나갈 수 없다는 사실이었고 처형당할 때도 미리 면도를 할 수 없다는 점이었다. 이런 일은 옛날도 지금과 다를 바 없었다. 스페인의 소설가 마테오 알레만이 그의 유명한 소설 『구스만 데 알파라체』의 서문에서 말하기를, 우롱당한 수많은 범죄자는 오로지 자기 영혼의 구제에 바쳐야 할 마지막 몇 시간을 교수대의 사다리 위에서 행할 간단한 설교를 작성하고 암기하는 데 허비했다고 한다. 우리는 이러한 사례를 우리 자신의 귀감으로 삼을 만하다. 왜냐하면 그러한 극단적인 사례가 우리 자신의 본성을 가장 극명하게 보여 주기 때문이다. 우리의 온갖 걱정과 근심, 안달과 성화, 불안과 긴장 등은 대부분의 경우 타인의 견해와 관계있는 것으로, 불쌍한 죄인들의 생각처럼 불합리하다. 이와 마찬가지로 질투와 미움도 대부분 앞에서 말한 근원에서 생긴다.

우리의 행복은 마음의 안정과 만족에 바탕을 두고 있다. 그러므로 이러한 행복을 증진하기 위해서는 명예욕이라는 동기를 합리적인 한도로 억제해서 지금의 50분의 1 정도로 낮추는 것이, 즉 끊임없이 우리를 괴롭히는 몸속의 가시를 빼내는 것이 필요하다. 그렇지만 쉬운 일이 아니다. 문제가 되는 것은 인간 본성의 자연스럽고 타고난 불합리함 때문이다. 타키투스는 "현자도 가장 떨쳐 버리기 힘든 것이 명예욕이다"(『역사』)라고 말했다. 인간이 공통으로 지닌 어리석음에서 벗어나기 위한 유일한 수단은 어리석음을 어리석음이라고 분명하게 인식하는 것이다. 이러한 목적을 위해서는, 인간의 머릿속에 든 대부분의 견해는 그릇되고 불합리하며, 이치에 어긋나고 터무니없는 것이므로 주의를 기울일 가치가 없음을 똑바로 알아야 한다. 또한 대부분의 상황과 경우에서 타인의 견해가 우리에게 별로 실제적인 영향을 미치지 못하며, 나아가서 그러한 것들은 대체로 비호의적임을 알아야 한다. 그래서 거의 모든 사람은 타인이 자신에게 하는 말이나 그들의 말투를 들으면 화병이 날지도 모른다. 결국 명예라는 것도 엄밀히 말해서 간접적인 가치만 지닐 뿐 직접적인 가치는 없음을 알 필요가 있다.

사람들이 공통으로 지닌 어리석음에서 벗어나 새사람이 되는 데 성공하면

"현자도 가장 떨쳐 버리기 힘든 것이 명예욕이다."

(타키투스, 『역사』)

마음이 안정되고 명랑해져 한층 더 확고하고 자신 있는 태도를 취할 것이며, 행동도 한결 자유스럽고 자연스러워질 것이다. 은둔 생활이 마음의 안정에 대단히 좋은 영향을 미치는 이유는 타인의 시선에서 벗어나 그들의 이런저런 견해에 계속 신경 쓰지 않고 자신에게 되돌아갈 수 있기 때문이다. 이와 동시에 순전히 관념적인 노력을 통해, 좀 더 정확히 말하면 구제할 길 없는 어리석음을 통해 초래되는 수많은 실제적인 불행을 피할 수 있을 것이다. 결과적으로 우리는 견실한 자산에 더 많은 주의를 기울여, 아무런 방해 없이 그것을 향유할 수 있을 것이다. 하지만 흔히 말하듯 "할 가치가 있는 일은 행하기가 어렵다."[19]

여기에서 묘사한 인간 본성의 어리석음에서 주로 세 가지 싹이 나온다. 명예욕, 허영심, 자긍심이 그것이다. 허영심과 자긍심의 차이는 다음 사실에 근거한다. 즉 **자긍심**은 어떤 점에서 자신이 압도적인 가치를 지녔다는 것에 관한 확고한 확신임에 반해, **허영심**은 이러한 확신을 타인의 마음속에서 일으키려는 소망이다. 허영심에는 그 확신을 자신의 것으로 삼을 수 있지 않을까 하는 은밀한 희망이 수반된다. 자긍심은 자기 자신에 대해 내부에서 출발하는 직접적인 높은 평가인 반면, 허영심은 그러한 것을 외부에서 간접적으로 얻으려는 노력이다. 허영심은 말을 많이 하게 만들지만, 자긍심은 과묵하게 만든다. 하지만 허영심이 강한 사람은, 비록 아주 멋지게 말할 수 있다 해도 말을 하기보다는 계속 침묵하는 편이 그가 추구하는 타인의 높은 평가를 더욱 쉽고 확실하게 얻을 수 있음을 알아야 한다.

자긍심은 원한다고 가질 수 있는 것이 아니다. 그런 사람은 기껏해야 자긍심이 있는 체할 뿐이며, 억지로 떠맡은 역할이 다 그렇듯 결국 분수에 맞지 않는다. 자신이 압도적인 장점과 특별한 가치를 지녔다는 확고하고 흔들림 없는 내적 확신만이 실제로 자긍심을 품게 해 준다. 그런데 이러한 확신은 잘못된 것일 수도 있고, 단순히 외적이고 인습적인 장점에 근거하고 있을지도 모른다. 하지만 그러한 확신이 실제로 진심으로 존재한다면 자긍심이 손상되지는 않는다. 자긍심은 확신에 뿌리를 두고 있으므로 모든 인식과 마찬가지로 **마음대로** 되지 않는다. 자긍심의 가장 고약한 적은, 말하자면 가장 큰 장애물

---

19 플라톤의 『국가』(6, 11)에 나오는 말

은 다른 사람의 갈채를 받으려고 애쓰는 허영심이다. 남의 갈채를 바라는 이유는 그것을 토대로 자기 자신을 높이 평가하려고 하기 때문이다. 반면에 자긍심의 전제 조건은 이미 자기 자신을 아주 확고하게 높이 평가하는 것이다.

그런데 자긍심은 자칫하면 심한 비난을 받거나 비방을 듣기도 한다. 추측건대 자랑할 만한 것이 아무것도 없는 사람들이 주로 그런 일을 당한다. 다른 사람의 몰염치와 뻔뻔스러움에 맞서기 위해서는 자신의 장점을 완전히 잊어버리지 않도록 늘 염두에 두는 것이 필요하다. 그러한 장점을 마음씨 좋게 무시해 버리고, 그들과 완전히 동류인 것처럼 처신하면 그들은 아무 생각 없이 당신을 즉각 그런 사람으로 간주할 것이다. 그런데 최고 종류의 장점, 즉 실제적이고 개인적인 장점은 훈장이나 칭호와 달리 매 순간 눈과 귀에 영향을 미쳐 기억되는 것이 아니라는 사실을 항시 기억하라고 꼭 말하고 싶다. 그렇지 않으면 '공자 앞에서 문자를 쓰는'[20] 것과 같은 경우를 숱하게 당할 것이다. 아라비아의 훌륭한 속담에 "노예와 장난치면 그는 곧장 엉덩이를 보일 것이다"라는 말이 있고, "공적으로 얻은 자긍심을 네 것으로 삼아라"(『송가』3, 30, 14)라는 호라티우스의 말도 귀담아들을 만하다. 그런데 겸양의 미덕은 변변찮은 사람에게는 그럴듯한 발명품일지도 모른다. 세상에 변변찮은 사람밖에 없는 것처럼 누구나 똑같이 겸손한 행동을 하게 만들어 버리면, 뛰어난 사람도 마치 그런 변변찮은 사람처럼 자신을 낮추어 겸손하게 말해야 하기 때문이다(괴테, 『변명』).

반면에 세상에서 가장 값싼 종류의 자긍심은 민족적 자긍심이다. 민족적 자긍심에 사로잡힌 사람은 그런 사실로 자랑할 만한 개인적 특성이 부족함을 드러내기 때문이다. 그렇지 않다면 그가 수백만의 사람과 공유하는 것을 굳이 손에 넣으려고 할 턱이 없다. 의미 있는 개인적 장점을 지닌 사람은 언제나 자국민의 결점을 보고 있으므로 오히려 자신의 민족이 지닌 결점을 가장 또렷하게 인식할 것이다. 하지만 세상에 무엇 하나 자랑할 만한 게 없는 가련한 멍청이는 자기가 속한 민족을 자랑하는 최후의 수단으로 붙드는 것이다. 그럼으로써 그는 힘을 회복하고, 감사하는 마음으로 자국민 특유의 온갖 결점과 어리석음을 필사적으로 옹호하려고 한다. 그 때문에 예컨대 영국인의

---

20 키케로의 『아카데미아 학파 철학』(I, 5, 18)에 나오는 "돼지가 미네르바를 가르친다"라는 말

우둔하고 격이 떨어지는 위선적 신앙심에 관해 당연히 경멸하는 말을 하면 그것에 동의하는 사람은 50명의 영국인 중 고작 1명 정도밖에 되지 않을 것이다. 하지만 그 한 사람은 대개 뛰어난 두뇌의 소유자다. 독일인은 민족적 자긍심이란 게 없다. 그런데 바로 그런 사실이 독일인이 칭찬받는 정직성을 증거한다. 하지만 독일인 중에도 그런 민족적 자긍심을 내세우며 우스꽝스러운 방식으로 그것이 있는 척하는 자들이 있다.

대체로 '독일 형제들'과 민주당원이 그런 일을 하며, 그들은 민중을 유혹하기 위해 아첨한다. 독일인의 머리가 좋다는 말이 있지만, 나는 그것에 동의하지 않는다. 리히텐베르크(『잡록雜錄』 제2권)는 이렇게 묻는다. "어떤 사람이 자신을 다른 어떤 자로 사칭하려고 할 때 자신을 독일인이라고 하지 않고 대개 영국인이나 프랑스인이라고 말하는 것은 어찌 된 까닭일까?" 그건 그렇다 치고 민족성보다 훨씬 중요한 것은 개성이다. 개별적인 인간의 경우 민족성에 비해 개성은 천배 이상 고려할 가치가 있다. 민족성이란 집단에 관해 일컫는 것이므로 결코 좋은 평판을 많이 듣지 못할 것이다. 오히려 인간의 편협함, 불합리함, 열등감이 나라마다 형태를 바꿔 나타나는 것이 바로 민족성이라 불리는 것이다. 이것들 중 한 가지가 싫어져 다른 것을 칭찬하지만, 결국 그것 역시 싫어진다. 모든 민족이 다른 민족을 비웃지만, 민족마다 그 나름대로 일리가 있는 것이다.

이 장章에서 논하는 우리가 세상에 **드러내 보이는** 것, 즉 타인의 눈에 비친 우리의 모습은 앞서 말했듯이 **명예, 지위, 명성**으로 나눌 수 있다.

대중이나 속물의 눈으로 보면 지위란 대단히 중요하고, 국가 기구가 활발히 움직일 때 그것의 효용도 크겠지만, 우리의 목적으로 보면 몇 마디 말로 간단히 처리할 수 있겠다. 지위란 인습적인 가치, 즉 엄밀히 말하면 허구적인 가치다. 지위의 작용은 허구적인 존경으로, 모든 것이 대중에게 보이기 위한 희극이다. 훈장은 대중의 여론에 영합한 어음과 같다. 즉 훈장의 가치는 발행인의 신용을 근거로 한다. 한편 훈장이 금전적 보상의 대용물로서 국가 재정을 대폭 절약하는 점은 굳이 말하지 않더라도, 분별 있고 공정하게 훈장을 나누어 준다면 대단히 합목적인 제도다. 다시 말해 대중은 눈과 귀를 갖고 있지만, 그 이상은 갖고 있지 못하다. 특히 판단력은 형편없으며 기억력도 그다지 좋지 않다. 많은 공적에 대해서 대중은 전혀 이해하지 못하고 있다. 대중이 이해하고 환호하며 받아들이는 공적도 있지만 그때뿐 얼마 지나면 곧 잊어버리고 만다. 그러니 나는 때와 장소를 막론하고 십자 훈장이나 별 모양의 훈장으로 "그 남자는 너희와 같은 부류가 아니다. 공적을 세운 사람이다!"라고 대중에게 소리쳐 알리는 것을 대단히 적절하다고 생각한다. 그러나 불공정하거나 무분별하게 수여하거나, 지나치게 남발하면 훈장은 이러한 가치를 잃는다. 그 때문에 상인이 어음에 서명할 때처럼 군주는 훈장 수여에 신중을 기해야 한다. 십자 훈장에 쓰인 '공적에 따라'라는 글은 하지 않아도 좋은 군더더기 말에 불과하다. 모든 훈장은 공적에 따라 수여되어야 하기 때문이다. 그것은 자명한 사실이다.

명예에 관한 논의는 지위에 관한 논의보다 훨씬 어렵고 번거롭다. 그런데 이런 의도에서 가령 "명예는 외적인 양심이고, 양심은 내적인 명예다"라고 말한다면, 이 말은 많은 사람의 마음에 들지 모르지만, 분명하고 철저한 설명이라기보다 멋들어진 설명에 가까울지도 모른다. 그 때문에 나는 "명예란 객관적으로 보면 우리의 가치에 대한 타인의 견해고, 주관적으로 보면 이러한 견해에 대한 우리의 두려움이다"라고 말하겠다. 이렇게 보면 명예는 그것을 중히 여기는 사람에게 순전히 도덕적인 작용은 하지 않더라도 때로는 매우 유익한 작용을 하기도 한다. 완전히 타락하지 않은 사람의 마음에 깃든 명예와 수치에 대한 모든 감정의 근원과 기원, 그리고 명예에 주어지는 높은 가치의 근원과 기원이 어디에 있는지는 다음과 같이 말할 수 있을 것이다. 인간은 혼자서는 할 수 있는 일이 별로 없는, 섬에 버려진 로빈슨 같은 존재다. 다른 사람과 어울릴 때만 인간은 존재 의의가 있고 많은 일을 해낼 수 있다. 의식이 좀 발전하면 그는 이런 관계를 알게 된다. 그리고 곧장 인간 사회의 유용한 일원, 즉 충분한 효용이 있는 인간으로서 협력할 능력이 있는 일원, 그로써 인간 공동체의 이점을 공유할 자격을 부여받는 일원이 되려는 노력이 그의 마음속에서 꿈틀거린다. 이때 인간이 그러한 일원이 되려면 먼저 세상 사람이 어디서나 그에게 요구하고 기대하는 것을 해내야 하고, 그런 다음 그가 차지한 지위에 걸맞게 그에게 요구하고 기대하는 것을 해내야 한다. 그러나 이 경우에 중요한 것은 그 자신의 견해가 아니라 타인의 견해임을 인간은 곧장 깨닫는다. 따라서 이런 연유로 타인의 **호평**을 받으려 열심히 노력하고, 이런 견해를 높이 평가하려는 마음이 생기는 것이다. 이 두 가지는 타고난 감정의 본래성으로 드러나는데, 이런 감정은 명예심으로, 때로는 수치심으로 불리기도 한다. 자신은 아무 잘못 없다고 알더라도, 심지어 드러난 과실이 단지 상대적인, 즉 자발적으로 받아들인 책무에 관한 것이라 해도 갑자기 타인에게서 좋은 평판을 받지 못한다고 생각하면 얼굴이 붉어지는 것은 바로 수치심 때문이다. 타인의 호평을 얻었다는 확신이 들거나, 다시 새로운 확신이 드는 것보다 삶의 용기를 북돋워 주는 것은 없다. 그렇게 되면 모든 사람이 힘을 합쳐 자신을 지켜 주고 도와줄 것으로 기대하기 때문이다. 이러한 도움은 자기 자신의 방벽에 비해 삶의 재앙을 막아 주는 더없이 튼튼한 방벽이 된다.

인간이 타인과 맺을 수 있는 다양한 관계에서, 타인이 그를 신뢰할 수 있는지, 즉 그를 좋게 평할 수 있는지에 따라 몇 가지 **종류의 명예**가 생겨난다. 이러한 관계는 주로 나의 것과 너의 것이라는 관계, 그런 다음에는 자청해서 책임을 떠맡는 일의 관계, 마지막으로는 성적 관계. 이 세 가지는 시민적 명예, 직무상의 명예, 성생활의 명예와 상응한다. 이것들은 각기 다시 몇 가지 종류로 나뉜다.

이 가운데 가장 범위가 넓은 것은 **시민적 명예**다. 시민적 명예는 우리가 모든 사람의 권리를 절대적으로 존중하고, 우리에게 유리하도록 불공정하고 불법적인 수단을 결코 쓰지 않는다는 전제 조건을 본질로 하고 있다. 시민적 명예란 모든 평화로운 교제에 참여하기 위한 조건이다. 단 한 번이라도 이 조건에 명백하고도 심하게 위반하는 행위를 하면, 따라서 형벌을 받으면 시민적 명예는 실추된다. 물론 형벌이 공정하게 내려졌다고 전제했을 경우에만. 그런데 명예란 언제나 도덕적 성격이 불변한다는 확신에 바탕을 두고 있으므로, 한 번이라도 나쁜 행위를 저질렀다면 그 후 유사한 상황이 벌어질 경우 모든 행위가 도덕적으로 동일한 성질을 지닌다는 판정을 받는다. '성격'이라는 뜻을 지닌 영어 'character'가 '평판', '명성', '명예'라는 의미로도 쓰인다는 것이 이런 사실을 입증한다. 중상이나 잘못된 외관과 같은 착오에 의한 경우가 아니라면 한번 실추된 명예는 회복할 길이 없다. 따라서 중상과 비방, 명예 훼손을 단속하는 법이 있다. 명예 훼손, 즉 단순한 모욕도 근거를 대지 않는 총괄적인 중상이기 때문이다. 이런 사실은 "명예 훼손은 총괄적인 중상이다"라는 그리스어에 잘 표현되어 있다고 하겠으나, 그 말이 어디에서도 나타나지는 않는다. 물론 모욕하는 자는 그럼으로써 상대방에게 불리한 사실이나 진상을 아무것도 밝힐 수 없음을 백일하에 드러내는 것이다. 그 자가 상대방에게 불리한 진상을 알고 있다면 이것을 전제로 삼아, 결론을 느긋하게 상대방에게 맡길 것이다. 대신 그는 결론을 먼저 내리고 전제는 알리지 않는다. 그는 단지 간결함을 좋아하기 때문에 그랬다는 전제를 신뢰한다. 시민적 명예라는 말은 사실 시민 계층에서 유래하는 명칭이지만, 그것의 타당성은 모든 계층에 아무런 차이 없이 적용된다. 심지어 가장 높은 계층도 예외가 아니다. 시민적 명예 없이 살아갈 수 있는 사람은 아무도 없다. 그것은 실로 중대한 사항이므로 누구나 그것을 소홀히 여기지 않도록 조심해야 한다. 신의와 신뢰를 깨는 자는 무슨 일을 하든, 누구든 영원히 신의와 신뢰를 잃는다. 이것들을 잃은 대가는 반드시 나타난다.

명예는 어떤 의미에서는 **소극적** 성격을 지닌다. 다시 말해 **적극적** 성격을 지닌 **명성**과 대비된다. 명예란 이것의 주체에게만 해당하는 특별한 성질에 관한 견해가 아니라 대체로 누구에게나 전제되는 성질, 그러니까 이 주체에게도 당연히 있어야 하는 성질에 관한 견해일 뿐이다. 따라서 명예란 이것의 주체가 예외적인 인물이 아님을 말해 준다. 반면에 명성은 그 장본인이 예외적인 인물임을 말해 준다. 명성은 일단 획득해야 하는 반면, 명예는 단지 잃지 않기만 하면 된다. 명성이 없다는 것은 무명無名이라고 할 수 있으므로 소극적 성질을 띠는 반면, 명예가 없다는 것은 치욕이므로 적극적 성질을 띤다. 여기서 말하는 소극성을 수동성과 혼동해서는 안 된다. 오히려 명예는 매우 능동적인 성격이 있다. 다시 말해 명예는 단지 그것의 **주체**에게서 출발하고, **그 사람**의 행동에 기인하는 것이지 타인의 행동이나 그가 당하는 일에 기인하는 것이 아니다. 그 때문에 명예는 우리에게 종속된 것에 속한다. 이 점은 참된 명예를 기사의 명예나 거짓 명예와 구별해 주는 특징이 된다. 명예에 가해지는 외부의 공격은 단지 중상에 의해서만 가능하다. 그것에 대한 유일한 대응책은 그에 어울리게 중상자를 공개하고 가면을 벗겨 중상 행위를 반박하는 것이다.

나이 든 사람에 대한 존경은, 젊은이의 명예가 전제로서 받아들여지지만 아직 검증되지 않아 신용에 의존한다는 사실에 기인하는 것 같다. 하지만 나이가 든 사람은 그의 품행을 통해 명예를 주장할 수 있는지 인생행로에서 입증되어야 했다. 왜냐하면 인간보다 더 오래 사는 동물들도 있으니, 어디서나 연장자를 존경하도록 요구하고 있으나 나이만으로는 연장자를 존경해야 할 충분한 근거가 되지 못하며, 세상사를 단순히 더 자세히 알고 있다는 의미인 경험 역시 그럴 만한 충분한 이유가 되지 못하기 때문이다. 노년이 되어 단순히 몸이 쇠약해진다면 존경보다는 돌봄을 요구할지도 모른다. 하지만 백발 노인에게 표하는 경의는 천성적이므로 사실상 본능적이라는 점이 특이하다. 노년의 훨씬 더 확실한 징표인 주름은 결코 이러한 경의를 일으키지 않는다. 즉 존귀한 주름이라는 말은 없어도, 존귀한 백발이라는 말은 항시 사용된다.

명예의 가치는 간접적인 것에 불과하다. 이미 이 장章 서두에서 다루었듯이, 우리에 대한 타인의 견해는 그것이 우리에 대한 그들의 행동을 규정하거나, 때로는 규정할 수 있다는 점에서만 가치를 지니기 때문이다. 하지만 그것은 우리가 사람들과 함께, 사람들 사이에서 살아가는 한에서만 그러하다. 문명 국가에서 살아가는 우리는 안전과 재산을 단지 사회 덕분에 보장받고 있으며, 무슨 계획을 시도하든 타인을 필요로 하고, 우리 일에 관여하도록 하려면 타인의 신뢰를 얻어야 하므로 우리에 대한 타인의 견해는 비록 간접적인 가치밖에 없다 해도 높은 가치를 지닌다. 즉 나는 타인의 견해에 직접적인 가치는 인정할 수 없는 것이다. 이러한 견해와 부합되게 키케로는 이렇게 말했다. "그런데 크리시포스와 디오게네스는 좋은 평판에 관해 말하길, 실리를 떠나 좋은 평판을 위해서는 손가락 하나 까딱해서는 안 된다고 말했다. 나는 그들의 견해에 전적으로 동의한다."(『최고 선악론』 제3권 17장). 이와 마찬가지로 엘베시우스Claude Adrien Helvetius(1715~1771)[21]는 자신의 주저 『정신에 대하여』(제3권 13장)에서 이러한 진리를 상세히 설명한다. 그 결론은 "우리는 명예 때문이 아니라 단지 명예가 가져다주는 이점 때문에 명예를 사랑한다"라는 것이다. 그런데 수단이 목적보다 더 가치 있을 수 없으므로 "명예는 목숨보다 중하다"라는 멋들어진 격언은 앞서 말했듯이 과장에 불과하다.

시민적 명예에 관해서는 이 정도로 해 두겠다. **직무상 명예**란 어떤 직무를 맡은 사람이 그것에 필요한 모든 자질을 실제로 갖추고 있으며, 어떤 경우에도 직무상의 책임을 확실하게 이행하고 있다는 타인의 견해다. 국가에서 어

---

21 프랑스의 계몽 시대 철학자이자 논쟁가. 그는 로크의 영향으로 유물론에 기울어져 윤리학의 종교적 기초를 공격하고, 명쾌한 필치로 감각적인 쾌락이 선의 기초라고 주장했다.

떤 사람의 권한이 중요하고 클수록, 그러므로 그 사람이 맡은 지위가 높고 그 영향력이 클수록 그를 쓸모 있게 만드는 지적 능력과 도덕적 자질에 대한 세상 사람들의 관심이 커질 수밖에 없다. 따라서 그런 사람은 좀 더 높은 정도의 명예를 지니고 있는데, 그것을 드러내 주는 것은 그 사람에 대한 타인의 복종적 태도뿐만 아니라 칭호나 훈장 등이다. 그런데 이와 동일한 척도에 따라 일반적으로 신분은 명예의 특별한 정도를 규정한다. 그렇지만 이러한 명예의 정도는 신분의 중요성에 대한 대중의 판단 능력에 따라 다소 수정될 여지는 있다. 그러나 특별한 책임을 지니고 수행하는 사람이 주로 소극적인 성질에 바탕을 두는 명예를 지니는 일반 시민에 비해 더 많은 명예를 인정받는 것은 사실이다.

나아가서 직무상의 명예는 다음 사실을 요구한다. 직무를 맡은 사람은 자신의 동료나 후임자를 위해 직무 자체에 경의를 표해야 한다. 사실 그러기 위해서는 자신의 의무를 확실히 수행하고, 직무 자체에 대한 공격과 자신에 대한 공격에 벌을 받게 해야 한다. 즉 그가 직무를 맡은 한 그가 그것을 확실히 수행하지 못한다는 말이나, 그 직무가 공공의 복리에 도움이 되지 않는다는 등의 말에 벌 받지 않도록 해서는 안 되고, 법적인 처벌을 통해 그러한 침해가 부당함을 증명해야 한다. 직무상의 명예에 속하는 것은 공무원, 의사, 변호사, 모든 공립 학교 교사, 즉 모든 대학 졸업자의 명예다. 요컨대 공적인 선언에 의해 정신적인 종류의 어떤 일에 자격을 갖추어서, 바로 그 때문에 자신도 그런 책무를 자청해 떠맡은 모든 사람의 명예다. 한마디로 말하면 그처럼 공적인 책무를 떠맡은 모든 사람의 명예다. 따라서 참된 **군인의 명예**도 여기에 속한다. 군인의 명예란 공동의 조국을 방어할 책무를 떠맡은 자는 그것에 필요한 자질, 즉 무엇보다 용기, 용맹성, 힘을 실제로 지니는 것에, 반드시 조국을 사수하겠다는 진지한 자세, 어떤 일이 있어도 버리지 않겠다고 한번 충성을 맹세한 군기는 반드시 사수하겠다는 진지한 자세에 있다. 보통 **직무상 명예**라면 직무 자체에 합당한 시민의 경의를 의미하지만, 여기서는 그보다 더 넓은 의미에서 파악했다.

성적 명예에 대해서는 좀 더 자세히 고찰해 그 원칙을 근원까지 거슬러 올라가 찾을 필요가 있다. 그렇게 하여 모든 명예란 효용성에서 기인함을 확인할 수 있을 것이다. 성적인 명예는 그 성질상 여성의 명예와 남성의 명예로 나뉘는데, 양쪽에서의 잘 이해된 협동 정신이다. 둘 중에서 여성의 명예가 훨씬 중요하다. 여성의 삶에서는 성적인 관계가 중요한 사항이기 때문이다. 그러므로 **여성의 명예**란 미혼 여성의 경우 아무에게도 몸을 허락하지 않았을 것이라는 일반적인 견해를 말하며, 기혼 여성의 경우는 자신과 혼약한 남자에게만 몸을 허락했을 것이라는 일반적인 견해를 말한다. 이러한 견해의 중요성은 다음의 사실에 기인한다. 여성은 남성으로부터 모든 것, 즉 여성이 원하고 필요로 하는 모든 것을 요구하고 기대한다. 그런데 남성은 여성으로부터 우선 직접적으로 한 가지만 요구한다. 그 때문에 남성은 여성으로부터 그 한 가지를 얻는 대신 모든 것을, 게다가 결혼 관계에서 생기는 자녀들을 보살필 책임을 떠맡는 제도가 정착되었음이 분명하다. 여성 전체의 복리는 바로 이 제도에 기인하는 것이다. 이 복리를 관철하기 위해서는 여성이 단결해서 협동 정신을 발휘해야 한다. 그런 다음 전체가 일사불란한 대오를 갖추어 공동의 적인 남성과 맞서야 한다. 여성은 우세한 체력과 정신력을 바탕으로 본래 지상의 모든 재화를 장악하고 있는 남성을 물리치고 정복해 그 소유물의 도움으로 지상의 재화를 차지해야 한다. 그런데 이런 목적을 이루기 위해서는 남성이 절대 외도를 못하게 하는 것이 모든 여성의 명예의 원칙이다. 이 원칙은 모든 남성이 일종의 항복이라고 할 수 있는 결혼을 하지 않을 수 없게 하고, 그것을 통해 여성 전체를 먹여 살리도록 하기 위한 것이다. 그러나 이 목적을 완벽하게 달성하기 위해서는 앞에서 말한 원칙을 엄격히 준수해야 한다. 전체 여성은 참된 협동 정신으로 모든 여성에게서 이 원칙이 준수되도록 감시한다. 이런 행위가 일반화되면 여성의 복리가 파괴될 것이므로, 혼전 성관계로 전체 여성을 배신하는 미혼 여성은 여성으로부터 추방되어 치욕을 당한다. 이 여성은 명예를 잃는다. 어떤 여성도 더 이상 그 여자와 사귀어서는 안 된다. 말하자면 전염병에 걸린 여자처럼 기피 대상이 되는 것이다. 간통한 여자도 같은 운명을 맞는다. 이 여성은 남성이 승낙한 항복 계약을 지키지 않았으며, 전체 여성의 행복이 그러한 항복 계약에 기인하는 반면 그러한 사례가 일어나면 남자는 두려움을 느껴 항복 계약을 승낙하지 않을 것이기 때문이다. 뿐만 아니라 간부姦婦는 사실상 명백히 약속을 어기고 사기를 쳤기 때문에 성적인 명예와 아울러 시민적 명예도 잃는다. 그 때문에 용서의 표현으로 '타락한 소녀'라는 말은 있어도 '타락한 부인'이라는 말은 없는 것이다. 그리고 유혹한 남자는 결혼해 타락한 소녀의 명예를 회복시켜 줄 수 있지만, 간통한 남자는 간부가 이혼한 후 그녀와 결혼해도 그녀의 명예를 회복시켜 줄 수 없다.

사람들이 이런 명백한 통찰 결과 유익하고 필요하기는 하나 이해관계에 바탕을 둔 잘 계산된 협동 정신을 여성의 명예를 이루는 원칙의 토대로 인식한다면 여성의 명예가 여성의 존재에 가장 중요하고 커다란 상대적 가치를 지님을 인정할 수 있을 것이다. 그렇다고 해서 여성의 명예가 생명과 인생의 목적을 넘어서는 절대적 가치를 지녔다고는 할 수 없고, 따라서 생명 자체를 희생하고 지켜야 할 가치라고는 할 수 없을 것이다. 도가 지나친 비극적 소극笑劇으로 변질한 루크레티우스Lucretius[22]와 베르기니우스의 행위는 갈채를 받을 수 없을 것이다. 바로 그렇기 때문에 「에밀리아 갈로티」[23]의 결말은 관중을 너무 격앙시켜 완전히 잡친 기분으로 극장을 나서게 만든다. 반면에 성적 명예는 잃었지만 『에그몬트』[24]의 클레르헨에게는 동정하지 않을 수 없다. 앞의 몇몇 예에서 보듯 여성의 명예의 원칙을 극단으로 몰고 가는 것 역시 수단 때문에 목적을 망각하는 행위에 속한다. 도를 지나쳐 성적 명예에 절대적인 가치가 있다고 꾸며 대기 때문이다. 그런데 성적 명예는 다른 모든 가치 이상으로 단순히 상대적 가치를 지닐 뿐이다. 아니, 그 가치는 단순히 인습적 가치에 불과하다고 할 수 있다. 토마지우스의 『축첩론』을 봐도 알 수 있듯이, 루터의 종교 개혁 시기에 이르기까지 거의 모든 나라와 시대를 막론하고 축첩이 법적으로 허용되고 승인되었으며, 이러한 경우 첩은 명예를 잃지 않았다. 바빌론의 미리타[25] 신전[26](『헤로도토스』 제1권 199절)에서 행해진 성매매와 그 외의 사례에 대해서는 굳이 말할 필요도 없다. 특히 이혼을 허락하지 않는 가톨릭 국가에서는 혼인이라는 외적인 형태를 취하지 못하

---

22 로마의 타르키니우스 콜라티누스의 아내로 섹스투스 타르키니우스에게 능욕을 당하자 남편과 아버지에게 이 사실을 알리고 자결함. 그에 대한 복수로 타르키니우스 일가는 로마에서 추방되고 로마 왕국이 무너지고 공화국이 수립되었다.

23 베르기니우스 이야기에서 소재를 얻은 레싱의 희곡. 에밀리아 갈로티가 이탈리아의 영주 과스탈라에게 능욕을 당하자 갈로티의 아버지는 칼로 딸을 찔러 죽인다.

24 괴테의 희곡. 에그몬트의 연인 클레르헨은 국왕의 사자와 은밀한 대화를 나누었다는 이유로 에그몬트에게 사형 선고가 내려지자 사형이 집행되기 전 독물을 마시고 자살한다.

25 • 시리아에서 아프로디테를 일컫는 이름

26 바빌론의 여성은 평생에 한 번은 미리타 신전의 경내에 앉아서, "미리타 신의 이름으로 그대의 축복을 비노라"라고 말하며 은화를 던지는 남자에게 몸을 허락해야 했다.

ACTO QUINTO, ESCENA VIII.

희곡 「에밀리아 갈로티」의 마지막 장면

게 하는 시민적 관계가 물론 존재한다.

내 생각에는 어디서건 통치자의 경우에는 하층민 여자와 결혼하기보다는 소실을 두는 게 훨씬 도덕적인 행위로 생각된다. 하층민 여자와의 혼인으로 태어난 자손은 혹시 정통 자손의 대가 끊기는 경우 언젠가 자신의 권리를 요구할 수 있으므로, 그럴 가능성이 없어 보인다 해도 그런 혼인은 분란의 소지가 있는 것이다. 나아가 하층민 여자와의 그러한 결혼, 즉 외적 관계를 깡그리 무시하고 맺어진 결혼은 결국 여자와 사제에게 양보한 셈이다. 그런데 여자와 사제라는 이 두 부류에는 무언가를 용인하지 않게 될 수 있는 한 조심해야 한다. 누구나 자기가 선택한 여자와 결혼할 수 있지만, 이러한 자연스러운 권리를 박탈당한 남자가 나라에 한 명 있다는 사실을 염두에 두어야 한다. 이 가없은 남자가 바로 군주다.

군주의 결혼은 국가의 일이며, 국시國是에 따라, 다시 말해 나라의 안녕에 따라 결정된다. 그러나 군주도 한 인간이므로 한번은 자신의 마음이 가는 대로 행동하고 싶을 것이다. 그러므로 군주가 소실을 두는 것을 인정하지 않거나 비난하려는 것은 편협한 생각일 뿐 아니라 공정하지 못하고 배은망덕한 처사라 할 수 있다. 소실이 정치에 개입하는 것이 허용되지 않는 한에서 그것은 자명하다. 그녀 입장에서 보면 그러한 소실은 성적 명예라는 점에서 어느 정도 예외적인 인물, 즉 일반적 규범이 면제된 여자다. 그녀는 서로 사랑하지만 결코 결혼할 수 없는 한 남자에게 몸을 맡겼기 때문이다. 하지만 유아 살해나 어머니의 자살과 같은 수많은 피비린내 나는 희생이 그러한 원칙을 위해 치러졌기 때문에, 일반적으로 여성의 명예의 원칙이 순수하게 자연스러운 기원을 가진다고는 할 수 없다. 물론 불법적으로 자신의 몸을 허락한 소녀는 그럼으로써 전체 여성의 신의를 배신한 셈이다. 그렇지만 이러한 신의는 암묵적으로 인정된 것일 뿐 그녀가 신의를 지키겠다고 특별히 맹세한 것은 아니다. 그런데 그럴 경우 보통 자신의 이익이 가장 직접 피해를 입으므로 그녀가 나쁜 짓을 했다기보다는 훨씬 더 어리석은 짓을 했다고 할 수 있다.

남성의 성적 명예는 여성의 성적 명예를 통해 그것과 대립되는 협동 정신으로서 야기된다. 남성의 협동 정신은 상대방에게 매우 유리한 항복, 즉 결혼한 모든 남성이 이제 그 약속이 지켜지는지 감시하라고 요구한다. 그 이유는 계약이 느슨하게 준수되어 확고부동함을 잃어버리는 것과, 남성이 모든 것을 제공한 대가로 얻은 여성의 독점이라는 사실조차 확보하지 못하는 것을 막기 위해서다. 따라서 남성의 명예는 그가 아내의 간통에 복수하고, 적어도 이혼으로 벌할 것을 요구한다. 남성이 아내의 간통을 알면서도 참는다면 같은 남성으로부터 창피를 당할 것이다. 하지만 이러한 창피는 성적 명예를 상실한 여성이 당하는 창피에 비하면 그다지 심각하지 않고, 오히려 사소한 오점에 지나지 않는다. 남성에게는 더 중요한 다른 일이 많아 성적 관계가 종속적인 면에 지나지 않기 때문이다. 근대의 위대한 두 극작가가 각기 두 번씩 남성의 명예를 주제로 삼았다. 셰익스피어의 『오셀로』, 『겨울 동화』, 칼데론의 『자기 명예의 의사』, 『은밀한 모욕에는 은밀한 복수를』이 그것이다. 그건 그렇고 이러한 명예는 여자의 처벌만을 요구하지 그 정부情夫의 처벌은 요구하지 않는다. 정부를 처벌하는 것은 필요 이상의 행위이기 때문이다. 이러한 사실을 통해 앞서 말한 남성의 명예의 근원이 남성의 협동 정신에 있음이 입증된다.

내가 지금까지 그 종류와 원칙을 고찰한 명예는 어느 민족, 어느 시대에나 일반적으로 통용되는 것으로 보인다. 그러나 여성의 명예의 경우는 지역에 따라 일시적으로 원칙이 몇 가지 달라지는 것을 볼 수 있다. 반면에 일반적으로 어디서나 통용되는 것과 전혀 다른 종류의 명예가 한 가지 있다. 그것은 중국인이나 힌두교도, 이슬람교도는 말할 것도 없이 그리스인이나 로마인도 오늘날까지 까맣게 모르고 있는 명예다. 왜냐하면 그것은 중세에 비로소 생겨나 유럽의 기독교 문화권에만 뿌리를 내렸기 때문이다. 아니, 거기서도 극히 일부분, 즉 사회의 상류 계층과 그들을 본받으려는 계층에 한정되어 있었다. 그것은 **기사적인 명예** 또는 체면이라고 할 수 있다. 기사적인 명예의 원칙은 지금까지 논의해 온 명예의 원칙과 완전히 다른 것으로, 심지어 이 둘은 부분적으로 서로 상반된다. 예컨대 지금까지 논의해 온 명예의 소유자는 **명예를 지키는 남자**임에 반해, 기사적인 명예를 지닌 자는 **체면을 중시하는 남자**다. 그래서 나는 그들의 원칙을 하나의 사회 규범이나 기사적인 명예의 거울로서 특별히 서술하고자 한다.

1) 명예는 우리의 가치에 대한 타인의 견해가 아니라 오로지 그러한 견해의 **표명** 속에만 존재할 뿐이다. 이때 진술된 견해가 실제로 존재하는지의 여

부는 아무래도 상관없다. 하물며 그러한 견해가 근거 있는지는 말할 필요도 없다. 따라서 우리의 행동거지를 보고 타인이 우리를 매우 나쁘게 생각하고 우리를 아무리 경멸하더라도 그런 견해를 큰 소리로 피력하지 않는 한 우리의 명예는 조금도 손상되지 않는다. 하지만 이와 반대로 우리의 자질이나 행동으로 타인의 존경을 받지 않을 수 없는 경우에도(왜냐하면 존경하고 안 하고는 그들의 자유재량에 달려 있지 않기 때문이다) 우리를 경멸한다는 자가 단 한 사람이라도 있다면, 비록 그자가 가장 나쁘고 어리석은 자라 할지라도 우리의 명예는 곧장 침해받는다. 아니, 다시 명예가 회복되지 않으면 영원히 잃어버린다. 중요한 것은 결코 타인의 견해가 아니라 오로지 그러한 견해의 **표명**이라는 것에 대한 굳이 들먹일 필요가 없는 증거다. 비방은 **철회**될 수 있고, 필요하다면 그에 대해 사과도 할 수 있는데, 그렇게 되면 그 일이 결코 일어나지 않은 것과 같은 결과를 얻을 수 있다. 이때 그런 비방을 한 견해 역시 바뀌었는지, 그리고 무엇 때문에 그런 비방을 했는지는 결코 중요하지 않다. 단지 견해를 표명한 사실만 무효가 되면 모든 일이 해결된다. 이런 경우 노리는 목표는 존경심을 얻는 것이 아니라 억지로 빼앗는 것이다.

2) 남자의 명예는 그가 **행하는** 것이 아니라 그가 당하는 것, 그에게 뜻밖에 일어나는 일에 기인한다. 처음에 논한 일반적으로 통용되는 명예의 원칙에 따르면, 명예는 오로지 그가 **직접** 한 말과 행동에 달려 있는 반면, 기사적인 명예는 다른 사람이 한 말과 행동에 달려 있다. 따라서 기사적인 명예는 모든 사람의 손에, 아니 혀끝에 달린 셈이다. 누군가가 마음만 먹으면 당장이라도 명예가 영원히 실추될 수 있다. 즉 피해자가 곧 언급할 회복 절차를 통해 명예를 억지로 되찾지 않는다면 말이다. 하지만 그러다간 생명, 건강, 자유, 재산, 마음의 평정을 잃을 위험이 있다. 그러므로 어떤 남자의 행위가 아무리 올곧고 고결하며, 심성이 아무리 순결하고, 두뇌가 아무리 뛰어나다 해도 누군가 그를 **모욕할** 마음을 먹기만 하면 당장이라도 그의 명예가 실추될 위험성이 있다. 게다가 이때 모욕하는 사람이 여태껏 명예의 규칙을 어긴 적이 없다면 아무리 형편없는 인간쓰레기든, 아둔하기 짝이 없는 짐승 같은 자든, 게으름뱅이, 노름꾼이든 빚쟁이든, 요컨대 쳐다볼 가치도 없는 사람이라 해도 아무 상관없다. 더구나 "경멸스럽고 가소로운 사람일수록 혀가 풀려 있다"(『영혼의

평정에 대하여』제11권)라고 **세네카**가 적절하게 지적했듯, 걸핏하면 타인을 비난하는 자는 대개 그런 종류의 인간이다. 이러한 사람은 앞에서 이야기한 훌륭한 사람을 보면 곧장 흠집을 내고 싶은 마음에 사로잡힌다. 그것은 서로 상반되는 사람들이 서로를 미워하는 데다, 뛰어난 장점을 가진 사람을 보면 형편없는 사람의 마음속에 은밀한 분노의 감정이 솟구치곤 하기 때문이다. 괴테는 이렇게 말한다.

적에게 탄식한들 무슨 소용이겠는가?
그런 자가 친구가 되겠는가?
자네의 있는 그대로의 존재를
은밀히 영원토록 비난하는 적이.
(『서동시집』6, 14)

마지막에 기술한 종류의 사람들이야말로 명예의 원칙에 크게 감사해야 한다. 그런 원칙으로 해서 어느 모로 보나 자신이 도저히 어깨를 나란히 할 수 없는 사람들과 같은 수준이 되는 것이다. 그런데 그런 자가 남을 비방했다면, 즉 남의 나쁜 성질을 지적했다면 그 말은 일단 객관적으로 옳고 근거 있는 판단으로, 확정 판결로 간주된다. 뿐만 아니라 피로 곧장 지워 버리지 않으면 영원히 옳고 유효한 것으로 남는다. 다시 말해 비방을 당한 사람은('체면을 중시하는 모든 사람'이 볼 때) 비방을 한 사람(설사 그자가 인간 말종이라고 해도)이 말한 대로 되어 버린다. 왜냐하면 그는 그 말(이것은 전문 용어다)을 '감수했기' 때문이다. 그에 따라서 '체면을 중시하는 사람들'은 이제 그를 철저히 경멸하고, 전염병 환자처럼 그를 피할 것이다. 예컨대 그가 참석하는 모임 등에 가는 것을 큰 소리로 공공연히 거절할 것이다. 나는 이런 현명한 기본 입장의 근원을 [C.G. 폰 베히터의 저서 『독일사, 특히 독일 형법사 논고』(1845)에 따르면] 중세에, 15세기까지는 형사 소송의 경우 원고가 죄를 입증해야 하는 것이 아니라 피고가 무죄를 입증해야 하는 것에서 확실하게 찾을 수 있다고 생각한다. 피고는 무죄 선서를 통해 결백을 주장할 수 있었지만, 그러기 위해서는 선서 보조인이 필요했다. 선서 보조인은 피고가 위증을 하지 않을 것임을 확신한다는 선서를 했다. 피고에게 선서 보조인이 없거나 원고가 그를 인정하지 않을 경우 신명神明 재판에 맡겼다. 신명 재판은 보통 결투 형태로 행해졌다. 피고는 이제 '오명을 쓴 자'이므로 스스로 결백을 밝혀야 했기 때문이다. 오명을 쓴다는 개념의 기원과 아울러, 단지 선서를 하지 않는 것 말고는 오늘날에도 '체면을 중시하는 사람들' 사이에서 행해지는 모든 일의 진행 과정의 기원이 여기에 있다. '체면을 중시하는 사람들'이 거짓말을 했다는 비난을 들으면 응당 크게 격분하며 피의 복수를 요구하는 것도 바로 이런 사실로 설명할 수 있다. 사람들이 일상적으로 거짓말을 한다는 사실에 비추어 볼 때 그런 일로 피의 복수를 한다는 것은 참으로 이해할 수 없다는 생각이 들기는 하지만, 특히 영국에서는 이것이 깊이 뿌리를 내려 미신으로 자라났다(거짓말을 했다는 비난을 받고 죽음으로 벌하겠다고 위협하는 자는 모두 평생 거짓말을 하지 않았을 것임이 분명하다). 다시 말해 중세 형사 소송에서는 피고가 원고에게 "그것은 거짓말입니다"라고 답변하는 비교적 간략한 형식이었다. 그러면 곧장 신명 재판이 벌어지는 것으로 인식되었다. 그 때문에 기사적인 명예 규범에 따라 거짓말을 했다는 비난을 받으면 즉각 무기에 호소할 수밖에 없는 것은 이러한 연유 때문이다. 모욕에 관해서는 이 정도로 해 두겠다. 그러나 모욕보다 더 고약한 성질을 갖는 것이 있다. 그것은 너무나 끔찍해서 기사적인 명예 규범에서 단순히 언급만 해도 나는 '체면을 중시하는 사람들'에게 용서해 달라고 부탁해야 할 정도. 그것은 단순히 생각만 해도 그들의 피부에 소름이 돋고 머리털이 곤두서기 때문이다. 그것은 세상에서 가장 나쁜 것으로, 죽음이나 영겁의 벌보다 더 고약하다. 말하기 끔찍하지만, 그것은 어떤 사람이 다른 사람을 때리거나 구타하는 것이다. 이것은 참으로 경악스럽고 완벽한 명예로운 죽음을 초래하므로, 다른 모든 명예 훼손은 유혈에 의해 치유될 수 있다면 이러한 명예 훼손을 철저히 치유하기 위해서는 치명적 타격이 요구된다.

3) 이러한 명예는 인간이 그 자체로 어떤 존재인지, 또는 그의 도덕적 성질이 변할 수 있는지와 같은 온갖 현학적인 문제와는 하등 관계없다. 명예가 손상되거나 일시적으로 잃는 경우 신속하게 손을 쓰기만 하면 유일한 만병통치약인 결투에 의해 즉시 완전하게 회복할 수 있다. 그렇지만 명예를 훼손한 자가 기사적인 명예 규범을 신봉하지 않는 신분에 속하거나 이미 그것을 어긴

적이 있는 경우, 특히 폭력에 의한 명예 훼손 또는 단순히 말에 의한 훼손이라 하더라도 무기를 갖고 있다면, 바로 그 자리에서 또는 한 시간 후에라도 상대방을 찔러 죽여 명예를 회복한다. 그것 말고도 그러다가 귀찮은 일이 생길까 우려돼 그런 행위를 피하고 싶다거나, 모욕한 사람이 기사적인 명예의 규칙을 따르는 자인지 아닌지 불확실한 경우에는 '어드밴티지'라는 미봉책이 있다. 어드밴티지란 상대방이 난폭하게 행동하면 그보다 더 난폭하게 행동하는 것을 말한다. 욕설을 퍼붓는 것으로 안 되면 본격적으로 나선다. 더구나 여기에도 명예 구제의 점층법이 있다. 귀싸대기를 맞으면 몽둥이로 때리고, 몽둥이로 맞으면 사냥용 채찍으로 후려갈긴다. 채찍으로 맞은 경우에는 침을 뱉는 것이 효과적이라고 권하는 사람도 더러 있다. 이러한 수단으로도 제대로 목적을 달성하지 못하는 경우에는 유혈 행동에 나서지 않을 수 없다. 이러한 미봉책은 다음과 같은 원칙에 근거하고 있다.

4) 모욕당하는 것이 치욕이듯, 모욕하는 것은 명예다. 예컨대 상대편에게 진리, 정의, 이성이 있다 해도 내가 모욕하면 이 모든 것은 아무 소용없다. 정의와 명예는 내 쪽에 있다. 반면에 상대방은 명예를 회복하기 전까지 명예를 잃는다. 명예 회복은 정의나 이성으로 하지 않고 총을 쏘거나 칼로 찔러서 한다. 따라서 난폭함은 명예의 문제에서 다른 모든 것을 대체하거나 압도하는 성질이다. 가장 난폭한 자의 말이 언제나 정의다. 더 이상 말해 무엇 하겠는가? 누군가가 아무리 어리석고 버릇없고 나쁜 짓을 저질렀다 해도 난폭한 행동에 의해 그 행위 자체가 지워지고 정당화된다. 어떤 논의나 대화를 할 때 타인이 우리보다 더 정확한 전문 지식, 더 철저한 진리애, 더 건전한 판단, 더 많은 분별력을 보이거나, 일반적으로 우리를 무색하게 하는 정신적 장점을 드러내는 경우, 우리가 모욕적이고 난폭한 행동을 취해 그러한 우월함, 또 그것에 의해 밝혀진 우리 자신의 빈약함을 즉각 제거할 수 있다. 그리하여 반대로 우리 자신이 우월한 위치에 선다. 난폭함은 어떤 논증도 이겨 내고, 온갖 정신을 무색하게 하기 때문이다. 가령 상대방이 그것에 반응해서 더 난폭하게 대응해 우리가 어드밴티지라는 고상한 시합에 빠져들지 않는다면 우리가 승리자가 되고, 명예는 우리 편에 있다. 즉 진리, 지식, 분별력, 정신, 기지는 아무 소용없고, 더없이 막강한 난폭함에 의해 격퇴당하고 만다. 그 때문에

'체면을 중시하는 사람들'은 누군가가 그들과 다른 의견을 피력하거나, 그들이 반대 논거로 제시할 수 있는 것 이상의 분별력을 보여 주는 것만으로도 즉각 군마軍馬에 오르겠다는 표정을 짓는다. 또한 논쟁 중에 반대 논거를 제시하지 못하면 난폭한 수단을 쓰려고 한다. 그것은 반대 논거와 같은 효과를 내고 좀 더 손쉽게 쓸 수 있기 때문이다. 그러고 나서 그들은 그곳에서 의기양양하게 떠나간다. 이것으로 볼 때 사회에서 명예의 원칙을 고상하고 기품 있다며 극구 칭찬하는 이유를 충분히 알 수 있다. 그런데 다시 이러한 원칙은 진정한 원칙이자 전체 규범의 영혼이라고 할 수 있는 다음과 같은 원칙에 기인한다.

5) 명예에 관한 한 견해 차이가 있을 경우 어느 누구에게나 호소할 수 있는 최고의 법정은 신체적 폭력, 즉 금수성의 법정이다. 모든 난폭함은 사실 금수성에 호소하는 것이기 때문이다. 즉 난폭함은 정신적 능력이나 도덕적 정의의 싸움을 부적당하다고 선언하고, 신체적 힘의 싸움으로 그것을 대신한다. **프랭클린**이 인간이라는 종을 가리켜 도구를 만드는 동물이라고 정의한 것처럼, 이 싸움은 인간 특유의 무기를 가지고 결투라는 형태로 수행되며, 그 결과 최종 판정이 내려진다. 이러한 기본 원칙은 알다시피 한 마디로 **완력권**이라는 말로 표현된다. **몰상식**이라는 표현과 유사하므로 둘 다 반어적인 의미를 지닌다. 그에 따라 완력권이라는 말에 비추어 보면, 기사적인 명예란 완력의 명예라 불릴 수 있겠다.

6) 앞에서 우리는 시민적 명예가 소유권의 문제, 승낙한 책무, 약속에 너무 연연해한다는 것을 살펴보았다. 반면에 여기서 고찰한 규범은 그 점에서 지극히 고결하고 관대한 모습을 보여 준다. 다시 말해 하나의 약속, 즉 "명예를 걸고!"라고 말하면서 한 약속만은 어기면 안 된다. 이를 근거로 생각해 보면 다른 모든 약속은 어겨도 된다는 추정이 성립한다. 심지어 명예를 걸고 한 약속을 어겼을 경우라도 결투라는 만병통치약을 사용하면 임시방편으로 명예를 회복할 수 있다. 그것은 명예를 걸고 한 약속을 지켰다고 주장하는 사람들을 상대로 하는 결투다. 더구나 반드시 갚아야 하는 채무도 한 가지밖에 없다. 그것은 '명예를 건 빚'이라고 불리기도 하는 노름빚이다. 그 외의 빚은 상대가

유대인이든 기독교인이든 같지 않아도 상관없다. 그런다고 기사적인 명예가 손상되는 것은 전혀 아니다.[27]

그런데 이런 기묘하고 야만적이며 가소로운 명예의 규범이 인간 본성의 본질이나 인간관계의 건전한 견해에서 생겨나지 않았음을 공명정대한 사람이면 한순간에 알아볼 수 있다. 그뿐만 아니라 그런 사실은 적용 범위가 극히 한정된 것으로 확인된다. 다시 말해 그 범위는 오로지 유럽에만 한정되어 있다. 그것도 중세 이후에만. 이 경우에도 귀족이며 군인과 이들을 본받으려고 애쓰는 자에게만 한정된다. 그리스인, 로마인, 문화 수준이 높은 고금의 아시아 여러 민족은 이러한 명예와 그 원칙에 대해 아는 바가 없기 때문이다. 그들 모두는 처음에 분석한 명예밖에 알지 못한다. 따라서 그들 모두의 경우 남자란 그의 행동거지에 의해 인정받는 것이지 남이 그에 대해 멋대로 떠들어 대는 이야기에 의해 인정받는 것이 아니다. 남자의 말과 행동이 자신의 명예는 망칠지언정 결코 남의 명예는 해칠 수 없다는 것이다. 그들 입장에서 보면 구타는 단지 하나의 구타에 지나지 않는다. 이것은 말이나 당나귀의 발굽에 맞아 위험한 상황에 처할 수 있는 것과 마찬가지라 볼 수 있다. 구타당하면 때로는

---

27 * 그것이 규범일지도 모른다. 그러한 원칙이 아무리 이상하고 기괴해 보여도, 명백히 개념화되고 뚜렷이 표현되면 오늘날 기독교 유럽에서는 대체로 모두 그 원칙을 신봉한다. 그런 원칙은 소위 상류사회에, 예의범절에 속한다. 그러므로 청소년 시절부터 말과 본보기로 주입받은 사람들 중 많은 이가 어떤 교리문답서보다 이 원칙을 더욱 철저히 신뢰하고, 이 원칙에 대해 진심으로 깊은 외경심을 품으며, 언제라도 그 원칙을 위해 행복, 안정, 건강이며 목숨까지 바칠 매우 진지한 자세가 되어 있다. 그들은 그 원칙이 인간의 본성을 이루는 뿌리라고 간주한다. 따라서 타고났다는 것이며, 선천적으로 확정되어 어떠한 시련에도 초연하다는 것이다. 그렇다고 그들의 마음을 상하게 할 생각은 없다. 그런데 그것은 그들의 두뇌에 그다지 명예로운 일이 아니다. 그 때문에 이러한 원칙은 어떤 신분의 사람보다도 지상에서 지력을 대변하고, 지상의 소금이 되도록 정해진 자, 이러한 직업을 위해 준비하는 자, 그러므로 독일에서 다른 어떤 신분보다 이러한 원칙을 신봉하는 대학생에게 가장 적절하다. 그런데 이러한 헬라어와 라틴어로 교육받은 젊은이(나도 한때 그런 젊은이에 속했는데, 독일의 학계에서 여전히 매우 존경할 만한 철학자로 간주되는 열등한 사이비 철학자인 피히테가 '권위를 갖고 선언했'듯이)에게 나는 앞서 말한 원칙을 신봉한 결과 불이익이나 부도덕을 간절히 권하는 대신 다음 사실을 말하기만 하면 된다. 헬라와 라틴의 언어와 지혜를 후견인으로 받아들인 청년, 젊은 정신에 아름다운 고대의 현자와 고상한 자의 빛을 받는 커다란 배려를 받은 여러분이 몰상식과 잔인함의 이러한 규범을 여러분의 행동 지침으로 삼으면서 시작하려고 하는가? 여기에 명백히 개념화되고 가련할 정도로 옹색하게 여러분 앞에 있는 규범을 살펴보고, 그것을 여러분의 마음이 아닌 분별력의 시금석으로 삼도록 하라. 이러한 분별력이 그 규범을 지금 타기하지 않으면, 여러분의 두뇌는 들판에서 활동하기에 적합하지 않다. 그곳에서는 편견의 질곡을 쉽게 찢어 버리는 활발한 판단력과 제대로 마음에 드는 분별력이, 진위眞僞의 차이가 깊이 숨겨져 있고, 이곳처럼 손으로 붙잡을 수 없어서, 그것을 순수하게 가를 수 없는 그곳에서조차, 필수적인 요구 사항이다. 그러므로 이러한 경우, 여러분, 다른 정직한 방식으로 이러한 세계를 헤쳐 나오는 방법을 모색하고, 군인이 되거나 수공업을 배워라. 손재주 있는 자는 굶어 죽지 않으니까!

화날 수도 있고, 즉석에서 보복할 수도 있을 것이다. 하지만 그것은 명예와 아무런 관계가 없다. 구타나 모욕을 당했다고 그에 대해 변상이 행해졌다거나 결투에 의한 '명예 회복'을 요구했다는 이야기는 어디에도 기록되어 있지 않다. 그들의 용감성과 삶을 경시하는 태도는 기독교를 믿는 유럽의 여러 민족에 뒤지지 않는다. 그리스인과 로마인도 훌륭한 용사였지만 체면에 관해서는 아무것도 아는 게 없었다. 그들은 결투를, 국민 중에서 고상한 사람이 하는 것이 아니라 돈으로 산 검투사, 자포자기한 노예, 유죄 판결을 받은 범죄자가 하는 것으로 생각했다. 이들은 맹수와 교대로 민중의 오락을 위해 서로를 자극했다. 기독교가 도입되고 나서 검투사 경기는 폐지되었다. 대신 기독교 시대에는 신의 판결을 매개로 결투가 생겨났다. 전자가 일반인의 구경거리를 위한 잔혹한 희생물이었다면, 후자는 일반인의 편견에서 비롯된 잔혹한 희생물이다. 하지만 후자는 전자처럼 범죄자나 노예, 죄수가 아니라 자유민이나 고상한 자를 희생물로 삼았다.

수많은 문헌으로 볼 때 고대인에게는 이러한 편견이 전혀 없었다. 예컨대 튜턴족의 어느 추장이 마리우스 장군에게 결투를 신청했을 때 이 용사는 "목숨이 필요 없다면 목을 매달면 되지"라고 대답하게 한 뒤, 상대가 될 만한 퇴역 검투사를 추천했다(프라인호페리, 『리비우스의 로마사』 제68권의 별책 부록, 12절). 또한 플루타르코스(『테미스토클레스』 11장 20절)에도 함대 사령관인 스파르타의 장군 에우리비아데스가 아테네의 장군 테미스토클레스와 언쟁을 하다가 그를 때리려고 지팡이를 집어 들었는데, 이때 테미스토클레스가 검을 뽑아 들었다는 기록은 없다. 오히려 테미스토클레스는 "나를 때리시오, 하지만 내 말을 좀 들어 보시오"라고 말했다고 한다. '체면을 중시하는' 독자라면 아테네 장교단이 테미스토클레스와 같은 사람을 더 이상 모실 수 없다는 성명을 즉각 발표하지 않은 것을 못마땅하게 생각할 것이다. 따라서 근대의 어느 프랑스 문필가가 한 말은 전적으로 옳다고 할 수 있다. "데모스테네스가 명예를 중시하는 사람이었다고 주장하는 사람은 웃음거리가 될 것이다. 마찬가지로 키케로도 명예를 중시하는 사람이 아니었다."(루엥, 『뒤랑에 의한 문학의 밤』, 1828, 제2권 300쪽). 플라톤이 쓴 『법률』(제9권 마지막 6쪽 및 제11권 131쪽 비폰틴 판)에서 가혹 행위에 관한 부분을 보면 고대인은 그러한 일을 당했을 때 기사적인 명예에 관한 문제는 전혀 알지 못했음을

테미스토클레스 흉상, J.P.A. 안토니에티, 1926

충분히 여볼 수 있다,

소크라테스는 자주 논쟁을 벌였기 때문에 가끔 폭행당하는 일이 있었으나 의연히 견뎌 냈다. 한번은 그가 발길에 차였을 때 끈기 있게 참는 것을 보고 놀라는 사람에게 이렇게 말했다고 한다. "내가 노새에게 차였다고 해서 노새를 고소하겠는가?"(『디오게네스 라에르티오스』제2권 21장). 또 한 번은 어떤 사람이 소크라테스에게 "저 사람은 당신을 모욕하고 비방하지 않습니까?"라고 말했더니 "아닐세. 저 사람이 하는 말은 나에게 해당하는 말이 아닐세"(『디오게네스 라에르티오스』제2권 36장)라고 대답했다. 스토바이오스(『선집』제1권 317~330쪽)가 남긴 **무소니우스**Musonis Rufus[28]의 긴 글로 미루어 보면 고대인이 명예 훼손을 어떻게 생각했는지 알 수 있다. 그들은 재판에 의한 명예 회복 말고는 다른 것을 알지 못했고, 현명한 사람들은 이러한 명예 회복마저 거부했다. 고대인은 뺨을 맞더라도 재판에 의한 명예 회복밖에 알지 못했음을 플라톤의 『고르기아스』를 보면 알 수 있다. 거기에는 이에 대한 소크라테스의 견해도 실려 있다. 같은 사실이 루키우스 베라티우스라는 자에 대한 겔리우스의 기록에서도 명백히 나타난다. 그자는 길에서 만나는 로마 시민들에게 아무 이유도 없이 뺨을 때리는 행패를 부렸다. 그에 따른 성가신 일을 피할 목적으로 그는 노예에게 동전이 든 자루를 메고 따라오게 했다. 그 노예는 이러한 봉변을 당한 사람에게 25아스의 법정 위자료를 지불했다. 유명한 견유犬儒학파의 **크라테스**는 음악가 니코드로모스에게 심하게 뺨을 맞아 얼굴이 퉁퉁 붓고 피멍이 들었다. 그러자 그는 이마에 '니코드로모스의 소행'이라는 조그만 판자를 붙이고 다녔다. 그리하여 아테네 전체 시민이 가정의 수호신이라며 떠받들던 사람(아파레이우스, 『명문선』)에게 그런 만행을 저지른 플루트 연주자는 커다란 치욕을 당했다(『디오게네스 라에르티오스』제6권 89절).

시노페의 **디오게네스**는 아테네의 술 취한 시민에게 얻어맞은 일에 대해 멜레시포스에게 보내는 편지에서 그런 것은 자기에게 아무 일도 아니라는 의미의 글을 남겼다(『디오게네스 라에르티오스』제6권 33장에 대한 카소본의 주석). 그리고 세네카는 『현자의 의연함에 대해서』 10장의 마지막 부분까지 모

---

28 기원전 1세기경 스토아학파 철학자로 에픽테토스의 스승

욕에 대해 상세히 고찰하고, 현자는 모욕을 개의치 않는다고 설명했다. 그 책 14장에서 그는 이렇게 밝혔다. "그런데 현자는 주먹으로 얻어맞으면 어떻게 행동해야 할까? 카토가 얼굴을 얻어맞았을 때처럼 행동해야 한다. 그는 모욕 당하고도 화내지 않고 보복도 하지 않았다. 그는 또한 모욕을 용서하지도 않고 모욕당하지 않았다고 단언했다."

여러분은 "그야 당연하지, 그들은 현자니까!"라고 외칠 것이다. 그렇다면 여러분은 바보란 말인가? 그런 셈이다.

그러므로 고대인은 기사적인 원칙에 대해서 전혀 알지 못했다. 고대인은 모든 면에서 공명정대하고 자연스러운 견해를 충실히 따랐고, 그 때문에 그들은 잔뜩 찌푸린 꼴사나운 얼굴을 용납할 수 없었다. 그 때문에 고대인은 얼굴을 맞아도 그것 자체로, 즉 사소한 신체적 침해로만 생각할 뿐 그것에 별다른 의미를 부여하지 않았다. 반면에 근대인에게 그러면 파국이나 비극의 소재가 되었다. 예컨대 코르네유의 『르 시드』나 최근의 독일 시민 비극에서도 그런 경우를 볼 수 있다. 그 시민 비극의 제목은 '관계의 힘'이지만, '편견의 힘'이라는 제목을 다는 것이 좋겠다. 하물며 파리의 국민의회에서 뺨을 때리는 사건이 발생한다면 전 유럽이 시끄러울 것이다. 그런데 앞에서 예로 든 고대의 고전적인 회상이나 인용문에 심기가 불편해졌을 '체면을 중시하는' 사람들에게 나는 해독제로서 **디드로**의 걸작 『운명론자 자크와 그의 주인』을 읽으라고 권한다. 그 속에서 근대의 기사적인 명예 중시의 전형으로 등장하는 **데그랑** 씨의 이야기에 힘을 얻고 감화받기를 바란다.

앞에서 든 인용문으로, 기사적인 명예의 원칙이 인간의 본성 자체에 근거하는 진정한 원칙일 수 없다는 사실이 밝혀졌다. 그러므로 그것은 인위적인 원칙이며, 그 기원을 찾아내는 일은 어렵지 않다. 즉 그것은 두뇌보다 완력을 더욱 단련했던 시대, 사제들이 이성을 쇠사슬로 꽁꽁 묶어 두었던 시대, 즉 칭송받는 중세와 중세 기사도 시대의 산물이다. 다시 말해 당시 사람들은 신의 보살핌뿐만 아니라 신의 판결도 받고 있었다. 그에 따라서 까다로운 소송 사건은 신명神明 재판, 즉 신의 판결에 의해 결정되었다. 그런데 신의 판결이란 약간의 예외를 제외하면 결투를 의미했다. 그런데 결투는 기사들만의 전유물이 아니라 일반 시민들 사이에서도 행해졌다. 셰익스피어의 『헨리 6세』[29]에서 그에 대한 적절한 예를 찾아볼 수 있다. 판사의 판결이 내려진 후에도 여전히 상급심으로서 결투, 즉 신의 판결에 호소할 수 있다. 그로 인해 신체적 힘과 민첩성, 즉 이성 대신에 동물적 본성이 판사의 직무를 수행했다. 그리하여 오늘날에도 통용되는 기사적인 명예의 원칙에 따라, 정의와 불의를 판정하는 것은 인간이 행한 일이 아니라 인간이 당한 일이었다. 결투라는 제도의 이러한 기원이 아직 의심스러운 자는 멜링겐의 탁월한 저서 『결투의 역사』(1849)를 읽어 보기 바란다. 아닌 게 아니라 오늘날에도 기사적인 원칙을 신봉하는 보통 가정 교육을 못 받고 매우 사려 깊지 못한 사람들 중에는 결투 결과를 정말로 다툼에 대한 신의 판결로 생각하는 이들도 있다. 이는 말할 것도 없이 인습적으로 내려온 견해를 그대로 따른 것이다.

기사적인 명예의 원칙의 이러한 기원은 차치하고서라도 그것이 의도하는 바는, 실제로 존경을 얻기가 힘들거나 불필요하다고 간주되는 경우 무엇보다도 신체적인 폭력을 가하겠다는 협박으로 외적인 존경 표명을 강요하려는 데 있다. 이것은 온도계의 수은을 손으로 데워 수은이 올라가는 것을 보여 주고는 자기 방의 난방이 잘된다는 것을 알리려는 것과 같다. 좀 더 자세히 고찰하면 문제의 핵심은 다음과 같다. 타인과의 평화로운 교제를 중시하는 시민적인 명예는 우리가 타인의 권리를 절대적으로 존중하기 때문에 완전한 **신뢰**를 받을 자격이 있음을 상대에게 인식시키는 데 있는 반면, 기사적인 명예는 우리가 자신의 권리를 절대적으로 옹호할 생각이기 때문에 우리를 **두려워해야** 한다는 인식을 상대에게 심어 주려는 데 있다.

우리가 각자 자기 자신을 지키고 자신의 권리를 직접 옹호해야 하는 자연 상태에서 살아간다면 인간의 정의란 그다지 의지할 것이 못 되므로 신뢰를 얻기보다는 두려움을 주는 게 더 중요하다는 원칙은 그다지 틀린 것이 아니다. 하지만 국가가 우리의 신체와 재산에 대한 보호를 떠맡은 문명 상태에서는 그런 원칙이 더 이상 적용되지 않고, 완력권이 판을 치던 시대의 성벽이나 망루처럼 잘 경작된 밭과 차들로 붐비는 국도나 철도 사이에서 아무 쓸모 없이 버려져 있다. 그에 따라 이러한 원칙을 고수하는 기사적인 명예도, 하찮은

---

29   제2부 제2막 3장에서 토머스 호너와 그의 제자 피터가 결투하는 장면이 나온다.

모욕이나 부분적으로 단순한 조롱에 지나지 않아 국가가 단지 가볍게 처벌하거나 '법은 자질구레한 것에 상관하지 않는다'라는 원칙에 따라 전혀 처벌하지 않는 그러한 신체의 침해에 관심을 기울였다. 하지만 이러한 신체의 침해와 관련해서 기사적인 명예는 자신의 신체의 가치를 인간의 본성, 성질, 운명과 전혀 어울리지 않을 정도로 높이 평가해 신성한 것으로 끌어올렸다. 그에 따라 사소한 모욕이라고 가볍게 처벌하는 국가의 행태에 도저히 만족할수 없어서, 그러한 처벌을 직접 떠맡아 모욕한 자의 신체나 생명에 타격을 가한다. 그 근저에는 분명히 지나치게 도를 넘은 오만과 괘씸한 교만이 자리하고 있다. 이것은 인간이 본래 어떤 존재인지를 완전히 망각한 처사이고, 인간에 대한 절대 불가침성과 완전 무결성을 주장하는 행위다. 하지만 이러한 원칙을 폭력으로 관철하겠다는 마음을 품고, 그것에 따라 '나를 모욕하거나 구타하는 자는 죽음을 면치 못한다'라는 원칙을 공언하는 자는 외국으로 추방당해 마땅하다.[30]

그런데 그런 불손한 교만을 미화하기 위해 온갖 방법이 동원되고 있다. 두 사람 모두 겁을 모르는 대담한 사람일 경우 어느 쪽도 양보하려고 하지 않을 것이다. 그러니 지극히 사소한 계기에도 모욕적인 말로, 그다음에는 구타로, 급기야 살인으로 이어질지도 모른다. 따라서 예의상 중간 단계는 생략하고 즉각 무기에 호소하는 것이 더 낫다는 것이다. 사람들은 이런 경우의 세부 절차를 법칙과 규칙을 갖춘 경직되고 옹졸한 제도로 만들어 놓았다. 그 제도는 세상에서 가장 진지한 소극笑劇으로, 어리석음의 진정한 명예의 전당이다. 그런데 이 원칙 자체가 잘못되어 있다. 그다지 중요하지 않은 사건의 경우(중요

---

30 • 기사적인 명예는 교만과 어리석음의 산물이다(이 기사적인 명예와 상반되는 진리가 폰 칼데론의 희곡 『의 연한 왕자』에서 "이것이야말로 아담의 유산이다"라는 말로 가장 명확하게 표현되고 있다). 이러한 최고의 오 만은 극도의 겸손을 의무로 가르치는 종교의 신자들에게만 유독 눈에 띈다. 이전 시대에도, 다른 대륙에서도 기사적인 명예의 원칙을 알지 못하기 때문이다. 그럼에도 이 원칙은 종교가 아니라 봉건 제도 탓으로 보아야 한다. 봉건 제도에서 모든 귀족은 자신을 소군주로 간주해 자기 위에 인간이라는 재판관을 인정하지 않았고, 그 때문에 자신의 신체에 완전한 불가침성과 신성을 부여했다. 따라서 자신의 신체에 가해지는 침해, 즉 어떤 종류의 구타나 모욕이든 죽어 마땅한 범죄라고 여겼다. 따라서 명예의 원칙과 결투가 원래는 귀족의 문제였 으나, 나중에는 장교의 문제가 되었다. 그런 후에는 전부가 그런 것은 아니었지만 다른 상류 계층도 이들에게 질세라 가끔 이에 동참했다. 결투가 신명 재판에서 비롯한 것이긴 하나 명예의 원칙의 근거가 아니라 그 결과 이자 그것을 응용한 것이다. 즉 인간이라는 재판관을 인정하지 않는 자는 신이라는 재판관에게 호소하는 것 이다. 하지만 신명 재판 자체는 기독교에만 있는 것이 아니라 힌두교에서도 널리 인정되고 있다. 사실 대체로 옛날에 그랬지만, 지금도 그 흔적이 보이고 있다.

헌 시권은 언제나 법정에 판결을 맡긴다) 두 명의 대담한 사람 중에서 한 명이, 다시 말해 더 현명한 쪽이 물론 양보할 것이다. 단순한 견해 차이는 내버려 두도록 한다. 이러한 사실을 증명해 주는 것이 일반 사람들이다. 또는 오히려 기사적인 명예의 원칙을 신봉하지 않는 수많은 계층의 모든 사람이 그런 사실을 증명해 준다. 때문에 이들의 다툼은 자연스럽게 진행된다. 이들 사이에서는 전체 국민의 1000분의 1도 안 되는 명예 원칙 신봉자들에 비해 살인 사건이 100분의 1도 일어나지 않는다. 그리고 구타도 매우 드물다. 그런데 사회의 미풍양속은 명예의 원칙과 그 원칙을 따르는 결투를 최종적 버팀목으로 삼고 있으며, 결투야말로 난폭함과 무례함을 막아 주는 방패 역할을 한다고 주장하는 사람이 있다. 그런데 기사적인 명예라는 허깨비가 배후에 도사리고 있지는 않지만 아테네, 코린트, 로마에도 좋은 사회, 그것도 아주 좋은 사회와 미풍양속이 있음은 말할 필요도 없다. 하지만 물론 그곳에서는 유럽의 경우처럼 여자가 사회의 주도권을 쥐고 있지는 않았다. 여자가 사회의 주도권을 쥐면 이야기가 경박하고 유치해져서 알찬 대화가 전혀 이루어지지 않는다. 우리 독일의 상류사회에서 개인적 용기가 다른 특성보다 우위를 점하는 것은 바로 그 때문이라고 할 수 있다. 하지만 사실 개인적 용기란 지극히 낮은 덕목이다. 하사관에게나 어울릴 법한 덕목에 지나지 않는다. 그 때문에 '사자처럼 용맹하다'라는 말이 있다.

하지만 심지어 앞에서 주장한 내용과 달리 기사적인 명예의 원칙은, 매우 성가신 무례한 짓을 하더라도 아무 말 않고 참아, 크게는 부정직과 사악함, 작게는 무례함, 방약무인, 몰염치의 피난처가 되기도 하다. 아무도 그러한 무례한 행위를 혼내려고 자신의 목을 걸지 않기 때문이다. 이 모든 사실을 증명하듯 정치적·재정적인 면에서 참된 명예심이 부족한 것으로 드러난 국민들 사이에서 결투가 피에 굶주린 듯 대단히 활발하게 성행하는 것을 볼 수 있다. 이들 국민이 사적 관계에서 명예를 어떻게 생각하는지는 그런 점을 실제로 경험해 본 사람에게 물어보면 알 수 있을 것이다. 하지만 그런 국민의 세련됨과 사회적 교양에 관해 말하자면 그것은 부정적인 의미의 전형으로 오래전부터 유명했다.

그러므로 그러한 모든 구실은 근거가 없다. 개는 소리치면 자기도 으르렁거리고, 쓰다듬어 주면 자기도 꼬리를 친다. 이처럼 인간의 본성도 적의를 품고 대하면 적대적으로 대응하고, 경멸과 미움의 감정으로 대하면 분노하고 화를 낸다고 하는 것이 더 맞는 말일 수 있다. 그 때문에 일찍이 키케로는 "모욕에는 가시가 들어 있어 분별 있고 명예를 중히 여기는 사람도 견딜 수 없다"라고 말했다. 세상 어디에도(몇몇 경건한 종파를 제외하고는) 욕설이나 구타를 태연히 감수하는 곳은 없다. 그렇지만 인간의 본성은 모욕받으면 적절한 보복을 하지만 어떤 경우에도 그 이상으로 나아가지 않는다. 거짓말을 했거나 어리석다는 비난을 받거나 비겁하다는 비난을 받아도 죽음으로 벌하지는 않는다. "뺨을 맞으면 단도를 빼들라"라는 고대 독일의 원칙은 혐오스러운 기사적인 미신에 불과하다. 어쨌든 모욕에 대한 대응이나 복수는 분노의 문제지, 기사적인 명예의 원칙이 지시하는 명예나 의무에 관한 문제는 결코 아니다. 오히려 모든 비난은 그것이 제대로 정곡을 찌르는 정도만큼만 상대에게 상처를 줄 수 있다는 것이 확실하다. 아무리 가볍게 암시한 것이라도 그것이 맞으면 아무 근거 없이 매우 심하게 비난한 것보다 훨씬 더 상처를 줄 수 있다는 사실에서 그 점을 분명히 알 수 있다. 그러므로 비난받을 이유가 없다고 진정으로 느끼는 사람은 비난받아도 의연히 무시할 것이며 또 그래야 마땅하다. 반면에 인간의 명예의 원칙은 자기에게 있지도 않은 예민함을 드러내, 자신이 받지도 않은 상처에 피로써 보복하라고 요구하는 것이다. 그런 자는 자신의 가치를 신뢰하지 못하는 것이 분명하다. 남이 자신을 공박하는 말을 하지 못하도록 서둘러 그들의 입을 막아 버리니 말이다. 그에 따라 명예 훼손을 당해도 진정으로 자신의 가치를 인정하면 아무렇지 않을 것이다. 또한 자신의 가치를 인정하는 마음이 부족해 아무렇지 않은 경우에는 현명함과 교양을 발휘해 아무렇지 않은 척하거나 분노를 숨길 것이다.

처음부터 기사적인 명예의 원칙에 매어 있지 않으면 모욕으로 타인의 명예를 손상하거나 자신의 명예를 조금이나마 회복할 수 있다고 잘못 생각하지 않을 것이다. 또한 결투 신청에 응해, 즉 서로를 때려눕히겠다는 결의를 통해 저지르는 온갖 불의, 난폭함, 무례한 행위가 정당화되지 않을지도 모른다. 이렇게 되면 비방이나 모욕을 하는 싸움에서 진 자가 이긴 자이며, 빈센초 몬티가 말한 것처럼 명예 훼손이란 늘 원래의 출발점으로 되돌아오는 교회의 행렬과 같은 것이라는 인식이 곧 일반화할 것이다. 나아가 그렇게 되면 자신의 권리를 유지하기 위해 지금처럼 난폭한 행위를 저지르는 것은 더 이상 충분히지 않을 것이다. 인식과 분별이 지금과 전혀 다른 모습으로 나타날 것이다. 지금은 인식과 분별이 단순히 나타나는 것만으로도 놀라움과 분노를 안겨 준 편협함과 우둔함에 불쾌감을 일으켜, 인식과 분별이 들어 있는 두뇌가 편협함과 우둔함이 자리하는 천박한 두개골을 상대로 주사위 놀이를 벌여야 하지 않을까 하는 점을 언제나 먼저 고려해야 한다. 따라서 사회에서 정신적인 우월함이 자신에게 합당한 우위를 점할 것이다. 지금은 비록 은폐되어 있지만 육체적인 우월함과 기병의 용기가 우위를 점하고 있다. 그 결과 가장 우수한 인물들이 사회에서 물러나는 이유가 지금보다 한 가지 더 줄어들 것이다. 이러한 종류의 변화가 실현되면 참된 미풍양속을 초래해, 의심할 여지없이 아테네, 코린트, 로마에 존재했을 것으로 보이는 진정 좋은 사회가 나타날 것이다. 이런 사회를 시험 삼아 한번 보고 싶은 사람에게 나는 크세노폰의 『향연』을 읽어 보라고 권한다.

그런데 기사적인 규범에 대한 마지막 옹호는 틀림없이 "에이, 그렇게 되면 누구라도 상대방을 구타할 수 있지 않은가!"라는 말이 될 것이다. 이에 대해 나는 간단히 답할 수 있다. "기사적인 규범을 인정하지 않는 사회에서는 1000명 중 999명의 경우에는 가끔 구타가 일어날 수 있겠지만, 그렇다고 살인에까지 이르지는 않는다. 그렇지만 기사적인 규범을 신봉하는 사람들 사이에서는 대체로 구타가 치명적인 살인이 된다." 이 문제는 좀 더 상세히 다루고자 한다. 인간 사회의 일부 사람이 구타가 끔찍한 것이라고 너무나 확신을 품고 있기에, 나는 확실하거나 적어도 납득할 만한 근거, 단순히 말로만 존재하지 않고 명료한 개념으로 귀착시킬 수 있는 근거를 가끔 인간의 동물적 본성이나 이성적 본성에서 찾아보려 애썼지만, 헛수고에 그치고 말았다. 구타는 누구나 남에게 가할 수 있는 사소한 육체적 재해에 불과하다. 하지만 그것으로 그는 자신이 더 강하고 더 민첩하거나, 상대방이 주의를 기울이지 않았음을 증명할 뿐이다. 아무리 분석해도 더 이상의 결론은 나오지 않는다.

인간의 손에 맞는 것을 가장 커다란 재해라고 생각하는 어떤 기사가 인간보다 열 배는 강한 말에 발길질을 당하고 고통을 꾹 참고 절룩거리며 아무것도 아니라고 확신하는 것을 본 적이 있다. 이때 나는 인간의 손이 문제가 되는 것이라고 생각했다. 하지만 그 기사가 싸우는 중에 단검에 찔리거나 군도에 베여도 그러한 것쯤은 사소한 일이며 별것 아니라는 태도를 취할 것이다. 나는 맞더라도 칼등으로 맞는 것이 몽둥이로 맞는 것보다 훨씬 낫다고 들었다. 그래서인지 최근까지 사관생도들은 칼등으로는 맞아도 몽둥이로는 맞지 않았다고 한다. 심지어 기사 서임을 할 때 칼로 어깨와 목을 두드리는 의식은 최고의 명예다. 이것으로 내가 생각하는 심리학적·도덕적 근거가 바닥을 드러내고 말았다. 나로서는 이 문제를 깊이 뿌리박힌 오래된 미신이라고, 인간들을 믿게 할 수 있는 그럴싸한 것 중 하나의 사례라고 여기는 수밖에 달리 도리가 없다. 중국에서는 대나무 줄기로 때리는 것이 매우 빈번한 시민적 형벌이며, 심지어 지위 고하를 불문하고 모든 관리에게 그런 형벌을 가한다는 잘 알려진 사실이 내 말을 입증한다. 이러한 형벌로 볼 때 인간의 본성은, 심지어 고도로 개화된 사람의 본성조차 중국에서는 기사적인 명예가 주장하는 것과 다름을 알 수 있다.[31] 하지만 인간의 본성을 공정한 시선으로 바라보면, 맹수가 물어뜯는 것이 자연스럽고 뿔 달린 짐승이 들이받는 것이 자연스러운 것처럼, 인간의 경우에는 때리는 것이 자연스러움을 알 수 있다. 사실 인간은 때리는 동물이다. 그 때문에 흔치 않은 일이지만 사람이 다른 사람을 물어뜯었다는 말을 들으면 우리는 분노하는 반면, 어떤 사람이 때리거나 맞는 것은 흔히 일어나는 사건처럼 매우 자연스럽게 여긴다. 높은 교양을 갖춘 사람이 서로의 자제력을 발휘하며 구타하지 않으려는 심정은 쉽게 이해된다. 하지만 한 민족이나 한 계급에게만이라도 구타가 결과적으로 살인과 살해를 초래하는 끔찍한 불행이라고 믿게 하려는 것은 잔혹한 짓이다. 그러잖아도 세상에는 진짜 악이라고 할 만한 것이 너무 많은데 진짜 재해를 초래하는 가상의 악을 굳이 자꾸 늘릴 필요가 있는가.

그런데 저 어리석고 악의적인 미신은 그런 일을 하고 있다. 그 때문에 나는 정부와 입법부가 시민과 군인에게 태형을 가하는 것을 철폐하자고 열심히 주장해 그런 미신을 후원하는 것을 반대하지 않을 수 없다. 정부와 입법부는 그렇게 하는 것이 인도주의적 처사라고 생각하지만, 그럼으로써 이미 수많은 희생자를 낸 부자연스럽고 구제할 길 없는 망상을 더욱 공고히 한다. 가장 중

---

31 • 중국에서는 엉덩이를 20~30대 정도 맞는 것이 흔한 일이다. 그것은 고관의 어버이다운 징계인데, 사람들은 모욕적인 기분을 느끼지 않고 감사하는 마음으로 받아들인다(『교훈적이고 기이한 서한』 1819년 판).

플로케와 불랑제의 결투, 1888

한 범죄를 제외하고 온갖 범죄를 저질렀을 때 사람들에게 제일 먼저 떠오르는 처벌은 태형이다. 이유를 설명해 줘도 못 알아듣는 자는 태형이 제격일 것이다. 재산이 없어서 벌금을 물릴 수 없는 사람과 일을 해야 하기 때문에 구속하면 자신에게 불리한 사람은 적절한 태형에 처하는 것이 정당할 뿐만 아니라 자연스럽다. 또한 이에 반대하는 근거가 아니라 '인간의 존엄'이라는 공허한 말만 거론되고 있는데, 그러한 말은 명료한 개념이 아닌 앞서 언급한 해로운 미신을 토대로 하고 있을 뿐이다. 그러한 미신이 이런 사실의 기초가 되는 것은 얼마 전에 많은 나라의 군대에서 태형이 영창형으로 대체되었다는 사실로 우스꽝스럽게 확인되고 있다. 영창형은 신체적 고통을 준다는 점에서는 태형과 같으나 명예를 훼손하지 않고 체면을 손상하지 않는다.

법률로 결투의 악습을 폐지하려는 노력이 행해지고 있거나 그런 노력을 하는 척하는 것 같다. 다른 한편으로 앞서 말한 그런 미신을 장려하면 기사적인 명예의 원칙을 존중해 결투를 조장하는 셈이 된다.[32] 그 결과 예의 완력권의 단편斷片이 가장 폭력적인 중세 시대부터 19세기에 이르기까지 영향을 미쳐, 이 시대에도 공공연한 추문으로 여전히 떠돌고 있다. 지금이야말로 그런 것이 모욕당해 수치스럽게 추방되어야 할 때다. 요즘은 개나 닭을 조직적으로 싸움 붙이는 것조차 금지되어 있다(적어도 영국에서는 그런 식으로 싸움 붙이면 처벌받는다). 그런데 인간은 기사적인 명예라는 불합리한 원칙인 우스꽝스러운 미신을 신봉해 마지못해 서로 치명적인 싸움을 하도록 부추김당한다. 인간은 그 미신을 옹호하는 완고한 대리인이자 관리인에 의해 사소한 일에도 검투사처럼 싸울 의무를 진다. 그 때문에 나는 독일어 순화론자에게 '결

---

32 • 여러 나라의 정부는 겉보기에 결투를 억압하려고 열심히 노력하는 것처럼 보인다. 특히 대학에서는 결투의 근절이 무척 쉬울 것 같지만 성공할 가망이 없는 진정한 이유는 다음과 같은 사실 때문이다. 국가는 장교와 공무원의 근무에 금전적으로 충분히 보상하지 형편이 못 된다. 그 때문에 국가는 보수의 나머지 절반을 칭호, 제복, 훈장으로 대변되는 명예로 대신한다. 그런데 근무에 대한 이러한 관념적인 보상을 높은 수준에서 유지하려면 온갖 방법으로 명예심을 함양하고 강화해서, 그것이 다소 긴장된 상태에 있게 해야 한다. 그렇지만 시민적 명예는 누구에게나 해당하는 것이므로 이러한 목표를 달성하기에 불충분해 기사적인 명예의 도움을 받아 앞서 말한 것과 같이 이를 유지하는 것이다. 영국에서는 군인과 공무원의 봉급이 대륙보다 훨씬 높기 때문에 앞서 말한 것과 같은 임시변통이 불필요하다. 영국에서 최근 20년 동안 결투가 거의 완전히 사라져, 지금은 아주 드물게 일어나는 이유는 바로 그 때문이다. 그리고 결투가 벌어지면 어리석은 행위로 비웃음의 대상이 된다. 물론 많은 귀족이나 제독, 장군을 회원으로 갖고 있는 대규모 조직인 반反결투협회가 그러는 데 커다란 기여를 했다. 그런데 몰록 신은 제물이 없으면 지탱해 나가지 못할 것이다.

투duell '라는 말 대신에 '기사 몰아 대기Ritterhetze'라고 부를 것을 제안한다. 두엘이라는 단어는 라틴어의 '두엘룸duellum(두 사람 간의 싸움)'이 아닌 스페인어의 '두엘로duelo', 즉 슬픔, 한탄, 고통에서 유래한 것이 분명하다. 이 어리석은 짓거리를 벌이는 옹졸한 행위는 물론 웃음거리밖에 안 된다. 이 원칙과 그것의 불합리한 규범이 나라 속의 나라를 형성하고 있다는 점에서 분노를 금치 못하겠다. 다름 아닌 완력권을 인정하는 나라 속의 나라는 신성한 비밀 재판을 열어 자신에게 복종하는 계급을 강압적으로 지배한다. 비밀 재판은 매우 쉽게 형리가 되는 계기를 만들어 누구든 어떤 사람이라도 소환해서 자신과 상대방에 대한 생사를 건 재판을 벌일 수 있다. 그런데 물론 이 비밀 재판은 아무리 흉악한 자라도 그 계급의 어딘가에 속해 있기만 하면, 그자가 당연히 증오할 것임에 분명한 더없이 고결하고 훌륭한 사람을 협박해서 제거할수 있는 은신처가 된다.

오늘날은 사법과 경찰이 제대로 체계를 갖추어 어떤 악당이라도 거리에서 지나가는 사람에게 "지갑을 내놓을 테냐, 목숨을 내놓을 테냐?"라고 더 이상 소리칠 수 없다. 그래서 건전한 이성도 제대로 자리를 잡아 어떤 악당도 평화로운 교제를 하는 중에 우리에게 "명예냐, 목숨이냐?"라고 더 이상 소리칠 수 없다. 그리고 상류 계층의 사람들은 가슴 졸이며 살지 않아야 한다. 누구든 타인의 무례함, 난폭함, 어리석음이나 악의로 인해 목숨을 걸어야 하는 상황이 오면 매 순간 가슴 졸인다. 경험이 부족하고 툭하면 성질을 부리는 두 젊은이가 서로 언쟁을 벌였다고 해서, 피 흘리고 건강을 해치거나 목숨까지 잃는다면 하늘을 향해 소리칠 만한 수치스러운 일이다. 나라 안의 나라의 폭정이 얼마나 고약하고, 이 미신의 힘이 얼마나 큰지는 기사적인 명예에 손상을 입었으면서도 모욕한 자의 신분이 너무 높거나 너무 낮아서, 또는 그 밖에 상대하기에 부적절해서 명예 회복을 못한 사람들이 종종 절망한 나머지 스스로 목숨을 끊어 희비극적인 최후를 맞이한 데서 미루어 짐작할 수 있다. 그릇된 일과 불합리한 일은 대체로 그 정점에서 모순을 꽃봉오리처럼 보여 결국 가면이 드러난다. 그러므로 이러한 모순은 이 경우에도 끝내 극단적인 이율배반의 형태로 모습을 드러낸다. 다시 말해 장교에게 결투가 금지되어 있다. 하지만 만약의 경우 결투를 태만히 하면 해임이라는 처벌을 받는다.

어차피 이야기를 시작했으니 솔직하게 좀 더 계속하기로 하겠다. 편견을 배제하고 자세히 살펴보면 적을 같은 무기로 공공연히 싸워서 죽였는지 아니면 숨어 있다가 몰래 죽였는지의 차이가 매우 중요하고 대단히 높이 평가된다. 앞서 말했듯이 나라 속의 나라는 이러한 차이에 근거해 강자의 권리, 다시 말해 완력권만 인정하고 이 권리를 신명 재판으로 떠받들어 규범의 기초로 삼는다. 같은 무기로 공공연히 싸워서는 누가 강자고 유능한지 증명하는 데 불과하기 때문이다. 그러므로 공공연한 싸움에서 정당성을 추구하는 행위는 **강자의 권리**가 사실상 하나의 권리임을 전제하고 있다. 실제로 상대방의 자기방어 능력이 떨어져야 내게 그를 죽일 수 있는 가능성이 주어지지만, 그렇다고 그를 죽일 수 있는 권리가 주어지는 것은 아니다. 죽일 권리, 그러므로 나의 **도덕적** 정당성은 상대방의 목숨을 빼앗는 것에 대해 내가 지니는 여러 **동기**에 근거를 둘 수밖에 없다. 그런데 이러한 동기들이 실제로 존재하고 충분하다고 가정한다면 이제 상대방 또는 내가 총을 잘 쏘고 검을 잘 다루는지에 **따라** 일을 결정할 이유는 전혀 없는 것이다. 그렇게 되면 어떤 방법으로 그의 목숨을 빼앗을지, 즉 뒤에서 빼앗을지 앞에서 빼앗을지는 아무래도 상관없다. 도덕적으로 볼 때 강자의 권리란 간교한 머리를 살인에 응용하는 영리한 자의 권리보다 더 많은 무게가 있지 않기 때문이다. 그러므로 이 경우 두뇌권은 완력권과 같은 무게를 지닌다. 칼싸움할 때 모든 속임수 동작은 술수이므로 결투에 완력권과 아울러 두뇌권도 허용되고 있음을 언급해 두겠다.

도덕적으로 남의 목숨을 빼앗을 정당한 권리가 내게 있다면, 상대방이나 나보다 총을 잘 쏘거나 검을 다루는 능력으로 일을 결판내려고 하는 것은 어리석은 짓이다. 이때 상대방의 실력이 나보다 뛰어날 경우 나의 신체에 손상을 입히거나 목숨을 빼앗기도 한다. 모욕에 대한 복수는 결투가 아닌 암살로 해야 한다는 것이 루소의 견해다. 그는 『에밀』 제4권에서 매우 수수께끼 같은 방식으로 표현한 주註 21번을 통해 그런 견해를 매우 조심스럽게 암시하고 있다. 하지만 루소는 기사적인 미신에 심하게 사로잡혀 있어서 거짓말을 했다는 비난을 받는 것만으로도 암살할 만한 근거가 된다고 보았다. 그는 모든 인간이, 아니 바로 그 자신이 이런 비난을 무수히 받을 만함을 알고 있었음이 분명하다. 하지만 모욕한 자를 죽일 수 있는 자격이 같은 무기를 가진 공공연한 싸움에 의해 제약받는다는 편견은 분명 완력권을 실제적인 권리로 여기고, 결투를 신명 재판으로 간주한다. 반면에 자기를 모욕한 자를 분노에 타올라 그 자리에서 당장 칼로 찌르는 이탈리아인은 적어도 일관되고 본성에 맞게 행동하는 것이다. 이탈리아인은 결투를 벌이는 자보다 영리하지만 더 나쁘다고는 할 수 없다. 내가 결투를 해서 적을 살해하는 경우 그가 나를 죽이려 했다는 사실로 내 입장이 정당화된다고 말한다면, 도전을 통해 그를 정당 방어 상황에 몰아넣었다는 말과 모순된다. 이처럼 서로가 상대방을 고의로 정당 방어 상황에 몰아넣는 것은 기본적으로 살해에 대한 그럴듯한 핑계를 찾는 것에 불과하다. 서로의 합의로 이러한 도박에 서로의 목숨을 걸었다면 그보다는 차라리 '자진해서 한 일은 부당하지 않다'라는 원칙으로 정당화하는 것이 더 합당할지도 모른다. 하지만 기사적인 명예의 원칙과 그것의 불합리한 규범의 포악한 독재가 마치 형리처럼, 양쪽 또는 적어도 전사의 한쪽을 이러한 피비린내 나는 비밀 재판에 끌어낸 격이니, '자진해서 하는 자'라는 표현은 모순된다고 할 수 있다.

기사적인 명예에 대해 장황하게 서술했지만, 좋은 의도에서였다. 이 세상의 도덕적이고 지적인 괴물에 대항할 유일한 헤라클레스는 철학이기 때문이다. 근대의 사회 상태를 고대의 사회 상태에 비해 불리하게 구별해 주는 두 가지 중요한 점이 있다. 근대는 심각하고 어두우며 불길한 색조를 띠는 반면, 고대는 이런 색조에 물들지 않고 인생의 아침인 유년시절처럼 명랑하고 구김이 없다. 그 두 가지는 기사적인 명예의 원칙과 성병이다. 얼마나 잘 맞는 고상한 짝인가!(호라티우스, 『풍자시』). 이 두 가지는 삶의 '투쟁과 사랑'[33]에 독을 넣었다. 다시 말해 성병은 첫눈에 알아볼 수 있는 이상으로 광범위한 영향을 미쳤다. 그것은 단순히 육체적인 영향일 뿐만 아니라 도덕적인 영향이기도 하기 때문이다. 사랑의 신 에로스의 화살통에 독 묻은 화살이 섞여든 이후 남녀 관계에 이질적이고 악의적인 요소, 즉 악마적인 요소가 들어왔다. 그 결과 남녀 관계에는 불길하고 끔찍한 불신이 저류에 흐르고 있다. 모든 인간 사회에 생긴 그러한 변화는 많든 적든 다른 사교적인 관계에도 영향을 미친다. 하지만 여기서 이것과 씨름하면 너무 옆길로 샐지도 모른다. 전혀 다른 종류이긴 하지만 이와 유사한 것이 기사적인 명예의 원칙, 고대인에게는 낯선 이런 진지한 소극笑劇의 영향이다. 슬쩍 던진 말이라도 일일이 검토하고 되씹어 보기 때문에 근대 사회는 딱딱하고 근엄하며 불안해졌다. 하지만 이보다 더한 것이 있다! 그 원칙은 보편적인 미노타우로스Minotauros[34]다. 고대에는 한 나라에서만 그랬지만 지금은 해마다 유럽 모든 나라의 지체 높은 가문의 수많은 아들을 미노타우로스에게 공물로 바쳐야 한다. 그 때문에 내가 여기서 하는 것처럼 이제 이 괴물을 과감하게 공격할 때가 왔다. 근대의 이 두 괴물이 부디 19세기에 종말을 맞이하길 바란다!

성병은 의사들이 예방약을 개발해 결국 퇴치해 줄 것이라는 희망을 접지 않으려고 한다. 하지만 **괴물**을 퇴치하는 일은 개념을 바로잡아서 철학자들이 해야 할 몫이다. 각국 정부가 법률로 시정하려고 하지만 아직은 성공할 조짐이 보이지 않는다. 개념을 바로잡아야만 악의 근원도 공격할 수 있기 때문이다. 각국 정부가 결투 제도를 폐지할 생각을 정말 진지하게 하고 있는데도 성과가 미미한 것이 정부의 무능함 때문이라면 나는 한 가지 법률을 제안하려고 한다. 나는 단두대나 교수대 또는 종신형과 같은 잔혹한 조치를 취하지 않아도 그것이 성공하리라 확신한다. 오히려 그것은 작고 아주 가벼운 동종 요법이다. 즉 타인에게 결투를 제안하거나 이에 응하는 자는 중국식으로 대낮에 경찰서 앞에서 열두 대의 태형을 맞고, 도전장 전달자와 결투 입회인은 각기 여섯 대의 태형을 맞는다. 이미 실제로 일어난 결투 결과에 대해서는 통상적인 형법 절차를 밟으면 될 것이다. 그런 식으로 처벌하면 '체면을 중시하는 사람' 중 권총 자살하는 사람이 있을 수도 있다고, 기사적 성향을 지닌 사람은 내게 이의를 제기할지도 모른다. 그에 대해서 나는 그런 어리석은 자는 타인을 사살하기보다는 차라리 권총 자살을 하는 편이 낫다고 답하겠다.

하지만 기본적으로 각국 정부가 결투의 폐지에 적극적으로 나서지 않는다는 것을 잘 알고 있다. 장교는 말할 것도 없거니와(최고의 지위에 있는 사람을 제외하고는) 공무원 봉급은 그들이 하는 일의 가치에 훨씬 못 미친다. 그 때문에 나머지 절반은 명예로 지불받는 셈이다. 이러한 명예는 무엇보다 칭호나 훈장에 의해 대변되며, 보다 넓은 의미에서는 일반적으로 신분의 명예

---

34 그리스 신화에 나오는 반인반우의 괴물로 '미노스의 소란 뜻이다. 크레타의 왕 미노스가 해신 포세이돈과의 약속을 지키지 않아 미움을 산 끝에, 그의 왕비 파시파에가 황소를 사랑해 머리는 황소이고 몸은 사람인 괴물 미노타우로스를 낳았다. 그 괴물은 미궁에 갇혀 해마다 아테네인이 바치는 7명의 남녀를 잡아먹었는데, 그리스의 영웅 테세우스가 자원해 공물이 되어 이 괴물을 퇴치했다.

에 의해 대변된다. 그런데 이러한 신분의 명예를 위해서는 결투가 유용한 수단이다. 대학에서 벌써 그에 대한 예비 교육을 실시하는 것도 그 때문이다. 그에 따라 결투의 희생자는 자신의 피로 봉급의 부족분을 치르는 것이다.

완벽을 기하기 위해 여기서 **민족적 명예**에 대해 언급하기로 하겠다. 그것은 여러 민족 공동체의 일부인 한 민족 전체의 명예다. 이러한 민족 공동체에는 무력이라는 법정밖에 없으므로 그에 따라 각 구성원은 자신의 권리를 스스로 지켜야 한다. 한 민족의 명예는 신뢰할 수 있다는 견해 말고 두려움을 준다는 견해에서도 존재한다. 민족적 명예는 자신의 권리를 침해받았을 때 절대로 그냥 방치하는 법이 없다. 그러므로 민족적 명예란 시민적인 명예의 체면 문제를 기사적인 명예의 체면 문제와 결합한 것이다.

앞에서 인간이 남에게 **드러내 보이는** 것, 즉 세상 사람들의 눈에 비친 모습의 마지막 자리에 명성을 놓았다. 우리는 이것을 살펴볼 생각이다. 명성과 명예는 쌍둥이다. 그렇지만 제우스의 자식인 디오스쿠로이 중에서 폴룩스가 불사신이고 카스토르는 죽어야 할 몸이었다. 이처럼 명성은 불후의 것이고 명예는 죽어 없어지는 것이다. 하지만 물론 이것은 최고 등급의 명성, 즉 참되고 진정한 명성에 한하는 이야기다. 여러 종류의 덧없는 명성도 있기 때문이다. 그런데 명예는 같은 사정에 있는 누구에게나 요구되는 특성이 있는 반면, 명성은 누구에게나 요구할 수 없는 특성을 지닌다. 다시 말해 명예는 누구나 자신에게도 공공연하게 부여해도 되는 특성을 띠는 반면, 명성은 아무도 자신에게 부여해서는 안 되는 특성을 지닌다. 명예는 우리에 관한 소문이 전달되는 범위에 한정되는 반면, 명성은 우리에 관한 소문이 전달되는 범위를 넘어 명성 자체가 도달되는 범위까지 멀리 퍼진다. 명예는 누구나 요구할 권리가 있으나, 명성은 예외적인 인물만 요구할 권리가 있다. 매우 뛰어난 업적이 있어야만 명성을 얻을 수 있기 때문이다. 이 업적은 **행위**이거나 **작품**이다.

명성을 얻는 길에는 두 가지 방법이 있다고 하겠다. 행위의 길을 가도록 해 주는 것은 주로 위대한 가슴이고, **작품**의 길을 가도록 해 주는 것은 위대한 두뇌다. 두 가지 길에는 각기 나름대로 장단점이 있다. 그 중요한 차이를 들면 행위는 일시적이지만 작품은 지속적이라는 점이다. 아무리 고귀한 행위라도 단지 일시적인 영향을 미칠 뿐이지만, 천재적인 작품은 오래 살아남아, 세상에 유익한 일을 하고 정신을 고양하며 온 시대에 두루 영향을 끼친다. 행위에 대해서는 추억만 남을 뿐이지만, 그것도 점점 약해지고 점점 왜곡되며 점점 중요하지 않다. 심지어 역사에 기록해 주지 않고 화석과 같은 상태로 후세에 전달되지 않으면 추억은 점차 소멸해 버린다. 반면에 작품은 그 자체로 불멸의 존재이고, 특히 글로 된 것은 모든 시대에 걸쳐 살아남을 수 있다. 알렉산더 대왕은 이름과 기억이 남아있지만, 플라톤, 아리스토텔레스, 호메로스, 호라티우스는 아직도 살아 움직이며 직접 영향을 미치고 있다.『베다』는『우파니샤드』와 함께 현존하지만 그 시대에 일어난 온갖 행위에 대해서는 우리에게 전해진 것이 아무것도 없다.[35] 행위의 또 다른 단점은 그것이 기회에 종속된다는 점인데, 먼저 기회가 생겨서 행위를 할 가능성이 주어져야 한다. 또한 행위의 명성은 다만 그것의 내적인 가치뿐 아니라 행위에 중요성과 광채를 부여하는 여러 상황에도 따른다고 할 수 있다. 게다가 전시에서처럼 행위가 순전히 개인적인 것일 경우 명성은 얼마 안 되는 목격자의 진술에 의존한다. 그런데 이러한 목격자가 항상 존재하는 것은 아니고, 또 있다고 해도 언제나 정당하고 공정하다고는 할 수 없다. 하지만 한편으로 행위는 무언가 실제적인 것이라서 일반적인 인간적 판단 능력 범위 내에 있다는 장점을 지닌다. 그 때문에 행위를 구성하는 사실이 올바로 전달되기만 하면 즉각 공정한 평가를 받는다. 행위의 동기가 나중에야 비로소 인정되거나 정당한 평가를 받는 경우가 아니라면 말이다. 하나하나의 행동을 이해하기 위해서는 그 행동의 동기를 알아야 하기 때문이다.

작품은 그 반대다. 작품은 기회에 의해 생겨나지 않으며 창작자에 달려 있다. 그리고 작품은 세상에 남아 있는 한 작품 그 자체의 모습으로 존재한다. 반면에 작품은 판단에 어려운 점이 있다. 작품의 수준이 높을수록 판단이 더

---

35 • 그에 따라 오늘날 유행이듯이, 작품에 행위라는 명칭을 붙여 경의를 표하려고 잘못 생각한다면, 그것은 좋지 않은 칭찬이다. 왜냐하면 작품은 본질적으로 보다 높은 성질을 띠기 때문이다. 행위란 언제나 단지 동기에 의한 행동에 불과하므로, 개별적인 것이고 일시적인 것이다. 그리고 세계의 보편적이고 본래적인 요소인 의지에 속하는 것이다. 반면에 위대한 역작은 보편적 의미를 지니기 때문에 영속적인 것이며, 지성에서 싹이 터서 죄 없고 순수한 이러한 의지의 세계에서 향기처럼 피어오르는 것이다. 행위의 명성이 지닌 장점은 대체로 명성이 금세 폭발적으로 나타나며, 때로는 폭발력이 너무 대단해져서 전 유럽에 알려지기도 한다는 점이다. 그런 반면 작품의 명성은 점차 서서히 나타난다. 처음에는 조용하다가 점점 명성이 높아져 때로는 100년이 지나서야 비로소 진면목을 보이기도 한다. 하지만 그런 다음에는 작품이 영속적이기 때문에 명성도 오래 지속되어 때로는 수천 년간 지속되기도 한다. 반면에 행위의 명성은 최초의 폭발력이 사라지고 나면 점점 쇠퇴해 기억하는 사람도 점점 줄어들다가 결국에는 겨우 역사 속에만 유령처럼 남을 뿐이다.

욱 어려워진다. 판단 능력이 있는 심판자가 많지 않으며, 때로는 공정하고 솔직한 심판자가 부족한 경우도 있다. 그런데 다른 한편으로 작품의 명성은 한 차례의 심판으로 결정되는 것이 아니라 항소가 행해진다. 앞서 말했듯이 행위는 단지 추억에 의해 후세에 전해지며, 동시대 사람들이 전하는 대로 전해질 뿐이다. 이와 달리 작품은 그 자체가, 더구나 불완전한 단편斷片을 제외하고는 있는 모습 그대로 후세에 전해진다. 그러므로 자료의 왜곡이 있을 수 없으며, 작품이 생겨났을 당시 환경의 불리한 영향도 나중에는 사라져 버린다. 오히려 때로는 세월이 지나서야 서서히 능력 있는 진정한 심판자가 하나둘 생겨나기도 한다. 예외적인 심판자 자신이 훨씬 더 예외적인 작품을 심판하는 것이다. 그들이 연이어 중요한 한 표를 행사해서, 때로는 몇 세기가 지나서야 완전히 정당한 판단이 내려진다. 그러면 그 이후의 시대에는 이 판단이 더 이상 뒤집어지는 법이 없다. 작품의 명성은 이렇게 확실한 것이어서 아무도 가로막을 수 없다. 그런데 창작자가 명성을 체험하느냐 하는 문제는 외부 사정과 우연에 달려 있다. 작품의 수준이 높고 까다로울수록 그런 경우가 드물게 일어난다. 이런 의미에서 세네카는 『서간집』에서 비길 데 없이 멋지게 표현하고 있다. "물체에 그림자가 따르는 것처럼 공적에 명성이 따를 수밖에 없다. 그런데 그림자와 마찬가지로 명성도 때때로 공적에 앞서거니 뒤서거니 하면서 따라온다." 그는 이렇게 설명한 다음, 다음과 같이 덧붙였다. "그대와 함께 살아가는 모든 사람에게 질투가 침묵을 명할지라도 시샘도 호의도 없이 평가하는 사람들이 나타날 것이다." 이런 사실로 볼 때 우리 시대의 무뢰한과 마찬가지로, 세네카 시대의 무뢰한들 사이에서도 음흉한 침묵과 무시를 통해 열등한 것을 두둔하고 좋은 것을 대중에게 숨기기 위해 공적을 억압하는 기술이 흔히 사용되었음을 알 수 있다. 즉 지금의 무뢰한과 마찬가지로 당시의 무뢰한도 **질투심 때문에 입을 다문** 것이다.

무릇 훌륭한 것은 모두 서서히 숙성해 가듯이 명성도 대체로 오래 지속되는 것일수록 뒤늦게 나타난다. 사후에 얻는 명성은 씨앗 단계에서 매우 천천히 자라는 참나무와 같다. 일시적인 가벼운 명성은 빨리 자라는 일년생 식물과 같으며, 그릇된 명성은 순식간에 자랐다가 금세 베어지고 마는 잡초와 같다. 이렇게 되는 현상은 어떤 사람이 후세에, 즉 인류 전체에 속할수록 당대에는 낯설다는 사실에 기인한다. 그가 창작한 것은 당대에만 특별하게 바쳐진 것이 아니라, 그 시대 자체가 아닌 인류의 일부라는 의미에서만 당대에 속하는 것이라서 그 시대 고유한 색에 물들어 있지 않다. 하지만 그 결과 그 시대는 그의 존재를 낯설어하며 그냥 지나쳐 버리는 일이 흔히 발생한다. 오히려 시대는 그 짧은 기간의 문제나 순간의 변덕에 봉사해서 전적으로 그 시대에만 소속하며 시대와 함께 살고 시대와 함께 죽는 자를 높이 평가한다. 그에 따라 예술사와 문학사가 일반적으로 가르쳐 주는 바에 의하면, 인간 정신의 가장 높은 업적은 대체로 냉담한 반응을 얻었고, 보다 높은 수준의 정신을 지닌 자가 나타나 그런 업적에 공감해서 명성을 얻게 해 줄 때까지 오랫동안 그런 상태에 있었다. 그런 업적은 그렇게 확보한 권위를 바탕으로 나중에 그런 명성을 계속 유지한다. 결국 누구든 자신과 동질의 종류만 이해하고 평가할 수 있기 때문이다. 그런데 평범한 사람에게는 평범한 것이, 천박한 사람에게는 천박한 것이, 두뇌가 명석하지 못한 자에게는 혼란스러운 것이, 저능한 사람에게는 무의미한 것이 동질적인 것이다. 그러므로 누구든 자신에게 완전히 동질적인 자신의 작품이 가장 마음에 든다. 고대의 전설적 인물 에피카르모스는 이렇게 노래했다.

하등 이상할 게 없다,
나는 내 생각을 말하는 것이,
저들은 자신이 제 마음에 들어
망상에 빠져 있는 것이.
그들은 칭찬받을 만할지도 모른다,
개에게는 개가, 황소에게는 황소가
나귀에게는 나귀가, 돼지에게는 돼지가
가장 멋져 보이는 법이니.

아무리 팔심이 세더라도 가벼운 물체를 던져서 멀리 날아가 세게 부딪히게 할 정도의 움직임을 일으킬 수는 없다. 그 물체가 가까운 곳에서 힘없이 툭 떨어지고 마는 것은 낯선 힘을 받아들일 자신의 물질적 내용물이 없기 때문이다. 멋지고 위대한 사상이나 천재의 걸작도 그것을 받아들이는 사람의 머리가 형편없고 빈약하거나 모자란다면 이와 마찬가지일 것이다. 온 시대의 현자들이 이런 사실을 이구동성으로 인정하고 있다. 예컨대 예수스 시락은 "바보와 이야기하는 것은 잠자는 자와 이야기하는 것과 같다. 이야기가 끝나면 그런 자는 무슨 일이 있었는지 반문한다"라고 말한다. 그리고 햄릿은 "익살맞은 말도 바보의 귀에서는 잠들어 버린다"라고 말한다. 또한 괴테는 이렇게 말했다.

> 아무리 훌륭한 말이라도
> 듣는 자의 귀가 일그러져 있으면 조롱받는다.
> (『서동시집』 4, 1)

또한 그는 이런 말을 하기도 했다.

> 애쓴 보람도 없이 다들 아무 반응이 없다고,
> 슬퍼하지 마라!
> 늪에 돌을 던진다고
> 파문을 일으키지 않으니.
> (『속담 풍風』)

그리고 리히텐베르크는 "머리와 책이 서로 부딪쳐 공허한 소리가 울린다면, 대체 그게 언제나 책에 있는 내용일까?"라고 물었고, 다시 "그런 작품은 거울과 같다. 그러니 원숭이가 들여다보면 사도使徒가 보일 리 없다"라고 말했다. 그렇다, 이런 사실에 대한 겔러트의 멋지고 감동적인 한탄은 어쩌면 한 번쯤 다시 기억에 떠올릴 만한 가치가 있을지도 모른다.

> 이다지도 뛰어난 재능에
> 경탄하는 자가 이렇게 적을 때가 있단 말인가.
> 대부분의 세상 사람은
> 형편없는 것을 좋다고 여긴다.
> 이런 폐단이 날마다 보이는구나.
> 허나 이런 폐해를 어떻게 막을 수 있단 말인가?

이런 재앙을 이 세상에서 몰아낼 수 있을 것 같지 않구나.

지상에서 딱 한 가지 방법이 있지만

그것도 어렵기 한량없다.

바보가 현명해져야 한다.

그런데 보라! 어떻게 그럴 수 있겠는가!

사물의 가치를 알지 못하고

머리가 아닌 눈으로 이림짐작한다.

하찮은 것이나 영원히 찬양하는 까닭은

좋은 것을 결코 알지 못하기 때문이니.

(『두 마리 개』)

인간의 이러한 지적 무능력에 대해 괴테가 말한 것처럼, 뛰어난 것을 알아보는 것도 드문 일인데, 그것을 인정하고 평가하는 일은 더욱 드문 일이다. 다른 모든 경우에도 그렇지만 이런 경우에는 지적 무능에 도덕적 열등함까지 곁들여진다. 그것은 질투로 나타난다. 다시 말해 어떤 사람이 명성을 얻으면 그자는 남들보다 한층 돋보인다. 그러므로 다른 사람들은 그자보다 가치가 훨씬 떨어진다. 탁월한 공적을 쌓은 사람은 모두 공적이 없는 사람들을 희생한 대가로 명성을 얻는 것이다.

타인이 명예를 얻으면

우리 자신의 품위는 떨어지게 마련이거늘.

(괴테, 『서동시집』 5, 7)

그런 까닭에 어떤 종류든 뛰어난 것이 나타나면 즉각 수많은 평범한 무리 전체가 결탁하고 공모해 그것을 인정하지 않고, 심지어 가능하면 짓밟아 버리려고 하는 사실이 설명된다. 그들의 은밀한 구호는 "공적을 타도하라"다. 또한 스스로 공적을 지녀 이미 공적의 명성을 얻은 사람들조차 새로운 명성이 나타나는 것을 달가워하지 않을 것이다. 새로운 명성의 광채 때문에 자신의 명성은 그만큼 빛바래기 때문이다. 그래서 괴테조차 이렇게 말한다.

내가 태어나도록 허락받을 때까지

기다리며 머뭇거렸다면

나는 아직 지상에 없을지도 모른다.

어떻게든 나를 부정하고

자신을 돋보이려고 하는 자들이

어떤 행동을 취하는지 보면

여러분은 고개를 끄덕이게 된다.

(『크세니엔』 5)

그러므로 **명예**에는 대체로 공정한 심판자가 있어서 어떤 질투에도 명예가 손상되지 않는다. 뿐만 아니라 명예는 누구에게나 신용 대부로 미리 주어져 있다. 그런 반면 명성은 질투 같은 건 개의치 않고 쟁취해야 한다. 월계관을 씌워 주는 곳은 대단히 비호의적인 심판관으로 구성된 법정이다. 명예는 우리가 모두와 공유할 수 있고 공유하려고 하지만, 명성은 그것을 얻는 사람이 생겨날수록 입지가 좁아져 유지하기 어려워진다. 나아가서 작품으로 명성을 얻는 어려움은 그러한 작품을 읽는 독자의 수와 반비례한다. 그 이유는 쉽게 알 수 있을 것이다. 그 때문에 오락을 약속하는 작품보다 교훈을 주는 작품이 명성을 얻기가 훨씬 어렵다. 명성을 얻기가 가장 어려운 저작은 철학책이다. 철학책이 약속하는 교훈은 한편으로 불확실하고, 다른 한편으로 물질적 이득을 주지 않기 때문이다. 철학책을 주로 보는 독자는 순전히 경쟁자라고 할 수 있다. 앞에서 설명했듯이 명성을 얻기가 이처럼 어려운 점을 감안하면, 명성을 얻을 만한 작품을 완성하는 사람들이 작품 자체에 대한 애정과 즐거움 때문에 작품을 만드는 것이 아니라, 명성을 얻어 격려받을 생각을 했다면, 인류는 불멸의 작품을 거의 또는 전혀 갖지 못했을지도 모른다. 그렇다, 좋고 참된 것을 만들어 내고 나쁜 것을 피해야 하는 자는 심지어 대중과 그들 대변자의 판단에 항거하고 그들을 무시해야 한다. 특히 오소리우스 Osorius(1506~1580)[36]는 『명성에 대해서』에서 "명성은 그것을 추구하는 자를 피하고, 그것을 소홀히 하는 자를 따른다"라고 역설했는데, 그러한 지적의 옳음

36 포르투갈의 철학자

도 앞서 설명한 사실에 기인한다. 왜냐하면 명성을 추구하는 자는 동시대인의 취향에 영합하고, 그것을 소홀히 하는 자는 그것에 저항하기 때문이다.

따라서 명성을 얻기는 어렵되 유지하기는 쉽다. 이 점에서도 명성은 명예와 대조된다. 명예는 누구나, 심지어 신용으로도 얻을 수 있다. 누구나 신용을 유지하기만 하면 되는 것이다. 하지만 이 점이 어려운 문제다. 한 번이라도 비열한 행위를 하면 명예를 잃어버려 다시는 회복할 수 없기 때문이다. 이와 달리 명성은 결코 잃어버릴 일이 없다. 일단 명성을 얻은 행위나 작품은 영원히 확고부동하기 때문이다. 새로운 명성이 더해지지 않더라도 명성은 행위를 한 사람이나 창작자에게 그대로 남아 있다. 그렇지만 명성이 실제로 점차 사라져, 본인 생전에 소멸한다면 그것은 가짜다. 즉 순간적인 과대평가로 생겨난 분에 넘치는 명성이었다. 헤겔이 얻은 명성이 바로 그런 분에 넘치는 명성이었다. 리히텐베르크는 그의 명성에 대해 이렇게 묘사했다.

시험 준비를 하는 우호적인 무리가 시끄럽게 명성을 퍼뜨리고 있고, 머리가 텅 빈 녀석들의 성원으로 그것이 메아리치고 있다. 하지만 후세 사람이 언젠가 알록달록한 언어의 집이나 지나가 버린 유행의 멋진 둥지, 사문화된 약속의 집을 방문하고 문을 두드렸을 때 모든 방이 텅 빈 것을 발견한다면, '들어오세요!'라고 자신 있게 말할 수 있는 최소한의 사상도 발견할 수 없다면 그들은 얼마나 씁쓰레한 미소를 지을 것인가.

(『잡록』 4)

명성이란 본래 어떤 사람을 다른 모든 사람과 비교한 데서 생긴다. 명성이란 본질적으로 상대적이며, 그 때문에 상대적 가치만 가진다. 다른 모든 사람이 명성을 얻은 사람과 같다면 명성은 완전히 없어지고 말 것이다. 어떤 상황에서도 절대적인 가치를 잃지 않는 것은 그 자체로 어떤 인간을 이루어야만 절대적인 가치를 지닐 수 있다. 위대한 가슴과 위대한 두뇌의 가치와 행복은 분명 이 점에 있을 것이다. 명성이 아니라 명성을 얻을 만하게 해 주는 것이 값진 것이다. 왜냐하면 값진 것은 말하자면 사물의 실체고, 명성은 사물의 우연한 성질에 불과하기 때문이다. 명성이란 명성을 얻은 사람에게 주로 외적 징후로서 작용한다. 명성을 얻은 자는 그런 징후에 의해 자신이 높은 평가를 받는 것을 확인한다. 따라서 빛이 물체에 반사되지 않으면 전혀 보이지 않듯,

모든 탁월함도 명성에 의해 비로소 그 자체에 대해 진정으로 확신한다고 말할 수 있을 것이다.

공적 없는 명성도 있고, 명성 없는 공적도 있으므로 명성이라고 해서 반드시 확실한 징후라고는 할 수 없다. 그 때문에 "몇몇 사람은 유명하고, 다른 사람들은 그럴 만한 자격이 있다"라는 레싱의 말은 너무 점잖은 표현이다. 또한 타인의 눈에 어떻게 비치느냐에 따라 어떤 사람의 가치와 무가치가 결정된다면 비참한 삶이라고 할 수 있겠다. 하지만 영웅이나 천재의 삶도 그것의 가치가 명성에, 즉 타인의 갈채에 의존한다면 역시 비참한 삶이라 하겠다. 오히려 모든 존재는 그 자신 때문에 살아가고 존재한다. 그 때문에 그 자체로 독자적으로 살아간다. 어떤 사람을 이루는 것은 어떤 종류와 방식이든 독자적인 그 사람 자신의 모습이다. 여기에 큰 가치가 없다면 그는 별로 가치가 없는 사람이다. 반면에 타인의 두뇌에 비친 그 사람의 모습은 부차적이고 파생적인 것이며 우연에 내맡겨진 것이라서 참된 본질과는 간접 관계를 맺을 뿐이다.

대중의 두뇌는 참된 행복이 머물기에 너무 참담한 무대다. 오히려 거기서 발견할 수 있는 것이라곤 환영과 같은 행복에 불과하다. 이러한 일반적인 행복의 전당에는 얼마나 잡다한 무리가 모여 있는가! 총사령관과 대신, 돌팔이 의사와 요술쟁이, 춤꾼과 가수, 백만장자와 유대인도 있다. 그렇다, 이 모든 사람의 장점이 그 전당에서는 훨씬 솔직하게 평가되고, 훨씬 더 몸으로 느끼는 존경을 받는다. 그에 비해 정신적 장점, 특히 높은 종류의 정신적 장점은 사람들 대다수에게서 다만 말뿐인 존경을 받는다. 행복론의 견지에서 보면 명성은 우리의 자존심과 허영을 위한 더없이 진기하고 맛 좋은 음식과 다름없다. 하지만 사람들 대부분은 이러한 자존심과 허영을 숨기고 있을 뿐 지나치게 많이 가지고 있다. 어쩌면 명성을 얻는 데 적합하다고 할 수 있는 사람들이 그런 것을 가장 많이 가지고 있을지도 모른다. 그 때문에 그들은 자신들의 압도적 가치를 검증할 기회가 와서 그것을 인정받기 전까지는, 대체로 그런 압도적 가치를 제대로 확신하지 못하고 오랫동안 가슴 졸이며 지내야 한다. 그러기 전까지 그들은 부당한 대우를 받고 있다는 은밀한 느낌을 갖는다.[37]

---

37 • 우리의 가장 큰 즐거움은 경탄 받는 데 있지만, 경탄하는 자는 비록 온갖 이유가 갖춰져 있더라도 남에게 경탄하는 것을 달가워하지 않는다. 그러므로 뭐니 뭐니 해도 자기 자신을 솔직하게 경탄할 수 있게 해 준 자가 가장 행복한 사람이다. 다른 사람들은 그를 굳이 헷갈리게 할 필요가 없다.

하지만 이 장章의 서두에서 논한 것처럼 일반적으로 인간은 자신에 대한 타인의 평가에 대단히 지나치고 불합리한 가치를 두고 있다. 그래서 **홉스**가 그런 사안에 대해 "모든 큰 기쁨과 명랑함은 사람들이 타인과 비교해 자신을 높이 평가할 수 있는 데서 비롯된다"(『시민론』 제1권 5장)라고 한 말은 매우 격하지만 어쩌면 올바른 표현이라 하겠다. 사람들이 일반적으로 명성에 큰 가치를 두는 것과, 언젠가는 명성을 얻으리라는 단순한 희망에서 희생을 감수하려는 것은 그런 사실로 설명된다.

> 명성, 고귀한 영혼의 이러한 마지막 약점이
> 정신을 자극하여 향락을 물리치게 하고
> 나날이 열심히 일하도록 한다.
> (밀턴, 『리키다스』 70)

그리고 이런 말도 있다.

> 명성이라는 당당한 전당이 밝게 빛나는
> 저 높은 곳에 올라가기가 얼마나 힘든 일인가.
> (베아티, 『민스트럴』 I)

세상에서 가장 허영심이 강한 민족이 말끝마다 영예를 입에 올리고, 아무 주저 없이 그러한 것을 위대한 행위나 위대한 작품을 낳는 주된 동기로 보는 것도 그런 사실로 설명할 수 있다. 하지만 명성이란 부차적인 것, 즉 공적의 단순한 메아리, 모상模像, 그림자, 징후에 불과하다는 것은 이론의 여지가 없다.

어쨌든 경탄의 대상이 경탄하는 행위보다 당연히 더 많은 가치를 지니고 있으므로 참으로 행복하게 해 주는 것은 명성이 아니라 명성을 얻게 해 주는 요소, 즉 공적 그 자체에 있다. 좀 더 자세히 말하면 공적이 생기게 해 주는 신조와 능력에 있는 것이다. 그런 것이 도덕적인 종류이거나 지적인 종류인지는 모르지만 말이다. 누구든 자기 자신을 위해 자신이 지닌 최선을 다해야 하기 때문이다. 그 최선의 모습이 다른 사람의 두뇌에 어떻게 비칠지, 타인이 자신을 어떻게 평가할지는 부수적인 일이고, 별로 중요하지 않은 관심만 불러일으킬 뿐이다. 따라서 명성을 얻지는 못했으나 명성을 **얻을 만한** 자는 훨씬 중요한 것을 가진 셈이다. 비록 명성을 얻지 못하더라도 그는 중요한 것을 지니고 있으니 그것으로 스스로 위로하면 된다. 판단력이 없고 걸핏하면 우롱당하기 쉬운 대중이 위대한 인물로 여긴다고 해서가 아니라 실제로 그런 사람이라야 선망의 대상이다. 또한 후세 사람이 자신에 대해서 안다는 사실이 아니라 몇 세기 동안이나 간직되어 음미할 만한 사상이 자신에게서 생겨난다는 사실이 커다란 행복이다. 이 같은 행복은 아무도 빼앗아 갈 수 없다. 이 같은 행복은 우리 수중에 있으며 다른 모든 것은 우리의 수중에 있지 않다. 경탄자체가 중요한 일이라면 경탄의 대상은 경탄을 받을 가치가 없을지도 모른다. 그릇된, 즉 과분한 명성을 얻었을 때 실제로 이런 경우가 발생한다.

명성이란 어떤 것의 징후, 단순한 반사광일 텐데, 실제로 그런 것을 갖지 않은 거짓 명성의 소유자는 그저 명성만 얻었을 뿐이다. 하지만 자기애 때문에 생기는 온갖 자기기만에도 불구하고 자기에게 어울리지 않게 높은 곳에 있으면 현기증이 나거나, 혹시 자신이 금화가 아니라 동화銅貨에 지나지 않을까 하는 기분이 들어서 이러한 명성 자체도 때때로 싫어질지도 모른다. 이런 경우 특히 좀 더 현명한 자들의 이마에서 벌써 후세 사람의 평가를 읽을 수 있으면 정체가 탄로 나 마땅히 굴욕을 당하지 않을까 하는 불안에 사로잡힌다. 그러므로 그런 자는 가짜 유언을 바탕으로 유산을 물려받은 사람과 같은 입장이다. 가장 진정한 명성, 즉 사후의 명성은 직접 체험할 수 없지만, 그런 사람은 행복하다고 평가받는다. 그러므로 행복의 본질은 명성을 얻게 해 준 위대한 자질 자체에 있다. 또한 자질을 개발할 기회를 얻었다는 것, 자신에게 적합한 방식으로 행동하거나 열성을 다해 종사하고 싶은 일을 행할 기회가 주어졌다는 사실에 있다. 이런 식으로 생겨난 작품만이 사후의 명성을 얻기 때문이다. 그런 사람의 행복은 위대한 가슴이나 정신의 풍부함에도 있다. 그런 정신의 풍부함이 작품에 각인되어 있어야 다음 수 세기의 경탄을 받는다.

행복은 사상 그 자체에 담겨 있다. 먼 미래의 더없이 고귀한 정신의 소유자들은 이 사상을 숙고하는 일에 몰두하며 즐거움을 누린다. 그러므로 사후 명성의 가치는 그 사상의 공적에 있다. 이러한 공적이 그 자신이 받는 보수인 셈이다. 그런데 명성을 얻게 해 주는 작품이 또한 동시대인의 명성도 얻는지의 여부는 우연한 상황에 좌우되므로 그다지 중요한 문제가 아니다. 사람들은 대체로 독자적 판단력이 없고, 특히 대단하고 까다로운 업적을 평가할 능력이 전혀 없으므로 언제나 남의 권위를 추종하며, 높은 명성은 그것을 얻은 100명 중 99명의 경우 단순히 신의 성실에 기인한다. 그 때문에 동시대인이 이구동성으로 갈채를 보내더라도 사유하는 두뇌를 지닌 사람에게는 그다지 의미가 없을 수 있다. 그들은 갈채에서 얼마 안 되는 사람들의 목소리가 메아리쳐 울리는 것을 듣는 데다, 그것 말고 그 소수의 목소리 자체도 그저 일상적으로 들을 수 있는 것에 불과하기 때문이다. 예컨대 청중 중 한두 명을 제외하고는 모두 청각 장애자이고 거장이 그런 사실을 알고 있다고 치자. 가령 그 한 사람의 손이 움직이는 것을 보고 다른 청중도 자신의 결함을 서로에게 숨기기 위해 다들 우레와 같은 박수갈채를 보낸다고 해서 거장의 기분이 우쭐해지겠는가? 더구나 가련한 바이올린 연주자에게 우레와 같은 박수갈채를 보내도록 먼저 박수하는 사람들이 매수당하는 경우가 왕왕 있다는 사실이 알려진다면 말이다! 동시대인에게서 얻은 명성이 사후의 명성으로 탈바꿈해서 이어지는 경우가 무척 드문 것은 이런 사실로 설명할 수 있다. 그 때문에 달랑베르Jean Le Rond d'Alembert(1717~1783)[38]는 문학적 명성을 사원에 비유해 지극히 아름다운 필체로 묘사하고 있다.

> 사원 안에는 순전히 죽은 사람들만 있다. 그들은 생전에는 그곳에 들어올 수 없었다. 개중에는 살아 있는 자들도 몇몇 있지만 그들은 죽으면 거의 모두 쫓겨나고 만다.

그리고 말이 나온 김에 이 자리에서 한마디 언급하면, 어떤 사람의 생전에 기념비를 세우자는 말은 그에 관해서 후세 사람을 신뢰할 수 없음을 선언하는 것과 같다. 사후에 이어질 명성을 생전에 체험하는 자도 있지만 고령이 되기 전에는 매우 드문 현상이다. 어쨌든 예술가나 작가들의 경우에는 이런 규칙의 예외가 더러 있지만, 철학자의 경우에는 그러한 예외가 가장 드물게 일어난다. 작품에 의해 유명해진 사람들의 초상화를 보면 그런 사실을 확인할 수 있다. 이들은 대체로 유명해진 후에야 비로소 초상화가 제작되기 때문이

---

38 프랑스 계몽주의의 백과전서파 철학자

다. 철학자들은 대체로 백발의 나이 많은 사람으로 묘사된다. 그런데 행복론의 견지에서 보면 이는 당연하다. 명성과 젊음을 한꺼번에 갖는다는 것은 죽을 운명인 인간에게 너무 과분하다. 우리의 삶은 너무 빈곤하므로 그것의 재화를 보다 알뜰하게 배분해야 한다. 젊음은 젊음이라는 부가 충분하니 그것으로 만족할 수 있다. 하지만 기울나무처럼 온갖 기쁨과 향락이 소멸해 버리는 노년에는 명성의 나무가 진짜 상록수처럼 잎사귀를 낼 절호의 시기가 오는 것이다. 또한 명성을 여름에 자라지만 겨울에 먹을 수 있는 늦배에 비유할 수 있다. 노년이 되면 함께 늙어 가지 않는 **작품**에 청춘의 힘을 온통 쏟아부었다는 사실보다 더 멋진 위안이 되는 것은 없다.

그럼 이제 우리와 무엇보다 가까운 학문에서 명성을 얻는 과정을 좀 더 상세히 고찰해 보자. 그러기 위해 여기서 다음의 규칙을 세울 수 있다. 학문의 명성으로 나타나는 지적인 우월성은 언제나 어떤 자료의 새로운 조합에 의해 드러난다. 그런데 이러한 자료는 무척 상이한 종류일 수 있다. 그렇지만 자료 자체가 일반적으로 알려져 있고 누구나 접근할 수 있을수록 자료의 조합에 의해 크고 넓은 범위의 명성을 얻을 수 있다. 예컨대 그 자료가 몇몇 숫자나 곡선, 또는 어떤 특수한 물리학, 동물학, 식물학이나 해부학에 속하는 사실이나 고대 저자가 남긴 몇몇 파손된 문구나 반쯤 지워진 비석, 현재 우리에게 남아 있지 않은 알파벳 또는 모호한 역사적 사실로 존재한다면 자료의 올바른 조합으로 얻을 수 있는 명성은 자료 자체가 알려진 범위 이상으로는 퍼지지 않는다. 그 명성은 대체로 은둔 생활을 하며 그들의 전문 분야에서 얻은 명성을 부러워하는 소수의 사람에게만 퍼질 뿐이다. 반면에 그 자료가 인류 전체가 알고 있는 것이라면, 인간의 지성이나 감정에 관한 만인 공통의 본질적인 특성이라면, 우리가 전체 작용 방식을 끊임없이 목격하는 자연의 힘이라면, 우리에게 널리 알려진 자연의 흐름이라면 새롭고 중요하며 명백한 조합에 의해 자료를 새로 규명했다는 명성은 점차 거의 모든 문명 세계에 퍼질 것이다. 누구나 그런 자료를 접할 수 있다면 누구나 자료의 조합도 할 수 있을 것이기 때문이다. 그런데 이런 경우 커다란 어려움을 극복한 만큼 명성도 더욱 커질 것이다. 왜냐하면 널리 알려진 자료일수록 새로우면서도 올바른 방식으로 조합하기가 그만큼 어렵기 때문이다.

벌써 수없이 많은 사람이 자료에 매달려 그것의 가능한 조합을 무수히 생각해 보았을 것이다. 반면에 일반 대중이 접근하기 어렵고 힘들고 까다로운 방법으로만 얻을 수 있는 자료라면 얼마든지 새로운 조합이 가능할 것이다. 그 때문에 정확한 이해력과 건전한 판단력, 즉 적당한 정신적 우월함을 지니고 그런 자료를 대한다면 운 좋게도 쉽게 자료를 새롭고 올바로 조합할 수 있다. 하지만 이렇게 해서 얻은 명성은 대략 자료가 알려진 범위만큼의 한계가 있을 것이다. 사실 그런 종류의 문제를 해결하려면 자료가 알려진 범위를 알아내는 데만도 대단한 연구와 노고가 필요하기 때문이다. 반면에 앞서 설명한 다른 종류에서처럼 가장 크고 광범위한 명성을 얻을 수 있는 경우에는 자료를 그냥 얻을 수 있다. 하지만 이러한 후자의 종류는 노고를 덜 요구하는 만큼 더 많은 재능, 그러니까 천재적 재능을 요한다. 이러한 재능과 천재적 재능에 비하면 가치나 가치 평가와 관련해 볼 때 어떠한 노고나 연구도 비교할 바가 못 된다.

그런데 이러한 사실에서 다음의 결과가 밝혀진다. 훌륭한 이해력과 올바른 판단력은 지녔지만, 최고 수준의 지적 재능은 지녔다고 자신하지 못하는 사람은 많은 연구와 힘든 노고를 두려워할 필요가 없다. 그런 경우에는 널리 알려진 자료를 가지고 연구하는 수많은 사람 틈바구니에서 벗어나, 학문적 부지런함만으로도 접근할 수 있는 보다 외진 분야를 연구와 노고로 개척하면 될 것이다. 경쟁 상대가 현저히 줄어든 이런 분야에서는 두뇌가 약간만 우월해도 곧장 새롭고 올바른 자료 조합의 기회를 얻을 것이기 때문이다. 이뿐만 아니라 그런 발견을 한 공적은 자료를 어렵게 얻은 사실에도 의지할 것이다. 하지만 이처럼 전문 지식 소유자인 학계의 동료에게서 얻은 박수갈채가 대중에게는 멀리서 들리는 것에 지나지 않을 것이다. 그런데 여기서 암시된 방법을 극단적으로 추구하고자 한다면 자료를 얻기 어렵기 때문에 굳이 자료를 조합할 필요 없이 자료만으로 명성을 얻을 근거가 되기에 충분한 지점이 나타날 수 있다. 사람들이 별로 가본 적 없는 멀리 떨어진 나라로 여행하면 그것이 가능하다. 즉 생각한 것이 아닌 본 것으로 유명해지는 것이다. 이러한 방법에는 또한 다음과 같은 큰 장점도 있다. 생각한 것보다 본 것을 타인에게 전달하기가 훨씬 쉽고, 또한 이해시키기도 훨씬 수월하다. 따라서 생각한 것보다 본 것에 대해 쓴 글에 독자가 훨씬 많을 것이다. 아스무스Asmus(1740~1815)[39]는 이렇게 말한 적이 있다.

> 누구든 여행을 하면 뭔가 화젯거리가 생긴다.
> (『우리안Urian의 세계 일주』)

이런 종류의 유명인과 개인적으로 친해질 경우 종종 호라티우스의 말이 생각나는 것도 그런 이유 때문이다.

> 바다를 건너가는 자는 마음이 아닌 기후만 바꿀 뿐이다.
> (『서간집』I, II, 27)

다른 한편으로 극히 까다로운 문제를 해결하는 데만 과감히 뛰어들어야 하는 뛰어난 두뇌를 타고난 사람은 시야를 되도록 넓혀야 한다. 모든 방면으로 언제나 균일하게 넓혀서, 소수만 알고 있는 특수한 분야에 너무 깊이 빠지지 않는 것이 좋다. 다시 말해 어떤 개별 학문의 전문 분야에 너무 깊이 들어가지 않는 게 좋고, 지엽적인 분야를 다루지 않아야 하는 것은 말할 필요도 없다. 경쟁자가 북적이는 분야를 피한다고 굳이 접근하기 어려운 대상에 관여할 필요는 없기 때문이다. 사실 누구나 쉽게 손에 넣을 수 있는 자료가 중요하고 참된 새로운 조합의 재료가 될 것이다. 그런데 그것에 의거해 자료를 잘 알고 있는 모든 사람, 즉 인류의 대다수는 그의 공적을 평가할 수 있을 것이다. 작가나 철학자가 얻는 명성과 물리학자, 화학자, 해부학자, 광물학자, 동물학자, 언어학자, 사학자 등이 도달할 수 있는 명성에 현격한 차이가 있는 것은 바로 그런 이유 때문이다.

---

39 독일의 서정시인으로, 필명은 마티아스 클라우디우스Matthias Claudius

제5장
훈화와 격언

다른 장에서도 완벽을 기하려는 생각은 없었지만 이번 장에서는 더욱 그러하다. 완벽을 기하려 한다면 멀리는 테오그니스Theognis[40]나 가짜 솔로몬 왕Solomon(기원전 971~931)[41]에서부터, 가까이는 라 로슈푸코François de La Rochefoucauld(1613~1680)[42]에 이르는 수많은 모든 시대의 사상가가 내세운 삶의 규칙을(그중에는 부분적으로 탁월한 것도 있지만) 그냥 되풀이하는 데 지나지 않을 것이기 때문이다. 그렇게 되면 나도 남들이 그랬던 것처럼 진부한 상투적 표현을 피할 수 없을 것이다. 하지만 완벽을 기하려고 하면 대부분 체계적인 배열도 불가능해진다. 이 두 가지가 없는 대신, 이런 종류의 서술에서는 거의 필연적으로 지루해진다는 점을 위안으로 삼기 바란다. 나는 언뜻 생각나는 것, 전달할 만한 가치가 있어 보이는 것, 내가 하려는 식으로는 아직 이야기되지 않은 것만 말하려고 한다. 다시 말해 이 아득한 분야에서 다른 사람이 이미 말한 것에 대해 이삭 줍듯 그냥 보충하는 정도로 그치려고 한다. 그러나 이 문제에 대한 견해나 충고는 각양각색이므로 어느 정도 정리하기 위해 이것을 일반적인 것, 우리 자신에 대한 우리의 태도, 타인에 대한 우리의 태도, 마지막으로 세상 돌아가는 형편과 그 운명에 대한 우리의 태도로 구분해서 이야기하고자 한다.

---

40 기원전 540년경에 활약한 그리스 비극 시인. 1389행의 시구가 남아 있으나 실은 많은 시인의 시와 격언이 그의 이름으로 전해진 것이다.

41 솔로몬 왕이 예언자로서 설교한 것으로 되어 있는 「전도서」는 기원전 4~3세기에 만들어진 위작이다.

42 프랑스의 고전 작가이자 공작. 504개의 잠언이 실린 『잠언과 성찰』을 남겼다.

1. 일반적인 것

1) 나는 **아리스토텔레스**가 『니코마코스 윤리학』(제7권 12장)에서 곁들여 말한 "분별 있는 자는 쾌락이 아닌 고통 없는 상태를 추구한다"라는 명제를 모든 삶의 지혜의 최고 원칙으로 간주한다. 여기서 쾌락 대신 즐거움이라는 단어를 쓸 수도 있다. 이 명제의 진리성은 모든 쾌락과 행복은 소극적 성질을 띠는 반면 고통은 적극적인 성질을 띠는 데 기인한다. 이 후자의 명제에 대해서는 나의 주저 『의지와 표상으로서의 세계』(I, 58장 '충족과 행복의 소극적인 성질')에 상세히 설명하고 근거가 제시되어 있다. 여기서는 매일 관찰할 수 있는 사실을 가지고 그 명제를 해명하고자 한다. 온몸이 건강하고 온전하지만 몸의 어디에 조그만 상처가 있거나 아픈 경우, 몸의 전체적인 건강은 의식되지 않고 상처 부위의 통증에만 계속 신경 쓰여, 건강한 느낌에서 오는 유쾌한 기분이 사라진다. 마찬가지로 모든 일이 뜻대로 진행되더라도 한 가지 일이 마음 먹은 대로 풀리지 않으면, 아무리 하찮은 것이라도 그것이 자꾸 뇌리에 떠오른다. 계속 그 일만 생각하며, 뜻대로 진행되는 다른 더 중요한 일은 거의 생각하지 않는다. 그런데 이 두 가지 경우 침해받는 것은 의지다. 앞의 경우는 신체로 객관화된 의지고, 뒤의 경우는 인간의 노력으로 객관화된 의지다. 두 가지 경우에서 우리는 의지의 충족은 언제나 소극적으로만 이루어지므로 직접 느껴지지 않고 기껏해야 성찰의 과정을 통해 의식되는 것을 알 수 있다. 이와 달리 의지의 억제는 적극적인 것이라서 스스로 그런 사실을 알린다. 모든 쾌락은 단순히 이러한 억제의 제거에, 억제에서 벗어나는 것에 있으므로 오래 지속되지 않는다.

그러므로 앞에서 찬미한 아리스토텔레스의 원칙도 이런 사실에 기인한다. 그것이 가르치는 것은 삶의 쾌락이나 안락에 주목하지 말고 삶의 수많은 재앙에서 되도록 멀리 피하라는 것이다. 이런 방법이 올바른 길이 아니라면, "행복은 꿈에 불과하지만, 고통은 현실이다"(『플로리앙 후작에게 보내는 편지』 1774년 3월 16일)라는 **볼테르**의 말도 잘못된 것이라 해야겠다. 하지만 사실은 그 말이 진실이다. 그에 따라 행복론적인 고려를 하며 자신의 삶의 결산을 이끌어 내려고 하는 자도 자신이 누린 기쁨이 아니라 자신이 재앙을 무사히 넘긴 것에 따라 계산서를 작성해야 한다. 그러므로 행복론은 그 명칭 자체가 미화하는 표현이고, '행복하게 산다'라는 말은 '덜 불행하게', 즉 그럭저럭 견디며 산다는 의미일 뿐이라는 가르침으로 시작해야 한다. 물론 인생이란 향락을 즐기기 위해서가 아니라 고통을 이겨 내고 처리하기 위한 것이다. 이 것을 라틴어로는 '그럭저럭 살아가며, 삶을 견뎌 낸다', 이탈리아어로는 '그럭 저럭 헤쳐 나가라!', 독일어로는 '헤쳐 나갈 방도를 모색해야 한다' 또는 '그는 어떻게든 세상을 헤쳐 나갈 것이다' 등으로 표현할 수 있다. 그렇다, 삶의 노 고에서 벗어났다는 사실이 노년에는 위안이 된다. 이런 의미에서 본다면 가 장 행복한 운명을 타고난 사람은 정신적으로뿐만 아니라 육체적으로도 그다 지 큰 고통을 겪지 않고 살아온 사람이지, 대단히 큰 기쁨이나 엄청난 쾌락을 맛본 사람이 아니다.

최고의 기쁨이나 향락으로 인생의 행복을 재려고 하는 자는 잘못된 잣대 를 잡은 것이다. 향락이란 어디까지나 소극적인 것이기 때문이다. 향락이 행 복하게 한다는 생각은 질투심이 스스로를 벌하기 위해 품는 망상이다. 반면 에 고통은 적극적으로 느껴진다. 그 때문에 고통이 없다는 것은 삶의 행복을 재는 잣대다. 무료함이 없어 고통 없는 상태에 이르렀다면 사실상 지상의 행 복에 도달했다고 할 수 있다. 그 밖의 모든 것은 환영幻影이기 때문이다. 그러 므로 고통을 치르면서, 즉 고통의 위험을 감수하면서까지 향락을 맛보려고 해서는 안 된다. 그렇게 한다면 소극적인 것, 즉 환영과 같은 것을 맛보는 대 가로 적극적이고 현실적인 것을 도외시하는 셈이다. 이와 반대로 고통에서 벗어나기 위해 향락을 희생한다면 이득을 얻는 것이다.

이 두 가지 경우에서 고통이 향락의 뒤에 오는지 앞에 오는지는 전혀 중요 하지 않다. 이 비탄의 무대를 유원지로 만들려고 하거나, 어떻게든 고통이 없 는 상태로 만들어 보려고 하는 대신 향락과 즐거움을 목표로 삼는 것은 본말 이 전도된 것이다. 하지만 많은 사람이 그렇게 하고 있다. 차라리 음울한 시선 으로 이 세상을 일종의 지옥으로 간주하고 그곳에 불을 견디는 방을 하나 만 들 생각을 하는 사람이 훨씬 덜 방황한다고 할 수 있다. 어리석은 자는 인생의 향락을 좇다가 결국 속은 것을 안다. 현자는 재앙을 피한다. 현자가 재앙을 피 하지 못한다 해도 그것은 운명 때문이지 어리석어서가 아니다. 하지만 재앙 을 피하는 데 성공하는 한 그는 속은 것이 아니다. 그가 피한 재앙은 극히 현 실적인 것이기 때문이다. 그가 재앙을 지나치게 회피하고 향락을 불필요할 정도로 희생했다 해도, 모든 향락은 환영과 같은 것이므로 사실 아무것도 잃은 것이 없는 셈이다. 향락을 놓쳤다고 탄식하는 것은 좀스럽고 가소로운 짓이다. 낙관주의의 영향으로 이 진리를 제대로 보지 못하는 것은 많은 불행의 근원이다. 다시 말해 고뇌가 없는 동안에는 불안해하는 소망이 존재하지도 않는 행복의 환영을 눈앞에 그려 보이며, 우리를 미혹해 그 환영을 좇게 만든다. 우리는 부인할 수 없는 현실인 고통을 우리에게 끌어들인다. 그러고는 어영부영하다가 잃어버린 천국처럼 우리의 뒤에 있는 고통이 없는 상태를 잃어버렸다고 탄식하며, 일어난 일을 일어나지 않은 것으로 해 달라고 헛되이 소망한다. 그것은 악마가 최고의 현실적인 행복인 고통이 없는 상태에서 소망이라는 환영을 통해 우리를 끊임없이 꾀어내는 것처럼 보인다. 젊은이는 잘 생각해 보지도 않고 세상이란 즐기기 위해 존재하고, 적극적인 행복이 깃들어 있는 곳이기에, 그 행복을 다스릴 능력이 없어서 그것을 놓친다고 생각한다. 소설이나 시, 조금 뒤에 다시 이야기하겠지만 위선도 젊은이의 그런 생각을 강화한다.

일반적으로 세상 어디서나 외적인 겉모습으로 그런 위선을 추구하고 있다. 이제부터 젊은이는 어느 정도 성찰을 하겠지만, 그 자체로 적극적인 향락으로 이루어져 있다고 하는 적극적인 행복을 좇는 생활을 한다. 그럴 때 도사리고 있는 위험은 무릅쓸 수밖에 없다. 이처럼 있지도 않은 사냥감을 좇다가 대체로 매우 현실적이고 적극적인 불행을 자초한다. 이러한 불행은 고통, 고뇌, 질병, 손실, 걱정, 가난, 수치, 그리고 수많은 곤경으로 나타난다. 나중에야 환멸에서 깨어나지만 너무 늦다. 이와 달리 여기서 살펴본 원칙을 지키고 고뇌를 피하는 쪽으로, 즉 결핍, 질병, 모든 곤경을 제거하는 쪽으로 생활 수칙을 정하면 이것이야말로 현실적인 목표다. 그러면 소기의 성과를 거둘 수 있다. 적극적인 행복이라는 환영을 좇는 노력을 하지 않을수록 이 계획이 더 많은 성과를 거둘 수 있을 것이다. 괴테가 『친화력』에서 언제나 남의 행복을 위해 힘쓰는 **미틀러**의 입을 빌려 한 말도 이와 같은 의미다.

재앙을 당하지 않으려고 하는 자는 언제나 자신이 원하는 것을 알고 있다.
자신이 가진 것보다 더 나은 것을 원하는 자는 완전히 눈뜬장님이다.

그런데 이 말은 "더 좋은 것은 정말 좋은 것의 적이다"라는 프랑스의 멋진 잠언을 생각나게 한다. 그뿐만 아니라 여기서 나의 주저 『의지와 표상으로서의 세계』(II, 16장 '이성과 스토아주의의 실천적 사용에 대하여')에서 설명한 것처럼 견유학파의 근본 사상마저 도출해 낼 수 있다. 견유학파가 모든 향락을 배척한 이유는 향락에는 다소 고통이 따른다는 사실을 생각하고, 향락을 얻기보다는 고통을 피하는 편이 훨씬 중요하다고 여긴 것이 아니고 무엇이겠는가? 견유학파는 향락의 소극성과 고통의 적극성을 깊이 인식하고 있었다. 그래서 수미일관 고통을 피하기 위해 전력을 다하고 이를 위해 향락을 완전히 의도적으로 배척하는 것이 필요하다고 보았다. 그들은 이 향락이 우리를 고통에 빠뜨리는 덫에 불과하다고 생각했던 것이다.

실러가 말한 바와 같이 우리 모두는 물론 아르카디아[43]에서 태어났다. 다시 말해 우리는 행복과 향락에 대한 욕구를 잔뜩 품고 태어나, 그 욕구를 관철하려는 어리석은 희망을 품고 있다. 그렇지만 대체로 얼마 안 가 운명이 다가와 우리를 거칠게 움켜잡고는, '우리 것은 아무것도 없고, 모두 그의 것이다'라고 가르쳐 준다. 우리의 모든 재산과 수입, 아내와 자식, 손발이며 눈과 귀, 얼굴 한가운데에 있는 코를 마음대로 할 권리도 당연히 운명에 있다는 것이다. 하지만 어쨌든 시간이 좀 흐르면 경험이 생겨서 행복과 향락이란 멀리서만 보이다가 가까이 다가가면 사라지는 신기루에 불과함을 깨닫는다. 반면에 고뇌와 고통은 현실성을 지니고 있고, 직접 자신을 드러내며, 착각하거나 기대할 필요도 없음을 깨닫는다. 그런데 이 가르침이 결실을 맺으면 행복과 향락을 좇는 것을 그만두고, 오히려 어떻게 해서든 고통과 고뇌의 접근을 막으려고 애쓴다. 그렇게 되면 우리는 세상이 제공해야 하는 최선의 것은 고통이 없는 조용하고 견딜 만한 생활임을 알게 되어, 그러한 삶을 보다 확실하게 관철하기 위해 우리의 요구를 이러한 생활에 한정시킨다. 너무 불행해지지 않으려면 너무 행복해지려는 요구를 하지 않는 것이 가장 확실한 방법이기 때문이다. 괴테의 젊은 시절 친구 **메르크**Johann Heinrich Merck(1741~1791)[44]도 다

---

43 그리스 펠로폰네소스 반도의 산지로 순박한 양치기가 사는 평화로운 땅이다. 실러의 시 「체념」의 앞부분에 "우리는 아르카디아에서 태어났다"라는 말이 나온다.

44 작가 겸 비평가 괴테의 젊은 시절 친구. 괴테는 그를 메피스토펠레스의 모델로 삼았다. 후에 자녀들의 죽음과 잇따른 사업 실패로 자살했다.

「아르카디아의 목자들」, 니콜라 푸생, 1628

음의 글을 쓴 것으로 보아 그런 사실을 깨달은 모양이다.

> 행복, 그것도 우리가 꿈꾸는 만큼의 행복을 얻으려는 역겨운 욕망이
> 세상의 모든 것을 망쳐 버린다. 이러한 욕망에서 벗어나 자신이 현재 가지고
> 있는 것 외에는 아무것도 바라지 않는 자는 헤치고 나아갈 수 있다.
> (『메르크와의 왕복 서간집』)

따라서 행복과 영화, 향락을 얻으려고 애쓰다가는 커다란 불행을 자초하기 때문에 향락과 재산, 지위와 명예 등에 대한 요구를 적당한 수준으로 끌어내리는 것이 상책이다. 매우 불행해지기는 쉽지만 매우 행복해지기는 어려운 것이 아니라 아예 불가능하므로 위의 방법을 쓰는 것이 현명하고 권장할 만하다. 그러므로 삶의 지혜를 가르치는 시인 호라티우스가 이렇게 노래한 것은 당연하다고 하겠다.

> 중용의 미덕을 지키는 자는
> 쓰러져 가는 오두막의 더러움을 당연히 멀리하고
> 분수를 알아 사람들이 부러워하는 궁전의 화려함을 멀리한다.
> 키 큰 소나무일수록 폭풍에 흔들리는 일이 잦고
> 우뚝 솟은 탑일수록 더욱 힘차게 무너지며
> 벼락을 맞는 것은 산봉우리다.
> (호라티우스, 『송가』 2, 10, 5~12)

하지만 내 철학의 가르침을 완전히 체득해, 우리의 모든 존재가 차라리 없는 것이 나으므로 그 존재를 부인하고 거부하는 것이 최고의 지혜임을 안 사람은 어떤 일이나 어떤 상태에도 큰 기대를 걸지 않을 것이다. 이 세상의 어떤 것도 얻고자 열렬히 애쓰지 않을 것이고, 어떤 일을 그르친다 해도 크게 탄식하지 않을 것이다. 그 대신 "인간의 일은 무엇이건 크게 애쓸 만한 가치가 없다"(『국가』 제10권 604)라는 플라톤의 말과 아울러 다음 시구의 취지도 잘 알고 있을 것이다.

세상의 소유물이 다 사라진다 해도

슬퍼하지 마라, 아무것도 아닌 것이니.

세상의 소유물을 다 가졌다 해도

너무 기뻐하지 마라, 아무것도 아닌 것이니.

고통과 환희도 지나가 버리는 것이니,

세상을 지나쳐 가라, 아무것도 아닌 것이니.

[안와리Anwari(1126?~1190?)[45], 「소헤이리soheili」, 사디Shīrāzī Sadī(1209~1291)[46]의 교훈시 『굴리스탄』[47]의 표어를 보라]

그렇지만 이런 유익한 통찰을 얻는 것이 특히 어려운 이유는 앞에서 언급한 위선 때문이다. 따라서 젊은이에게 이러한 위선의 가면을 일찍 벗겨 보여주는 것이 좋다. 대부분의 경우 화려한 것은 무대 장식과 마찬가지로 단순한 겉모습에 불과하고, 사물의 본질이 결여되어 있다. 예컨대 깃발과 꽃다발로 장식한 선박, 축포나 조명, 북과 나팔, 환호성과 아우성 등은 모두 기쁨을 나타내는 간판이나 암시, 상형 문자와 같다. 하지만 바로 그곳에서는 대체로 기쁨을 찾아볼 수 없다. 기쁨만은 축제의 자리에 참석을 거절했다. 기쁨이 실제로 나타나는 경우에는 초대받지 않고 알리지도 않은 채 자발적으로 으스대지도 않고, 조용히 살금살금 다가온다. 기쁨은 종종 전혀 중요하지 않은 하찮은 계기로, 극히 일상적인 상황에서, 즉 결코 빛나지도 영광스럽지도 않은 기회에 나타난다. 기쁨은 오스트레일리아의 금처럼 우연의 변덕에 따라 아무런 규칙도 법칙도 없이 대체로 대단히 미세한 알갱이로만 여기저기 흩어져 있을 뿐 큰 덩어리로 있는 경우는 거의 찾아볼 수 없다. 반면에 앞에서 언급한 모든 경우에는 여기에 기쁨이 와 있다고 타인을 믿게 하려는 목적만이 있을 뿐이다. 타인의 머리에 겉모습을 심으려는 의도다.

슬픔도 기쁨과 사정이 다르지 않다. 긴 장례 행렬이 느릿느릿 움직이면 얼마나 우울한 기분이 드는가! 뒤따르는 마차의 행렬은 언제 끝날지 알 수 없

---

45 페르시아의 서정 시인
46 페르시아의 서정 시인
47 '장미의 정원'이나 '장미의 낙원'이라는 뜻의 교훈 시 제목. 사디는 이 시에서 "꽃은 피고 지지만, 이곳의 꽃은 영원히 만발할 것"이라고 말한다.

다. 하지만 마차 안을 한번 들여다보라. 모두 텅 비어 있다. 다시 말해 고인을 따라 도시의 모든 마부가 무덤까지 배웅하는 것일 뿐이다. 그것이야말로 이 세상의 우정과 경의를 보여 주는 단적인 모습 아니겠는가! 그러므로 이것은 인간 행위의 거짓, 천박함, 위선이다.

성대한 환영 파티에 초청받아 예복을 입고 온 수많은 하객은 또 다른 예다. 그들은 고상한 고급 사교계의 간판이다. 하지만 실은 그들이 온 것이 아니라 대체로 속박과 고통, 무료함이 온 것이다. 많은 손님이 오다 보면 가슴에 모두 훈장을 달고 있다 해도 무뢰한이 다수 끼어 있기 때문이다. 참으로 좋은 사교 모임이란 어디서나 필연적으로 극히 소수이다. 일반적으로 화려하고 떠들썩한 축제나 향연에서는 항시 공허감과 심지어 내적 불협화음을 느끼게 마련이다. 그런 자리는 인간 생활의 비참함이나 빈곤과 완전히 모순되기 때문인데, 이러한 대조가 진리를 더욱 부각한다. 겉으로 그 모든 것이 그럴듯하게 보이는 것이 목적이다. 그 때문에 **샹포르**의 다음과 같은 말은 대단히 흥미롭다.

사교 모임, 클럽, 살롱, 즉 흔히 상류사회라 불리는 것도 알고 보면
빈약한 각본이나 기계 장치, 의상과 장식 때문에 조금 그럴듯하게 보일 뿐
아무 재미도 없는 시시한 오페라 같은 것이다.
(『격언과 금언』 3장)

그런데 이와 마찬가지로 학술원이나 철학 강단도 지혜의 간판이며 겉모습이다. 그런데 지혜도 대체로 그런 곳에는 나타나기를 거부하므로, 전혀 다른 데서 찾아봐야 한다. 계속해서 울리는 종소리, 사제의 복장, 경건한 몸가짐, 근엄한 동작 등은 경건함의 간판이며 거짓 겉모습이다. 그러므로 이 세상의 거의 모든 것은 속 빈 호두와 같다고 할 수 있다. 알맹이 자체는 드물며, 그것이 껍데기에 들어 있기는 더욱 드물다. 알맹이는 전혀 다른 데서 찾아봐야 하는데, 대부분 어쩌다 발견될 뿐이다.

2) 어떤 사람이 얼마나 행복한지 대충 알아보려면 그가 어떤 일에 즐거워하는지가 아니라 어떤 일에 슬퍼하는지 물어보아야 한다. 그 자체로 볼 때 사소한 일에 슬퍼할수록 더욱 행복하다고 할 수 있다. 별 탈 없이 잘 지내는 사

람이라야 사소한 일에 민감하게 반응할 것이기 때문이다. 다시 말해 우리가 불행한 상태에 빠지면 그런 사소한 것을 전혀 느끼지 못한다.

우리는 삶에 많은 요구를 하면서 삶의 행복을 **넓은 토대** 위에 세우지 않도록 조심해야 한다. 그런 토대 위에 세운 행복은 자칫하면 무너지기 쉬우며, 재난이 일어날 기회가 훨씬 많아서 이러한 재난이 꼭 일어나기 때문이다. 다른 모든 건물은 토대가 넓을수록 견고한 것과 달리 우리의 행복이라는 건물은 이런 점에서 반대다. 따라서 자신이 지닌 온갖 종류의 수단과 균형을 맞추어 요구 수준을 되도록 낮추는 것이 큰 불행을 피하는 가장 확실한 방법이다.

3) 일반적으로 어떤 방식으로 행하든 삶에 대한 **시시콜콜한 준비**를 하는 것이야말로 가장 빈번하고 어리석은 일 중 하나다. 다시 말해 그런 준비를 하는 경우 아주 오래 살며 장수하는 것을 염두에 두지만, 그렇게 오래 사는 사람은 극히 일부에 불과하다. 또한 오래 산다고 해도 세운 계획에 비하면 인생은 너무나 짧다. 그 계획을 실행하는 데는 예상했던 것보다 언제나 훨씬 많은 시간이 필요하기 때문이다. 그런 계획은 인간의 모든 일이 그렇듯이 실패나 장애에 매우 다양하게 노출되어 있으므로 목표를 달성하는 경우는 극히 드물다. 결국 모든 것이 달성된다 해도 세월이 우리 자신에게 가져다주는 변화를 고려하지 않고 계산에 넣지 않았다. 다시 말해 성취나 향유를 위한 우리의 능력이 평생 지속되지 않음을 생각하지 않은 것이다.

어떤 일을 힘들여 달성하고 보니 그것이 우리에게 더 이상 맞지 않은 경우가 왕왕 생긴다. 때로는 우리가 어떤 작품을 준비하는 수년 동안 알게 모르게 그 일을 실행할 힘이 떨어져 버리기도 한다. 오랜 노고와 많은 위험을 무릅쓰고 얻은 부를 우리가 더 이상 누리지 못하고 결국 남 좋은 일을 한 경우가 가끔 생기기도 한다. 우리가 다년간 노력해서 마침내 얻은 지위를 더 이상 수행할 수 없는 경우도 생긴다. 일이 우리에게 너무 더디게 이루어진 것이다. 우리가 일을 너무 더디게 해낸 것인지도 모른다. 업적이나 작품이 문제 되는 경우가 그러하다. 시대의 취향이 변했거나, 그런 일에 관심을 보이지 않는 새로운 세대가 자라난 경우가 이에 해당한다. 다른 사람들이 지름길을 통해 우리를 앞질러 간 경우도 그에 해당한다. 다음과 같이 말한 것으로 보아, 호라티우스도 앞에서 기술한 것을 모두 염두에 두고 있었던 모양이다.

어차피 백년대계에 견디지 못하는데

왜 그대의 정신을 혹사하는가?

(『송가』2, 11, 11~12)

이러한 잘못을 자꾸 저지르는 이유는 정신의 눈으로 볼 때 불가피하게 생기는 착시 현상 때문이다. 그런 착시 현상 때문에 인생이란 출발점에 서서 보면 끝이 없는 것 같지만, 종착점에서 되돌아보면 매우 짧은 것으로 드러난다. 착시 현상이 없으면 위대한 일을 해내기가 어려웠을 것이니, 그것에도 좋은 점이 있기는 하다.

나그네가 앞으로 걸어갈 때 사물은 멀리서 보았을 때와 다른 모습이고, 가까이 다가가면 변하듯이 우리 인생도 마찬가지다. 특히 우리의 소망이 그와 같다. 때로는 우리가 추구하던 것과 다른 것, 즉 더 나은 것을 발견하기도 한다. 때로는 추구하던 것 자체를 처음에 잘못 접어든 길과 완전히 다른 길에서 발견하는 경우도 있다. 특히 우리가 향락, 행복, 기쁨을 추구하다가 교훈, 통찰, 깨달음을, 다시 말해 덧없고 겉만 번지르르한 재화 대신 영속적이고 진정한 재화를 얻는 경우도 더러 있다. 괴테의 『빌헬름 마이스터의 수업 시대』에 일관되게 기본 저음으로 흐르는 생각도 바로 그런 것이다. 지적인 그 소설은 다른 어떤 소설보다 수준이 높은데, 심지어 죄다 윤리적인 성격을 띠며 인간의 본성을 단순히 의지 측면에서만 파악하는 월터 스콧Sir Walter Scott(1771~1832)[48]의 소설에 비해서도 훨씬 수준이 높다고 할 수 있다. 이와 마찬가지로 기괴하지만 의미심장하고 다의적인 상형 문자라고 할 수 있는 「마술피리」[49]에서도 그 같은 근본 사상이 무대 장식처럼 크고 대담한 특징을 띠며 상징적으로 표현된다. 하지만 끝에 가서 왕자 타미노가 파미나를 얻겠다

---

48 역사 소설을 창시한 스코틀랜드 출신의 시인이자 소설가며 역사가이자 전기 작가. 대표작으로 『아이반호』가 있다.

49 극작가 시카네더가 대본을 만들고 모차르트가 1791년에 완성한 가극. 철학자 자라스트로가 밤의 여왕의 딸 파미나를 자신의 세계로 납치해 여왕의 악영향으로부터 보호하려 하자, 이에 진노한 밤의 여왕은 왕자 타미노를 포섭해 딸을 되찾으려고 한다. 이때 여왕은 왕자에게 맹수도 잠재울 수 있는 '마술피리'를 호신용으로 주고, 그와 동행할 새잡이 파파게노에게는 영롱한 소리가 나는 요술 방울을 건넨다. 여왕은 밤중에 딸 파미나를 찾아와 자라스트로를 죽이라고 단도를 건네주며 살인을 교사하지만, 자라스트로의 이성적인 설득에 넘어간 파미나는 결국 어머니의 세계를 저버린다. 밤의 여왕은 자라스트로의 '태양의 제국'을 무너뜨려 권력을 장악하려고 총공격을 감행하지만 승리는 빛의 세계에 돌아가고 여왕과 어둠의 세계는 멸망한다.

는 소망을 버리고, 파미나를 얻는 대신 지혜의 사원에서 성자가 되기를 요구해서 그렇게 되었다면 근본 사상이 완전해졌을지도 모른다. 반면에 타미노와 대조적일 수밖에 없는 인물인 새잡이 파파게노에게는 파파게나를 얻게해 주는 편이 옳았을 것이다. 훌륭하고 고상한 인물이라면 운명이 주는 교육을 이내 깨닫고 감사하는 마음으로 유연하게 순응할 것이다. 다시 말해 그들은 세상에서 교훈은 얻을 수 있을지 몰라도 행복은 얻을 수 없음을 깨달을 것이다. 그에 따라 희망을 버리고 깨달음을 얻는 데 익숙해져 결국 페트라르카 Francesco Petrarca(1304~1374)[50]처럼 이런 말을 한다.

나는 배우는 것 말고는 다른 어떤 행복도 느끼지 못한다.
(『트리온포 다모레』 I, 21)

이런 사실로 볼 때 그들은 소망이나 지향하는 바를 추구한다 해도 어느 정도는 겉으로만 장난치듯 그럴 뿐 본심으로는 단지 교훈만 기대하는 것일지도 모른다. 그렇게 되면 그들은 관조적이고 천재적이며 숭고한 분위기를 연출할 수 있다. 이런 의미에서 연금술사가 단지 황금을 얻으려다가 화약과 도자기, 의약품과 자연 법칙까지 발견했듯이 우리의 사정도 그와 같다고 할 수 있다.

2. 우리 자신에 관한 우리의 태도

4) 어떤 건물을 짓는 일을 돕는 건설 노동자가 전체 계획을 알지 못하거나 항시 그것을 의식하는 것은 아니듯, 하루하루의 시간을 살아가는 인간도 자신의 인생행로와 그 성격의 전모에 대해 그와 같은 관계를 갖는다. 이 인생행로가 가치 있고 의미 있으며 계획성 있고 개인적일수록 그것의 축소판인 평면도, 즉 설계도를 가끔 눈앞에 떠올려 보는 것이 더욱 필요하고 유익하다. 물

---

50 이탈리아의 시인·인문주의자로 르네상스 시대의 대표적 문학자

론 그러기 위해서는 "너 자신을 알라![51]"라는 말로 작은 시작을 하는 일이 필요하다. 다시 말해 자신이 원래 원하는 것이 무엇인지, 즉 자신의 행복에 가장 중요한 것이 무엇인지 알고 난 뒤 두 번째, 세 번째로 중요한 것이 무엇인지 알 필요가 있다. 전체적으로 자신의 직업, 역할, 세상에 대한 자신의 관계가 어떠한지도 인식할 필요가 있다. 그런데 이러한 것이 중요하고 대단한 종류의 것이라면 인생의 설계도를 축소판으로 바라보는 것이 다른 것 이상으로 힘을 북돋워 주고 격려해 주고 분발하게 하며, 행동하도록 고무해 주고, 옆길로 빠지지 못하게 막아 줄 것이다.

나그네가 언덕에 올라와서야 비로소 자기가 걸어온 온갖 굽은 길을 서로 연관 지어 훑어보며 인식할 수 있는 것처럼, 우리도 인생의 한 시기나 전체 생애의 끝에 가서야 비로소 행위나 업적, 작품의 참된 연관성, 정확한 일관성과 연결 관계, 즉 그것들의 가치를 인식할 수 있다. 어떤 일에 관여하는 동안에는 성격의 확고한 특성에 따라 언제나 동기의 영향에 의해, 능력의 정도에 따라 행동할 뿐이다. 그러므로 매 순간 바로 지금 타당하고 적절하다고 생각되는 일을 하면서 철두철미하게 필연성에 의해 행동하는 것에 지나지 않는다. 결과를 보고서야 일이 어떻게 되었는지 알 수 있고, 전체적인 연관성을 되돌아보고서야 어떻게 어떤 방법으로 일어났는지 알 수 있다. 따라서 우리는 또한 매우 위대한 행위를 수행하거나 불멸의 작품을 창조하는 동안에는 그런 행위나 작품을 그 자체로 의식하지 못하고 다만 우리의 현재 목적에 합당한 것, 지금의 의도에 부합하는 것, 바로 지금 타당한 것이라고 의식한다. 하지만 나중에 전체적인 연관성을 살펴보아야 비로소 우리의 성격과 능력이 밝혀진다. 그런 다음에 우리는 개별적인 면에서 수천 가지 옆길 가운데 마치 영감에 이끌린 듯 우리 수호신의 안내를 받으며 유일하게 올바른 길에 접어들었음을 안다. 이 모든 것은 실천적인 것뿐만 아니라 이론적인 것에도, 그리고 이와 반대 의미에서 좋지 못한 것이나 잘못된 것에도 적용된다.

5) 삶의 지혜의 중요한 점은 우리가 일부는 현재에, 일부는 미래에 쏟고 있는 주의注意의 비율을 올바로 조정해 한 쪽이 다른 쪽을 망치지 않도록 하는

---

51 •레이크다이몬의 칠론에게서 유래하는 것으로 델포이에 있는 아폴론 신전에 새겨진 글귀

것이다. 많은 사람이 너무 지나치게 현재 속에서 살고 있다. 경솔한 사람들이 그러하다. 어떤 사람들은 너무 미래 속에서 살고 있다. 불안과 걱정이 많은 사람들이 그러하다. 그 비율을 정확히 조절하는 사람은 드물 것이다. 노력과 희망에 의지해 미래 속에서 살고 항상 앞만 바라보며, 무엇보다 미래의 일만 진정한 행복을 가져다준다고 생각해 조바심 내며 그쪽으로 급히 다가가는 반면, 현재는 거들떠보지도 즐기지도 않고 지나쳐 버리는 사람들이 있다. 그런 사람들은 애어른 같은 표정을 짓고 있지만 실은 이탈리아의 노새에 비유할 수 있다. 이탈리아에서는 노새의 머리에 묶인 봉에 한 다발의 건초를 매달아 두는데, 노새는 바로 눈앞에서 계속 달랑거리는 그것을 먹으려는 욕심에 발걸음을 재촉한다고 한다. 그들은 죽을 때까지 언제나 현재만을 위한 임시적인 생활을 하면서 그들 자신의 생존을 그르치는 것이다. 그러므로 미래를 위한 계획과 걱정에만 온통 마음을 쏟거나 과거에 대한 동경에 빠지지 말고 현재만이 유일하게 현실적이고 유일하게 확실한 것임을 결코 잊어서는 안 된다. 그런 반면 미래는 우리가 생각하는 것과 거의 항상 다르게 전개된다는 사실과 과거조차 우리의 회상과 달랐으며, 더구나 과거와 미래 모두 전체적으로 보면 우리가 생각하는 것과 달리 그다지 대단한 것이 아님을 결코 잊어서는 안 된다.

멀리 있는 대상은 육안으로는 축소되어 보이지만, 마음의 눈으로 보면 확대되어 나타난다. 현재만이 진실하고 현실적이다. 현실은 현실적으로 충만한 시간이고, 우리의 생활은 오로지 현실 속에서만 존재한다. 그 때문에 우리는 현재를 항시 명랑한 기분으로 받아들여야 한다. 따라서 직접적인 불쾌감이나 고통이 없는 그런대로 견딜 만한 자유로운 시간은 일부러 그 자체로 즐기는 것이 좋다. 다시 말해 과거에 품은 희망이 실패로 돌아갔다거나 미래에 대한 우려 때문에 짜증 난 얼굴로 현재를 우울하게 보내서는 안 된다. 지난 일에 대한 불만이나 미래에 대한 우려 때문에 현재의 좋은 시간을 내팽개치거나 경솔하게 망쳐 버리는 것은 대단히 어리석은 일이다. 걱정은 물론 후회하는 일에조차 일정한 시간만 할애하는 것이 좋다. 따라서 기왕 일어난 일에 대해서는 이렇게 생각해야 한다.

제아무리 마음이 아프더라도 지난 일로 치부하자.

아무리 괴로워도 언짢은 마음을 진정시키자.

(『일리아드』 제17권 112행 이하)

그리고 미래의 일에 대해서는 이렇게 생각해야 한다.

그것은 신의 뜻에 달린 것이다.

(『일리아드』 제17권 514행)

반면에 현재에 대해서는 "하루하루를 하나하나의 인생이라고 간주하라"(세네카, 『서간집』 제101권 10통)는 말에 따라, 유일하게 현실적인 이 시간을 될 수 있는 한 즐겁게 보내도록 해야 한다.

미래의 재앙 중 우리를 정말 불안하게 하는 것은 올 것이 확실하고, 오는 시기 역시 확실한 재앙밖에 없다. 하지만 그런 재앙은 얼마 되지 않을 것이다. 재앙이란 일어날 가능성이 있거나, 어쨌든 일어날 가능성이 농후하거나, 일어날 것이 확실하지만 일어날 시기는 완전히 불확실하기 때문이다. 그런데 이 두 가지 종류를 일일이 신경 쓰다 보면 한시도 마음 편한 순간이 없을 것이다. 그러므로 올 것이 불확실하거나 오는 시기가 불확실한 재앙 때문에 생활의 안정을 잃지 않기 위해서는 올 것이 불확실한 재앙은 결코 오지 않을 것처럼 생각하고, 오는 시기가 불확실한 재앙은 그렇게 금방 찾아오지 않을 것으로 생각하는 데 익숙해져야 한다.

그러나 두려움이 사라지고 마음이 안정되면 소망이나 욕구, 요구가 마음을 더욱 불안하게 한다. "나는 내 일을 어디에도 의지하지 않았노라"라는 괴테의 애송되는 노래가 원래 말하려는 바는, 인간이란 있을 수 있는 온갖 요구에서 벗어나 꾸밈없는 벌거숭이 상태로 돌아와야 비로소 행복의 토대가 되는 마음의 안정을 누릴 수 있다는 뜻이다. 현재, 그러니까 결국 인생을 즐길 만한 것으로 생각하려면 마음의 안정이 필요하다. 바로 이 목적을 위해 우리는 오늘이라는 날이 단 한 번뿐이고 두 번 다시는 찾아오지 않는 것임을 항시 명심하는 게 좋을 것이다. 그런데 우리는 오늘이라는 날이 내일 다시 찾아올 것으로 착각한다. 그러나 내일 역시 두 번 다시 찾아오지 않는 또 다른 하루에 불과하다. 그러나 우리는 하루하루가 인생을 구성하는 불가결의 부분이며 그 때문에 다른 것과 대체할 수 없음을 잊어버리고, 개체가 일반 개념에 포함되는 것과 마찬가지로 하루하루가 인생에 포함되는 것으로 간주한다. 이와 마찬가지로 병에 걸렸을 때나 슬픔에 빠졌을 때는 고통이나 아쉬움이 없었던 순간의 기억을 한없이 부러워하며 마치 잃어버린 낙원이나 우리에게서 진가를 인정받지 못한 친구처럼 떠올린다. 그런데 그런 사실을 아무 탈 없는 건강한 시간에도 항시 의식한다면 현재를 좀 더 가치 있게 평가하고 즐길 수 있을 것이다.

우리는 즐거운 생활을 할 때는 그런 사실을 깨닫지 못하고 보내다가, 막상 좋지 않은 시기가 닥쳐야 비로소 옛날과 같은 시절이 돌아왔으면 하고 바란다. 명랑하고 즐거운 순간이 얼마든지 있었지만 언짢은 얼굴을 하고 제대로 즐기지 못한 채 보내 놓고, 나중에 우울한 시간이 찾아오면 좋았던 옛날을 헛되이 그리워하며 탄식을 내뱉는 것이다. 그러는 대신 지금은 냉담하게 그냥 흘려보내는 심정으로, 어쩌면 조급한 심정으로 떠밀어 보내고 싶을지도 모르지만 그래도 견딜 만한 현재, 다시 말해 일상적인 현재를 존중하는 것이 좋다. 이때 명심할 점은 현재가 바로 지금 신격화된 과거 속으로 흘러들어 가 그 후부터는 바로 그곳에서 불멸의 빛에 에워싸인 채 기억으로 간직된다는 사실이다. 그러다가 언젠가, 특히 사정이 좋지 않을 때 이 기억은 베일을 걷으며 우리의 진실한 그리움의 대상으로 그 모습을 드러낸다.

6) **모든 범위를 제한해야 우리가 행복해진다.** 우리의 시야, 활동 범위, 접촉 범위가 좁을수록 우리는 행복해지고, 그런 것이 넓을수록 고통이나 불안을 느끼는 빈도가 잦아진다. 그 범위가 넓어질수록 걱정이나 소망, 두려움도 커지기 때문이다. 심지어 장님조차 표정이 부드럽고 거의 명랑하다 할 정도로 편안한 것으로 보아 우리가 애당초 생각하는 것만큼 불행하지는 않다. 인생의 후반이 전반보다 슬퍼지는 것도 부분적으로는 이러한 규칙 때문이다. 살아갈수록 우리가 목표로 삼는 영역과 관계하는 범위가 점점 넓어지기 때문이다. 어릴 적에는 아주 가까운 환경이나 매우 좁은 관계에 한정되지만, 청년기가 되면 관계하는 범위가 상당히 넓어진다. 장년기에는 그 범위가 우리의 전체 인생행로를 포함해, 때로는 가장 먼 관계, 즉 국가나 민족에까지 미치기도 한다. 노년기에는 후손의 일까지 범위에 포함된다.

정신적인 면까지 포함해서 모든 범위를 한정해야 우리의 행복에 도움이 된다. 알다시피 고뇌는 적극적인 것이고, 행복은 소극적인 것이므로, 의지의 자극이 적을수록 고뇌도 적어진다. 활동 범위가 제한되면 의지를 자극하는 외적인 유발 동기가 줄어들고, 정신을 제한하면 그런 내적인 유발 동기가 줄어든다. 다만 정신을 제한하면 무료함을 초래한다는 점에서 단점이 있다. 무료함은 간접적으로 수많은 고뇌의 원천이 된다. 무료함을 달래기 위해 오락이나 사교, 사치, 도박, 음주 등을 시도해 보지만 그래봤자 온갖 종류의 손실과 파멸, 불행을 야기하기 때문이다. 한가하게 쉬는 것은 위험하다. 이에 반해 외적인 제한은 인간의 행복에 크게 도움이 되며 필수 불가결하다. 행복한 인간을 묘사하려고 시도하는 유일한 문학 장르인 목가 문학이 인간을 항시 본질적으로 지극히 제한된 상황과 환경에서 서술하는 것을 보면 알 수 있다. 우리가 소위 풍속화를 보고 만족을 느끼는 것도 바로 그런 감정 때문이다. 따라서 무료함을 야기하지 않는 범위 내에서 여러 관계를 될 수 있는 한 극도로 단순화하고, 심지어 생활 방식을 극히 **단조롭게** 해야 행복해진다. 그래야만 삶 자체와 삶에 필수적으로 따라다니는 부담이 적게 느껴진다. 그런 생활은 냇물처럼 파도도 소용돌이도 일으키지 않고 유유히 흘러간다.

7) 우리의 행복과 불행은 결국 우리의 의식이 무엇으로 차 있으며 무엇에 관여하느냐에 달려 있다. 이런 점에서 충격과 고통의 연속이고, 성공과 실패가 늘 번갈아 가며 일어나는 현실 생활보다 전반적으로 보아 순전히 지적인 생활이 그럴 능력을 지닌 정신의 소유자에게 훨씬 많은 일을 해줄 것이다. 그러기 위해서는 물론 압도적인 정신적 소질이 필요하다. 이러한 경우 유의해야 할 점은 외적으로 활발한 생활이 우리의 연구를 방해하고 주의를 다른 데로 돌리게 해, 정신으로부터 연구에 필요한 안정과 집중을 앗아 가듯, 다른 한편으로 정신적인 일을 지속하면 복잡다단한 현실 생활에 대처하는 능력이 다소 떨어진다는 사실이다. 그 때문에 어떻게든 왕성한 실제 활동이 필요한 사정이 생기면 잠시 정신적인 일을 완전히 접기를 권장한다.

8) 완전히 **사려 깊은** 생활을 하고, 자신의 경험으로 그것에 포함된 모든 교훈을 끄집어내기 위해서는 가끔 돌이켜 생각해 보고, 지금까지 체험하고 행동하고 경험하면서 느낀 것을 다시 한 번 개괄할 필요가 있다. 또한 당시의 판

단을 현재의 판단과 비교하고, 자신의 계획과 노력을 성과와 그 성과로 인한 만족과 비교해 볼 필요가 있다. 이것은 경험이 모두에게 들려주는 특별 강의를 되풀이하는 격이다. 또한 자신의 경험은 텍스트로, 사고와 지식은 그 텍스트에 대한 주석으로 볼 수 있다. 경험은 별로 없으면서 사고와 지식이 많은 것은 책의 페이지마다 두 줄의 텍스트에 40행의 주석을 달아 놓은 것과 같다. 이와 달리 경험을 많이 하면서도 사고와 지식이 얼마 없는 것은 주석이 없어서 알 수 없는 부분이 많은 비폰티움[52] 판과 같다.

"인간은 밤에 잠들기 전에 그날 한 일을 일일이 검토해야 한다"라는 피타고라스의 원칙도 앞에서 든 권고를 목표로 한 것이다. 일에 쫓기거나 유흥에 빠져서 과거를 깊이 되새겨 보지 않고 오히려 계속 허둥지둥 살아가는 자는 명료한 사리 분별을 잃어버린 것이다. 그런 사람의 감정은 혼란스럽고, 생각이 뒤죽박죽되어 이야기에 두서가 없고 대화가 토막 난 것처럼 보인다. 외적인 불안이 커지고 외부에서 받는 인상의 양이 많아질수록, 정신의 내적 활동이 미미할수록 더욱 그렇다.

오랜 시간이 흘러 우리에게 영향을 미쳤던 상황과 환경이 사라지고 나면, 그런 상황과 환경에 자극받은 기분이나 느낌을 다시 불러일으켜 되살릴 수 없음을 여기서 언급할 필요가 있다. 하지만 당시 상황과 환경에 의해 우리 자신이 한 발언은 떠올릴 수 있을지도 모른다. 그런데 이러한 말은 그런 기분이나 느낌에서 나온 결과물이자 표현이며 척도다. 그러므로 기억할 만한 시점의 기분이나 느낌을 종이에 면밀히 기록해 두는 것이 좋다. 이를 위해서는 일기가 매우 유익하다.

9) 자기 자신에게 만족하고 자기 자신이 전부일 수 있어서, "나는 모든 재산을 몸에 지니고 다닌다"[53]라고 말할 수 있다면 그것이야말로 확실히 우리의 행복에 가장 유익한 특성이다. 따라서 "행복이란 자기 자신에게 만족하는 사람의 것이다"[54]라는 아리스토텔레스의 말을 자꾸 되뇔 필요가 있다(이것은 내가 이 책의 서두에 표어로 제시한 샹포르의 문장이 대단히 점잖게 표현하

---

52 비폰티움은 그리스와 로마의 고전 저작물을 출판한 마을 이름

53 키케로의 『패러독스』 제1권 1장 8절, 세네카의 『서간집』 제9권 18통

54 『에우데모스 윤리학』 7장 2절

고 있는 것과 본질적으로 같은 생각이다). 왜냐하면 약간이나마 안심하고 의지할 수 있는 것은 자기 자신밖에 없으며, 사회생활에 따르는 고충과 불리, 위험과 불쾌한 일이 수없이 많은데 이것을 피할 수 없기 때문이다.

행복에 이르는 길로서 흥청망청 즐기는 상류사회의 생활만큼 잘못된 것도 없다. 그러한 생활은 우리의 가련한 생존을 결국 환멸로 끝날 수밖에 없는 기쁨과 향락, 즐거움의 연속으로 바꾸려는 데 목적이 있기 때문이다. 또한 그런 생활을 하다가는 필연적으로 상호 기만해 그 역시 환멸로 끝날 수밖에 없다.[55]

사회란 모두 필연적으로 서로 간의 순응과 타협을 요구한다. 그 때문에 사회란 범위가 넓을수록 무미건조해진다. 인간은 혼자 있을 때만 온전히 **그 자신일 수 있다**. 그러므로 고독을 사랑하지 않는 자는 자유도 사랑하지 않는 자라고 할 수 있다. 인간은 혼자 있을 때만 자유롭기 때문이다. 강요는 모든 사회에서 뗄 수 없이 붙어 다닌다. 모든 사회는 희생을 요구하는데 자신의 개성이 강할수록 희생이 커진다. 그에 따라 인간은 누구나 자신의 자아의 가치에 정확히 비례해서 고독을 피하거나 견디며, 사랑하는 것이다. 고독한 상황에 있을 때 가련한 인간은 자신의 가련함을 느끼고, 위대한 정신의 소유자는 자신의 위대함을 느끼기 때문이다. 요컨대 각자는 자기 본연의 모습을 느끼는 것이다. 나아가서 인간은 자연의 순위표에서 상위에 있을수록 고독한 상태에 있다. 더구나 그것은 본질적이고 불가피한 고독이다. 하지만 그때 신체적인 고독이 정신적인 고독과 일치한다면 그로서는 고마운 일이다. 그렇지 못할 경우 이질적인 무리가 주위에 잔뜩 모여들어 방해하고, 그에게 적대적인 태도를 보이면서, 그의 자아를 앗아 가지만 그에게 아무런 보상도 하지 않는다. 그뿐만 아니라 자연은 인간에게 도덕적인 면이나 지적인 면에서 현격한 차이를 두었으나, 사회는 이런 차별을 무시하고 모든 사람을 동렬에 위치시킨다. 오히려 사회는 그런 차이를 두는 대신 종종 자연의 순위표와 정반대인 신분과 지위의 인위적인 차이와 등급을 설정한다. 이런 배열에서는 자연이 낮은 자리에 배정한 자들이 높은 자리에 위치하는 반면, 자연이 높은 자리

---

55 • 우리의 신체가 의복으로 둘러싸여 있는 것처럼 우리의 정신도 거짓으로 둘러싸여 있다. 우리의 말과 행동, 우리의 존재 전체가 거짓이다. 의복을 통해 신체의 형태를 짐작해 볼 수 있듯이 이러한 외피를 통해 비로소 우리의 진정한 성향을 짐작해 볼 수 있다.

에 배정한 소수의 사람은 소홀히 다루어진다. 그 때문에 이런 소수의 사람은 사회를 피하곤 해서, 어떤 사회에서도 사람의 수가 늘어나면 곧장 저열한 사람이 득세한다. 위대한 정신의 소유자들이 사회를 싫어하는 이유는 다른 사람의 능력, 즉 (사회적인) 업적이 같지 않은데도 권리의 평등, 즉 요구의 평등이 실현되기 때문이다. 소위 상류사회에서는 온갖 종류의 장점을 인정하지만, 정신적 장점만은 인정하지 않는다. 이러한 정신적 장점은 심지어 금지 품목이다. 상류사회에서는 모든 어리석은 일, 바보 같은 짓, 불합리한 일, 멍청한 행위에 대해 한없는 참을성을 보일 의무가 있다. 반면에 인격이 탁월한 자는 용서를 빌거나 숨어서 지내야 한다. 정신적 우월함은 특별히 자신의 의지를 전혀 내세우지 않더라도 단순히 그것이 존재한다는 사실만으로도 남의 기분을 상하게 하기 때문이다. 그에 따라서 상류사회라고 불리는 사회는 우리가 칭찬할 수도 사랑할 수도 없는 사람들을 우리에게 제공하는 단점을 지닐 뿐 아니라 우리가 본성에 맞는 존재로 사는 것도 허용하지 않는다. 오히려 그런 사회는 남들과 융화하라며 우리에게 움츠러들거나 심지어 볼품없게 되기를 요구하기도 한다. 재기 있는 말과 착상은 재기 있는 사회에서만 용납되고, 평범한 사회에서는 곧바로 미움을 받는다. 이러한 평범한 사회에서 사람들의 마음에 들려면 천박하고 고루할 필요가 있다. 그 때문에 우리는 그런 사회에서 남들과 비슷해지기 위해 심한 자기 부정을 하고, 자기 자신의 4분의 3을 포기하지 않으면 안 된다. 그렇게 하면 우리는 물론 다른 사람들의 환영을 받는다.

자신의 가치가 많은 사람일수록 이익이 손실을 메우지 못해서, 결국 거래가 자신에게 불리하게 끝난다고 생각할 것이다. 세상 사람들은 대체로 지불능력이 없기 때문이다. 다시 말해 그들은 교제에서 무료함과 고충, 언짢은 일, 그리고 뛰어난 사람이 자신에게 부과하는 자기 부정에 대해 보상할 만한 아무것도 지니고 있지 않다. 대부분의 사회는 그런 특성을 지니므로 사회를 버리고 고독을 택하는 것이 수지맞는 거래다. 뿐만 아니라 사회는 쉽게 볼 수 없는 진정한 우월, 즉 정신적인 우월을 싫어하기 때문에 다른 것으로 대체한다. 그것은 그릇되고 인습적이며, 구호처럼 곧잘 변하는 멋대로 받아들인 우월함이다. 그런 식의 우월함은 자의적恣意的인 규약을 기초로, 신분이 높은 사람들 사이에서 전통적으로 전해진다. 그것은 예의범절(독일어로는 Der gute

Ton, 프랑스어로는 bon ton, 영어로는 fashionableness)이라고 불리는 것이다. 하지만 그 우월함은 진정한 우월함과 한 번 충돌하면 약점을 드러내고 만다. "예의범절이 모습을 드러내면 건전한 상식은 물러나 버린다."[56]

하지만 인간은 원래 자기 자신과만 완전히 융화할 수 있다. 친구와도 애인과도 완전히 융화할 수는 없다. 개성이나 기분이 달라 사소한 것일지라도 언제나 불협화음을 초래한다. 그 때문에 마음의 진정하고 심원한 평화이자 완전한 내면의 평정, 즉 건강 다음으로 가장 중요한 이 지상의 재화는 고독 속에서만 발견할 수 있으며, 철저한 은둔 상태에서만 지속적인 기분으로 가질 수 있다. 이때 자신의 자아가 크고 풍요롭다면 이 가련한 지상에서 얻을 수 있는 가장 행복한 상태를 누릴 수 있다. 뿐만 아니라 우정, 사랑, 결혼에 의해 인간이 아무리 밀접한 관계를 맺고 있더라도 인간은 누구나 자기 자신이나 기껏해야 자기 자식에게만 완전히 정직하다. 인간은 객관적이거나 주관적 조건 덕분에 남과 접촉할 필요가 적을수록 사정이 나아진다. 고독과 적막 속에 사는 사람은 자신의 모든 재앙을 느끼지는 못한다 해도 한눈에 조망할 수는 있다. 반면에 사회는 음험하다. 다시 말해 사회는 여흥, 이야기, 사교적인 즐김 등의 겉모습을 보이지만 그 배후에 때때로 치유할 길 없는 큰 재앙을 숨기고 있다. 고독이 행복과 마음 평정의 원천이므로 젊은이는 고독을 견디는 법을 배우는 것을 주된 연구 과제로 삼아야 할 것이다.

이 모든 사실로 미루어 볼 때 자기 자신에게만 의지할 수 있는 사람, 자기 자신이 전부일 수 있는 사람이 가장 행복하다는 결론을 내릴 수 있을 것이다. 심지어 키케로는 "전적으로 자기 자신에게 의존하고, 자신에게만 모든 것을 거는 사람이 완전히 행복하지 않을 리 없다"(『패러독스』 2장 17절)라고까지 말한다. 게다가 자기 자신이 어떤 사람에게 차지하는 비중이 클수록 그에게 타인의 비중은 작아진다. 내적인 가치와 풍부함을 지닌 사람은 나름대로 상당한 만족감을 누리기 때문에 남들과 공동 관계를 맺기 위해 그에 필요한 중대한 희생을 굳이 치르지 않는다. 그런데 그런 사람이 하물며 명백히 자기 부정을 하며 공동 관계를 추구할 리 만무하다. 이와 반대의 사정으로 평범한 사람들은 너무나 사교적이고 순응적이다. 다시 말해 이런 사람들은 자기 자신

56 속담

을 참기보다 남을 참기가 더 쉽다. 또한 덧붙여 말하자면 세상에서는 정말로 가치 있는 것이 중시되지 않으며, 중시되는 것은 가치가 없다. 가치 있고 탁월한 사람은 모두 은둔 생활을 하는 것이 그런 사실을 입증해 준다. 또한 그렇게 생활하는 것은 그로 인한 결과이기도 하다. 이 모든 사실을 생각해 볼 때 자기 자신에 대해 무언가 정당한 것을 지닌 사람이라면 필요한 경우 단지 자신의 자유를 지키거나 확대하기 위해, 자신의 욕구를 제한하는 것이, 그리고 세상 사람과 어쩔 수 없이 관계를 맺어야 하므로 자신이라는 인간에게 되도록 흔쾌히 만족하는 것이 진정한 삶의 지혜가 될 것이다.

그런데 다른 한편으로 인간이 사교적으로 되는 것은 고독을, 고독한 상태의 자기 자신을 견딜 능력이 없어서다. 남들과 어울리는 것뿐만 아니라 낯선 곳으로 여행을 떠나는 것도 내면의 공허와 권태 때문이다. 그런 사람의 정신에는 스스로를 움직이게 할 탄력이 부족하므로 술로 탄력을 높이려고 하다가 정말로 술꾼이 되는 경우도 허다하다. 그 때문에 그들에게는 외부로부터의 끊임없는 자극, 자신과 동류인 술꾼에 의한 가장 강력한 자극이 필요하다. 이러한 자극이 없으면 그들의 정신은 정신 자체의 무게를 견디지 못하고 무너져 버려 답답한 무감각 상태에 빠지고 만다.[57] 그런 각자의 인간은 인류라는 이념의 한낱 조그만 단편斷片에 불과하므로, 어느 정도나마 인간이라는 완전한 의식이 생기도록 하려면 타인에 의해 수많은 보충을 받을 필요가 있다. 그런 반면 온전한 인간이라고 할 수 있는 자는 그야말로 명실상부한 인간으로, 단편이 아닌 통일체를 이루고 있어서 자기 자신만으로 충분하다.

이런 의미에서 보통의 사회를 러시아의 호른 취주악에 비유할 수 있다. 이

---

57 *누구나 알다시피 재앙은 함께하면 견디기가 쉬워진다. 사람들은 무료함을 이러한 재앙의 하나로 생각하는 모양이다. 그 때문에 사람들은 함께 모여 공동으로 무료함을 견디려고 하는 것이다. 삶에 대한 사랑이 기본적으로 죽음에 대한 두려움에 불과하듯이 인간의 군서群棲 본능도 기본적으로는 직접적인 본능이 아닌 것이다. 다시 말해 인간에게 그런 본능이 있는 것은 사회를 사랑해서가 아니라 고독을 두려워하기 때문이다. 그러므로 인간은 타인과 함께 정겨운 시간을 보내기를 원한다기보다는 자신의 의식의 단조로움과 더불어 혼자 있을 때의 적막함이나 갑갑한 상태에서 벗어나려고 하는 것이다. 인간은 고독에서 벗어나기 위해 나쁜 사회에도 만족하고, 마찬가지로 어떤 사회에서든 살다 보면 필수적으로 생기는 성가신 일이나 강제도 그냥 감수하는 것이다. 이와 달리 이 모든 것에 대한 혐오감이 크면 고독의 습관이 생기고 그 고독으로 인해 앞에서 말한 현상이 더 이상 생기지 않는다. 그렇게 되면 사회를 그리워하지 않고 대단히 편한 마음으로 줄곧 혼자 지낼 수 있다. 그 이유는 사회에 대한 욕구가 직접적인 욕구가 아니고, 다른 한편으로 이제 고독이 주는 유익한 특성에 익숙해졌기 때문이다.

음악에서 각각의 호른은 하나의 음만 내므로 모든 호른이 정확히 한데 어우러져야 하나의 음악을 완성할 수 있다. 사람들 대부분의 마음과 정신은 하나의 음을 내는 이 금관악기처럼 단조롭기 때문이다. 그런데 그들 중 많은 사람이 어떤 다른 사상을 생각할 능력이 없어서 마치 줄곧 하나의 동일한 사상만 가진 것처럼 보인다. 이런 이유에서 그들이 왜 그토록 무료한지뿐만 아니라 왜 그처럼 어울리기를 좋아하고, 때로 모여 살기를 좋아하는지 설명할 수 있다. 즉 그것이 인간의 군집群集 본능이다. 다들 자기 본질의 단조로움을 견디지 못하는 것이다. 모든 어리석은 자는 자기 자신에 대한 권태에 시달린다(세네카, 『서간집』 제9권 22절). 그들은 앞의 금관악기 연주자들처럼 함께 모여 단체를 이루어야만 어떤 무엇인가가 된다. 반면에 재기 넘치는 사람은 혼자 연주회를 개최하는 거장이나 피아노에 비유할 수 있다. 다시 말해 피아노가 자기 혼자만으로 작은 오케스트라를 이루듯이 거장은 하나의 작은 세계라고 할 수 있다. 앞서 말한 사람들이 함께 협력해야만 이룰 수 있는 것을 그는 하나의 의식에 통합해 나타낸다. 피아노와 마찬가지로 그는 교향악의 한 부분이 아니라 독주獨奏와 고독에 적합하다. 거장이 앞서 말한 사람들과 협력해야 하는 경우가 있다면 피아노처럼 기본 음전으로서 할 뿐이다. 또는 성악 음악의 경우 피아노처럼 음을 주도할 때다. 그러는 사이에 어울리기를 좋아하는 사람은 질적으로 떨어지는 교제 상대를 양에 의해 어느 정도 보충해야 한다는 규칙을 이런 비유에서 일반화할 수 있다. 그런 자는 재기 넘치는 단 한 사람과만 교제해도 충분하겠지만 평범한 사람밖에 만날 수 없는 경우, 앞서 말한 호른 취주악을 본보기로 삼아 다양성과 협력에 의해 소기의 성과를 얻으려면 그런 사람들이라도 제법 많이 사귀는 것이 좋을 것이다. 그가 그럴 수 있도록 신께서 참을성을 선사하기를 바란다.

　좀 더 나은 부류의 인간들이 어떤 고상하고 이상적인 목표를 품고 서로 모여 단체를 결성한다면 거의 언제나 다음과 같은 결과로 끝날 것이다. 세상에는 어디서나 모든 것에 들러붙어 무차별적으로 무엇이든 항시 취할 준비가 되어 있는 천민 무리가 있다. 그들은 때로 무수히 모여 있는 해충 같은 존재다. 그들이 그러는 이유는 다른 상황에서 자신의 부족을 메우려고 그랬던 것처럼 자신의 무료함을 피하기 위해서다. 또한 그런 자들 중 몇몇이 앞의 단체에도 몰래 잠입하거나 밀고 들어가 곧장 모든 일을 망쳐 버리거나, 아니면 처음의 의도와 거의 반대 모습으로 바꾸어 버릴 것이다. 이러한 것도 인간의 내적인 공허와 결핍 탓으로 보아야 할 것이다.

극심한 추위가 닥치면 사람들이 서로 모여들어 몸을 따뜻하게 하는 것처럼, 사교성이란 사람들이 서로의 정신을 따뜻하게 하는 것이라고 볼 수도 있다. 하지만 스스로 정신적 온기를 충분히 지닌 사람은 굳이 무리를 지어 모일 필요가 없다. 내가 이러한 취지에서 생각해 낸 우화를 나의 책 『소품과 부록』 제2부 20장인 '비유, 파라벨과 우화'[58]에서 볼 수 있을 것이다. 이 모든 사실에 따르면 어떤 사람의 사교성은 그의 지적인 가치에 대체로 반비례한다. 그리고 "그는 매우 비사교적이다"라는 말은 "그는 위대한 특성을 지닌 사람이다"와 거의 같은 말이다.

다시 말해 지적으로 뛰어난 사람은 고독으로 이중의 이점을 얻는다. 첫째는 자기 자신과 함께한다는 이점이고, 둘째는 타인과 함께하지 않는다는 이점이다. 모든 교제에는 많은 강제와 고충, 위험이 따름을 감안할 때 두 번째 이점은 높이 평가할 만하다. "우리의 모든 불행은 혼자 있을 수 없다는 데서 생긴다"(『성격론』)라고 **라브뤼예르**Jean de La Bruyère(1645~1696)[59]가 말했다. 사교성은 우리가 대체로 도덕적으로 떨어지고 지적으로 우둔하거나 불합리한 사람과 접촉하게 하므로 위험하면서도 해로운 경향을 가진 것 중 하나다. 비사교적인 사람이란 그런 사교성을 지닐 필요가 없는 사람이다. 사교가 필요하지 않을 만큼 많은 것을 지니고 있다는 사실은 그것만으로도 큰 행복이다. 우리가 겪는 거의 모든 고뇌는 사교로 인해 생기기 때문이다.

건강 다음으로 우리 행복의 가장 중요한 요소인 마음의 평정은 전부 사교로 인해 위험에 처한다. 그 때문에 상당한 정도의 고독이 없으면 존재할 수 없을지도 모른다. 마음의 평정이라는 행복을 얻기 위해 견유학파 사람들은 모든 소유물을 단념했다. 이와 같은 의도에서 사교를 단념하는 사람은 가장 현명한 수단을 선택했다고 할 수 있다. "음식을 절제하면 몸이 건강해지고, 사람과의 교제를 절제하면 마음의 평정을 얻을 수 있다"라고 한 **베르나르댕 드**

---

58 제2부 20장 18번 글 참조
59 프랑스의 풍자적 모럴리스트. 1688년 당시의 풍속과 사람들의 성격을 풍자적으로 묘사한 『성격론Les Caractères』으로 큰 성공을 거두었다.

생피에르Jacques Henri Bernardin de Saint-Pierre(1737~1814)[60]의 말은 멋지고도 적절한 표현이다. 그러므로 일찍 고독과 친해지고 점차 고독을 좋아하게 되는 사람은 금광을 얻은 자와 마찬가지다. 하지만 누구나 그럴 수 있는 것은 아니다. 원래 곤궁에 시달리던 사람들이 이러한 곤궁에서 벗어나면 무료함에 시달리기 때문이다. 곤궁과 무료함이 없다면 누구나 혼자 지낼지도 모른다. 고독한 상태에서만 환경이 누구에게나 자신의 눈에 비치는 배타적인 중요성, 즉 유일무이성에 부합하기 때문이다. 그런데 번잡한 세상에서는 한 발자국 뗄 때마다 고통스럽게도 그런 중요성이 부정되며 아무것도 아닌 것으로 축소되어 버린다. 이런 의미에서 볼 때 고독은 심지어 각자의 자연스러운 상태이기도 하다. 다시 말해 고독은 우리를 최초의 인간 아담으로 만들어 자신의 본성에 맞는 진정으로 행복한 상태로 되돌아가게 해 준다.

하지만 아담에게는 아버지도 어머니도 없었다! 또한 다른 의미에서 볼 때 고독은 인간에게 자연스럽지 않다. 인간은 이 세상에 태어날 때 혼자가 아니라 부모형제 사이에, 공동체 속에 있었던 것이다. 그에 따라 고독을 사랑하는 마음은 본래적인 성향으로 존재하는 것이 아니라 경험과 숙고 결과 비로소 생겨났을 수 있다. 고독을 사랑하는 마음은 정신적 능력이 발달해 감에 따라 생기는 것이겠지만, 나이를 먹어 가면서도 생길 것이다. 따라서 전체적으로 보면 인간 각자의 군서 본능은 나이와 정확히 반비례한다. 어린아이는 불과 몇 분만 혼자 내버려 두어도 불안해서 마구 울음을 터뜨린다. 소년에게는 혼자 있는 것이 커다란 속죄 행위다. 청년은 서로 어울리는 것을 좋아한다. 그들 중에서 보다 고상하고 지조 높은 청년들만 때로 고독을 추구하기도 한다. 하지만 그들도 하루 종일 혼자 지내기는 아직 쉽지 않다.

반면에 어른에게는 그것이 어려운 일이 아니다. 어른은 오랫동안 혼자 있을 수 있는데, 나이가 들수록 더욱 그러하다. 같은 세대의 사람들 중 혼자 살아남았고, 게다가 인생의 향락을 즐길 단계가 지난 데다 그런 것에 무감각해진 노년은 고독을 자신의 본질적 요소라고 생각한다. 하지만 이때 개개인의 마음속에서 고립과 고독에 기울어지는 경향은 지적 수준이 높을수록 커질 것이다. 왜냐하면 앞서 말했듯이 이러한 경향은 욕구에 의해 직접적으로 생겨난 순전히 자연스러운 경향이 아니라 오히려 단순히 자신이 겪은 경험과 그에 대한 성찰 결과에, 다시 말해 대부분의 인간이 도덕적으로나 지적으로 한심한 상태에 있다는 통찰을 얻은 결과에 지나지 않기 때문이다. 이때 개인의 마음속에서 도덕적이고 지적인 불완전함이 공모해서 서로 도와주는 바람에, 다른 사람과의 교제를 즐길 수 없고, 참을 수도 없게 만들어 버리는 극히 역겨운 온갖 현상이 나타나는 경우가 가장 고약하다고 할 수 있다. 그런 까닭에 이 세상에는 좋지 않은 것이 많지만 그중에서도 가장 나쁜 것이 사교다. 그래서 사교적인 프랑스인인 **볼테르**조차 "이 지상에는 같이 대화를 나눌 가치가 없는 사람들로 득실거린다"(「드 베르니스 추기경에게 보내는 편지」 1762년 6월 21일)라고 말하지 않을 수 없었다. 줄기차게 고독을 너무나 사랑했던 온유한 성격의 **페트라르카** 역시 이러한 경향에 같은 근거를 제시했다.

> 난 언제나 고독한 삶을 추구해 왔다.
> (시냇물과 들판과 숲이 그걸 말해 줄 수 있다.)
> 머리가 둔한 사람을 피해 그들을 지나
> 광명의 오솔길로 접어들 수 없으니까.
> (『소네트』 221)

페트라르카는 멋진 저서 『고독한 생활에 대하여』에서 이 문제를 같은 취지에서 상세히 설명하고 있다. **치머만**Johann Georg Zimmerman(1728~1795)[61]은 유명한 책 『고독에 대하여』를 쓸 때 이 저서를 모범으로 삼은 것 같다. **샹포르**는 사실 이처럼 비사교성이 단순히 부차적이고 간접적인 근원에서 발생한다는 것을 풍자적인 방식으로 표현하고 있다.

사람들은 혼자 살고 있는 사람을 보고, 그자는 사회를 좋아하지 않는다고 종종 말한다. 그것은 어떤 사람이 밤에 본디 숲 속[62]을 거니는 것을 좋아하지 않는다고 해서 그 사람이 산책을 좋아하지 않는다고 말하는 것과 같다.[63]

---

61 스위스의 의사이자 철학자이며 문필가
62 *Wald von Bondy. 파리 근교의 몹시 위험한 숲
63 *사디는 『굴리스탄』에서 같은 취지로 말하고 있다. "이때부터 우리는 사회와 작별하고 고립의 길을 갔다. 고

또한 온유한 성격의 기독교도 안겔루스 질레지우스Angelus Silesius(1624~1677)[64]도 특유의 신화적 방식으로[65] 전적으로 같은 말을 하고 있다.

> 헤롯 왕은 적이고, 요셉[66]은 분별력이다,
> 신이 꿈에 나타나(마음속으로) 그에게 위험을 알린다.
> 베들레헴은 속세이고, 이집트는 고독이라고.
> 피하라, 나의 영혼이여, 피하라,
> 그렇지 않으면 고통으로 목숨을 잃으리라.
> (『케루빔의 방랑자』 3, 241)

같은 취지에서 조르다노 브루노Giordano Bruno(1548~1600)[67]는 이렇게 표현한다. 지상에서 천국의 생활을 즐기려고 한 수많은 사람은 "내가 멀리 날아가서 광야에 머무르리로다"(「시편」 55장 7절)라고 이구동성으로 말했다. 페르시아인 사디는 『굴리스탄』에서 자기 자신에 관해 같은 의미로 보고한다.

> 나는 다마스커스의 내 친구들에게 싫증 나서
> 동물들과 어울려 지내려고 예루살렘 근처의 황야로 물러났다.

요컨대 프로메테우스Prometheus[68]가 보다 질 좋은 점토로 빚어 만든[69] 인간들은 모두 같은 의미로 말했다. 뛰어난 사람들이 평범한 세상 사람들과 교제해서 무슨 기쁨을 얻겠는가? 그들이 평범한 사람들과 교제하려면 자신의 본성에 깃든 가장 저급하고 비열한 부분, 다시 말해 일상적이고 비속하며 천박한 부분을 매개로 관계를 맺을 수밖에 없다. 공동체는 그런 관계를 토대로 존

독 속에 사는 게 안전하기 때문이다."
64 독일 바로크 시대의 신비적 종교 시인
65 「마태복음」 2장의 내용
66 예수의 아버지
67 이탈리아 르네상스 시대의 철학자
68 '먼저 생각하는 사람'이라는 뜻. 그의 동생은 '나중에 생각하는 사람'이라는 뜻의 에피메테우스. 제우스가 감추어 둔 불을 훔쳐 인간에게 주었다. 흙과 물을 빚어 인간을 만들었다는 전설도 있다.
69 * 유베날리스, 『풍자시』 제14편 34장 참조

립하는 것이다. 평범한 사람들은 자기들의 수준을 뛰어난 사람의 수준으로 끌어올릴 수 없으므로, 어쩔 수 없이 뛰어난 사람들의 수준을 자기들 수준으로 끌어내리는 수밖에 없다.

따라서 고립과 고독에의 경향을 기르는 것은 귀족적 감정이다. 무뢰한은 모두 가엾을 정도로 어울려 지내기를 좋아한다. 이와 반대로 어떤 사람이 보다 고상한 부류의 사람인지의 여부는 무엇보다도, 타인과의 교제를 즐거워하지 않고 점점 남들과 어울리는 것보다 고독을 좋아하는 데서, 그리고 세월이 흐름에 따라 점차 드문 예외를 제외하고는 세상에 고독과 천박함 사이의 선택만 존재한다는 통찰에 도달하는 데서 드러난다. 좀 가혹하게 들릴지 몰라도, 기독교적인 온유함과 사랑을 지닌 안겔루스 질레지우스조차 그런 것은 아랑곳하지 않고 이런 말을 했다.

> 고독이 필요하다. 그렇지만 비속해지지만은 마라,
> 그렇다면 황야 어디서도 살 수 있을 것이니.
> (『케루빔의 방랑자』 2, 117)

인류 전체의 참된 스승이라고 할 수 있는 이들이 다른 사람들과 자주 어울리고 싶은 기분이 들지 않는 것은 어쩌면 당연하다. 그것은 교육학자가 주변에서 시끄럽게 떠드는 아이들 무리의 놀이에 섞이고 싶지 않은 것과 같다. 위대한 정신의 소유자들은 미망의 바다에서 헤매는 다른 사람들을 진리의 세계로 인도하고, 야비함과 천박함의 어두운 심연에 빠진 그들을 저 높은 광명의 길로, 교양과 세련됨의 세계로 끌어올리기 위해 이 세상에 태어난 것이다. 위대한 정신의 소유자들은 사실 다른 사람들 틈에서 살아야 하겠지만, 엄밀히 말해 그들의 일원은 아니다. 이 때문에 그들은 청년 시절부터 다른 사람들과 현격히 다른 존재라고 느끼지만, 세월이 감에 따라 서서히 그런 사실을 분명히 인식한다. 그래서 다른 사람들과 정신적으로 현격한 차이가 있으니 신체적으로도 거리를 두어, 일반적인 천박함이 다소 면제된 인물이 아니라면 다른 사람이 가까이 접근하지 못하도록 신경을 쓴다.

지금까지 이야기해 온 내용을 살펴보면, 고독을 사랑하는 마음은 원래적 충동으로 나타나는 것이 아니라 간접적으로, 주로 좀 더 고상한 사람들에게서 점차 발전하는 것을 알 수 있다. 그러기 위해서는 자연스러운 군서 본능을 극복할 필요가 있다. 그러므로 때로는 메피스토펠레스적인 속삭임의 반격을 받기도 한다.

> 시름에 잠겨 있지 마시오,
> 독수리처럼 그대의 생명만 쪼아 먹을 테니,
> 아무리 형편없는 무리와 어울린다 해도
> 그대도 인간들과 더불어 살아야 하는 인간임을 느낄 것이니.
> (『파우스트』 제1부 1635~1638행)

고독은 뛰어난 정신을 지닌 사람들의 어찌할 수 없는 숙명과 같다. 그들도 때로는 고독을 탄식할 것이다. 그래도 그들은 두 가지 재앙 중에서 덜한 것이라며 언제나 고독을 선택할 것이다. 그렇지만 나이가 듦에 따라 "사리 분별 있게 행동하라!"(호라티우스, 『서간집』 I, 2, 40)가 점점 쉬워지고 자연스러워진다. 그러다가 60대가 되면 고독에의 충동이 정말로 보다 자연스럽고 본능적인 것이 된다. 그때가 되면 모든 것이 힘을 합쳐 그 충동을 촉진하기 때문이다. 남과 어울리려는 가장 강력한 본능인 호색과 성적 충동이 더 이상 생기지 않는다. 나이가 들어 성적 감정이 없어지면서 나름대로 자족감이 생겨 그것에 군서 본능이 점차 흡수되어 버린다. 그럼으로써 수많은 착각과 어리석음으로부터 벗어난다. 능동적인 생활이 대체로 막을 내려, 더 이상 기대할 것이 없다. 이젠 더 이상 계획이고 목적이고 아무것도 없다. 자기가 원래 속해 있던 세대의 사람들이 더 이상 살아 있지 않다. 낯선 세대에 둘러싸여 이미 객관적으로도 본질적으로도 혼자다.

시간의 흐름이 한결 빨라지지만, 정신적으로는 아직 시간을 이용하고 싶어 한다. 두뇌 활동이 아직 활발하다면 그동안 얻은 수많은 지식과 경험, 서서히 무르익어 완성된 온갖 사상, 갈고닦은 온갖 숙련된 능력 덕분에 각종 연구가 예전보다 더 흥미롭고 쉬워진다. 전에는 안개 속에 있는 것처럼 흐릿하게 보였던 수많은 일이 명료하게 보인다. 여러 가지 성과를 거두어 자신의 우월함을 확실히 느낀다. 오랜 경험의 결과로 사람들에게 많은 기대를 걸지 않는다. 그들은 좀 친하게 지내면 더 나아 보이는 사람들에 속하지 않기 때문이다.

오히려 드물게 행운을 얻는 경우를 제외하고, 본성에 큰 결함이 있는 사람 외에는 아무도 만날 수 없음을 알고 있다. 인간의 그런 본성은 접하지 않는 편이 더 낫다. 그 때문에 이제는 더 이상 일반적인 착각에 빠질 염려가 없다. 누구를 보더라도 어떤 인물인지 곧 알 수 있으므로 그 사람과 친분을 쌓고 싶다는 느낌이 별로 들지 않을 것이다.

끝으로, 특히 고독을 청소년 시절의 여자 친구로 생각한다면, 고립의 습관에다 자기 자신을 친구로 삼는 습관이 더해져 그것이 제2의 천성이 되기도 한다. 따라서 예전에는 군서 본능과 싸워서 고독을 사랑하는 마음을 겨우 가질 수 있었다면 이제는 그런 마음이 아주 자연스럽고 간단한 것이 된다. 다시 말해 고독한 상태가 마치 물을 만난 물고기처럼 되는 것이다. 탁월한 개성, 남달리 독보적인 개성을 지닌 사람은 자신에게 본질적인 고립 때문에 젊은 시절에는 압박감을 느꼈으나 노년에는 홀가분한 기분을 갖는다.

누구든 언제나 자신의 지적인 능력에 따라서만 노년의 이런 현실적인 이점을 누릴 수 있다. 뭐니 뭐니 해도 탁월한 두뇌를 지닌 사람만 이런 이점을 누릴 수 있음은 말할 필요도 없다. 그렇지만 누구든 보다 미약하게나마 그런 이점을 누린다. 극히 빈약하고 비천한 천성을 지닌 사람은 나이가 들어서도 예전처럼 남과 어울리기를 좋아할지 모르지만, 더 이상 사교 모임에 맞지 않는 그들은 그런 모임에 짐스러운 존재가 된다. 예전에는 그런 사람들이 필요했겠지만 이제는 사교 모임에서 기껏해야 그들의 존재를 참아 주는 데 불과할 것이다.

앞에서 설명했듯이 나이와 사교성의 정도가 반비례한다는 데서 또한 목적론적 측면도 찾아볼 수 있다. 인간은 젊을수록 모든 면에서 아직 배울 것이 있다. 자연은 같은 부류의 인간들끼리 교제하는 중에 서로 가르침을 주고받도록 했다. 이런 점에서 인간 사회는 커다란 벨 랭커스터식 교육 기관[70]이라고 할 수 있다. 책과 학교는 자연의 계획과 동떨어진 인위적인 교육 기관이므로, 젊을수록 자연스러운 교육 기관에 열심히 다니는 것은 매우 합목적적이라 하겠다.

70　*18세기 말 안드레아스 벨과 조지프 랭커스터가 개발한 교육 방법으로 학생들끼리 서로를 가르치는 식으로 실시된다.

호라티우스는 "모든 면에서 행복한 것은 아무것도 없다"(『송가』 2, 16, 27 이하)라고 말했다. 인도에는 "줄기 없는 연꽃은 없다"라는 속담이 있다. 마찬가지로 고독에도 많은 장점과 더불어 사소한 단점과 고충이 있지만 남들과 어울려 지낼 때와 비교하면 미미하다. 그 때문에 자기 자신에게 무언가 온당한 것이 있는 사람은 사람들과 어울리는 것보다 그들 없이 살아가는 편이 점점 더 쉽다고 생각할 것이다. 덧붙여 말하면 그런 단점들 중에서 다른 단점만큼 그다지 쉽게 의식되지 않는 것이 하나 있다. 오랫동안 집에만 있다 보면 우리 몸이 외부의 영향에 민감해져서 찬바람을 조금만 맞아도 쉽게 병이 드는 것처럼, 오랫동안 계속된 은둔과 고독 때문에 마음이 민감해져 별것 아닌 일이나 말, 어쩌면 단순한 표정에도 불안해지고 모욕을 느끼거나 마음 상하는 것이 단점이다. 반면에 늘 시끌벅적하게 사는 사람은 그런 것에 전혀 신경 쓰지 않는다.

그런데 특히 비교적 젊은 시절에 사람들이 당연히 마음에 들지 않아 걸핏하면 고독의 세계로 움츠러들곤 했지만, 고독의 적막함을 장기적으로 견딜 수 없는 사람이 있다. 나는 그런 사람에게 고독의 일부를 사회로 가지고 가는 버릇을 들이라고, 사회에 나가서도 어느 정도 혼자 있는 법을 익히라고 권하고 싶다. 따라서 자기가 생각하는 것을 즉각 남에게 전달하지 말라고 충고하겠다. 다른 한편으로 다른 사람들이 말하는 것을 액면 그대로 받아들이지 말고, 오히려 지적인 면이나 도덕적인 면에서도 남의 말에 그다지 기대를 걸지 않도록 권하겠다. 그러니 남이 뭐라 하든, 언제나 칭찬할 만한 관용을 익히기 위해 가장 확실한 방법인 무관심한 태도를 확고히 하는 것이 좋다. 그렇게 되면 그는 그들 사이에 있더라도 완전히 그들 사회에 있지 않아서, 사회에 대해 완전히 객관적인 태도를 취할 수 있다. 그러면 사회와 너무 긴밀히 접촉하지 않아도 되고, 그로 인해 조금이라도 더럽히거나 마음의 상처를 받는 일도 없을 것이다. 이처럼 사교성을 억제하거나 그것을 단단히 틀어막는 모습을 극적으로 묘사한 읽을 만한 희극으로 **모라틴**Leandro Fernandez de Moratin(1760~1828)[71]의 『카페 또는 새 희극』이 있다. 그중에서도 특히 제1막의 2, 3장에 등장하는 페드로의 성격이 압권이다. 이러한 의미에서 사회를 또한 불에 비유할 수 있

---

71 스페인의 극작가

겠다. 현명한 사람은 적절한 거리를 두고 불을 쬐면서 어리석은 자처럼 불에 손을 집어넣지 않지만, 어리석은 자는 그렇게 해 화상을 입고 고독이라는 차가운 곳으로 도망쳐서는 불이 타고 있다고 탄식하는 것이다.

10) **질투**는 인간의 자연스러운 감정이다. 그럼에도 질투란 악덕인 동시에 불행이다.[72] 우리는 질투를 행복의 적이라 간주하고 악마로 보아 없애도록 노력해야 한다. 이에 대해 세네카는 멋진 말로 우리에게 지침을 준다.

> 자신의 것을 남의 것과 비교하지 말고 즐기도록 하자. 다른 사람이
> 행복하다고 괴로워하는 자는 결코 행복하지 못할 것이다.
> (『분노에 대하여』 제3권 30장)

> 많은 사람이 너보다 앞서 있다고 생각하지 말고 많은 사람이
> 너보다 뒤처져 있다고 생각하라.
> (『서간집』 제15권 11통)

그러므로 우리는 우리보다 형편이 나아 보이는 사람보다 우리보다 형편이 나쁜 사람을 자주 살펴보는 것이 좋다. 나아가서 실제로 재앙이 닥쳤을 경우 가장 효과적인 위안이 되는 것은, 위안이 비록 질투와 같은 원천에서 비롯된 것이긴 하지만, 우리의 고통보다 더 큰 고통을 바라보는 일이다. 그런 다음에는 우리와 같은 고통을 겪고 있는 사람들, 즉 불행한 동료들과 어울리는 일이다.

질투의 능동적인 면에 대해서는 이 정도로 하겠다. 질투의 수동적인 면에 대해 살펴보면, 미움보다 질투를 누그러뜨리기가 더 어렵다는 사실이다. 그러므로 우리는 질투를 불러일으키지 않도록 끊임없이 노력해야 한다. 오히려 많은 다른 향락과 마찬가지로 위험한 결과를 초래하는 이러한 향락을 누리지 않는 것이 더 나을지도 모른다.

---

72 * 사람들이 질투하는 것은 그들이 얼마나 불행하게 느끼는가를 나타낸다. 사람들이 남의 행동거지에 끊임없이 주의를 기울이는 것은 그들이 얼마나 무료한가를 나타낸다.

세상에는 **세 종류의 귀족**이 있다. 출생과 지위에 의한 귀족, 돈에 의한 귀족, 정신적 귀족. 이들 중에서 세 번째가 가장 고상한 귀족인데, 시간적 여유만 있다면 그런 것으로도 인정받는다. 일찍이 프리드리히 대왕이 말하기를 "뛰어난 정신의 소유자는 군주와 같은 등급이다"라고 했다. 이것은 궁내 대신에게 한 말이었다. 대신이나 장군은 궁내 대신의 식탁에서 식사를 하는 반면, 볼테르는 군주나 왕자들이 앉는 자리에 앉도록 하자 궁내 대신이 이를 못마땅해했기 때문이다.

이 세 종류의 귀족은 모두 그들을 질투하는 무리에 둘러싸여 있다. 그들은 이 귀족에 속하는 모든 사람에게 은밀한 적개심을 품고 있으며, 두려워할 필요가 없는 상대라고 생각되면 다양한 방식으로 '너라고 우리보다 나을 게 없다!'라는 사실을 알려 주려고 노력한다. 그런데 그들이 바로 이렇게 노력하는 사실은 상대의 우월함을 확신하고 있음을 스스로 드러내고 있다. 질투를 받는 자가 그에 대해 취할 수 있는 대책은 이런 무리에 속하는 사람들을 멀리하고, 어떻게든 접촉을 피해 그들과의 사이에 커다란 고랑을 만들어 간격을 넓히는 것이다. 그러나 이 방법도 통하지 않으면 그들이 아무리 노력해도 소용없음을 알도록 냉정하게 견디면 된다. 우리는 이런 대책이 흔히 사용되고 있음을 보고 있다. 그런 반면 세 가지 귀족 중 한 가지에 속하는 귀족은 다른 두 가지에 속하는 사람과 대체로 질투 없이 사이좋게 지낸다. 각자 자신의 장점을 다른 사람의 장점에 맞서 균형을 맞추기 때문이다.

11) 어떤 계획을 실천에 옮기기 전에 충분히 검토해 보는 것이 좋다. 모든 것을 철저히 심사숙고한 뒤에도 인간의 인식이 불충분함을 감안해, 조사와 예견을 불가능하게 만들고, 온갖 계산을 엉망으로 만들어 버릴 수 있는 상황이 여전히 생길 수 있음을 인정해야 한다. 이런 점을 유의해 항상 저울의 적게 나가는 쪽에 비중을 두고, 중요한 부분은 까닭 없이 건드리지 않도록 한다. 다시 말해 "굳이 평지풍파를 일으키지 마라"[살루스티우스Gaius Sallustius Crispus(기원전 86~34)[73], 『카틸리나』]와 같다. 하지만 일단 결단을 내리고 일에 착수한 이상, 모든 일이 되어 가는 대로 맡기고 결과만 기다리면 된다. 그런 다

---

[73] 로마의 역사가, 뛰어난 라틴어 문장가

음에는 기왕에 실행한 일을 끊임없이 곱씹거나 앞으로 일어날지도 모르는 위험을 자꾸 우려하며 불안해하기보다는 오히려 이제 그 문제를 깨끗이 잊고, 모든 것을 제때에 충분히 생각했다는 확신을 품은 채 편안한 마음으로 그 문제에 관한 생각의 서랍을 자물쇠로 꽁꽁 채워 두는 것이 좋다.

"마구馬具를 잘 달고 말을 몰아라"라는 이탈리아의 충고에도 이런 조언이 담겨 있다. 괴테는 이 말을 "안장을 잘 얹어 안심하고 말을 몰아라"라고 옮겼다. 덧붙여 말하면 괴테가 '속담 풍'이라는 표제로 제시한 잠언의 대부분은 이탈리아 속담을 옮긴 것이다. 그런데도 결과가 좋지 않다면, 그것은 모든 인간사가 우연과 오류를 토대로 하고 있기 때문이다. 최고의 현자인 **소크라테스**조차 자신의 개인적인 일을 올바로 처리하거나, 적어도 실수를 피하기 위해 **다이모니온**의 경고를 필요로 했다. 그것은 인간의 분별력이 우연과 오류를 미연에 방지하기에는 불충분함을 입증한다. 그 때문에 어느 교황은 "우리가 당하는 모든 불행은 적어도 어느 정도 우리 자신 탓이다"라고 말했다고 한다. 이 말은 거의 대부분의 경우 맞다고 할 수 있지만 어느 경우에나 진리가 되는 것은 아니다. 사람들이 자신의 불행을 될 수 있는 한 숨기고 어떻게든 만족한 표정을 지어 보이려고 하는 것도 그런 감정이 크게 작용한 것으로 보인다. 괴로운 표정을 보이면 자신이 잘못한 탓으로 몰아갈까 봐 우려하는 것이다.

12) 이미 어떤 불행한 사건이 일어나 더 이상 어찌할 수 없게 된 경우, 이렇게 되지 않을 수도 있었을 텐데, 어떻게 하면 그 일을 미연에 방지할 수 있었을까 하는 생각은 하지 않는 것이 좋다. 그러다간 참을 수 없을 만큼 고통이 커져서 '자학하는 자'[74]가 되고 만다. 그러기보다는 오히려 다윗 왕처럼 하는 게 좋을 것이다. 다윗 왕은 아들이 병상에 누워 있는 동안에는 끊임없이 애원하고 간청하며 여호와를 성가시게 했지만, 아들이 막상 죽고 나자 가볍게 무시하고는 더 이상 그것에 대해 생각하지 않았다고 한다. 그러나 이처럼 가볍게 넘겨 버리지 못하는 사람은 어떤 일이 일어나는 것은 모두 필연적이라는 대진리를 마음에 새기면서 숙명론적 입장으로 도피하는 수밖에 없을 것이다.

이 원칙은 일면적인 것에 불과하다. 불행한 일이 일어났을 때 그 원칙이 우

---

74 *테렌티우스의 희곡명

리의 마음을 즉각 홀가분하게 해주고 진정시켜 주는 데는 도움이 된다. 하지만 대체로 그렇듯이 우리 자신의 태만이나 무모함이 그러한 불행에 최소한 부분적으로나마 책임 있다면 고통스럽겠지만 어떻게 하면 예방할 수 있을지 거듭 생각해 보는 것이 우리의 교훈과 개선을 위한, 우리의 앞날을 위한 유익한 자기 징계가 될 것이다. 명백히 저지른 실수에 대해, 흔히 그러듯이 우리 자신을 변명하고 미화하거나 축소하려고 해서는 안 된다. 그러기보다는 잘못을 깨끗이 인정하고 얼마나 큰 실수를 저질렀는지 확실히 따져 앞으로는 그러지 않겠다는 굳은 결심을 하는 것이 좋다. 물론 그럴 경우 자기 자신에 만족하지 못한다는 의미에서 커다란 고통을 가하는 셈이 되겠지만, "징계를 받지 않고는 배움을 얻을 수 없다"[75][메난더Menander(기원전 342~292)[76], 『단행시』 422행].

13) 우리의 행복이나 불행과 관련한 모든 일에 **상상력을 억제해야** 한다. 무엇보다 공중누각을 쌓아서는 안 된다. 쌓아 올리자마자 한숨을 쉬면서 다시 허물어뜨리면 그 대가가 너무 크기 때문이다. 하지만 그보다는 단순히 일어날지도 모르는 재난을 눈앞에 떠올리며 미리 불안해하지 않아야 한다. 다시 말해 이러한 재난이 전적으로 근거 없는 일이거나 전혀 사리에 맞지 않는 일이었다면, 우리는 그런 꿈에서 깨어나면서 모든 것이 속임수에 불과했음을 즉시 알아채고는 아직은 현실이 더 낫다는 사실에 더욱 기쁨을 느낄 것이다. 어쨌든 그런 사실에서 먼 훗날에 혹시 있을지도 모르는 재난에 대비하라는 경고를 얻어 낼 수는 있을 것이다. 하지만 우리의 상상력은 좀처럼 그런 재난을 가지고 유희하지 않는다. 우리의 상상력은 아무 할 일 없이 기껏해야 즐거운 공중누각을 쌓아 올린다. 상상력의 음울한 꿈의 재료가 되는 것은 멀리 있기는 하지만 어느 정도 우리에게 현실적 위협이 되기도 하는 재난이다. 우리의 상상력은 이러한 재난을 확대하고 그것의 가능성을 실제 이상으로 높여서 말할 수 없이 끔찍한 모습으로 선명히 그려 낸다. 우리는 잠에서 깨어나면서 즐거운 꿈과 달리 그러한 꿈을 즉각 떨쳐 버릴 수 없다. 즐거운 꿈은 곧장 현

75　• 괴테의 『시와 진실』 제1부의 모토
76　그리스의 시인, 극작가

실에 의해 반박되고, 기껏해야 가능성의 품속에 희미한 희망만 남기 때문이다. 하지만 우리가 음산한 상상(영어로는 푸른 악마blue devil)에 휩쓸리면 좀처럼 떨쳐 버릴 수 없는 영상이 달라붙는다. 일이 일어날 가능성은 대체로 확고하다 해도, 그 일이 일어날 가능성을 언제나 제대로 평가할 수 있는 것은 아니기 때문이다. 그런데 일의 가능성이 쉽게 개연성이 되어 우리는 불안의 포로가 되어 버린다. 그 때문에 우리는 행복이나 불행과 관련되는 일을 이성과 판단력의 눈으로 보아야 하며, 있는 그대로 냉정하게 숙고해 단순히 개념에 의해 추상적으로 고찰해야 한다. 이때 상상력은 동원하지 않는 것이 좋다. 상상력은 판단할 수 있는 것이 아니라 쓸데없이 때로는 매우 곤혹스럽게 마음을 움직이는 단순한 영상만 눈앞에 보여 주기 때문이다.

이러한 원칙은 밤에 가장 엄격하게 지키는 것이 좋다. 어둠이 우리를 소심하게 만들어 어디서나 무서운 형상이 보이게 하듯, 모든 불확실함은 불안을 낳기 때문에 사상의 애매함도 이와 유사한 작용을 한다. 밤이 되어 심신의 이완으로 분별력과 판단력이 주관적인 어둠에 싸이고, 지성이 지친 나머지 냉정함을 잃어 사물의 근원을 규명할 능력이 없어지면 우리의 명상 대상도, 특히 그것이 우리의 신변에 관계될 경우 자칫하면 위험한 모습을 띠고 무서운 형상으로 보인다. 이런 현상은 정신이 완전히 이완되고 판단력이 자신의 업무를 더 이상 수행하지 못하지만 상상력은 아직 활동 중인 밤에 잠자리에서 가장 많이 일어난다. 그때는 밤이 모든 것을 검은색으로 물들여 놓는다. 잠들기 전이나 밤에 깨어 있을 때 우리의 사고는 꿈을 꿀 때와 거의 비슷하게 사물을 심하게 일그러뜨리거나 왜곡시킨다. 신변에 관련된 일인 경우에는 사고가 보통 칠흑같이 어두워지고 끔찍해진다.

그러다가 아침이 되면 그런 끔찍한 형상이 꿈처럼 사라져 버린다. "밤에는 색이 물들어 있지만, 낮에는 하얗다"라는 스페인 속담은 바로 이런 의미다. 하지만 불이 켜지기 시작하는 저녁이 되면 벌써 분별력은 눈과 마찬가지로 대낮처럼 명료하게 보지는 못한다. 그 때문에 이 시간은 중대한 문제, 특히 언짢은 문제를 성찰하기에 적합하지 못하다. 그런 일을 하기에는 아침이 제격이다. 아침은 일반적으로 정신적인 일이나 육체적인 일을 막론하고 어떤 일을 하는 데도 예외 없이 적합하다. 아침은 하루 중의 청춘에 해당하기 때문이다. 모든 것이 명랑하고 싱싱하며 경쾌하다. 기운이 넘쳐 뭐든지 제대로 처리

할 능력이 있다. 늦잠을 자서 아침을 단축하거나, 쓸데없는 일이나 잡담으로 시간을 허비하지 말고, 아침을 인생의 정수精髓라 간주하고 어느 정도 신성시해야 한다. 반면에 밤은 하루 중의 노년에 해당한다. 우리는 밤이 되면 힘이 빠지고 말이 많아지며 경솔해진다. 하루하루가 조그만 일생이라고 할 수 있다. 나날의 기상이 출생이고 죽음인 취침으로 하루가 마감된다. 그러므로 결국 잠드는 것은 매일의 죽음이고, 매일 깨어나는 것은 새로운 출생이다. 그러니 깨어나는 일을 완전히 해내기 위해서는 일어날 때의 불편함과 어려움을 출생의 고통으로 간주하면 가능할지도 모른다.

그러나 대체로 건강 상태, 수면, 영양, 기온, 날씨, 환경과 다른 많은 외적 요소가 우리의 기분에 큰 영향을 미치며, 이 기분 또한 우리의 생각에 큰 영향을 준다. 그 때문에 어떤 일에 대한 우리의 견해뿐만 아니라 어떤 일을 해 낼 수 있는 능력은 시간은 물론 장소에도 지배받는다. 다음의 글도 이와 같은 맥락이다.

진지한 기분을 잘 포착하라,
그러기가 드문 일이니.
(괴테, 「총고해」)

객관적 구상과 독창적인 사상이 과연 생겨날지, 생겨난다면 언제 생겨날지 마냥 기다리기만 해서는 안 된다. 개인적인 문제에 대한 철저한 숙고조차 미리 정해 둔 시간, 숙고하도록 맞추어진 시간에 언제나 행해지는 것은 아니다. 숙고는 숙고하는 시간 자체를 스스로 선택하기도 하는 것이다. 그 시간이 되면 숙고에 적합한 사고 과정이 저절로 활기를 띠어 우리는 적극적인 관심을 가지고 그 과정을 따른다.

나는 앞에서 상상력을 억제할 것을 권유했다. 그러기 위해서는 예전에 우리가 당한 불의, 손해, 손실, 명예 훼손, 냉대, 모욕 등을 다시 생생히 떠올리거나 마음속에 그리지 않는 것이 좋다. 그런 것들이 오래전에 잠들었던 불쾌감, 분노와 같은 온갖 좋지 않은 열정을 다시 자극해 우리 마음을 더럽히기 때문이다. 신플라톤학파의 프로클로스Proclos(410~485)[77]가 멋진 비유를 들어 말했듯이, 어느 도시에나 더없이 고상하고 숭고하며 탁월한 인물 외에 온갖 종류의 천민도 살고 있듯, 더없이 고상하고 숭고한 인물의 내면에도 기질로 보면 인간적 본성, 즉 동물적 본성의 매우 저급하고 천박한 면이 깃들어 있다. 이러한 천민이 소란을 일으키도록 자극해서는 안 되고, 보기 흉한 모습을 하고 있으므로 그가 창밖으로 내다보게 해서도 안 된다. 그런데 앞에서 말한 공상의 소산은 이러한 천민을 선동하는 역할을 한다. 사람이나 사물에 아무리 사소한 불쾌감을 느꼈다 해도 그것을 자꾸 생각해서 강렬한 색채를 띠게 하거나 과장되게 상상하면 무서워서 제정신을 잃을 정도의 괴물로 부풀어 오를 수 있는 것도 그 때문이다. 그러므로 모든 불쾌한 일은 오히려 될 수 있는 한 가볍게 넘겨 버릴 수 있도록 담담하고 냉정한 시선으로 바라보는 것이 좋다.

조그만 물체라도 눈 가까이 대면 시야를 가려서 세상을 덮어 버린다. 이와 마찬가지로 **바로 우리 주변에 있는** 사람과 사물은 아무리 무가치하고 하찮은 것이라 해도 필요 이상으로, 게다가 즐겁지 않은 방식으로 우리의 주의와 사고를 자극해 중요한 사고나 문제를 밀쳐 버리기도 한다. 그러니 이런 일이 일어나지 않도록 해야 한다.

14) 우리는 자신이 갖지 않은 것을 보면 곧잘 '이게 내 것이면 어떨까?' 하는 생각에 아쉬워한다. 하지만 그 대신 가끔 "이게 내 것이 **아니라면** 어떨까?"라고 물어보는 것이 좋을 것이다. 내 말은 우리가 지닌 것을 잃고 나면 어떤 기분이 들까 하는 측면에서 바라보도록 노력하라는 것이다. 잃어버리는 것은 재산, 건강, 친구, 애인, 아내, 아이, 말, 개 등 무엇이든 상관없다. 대체로 잃어버리고 나서야 그러한 것의 가치를 알기 때문이다. 반면에 여기서 권유한 식으로 사물을 바라보면 우리는 그러한 것을 소유하고 있는 사실에 즉시 예전보다 더 행복해질 것이고, 잃어버리지 않도록 온갖 대책을 강구할 것이다. 그러므로 재산을 위험에 빠뜨리지 않을 것이고, 친구를 화나게 하지 않을 것이고, 아내의 정조를 시험하지 않을 것이며, 자식들의 건강에 유의할 것이다. 우리는 때때로 억지로 유리한 방향으로 생각해 우울한 현재를 밝게 하려고 하

거나 신기루와 같은 수많은 희망을 생각해 내기도 한다. 그런데 이런 희망은 환멸을 품고 있어서 냉혹한 현실에 산산이 부서지면 환멸을 피할 수 없다. 좋지 않은 여러 가능성을 우리 생각의 대상으로 삼는 것이 더 나을지도 모른다. 그래야 그러한 일을 막으려고 예방책을 강구할 것이고, 나쁜 일이 일어나지 않으면 생각지도 않게 기분이 좋아질 것이다. 불안을 견뎌 내고 나면 언제나 눈에 띄게 명랑해지기 때문이다. 그러니, 심지어 우리가 행여 당하게 될지도 모르는 큰 재난을 때때로 눈앞에 그려 보는 것이 좋을지도 모른다. 다시 말해 그러면 나중에 훨씬 작은 재난을 실제로 당했을 때 그래도 큰 재난을 당하지 않았다는 사실에 안도하면서 견디기가 훨씬 수월할 것이다. 그렇다고 이 원칙 때문에 앞 항목에서 이야기한 내용을 소홀히 해서는 안 된다.

15) 우리와 관계되는 일이나 사건은 완전히 따로따로, 아무 질서나 상호 관계도 없이 뚜렷한 대조를 이루며, 즉 그것이 우리의 일이라고 하는 것 외에는 아무런 공통점도 없이 복잡하게 뒤섞여서 나타난다. 그러니 그러한 사정에 보조를 맞추려면 우리도 그런 문제를 두서없이 생각하고 염려해야 한다. 따라서 우리가 한 가지 문제를 처리할 때는 다른 모든 문제에 구애받지 말고 그 일에서 벗어나 모든 문제를 그때그때 처리하고 즐기며 감내해야 한다. 즉 다른 문제에는 전혀 개의치 말아야 한다. 우리가 가지고 있는 사고의 서랍 중에서 한 개를 열 때는 다른 모든 것을 닫아 두어야 한다. 그래야만 무겁게 짓누르는 하나의 걱정거리 때문에 현재의 사소한 즐거움을 위축시켜 마음의 평정을 잃지 않고, 하나의 생각이 다른 생각을 밀어내지도 않으며, 하나의 중요한 일을 걱정하느라 많은 사소한 일을 소홀히 하지 않는다. 특히 문제를 차원 높고 고상하게 볼 능력이 있는 사람은 개인적인 일이나 사소한 걱정거리에 완전히 마음을 빼앗기거나 사로잡혀 그런 뛰어난 능력을 발휘할 통로가 막혀서는 안 된다. 그런 경우야말로 "살기 위해 삶의 목적을 그르치는"(유베날리스, 『풍자시』 제8권 84장) 격이 되기 때문이다.

물론 자기 자신을 이런저런 데로 유도하기 위해서는 다른 많은 경우와 마찬가지로 자기 강제가 필요하다. 하지만 이를 위해 우리는 숙고 능력을 키워 누구든 외부에서 가해지는 많은 커다란 강제를 견뎌 내야 한다. 살다 보면 그런 강제는 피할 도리가 없다. 적절한 자리에 조그만 자기 강제를 가하면 나중에 외부의 많은 강제를 예방할 수 있다. 원 중심에서 잘라 낸 작은 원이나 원주 가까이에서 잘라 낸 거의 백배 되는 큰 원이나 모습이 둥근 것은 마찬가지이기 때문이다. 외부로부터 가해지는 강제를 피하려면 무엇보다 자기 강제 방법을 쓰는 것이 가장 좋다. "모든 것을 네게 복종시키려면 우선 너 자신이 이성에 복종하라!"(『서간집』제37권 4통)라는 세네카의 말은 바로 그런 사실을 말해 준다. 또한 우리는 언제라도 자기 강제를 적당히 조절할 수 있으며, 극단적인 경우나 우리의 가장 예민한 문제와 관련되는 경우 약간 느슨하게 할 수도 있다. 반면에 외부에서 가해지는 강제는 가차 없고 인정사정없으며 무자비하다. 그 때문에 외부에서 강제가 가해지기 전에 자기 강제에 의해 선수를 치는 것이 현명하다.

16) 개개인은 자신이 소망하는 모든 것 중에서 극히 작은 일부분밖에 손에 넣지 못한다. 하지만 수많은 재앙은 누구나 당하게 마련임을 항시 명심하고 우리의 소망에 하나의 목표를 세워 욕구는 억제하고 분노는 제어해야 한다. 즉 한마디로 말해 "단념하고 견뎌 내야"[78] 한다. 그러한 원칙을 지키지 않는다면 부와 권력이 있다 해도 자신이 초라하다고 느낄 수밖에 없을 것이다. 호라티우스가 의도하는 바도 바로 그것이다.

> 일을 하는 틈틈이
> 항시 글을 읽고 성현에게 물으라.
> 영원히 꺼지지 않는 욕구에 시달리지 않고,
> 득 될 게 없는 두려움에도 희망에도 사로잡히지 않고
> 가벼운 마음으로 살아가기 위해서는
> 어떻게 하면 좋을지를.
> (『서간집』제1권 18통)

17) "생명의 본질은 운동에 있다"(『영혼론』)라고 한 아리스토텔레스의 말은 옳다. 따라서 우리의 신체적 생명이 오직 끊임없는 운동을 본질로 하고, 그

---

78 •겔리우스의 저서『아티카 야화夜話』17, 19, 6에 나오는 표어

것에 의해서만 존립할 수 있는 것처럼, 우리의 내적인 정신적 생명도 지속적으로 일에 종사하기를, 행위와 사유를 통한 무언가에 종사하기를 요구한다. 당장 할 일이 없어 멍하니 있는 사람들이 손이나 어떤 도구로 쿵쿵 두드리는 동작을 하는 것이 그런 증거라 할 수 있다. 다시 말해, 우리의 생활은 본질적으로 쉼 없는 연속이다. 그렇기 때문에 아무런 활동도 하지 않으면 끔찍한 무료함에 시달려 금세 견딜 수 없는 상황에 빠진다. 그런데 이러한 충동을 체계적으로, 더 잘 충족시키기 위해서는 충동을 조절하는 것이 좋다. 그러므로 활동하는 것, 즉 무언가를 행하고, 가능하면 무언가를 만들고, 적어도 무언가를 배우는 것이 인간의 행복에 필수적이다. 인간의 힘은 자기를 써달라고 요구하고, 인간은 힘을 쓴 결과를 어떻게든 알아보고 싶어 한다.

그런데 이런 점에서 가장 큰 만족을 주는 경우는 무언가를 만드는 것, 바구니든 책이든 **만들어** 낼 때다. 어떤 작품이 매일 자신의 손으로 조금씩 만들어져 결국 완성되는 것을 볼 때 인간은 행복감을 느낀다. 예술품이나 저작이 그런 작용을 한다. 단순한 수공예품조차 그러하다. 물론 좀 더 우수한 종류의 작품일수록 향유도 더욱 고상해진다. 이러한 점을 고려해 볼 때 중요하고 위대하며 짜임새 있는 작품을 만들어 낼 능력을 자각하는 재능이 뛰어난 사람이 가장 행복하다고 할 수 있다. 그런 자각으로 좀 더 고귀한 종류의 관심이 삶 전체에 퍼져, 다른 사람에게서는 볼 수 없는 매력을 더해 주기 때문이다.

이런 사람의 삶에 비하면 다른 사람들은 무미건조하기 짝이 없다. 다시 말해 뛰어난 재능을 지닌 사람은 인생과 세계에 대해 모든 사람에게 공통적인 물질적인 관심 이외에 좀 더 고귀하고 형식적인 제2의 관심을 가진다. 인생에는 이들의 작품에 필요한 소재가 담겨 있다. 그들은 개인적인 궁핍에서 벗어나 어느 정도 숨을 돌릴 여유만 생기면 평생에 걸쳐 그러한 소재를 모으는 데 매진한다. 이들의 지성도 어느 정도는 이중적 성격을 지니고 있다고 할 수 있다. 한쪽은 다른 모든 사람과 마찬가지로 일반적인 관계(의지와 관련되는 문제)를 위한 지성이고, 다른 쪽은 사물을 순전히 객관적으로 파악하기 위한 지성이다. 그래서 이들은 양면적인 생활을 한다. 다른 사람들은 모두 오직 배우로만 살아가는 반면, 이들은 관객과 배우를 겸한다. 어쨌든 각자 자신의 능력 정도에 따라 무언가 행하도록 하라. 계획에 따라 활동하거나 어떤 일을 하지 않으면 우리에게 얼마나 불리한 영향을 미치는지는 장기간 유람하는 도중 자신이 문득 꽤 불행하다는 느낌이 드는 데서 잘 알 수 있다. 그 이유는 실제로 일에 종사하지 않아서, 흡사 자신의 자연스러운 본질적 특징에서 떨어져 나온 것처럼 생각되기 때문이다. 두더지의 욕구는 땅을 파는 것이듯 인간의 욕구는 애써 노력하는 것이며, 저항할 것인가 말 것인가로 싸우는 것이다. 인간은 지속적인 향유가 주는 만족감에 의해 초래되는 정체를 견디지 못할지도 모른다. 행동할 때와 같은 물질적인 종류의 장애든, 학습하고 연구할 때와 같은 정신적인 종류의 장애든, 장애를 극복하는 데서 인생의 완전한 향유를 느낄 수 있다. 그러한 장애와 싸워 승리를 거둘 때 인간은 행복하다. 그럴 기회가 없으면 어떻게 하든 스스로 기회를 만들어 내면 된다. 사람들은 자신의 개성에 따라 사냥을 하거나 오뚝이 놀이를 하거나, 본성의 무의식적인 특성에 이끌려 싸움을 걸거나 음모를 꾸미거나, 사기나 온갖 나쁜 일에 관여한다. 이러한 것은 모두 평온한 상태를 견디지 못하고 그것을 끝내기 위한 목적이다. 여가에 안주하는 것은 위험하다.

18) 우리가 노력의 목표로 삼아야 하는 것은 **상상력에서 나온 영상**이 아니라 명료한 사유를 거친 개념이다. 하지만 대체로 그 반대의 일이 벌어지고 있다. 다시 말해 자세히 검토해 보면 우리가 결단을 내릴 때 마지막 심급으로 결정적 역할을 하는 것은 대체로 개념이나 판단이 아니라 대안의 한쪽을 대표하고 대변하는 환상이다. 볼테르의 소설인지 디드로의 소설인지는 잘 생각나지 않지만, 주인공 청년이 헤라클레스처럼 인생의 갈림길에 섰을 때, 도덕은 언제나 왼손에는 담배쌈지를, 오른손에는 한 줌의 코담배를 들고 도덕을 논하는 늙은 가정 교사의 모습으로 비친 반면, 악덕은 어머니를 모시는 시녀의 모습으로 비쳤다.

특히 젊은 시절에는 행복의 목표가 우리의 눈앞에 어른거리며 종종 반평생, 아니 일평생 변치 않는 몇 가지 영상의 모습으로 고정된다. 그 영상은 사실 우리를 놀려 대는 유령이다. 우리의 손이 닿으면 그것은 흔적도 없이 사라져 버리기 때문이다. 그럼으로써 우리는 영상이 우리에게 약속한 것을 아무것도 이루어 주지 않음을 경험한다. 가정생활과 시민 생활, 사회생활과 전원생활을 보여 주는 하나하나의 장면이나 주택, 환경, 훈장, 경례 등의 영상은 모두 이와 같은 종류다. '바보도 제 잘난 맛에 산다.' 애인의 영상도 때로는 그런 것에 속한다. 우리가 이같이 되는 것은 어쩌면 자연스럽다. 구체적인 것은 직접적인 어떤 것이므로 개념, 즉 추상적 사고에 비해 우리의 의지에도 직접적인 영향을 준다. 추상적 사고는 그래도 현실성을 포함하는 개별적인 것을 제외하고는 단순히 일반적인 것을 나타내는 데 불과하다. 그 때문에 추상적 사고는 우리의 의지에 단지 간접적 영향을 미칠 뿐이다. 그렇지만 약속을 지키는 것은 개념뿐이다. 그 때문에 개념만 신뢰하는 것은 교양이다. 물론 몇 가지 영상을 통해 가끔 개념을 해석하고 부연 설명을 할 필요가 있을지도 모른다. 하지만 단지 조건부로만 그러한 것이다.

19) 앞에서 든 원칙은 '어떤 경우에도 눈앞에 있는 구체적인 대상에 대한 인상을 극복해야 한다'라는 보다 일반적인 원칙에 포괄된다. 이러한 인상은 단순히 생각하고 안 것에 비하면 엄청나게 강렬하다. 이유는 극히 빈약한 경우가 많은 인상의 질료와 내용 때문이 아니라 그것의 형식, 즉 직접성과 구체성 때문이다. 직접성과 구체성이 마음에 스며들어 마음의 안정을 방해하거나 마음의 결심을 흔들어 놓는다. 눈앞에 있는 것, 구체적인 것은 쉽게 전모를 살펴볼 수 있어서 언제나 단번에 매우 강렬하게 작용하는 반면, 사상이나 논거는 조금씩 충분히 생각하려면 시간과 마음의 여유가 필요하다. 그 때문에 언제라도 사상과 논거를 완전히 눈앞에 떠올릴 수 있는 것은 아니다. 따라서 우리는 심사숙고해 삶의 안락함을 단념했지만 안락한 상태를 보면 그것에 자극받는다. 이와 마찬가지로 전혀 부당하다고 생각되는 비판에도 우리는 마음이 상하며, 전혀 무가치하다고 여겨지는 모욕에도 분노한다. 이와 마찬가지로 어떤 위험 가능성을 부정하는 열 가지 근거도 현실적으로 그렇게 보이는 잘못된 겉모습에 압도되어 버린다. 이 모든 사실은 인간의 본질이 원래 비이성적임을 잘 나타내 준다. 여성들은 그러한 종류의 인상에 종종 굴복하기도 한다. 그런데 남자들의 경우에도 그런 인상의 작용에 흔들리지 않을 정도로 이성이 우위를 점하는 사람들은 별로 없다. 그런데 단순히 사상에 의해 그러한 인상을 완전히 압도할 수 없는 경우에는 어떤 인상을 이와 반대되는 인상에 의해 중화시키는 것이 가장 좋은 방법이다. 예컨대 모욕당했을 때는 우리를 높이 평가하는 사람을 찾아가고, 위험이 닥칠 때는 그것에 맞서 싸우는 사람을 실제로 관찰해 그런 인상을 중화시키면 된다. 라이프니츠Gottfried

Wilhelm Leibniz(1646~1716)[79]는 다음과 같은 이야기를 들려준다.

그렇지만 예의 이탈리아인은 고문을 받는 동안 마음을 단단히 먹고, 자백을 하면 오르게 될 교수대의 모습을 계속 상상하면서, 그 때문에 그는 가끔 "보인다, 보여!"라고 외쳐 고문의 고통을 견딜 수 있었다.

(『새로운 에세이』 제1권 2장 11절)

나중에 그는 그런 말을 한 이유를 앞에서 말한 것과 같은 취지로 설명했다고 한다. 바로 여기서 살펴본 근거 때문에, 우리를 둘러싼 사람들이 모두 우리와 견해를 달리하면서 그 견해에 따라 행동한다면, 우리는 그들의 오류를 확신하면서도 그것에 동요하지 않고 행동하기 어려울 것이다. 추적받아 도망다니는 왕이 자신의 신분을 숨기며 여행하는 동안 심복이 남의 눈을 피해 굽실거리며 격식을 차리면 당연히 마음의 큰 힘이 될 것이다. 그래야만 왕은 자기 자신에 대해 회의하지 않을 것이다.

20) 나는 이미 제2장에서 **건강**이 우리의 행복에 첫째가는 가장 중요한 요소로서 높은 가치를 지닌다고 역설한 바 있다. 그러니 여기서는 건강을 증진하고 유지하기 위한 매우 일반적인 몇 가지 행동 수칙을 말하고자 한다.

인간은 건강한 동안에는 온몸과 신체 각 부위를 잔뜩 긴장시키고 고통을 주어 온갖 종류의 좋지 않은 영향에 저항할 수 있는 습관을 기르도록 몸을 단련해야 한다. 그러나 몸 전체나 일부에 병적 상태가 나타나면 즉각 반대 조치를 취해 병든 신체나 그 일부를 어떤 방식으로든 잘 보살피고 돌봐야 한다. 병에 걸려 쇠약해진 몸은 단련시킬 수 없기 때문이다.

근육은 많이 쓸수록 강해지나 신경은 그럴수록 약해진다. 그러므로 근육은 적당히 긴장시켜 단련해야 하지만, 신경은 결코 긴장하지 않도록 해야 한다. 그러니 눈은 밝은 빛, 특히 반사된 빛에 노출되면 안 되고 어두운 곳에서 눈을 혹사해서도 안 되며, 작은 물체를 장시간 보고 있어도 안 된다. 마찬가지

---

79 독일의 학자·수학자·물리학자·신학자. 수학에서는 미적분학을 세우고, 물리학에서는 에너지 개념의 기초를 확립했으며, 철학에서는 우주 만물이 비물질적인 무수한 단자로 이루어졌다는 단자론을 주장했다. 그 밖에 기호 논리학과 계산기를 발명했으며, 신교와 구교의 통일에도 노력하는 등 많은 분야에서 활동했다.

로 귀는 너무 강한 소음을 피하고, 특히 뇌는 억지로 지나치게 오랫동안 쓰거나 때아니게 혹사하면 안 된다. 따라서 소화하는 동안은 뇌를 쉬게 하는 것이 좋다. 그럴 경우에는 뇌 속에서 사고를 만들어 내는 생명력이 미죽糜粥[80]과 유미乳糜를 만들어 내기 위해 위와 장에서 열심히 일하기 때문이다. 또한 근육을 활발하게 움직이는 동안이나 그 후에도 뇌를 쉬게 하는 것이 좋다. 운동 신경과 감각 신경은 서로 연결되어 있으므로, 사지를 다쳤을 때 진짜 통증을 느끼는 부위가 뇌인 것처럼 걷거나 일하는 것도 실은 팔다리가 아니라 뇌다. 다시 말해 뇌에서 연수와 척수를 거쳐 팔다리의 신경을 자극해 사지가 움직이는 것이다. 따라서 팔다리가 느끼는 피로도 뇌에서 느끼는 것이다. 피로를 느끼는 것은 마음대로 할 수 있는 근육, 즉 뇌를 운동의 출발점으로 삼는 근육뿐이고, 심장처럼 자신의 의지와 상관없이 움직이는 근육은 피로를 느끼지 못한다. 그러므로 근육을 너무 많이 쓰면서 정신적 긴장을 하거나, 두 가지를 잇달아 무리하게 행하기만 해도 뇌에 손상을 받는다. 산책을 시작할 때나 짧은 거리를 걸을 때 정신 활동이 고양되는 기분을 느끼는 경우까지 부인하자는 것은 아니다. 이 경우는 앞서 말한 뇌의 피로가 아직 나타나지 않았기 때문이다. 다른 한편으로 그런 가벼운 근육 활동과 그로 인해 증가된 호흡으로 산화가 더 잘된 동맥의 피가 뇌로 올라가는 것이 촉진되기 때문이다. 그러나 특히 뇌는 성찰에 필요한 만큼의 충분한 수면이 필요하다. 인간에게 수면이란 시계의 태엽을 감아 주는 것과 같은 작용을 하기 때문이다(『의지와 표상으로서의 세계』 II).[81] 그런데 뇌가 발달해 있고 활동적일수록 잠을 많이 자야 한다. 그렇지만 필요한 정도를 넘는 수면은 자는 시간만 늘릴 뿐 깊이 잔 것이 아니므로 시간 낭비에 불과할지도 모른다(『의지와 표상으로서의 세계』 II).

우리의 사유는 다름 아닌 뇌의 유기적 기능이므로, 긴장과 휴식이라는 면에서는 다른 모든 유기적 활동과 유사한 관계임을 알아야 한다. 지나치게 긴장하면 눈을 해치듯이 뇌도 손상한다. 위가 소화를 시키듯 뇌가 사유한다는

---

80 위산과 섞여 암죽 상태가 된 음식물
81 • 수면은 죽음의 일부다. 우리는 **죽음**의 일부를 미리 빌리는 대신 하루 동안 소진한 생명을 얻고 새롭게 한다. '수면은 죽음의 일부를 빌린 것이다.' 수면은 생명을 유지하기 위해 죽음으로부터 빌린 것이다. 또는 죽음 자체가 원금 청산이라면 수면은 죽음에 치르는 **일시적인** 이자다. 이자를 꼬박꼬박 많이 치를수록 그만큼 원금을 늦게 갚아도 된다.

것은 맞는 말이다. 뇌 속에 깃들어 있어서 세상의 어떤 것도 필요로 하지 않는 영혼이란 비물질적이고 단순하며, 언제나 사고에만 종사해 지칠 줄 모른다는 잘못된 생각이 있다. 그런 생각 때문에 많은 사람이 자신의 정신력을 어리석게 소모해 무디게 한 것이 분명하다. 그래서 예컨대 프리드리히 대왕은 언젠가 전혀 잠을 자지 않으려고 시도한 적이 있었다. 철학 교수는 교리 문답서를 충실히 따르는 엉터리 철학으로 그러한 잘못되고, 심지어 해로운 생각을 조장하려 하지 말아야 한다. 우리는 정신력을 어디까지나 생리적 기능으로 보아 아끼고 소모하는 데에, 또한 모든 신체적 질환, 고통, 부조화는 어느 부분에서 발생하더라도 정신에 영향을 준다고 생각하는 데에 익숙해져야 한다. 그런 습관을 기르는 데 가장 큰 도움이 되는 것은 **카바니스**Pierre Jean Georges Cabanis(1757~1808)[82]의 저서 『인간의 신체와 도덕성의 관계』다.

위대한 정신의 소유자나 위대한 학자 중에 여기서 말한 충고를 소홀히 여겨 노년에 유치해지고 정신박약이 되고 심지어 정신 이상이 된 사람이 더러 있었다. 예컨대 **월터 스콧, 워즈워스, 사우디** 등과 같은 저명한 영국 시인들이 노년에, 아니 60대에 벌써 정신적으로 우둔해지고 무능력해졌으며, 심지어 가벼운 정신박약까지 되었다. 그렇게 된 이유는 의심할 여지없이 그들 모두가 고액 사례금에 유혹되어 직업적 저술 행위를 했다는 사실, 즉 돈 때문에 글을 썼다는 사실로 설명할 수 있다. 그러다 보면 순리에 어긋나게 무리한다. 자신의 시혼詩魂에 멍에를 씌우고 자신의 시재詩才에 채찍을 가하는 자는 애욕에 몸을 바친 자와 유사한 방식으로 속죄하게 될 것이다. 나는 **칸트**도 유명해진 뒤 만년에 너무 과로하는 바람에 생애의 마지막 4년 동안 제2의 유년기로 돌아가지 않았나 생각한다. 반면에 괴테, 빌란트, 크네벨처럼 바이마르 궁정에서 살았던 인물들이 고령이나 초고령에 이르기까지 정신력을 유지하고 정신이 활발했던 까닭은 볼테르처럼 돈을 받고 글을 쓰지 않기 때문이다.

일 년 열두 달은 날씨와 무관하게 우리의 건강, 즉 신체 상태뿐 아니라 정신

---

82 프랑스의 철학자이자 생리학자. 카바니스는 이 저서에서 인간의 심리적·정신적·도덕적 측면을 포함하는 모든 실체를 기계적 유물론으로 설명하고 있다. 그는 생명이란 단지 신체적인 힘들의 조직화된 형태에 불과하며, 간에서 담즙이 분비되는 것처럼 뇌에서 나오는 분비물이 생각이라고 여겼다. 의식이 기계적 과정의 결과에 불과하므로 영혼이란 불필요한 것이며, 지능의 원천인 감각은 신경계의 속성이었다. 말년에 자아가 비물질적이며 영원불멸이라는 견해를 가지게 되었지만, 이러한 견해가 초기 이론과 양립할 수 없다고 보지는 않았다.

상태에도 실제적이고 직접적인 영향을 미친다.

3. 타인에 대한 우리의 태도

21) 세상에서 살아가려면 행동에 조심하고 아량을 베푸는 것이 필요하다. 조심하면 손해와 손실을 막을 수 있고, 아량을 베풀면 다툼과 싸움을 피할 수 있다.

　사람들 사이에서 살아가야 하는 자는 일단 자연에 의해 정해지고 주어진 것이라면 어떠한 개성도, 그것이 아무리 형편없고 보잘것없거나 가소로운 것이라 해도 배격해서는 안 된다. 오히려 그 개성을 영원하고 형이상학적인 원칙의 결과로 현재의 모습 그대로 존재할 수밖에 없는 불변의 것으로 간주해야 한다. 개성이 고약한 경우에는 "그런 괴상한 녀석도 있어야겠지요"(괴테의 『파우스트』 제1부 3483행에 나오는 파우스트의 말)라고 생각하면 된다. 그렇게 하지 않으면 부당한 일을 하는 것이며, 상대방에게 도전해 생사를 건 싸움을 거는 셈이다. 왜냐하면 상대의 본래적인 개성, 즉 그의 도덕적 성격, 그의 인식 능력, 기질이나 인상 등은 아무도 바꿀 수 없기 때문이다. 그런데 우리가 그 사람의 본질을 완전히 부정한다면 그는 우리를 철천지원수로 생각하고 싸울 수밖에 없을 것이다. 우리가 불변인 그의 존재를 변화시키라는 조건 하에서만 그의 생존권을 인정하려는 셈이기 때문이다. 그러므로 사람들 사이에서 살아가기 위해서는 누구나 그것이 어떤 모습을 하고 있든 간에 타고난 개성을 견디며 인정해야 하고, 그것의 종류와 특성에 따라 이용할 생각만 하면 된다. 하지만 개성이 변하기를 바라거나, 있는 그대로의 개성을 무조건 부정해서는 안 된다.[83] 이것이 바로 '나도 살고, 상대도 살린다'라는 말의 참된 의미다. 그러나 이 과제는 실행하기가 쉽지 않다. 여러 가지 개성을 지닌 사람들을 언제까지나 피할 수 있는 자는 행복하다고 할 수 있다. 그리고 사람에 대한 인내심을 배우려면 무생물을 상대로 자신의 인내심을 기르는 것이

---

83 ・많은 경우에 '나는 그 사람을 변화시키려는 게 아니라 그를 이용하려고 한다'라고 생각하는 것이 가장 현명하다.

좋다. 무생물은 여하저·물리적 픽여섯에 의해 우리의 행위에 완강하게 저항한다. 그러한 기회는 날마다 있을 것이다. 그렇게 해서 얻은 인내심을 나중에 사람에게 전용하는 법을 배우면 된다. 즉 우리를 방해하는 자들도 무생물이 그런 작용을 하듯이 그들의 천성에서 우러나오는 엄격한 필연성에 의해 그럴 수밖에 없다고 생각하는 습관을 기르는 것이다. 그러니 그들의 행위에 화를 내는 것은 우리의 길 앞으로 굴러온 돌멩이를 보고 화를 내는 것과 마찬가지로 어리석은 짓이다.

22) 사람들과 대화를 나눌 때 서로의 정신과 마음의 동질성이나 이질성이 너무나 쉽게 드러나는 것을 보면 참으로 놀랍다. 아무리 사소한 일에서도 동질성과 이질성을 느낄 수 있다. 서로 전혀 관계없고 아무래도 상관없는 내용에 관한 이야기를 나눌지라도 본질적으로 이질적인 사람들 사이에는 한쪽에서 하는 거의 모든 말이 다소 상대방의 마음에 들지 않고, 그중에는 상대방을 화나게 하는 말도 적지 않을 것이다. 이에 반해 동질적인 사람들끼리는 무슨 말이든 즉각 일치감을 느낄 것이고, 이때 동질감이 크면 곧장 완벽한 화음으로, 즉 같은 음으로 융합할 것이다.

이런 사실을 통해 첫째로, 왜 매우 평범한 사람들이 모두 그토록 사교적이고, 어디를 가나 쉽게 좋은 교제 상대를 발견하는가 하는 점이 설명될 수 있다. 더구나 제법 괜찮고 사랑스러우며 착실한 사람들을 말이다. 비범한 사람의 경우에는 이와 반대의 결과가 된다. 탁월한 사람일수록 그런 사실이 더욱 두드러진다. 그래서 어떤 다른 사람에게서 아무리 작을 것일지라도 자신과 동질적인 요소를 찾아낼 수만 있다면 고립 생활을 하더라도 때로 큰 기쁨을 얻을 수 있을 것이다! 누구나 상대가 자기를 생각하는 것만큼만 상대를 생각하기 때문이다. 원래 위대한 정신의 소유자들은 독수리처럼 높은 곳에 홀로 둥지를 트는 법이다. 그런데 둘째로, 그런 사실에서 뜻이 같은 사람들이 마치 자력에 이끌리듯 금방 서로 모여드는 것이 이해된다. 비슷한 사람들끼리는 멀리서도 서로를 알아본다. 물론 생각이 저열한 사람들이나 재능이 떨어지는 사람들한테서 이런 경우를 가장 많이 볼 수 있다. 그 이유는 그런 사람은 세상에 널린 반면, 우수하고 뛰어난 사람은 드물기 때문이다. 따라서 예컨대 실제적 목적을 지향하는 어떤 큰 단체에 두 명의 못된 악당이 있을 경우 그들은 어떤 표식이라도 달고 있는 듯 금방 서로를 알아보고, 못된 짓이나 배신하기 위해 곧장 의기투합할 것이다. 이와 마찬가지로 물론 있을 수 없는 일이긴 하겠지만, 두 사람의 멍청이를 제외하고는 모두 분별 있고 재기 있는 사람으로 이루어진 큰 사회가 있다고 치자. 이들은 공감하고 서로에게 끌리는 것을 느끼면서 곧장 두 사람 모두 적어도 마음이 통하는 한 사람을 만났다며 내심 기뻐할 것이다. 특히 지적으로나 도덕적으로 떨어지는 두 사람이 첫눈에 서로를 알아보고 서로에게 다가가려고 열심히 노력해서, 마치 오랜 친구처럼 반갑게 인사하고 급작스레 친해지는 것을 보면 참으로 알다가도 모를 일이다. 불교의 윤회설에 따라 그들이 이미 전생에서부터 친구가 아니었을까 생각될 정도다. 그렇지만 일치하는 점이 많더라도 사람들 사이가 벌어지고, 일시적인 불협화음이 생기기도 하는 이유는 현재의 기분이 서로 다르기 때문이다. 현재의 기분은 현재의 상황, 하는 일, 환경, 신체 상태, 그때그때의 사고 과정 등에 따라 거의 언제나 다르다. 그러기에 조화가 잘되는 인물들 사이에서도 불협화음이 발생하는 법이다.

이러한 장애를 제거하는 데 필요한 교정을 언제나 할 수 있고, 공정한 조율을 하려면 최고 높은 수준의 교양이 필요하다. 사교 모임에서 기분의 일치는 대단히 중요한 역할을 한다. 그런 사실은 비록 회원이 많은 사교 모임이라도 어떤 객관적인 것, 다시 말해 위험이나 희망이든, 어떤 소식이나 보기 드문 광경이든, 연극이나 음악이든, 또는 그 밖의 무엇이든 동시에 같은 방식으로 작용하기만 하면 사람들이 유쾌한 분위기에서 서로 활발하게 이야기를 나누고 솔직한 관심을 보이도록 자극받는 데서 짐작할 수 있다. 이러한 것들은 모든 개인적인 이해관계를 압도해 모두의 기분이 일치하도록 해주기 때문이다. 그러한 객관적인 수단으로 부족한 경우에는 대체로 주관적인 수단이 이용된다. 따라서 모인 사람들의 기분이 같아지도록 흔히 사용되는 수단이 술이다. 뿐만 아니라 차와 커피도 이러한 목적에 이용된다.

앞서 말했듯이 현재의 기분이 다르면 공동체에 불협화음이 생길 수 있다. 기억이란 순간적인 기분의 차이나, 비록 일시적이긴 하나 방해가 되는 온갖 유사한 영향에 좌우되지 않는 것이므로, 이런 기억 속에서 모두가 이상화되고, 때로는 거의 변용되어 나타나는 것은 부분적으로 그런 불협화음을 생각해 볼 때 설명될 수 있다. 기억은 사진기 암상자 속의 집광 렌즈와 같은 작용을 한다. 기억은 모든 것을 한데 끌어 모아 실제보다 훨씬 아름다운 상을 만들어 낸다. 그렇게 보이는 이점을 얻는 까닭은 부분적으로는 그 일이 현재 존재하지 않기 때문이다. 기억의 이상화 작업이 완성되기까지는 오랜 시일이 필요하나 그 작업은 즉시 시작된다. 그러므로 지인이나 좋은 친구는 대체로 오래간만에 만나는 것이 현명하다고 할 수 있다. 그렇게 하면 다시 만났을 때 기억이 이상화 작업을 벌써 진행했음을 알게 될 것이다.

23) 아무도 **자신을 넘어서** 볼 수 없다. 이 말은 누구나 타인을 볼 때 그가 자신의 모습이기도 한 만큼만 파악할 수 있다는 의미다. 누구나 자신의 지성에 따라서만 타인을 파악하고 이해할 수밖에 없기 때문이다. 그런데 이 지성이 매우 저급한 종류의 것이라면 어떤 정신적 재능도, 비록 아무리 위대한 재능일지라도 그에게 영향을 미치지 못할 것이다. 그런 자는 위대한 재능의 소유자에게서 그 사람의 가장 저열한 것, 즉 그가 지닌 모든 약점, 기질과 성격의 결함밖에 감지하지 못해 그 사람을 그런 결점과 약점을 지닌 인물로 생각할 것이다. 장님에게는 색이 존재하지 않는 것처럼 자신에게는 그 사람이 지닌 좀 더 높은 정신적 능력이 존재하지 않을 것이다. 무릇 정신이란 그것을 갖지 않은 사람에게는 보이지 않는 법이다. 모든 가치 평가는 평가자의 인식 범위로 평가받는 자의 가치를 따져서 생겨난 산물이다. 이런 까닭에 누군가와 대화를 나눌 때, 상대방 이상으로 가지고 있는 것은 모두 사라져 버리고, 심지어 상대방과 대화를 나누기 위해 어쩔 수 없이 자기 부정을 해도 상대방은 그런 사실을 전혀 알아채지 못하고, 그 사람을 자신과 같은 수준으로 본다. 그런데 사람들 대부분이 전적으로 **천박해** 그들과 대화를 나누려면 그 시간 동안(전기 배분과 같은 식으로) 스스로 **천박해**져야만 가능하다는 것을 깨닫는다. 그렇게 되면 '스스로를 천박하게 만든다'라는 표현의 참된 의미와 그것의 적절함을 근본적으로 이해하겠지만, 본성의 천박한 부분을 매개로 해서만 소통이 가능한 모든 사교 모임을 어떻게든 피하려고 할 것이다. 또한 어리석은 자, 바보에 대해 자신의 분별력을 보여 줄 방법은 **한 가지**밖에 없다는 사실도 깨달을 것이다. 그 방법이란 그들과 말을 하지 않는 것이다. 하지만 물론 그렇게 되면 사교 모임에서 때때로, 마치 무도회에서 순전히 절름발이만 만나는 춤꾼과 같은 기분이 드는 사람도 제법 있을 것이다. 그렇게 되면 그는 누구와 춤

취야 한단 말인가?

24) 무언가를 기다리고 있을 때, 그러므로 아무 할 일이 없어서 그냥 앉아 있을 때, 지팡이나 나이프, 포크 등 수중에 있는 물건으로 박자에 맞춰 두드리거나 달그락거리지 않는 그 사람이야말로 백 명 중 한 명 있을까 말까 한 존경할 만한 사람이라 하겠다. 그런 사람은 필경 무슨 생각을 하고 있을 것이다. 반면에 많은 사람의 경우에는 시각이 사고 작용을 완전히 대신한다. 그들은 달그락거려 자신의 존재를 의식하려고 한다. 바로 그러한 목적에 이용되는 담배가 수중에 없을 경우에 그러하다. 그와 같은 이유 때문에 그들은 또한 주변에서 일어나는 모든 일에 끊임없이 눈과 귀가 된다.

25) "누군가를 존경하는 동시에 매우 사랑하기는 어렵다"라고 한 **라 로슈푸코**의 말은 적절한 지적이다. 그에 따라서 우리는 다른 사람의 사랑을 얻으려고 할 것인가, 존경을 얻으려고 할 것인가 중에서 하나를 택해야 할 것이다. 사랑에는 극히 다양한 방식이 있지만, 사랑은 언제나 이기적이다. 게다가 우리가 사랑을 얻는 방법이 언제나 떳떳한 것은 아니다. 주로 다른 사람의 정신과 마음에 높은 요구를 하지 않을수록 사랑받을 것이다. 왜곡되지 않은 진지한 마음으로 해야지 경멸에 뿌리를 두고 있는 관대한 마음으로 해서는 안 될 것이다. 그런데 이 경우에 **엘베시우스**의 "우리의 마음에 들기에 필요한 정신의 정도는 우리 자신이 소유하고 있는 정신의 정도를 측정하는 데 매우 정확한 척도다"(『정신에 관하여』 제2부, 제10장)라는 진실한 말을 떠올린다면 이러한 전제에서 결론을 내릴 수 있을 것이다. 이와 달리 인간의 존경은 사랑과 반대되는 사정에 있다. 존경은 사람들의 의지에 반해 강요되는 것에 불과하며, 그 때문에 대체로 은폐되어 있다. 그래서 우리는 다른 사람에게서 존경받으면 마음속으로 훨씬 만족스럽다. 존경은 우리 자신의 가치와 연관되어 있다. 이것이 인간의 사랑에 그대로 적용되지는 않는다. 왜냐하면 사랑은 주관적이고 존경은 객관적이기 때문이다. 둘 중에서 사랑이 우리에게 유익한 것은 말할 필요도 없다.

26) 인간들 대부분은 극히 주관적이므로 오로지 자신에게만 흥미를 느낄

뿐 그 밖의 것에는 아무런 흥미도 느끼지 못한다. 그 때문에 남이 무슨 말을 하건 즉시 자신부터 생각한다. 어쩌다가 자신의 개인적인 일과 조금이라도 관계가 있다 싶으면 그것에 완전히 주의를 빼앗겨, 이야기의 객관적인 주제를 파악하는 능력을 잃어버린다. 또한 어떤 논거라도 흥미와 허영이 그것에 반대하면 인정하지 않는다. 따라서 그들은 너무나 쉽게 정신이 멍해지거나, 너무나 쉽게 마음의 상처를 받아 모욕을 느끼거나 감정이 상하므로, 어떤 화제든 객관적으로 말하더라도 이야기하는 내용이 눈앞에 있는 상대방의 소중하고 여린 자아에 혹시 불리한 작용을 하지 않을지 매우 세심한 주의를 기울일 필요가 있다. 그들에게는 오로지 자아만 소중하지 그 밖의 것은 소중하지 않기 때문이다. 그들은 타인의 이야기가 참되거나 적절한 것인지, 또는 아름답고 우아하며 재기 있는 것인지에 대해서는 아무런 생각도 감각도 없는 반면, 아무리 조금이라도 아무리 간접적인 방식으로라도 그들의 보잘것없는 허영심에 상처를 줄 만한 일이나, 자아에 조금이라도 불리한 작용을 할 것 같은 일에 대해서는 그지없이 민감한 반응을 보인다. 그러므로 상처받기 쉬운 그들의 모습은 어쩌다 잘못해 발이라도 밟으면 낑낑거리며 울어 대는 강아지와 비슷하다. 또는 상처나 혹으로 뒤덮여 있어서 그 부위를 건드리지 않도록 극도로 조심해야 하는 환자에 비유할 수 있을 것이다. 그런데 정도가 좀 심한 경우 대화 중에 상대가 정신과 분별력을 드러내거나 충분히 은폐하지 못하면, 당장 모욕감을 드러내지는 않더라도 곧바로 모욕을 느끼는 사람들도 더러 있다. 그런 경우 경험이 미숙한 자는 나중에 자신이 도대체 왜 그 사람의 원성과 미움을 샀는지 이리저리 곰곰히 생각해 보지만 그 이유를 알지 못한다. 그와 같은 주관성 덕분에 그들은 비위를 맞추기도 마음을 얻기도 쉽다. 그들의 판단은 쉽게 매수되며, 그것은 그들의 편이나 계급에 유리한 발언이지 객관적이고 공정한 발언이 아니다. 그 이유는 그들의 의지가 인식을 훨씬 압도해서, 미약한 지성이 한순간도 의지에서 벗어나지 못할 정도로 의지에 완전히 봉사하고 있기 때문이다.

모든 것을 자신과 관련짓고, 어떤 사상도 곧바로 자신과 관련해 생각하는 가없은 인간의 **주관성**을 명확히 입증해 주는 것은 거대한 천체의 운행을 보잘 것없는 자아와 관련시키고, 하늘의 혜성도 지상의 분쟁이나 하찮은 일과 연결하는 **점성술**이다. 그런데 이러한 일은 어느 시대에나, 심지어 아주 먼 옛날에도 이미 행해졌다(스토바이오스, 『윤리학 선집』 제1권 22장 9절).

27) 사람들 사이나 사회에서 불합리한 일이 이야기되거나, 문학 작품에서 그런 것이 쓰이고 잘 수용되어 반박되지 않는다고 절망하고 그것으로 끝났다고 생각해서는 안 된다. 그런 문제는 나중에 점차 재검토되고 조명되고 숙고되고 고려되고 논의되어 결국 올바른 판단이 내려질 것이다. 그러므로 그 문제의 어려움을 해결할 만큼의 적당한 시일이 지나면 명민한 두뇌의 소유자가 즉각 파악한 것을 거의 모든 사람이 이해할 것으로 생각하고 스스로 위로해야 한다. 물론 그동안은 참고 견뎌야 한다. 우롱당한 사람들 중 올바른 식견을 가진 사람은 도시의 시계탑이 모두 잘못된 시각을 가리키고 있는데 혼자 시간이 맞는 시계를 가진 것과 같기 때문이다. 그 사람만이 올바른 시각을 알고 있다. 하지만 그게 무슨 소용 있단 말인가? 모든 세상 사람뿐 아니라 자신의 시계만이 올바른 시각을 가리키고 있음을 알고 있는 사람조차 잘못된 시계에 맞춰 생활하는데 말이다.

28) 인간은 너그럽게 대하면 버릇이 없어진다는 점에서 어린아이와 비슷하다. 그 때문에 타인을 너무 관대하거나 다정하게 대해서는 안 된다. 대체로 돈을 꿔달라는 부탁을 거절한다고 해서 친구를 잃어버리지는 않지만, 돈을 꿔주면 금방 친구를 잃어버리는 것과 같은 이치다. 이와 마찬가지로 거만하게 다소 소홀히 하는 태도를 취한다고 해서 쉽게 친구를 잃어버리지는 않는다. 그러나 너무 친절하고 싹싹하게 대하면 상대가 오만하고 참을 수 없는 태도를 취해 의 상하는 경우가 종종 생긴다. 사람들은 특히 자신이야말로 상대에게 꼭 필요하다는 생각을 곧잘 한다. 그런 생각을 하면 오만해지고 주제넘는 행동을 하게 된다. 어느 정도 자신이 그들과 교제한다는 사실로, 가령 때로는 친밀한 방식으로 대화를 나눈다는 사실로 그런 생각을 하는 경우도 더러 있다. 그렇게 되면 그들이 또한 자신을 감수할 수밖에 없을 것으로 생각해 예의의 한계를 넓히려 할 것이다. 그런 이유로 좀 더 친밀한 교제를 하기에 적합한 사람은 얼마 되지 않는다. 그러므로 저급한 본성으로 자신을 천박하게 만들지 않도록 조심해야 한다. 그리고 어떤 사람이 자신이 나를 필요로 하는 것 이상으로 내가 자신을 필요로 한다고 생각하면 즉시 무언가 도둑맞은 것 같

은 기분을 느껴 도둑맞은 것을 되찾으려고 할 것이다. 교제에서 **우월함**은 어떤 식으로든 상대방이 필요하지 않다는 것과 그런 사실을 드러내 보이는 것에서만 생겨난다. 그 때문에 남자든 여자든 관계없이 상대 없이도 잘 지낼 수 있다는 사실을 때때로 느끼게 해 주는 것이 현명하다. 그러면 우정이 돈독해진다. 그뿐만 아니라 사람들 대부분에게는 가끔 약간 무시하는 듯한 태도를 취해도 아무 지장이 생기지 않는다. 오히려 그럴수록 그들은 우리의 우정을 더욱 중시한다. "존경하지 않는 자는 존경받는다"라는 적절한 이탈리아 속담이 있다. 하지만 어떤 사람이 우리에게 실제로 매우 소중한 경우 마치 범죄라도 되는 듯 그런 사실을 그에게 숨겨야 한다. 이것이 썩 유쾌한 사실은 아니지만 그래도 진실이다. 개도 너무 다정하게 대하면 가만히 있지 못하는데 하물며 인간은 말해 무엇 하겠는가.

29) 보다 고상하고 재능이 뛰어난 사람일수록 너무나 자주 젊은 시절에 세상인심에 대한 지식과 처세술의 부족을 현저히 드러내기 때문에, 기만당하거나 속아 넘어가기 쉽다. 반면에 본성이 저급한 사람은 훨씬 빨리 세상에 순응할 줄 안다. 그 이유는 경험이 부족하면 선천적으로 판단해야 하는데, 어떠한 경험도 선천적인 판단에 대적할 수 없기 때문이다. 다시 말해 평범한 사람에게는 자신의 자아가 이러한 선천적 판단을 넘겨주지만, 고상하고 탁월한 사람에게는 넘겨주지 않는다. 본래 고상하고 탁월한 사람은 다른 사람들과 확연히 다르기 때문이다. 그 때문에 고상하고 탁월한 사람이 자신의 기준에 따라 남의 사고와 행동을 평가하면 계산이 맞지 않는 것이다.

그런데 그런 사람도 타인의 교훈이나 자신의 경험을 통해 인간들에게서 전체적으로 무엇을 기대할 수 있는지 배운다. 다시 말해 인간의 6분의 5는 도덕적으로나 지적인 면에서 볼 때 사정상 어쩔 수 없이 관계를 맺어야 하는 자가 아니라면, 즉 그들과 굳이 접촉하지 않아도 된다면 애당초 피하는 것이 낫다는 사실이다. 그럼에도 그런 자는 사람들의 하찮음과 가련함에 대해 일찍이 거의 **충분한** 개념에 도달하지 못하고, 살아있는 한 이러한 개념을 끊임없이 확대해서 완전하게 보충해야 한다. 하지만 그러는 동안에도 몇 번이고 잘못 계산해 손해를 입는 것이다. 그리고 나서 이렇게 얻은 교훈을 실제로 명심하고 다시 모르는 사람들의 무리에 들어갔을 때, 말이나 표정을 보고 그들 모두가 매우 이성적이고, 솔직하고, 건실하고, 덕성이 있으면서도 영리하고 재기 있게 보여 의아하게 생각되는 경우가 가끔 생길 것이다. 그렇지만 이런 사실에 현혹되어서는 안 된다. 자연은 서투른 글쟁이와 다르기 때문이다. 서투른 글쟁이는 악당이나 바보를 묘사할 때 마치 그런 모든 인물의 배후에 작가가 있는 것이 보이도록 어설프게 의도적으로 작업에 임한다. 작가는 이들의 신조나 말을 끊임없이 부인하며 "이 사람은 악한이고, 바보니까 그가 하는 말에 개의치 마십시오!"라고 경고의 목소리로 외치는 것이다. 반면에 자연은 그 일을 할 때 셰익스피어나 괴테처럼 한다. 그들의 작품에서는 작중 인물이 설사 악마라 하더라도 말하는 동안에는 옳다고 생각된다. 작중 인물이 너무 객관적으로 파악되어 있어서 우리가 그의 이해관계에 이끌려 그 인물에 관심을 가지지 않을 수 없기 때문이다. 그 인물은 마치 자연의 작품과 마찬가지로 내적인 원칙에서 전개된다. 그 원칙에 의해 인물의 말과 행동이 자연스럽게, 때로는 필연적인 것으로 나타난다. 그러므로 세상에서 악마는 뿔을, 광대는 방울을 달고 돌아다니기를 기대하는 자는 언제나 그들의 먹이가 되거나 그들의 노리개가 될 것이다. 게다가 사람들은 교제를 할 때 달이나 꼽추처럼 언제나 한쪽 면만 보여 준다. 심지어 누구나 얼굴 표정으로 자신의 인상을 가면으로 바꿀 수 있는 선천적 재능이 있다. 그 가면은 자신이 원래 지녀야 할 모습을 정확히 나타낸다. 그 가면은 오로지 그의 개성에 맞추어 만들어졌기 때문에 그에게 딱 맞고 적합해서 그야말로 진짜를 방불케 하는 효과를 낸다. 인간은 사람들의 환심을 살 필요가 있을 때마다 그 가면을 착용한다. "아무리 사나운 개라도 사람에게 꼬리를 흔드는 법이다"라는 탁월한 이탈리아의 속담을 명심하고 밀랍 먹인 천으로 된 듯 그 가면을 존중해야 한다.

어쨌든 새로 알게 된 어떤 사람을 너무 호의적으로 대하지 않도록 주의해야 한다. 그렇지 않으면 대부분의 경우 실망해 창피를 당하거나 손해를 보기도 할 것이다. 이 경우에는 "어떤 사람이 하는 사소한 일을 보면 그 사람의 성격을 알 수 있다"(『서간집』 제52권 12통)라는 세네카의 말을 고려해 볼 만하다. 정신을 집중시킬 필요가 없는 사소한 일에서 그 사람의 성격이 드러나는 법이다. 사소한 행동이나 단순한 태도에서 타인을 조금도 배려하지 않는 극심한 이기주의를 종종 관찰할 수 있다. 나중에 큰 문제에 부딪혔을 때는 그러한 이기주의가 비록 가면을 쓰고 있더라도 본모습을 드러내고 만다. 그러므로 그런 기회를 놓치지 않도록 해야 한다. 어떤 사람이 사소한 일상적인 사건이나 상황에서, "법은 사소한 일에는 개입하지 않는다"라는 원칙이 적용될 만한 일에서, 방약무인하게 행동하고, 타인에게 손해를 끼치면서까지 자신의 이익이나 편의만 추구하며, 모든 사람을 위해 존재하는 것을 자신의 소유로 한다면, 그 사람의 마음속에 정의감이 없는 것이 분명하다. 법률과 권력으로 그 사람의 손을 묶지 않으면 큰 문제가 닥쳤을 때 비열한 짓을 저지를 것이다. 그런 사람을 함부로 믿어서는 안 된다. 클럽의 규정을 뻔뻔스럽게 어기는 자는 자신에게 위험하지 않은 한 나라의 법도 어길 것이다.[84]

용서하고 잊어버리는 행위는 자신이 한 값진 경험을 창밖으로 내던지는 격이다. 그런데 우리가 관계하거나 교제하는 어떤 사람이 언짢은 태도나 화난 모습을 보인다면 우리는 이와 같은 일을, 아니 이보다 더 심한 일을 또다시 몇 번이고 감수해야 할 만큼 그가 가치 있는 사람인지 아닌지 스스로에게 물어보기만 하면 된다. 그가 그만큼 소중한 사람이라면 뭐라고 말해 봤자 소용없을 테니 그것에 대해 이러쿵저러쿵 말할 필요가 없다. 그러므로 우리는 경고를 하든가 그냥 넘기든가 해서 그 문제를 그대로 내버려 두는 수밖에 없다. 하지만 그러면 또다시 그렇게 하라고 요청하는 것과 다르지 않음을 알아야 한다. 반면에 그럴 만큼 소중한 사람이 아닐 경우에는 그 자리에서 그 친구와 영원히 절교하거나 그가 하인이라면 내쫓아야 한다. 왜냐하면 그가 지금은 그러지 않겠다고 힘주어 맹세하겠지만, 유사시에는 반드시 똑같은 행동, 아니면 거의 비슷한 행동을 다시 할 것이기 때문이다.

인간은 뭐든지 다 잊을 수 있지만 자기 자신만은, 자신의 본질만은 망각할 수 없는 법이다. 인간의 모든 행동은 어떤 내적인 원칙에서 나오는 것이므로 성격이란 절대로 교정할 수 없다. 그런 원칙에 의해 인간은 같은 상황이 되면 언제나 같은 행동을 할 수밖에 없다. 여러분은 소위 「의지의 자유에 관한 나의 현상 논문」을 읽고 미망에서 깨어나길 바란다. 그 때문에 절교한 친구와 다시 화해하면 대가를 치러야 한다. 그 친구는 기회가 생길 때마다 절교의 원인이 되었던 바로 그 행동을 더욱 뻔뻔스럽게, 자신이 상대에게 없어서는 안

---

84 •대부분의 경우에 그렇듯이 사람들 마음속에 선이 악을 압도하고 있다면, 그들의 두려움을 신뢰하는 것보다 정의, 공정, 감사하는 마음, 신의, 사랑이나 동정을 신뢰하는 것이 상책일 것이다. 그러나 실상은 그 반대이니 반대의 것을 신뢰하는 게 상책일지도 모른다.

될 사람임을 몰래 의식하면서 다시 되풀이할 것이다. 해고했던 하인을 다시 고용할 때도 마찬가지 상황이 발생한다. 이와 마찬가지로 우리는 어떤 사람이 상황이 변했는데도 예전과 같은 행동을 하리라 기대해서는 안 된다. 오히려 인간은 자신의 이해 관계가 바뀌면 신속하게 신조와 태도를 바꾼다. 인간의 의도적 행위는 단기 어음을 끊으므로 우리 자신도 단기적 시각을 가져야 어음 인수를 거절하지 않게 될 것이다.

따라서 우리가 어떤 사람을 어떤 상황으로 옮길 생각을 하는 경우 그가 어떤 행동을 할 것인지 알고 싶다면 이 문제에 관해 그의 약속이나 맹세를 믿어서는 안 된다. 비록 그가 솔직하게 말하는 경우라도 자신이 알지 못하는 문제에 대해 말하는 셈이기 때문이다. 그러므로 우리는 그가 처할 상황을 고려하고, 그 상황과 그의 성격이 일으킬 갈등을 감안해서만 그의 행동을 예측해야 한다.

대부분의 경우에 그렇듯이 일반적으로 인간의 진정하고 매우 슬픈 속성에 관해 무척 필요하고 분명하며 철저한 이해를 하기 위해서는 문학 작품에 나타난 인간의 행동거지를 실생활에서 나타나는 행동거지의 주석으로 이용하고, 이와 반대로 후자를 전자의 주석으로 이용하는 것이 매우 유익할 것이다. 이렇게 하면 자신은 물론 타인을 제대로 이해하는 데 큰 도움이 된다. 이럴 경우에는 실생활이나 문학 작품에서 특별한 **저열함**이나 **우둔함**의 특성과 마주쳤을 때 그것을 불쾌함이나 분노의 소재가 아닌 단지 인식의 소재로 삼아야 하고, 그럼으로써 그 소재를 인류의 성격학에 대한 새로운 기여라고 생각해 마음속에 새겨 두면 좋을 것이다. 그렇게 하면 우리는 광물학자가 자신의 눈에 띈 매우 특색 있는 광물 표본을 관찰할 때와 거의 비슷하게 그 소재를 관찰할 것이다. 물론 예외가 있다. 아니, 터무니없을 정도로 커다란 예외가 있다. 그리고 개성의 차이는 엄청나게 크다. 그러나 전체적으로 볼 때 앞서 말했듯이 세상은 고약한 상태에 있다. 사나운 것들은 서로를 잡아먹고, 순한 것들은 서로를 속인다. 우리는 그것을 세상 돌아가는 이치라 부른다. 대내외적으로 인위적인 기구와 권력 수단을 지닌 국가란 인간의 끝없는 불의에 제한을 가하려는 예방 수단이 아니고 무엇이겠는가? 전체 역사를 살펴볼 때 모든 왕은 지위가 굳건해지고 나라가 약간이라도 번영하면, 이러한 번영을 이용해 도적 떼와 같은 군대를 몰고 이웃나라를 침범하지 않았던가? 거의 모든 전쟁이 실은 약탈 행위가 아니었는가? 부분적으로는 중세에도 그랬던 것처럼 먼 고대에 패자는 승자의 노예가 되어, 즉 엄밀히 말하면 승자를 위해 일해야 했다. 그런데 군세軍稅를 내는 자들도 이와 같은 일을 하는 셈이다. 다시 말해 그들은 전에 일한 소득을 바치는 것이다. "모든 전쟁에서 중요한 것은 오직 도둑질뿐이다"라고 볼테르가 말했는데, 독일인은 그 말을 가슴에 잘 새겨 둘 필요가 있다.

30) 어떠한 성격을 지닌 사람도 자기 자신에게 그냥 맡겨 두고 전적으로 내버려 두어서는 안 된다. 누구든 개념과 원칙에 의한 지도가 필요하다. 그러나 이러한 지도를 지나치게 실시해, 다시 말해 타고난 본성에서 우러나온 것이 아니라 단지 이성적 숙고에 의해 생겨난 전적으로 후천적이고 인위적인 성격을 만들어 내고자 한다면, "본성이란 쇠스랑으로 몰아내도 다시 돌아오고야 만다"(호라티우스, 『서간집』 제1권 10통 24장)라는 말이 확인되는 것을 곧장 알 것이다. 다시 말해 우리는 타인의 행동을 규율하는 규칙을 쉽게 파악해, 즉 규칙 자체를 찾아내 적절히 표현할 수 있다. 그럼에도 실생활에서는 바로 얼마 후에 그 규칙을 위반할 것이다. 그렇더라도 용기를 잃어서는 안 되고, 세속적인 일상생활에서 추상적인 규칙과 원칙에 따라 자신의 행동을 정하기 어렵다고 해서, 그냥 내버려 두는 것이 최상이라고 생각해서는 안 된다. 오히려 그 규칙을 실제 생활을 위한 모든 이론적인 규정이나 지시로 생각해 규칙을 이해하고 그것을 실행하는 법을 익혀야 한다. 규칙을 이해하는 일은 이성에 의해 단번에 가능하지만 실행하는 법을 익히는 일은 연습에 의해 점차 가능해진다.

선생이 제자에게 악기 운지법을 가르치고, 장검으로 막고 찌르는 법을 가르친다고 치자. 그러나 아무리 결의가 대단하다고 해도 금방 뜻대로 되지 않는다고, 악보를 급히 읽고 싸움을 격렬하게 하면서 규칙을 준수하기란 도저히 불가능하다. 그럼에도 비틀거리고 넘어지며 일어나기를 반복하는 연습을 통해 점차 익혀 나간다. 라틴어 쓰기와 말하기의 문법 규칙을 익히는 법도 이와 마찬가지다. 그러므로 무지렁이가 세련된 매너를 갖춘 사람이 되고, 성미 급한 사람이 우아한 사교가가 되고, 개방적인 사람이 폐쇄적인 자가 되고, 고상한 사람이 아이러니한 사람이 되는 것도 이와 마찬가지다. 그렇지만 오랜 습관으로 얻은 그런 자기 훈련은 언제나 외부로부터의 강요에 의해 수행될 것이다. 본성은 그러한 강요에 저항을 결코 멈추지 않으며 때로는 예기치 않게 강요를 돌파하기도 한다. 왜냐하면 추상적 원칙에 따른 모든 행동과 본래적이고 타고난 경향에 따른 행동과의 관계는 인간의 복잡한 기계제품, 가령 시계와 살아 있는 유기체와의 관계와 같다. 시계 제품은 형태와 운동을 서로에게 낯선 재료에 강요한 것인 반면, 인간의 유기체는 형태와 재료가 서로 융합되어 하나가 되어 있다. 그에 따라 후천적 성격과 타고난 성격의 이러한 관계를 보면 나폴레옹 황제가 "자연스럽지 못한 것은 모두 불완전하다"라고 한 말이 확인된다. 이러한 규칙은 육체적이든 정신적이든 상관없이 모든 것에 적용되지만, 내게 떠오르는 단 한 가지 예외는 광물학자가 알고 있는 천연 사금석砂金石이 인공 사금석보다 못하다는 사실이다.

그 때문에 나는 어떤 허세도 부리지 말라고 경고한다. 허세는 언제나 경멸을 불러일으킨다. 첫째, 허세는 기만인데, 기만은 공포 때문에 생기므로 그 자체로서 비겁하다고 할 수 있다. 둘째, 허세는 자신이 아닌 모습으로 꾸미려고 하는 것이므로 자신의 실제 모습보다 더 낫게 돋보이려고 하니 자기 자신이 스스로에게 내리는 유죄 선고다. 어떤 특질을 지닌 듯 허세 부리고, 그것으로 뻐기는 것은 그런 것을 지니고 있지 않다는 자기 고백이나 마찬가지다. 용기든 학식이든, 정신이든 기지든, 여자들 사이의 인기든, 부든 고상한 신분이든, 그 밖의 무엇이든 간에 어떤 사람이 무언가를 가지고 뻐기는 것은 바로 그러한 점에 뭔가 부족한 면이 있음을 실토하는 셈이다. 정말로 어떤 특질을 완벽하게 지닌 사람이라면 그것을 겉으로 드러내며 허세를 부리려 하지 않고 그런 특질을 지닌 사실에 완전히 담담한 태도를 취할 것이다. "못이 빠진 편자는 덜커덩거리는 소리를 낸다"라는 스페인 속담도 그런 의미라고 할 수 있다. 물론 처음에 말한 것처럼 누구든 무조건 자신을 되는대로 놔두고 있는 모습 그대로 드러내 보여서는 안 된다. 우리 본성에 깃든 수많은 사악한 면과 야수적인 면을 은폐할 필요가 있기 때문이다. 하지만 이것은 단지 자신의 좋지 않은 점을 감추는 소극적인 면을 정당화하는 것일 뿐, 허세를 부리는 적극적인 면을 정당화하는 것은 아니다. 또한 어떤 사람이 정말 허세를 부리는 건지 명확히 드러나기 전일지라도 허세를 부리는 것이 눈에 띈다는 것도 알아야 한다. 허세는 오래 지속되지 못하고 언젠가는 가면이 벗겨지게 마련이다. "아무도 오랫동안 가면을 쓰고 있을 수 없다. 아무리 위장해도 본성이 드러나게 마련이다."(세네카, 『관용에 대하여』 제1권 1장)

31) 인간은 자신의 몸무게를 지탱하고 있으면서도 타인의 몸을 움직이려고 할 때와 달리 그것을 느끼지 못한다. 이처럼 인간은 자신의 결점이나 악덕은 깨닫지 못하고 타인의 결점이나 악덕만 알아챈다. 하지만 그 대신 누구에게나 자신이 지닌 온갖 종류의 악덕, 결점, 악습과 역겨운 모습을 분명히 보여 주는 타인이라는 거울이 있다. 하지만 인간은 그럴 때 대체로 거울에 비친 자기 모습이 자신임을 알지 못하고, 다른 개라고 생각해 거울을 보고 짖는 개처럼 행동한다. 남을 책잡는 자는 자신의 개선에 힘쓰는 셈이다. 그러므로 타인의 외적인 태도, 아니 타인의 행동거지에 대해 자기 혼자 내심 면밀하고 **날카로운 비판**을 가하는 성향과 버릇이 있는 자는 결국 자신의 개선과 완성에 힘쓰는 셈이다. 왜냐하면 그들은 자신들이 걸핏하면 엄격히 비난하곤 하는 행위를 스스로 피할 수 있을 정도의 징의감이나 자부심과 허영심도 충분히 가지고 있을 터이기 때문이다. 관대한 사람에 대해서는 이와 반대되는 말을 할 수 있다. 다시 말해 "우리는 이런 자유를 자신에게 허락하고, 남에게도 허용한다"(호라티우스, 『시론詩論』 제2권). 「마태복음」은 남의 눈에 든 티끌과 자신의 눈에 든 들보에 대해 도덕적으로 꽤 멋진 말을 한다.[85] 하지만 눈의 본성은 외부 사물은 잘 보지만 자기 자신은 보지 못하도록 되어 있다. 그 때문에 자신의 결점을 깨닫기 위해서는 남이 가진 결점을 찾아내어 비난하는 것이 매우 적절한 수단이다. 자신의 결점을 개선하기 위해서는 하나의 거울이 필요하다.

문체나 서체에 대해서도 이런 원칙을 적용할 수 있다. 문체나 서체에 나타난 새로운 어리석음을 경탄하는 자는 그것을 비난하는 대신 모방할 것이다. 그 때문에 독일에서는 모든 문체와 서체에 그런 것이 금방 퍼진다. 독일인은 매우 관대하다. 누구나 그런 사실을 느끼고 있다. "우리는 이런 자유를 자신에게 허락하고, 남에게도 허용한다"가 독일인의 표어다.

---

85 「마태복음」 7장 3절, "어찌하여 형제의 눈 속에 있는 티는 보고 네 눈 속에 있는 들보는 깨닫지 못하느냐."

32) 보다 고상한 부류의 인간은 젊었을 때 인간들 사이의 본질적이고 결정적인 상황과 거기에서 발생하는 관계가 **관념적** 관계, 즉 신조, 사고방식, 취미, 정신 능력 등에 기인하는 관계라고 생각한다. 하지만 그는 나중에 그것이 **현실적** 관계, 즉 어떤 물질적인 이해관계에 근거하는 관계임을 깨달을 것이다. 이러한 이해관계가 거의 모든 관계의 토대가 된다. 그뿐만 아니라 인간들 대부분은 다른 관계에 대해서는 아무것도 알지 못한다. 따라서 모든 인간은 그의 직무나 하는 일, 국적이나 가문, 즉 일반적으로 관습에 의해 부여된 지위나 역할로 평가된다. 인간은 이러한 관습에 따라 분류되고 공장 제품처럼 취급받는다. 반면에 인간 자체의 모습, 즉 인간으로서 그의 인격적 특성에 의한 모습은 단지 어쩌다가 예외적으로만 화제에 오를 뿐, 사람들에게 별다른 지장이 없는 한 대체로 누구에게나 경시되고 무시된다. 하지만 이러한 모습을 중히 여길수록 그러한 배열이 마음에 들지 않아, 그러한 영역을 멀리하려고 할 것이다. 그렇지만 이러한 배열은 궁핍과 욕구가 지배하는 이 세상에서 이에 대처하는 수단이야말로 어디를 가든 본질적이고 때로는 압도적이라는 사실에 기인한다.

33) 은화 대신 지폐가 유통되는 것처럼, 세상에는 참된 존경과 참된 우정 대신 외적인 과시와 그러한 존경과 우정을 되도록 자연스럽게 모방한 거동이 널리 행해지고 있다. 하지만 다른 한편으로 정말로 그런 존경과 우정을 받을 만한 인물이 있는지도 의문스럽다. 어쨌든 나는 백 가지 과시나 거동보다 충실한 개가 꼬리를 흔드는 것에 더욱 가치를 부여하고 싶다.

참되고 진정한 우정은 타인의 행복과 불행에 대한 순전히 객관적이고 완전히 무심한 강렬한 관심을 전제로 한다. 그리고 이러한 관심은 또한 친구와 실제로 일심동체가 되는 것을 의미한다. 이것을 방해하는 것은 인간의 본성에 깃든 이기심이다. 참된 우정이란 엄청나게 큰 바다뱀처럼 지어낸 이야기이거나, 어디에 존재하는지 알 수 없는 것과 같은 종류의 것이다. 그렇지만 인간들 사이의 관계란 주로 극히 다양한 종류의 숨겨진 이기적 동기에 기인하는 관계임을 말할 필요도 없지만, 앞서 말한 참되고 진정한 우정이 약간 가미되어 이 불완전한 세상에서 다소 우정이라고 부를 수 있는 관계가 제법 존재한다고도 볼 수 있다. 이러한 관계는 우리의 일상적인 관계보다 높은 차원의 것이다. 친하게 지내는 사람들 대부분이 우리가 없는 데서 우리에 대해 하는 말을 들으면 오히려 그들과 한 마디 대화도 나누고 싶지 않을 것이다.

어떤 친구가 진정한 친구인지 알아보려면, 진지한 도움과 상당한 희생을 요하는 경우 다음으로 최상의 기회는 자신이 방금 당한 불행을 알리는 순간이다. 다시 말해 그럴 때 친구는 마음에서 우러나는 참되고 가식 없는 슬픈 표정을 짓거나, 마음의 평정을 유지하며 얼핏 스치는 표정으로 **라 로슈푸코**의 "가장 친한 친구가 불행을 당하면 우리는 언제나 딱히 싫지만은 않은 어떤 기분을 느끼기도 한다"라는 유명한 말을 확인하게 해주기도 한다. 소위 말하는 평범한 친구들은 그러한 경우 입가에 종종 잔잔하고 흐뭇한 미소가 번지는 것을 거의 참지 못한다. 친구들에게 자신이 최근에 겪은 커다란 불행에 대해 들려주거나 자신의 개인적 약점을 숨김없이 털어놓을 때만큼 그들을 기분 좋게 해 주는 것은 확실히 별로 없을 것이다. 이것이야말로 인간의 본성을 특징적으로 나타내 주는 것 아니겠는가!

인정하기 어려운 말일지도 모르나 친구끼리 멀리 떨어져 있거나 오랫동안 만나지 못하면 우정은 손상을 입는다. 우리가 만나지 못하는 사람은 비록 아무리 친한 친구라 해도 세월이 흐름에 따라 우정이 점차 추상적인 개념으로 메말라, 그들에 대한 우리의 관심은 점점 단순히 이성적인 관심, 즉 관습적인 관심으로 변해 간다. 우리는 비록 사랑하는 동물이라 해도 눈앞에서 보는 대상에게만 진심에서 우러나오는 생생한 관심을 보인다. 그처럼 인간의 본성이란 감각적이다. 괴테의 말도 이런 점에서 옳다고 할 수 있다.

현재야말로 강력한 힘을 지닌 여신이다.

(괴테, 『토르콰토 타소』 제4막 4장)

가족의 친구라는 말은 주인의 친구라기보다 집안의 친구로, 개보다는 고양이와 비슷하다고 할 수 있으므로 대체로 그렇게 불리는 것이 당연하다고 할 수 있다.

친구들은 서로를 솔직하다고 하지만, 솔직한 것은 실은 적이다. 따라서 적의 비난은 입에 쓴 약이므로 자기 인식에 이용하면 좋을 것이다.

곤경에 빠진 친구는 드물다고? 아니, 정반대다! 어떤 사람과 사귀자마자,

그는 벌써 곤경에 빠져 돈을 빌려 달라고 할 것이다.

34) 지력과 분별력을 보여 주면 사교계에서 인기를 얻을 수 있다고 생각하는 자는 참으로 풋내기에 불과하다! 오히려 압도적인 대다수의 사람은 그런 것을 보고 미움과 원한을 품을 뿐이다. 그런 감정을 느끼는 사람이 그 원인이 된 지력과 분별력에 대해 비난할 자격이 없을수록, 그러니까 그런 감정을 혼자 몰래 숨길수록 미움과 원한이 더욱 격렬해진다. 이러한 과정을 좀 더 상세히 말하면 이러하다. 어떤 사람이 자신과 대화를 나누는 상대가 정신적으로 월등하다는 것을 깨닫고 느끼면 그는 은연중에 상대방도 마찬가지로 자신의 열등함과 편협함을 깨닫고 느낄 것이라고 추론한다. 이런 생략 삼단 논법[86]이 그의 격렬한 미움과 원한, 분노를 일으킨다. 그 때문에 **그라시안**Balthasar Gracian(1601~1658)[87](『신탁神託과 처세술』)이 "인기를 얻는 유일한 방법은 동물 중에서 가장 아둔한 동물의 가죽을 뒤집어쓰는 일이다"라고 한 말은 참으로 옳다. 지력이나 분별력을 드러내는 것은 간접적인 방식이기 하지만 다른 모든 사람의 무능력과 우둔함을 비난하는 셈이다. 게다가 천박한 본성을 지닌 사람은 자신과 반대되는 인물을 보면 정신적 혼란에 빠진다. 그러한 혼란을 은밀히 부추기는 원흉은 질투심이다. 우리가 매일 볼 수 있듯이 허영심의 충족이란 사람들에게 무엇과도 비길 수 없는 향유이기 때문이다. 하지만 그러한 향유를 누리려면 자신을 다른 사람들과 비교해야만 가능하다. 인간은 그 어떤 장점보다도 정신적 장점을 자랑스럽게 여긴다. 인간이 동물보다 우월한 이유는 바로 그러한 정신적 장점이 있기 때문이다.[88] 정신적인 면에서 인간에

---

86 •전제를 보충하는 하나의 행이 생략된 삼단논법

87 스페인의 철학자, 작가이자 종교가. 간결하고 미묘한 언어 속에 과장된 재치를 담아내는 사유 양식의 하나인 스페인 기상주의奇想主義, conceptismo의 대표자로 알려져 있다. 초기에는 대개 세속 생활의 윤리를 가르치는 작품을 썼고, 그런 다음에는 깜짝 놀랄 만한 은유를 사용해 끊임없이 독자에게 충격을 주는 기발한 작품을 썼다. 쇼펜하우어는 3부작 철학 소설 『비평쟁이』를 지금까지 쓰인 가장 훌륭한 책 가운데 하나라고 평가했다. 『신탁과 처세술』, 『영웅』, 『신중한 사람』 등의 저서는 삶의 지혜와 양심, 그리고 미덕에 대한 내용을 담고 있다. 그의 사상은 니체와 쇼펜하우어에게 커다란 영향을 끼쳤으며 타락과 위선의 시대에 진정한 삶의 모습이 어떠한 것인지 우리에게 제시하고 있다.

88 •인간은 자기 자신에게 의지를 부여했다고 말할 수 있다. 왜냐하면 인간 자체가 의지이기 때문이다. 하지만 지성은 인간이 하늘로부터 받은 지침금이다. 다시 말해 하늘로부터 받았다는 것은 영원하고 비밀스러운 운명과 그것의 필연성으로부터 받았다는 말이다. 어머니는 이 필연성의 단순한 도구일 뿐이다.

게 결정적인 우월함을 드러내는 것, 그것도 남이 보는 앞에서 드러내는 것은 참으로 대담무쌍한 행위다. 사람들은 그런 일을 당하면 복수를 촉구받은 걸로 느끼고, 대체로 모욕을 줘서 앙갚음하려고 기회를 엿볼 것이다. 그럼으로써 상대는 지성의 영역에서 의지의 영역으로 넘어가는데, 의지의 영역에서는 이러한 복수 기회를 엿본다는 면에서 만인은 평등해진다. 사회에서 신분과 부富로는 언제나 존경을 기대할 수 있을지 모르지만, 정신적 장점으로는 결코 그런 존경을 기대할 수 없다. 정신적 장점은 무시될 때가 그나마 가장 잘됐을 경우다. 하지만 보통은 일종의 뻔뻔스러운 일로 여겨지거나, 그런 장점을 가진 사람이 부당하게 가진 것을 이제 그러한 행위로 감히 자랑하려는 짓으로 여겨진다. 그러므로 모두 몰래 다른 어떤 방식으로 그에게 굴욕을 안겨야겠다고 마음먹고, 그 기회가 오기만 벼른다. 아무리 겸손한 행동을 한다고 해도 정신적 우월함에 대해서는 거의 용서를 받기 어려울 것이다. 사디는 자신의 저서 『굴리스탄』에서 "분별 있는 사람이 무분별한 사람에게 혐오감을 느끼는 것보다 무분별한 사람이 분별 있는 사람에게 느끼는 혐오감이 백배 크다는 사실을 알아야 한다"라고 말했다.

반면에 정신적 **열등함**은 진솔한 추천장과도 같다. 몸에 따뜻함이 주는 의미는 정신에 기분 좋은 우월감이 주는 의미와 같다. 그 때문에 누구든 본능적으로 난로나 양지바른 곳에 다가가려고 하는 것처럼, 자신에게 그러한 기분 좋은 우월감을 약속해 주는 대상에게 다가가려고 한다. 그런데 그러한 대상은 남자의 경우에는 정신적 특질이 현저히 떨어지는 사람이고, 여자의 경우에는 미모가 확연히 떨어지는 사람이다. 남이 자기에게 다가오도록 하려면 많은 사람에게 있는 그대로의 열등함을 증명해 보이는 것이 필요하다. 그런 반면 그런대로 봐줄 만한 소녀가 아주 못생긴 남자를 진심으로 친절하게 받아들이는 것을 보라. 남자의 경우에는 자기보다 큰 사람보다는 자기보다 작은 사람 옆에 있는 것이 더 기분 좋겠지만, 육체적 장점은 그다지 고려 대상이 되지 않는다. 따라서 남자들 사이에서는 멍청하고 무식한 사람이, 여자들 사이에는 못생긴 사람이 일반적으로 호감을 사고 인기가 있다. 그들은 곧장 무척 마음 좋은 사람이라는 평판을 얻는다. 그런 애착을 보이는 것에 대해 누구든 자기 자신이나 타인한테 어떤 구실이 필요하기 때문이다. 바로 그런 이유로 모든 종류의 정신적 우월함은 자신을 남과 고립시킨다. 사람들은 정신적 우월함을 싫어한다. 그에 대한 구실로 그런 사람에게 온갖 종류의 결점을 갖다 붙인다.[89] 여성들 사이에는 아름다움이 바로 그런 작용을 한다. 매우 아름다운 소녀에게는 여자 친구는커녕 같이 어울려 지낼 여자도 생기지 않는다. 그런 소녀는 귀부인의 말상대가 될 생각은 아예 하지 않는 것이 좋다. 왜냐하면 앞에 나타나기만 해도 새 여주인으로 기대한 귀부인의 안색이 흐려지는데, 자신을 위해서나 자기 딸을 위해서도 그런 돋보이는 미인은 전혀 필요하지 않기 때문이다. 반면에 지위의 장점은 이와 반대 관계에 있다. 이러한 장점은 인격적인 장점처럼 대조와 차이에 의해서가 아니라 주변의 색채가 시각에 미치는 작용처럼 반사에 의해 작용하기 때문이다.

35) 우리가 타인을 신뢰할 때 태만, 사욕, 허영심이 가장 큰 영향을 미치는 경우가 허다하다. 우리가 스스로 조사하고 감시하고 행하지 않고 남을 신뢰한다면 태만한 것이다. 우리의 문제를 이야기하고 싶은 욕구에 이끌려 남에게 무언가 털어놓는다면 사욕이 작용한 것이다. 남에게 털어놓는 것이 우리 자신을 자랑하기 위한 목적이라면 허영심이 발동한 것이다.

반면에 우리를 불신한다고 분개하지 않는 것이 좋다. 왜냐하면 그러한 불신은 우리의 솔직함을 칭찬하는 말이고, 그런 솔직함이 대단히 드물어 그것이 실제로 존재하는지 의심스럽다고 정직하게 고백하는 말이기 때문이다.

36) 중국인이 기본 도덕으로 생각하는 **예의**에 대해 『윤리학의 두 가지 근본 문제』에서 하나의 근거를 밝혔지만, 여기서 또 다른 근거를 밝히고자 한다. 예의란 도덕과 지성 면에서 빈약한 서로의 성질을 보고도 못 본 체해, 그것을 들추지 말자는 무언의 합의다. 노출되는 경우가 적어 서로 이익이 된다.

예의는 현명함이고, 따라서 무례는 어리석음이다. 쓸데없이 경솔하게 적을

---

89 • **세상에서 출세하려면** 친구와 동료 관계가 무엇보다 훨씬 중요한 수단이다. 그런데 **뛰어난 능력**이 있는 자는 언제나 자부심이 있으므로, 능력이 떨어지는 사람에게 아첨하는 데 그다지 적합하지 않다. 다시 말해 능력이 떨어지는 사람 앞에서 자기 능력을 숨기고 부인해야 하기 때문이다. 자기 능력이 떨어진다는 것을 의식하는 사람은 이와 반대되는 행동을 한다. 그런 의식은 겸허함, 상냥함, 친절, 열등한 사람에 대한 존경과 잘 화합하므로, 친구와 후원자를 얻게 해 준다. 이상의 말은 관직은 물론이고 명예로운 지위나 직위, 그러니까 학계에서의 명성에도 적용된다. 그래서 예컨대 학술 협회에서 형편없는 자가 언제나 윗자리를 차지하고, 공적이 있는 사람은 뒤늦게 그런 곳에 들어가거나 결코 들어가지 않는다. 어떤 일이나 다 그런 법이다.

만드는 것은 자기 집에 불을 지르는 행위와 마찬가지로 미친 짓이다. 예의란 계산용 모조 화폐처럼 명백한 위조 주화이기 때문이다. 그러한 위조 주화를 아낀다는 것은 무분별의 증거이고, 반면에 그것을 인색하지 않게 나누어 주는 것은 분별이기 때문이다. 프랑스, 영국, 이탈리아에서는 편지 말미에 "당신의 충직한 종"이라고 끝맺지만, 독일인은 '종'이라는 표현을 쓰지 않는데, 그것은 사실이 아니기 때문이라고 한다! 이와 달리 현실적 이해관계를 희생하면서까지 예의를 차리는 것은 계산용 모조 화폐 대신 진짜 금화를 넘겨주는 행위와 같다. 밀랍은 성질이 딱딱하면서도 부서지기 쉽지만 조금만 열을 가하면 부드러워져서 마음대로 어떤 형태든 만들 수 있는 것처럼, 고집 세고 적의를 품은 사람조차 약간이나마 예의와 친절을 베풀면 고분고분하고 호의적인 사람으로 만들 수 있다. 따라서 예의가 인간에게 하는 작용은 열이 밀랍에 하는 작용과 같다.

사람들 대부분은 존경받을 만하지 않은데도 우리가 모든 사람에게 최대한의 존경을 표하도록 요구한다는 점에서, 또한 우리가 다른 사람들에게 관심을 가지지 않아야 행복할 터인데도 그들에게 지대한 관심을 지닌 척하기를 요구한다는 점에서, 물론 예의는 실행하기 어려운 과제다. 예의를 자존심과 결합하는 것은 그야말로 대단한 일이라고 할 수 있다.

모욕의 본질은 언제나 무시의 표시다. 우리가 한편으로 자신의 가치와 품위를 너무 높게 생각해 터무니없는 자만심을 품지 않는다면, 다른 한편으로 사람마다 다른 사람에 대해 마음속으로 어떤 생각을 품고 있는지 분명히 안다면, 모욕받아 마음 평정을 잃는 경우가 더 적어질 것이다. 사람들 대부분은 자신을 비난하는 말을 조금이라도 들으면 민감하게 반응한다. 아는 사람들이 자신을 두고 하는 대화에 귀 기울였다가 우연히 듣는 소리와 그런 민감함 사이에는 얼마나 현격한 차이가 있는가! 오히려 일반적인 예의란 히죽거리며 웃는 가면에 불과하다는 사실을 눈앞에 떠올리는 것이 좋을 것이다. 그러면 어쩌다 가면의 위치가 바뀌거나 가면이 한순간 벗겨진다 해도 큰 소리로 비명을 지르지는 않을 것이다. 그러나 어떤 사람이 말 그대로 무례를 저지른다면 그는 옷을 벗어 던져 버리고 알몸으로 있는 것과 마찬가지 경우다. 물론 이때 사람들이 알몸 상태가 되면 흔히 그렇듯이 보기 흉할 것이다.

37) 우리는 타인을 자신의 행동거지의 모범으로 삼아서는 안 된다. 나와 타인의 처지, 상태, 사정이 같지 않고, 성격이 다르면 행동에도 상이한 분위기를 주기 때문이다. 따라서 두 사람이 같은 행동을 해도 같지 않다고 하는 것이다. 충분히 숙고하고 날카롭게 통찰한 후에 자신의 성격에 따라 행동해야 한다. 실천적인 면에서도 독창성이 없어서는 안 된다. 그렇지 않으면 행하는 일이 그 사람의 있는 그대로의 모습과 어울리지 않는다.

38) 남의 견해를 반박하지 않는 것이 좋다. 사람들이 믿고 있는 불합리를 하나하나 설명해 생각을 고치려고 한다면 므두셀라[90]만큼 오래 산다 해도 그 목적을 달성하지 못할 것이다.

또한 이야기를 나눌 때 비록 호의를 갖고 있더라도 남의 잘못을 지적하는 말은 절대 하지 말아야 한다. 사람의 감정을 상하게 하기는 쉽지만, 사람을 바로잡기는 어렵기 때문이다.

말도 안 되는 것을 듣는 경우라서 화가 나기 시작할 때는 두 사람의 익살광대가 대화를 나누는 희극 장면 중 하나일 걸로 생각한다. 그것은 이미 효과가 검증된 방법이다. 가장 중요한 문제에 대해 사람들을 진지하게 **가르치려고** 세상에 태어난 자가 무사히 일을 수행하면 운이 좋았다고 말할 수 있다.

39) 자신의 판단에 대해 남의 신뢰를 얻으려고 하는 자는 흥분하지 말고 냉정하게 말해야 한다. 격렬한 행위는 모두 의지에서 나오기 때문이다. 그 때문에 사람은 본래 냉정한 성격을 띤 인식이 아닌 **이러한 의지** 탓에 그런 판단을 했다고 생각할 것이다. 다시 말해 인간에게 근본적인 것은 의지고, 인식은 단지 부차적이며 부가된 것에 불과하므로 의지의 흥분이 단순히 판단에서 생겨났다기보다는 오히려 판단이 흥분된 의지에서 생겨났다고 생각할 것이다.

40) 아무리 그럴듯한 이유가 있더라도 자화자찬의 유혹에 넘어가서는 안 된다. 허영심은 흔히 볼 수 있지만, 공적은 흔히 접할 수 없기 때문이다. 그러므로 단지 간접적으로라도 우리 자신을 칭찬하는 것 같으면 사람들은 모

---

90 「창세기」에 나오는 인물로 969세까지 살았다.

두 '사물의 우스꽝스러운 점을 통찰하는 분별력이 결여된 허영심에서 저렇게 말하는 것이다'라고 확신해서 말한다. 그렇지만 프랜시스 베이컨Francis Bacon(1561~1626)[91]이 "항상 무언가 뒷맛을 남기는 것은 비방뿐만 아니라 자화자찬에도 적용된다"(『학문의 존엄에 관하여』 제8권)라고 말하며, 적당히 자화자찬할 것을 권한다면 그의 말이 전혀 부당하지는 않다.

41) 어떤 사람이 거짓말한다는 의심이 들면 믿는 척하는 태도를 보여라. 그러면 대담해진 그는 더욱 심한 거짓말을 해서 결국 들통날 것이다. 이와 반대로 상대방이 숨기고 싶어 하는 진실의 일부를 자신도 모르게 발설했다는 것을 우리가 알았을 때는 그것을 믿지 않는 듯한 태도를 보여라. 그러면 나의 반박에 자극받은 상대방은 모든 진실을 하나하나 발설할 것이다.

42) 자신의 사사로운 문제는 모두 비밀로 간주해야 하고, 친한 사람에게도 그가 직접 본 것이 아니라면 전혀 모르게 놓아두어야 한다. 아무리 무해한 문제라도 그들이 알면 나중에 뜻하지 않게 불리한 경우가 생길 수 있기 때문이다. 자신의 분별력을 드러낼 때는 말보다 침묵이 더 낫다. 침묵은 현명함의 문제고, 말은 허영심의 문제다. 두 가지가 올 기회는 똑같다고 볼 수 있다. 하지만 우리는 침묵이 가져다주는 지속적인 이익보다는 말이 가져다주는 일시적인 만족을 선호하는 경우가 빈번하다. 큰소리로 한마디 하면 사실 가슴이 후련해진다. 하지만 버릇이 될 수 있으므로 그러지 않는 것이 좋다. 자꾸 그러다가는 생각이 말과 친해지고 허물이 없어져 남과 대화할 때 자기도 모르게 생각이 말로 표현될 수 있기 때문이다. 그러지 말고 우리의 생각과 말 사이에 틈을 크게 벌려 두는 것이 현명하다.

우리는 때때로 다른 사람들이 우리와 관련된 일을 의심할 생각도 하지 않는데 절대로 믿어 주지 않을 거라고 지레 짐작하기도 한다. 그렇지만 우리가 그런 기미를 보이면 그들도 더 이상 믿을 수 없다. 그러나 우리는 다른 사람들이 그런 사실을 눈치챌 리 없을 거라고 멋대로 상상하고 아무 생각 없이 그것을 드러낸다. 그것은 마치 우리가 높은 곳에서 현기증을 견디지 못하고 뛰어

91 영국의 고전 경험론을 창시한 철학자이자 정치가

내리는 것과 같은 짓이다. 다시 말해 여기에 그대로 서 있을 수 없다는 생각이 너무 커진 나머지 고통을 줄이는 것이 차라리 낫다고 판단해 아래로 뛰어내리고 마는 것이다. 이런 망상을 현기증이라 부를 수 있다.

다른 한편으로 평소에는 특별히 명민한 모습을 보이지 않는 자가 타인의 개인 문제와 관련된 일에는 단 하나의 수치만 가지고도 극히 까다로운 문제를 해결하는 탁월한 대수학자代數學者가 된다는 사실을 알아야 한다. 예컨대 모든 사람의 이름이나 그 밖의 온갖 특징을 생략하고 예전에 있었던 일을 그들에게 들려줄 때 아무리 사소한 것이라도 매우 구체적이고 개인적인 어떤 상황, 가령 장소나 시점, 부수적인 인물의 이름, 그 밖에 간접적이더라도 그것과 관계있는 일을 이야기하지 않도록 조심해야 한다. 그러면 그들은 즉각 구체적으로 주어진 수치를 이용해 그들의 대수학적인 명민함으로 다른 모든 것을 알아내기 때문이다. 강한 호기심이 발동해 그 힘으로 의지가 지성에 박차를 가해 극히 동떨어진 결과에 도달하게 한다. 사람들은 보편적 진리에 대해서는 그토록 둔감하고 무관심하면서도 개인의 사사로운 일에 대해서는 너무나 집착한다.

이 모든 사실을 토대로 처세술을 가르치는 모든 스승은 온갖 논거를 들어 간절히 침묵을 권한다. 그래서 나는 앞에서 기술한 정도로 끝맺겠다. 그런데 별로 알려지지는 않았으나 특히 인상적인 아랍의 몇몇 격언을 여기에 덧붙이고자 한다.

"적이 알아서 안 되는 것은 친구에게도 말하지 마라."
"자신의 비밀을 밝히지 않으면 비밀은 나의 포로다.
그러나 비밀을 털어놓으면 내가 비밀의 포로가 된다."
"침묵의 나무에는 평화의 열매가 열린다."

43) 남에게 사기를 당해 빼앗긴 돈이 가장 유용하게 쓰인 것이다. 직접적으로 현명함을 얻었기 때문이다.

44) 될 수 있는 한 아무에게도 적의를 품지 않는 것이 좋다. 하지만 사람의 성격은 언제나 변하지 않는 것임을 확신하고 사람들마다의 행동을 가슴에

잘 새겨 기억해 두어야 한다. 그런 후 적어도 사람들마다의 가치를 정해, 그에 따라 그 사람에 대한 우리의 태도와 행동을 규율해야 한다. 즉 어떤 사람의 나쁜 특성을 한시라도 잊는 것은 어렵게 얻은 돈을 내버리는 행위와 같다. 하지만 그렇게 하면 어리석은 친밀감과 어리석은 우정으로부터 자신을 보호할 수 있다.

"사랑하지도 미워하지도 마라"라는 말에는 모든 처세술의 절반이 담겨 있다. "아무것도 말하지 말고 아무것도 믿지 마라"에는 다른 절반이 담겨 있다. 하지만 물론 사람들은 이러한 원칙과 다음에 이어지는 원칙이 필요한 세상에 등을 돌리고 싶을 것이다.

45) 분노나 미움을 말이나 표정으로 드러내는 것은 무익하고 위험하고 현명치 못하고 어리석으며 천박하다. 분노나 미움은 오로지 행위로만 드러내야 한다. 말이나 표정으로 분노나 미움을 드러내는 일은 완벽히 피할수록 행위로 더욱 완벽하게 드러낼 수 있다. 냉혈 동물에만 독이 있다.

46) "격한 어조로 말하지 마라"라는 처세가의 오랜 원칙은 자신이 한 말의 해석을 타인의 분별력에 맡기라는 뜻이다. 일반 사람들은 분별력이 부족하므로 그 자리를 뜬 뒤에야 해석을 내릴 수 있다. 반면에 "격한 어조로 말하라"라는 것은 감정에 호소하라는 뜻이므로, 모든 일은 원래 의도와 반대의 결과를 낳는다. 경우에 따라서는 예의 바른 태도와 친절한 어조로 말하면 무례한 내용이더라도 직접적인 위험에 처하지 않는다.

4. 세상 돌아가는 형편과 운명에 대한 우리의 태도에 관하여

47) 인간의 삶은 어떤 형태를 띠고 있더라도 언제나 같은 요소를 지니고 있다. 그 때문에 오두막이든 궁정이든, 수도원이든 군대든 어디서나 본질적으로는 같은 삶이다. 삶에서 일어나는 일은 모험이든, 행운이나 불행이든, 아무리 다양한 형태를 띠고 있다 해도 과자와 같은 것이다. 과자의 형태나 색깔이 아무리 다양하다 해도 모든 것은 하나의 반죽으로 만들어져 있다. A에게 일

어난 일은 B에게 우연히 일어난 일과 비슷한데, 그것은 A가 이야기하는 말을 듣고 B가 생각하는 것보다 훨씬 비슷하다. 또한 우리의 인생에서 벌어지는 일은 만화경 속의 그림과 같다. 돌릴 때마다 다른 그림이 보이는 것 같지만, 눈앞에 있는 그림은 사실 언제나 같다.

48) "세상을 지배하는 세 가지 힘이 있다"라는 옛사람의 말은 매우 적절하다. 그것은 현명함과 강함과 운이다. 내 생각에는 운이 가장 큰 역할을 하는 것 같다. 우리의 인생행로는 항해하는 배에 비유할 수 있기 때문이다. 운명, 즉 행운이나 불운은 바람의 역할을 하면서, 우리를 앞으로 빨리 나아가게 하거나 뒤로 멀리 되돌려 보내기도 한다. 이에 맞서 우리 자신의 노력이나 행위는 별다른 효력을 발휘하지 못한다. 이때 이러한 노력은 노의 역할을 한다. 많은 시간 애써서 얼마간 앞으로 나아가면 갑자기 돌풍이 불어 우리를 원래 자리로 되돌려 놓는다. 반면에 그것이 순풍이라면 노가 필요하지 않을 정도로 우리를 멀리 데려다 놓는다. 스페인의 속담이 이러한 운의 힘을 더없이 탁월하게 표현한다. "네 자식에게 행운을 주고 바다에 내던져라."

어쩌면 우연은 되도록 일의 결정을 맡겨서는 안 되는 악한 힘일지도 모른다. 그렇지만 우리에게 베푸는 모든 것 중에서 우리에게 베풀면서 동시에 우리가 그의 선물에 대해 아무런 요구권이 없다는 것, 우리가 그런 선물에 대해 우리의 자격이 아니라 오로지 그의 호의와 자비에 고마워해야 한다는 것을, 그리고 우리가 바로 이런 점에서 앞으로도 분에 넘치는 많은 선물을 겸허하게 받을 수 있다는 즐거운 희망을 품어도 된다고 아주 명료하게 보여 주는 유일한 것은 무엇이란 말인가? 그것은 바로 우연이다. 우연은 자신의 은총이나 자비에 비해 온갖 공적은 무력하고 아무것도 아님을 분명히 깨우쳐 주는 굉장한 솜씨를 터득하고 있다.

인간은 자신의 인생행로를 되돌아보고 그것의 "미로처럼 헷갈리는 경로"(괴테, 『파우스트』 제1부 헌사)를 굽어보면, 그리고 수많은 행운을 놓쳤고 수많은 불운을 초래했음을 알면, 자칫 자기 자신을 너무 심하게 비난할지도 모른다. 우리의 인생행로는 우리 스스로 만든 것이 아니라 두 가지 요인, 즉 언제나 서로 맞물려 서로를 변화시키는 일련의 수많은 일과 수많은 결정의 산물이다. 게다가 이 두 가지를 보는 우리의 시야는 항상 너무 협소하다. 그래서 우리는 결정을 미리 예언할 수 없고, 일어날 일은 더욱 예상할 수 없다. 두 가지 중에서 우리가 제대로 알고 있는 것은 현재의 결정과 현재의 일밖에 없다. 그 때문에 우리의 목적지가 아직 멀리 떨어져 있을 때는 그쪽을 향해 조종해 갈 수 없고, 대충 추측해서 그쪽으로 방향을 잡을 수밖에 없다. 그러다 보니 키를 반대 방향으로 돌려야 할 때도 생긴다. 다시 말해 우리는 언제나 그렇게 하면 주목적지에 더 가까워질 거라는 희망을 품고 현 상황에 따라 결정을 내릴 수밖에 없다. 그러므로 일어나는 일과 우리의 근본 의도는 서로 다른 방향으로 끌어당기는 두 개의 힘에 비유할 수 있다. 그리고 거기에서 생겨나는 대각선이 우리의 인생행로다. **테렌티우스**Publius Terentius Afer(기원전 195/185~159)[92] 는 이렇게 말했다.

> 인생은 주사위 놀이와 같다. 던진 결과가 자신이 가장 바라던 결과와
> 다를 경우 우연에 의해 주어진 것을 솜씨에 의해 개선해야 한다.
> (『아델피』제4권 7장)

이것은 일종의 주사위 놀이를 염두에 두고 한 말임이 분명하다. 좀 더 간단히 말하자면 운명이 카드를 섞고 우리는 게임을 한다고 할 수 있다. 내가 지금 고찰한 것을 표현하면, 인생을 체스에 비유할 수 있다. 우리는 어떤 계획을 세우지만 이 계획은 체스에서는 상대방이, 인생에서는 운명이 어떤 수를 쓸 것인가에 따라 제약받는다. 우리의 계획에는 대체로 많은 수정이 가해지기 때문에 그것이 실제로 실행될 때는 몇 가지 기본 원칙 말고는 대부분 달라진다.

덧붙여 말하면 우리의 인생행로에는 우리가 지금까지 논의한 모든 것을 넘어서는 무언가가 있다. 다시 말해 그것은 사소하긴 하지만 너무나 자주 확인되는 진리로, 우리가 생각 이상으로 너무 어리석다는 사실이다. 반면에 우리는 가끔 자신의 생각 이상으로 현명하기도 하지만, 그러한 경우에 처한 사람들만 그런 발견을 하며 그럴 때조차 뒤늦다. 우리에게는 두뇌보다 더 현명한 무언가가 있다. 다시 말해 우리는 인생행로의 커다란 국면, 즉 주된 단계에서

---

92 고대 로마 시대의 희극 작가이자 시인. 북아프리카 출신의 노예였는데 그의 재능에 감복한 주인에 의해 교육을 받고 해방되어 극작가로 이름을 날렸다.

무엇이 옳은지 분명히 인식하고 행동하는 것이 아니라 우리 존재의 아주 깊은 밑바닥에서 나오는 내적인 충동, 말하자면 본능에 따라 행동하는 것이다. 나중에 가서 우리는 분명하긴 하지만 빈약하고 후천적인 개념, 빌려 온 개념에 따라, 즉 일반적인 원칙이나 타인의 실례 등에 따라 우리의 행위를 타박한다. 이때 "모든 인간을 동일한 척도로 재서는 안 된다"(괴테, 「명심」)라는 말을 충분히 따져 보지도 않는다. 그러다가 자칫하면 자신을 부당하게 평가하기 쉽다. 그러나 결국 개념과 본능 중 어느 쪽이 옳은지 드러난다. 다행히도 오래 살아야만 주관적으로나 객관적으로 문제를 판단할 능력이 생겨난다.

어쩌면 내면적 충동은 깨어나면 잊혀 버리는 예언적인 꿈들의 지도를 무의식적으로 받는지도 모른다. 그럼으로써 그 꿈들은 우리의 삶에 음조의 균일성과 극적인 통일을 부여한다. 너무나 자주 흔들리고 헷갈리며, 걸핏하면 생각이 바뀌는 두뇌의 의식으로는 우리의 삶에 그런 균일성과 통일을 줄 수 없을 터다. 예컨대 이러한 균일성과 통일의 결과로 특정한 종류의 위대한 성과를 내도록 부름을 받은 사람은 젊은 시절부터 내적으로 은밀히 그런 사실을 느끼고, 꿀벌이 조금씩 벌집을 만들어 가듯 그것을 목표로 노력하는 것이다. 그런데 모든 사람에게는 이것이야말로 **발타사르 그라시안**이 '위대한 양지 양능良知良能[93]'이라고 칭한 바로 그것이다. 이것은 자기 자신에 대한 위대한 본능적인 보호라 할 수 있는데, 인간은 그것 없이는 파멸하고 만다. **추상적 원칙**에 따라 행동하기란 쉽지 않으며, 많은 훈련을 거쳐야 비로소 가능하다. 그렇다고 매번 성공하는 것도 아니다. 그 원칙이 때로는 충분하지 않기도 하다. 반면에 누구나 피와 체액에 들어 있는 어떤 **타고난 구체적 원칙**을 갖고 있는데, 그 원칙은 인간의 사고, 느낌, 의욕의 결과다. 인간은 그 원칙을 추상적으로는 알지 못하고, 자신이 언제나 그 원칙을 따랐다는 사실과 눈에 보이지 않는 실에 이끌리듯 그 원칙에 이끌려 왔다는 사실을 자신의 인생을 되돌아보면서 비로소 깨닫는다. 그것이 어떤 원칙이냐에 따라 인간을 행복으로 또는 불행으로 이끌기도 할 것이다.

---

93 Sindéresis. 교육이나 경험에 의하지 않고 선천적으로 사물을 알고 행할 수 있는 마음의 작용으로 사람이 태어나면서부터 가지고 있는 도덕의 근본 원칙에 대한 지식

49) 언제나 시간의 작용과 사물의 덧없음을 염두에 두어, 지금 일어나는 모든 일의 반대를 즉각 상상해 보는 것이 좋다. 행복에는 불행을, 우정에는 적의를, 좋은 날씨에는 나쁜 날씨를, 사랑에는 미움을, 신뢰하고 마음을 털어놓을 때는 배신과 후회를 생생하게 그려 보고, 반대의 경우에도 마찬가지로 하는 것이 좋다. 이렇게 하면 우리는 언제나 사려 깊게 행동해서 그다지 쉽게 기만당하지 않을 것이니, 그것은 세상을 사는 참된 지혜의 영속적인 원천이 될 것이다. 대체로 우리는 그렇게 해야만 시간의 작용을 예견할 것이다. 어쩌면 어떤 인식을 하기 위해서는 사물의 무상과 변천을 제대로 평가하기 위한 것만큼 경험이 꼭 필요한 것이 아닐지도 모른다. 사실 모든 상태는 그것이 존속되는 시간에는 필연적이다. 전적으로 그럴 권리를 갖고 존재하는 것이기 때문에 매년, 매달, 매일, 결국 영원히 그런 권리를 유지하려고 하는 듯 보인다. 하지만 어떤 해도, 어떤 달도, 어떤 날도 그런 권리를 갖지는 못한다. 그런데 사물의 변천만은 영속적이다. 현명한 자는 겉보기에 그럴듯한 안정에 속지 않고, 어떤 방향으로 변화가 일어날지 예견한다.[94] 반면에 사람들이 사물의 일시적인 상태나 사물의 진행 방향을 대체로 영속적인 것으로 간주하는 까닭은 결과를 뻔히 보고 있으면서도 앞으로 있을 변화의 싹이 담겨 있는 원인을 이해하지 못하기 때문이다. 반면 원인 때문에 존재하는 것인 결과에는 변화의 싹이 담겨 있지 않다. 사람들은 이러한 원인에 의지해, 자기들이 알지 못하는 원인이 그러한 결과를 야기한 것이니, 그 원인이 결과를 만들어 낼 수 있으리라고 전제한다. 이렇게 생각하면 그들이 잘못을 저지를 때 언제나 모두 함께 그런 잘못을 범한다는 장점이 있다. 따라서 그들이 재난을 당할 때도 언제나 함께 당하는 반면, 생각하는 사람은 잘못을 저지를 경우 혼자 재난을 당한다. 덧붙여 말하면 이런 점에서 오류는 결과로부터 근거를 추론하는 데서 생긴다는 나의 명제가 확증된다(『의지와 표상으로서의 세계』 I, 15장 '진리의 근거 짓기와 오류의 가능성' 참조).

---

94 • 우연은 모든 인간사에 커다란 유희 공간을 갖고 있어서, 우리가 멀리서 닥쳐올 것 같은 위험에 대해 즉시 희생을 치러 예방하려고 하는 경우, 일이 예상치도 못한 방향으로 전개되어 이러한 위험이 가끔 사라지기도 한다. 그리하여 이제 쓸데없는 희생을 치른 결과가 될 뿐만 아니라 그 희생에 의해 야기된 변화가 일의 상태가 변한 지금에 와서는 불리한 것이 되기도 한다. 그 때문에 우리는 예방책을 강구할 때 너무 먼 미래를 생각할 것이 아니라 우연에도 의지하고, 마치 검은 먹구름처럼 금방 지나갈 것으로 기대하고 여러 위험에 대담하게 맞서야 한다.

그렇지만 결과를 예견해 **시간을 앞질러 취하는** 일은 이론적으로만 해야지 실제로 해서는 안 된다. 다시 말해 시간이 경과해야 만들어 낼 수 있는 것을 시간이 되기 **전에** 요구해 시간을 앞질러서는 안 된다는 말이다. 왜냐하면 이러한 일을 하는 자는 바로 시간보다 더 고약하고 몰인정한 고리대금업자는 없다는 사실과 시간은 가불해 달라고 요구하면 유대인보다 더 높은 이자를 매긴다는 사실을 알게 될 것이다. 예컨대 생석회生石灰와 열을 이용해 나무를 키우면 며칠 만에 잎과 꽃이 나오고 열매를 맺을 수 있다. 하지만 그런 다음 나무는 말라 죽어 버린다. 젊은이가 지금 벌써, 단 몇 주일만이라 하더라도 성인의 생식력을 발휘하려고 하거나, 서른 살이 되어야 잘 해낼 수 있을지 모를 일을 열아홉 살에 해내려고 한다면, 시간은 어쨌든 가불을 해 주기는 할 것이다. 그러나 그가 미래에 갖게 될 힘의 일부, 즉 그의 생명 자체의 일부가 이자로 나간다.

병에 따라서 충분하고도 철저히 나으려면 자연스럽게 시간이 흘러야만 하는 것이 있다. 적절한 시간이 흐르면 병은 아무런 흔적도 없이 저절로 사라질 터다. 지금 당장 건강해지기를 요구하는 경우에도 시간은 틀림없이 가불해 줄 것이다. 하지만 병이 퇴치되더라도 그에 대한 이자로 허약함과 만성 질환을 평생 달고 살아야 한다. 전시나 소란스러운 시대에 그것도 당장 돈을 이용하려고 한다면 토지나 국채를 그 가치의 3분의 1이나 그 이하로 팔 수밖에 없다. 시간에 자신의 권리를 주려고 한다면, 그러므로 몇 년간 기다리려고 한다면 완전한 가치를 얻을 텐데 가불해 달라고 시간을 강요하는 셈이다. 또한 먼 여행을 하려면 많은 돈이 필요하다. 1~2년만 지나면 자신의 소득으로 그 정도 돈을 저축할 수 있을 텐데 사람들은 기다리려고 하지 않는다. 그러므로 그만큼의 액수를 빌리거나 잠시 자본에서 가져다 쓴다. 즉 시간이 가불을 해 줘야 한다. 이 경우, 시간이 매기는 이자는 금고 속의 엉망이 된 무질서이고, 다시는 벗어날 수 없는 영속적이고 불어나는 적자다. 그러므로 이것은 시간이 취하는 폭리다. 기다리지 못하는 자들은 모두 이러한 폭리의 희생자다. 적절하게 흘러가는 시간의 발걸음을 재촉하려고 하는 것은 대단히 값비싼 계획인 셈이다. 그러므로 시간에 이자를 빚지지 않도록 조심해야 한다.

50) 평범한 두뇌와 영리한 두뇌 사이에는 일상생활에서 매우 빈번히 나타

나는 특징적인 차이가 있다. 평범한 두뇌는 일어날지도 모르는 위험을 숙고하고 평가할 때 언제나 이미 **일어났다**고 하는 일에 대해서만 염려하는 반면, 영리한 두뇌는 혹시 **일어날 수도 있는** 일까지 숙고한다. 그리하여 이들은 "일 년이 되도록 일어나지 않는 일이 일 분 만에 일어날 수도 있다"라고 스페인 속담이 말하는 점을 염두에 둔다. 여기서 언급한 차이는 물론 당연하다. 일어날 수 있는 일을 통찰하려면 분별력이 필요하지만, 일어난 일을 통찰하는 데는 감각만 있으면 되기 때문이다.

하지만 우리 독일의 격언은 "악마에게 제물을 바쳐라"라는 것이다. 다시 말해 불행이 일어날 가능성을 막기 위해서는 어느 정도 노고와 시간, 돈을 들이고 불편함과 번거로움, 결핍을 감수하는 것을 두려워하지 말아야 한다. 이렇게 미연에 방지한 불행이 클수록 여러 가지 노고와 시간, 불편한 점이 작아지고 줄어들며 그것을 감수할 가능성이 희박해질 것이다. 이러한 원칙을 가장 명료하게 보여 주는 예가 보험료다. 보험료는 누구나 공공연히 악마의 제단에 바치는 제물이다.

51) 어떤 돌발 사건이 일어나더라도 크게 기뻐하거나 크게 슬퍼하지 않는 것이 좋다. 한편으로는 모든 사물에 변화 가능성이 있어서 언제라도 사건이 변화할 수 있기 때문이고, 다른 한편으로는 우리에게 무엇이 유리하고 불리한지 잘못 판단할 수 있기 때문이다. 그 결과 거의 누구나 크게 슬퍼했던 일이 나중에 최상의 일로 드러난 경우나 크게 기뻐했던 일이 커다란 고통의 원천이 되었던 경우가 한 번은 있을 것이다. 이에 대한 대책으로 권할 만한 신조를 셰익스피어는 멋진 말로 표현했다.

> 갑작스러운 기쁨이나 슬픔을 숱하게 맛보았으니,
> 이젠 그런 일을 당한다 해도 처음부터 담담하게 대한다.
> (『끝이 좋으면 모든 것이 좋다』 제3막 2장)

그런데 보통 어떤 재난을 당하더라도 의연하게 대처하는 사람은 삶에서 일어날 수 있는 재해가 얼마나 엄청나고 많은지 알고 있음을 보여 준다. 그 때문에 그런 자는 지금 일어난 재난을 앞으로 일어날 일의 아주 작은 일부분이라고 간주한다. 이것은 금욕적 신조다. 이러한 신조에 의하면 우리는 인간이 처한 상황을 결코 잊어서는 안 되고, 무릇 인간으로 생존하는 것이 얼마나 슬프고 애처로운 일인지, 또 인간이 얼마나 많은 재난에 노출되어 있는지 항상 명심해야 한다. 이러한 통찰을 새로이 확인하려면 어디서나 주위를 한 번 둘러보기만 하면 된다. 어디에 있든 가련하고 비참하며 아무런 결실도 얻지 못하는 생존을 둘러싼 이러한 노력, 몸부림, 고투가 곧 눈에 띌 것이다. 이러한 모습을 보면 모든 사물과 상태의 불완전함에 순응하는 법을 배우고, 재난을 항시 주시하며 그것을 피하거나 참고 견디려고 할 것이다. 재난이란 크든 작든 우리 생활의 근본 요소이기 때문이다. 이 점을 항상 생생히 기억하는 것이 좋다. 하지만 그렇다고 해서 불만족스러운 인간으로서 **베리즈포드** Beresford(1764~1840)[95]가 말한 것처럼 시시각각 펼쳐지는 '인생의 불행'을 한탄하며 얼굴을 찌푸리거나, '벼룩에 물렸다고 신의 도움을 청해서는' 안 된다. 분별 있는 사람으로서 인간이나 사물로부터 일어날지도 모르는 재난을 사전에 방지하고 예방하는 데 신중을 기하고, 동화에 나오는 영리한 여우처럼 크고 작은 불행(이것은 대체로 미숙함을 은폐한 것에 불과하다)을 피하도록 힘껏 노력하고 심사숙고해야 한다.

우리가 어떤 재난이 일어날 것을 미리 예상하고, 흔히 말하듯이 그것을 각오하고 있으면 재난이 닥친다 해도 그다지 힘들지 않을 것이다. 그 이유는 주로 어떤 사건이 일어나기 전에 단순히 있을 법한 일이라고 차분히 생각한다면, 재난의 전모를 또렷이 어느 면으로나 개관해, 그것이 한계가 있고 한눈에 알아볼 수 있는 재난임을 인식하기 때문이다. 그 결과 실제로 재난이 닥쳤을 때는 그것이 실제로 지닌 무게 이상의 작용을 할 수 없다. 그런데 그러한 예상이나 각오 없이 무방비 상태에서 재난을 당하면 깜짝 놀란 정신은 금방 재난의 크기를 정확히 측량할 수 없다. 당장은 재난의 크기를 헤아릴 수 없어 자칫하면 측량할 수 없는 것으로, 실제보다 훨씬 큰 것으로 비추어지기 쉽다. 이와 같은 식으로 애매하고 불확실하면 모든 위험이 더 커 보이는 법이다. 물론 우리는 일어날 수 있다고 예상한 불행에 대해서는 위로의 근거도 타개책도 동시에 충분히 생각해 두었거나, 적어도 불행을 생각하는 일에 익숙해져 있다

---

95 영국의 저술가로 『인생의 불행』(1800)의 저자

고 덧붙여 말할 수 있다.

그러나 내가 「의지의 자유에 관한 나의 현상 논문」에서 그 진리의 궁극적 근거를 추론해 확인한 것으로, 다시 말해 "일어나는 모든 현상은 아무리 큰 것에서 아무리 작은 것에 이르기까지 **필연적으로 일어나게 마련이다**"라는 진리를 확신하면 우리는 우리에게 닥친 재난을 의연하게 견딜 수 있다. 인간은 불가피하게 필연적으로 일어나는 일에 곧 순응할 줄 알기 때문이다. 그리고 앞에서 말한 사실을 인식하면 인간은 모든 일을, 심지어 전혀 생각지도 않았는데 우연히 일어난 일조차 마치 아주 잘 알려진 원칙에 따라 완전히 예상대로 일어난 듯 모든 일을 필연적인 것으로 간주할 수 있다. 이 점에 대해서는 내가 『의지와 표상으로서의 세계』 I, 56장 '의지와 삶의 고뇌'에서 불가피하고 필연적인 점을 인식할 때의 마음을 진정시키는 작용에 대해 말했던 것을 참조하기 바란다. 이러한 생각에 가득 차 있는 사람은 먼저 자신이 할 수 있는 일을 알아서 하고, 자신이 당해야 하는 일을 순순히 당할 것이다.

시시각각 사소한 재난이 일어나 우리를 괴롭히는 까닭은 큰 재난을 견디는 힘이 행복할 때 완전히 소진되지 않도록 우리를 계속 훈련시키기 위한 것으로 볼 수 있다. 매일 겪는 번거로운 일이니 사람들과 교제할 때 생기는 사소한 알력, 별로 중요하지 않은 충돌이나 타인의 무례한 언행, 험담 등에 대처하기 위해서는 불사신 지크프리트Siegfried[96]가 되어야 한다. 그런 일을 민감하게 받아들이거나, 마음에 담아 두거나 곰곰 생각하지 말고, 이 모든 것 중에 어느 것이라도 자신에게 다가오게 하기보다는 차라리 길 앞에 놓인 돌멩이처럼 내던져 버려야 한다. 그런 것에 대해 마음속으로 숙고하거나 곱씹어서는 안 된다.

52) 세상 사람들이 흔히 운명이라 부르는 것은 대체로 자신의 어리석은 행동을 말하는 것일 뿐이다. 그 때문에 『일리아드』(제23권 313행 이하)에서 호메로스가 현명한 숙고를 권하는 멋진 대목을 명심할 필요가 있다. 나쁜 행동은 저세상에 간 뒤에 죄의 대가를 치르겠지만, 어리석은 행동은 가끔 관대한

---

96 독일과 북유럽의 옛 전설에 나오는 유명한 영웅. 게르만 전설의 영웅으로 용을 퇴치하고 그 피를 뒤집어썼기 때문에 피부가 각질로 되어 칼이나 창으로 찔러 몸에 상처를 낼 수 없었다고 한다.

「거대한 용과 싸우는 지크프리트」, 델리츠, 1917

처분을 받기는 해도 이 세상에서 대가를 치르기 때문이다.

화난 눈초리가 아니라 현명한 눈초리를 하는 자가 무섭고 위험해 보인다. 사자의 발톱보다 인간의 두뇌가 더 무서운 무기임은 말할 필요도 없다.

처세에 완벽한 사람이 있다면 결코 우유부단하지도 않고 급히 서두르지도 않는 사람일 것이다.

53) 우리의 행복에 매우 중요한 특성으로 현명함 다음가는 것은 용기다. 물론 이 두 가지 특성을 스스로 얻을 수는 없고, 현명함은 어머니한테서, 용기는 아버지한테서 물려받는다. 그렇지만 의지와 훈련에 의해 가지고 있는 현명함과 용기를 키울 수는 있다. "주사위가 쇠처럼 떨어지는"(실러, 「전투」 서두) 이 세상에서 살아가려면 운명의 시련에 끄떡없고 인간에 철저히 대비한 단호한 기백이 필요하다. 전체 인생이 투쟁이고, 발걸음을 한 발짝씩 내디딜 때마다 우리는 싸움을 벌인다. 따라서 "인간은 검을 뽑아 들어야만 이 세상에서 앞으로 나아갈 수 있으며, 손에 무기를 든 채 죽는 것이다"라는 볼테르의 말은 정당하다고 하겠다. 뭉게구름이 피어오르거나 그냥 지평선에 걸려 있는 것만 보고도 움츠러들고 겁먹으며 한탄하는 자는 겁쟁이다. 오히려 다음의 말을 표어로 삼아야 할 것이다.

재난을 피하지 말고 용감히 맞서라.
(베르길리우스, 『아에네이스』 6권 95장)

위험한 일의 결말이 아직 의심스러운 한, 호전될 가능성이 있는 한, 겁먹지 말고 저항할 생각을 해야 한다. 이와 마찬가지로 하늘에 푸른 부분이 조금이라도 있는 한, 날씨를 의심해서는 안 된다. 오히려 이렇게 말할 정도가 되어야 할 것이다.

세상이 무너진다 해도
그는 파편에 조금도 겁먹지 않는다.
(호라티우스, 『송가』 3, 3, 7 이하)

인생 전체 자체가 겁먹고 떨며 움츠러들 만큼 가치 있는 게 아니다. 하물며 인생의 재물은 말할 것도 없다.

> 그러니 용감하게 살아라,
> 용감한 가슴으로 운명의 시련에 맞서라.
> (호라티우스, 『풍자시』 2, 2, 135 이하)

그렇지만 이 경우에도 지나침을 경계해야 한다. 용기가 무모함으로 변질될 수 있기 때문이다. 심지어 어느 정도의 두려움은 세상을 살아가는 데 필요하다. 겁이란 단순히 두려움의 지나침이다. 프랜시스 베이컨은 '공포 패닉'의 어원학적 설명을 하면서 이런 사실을 매우 적절하게 표현했다. 이 설명은 플루타르코스Ploutarchos(46~119)[97](『이시스와 오시리스에 대하여』 14장)에 의해 우리에게 전해진 더 오래된 설명보다 훨씬 낫다. 다시 말해 베이컨은 그 말이 의인화된 자연인 **판**Pan[98]에서 유래한다며 이렇게 말한다.

> 사물의 자연이 살아 있는 모든 생명체에게 공포와 불안을 준 것은 닥쳐오는 재해를 피하고 물리쳐서 생명과 존재를 유지하기 위해서다. 그렇지만 이 자연은 그러면서 분수를 지킬 줄 모르고 유익한 공포에 언제나 허망하고 공허한 공포를 가미했다. 그리하여 모든 사물의 내면을 들여다볼 수 있다면 삼라만상은 패닉 공포로 가득 찼는데, 인간의 경우가 특히 그러하다.
> (『고대인의 지혜에 대하여』 제6권)

덧붙여 말하면, 패닉 공포의 특징은 그 근거를 뚜렷이 의식하지 못하고, 근거를 알고 있다기보다는 미리 전제하고 있으며, 부득이한 경우에는 바로 공포 자체를 공포의 근거로 삼는다는 데 있다.

---

97 고대 그리스 시대의 철학자·정치가·작가로 『플루타르코스 영웅전』의 저자
98 그리스 신화에 나오는 목축과 사냥의 수호신인 목양신으로, 보는 사람에게 급작스레 공포를 불러일으킨다.

제6장
나이의 차이에 대하여

볼테르는 다음과 같은 매우 멋진 말을 했다.

　자신의 나이에 맞는 정신을 갖지 못한 자는
　자신의 나이에 겪는 온갖 재난을 당한다.
　(『샤틀레 부인에게 보내는 스탕스』 3, 3 이하)

　따라서 이러한 행복론적 고찰의 말미에 나이가 우리에게 가져다주는 여러 변화를 힐끗 살펴보는 게 적절할 것이다.

　우리는 평생에 걸쳐 **현재**만을 소유할 뿐 결코 그 이상은 아니다. 같은 현재인데 차이가 나는 점은 처음에는 우리 눈앞에 긴 미래가 펼쳐져 있지만, 마지막이 되면 긴 과거가 우리의 뒤에 보인다는 사실과, 우리의 성격은 변하지 않지만 기질은 여러 번 친숙한 변화를 겪어 매번 현재의 색조가 달라진다는 사실이다.

　나의 주저 『의지와 표상으로서의 세계』(II, 31장 '천재에 대하여')에서 나는 우리의 태도가 **유년기**에는 왜 **의욕적**이기보다는 훨씬 더 **인식적**인가 하는 문제와 씨름했다. 우리 인생의 첫 4분의 1의 행복은 바로 그런 사실에 기인한다. 그런 이유로 인해 나중에 유년 시절을 되돌아보면 잃어버린 낙원처럼 생각되는 것이다. 유년기에는 사람과의 관계가 별로 없고, 욕구도 미약해 의지의 자극도 별로 없다. 따라서 우리 존재의 좀 더 큰 부분은 인식 작용에 몰두한다. 이미 일곱 살에 완전한 크기에 도달하는 뇌와 마찬가지로 지성은 성숙하지 않더라도 일찍 발달하여 새로운 존재가 활동하는 전체 세계에서 끊임없이 자양분을 얻으려고 한다. 그 세계에는 모든 것이 신기한 매력으로 채색되어 있다. 우리의 유년 시절이 계속하여 시적 분위기를 띠는 것은 그 때문이다. 문학의 본질은 예술의 본질과 마찬가지로 플라톤적인 이념, 즉 본질적인 것, 따라서 모든 개별적인 종種에서 모든 종에 공통적인 것을 파악하는 것에 있다. 그에 의해 개개의 사물은 자신의 종속種屬의 대표로 나타나며, **하나**의 경우가 천 가지 경우에 적용된다(괴테, 『색채론』 참조).

우리가 어린 시절의 장면에서 언제나 그때마다의 개인적인 대상이나 과정에만, 그것도 우리의 순간적인 의욕의 관심을 끄는 한에서 관여하는 것처럼 보이지만 기본적으로는 그것과 다르다. 다시 말해 삶이 지닌 전체적인 중요성 면에서 볼 때 그 삶이 아직 우리 눈앞에 너무나 새롭고 싱싱하게 펼쳐져, 삶에 대한 인상이 반복에 의해 무뎌지지 않았다. 우리는 유치한 짓을 하는 중에도 분명히 의도적이지는 않지만 언제나 몰래, 개별적인 장면과 과정에서 삶 자체의 본질을, 삶의 형태와 표현의 기본 유형을 파악하는 데 관여한다.

우리는 모든 사물과 인간을 스피노자가 말했듯이 '영원의 관점에서'(『에티카』 제5부 정리 31) 바라본다. 나이가 어릴수록 개개인은 자신의 전체 종속을 더욱 대변한다. 이러한 대표성은 해마다 조금씩 감소한다. 이런 사실 때문에 유년기와 노년기에 우리가 사물에서 받는 인상이 크게 차이 나는 것이다. 유년기와 청년기 초기의 경험과 교우 관계는 그 이후 모든 인식이나 경험을 할 때 고정된 유형과 부류, 말하자면 범주가 된다. 언제나 명료하게 의식하는 것은 아니라고 해도 그 이후에 인식하고 경험하는 모든 것은 그러한 범주에 포함된다.[99] 이미 어린 시절에 세계관을 이루는 확고한 토대가 형성되고, 세계관의 폭이나 깊이도 형성된다. 세계관은 나중에 내용이 더해져 완성되지만, 본질적으로는 변하지 않는다. 그러므로 어린 시절에는 이러한 순전히 객관적인, 그로 인한 시적인 견해를 갖는 것이 본질적이고, 의지가 아직은 완전한 에너지를 가지고 나타나지 않으므로 그러한 견해가 지탱된다. 그 결과 우리는 어린 시절에 의욕적이라기보다는 훨씬 더 인식적인 태도를 취한다. 많은 어

---

99 •오, 유년 시절이여! 이때는 시간이 아직 너무 천천히 가서 지금 그대로 영원히 머물러 있기 위해 사물이 거의 요지부동으로 고정되어 있는 것 같다.

린이가 진지하게 살피는 눈빛을 하는 이유는 그 때문이다. 라파엘은 자신이 그린 천사들, 특히 시스티나의 성모상에 그린 천사에 그런 눈빛을 묘사해 큰 성공을 거두었다. 또한 이러한 이유로 어린이의 마음은 행복으로 넘치고 그에 대한 추억에는 항시 동경이 동반된다.

그런데 우리가 그처럼 진지하게 사물을 **최초로 직관적으로** 이해하는 데 몰두하는 한편, 우리에게 개념을 가르치려는 교육이 행해지고 있다. 하지만 개념은 진정으로 본질적인 것을 제공해 주지 않는다. 오히려 이러한 본질적인 것, 즉 우리가 행하는 모든 인식의 기초와 진정한 내용은 세계를 직관적으로 파악하는 데 있다. 그러나 이러한 직관적인 파악은 오직 우리 스스로가 얻어야지 남이 **가르쳐** 줄 수 없다. 그 때문에 우리의 도덕적 가치와 마찬가지로 지적 가치도 외부에서 우리의 내부로 들어오는 게 아니라 우리 자신의 본질 깊은 곳에서 비롯된다. 그러니 페스탈로치의 교육술로 교육하더라도 선천적인 멍청이를 사고형 인간으로 만들 수는 없는 일이다. 결코 불가능한 일이다! 멍청이는 멍청이로 태어났다가 멍청이로 죽을 수밖에 없는 것이다. 유년기의 주변 환경과 경험이 기억에 확고하게 아로새겨지는 이유도 앞에서 묘사했듯이 처음 본 직관적인 외부 세계를 깊이 파악한 것으로 설명할 수 있다. 다시 말해 우리는 주변 환경과 경험에 전적으로 몰입해 있었기 때문이다. 그럴 적에 우리의 마음을 흩트리는 것은 아무것도 없다.

눈앞의 사물을 볼 때 우리는 그것이 자신의 종에 속하는 유일한 종인 것처럼, 아니 애당초 그것밖에 존재하지 않는 것처럼 생각했다. 그러다가 나중에 알게 된 대상의 숫자가 늘어나서 용기와 참을성을 잃는다. 그런데 앞에서 언급한 나의 주저에서 설명한 것, 다시 말해 모든 사물의 객관적인 존재, 즉 단순한 **표상**으로는 전적으로 바람직한 존재지만, 이에 반해 의욕 속에서 존재하는 사물의 **주관적인** 존재는 고통과 슬픔이 짙게 배어 있음을 다시 기억에 떠올린다면, 이러한 사정을 나타내는 간결한 표현으로 다음의 명제 역시 인정할 수 있을 것이다. 모든 사물은 보기엔 근사하지만 그것으로 **존재하기는** 끔찍하다. 그런데 앞에서 기술한 것에 따르면 유년기에는 사물을 존재의 측면인 의지의 측면에서보다 보는 것의 측면, 그러니까 표상의 측면, 객관성의 측면에서 훨씬 더 많이 안다. 그런데 표상의 측면이 사물의 좀 더 바람직한 측면이고 주관적이고 끔찍한 측면에 대해서는 아직 잘 모르기 때문에 어린 지성은 현실과 예술이 보여 주는 모든 형상을 행복이 넘치는 존재로 간주한다. 그것을 바라보고 너무나 아름답다고 생각해, 그렇게 **존재**하는 것은 훨씬 더 아름다울 것으로 생각한다. 따라서 눈앞의 세계는 마치 에덴동산처럼 생각된다. 그것이 바로 우리 모두가 태어난 고향인 아르카디아다. 그로 인해 얼마 후엔 현실 생활에 대한 갈증이 생기고, 행위와 고통에 대한 충동이 생겨나 우리를 번잡한 세상 속으로 몰아간다. 이런 번잡한 세상에서 우리는 사물의 다른 측면인 존재의 측면, 즉 의욕의 측면을 알게 되는데, 발걸음을 내디딜 때마다 의욕은 방해를 받는다. 그렇게 되면 서서히 커다란 환멸이 다가온다. 그런 환멸이 생기면 착각의 나이가 지나갔음을 뜻한다. 그렇지만 환멸은 여전히 자꾸 진행되어 점점 완전해진다. 그에 따라 유년 시절에는 삶이 멀리서 본 무대 장식처럼 보이고, 노년에는 아주 가까이서 본 무대 장식처럼 보인다고 말할 수 있다.

마지막으로 또한 다음 사실이 유년기를 행복하게 하는 데에 기여한다. 봄이 시작될 때는 모든 나뭇잎의 색이 같고 형태도 거의 비슷한 것처럼, 우리도 유년기 초기에는 모두 서로 비슷해 탁월한 조화를 이룬다. 하지만 사춘기가 되면 차이가 생기기 시작해 원의 반경이 늘어나듯 점점 더 커진다.

그런데 인생의 후반기에 비해 실로 많은 장점을 가진 인생 전반기의 나머지 부분, 즉 청년기가 슬프고 불행해지는 이유는 인생에서 행복을 잡을 수 있어야 한다는 확고한 전제를 바탕으로 행복을 얻으려 혈안이 되어 있기 때문이다. 그로 인해 끊임없이 환멸이 생기고 거기서 불만이 생겨난다. 막연히 꿈꾸었던 행복의 그림자가 변덕스럽게 선택된 모습으로 우리 눈앞에 어른거리고, 우리는 그것의 원상原象을 추구하지만 뜻대로 되지 않는다. 그 때문에 청년기에는 우리의 처지와 환경이 어떻든 대체로 불만족스러워한다. 인생이란 어디서나 공허하고 궁색한데도 우리는 처지와 환경 탓으로 돌리기 때문이다. 우리는 전혀 다른 것을 기대했다가 처음으로 그런 공허와 궁색을 알게 된다. 일찍 가르침을 주어, 세상에서 많은 것을 얻을 수 있다는 망상을 청년기에 뿌리 뽑을 수 있다면 많은 도움이 될 것이다. 하지만 우리는 현실을 통해 알기 전에 대체로 문학을 통해 인생을 알게 돼 반대 경우가 일어나는 것이다. 문학 작품에 묘사된 장면이 청년기 초기에 화려하게 펼쳐진다. 그런데 그런 장면이 실현되는 것을 보겠다는, 즉 무지개를 붙잡겠다는 동경에 시달린다. 청년은 자신의 인생행로가 흥미진진한 장편소설 형태로 전개되기를 기대한다. 그리하여 앞에서 언급한 나의 주저 II에서 이미 묘사한 것과 같은 착각이 생겨난다. 문학에 묘사된 모든 영상이 매력을 끄는 이유는 그것이 단순한 영상에 불과하고 현실적인 것이 아니기 때문이다. 바로 그 때문에 우리는 그러한 영상을 바라볼 때 순수한 인식 작용이 주는 안정감과 만족감을 느끼는 것이다. 현실로 실현된다는 말은 의욕으로 충만해진다는 뜻인데, 그런 의욕은 불가피하게 고통을 초래한다. 관심 있는 독자는 앞에서 언급한 나의 주저를 참조하길 바란다.

따라서 인생의 전반기를 지배하는 성격이 행복에 대한 충족되지 않은 동경이라면 후반기를 지배하는 성격은 불행에 대한 우려다. 인생의 후반기가 되면 온갖 행복이란 환영과 같은 반면, 고뇌는 현실적이라는 인식이 다소나마 분명하게 드러난다. 그 때문에 그쯤 되면 적어도 이성적인 성격을 지닌 사람이라면 향락보다는 고통이 없고 확실한 상태를 추구한다.[100] 나는 청년 시절에 초인종이 울리면 "무슨 좋은 일이 있으려나?" 하고 기뻐했지만, 훗날 나이가 들어서는 대문에서 초인종 소리가 울리면 오히려 "무슨 귀찮은 일이 있으려나?" 하고 두려움 비슷한 감정을 느꼈다. 인간 세계와 관련해서 보면 탁월하고 재능 있는 개인은 전적으로 인간 세계에 속해 있지 않다. 따라서 뛰어난 장점의 정도에 따라 다소 혼자 고립되어, 앞에서와 마찬가지로 두 가지 상반된 느낌을 갖는다. 청년기에는 자주 인간 세계에서 **버림받은** 느낌을 받는 반면, 노년기에는 인간 세계에서 **벗어난** 느낌을 받는다. 전자의 불쾌한 느낌은 인간 세계를 잘 모르는 데 기인하고, 후자의 유쾌한 느낌은 인간 세계를 잘 아는 데 기인한다. 그 결과 인생의 후반기에는 음악 악절의 후반부와 마찬가지로 노력이 덜해지고 전반기에 비해 안주하려는 경향이 강해진다. 이러한 사실은 청년기에는 세상에서 대단한 행복이나 향락을 접할 수 있지만 그것에 도달하기가 어렵다고 생각하는 반면, 노년기에는 세상에서 아무것도 얻을 수 없음을 알고 그러한 통찰에 완전히 안주해 그럭저럭 견딜 만한 현재를 즐기며, 심지어 하찮은 일에서도 기쁨을 느끼는 데서 기인한다.

성숙한 인간은 자신의 인생 경험으로, 청년이나 소년과 다르게 세상을 보

---

100 청년기에는 재난을 참는 법을 터득하는 반면 노년기에는 그것을 피하는 법을 터득한다.

아 무엇보다도 **공평함**을 얻을 수 있다. 성숙한 인간은 무엇보다 사물을 매우 단순하게 보고, 그것을 있는 그대로 받아들인다. 반면에 청년이나 소년의 눈에는 스스로 만들어 낸 변덕스러운 생각, 인습적인 편견, 기이한 환상으로 이루어진 환영이 진짜 세계를 뒤덮거나 일그러뜨린다. 경험이 가장 먼저 해야 할 일은 청년기에 만들어진 환영이나 잘못된 개념으로부터 자신을 해방시키는 일이다. 청년기에 이러한 환영이나 잘못된 개념을 갖지 않도록 하는 것이 비록 소극적이긴 하지만 최상의 교육이 될지도 모른다. 하지만 그것은 그다지 쉬운 일이 아니다. 이러한 목적을 위해서는 어린이의 시야를 처음에는 되도록 좁게 해두고, 그런 범위 내에서 어린이에게 순전히 분명하고 올바른 개념을 가르쳐야 할 것이다. 아이가 시야 속에 들어 있는 모든 것을 올바로 인식한 후에야 비로소 그 시야를 점차 넓혀 가야 할 것이다. 또한 그러면서도 애매한 부분, 반쯤 또는 잘못 이해된 부분이 하나도 남지 않도록 항상 신경 써야 한다. 그 결과 사물과 인간관계에 대해 어린이가 품는 개념은 여전히 제한되어 있고 매우 단순하지만 분명하고 올바른 것이어서, 그 개념을 끊임없이 확장할 필요는 있겠지만 바로잡을 필요는 없을 것이다. 청년기까지는 계속 이런 식으로 하는 게 좋다. 이러한 방법을 위해서는 특히 장편소설을 읽지 말고, 예컨대 『**프랭클린 자서전**』이나 **모리츠**Karl Philipp Moritz(1757~1793)[101]의 『안톤 라이저』 등과 같은 적당한 전기를 읽는 것이 좋다.

어릴 때는 인생행로에 중요하고 중대한 일이나 인물은 요란하게 등장할 걸로 생각하지만, 나이가 들면 그런 일이나 인물 모두 아주 조용히, 뒷문으로 거의 눈에 띄지 않을 정도로 슬쩍 들어왔다는 사실을 알게 된다.

그뿐만 아니라 지금까지 고찰한 점에서 보면 인생이란 수놓아진 천에 비유할 수 있다. 인생의 전반기에는 누구나 자수의 겉면만 보지만, 노년기에는 그 이면을 볼 수 있다. 이면은 그다지 아름답지 않으나 실이 어떻게 꿰매져 있는지 알 수 있기 때문에 더욱 도움이 된다.

정신적으로 우월한 사람, 심지어 가장 우월한 사람이라 해도 대화에서 결정적인 우세를 점하려면 적어도 마흔 살은 되어야 한다. 정신적으로 우월하면 나이의 성숙과 경험의 결실을 능가할 수 있겠지만, 그렇다고 그것을 대신

---

101 독일의 저술가로 소설 형식을 띤 자서전 『안톤 라이저』가 있다.

할 수는 없다. 그러나 정신적으로 아무리 평범한 인간이라 해도 나이의 성숙과 경험의 결실만 있으면, 정신적으로 가장 뛰어난 사람도 어린 경우에는 그 자와 어느 정도 맞설 수 있다. 이 경우, 단순히 인격적인 측면만 말하는 것이지 작품을 말하는 것이 아니다.

모든 뛰어난 사람, 자연에 의해 빈약한 재능을 타고난 인류의 6분의 5에 속하지 않는 모든 사람은 마흔 살이 지나면 사람을 싫어하는 성향에서 벗어나기 어렵다. 그런 사람은 자신을 근거로 타인을 추론하고 점차 환멸을 느껴 두뇌 측면이나 마음의 측면에서, 대체로 양자 측면에서 그들이 자기보다 뒤떨어진다고 생각해 그들과 교제하고 관계 맺는 일을 회피한다. 이처럼 대체로 누구든 자신의 내적 가치에 따라 고독을, 즉 자신과 어울리는 일을 좋아하기도 하고 미워하기도 한다. 칸트도 『판단력 이성 비판』 제1부 29장에 대한 일반적인 주석의 끝부분에서 이러한 종류의 인간 혐오를 다루고 있다.

어떤 **젊은이**가 인간의 행동거지에 꽤 일찍 **익숙**해지고 능숙해져서, 마치 준비한 듯이 그런 행동을 한다면 그것은 지적인 면이나 도덕적인 면에서도 좋지 않은 징후다. 그것은 본성이 천박하다는 표시다. 반면에 그러한 관계에서 서먹해 하고 어리둥절해하고 서투르며 어설픈 태도를 보이는 자는 보다 고상한 종류의 본성을 지니고 있음을 암시한다.

산 너머 반대편 기슭에 있는 죽음은 산을 오를 때는 보이지 않는다. 청년기에 명랑하고 삶의 의욕에 차 있는 것은 부분적으로 그 때문이다. 하지만 산의 정상을 넘어서면 풍문으로만 들어 알고 있던 죽음이 실제로 눈에 보인다. 그러면 곧바로 삶의 활기가 떨어지기 시작하고, 삶의 의욕도 감퇴해 청년기의 오만함이 물러가고 음울한 근엄함이 지배해, 얼굴에도 그런 모습이 나타난다. 우리가 젊을 때는 사람들이 우리에게 뭐라고 하든 인생이란 무한하다고 생각해, 시간도 그런 식으로 다루지만 나이가 들수록 시간을 경제적으로 이용한다. 노년이 되면 하루를 보낼 때마다 교수대로 한 발짝씩 끌려가는 범죄자가 느끼는 것과 비슷한 느낌이 들기 때문이다. 청년기 입장에서 보면 인생이란 무한히 긴 미래이고, 노년기 입장에서 보면 매우 짧은 과거다. 그래서 인생이란 처음에는 사물이 오페라글라스의 대물렌즈를 눈앞에 댄 것처럼 보이지만, 마지막에는 접안렌즈를 눈앞에 댄 것처럼 보인다. 인생이 얼마나 짧은지 알려면 늙어 봐야, 다시 말해 오래 살아 봐야 한다. 시간 자체도 청년기에는 훨씬 더디게 흘러간다. 그 때문에 우리 인생의 첫 4분의 1은 가장 행복한 시기일 뿐만 아니라 가장 긴 시기이기도 하므로, 어느 시기보다 많은 추억을 남긴다. 그래서 추억 이야기를 할 때는 누구나 그다음 두 시기를 합친 것보다 이 첫 4분의 1 시기에 대해 할 얘기가 더 많을 것이다. 그뿐만 아니라 일 년 중 봄이 그렇듯이 인생의 봄도 하루하루가 결국 성가실 정도로 길 것이다. 일 년 중 가을과 인생의 가을이 되면 하루가 짧아지지만, 좀 더 명랑하고 한결같을 것이다.

그런데 노년기가 되어 자신이 살아온 인생을 되돌아보면 왜 그렇게 짧아 보일까? 인생의 추억이 짧은 것과 마찬가지로 인생도 짧게 간주하기 때문이다. 다시 말해 중요하지 않은 모든 일과 불쾌한 많은 일이 추억에서 모두 떨어져 나가, 남아 있는 것이 별로 없다. 우리의 지성이 일반적으로 매우 불완전한 것처럼 기억력도 마찬가지다. 습득한 것은 연습하고 지나간 일은 반추해야만 두 가지 일이 점차 망각의 늪에 빠지지 않는다. 그런데 우리는 중요하지 않은 일과 불쾌한 일은 곱씹지 않는 것이 일반적이다. 그러한 일을 기억에 담아 두려면 반추가 필요하다.

나이를 먹을수록 중요하지 않은 일이 점점 더 많아진다. 중요하지 않은 일이 자꾸 끝없이 되풀이되면 처음에는 중요하게 생각되었던 많은 일이 점차 중요하지 않게 생각된다. 젊었을 때의 일을 나이 들었을 때의 일보다 더 잘 기억하는 것은 그 때문이다. 오래 살수록 중요하게 생각되거나, 나중에도 반추할 가치가 있을 정도로 의미 있게 생각되는 사건이 더 적어진다. 반추해야만 일들이 기억에 단단히 새겨질 수 있다. 일들은 지나가 버리면 곧 망각된다. 이렇게 해서 시간은 흘러가지만 점점 흔적을 남기지 않는다. 더구나 우리는 불쾌한 일은 반추하기를 좋아하지 않는다. 우리의 허영심을 손상하는 경우라면 더 그러하다. 그런데 전혀 잘못 없이 우리가 고통을 당하는 경우는 별로 없기 때문에 대부분의 일은 우리의 허영심을 손상한다고 할 수 있다. 불쾌한 일도 마찬가지로 대부분 잊어 버린다. 우리의 추억이 그토록 짧아지는 이유는 이처럼 두 가지 방식으로 추억이 떨어져 나가기 때문이다.

추억의 소재인 인생이 길어질수록 그에 비례해 추억도 점점 짧아진다. 배를 타고 멀리 나갈수록 해안의 사물이 점점 작아져 식별할 수 없고 분간하기 어려워지는 것처럼, 지나간 세월이 길어질수록 우리의 체험과 행위도 마찬가지로 희미해진다. 그런데 때로는 기억과 상상에 의해 오래전에 지나간 우리 인생의 어떤 장면이 마치 어제 일처럼 생생하게 기억에 떠오르기도 한다. 그렇게 되면 그 장면이 우리 곁에 가까이 다가온다. 이런 일이 발생하는 이유는 지금과 당시 사이에 삭제된 오랜 기간을 모두 그런 식으로 기억에 생생하게 떠올릴 수 없기 때문이다. 오랜 기간은 하나의 영상으로 개관할 수 없으며, 그 기간에 일어난 사건들도 대부분 잊혀 버려 그 기간에 관한 하나의 보편적인 인식만, 직관이 아닌 단순한 개념만 추상적인 형태로 남는다. 그 때문에 오래전에 지나간 일이 마치 어제 일어난 일처럼 하나하나씩 우리에게 매우 가깝게 생각되지만, 그 사이에 낀 시간은 사라져 버려 전체 인생은 이해할 수 없을 만큼 짧아 보이는 것이다. 게다가 노년이 되면 우리가 지나온 긴 과거가 순간적으로 거의 믿기지 않게 생각되기도 한다. 그런 일이 생기는 이유는 여전히 똑같은 영원한 현재가 우리 눈앞에 보이기 때문이다. 그러나 이와 같은 내면의 과정은 결국, 우리의 존재 자체가 아닌 그 존재의 현상만이 시간의 흐름 속에 있으며, 현재가 객관과 주관 사이의 접촉점인 사실에 기인한다.

그런데 청년기에 자신 앞에 있는 인생이 무한히 길어 보이는 이유는 무엇일까? 우리가 인생에서 한없는 희망을 실현하기 위해서는 그럴 만한 공간이 필요하고, 그 희망을 실현하기에는 므두셀라도 너무 일찍 죽었다고 할 수 있기 때문이다. 그다음으로는 자신이 살아온 얼마 안 되는 세월을 인생의 척도로 삼기 때문이다. 그리고 신기한 경험은 모든 것을 중요하게 보이게 하므로, 얼마 안 되는 세월의 추억은 언제나 소재가 풍부해 오랜 기간 겪은 것처럼 느껴진다. 그 때문에 모든 것이 나중에 반추되고, 때로는 추억 속에서 반복되어 기억에 새겨진다.

먼 고향으로 되돌아가고 싶은 생각이 들 때도 간혹 있는데, 그것은 좀 더 젊고 활기찼던 그곳에서 보낸 **시절**로 되돌아가고 싶다는 마음의 표현에 지나지 않는다. 그런 경우에는 시간이 공간이라는 가면을 쓰고 우리를 속이는 것이다. 그곳으로 여행해 보면 우리는 속았음을 깨닫는다.

완전무결한 체질을 지닌 사람이 장수하려면 두 가지 방법이 있는데, 그것은 두 개의 타오르는 등불로 설명할 수 있다. 기름은 얼마 없으나 심지가 매우 얇아서 오래 타는 경우와 심지가 무척 굵지만 기름도 많아서 오래 타는 경우가 그것이다. 다시 말해 기름은 생명력이고, 심지는 온갖 방식으로 그 생명력

캔터베리 대성당 스테인드글라스 창에 묘사된 므두셀라

을 소모한다.

생명력이라는 점에서 보면 우리를 서른여섯 살에 이르기까지는 그것의 이자로 살아가는 자에 비유할 수 있다. 다시 말해 오늘 생명력이 다 떨어져도 내일이면 다시 생긴다. 그렇지만 서른여섯 이후부터는 자신의 자본을 갉아먹기 시작하는 연금 생활자의 처지와 같다. 처음에는 사태의 변화가 전혀 눈에 띄지 않는다. 지출한 돈 대부분이 여전히 저절로 원상 복구된다. 이때 발생하는 미미한 적자는 대수롭지 않게 여겨진다. 그러다가 이러한 적자가 점차 늘어나 눈에 띄며, 적자 폭 자체가 하루가 다르게 커진다. 적자가 증가하는 속도가 점점 더 빨라져, 모든 오늘이 어제보다 더 가난해지는데, 이러한 상황이 멈출 희망이 보이지 않는다. 이리하여 떨어지는 물체처럼 감소하는 속도가 점점 더 빨라져, 급기야 더 이상 아무것도 남지 않는다. 여기서 비유로 든 생명력과 재산 두 가지가 정말로 함께 눈 녹듯 사라지기 시작하면 참으로 슬픈 경우다. 나이가 들면서 소유욕이 강해지는 건 바로 그 때문이다. 반면에 처음에는, 즉 성년에 도달하기까지와 그 후의 한동안은 생명력이라는 점에서 볼 때 우리는 이자를 조금이나마 떼어서 자본에 덧붙이는 사람과 같다. 다시 말해 지출한 만큼 저절로 다시 돌아올 뿐만 아니라 자본도 증가하는 것이다. 그런데 성실한 후견인의 배려로 때때로 금전상으로 이러한 일이 벌어지기도 한다. 아, 행복한 청춘이여! 아, 슬픈 노년이여! 그럼에도 우리는 청춘의 힘을 아껴 써야 한다.

아리스토텔레스는 올림픽 경기에서 우승한 사람 중에서 소년 시절에 한 번 우승하고 나중에 성인이 되어서도 우승한 사람은 두서너 명밖에 없다고 지적했다(『정치학』 제5장). 예비 훈련을 하느라 일찍 몸을 혹사하는 바람에 힘이 너무 소진되어 성인이 되었을 때는 힘이 부족해지기 때문이다. 근력이 이 정도이니 지적 성과를 나타내는 정신력은 말할 필요도 없다. 온실 교육의 결실인 조숙한 천재나 신동이 소년 시절에는 사람들을 놀라게 하지만 나중에는 그저 평범한 두뇌의 소유자가 되는 것도 그 때문이다. 그것 말고도 수많은 학자가 훗날 무능해지고 판단력을 잃어버리는 까닭은 고전어를 습득하느라 일찍 머리를 혹사한 탓일지도 모른다.

나는 앞에서 거의 모든 사람의 성격이 **어떤** 나이에 특히 적합한 것 같아서 그가 그 나이에서 좀 더 호감을 준다고 언급한 적이 있다. 몇몇은 청년기에 사랑스러운 모습을 지니기도 하지만, 그런 시절도 곧 지나가 버린다. 어떤 사람은 장년기에 힘차고 활동적이지만 노년기에는 아무런 쓸모가 없어지기도 한다. 또한 노년기에 좀 더 노련해지고 의연해지므로 좀 더 온화한 모습을 보여 호감을 주는 사람도 있다. 프랑스인 중에 이런 경우가 가끔 있다. 이런 현상이 나타나는 이유는 인간의 성격 자체에 청년기적 요소, 장년기적 요소, 노년기적 요소 자체가 따로 있어서, 각각의 연령이 이러한 요소와 일치하기도 하고, 교정 수단으로서 반대 작용을 하기도 하기 때문이다.

배를 타고 갈 때 해안에 보이는 사물이 뒤로 물러나고 점점 작아 보이는 것으로 자신이 앞으로 나아가고 있음을 알듯이, 점점 나이 들어 다른 사람들이 젊어 보일 때 자신이 늙어 가고 있음을 깨달을 것이다.

나이를 먹을수록 보고 행동하고 체험하는 모든 것이 어째서 정신에 더 적은 흔적을 남기는지는 앞에서 상세히 설명했다. 이런 의미에서 청년기에만 완전히 의식하며 살아가고, 노년기에는 단지 반쯤만 의식하며 살아간다고 주장할 수 있겠다. 나이가 많아질수록 더 적은 의식으로 살아가는 것이다. 천 번이나 본 예술품이 아무런 감명을 주지 못하는 것처럼 사물은 아무런 인상도 남기지 못하고 급히 지나가 버린다. 우리는 해야 할 일을 하지만 나중에는 그 일을 했는지 알지 못한다. 그러므로 점점 무의식적으로 살아가면서, 완전한 무의식 상태로 급히 진행할수록 세월도 더욱 빨리 지나간다. 어린 시절에는 모든 대상과 일이 신기하므로 그런 것 하나하나가 기억에 새겨진다. 그 때문에 하루가 무한히 길게 느껴진다. 여행할 때도 같은 일을 겪는데, 한 달 동안의 여행이 넉 달 동안 집에 있는 것보다 길게 느껴진다. 하지만 이처럼 사물이 신기하게 느껴지더라도 어린 시절이나 여행할 때 길게 느껴지는 시간이 노년기나 집에 있을 때보다 간혹 실제로 '길게 생각되는' 경우도 없지 않다.

이러한 식으로 지각하는 일이 오랜 습관이 되면 지성이 점차 닳아서 모든 일이 점점 지성에 아무런 영향을 주지 못한다. 그렇게 되면 하루하루가 점점 중요하지 않으므로 자꾸 짧아지는 것처럼 생각된다. 다시 말해 소년의 한 시간은 노인의 하루보다 더 길게 느껴진다. 따라서 우리 인생의 시간은 굴러 떨어지는 공처럼 가속도 운동을 한다. 회전하는 원반 위의 모든 점은 중심에서 멀리 떨어져 있을수록 빨리 도는 것처럼, 모든 사람도 인생의 출발점에서 멀리 떨어질수록 시간이 점점 더 빨리 흘러간다. 우리의 마음으로 직접 추정해 보면 일 년의 길이는 우리의 나이로 일 년을 나눈 몫에 반비례한다고 볼 수 있다. 예컨대 일 년이 우리 나이의 5분의 1에 달할 때, 즉 다섯 살 때는 일 년이 나이의 50분의 1에 달 때, 즉 쉰 살일 때에 비해 열 배나 길게 느껴진다. 시간의 속도에서 보이는 이러한 차이는 각각의 연령에서 취하는 전체 생활 방식에 가장 결정적인 영향을 끼친다. 그 결과 첫 번째로 유년기는 15년밖에 안 되지만 인생에서 가장 긴 시기이기 때문에 추억이 가장 풍부하다. 두 번째로 우리는 나이에 반비례해서 지루함을 느낀다. 아이들은 놀이든 일이든 끊임없이 시간을 보낼 거리가 필요하다. 그런 게 없으면 금방 심심해 죽는다. 청소년도 지루한 것을 참지 못해 시간을 보낼 일이 없을까 봐 두려워한다. 어른이 되면 지루함이 점점 사라진다. 백발노인이 되면 시간이 항시 너무 짧아져 하루하루가 쏜살같이 지나가 버린다. 노인이라고 했으니 나이 먹은 짐승을 말하는 게 아니라 인간을 말하는 것임은 당연하다.

이처럼 시간의 흐름에 가속도가 붙기 때문에 노년이 되면 대체로 지루하다는 생각이 없어진다. 다른 한편으로 "열정과 그에 수반되는 고통도 갑자기 침묵하므로"(괴테, 『토르콰토 타소』 제5막 5장 참조) 건강이 유지되는 한 전체적으로 볼 때 인생의 짐도 젊을 때보다 실제로 가벼워진다. 그 때문에 고령이 되어 몸의 쇠약과 여러 장애가 나타나기 전인 청년기를 '한창때'라고 한다. 유쾌한 기분이라는 면에서 볼 때 정말 그럴지도 모른다. 반면에 모든 것이 감명을 주고 하나하나가 생생하게 의식 속으로 들어오는 청년기의 장점은 정신에는 결실의 시기이고, 정신의 꽃을 피우는 봄이라는 점이다. 심오한 진리는 보고 알아차릴 뿐 계산으로 얻어 내는 것이 아니다. 즉 진리에 대한 최초의 인식은 직접적인 인식으로 순간적인 인상에 의해 야기된다. 따라서 이러한 인식이 생기려면 인상이 강렬하고 생생하며 깊어야만 한다. 이러한 점에서 보면 모든 것은 청년 시절을 어떻게 활용하느냐에 달려 있다. 노년이 되면 우리 자신이 완성되고 완결되어 더 이상 감명받지 않으므로 타인과 세상에 더 많은 영향을 미칠 수 있는 것이다. 그러나 노년이 되면 세상이 우리에게 더 이상 영향을 미치지 못한다. 그 때문에 노년기는 행동과 활동의 시기인 반면, 청년기는 진정한 파악과 인식의 시기다. 청년기에는 관찰이, 노년기에는 사고가 지배한다. 그 때문에 청년기에는 문학에 빠지고, 노년기에는 철학에 빠져든다. 실제로도 청년기에는 관찰된 것과 그것이 주는 인상에 의해 규정되고,

노년기에는 사고에 의해서만 규정된다. 그 이유는 부분적으로 노년이 되어야 비로소 구체적인 사례들이 충분한 만큼 존재해 개념들에 포괄되기 때문이다. 그것은 이러한 개념에 완전한 의미와 내용, 신용을 부여하는 동시에 관찰에 의한 습관적인 인상을 완화하기 위해서다. 반면에 청년기에는, 특히 활발하고 상상력이 풍부한 두뇌를 가진 사람의 경우에는 사물의 외면이 주는 인상이 너무 압도적이어서 세계를 하나의 영상처럼 간주한다. 그래서 그들은 이 경우 마음속으로 어떤 기분이 드는가 하는 것보다 그 영상에 어떠한 모습으로 나타나서 어떠한 작용을 하는가에 주로 관심을 갖는다. 그러한 사실은 이미 청소년의 개인적 허영심과 멋 부리려는 욕구에서 드러난다.

정신력이 주는 최대 에너지와 최고 긴장은 의심할 여지없이 청년기에, 늦어도 서른다섯 살까지 발생한다. 그 이후부터는 서서히 진행되기는 하지만 그러한 것이 감퇴한다. 그렇지만 노년이라 해도 그 대가로 얻는 정신적 보상이 없는 것은 아니다. 그때가 되어야 비로소 경험과 학식이 풍부해지는 것이다. 사물을 온갖 측면에서 바라보고 생각할 시간과 기회가 주어져, 각각의 것을 서로 나란히 비교하고 사물의 접촉점과 연결고리를 밝혀낼 수 있다. 그리하여 모든 것이 명확해진다. 어떤 개념을 뒷받침할 증거를 훨씬 더 많이 갖고 있으므로 이미 청년기에 알았던 것조차 훨씬 더 철저히 알게 된다. 게다가 실제로도 청년기보다 훨씬 많이 알며, 모든 방면으로 숙고한 결과 무척 연관성 있는 인식을 얻는다. 반면에 청년기에는 우리의 지식이 항상 불완전하고 단편적인 것에 불과하다. **나이가 들어가는 자**만이 인생의 전모와 그것의 자연스러운 경과를, 그리고 청년과 달리 입구 쪽에서뿐만 아니라 출구 쪽에서도 굽어보아 무엇보다 인생의 무상함을 완전히 인식하므로 그것에 대한 완전하고도 적당한 표상을 얻는다. 그렇지 않은 사람은 이제야말로 제대로 된 인생이 시작될 것이라는 망상에 항상 사로잡혀 있다.

청년기에는 구상 능력이 뛰어나므로, 알고 있는 얼마 안 되는 것으로 보다 많은 것을 만들어 내는 능력이 있다. 그러나 노년기에는 판단력, 투철함, 철저함이 뛰어나다. 독자적인 인식의 소재, 자신의 독창적인 기본 견해의 소재 등 뛰어난 정신이 세상에 선물하도록 정해진 것은 이미 청년기에 모아 둔 것이다. 하지만 나중에 가서야 자신이 지닌 소재를 자유자재로 다룬다. 그에 따라 대부분의 경우 뛰어난 문필가들이 쉰 살 전후에 걸작을 발표하는 것을 알 수 있다. 그렇지만 수관樹冠이 생겨야 열매가 맺히기는 해도, 청년기가 인식이라는 나무의 뿌리임은 변함이 없다. 역사상 어느 시대도, 아무리 보잘것없는 시대라 해도 그 이전의 시대를 비롯해 바로 그 직전의 시대보다 자신의 시대를 훨씬 현명하다고 생각하듯이, 나이를 막론하고 이 같은 점이 적용된다. 그렇지만 두 가지 경우 모두 종종 잘못 생각하기도 한다. 육체가 성장하면서 우리의 정신력과 인식력도 나날이 커지는 시기에는 오늘이 어제를 깔보며 내려다보는 습관이 있다. 이러한 습관이 뿌리를 박아 정신력이 감퇴해 오늘이 오히려 어제를 존경의 눈으로 바라봐야 할 때도 그런 습관이 없어지지 않는다. 그래서 우리는 젊은 시절의 성과뿐만 아니라 판단을 종종 너무 과소평가한다.

인간의 성격이나 심정뿐만 아니라 지성, 즉 두뇌도 근본 특성으로 보면 선천적이지만 성격이나 심정이 변하듯이 결코 불변하는 것은 아니라 여러 가지 변화를 겪는다. 그런 변화는 대체로 규칙적으로 일어난다. 변화가 일어나는 것은 한편으로는 지성이 육체적인 토대를 지니고, 다른 한편으로는 지성이 경험적 소재를 지니기 때문이다. 이처럼 지성의 힘이 점점 커져서 정점에 도달한 다음 점차 쇠퇴해 정신박약에까지 이르기도 한다. 이와 아울러 다른 한편으로 이 모든 힘에 관여하고 그 힘을 발휘하게 하는 소재, 즉 사유와 지식의 내용, 경험, 인식, 훈련, 그로 인한 통찰의 완전성이 계속 커지다가 뜻밖에 결정적 약점이 나타나 모든 것을 감퇴시키고 만다. 인간이 이처럼 절대 불변의 요소와 두 가지 상반된 방식으로 규칙적인 변화를 하는 가변적인 요소로 이루어져 있음을 고려하면 연령에 따라 지성이 나타나는 현상과 그것이 지닌 힘이 다른 것을 설명할 수 있다.

넓은 의미에서는 이렇게 말할 수도 있을 것이다. 우리 인생의 첫 40년은 본문을 제공하고, 그다음 30년은 그것에 대한 주석의 성격을 지닌다. 이 주석은 본문에 들어 있는 도덕과 온갖 미묘한 맛 말고도 본문의 참된 의미와 맥락을 제대로 이해하는 법을 가르친다.

인생의 끝 무렵은 가면을 벗는 가장무도회의 끝 무렵과 같다. 자신이 살아오면서 접촉해 온 사람들이 실제로 어떤 사람인지 드러난다. 성격이 백일하에 드러나고, 행위가 결실을 맺고, 그동안 거둔 성과가 정당한 평가를 받으며, 온갖 환영이 붕괴하기 때문이다. 다시 말해 이 모든 일이 일어나기까지 시간이 필요했던 것이다. 그런데 가장 이상한 일은 인생의 끝 무렵에 가서야 비로소 자기 자신을, 특히 세계, 즉 타인과의 관계에서 자신의 목표와 목적을 인식하고 이해한다는 점이다. 그럴 경우 항상 그런 것은 아니지만 전에 생각했던 것보다 낮은 위치를 자신에게 부여해야 하는 경우가 간혹 있으며, 때로는 더 높은 위치를 부여해야 하는 경우도 있다. 그렇게 되는 이유는 세상의 저열함에 대해 충분한 생각을 하지 못해, 세상보다 더 높은 곳에 목표를 두어서다. 그러다가 부수적으로 자신이 어떤 인간인지 알게 된다.

흔히 청년기는 인생의 행복한 시기로, 노년기는 처량한 시기로 일컬어진다. 열정이 사람을 행복하게 한다면 맞는 말일지도 모른다. 청년기는 이러한 열정에 의해 이리저리 끌려다니며 기쁨은 별로 맛보지 못하고 많은 고통에 시달린다. 냉정한 노년기에는 열정이 귀찮게 굴지 않는다. 노년기의 삶은 명상적인 색조를 띤다. 인식이 자유로워지고 우위를 점하기 때문이다. 그런데 이러한 인식이란 그 자체로는 고통이 없는 것이기에 인식이 의식 속에서 우세할수록 의식이 더욱 행복해진다. 열정이 사람을 행복하게 하지 않는다는 사실, 여러 향락을 맛볼 수 없다고 해서 노년을 탄식해서는 안 된다는 사실을 이해하기 위해서는 온갖 향락은 소극적 성질을, 고통은 적극적 성질을 띠고 있음을 곰곰 생각하기만 하면 된다. 모든 향유란 언제나 욕구를 달래는 것에 지나지 않기 때문이다. 그런데 욕구가 충족되면 향유도 없어진다는 사실은, 식사를 마친 후에는 더 이상 먹을 수 없는 것 또는 잠을 푹 자고 난 뒤에는 깨어 있어야 하는 것과 마찬가지로 한탄할 일이 아니다.

플라톤은 백발의 시기가 되면 그때까지 우리를 끊임없이 괴롭혀 오던 성욕에서 드디어 벗어난다는 점에서 그 시기가 행복하다고 했는데(『국가』서두), 그것이 훨씬 올바른 견해다. 그뿐만 아니라 인간이 항시 사로잡혀 있는 성욕이나 악마의 영향 하에 있는 한, 성욕이 만들어 내는 다양하고도 끝없는 변덕, 그리고 성욕으로 인해 생기는 격한 감정 때문에 인간의 내면이 지속적으로 경미한 망상에 빠져 있으므로, 인간은 성욕이 소멸한 후에야 비로소 완전히 이성적으로 된다고 주장할 수 있겠다. 그런데 일반적으로 개인적인 모든 사정과 상태를 도외시한다면, 청년기의 고유한 특징은 우울함과 비애이고, 노년기의 특징은 명랑함인 것이 확실하다. 그 원인은 다름 아닌, 청년기에는 아직 악마의 지배를 받고 있으므로, 심지어 그의 종노릇까지 해야 한다는 사실에 있다. 이 악마는 청년기에 쉽게 자유로운 시간을 허용하지 않는 동시에 인간을 노리거나 위협하는 거의 온갖 재앙의 직간접적인 장본인이다. 하지만 노년기는 오랫동안 몸에 채워져 있던 족쇄에서 풀려나 이제 자유롭게 움직일 수 있는 자의 명랑함을 지니고 있다. 그러나 다른 한편으로 성욕이 소멸한 후에는 인생의 본래적인 핵심이 소모되어, 이제는 인생의 껍데기만 남아 있다고, 아니 인생이란 인간에 의해 시작되지만 나중에는 로봇이 인간의 의상을 입고 끝까지 연기하는 희극과 같다고 말할 수 있겠다.

어찌 됐건 청년기는 동요의 시기고, 노년기는 평온의 시기다. 이런 점을 보더라도 양자가 쾌적하게 생각하는 환경을 추론할 수 있을 것이다. 어린아이는 물건을 갖고 싶은 욕심에 눈앞에 보이는 형형색색의 온갖 물건을 손을 뻗어 잡으려고 한다. 아이의 감각 기관이 아직 매우 활발하고 어려서 이런 사물에 자극받기 때문이다. 청소년의 경우에는 이런 현상이 좀 더 활기차게 나타난다. 청소년도 알록달록한 세상과 그 세상의 다양한 형태에 자극받는다. 그의 상상력은 즉각 그런 것들에서 세계가 부여할 수 있는 이상의 무언가를 만들어 낸다. 그 때문에 청소년은 막연한 것에 대한 욕구와 동경으로 가득 차 있다. 이러한 욕구와 동경 때문에 행복에 없어서는 안 되는 마음의 평온을 잃는다. 따라서 청소년은 어디에 있는지 알 수만 있다면 굉장한 무엇을 세상에서 얻을 수 있다고 생각하지만, 노인은 「전도서」에 있는 "모든 것이 헛되도다"라는 정신에 투철해, 호두 껍데기가 아무리 금빛을 낸다 해도 속은 텅 비어 있음을 알고 있다. 노년기에는 모든 것이 진정되기 때문이다. 한편으로는 피가 냉정해지고 감각 기관이 자극에 둔해지기도 하지만, 다른 한편으로는 사물의 가치나 향유의 내용을 분명히 알게 되어 전에는 사물에 대한 자유롭고 순수한 견해를 가리고 왜곡했던 착각이나 환영, 편견에서 점차 벗어나, 이젠 모든 사물을 보다 올바르고 분명히 인식해, 사물을 있는 그대로 받아들이고, 다소 지상의 모든 사물이 무상하다는 통찰에 이르렀기 때문이다. 따라서 거의 모든 노인, 심지어 능력이 평범한 노인조차 그런 대로 지혜롭다는 인상을 주어 보다 젊은 사람에 비해 뛰어나 보이는 것이다. 이런 모든 사실 때문에 노인은 마음의 평정을 얻는다. 이러한 마음의 평정은 행복의 커다란 구성 요소이며, 심지어 행복의 조건이자 본질적 요소라 할 수 있다.

흔히 사람들은 질병과 무료함이 노년의 숙명이라고 말한다. 그렇지만 질병이 노년기에만 본질적인 것은 아니다. 특히 장수하는 경우에는 더 그러하다.

"나이가 들수록 건강과 병도 커지기"[102] 때문이다. 노년기에는 청년기보다 무료함에 빠질 위험이 적다고 앞에서 지적했다. 또한 우리가 쉽게 그 원인을 알수 있듯이 노년기에는 물론 고독해지기는 하지만 그렇다고 고독에 무료함이 반드시 따라다니는 것은 아니다. 감각적이고 사교적인 향유만 알았던 사람, 정신을 풍부하게 하지 않고 능력을 키우지 않았던 사람만 무료해질 뿐이다. 사실 고령이 되면 정신력도 감퇴하긴 하지만, 원래 그것이 많았던 사람에게는 무료함을 퇴치할 정도의 정신력은 아직 충분히 남아 있을 것이다. 그리고 앞에서 지적했듯이 경험, 지식, 훈련, 숙고를 통해 올바른 통찰은 나이가 들수록 증가하고, 판단력은 날카로워지고, 사물의 연관성이 명백히 파악된다. 무슨 일에든 전체를 간추려 개관하는 능력이 점점 커진다. 그렇게 되면 축적된 인식을 늘 새롭게 조합하고 기회 있을 때마다 그런 인식을 풍부하게 하여 모든 면에서 자신의 가장 내적인 자기 도야가 계속 진행되어, 정신을 충족시키고 정신에 할 일을 주며 보답한다.

이 모든 사실을 통해 이미 언급한 정신력의 감퇴가 어느 정도 보상된다. 이것 말고도 이미 말했듯이 노년기에는 시간이 훨씬 빨리 흘러가기 때문에 무료함을 별로 느끼지 못한다. 생업에 굳이 필요하지 않다면 체력은 떨어져도 별로 지장 없다. 노년기에 빈곤은 커다란 불행이다. 궁핍에서 벗어나고 건강이 유지되면 노년기는 인생에서 그럭저럭 견딜 만하다. 노인의 주된 욕구는 편안함과 안정이다. 그 때문에 노년이 되면 이전보다 훨씬 더 돈을 사랑한다. 사랑의 여신 아프로디테의 버림을 받았으니 술의 신 디오니소스로 기분 전환을 하려 할 것이다. 보고 여행 다니고 배우려는 욕구 대신에 가르치고 말하려는 욕구가 생긴다. 하지만 노인이 되어서도 연구욕이 있고, 음악이나 연극을 즐기고, 외부의 것을 받아들이는 감수성이 그래도 남아 있다면 행복할 것이다. 이러한 감수성이 만년에 이르기까지 남아 있는 경우도 물론 더러 있다.

만년이 되어서야 인간은 호라티우스가 말하는 "(욕구와 두려움에 대해) 평정을 잃지 않는다"(『서간집』제1권 6통 1장)는 상태에 도달한다. 다시 말해 그때가 되어야 온갖 세상사의 공허함과 온갖 영화의 덧없음을 직접 솔직하

---

102 • 로마의 백과전서파인 아울루스 코르넬리우스 켈수스Aulus Cornelius Celsus(기원전 30~기원후 45)의 말로 추정된다.

고 굳게 확신한다. 환영이 사라지는 것이다. 노인은 육체적이거나 정신적 고통만 없다면 궁전이든 오두막이든 어딘가에 특별한 행복이 깃들어 있으리라는, 본질적으로 어디서나 누릴 수 있는 행복보다 더 큰 행복이 있으리라는 망상을 더 이상 품지 않는다. 노인은 속세의 잣대에 따른 큰 것과 작은 것, 고상한 것과 비천한 것의 차이를 더 이상 두지 않는다. 이로써 노인은 특별한 마음의 평정을 얻어, 그런 상태에서 세상의 눈속임을 가소롭다는 듯 내려다본다. 노인은 완전한 환멸을 맛보아서, 인생이란 겉만 번지르르한 온갖 싸구려 물건으로 아무리 요란하게 꾸미고 그것을 몸에 주렁주렁 달고 다녀도 이내 빈약한 모습을 드러낼 것이고, 어떻게 채색하고 장식해도 어디서나 본질적으로 같은 것임을 알고 있다. 생존의 참된 가치란 언제나 향락이나 부귀영화를 누렸느냐가 아니라 고통이 얼마나 없느냐로 평가할 수 있을 뿐이다(호라티우스, 『서간집』 제1권 12통 1~6장).

노년기의 근본 특징은 환멸을 품고 있다는 점이다. 지금까지 삶에 자극을 주고 활동에 박차를 가한 착각이 사라져 버려, 세상의 온갖 화려함, 특히 부귀영화와 권세의 무가치함과 공허함을 인식한다. 가장 소망하던 일이나 열망하던 동경의 배후에 아무것도 없음을 알고, 점차 우리의 생존 전체가 대단히 빈곤하고 공허하다는 통찰에 도달한다. 일흔 살이 되어야 비로소 「전도서」의 첫 구절[103]을 제대로 이해한다. 노인이 다소 언짢은 표정을 하는 것도 그런 점 때문이다. 이러한 노년기야말로 어떤 사람이 '원래 자체적으로 지닌' 것이 가장 도움이 되는 시기라 할 수 있다.

언제나 우둔하게 살아온 사람들 대부분은 고령이 되면 물론 더욱 로봇처럼 된다. 그들은 항상 같은 것을 생각하고 말하며 행한다. 외부로부터 어떤 인상을 받아도 그런 점은 더 이상 변하지 않거나 그들에게서 어떤 새로운 것을 불러일으킬 수 없다. 그런 백발노인에게 말을 하는 것은 모래에 글을 쓰는 것과 같다. 그에게 준 인상은 말이 끝나자마자 즉시 사라져 버린다. 이런 종류의 노년기는 물론 살아 있는 해골[104]일 뿐이다. 고령이 되면 드문 현상이긴 하지만 세 번째로 치아가 나는 것을 볼 수 있다. 이것은 제2의 유년기가 왔음을 자

---

103 전도자가 이르되 헛되고 헛되며 헛되고 헛되니 모든 것이 헛되도다.
104 *caput mortuum. '죽은 자의 머리'. 고대 화학에서 증류기에 가열한 후 남은 건조한 잔류물

연이 상징적으로 보여 주려는 것 같다.

　나이가 들어감에 따라 힘이 자꾸만 떨어지는 것은 물론 슬픈 일이지만 그런 현상은 필연적인 동시에 고마운 일이기도 하다. 죽음의 준비 작업으로 볼 수 있는 그런 현상이 일어나지 않으면 죽음이 너무 힘들어질지도 모른다. 그 때문에 고령에 이르러 얻는 가장 큰 이득은 편안한 죽음을 맞이하는 것이다. 병에 의하지도 않고 경련을 수반하지도 않으며 아무런 느낌도 없는 매우 안락한 죽음 말이다. 그 문제에 대해서는 나의 주저 II의 41장 '우리의 존재 자체의 불멸성에 대한 죽음과 그것의 관계에 대하여'에 묘사해 두었다.[105]

　인간이 그렇게 오래 산다 해도 더 이상 불가분의 현재로서 소유하는 것은 아니기 때문이다. 하지만 추억은 나날이 새로 얻는 것보다 망각으로 잃는 게 더 많다. 나이가 들수록 인간의 일이 모두 더욱 작게 생각된다. 청년기에는 확고하고 안정되게 우리 눈앞에 보이던 인생이 무상하게 생각된다.

　청년기와 노년기의 근본적 차이는 언제나 청년기는 앞날에 삶을 가지고 있고, 노년기는 죽음을 가지고 있다는 점이다. 그러므로 청년기는 짧은 과거와 긴 미래를 갖고 있고, 노년기는 그 반대로 긴 과거와 짧은 미래를 갖고 있다. 물론 나이가 많으면 앞에 죽음만이 있고, 나이가 어리면 앞에 삶이 있다. 그런데 문제는 둘 중에 어느 것이 더 우려스러운가, 전체적으로 보아 삶이란 앞에 있는 것보다 뒤에 있는 것이 더 낫지 않은가 하는 점이다. 「전도서」에서도 이미 "죽는 날이 출생하는 날보다 낫다"(제7장 1절)라고 말하고 있다. 어쨌든

---

105 • 인생은 사실 길다고도 짧다고도 할 수 없다. 인생은 우리가 그것에 따라 다른 모든 시간의 길이를 추정하는 척도이기 때문이다. 베다의 마지막 부분인 『우파니샤드』에서는 자연스러운 수명을 백 살로 보았다. 나는 그것이 정당하다고 생각한다. 아흔 살 넘은 사람만이 편안한 죽음을 맞이할 수 있다고 보기 때문이다. 다시 말해 아무런 병도 없이, 뇌졸중에도 걸리지 않고, 경련도 없이, 숨이 가빠 그르렁거리지도 않고, 가끔 얼굴이 창백해지는 일도 없이, 대체로 앉은 채로, 그것도 식사를 마친 다음에 맞이하는 죽음, 또는 오히려 죽은 것이 아니라 다만 살기를 멈추는 죽음 말이다. 그 나이가 되기 전에 죽는 것은 그저 병으로 죽는 것이므로, 때 이르게 죽는다고 할 수 있다.

구약 성경(「시편」 90장 10절)에서는 인간의 수명을 일흔 살로 정하는데, 몸이 튼튼하면 여든 살로 한다. 그것은 자신에게 달린 일이다. **헤로도토스**(『역사』)도 같은 말을 한다. 하지만 그것은 틀린 말이고 단지 일상적인 경험을 대강 피상적으로 파악한 결과일 따름이다. 자연스러운 수명이 일흔 살 내지 여든 살이라면 일흔 살과 여든 살 사이에 **고령**으로 죽어야 하기 때문이다. 하지만 결코 그렇지 않다. 인간은 비교적 젊은 사람이 그렇듯이 **병에 걸려** 죽는다. 하지만 병이란 본질적으로 비정상적인 상태다. 그러므로 이것은 자연스러운 종말이 아니다. 비로소 아흔 살과 백 살 사이에 죽어야 대체로 **고령으로**, 병도 없이, 사투도 없이, 숨이 가빠 그르렁거리지도 않고, 가끔 얼굴이 창백해지는 일도 없이, 다시 말해 **편안한 죽음**을 맞이하는 것이다. 이런 점에서 보더라도 자연스러운 수명을 100세로 정하는 『우파니샤드』의 견해가 옳다.

너무 오래 살겠다는 욕구는 무모한 소망이다. 스페인의 속담은 "명이 길면 재앙도 많다"라고 말하기 때문이다.

점성술에서 말하는 것과 달리 사실 개개인의 인생행로가 행성들 속에 미리 정해져 있는 것은 아니지만, 행성이 각각의 나이에 순서대로 상응하여 그의 인생이 연속적으로 행성들의 지배를 받는 한, 일반적으로 인간의 인생행로가 행성들 속에 미리 정해져 있는 셈이다. 열 살 때는 **수성**의 지배를 받는다. 수성처럼 인간은 극히 좁은 범위 내에서 빠르고 경쾌하게 움직인다. 인간은 사소한 일에도 기분이 변하지만, 꾀와 능변의 신의 지배를 받아 많은 것을 쉽게 배운다. 스무 살이 되면 **금성**의 지배가 시작된다. 완전히 사랑과 여자의 포로가 되는 것이다. 서른 살부터는 **화성**이 지배한다. 이때가 되면 인간은 격하고 강하고 대담하고 호전적이며 고집이 세진다. 마흔 살에는 네 개의 **소행성**이 지배한다. 따라서 인간의 삶은 폭이 넓어진다. 인간은 생산적으로 된다. 다시 말해 **케레스**Ceres[106]의 힘으로 유익한 일에 몰두한다. 또한 **베스타**Vesta[107]의 힘으로 자신의 가정을 꾸미고, **팔라스**Pallas[108]의 힘으로 알아야 하는 것을 배운다. 그리고 가정의 여주인인 아내가 주노Juno[109]로서 지배한다.[110] 쉰 살이 되면 **목성**이 지배한다. 이 나이면 이미 인간은 사람들 대부분보다 오래 살았으므로 현재 세대에 우월감을 느낀다. 아직 자신의 역량을 충분히 즐기면서, 경험이나 지식이 풍부하므로 주변의 모든 사람에게(자신의 개성과 처지에 따라) 권위를 갖는다. 따라서 그는 명령받는 것이 아니라 직접 명령하려고 한다. 그는 이제 자신의 영역에서 지도자나 지배자가 되기에 가장 적합하다. 이렇게 목성은 정점에 도달하는데, 쉰 살의 인간도 목성과 함께 정점에 도달한다. 예순 살이 되면 **토성**이 뒤따르는데, 토성과 함께 납처럼 묵직하고 느려지며 강인해진다.

많은 노인은 죽은 자처럼 보인다,

---

106 로마 신화에 나오는 농업과 곡물의 신
107 로마 신화에 나오는 화덕의 신
108 소유성小遊星의 이름으로 그리스 신화에서 아테나의 별명
109 제3유성의 이름으로 로마 신화에서 주피터의 아내
110 * 그 이후에 발견된 50여 개의 작은 별은 하나의 혁신으로, 나는 그것에 대해 아무것도 알고 싶지 않다. 그 때문에 나는 철학 교수들이 나를 다루듯이 그것들을 다룬다. 다시 말해 내가 그것들을 무시하는 것은 나의 잡동사니에 맞지 않기 때문이다.

납처럼 답답하고 느리며, 무겁고 창백하다.

(셰익스피어, 『로미오와 줄리엣』제2막 5장)

마지막으로 오는 것이 **천왕성**이다. 그때는 이름 그대로 하늘에 올라간다. **해왕성**(유감스럽게도 아무 생각 없이 이름을 지었다)은 **에로스**라는 본래 이름으로 부를 수 없으니 여기서는 고려 대상이 될 수 없다. 그렇지 않다면 나는 시작이 종말과 어떻게 결부되는지, 다시 말해 에로스가 죽음과 어떤 비밀스러운 연관성이 있는지 보여 주려 했다. 그런 연관성에 의하면 오르쿠스 Orcus[111]나 이집트인의 신 아멘테스(플루타르코스, 『이시스와 오시리스에 대하여』29장에 따르면)는 빼앗는 자인 동시에 주는 자이기도 하며, 죽음이란 삶을 담는 커다란 저수지다. 그러므로 만물은 오르쿠스에서 나온다. 그런데 지금 생명을 지닌 모든 것은 이미 그곳에 있었던 적이 있는 셈이다. 이곳에서 벌어지는 요술쟁이의 눈속임을 파악할 능력이 우리에게 있다면 모든 일이 명백할 텐데.

---

111 로마 신화에서 죽음과 저승의 신

제2부
인생론

엘레우시스는 다시 돌아오는 자들에게
비로소 보여 줄 수 있는 무언가를
보존하고 있다.

(세네카, 『자연의 의문들』 제7권 31장)

217쪽, 「목신 때문에 놀라는 다이아나와 요정들」 페테르 파울 루벤스, 1638~1640

제1장
사물 자체와 현상의 대립에 대한 몇 가지 고찰

1

사물 자체는 우리의 지각과 독립적으로 존재하는 것, 따라서 실제로 존재하는 것을 의미한다. 데모크리토스에게 이것은 형성된 질료였고, 기본적으로 그것은 **로크**에게도 마찬가지였다. 칸트에게 그것은 X였고, 내게는 **의지**였다.

데모크리토스는 어떻게 이 문제를 전적으로 벌써 이런 의미로 받아들여, 이러한 편성의 선두에 속하는지를, 섹스투스 엠피리쿠스의 책(『수학자에 맞서』)에 나오는 다음 구절이 입증해 준다. 엠피리쿠스는 그의 저작을 앞에 두고, 대체로 글자 그대로 인용한다. "그러나 데모크리토스는 지각에 현상하는 존재를 부정하기 때문에, 사물이 실제로 있는 그대로 나타나는 것이 아니라 우리에게 보이는 대로 나타난다고 주장한다. 그러나 사실 실제로 현존하는 것은 원자와 공허의 존재이다." 나는 전체 구절을 읽을 것을 권하는데, 그러면 다음 구절을 발견하게 된다. "사실 우리는 각각의 사물의 성질이 어떠한지 알지 못한다. 그러므로 모든 사물의 성질이 어떠한지 사실 알기가 어렵다."

그렇지만 이 모든 것은 다음 사실을 말해 준다. "우리는 사물들을 그것들이 본래 존재하는 대로 인식하지 못하고 현상하는 대로만 인식할 뿐이다." 그리고 이러한 사실은 더없이 단호한 유물론에서 출발해 관념론으로 이어지고, 나와 함께 마무리되는 일련의 학설을 열어 준다. 우리는 심지어 벌써 칸트적인 의미에서, 사물 자체와 현상의 눈에 띄게 명료하고 뚜렷한 구별을 **포르피리오스**Porphyrios(234~305)[1]의 어느 구절에서 발견한다. 스토바이오스 Johannes Stobaios(5세기 초)[2]는 자신의 책 『윤리학과 물리학의 관계*Eclogae physica et ethicae*』의 제1권 43장에서 우리를 위해 그 구절을 보존해 놓았다. 거기에는 다음과 같이 쓰여 있다. "감각적이고 물질적인 것을 사방팔방으로 떼어놓을 수 있고 변화시킬 수 있다고 한다면, 이는 실제로 그러하다……. 그러나 실제로 존재하며 그 자체로 존속하는 것은 그것이 영원히 자체적으로 근거 지어져 있고, 마찬가지로 항상 그 자신에게 동일하게 유지된다는 점이다."

2

우리가 단지 지구 표면만 알고 지구 내부의 거대한 고체 덩어리는 알지 못하듯, 우리는 경험적으로 사물과 세계의 일반적인 **현상**Erscheinung, 즉 겉모습 외에는 아무것도 알지 못한다. 이러한 것들에 대한 정확한 지식이 가장 넓은 의미에서의 **물리학**이다. 그러나 이 내부가 단순한 평면이 아니라 대신 입방체의 내용물을 갖는 내부를 가정한다는 것은 그 내용물의 성질에 대한 결론과 더불어 **형이상학**의 주제이다. 단순한 현상의 법칙에 따라 사물 자체의 본질을 구성하고자 하는 것은 단순한 평면과 그 법칙으로부터 입체적인 물체를 구성하고자 하는 것과 비교할 수 있는 일이다. 모든 **초월적인 독단** 철학은 현상의 법칙에 따라 **사물 자체**를 구성하려는 시도이다. 이는 서로 전혀 다른 두 형상을 그 각각의 것으로 서로를 덮으려는 시도와 같은 것으로 끝난다. 어떤 것으로 덮으려 해도 때로는 이 귀퉁이, 때로는 저 귀퉁이가 튀어나오는 바람에 그러한 시도는 항상 실패하게 된다.

---

1 그리스의 신플라톤주의 철학자. 본명은 말코스Malchos다. 플로티노스의 저작을 편집하고 전기를 쓴 중요한 인물이다. 또 아리스토텔레스의 『범주론』에 관한 해설로 유명하다. 이 해설은 중세 논리학의 발전과 보편자 문제에 큰 영향을 끼쳤다. 이 해설서의 서문을 보이티우스가 라틴어로 번역한 『이사고게Isagoge』는 중세의 표준 교과서가 되었다.
2 고대 그리스 작가들의 귀중한 발췌본 편찬자

자연에 존재하는 각각의 존재는 **현상**인 동시에 **사물 자체**이거나 **소산적 자연**과 **능산적 자연**[3]이기도 하므로, 그에 따라서 그것은 **물리학적** 설명과 **형이상학적** 설명이라는 두 가지 방식으로 설명될 수 있다. **물리학**은 언제나 원인에서, **형이상학**은 언제나 **의지**에서 비롯한다. 인식 없는 자연에서는 이 의지가 **자연력**으로, 좀 더 높은 상태에서는 **생명력**으로 자신을 드러내고, 동물과 인간에게서는 의지라는 명칭을 얻기 때문이다. 엄밀히 말하자면 그에 따라서 특정인에게서 지능의 정도와 방향, 그리고 어쩌면 그의 인격의 도덕적 성질까지도 순전히 **물리적으로** 추론할 수 있을지도 모른다. 다시 말해 전자는 그의 뇌와 신경계의 성질과 아울러 그것에 영향을 미치는 순환계로부터, 후자는 심장, 혈관, 혈액, 폐, 간, 비장, 신장, 창자, 생식기 등의 성질과 협조로부터 비롯된다. 그러나 이를 위해서는 『인간의 신체와 도덕성의 관계』[4]를 지배하는 법칙에 대해 **비샤**Marie-François-Xavier Bichat(1771~1802)[5]와 **카바니스**가 지녔던 것보다 훨씬 더 정확한 지식이 요구될 것이다. 이때 지능과 인격은 더 멀리 떨어진 신체적 원인으로, 즉 자기 부모의 속성으로 거슬러 올라갈 수 있을지도 모른다. 이 부모는 자신과 같은 존재에게만 배아를 제공할 수 있지, 더 높고 더 나은 존재에게는 그것을 제공할 수 없는 것이다. 반면에 **형이상학적으로** 그 동일인은 그 자신의 완전히 자유롭고 본래적인 의지, 그 자신의 적절한 지성을 창조한 의지가 발현된 현상으로서 설명되어야 하겠다. 따라서 그의 모든 행위는 필연적으로 주어진 동기와 상충되는 그의 인격으로부터 나오고, 이 인격은 다시 그의 체질의 결과로서 나타난다. 그럼에도 그의 모든 행위는 전적으로 그 자신의 탓이다. 그런데 형이상학적으로 그와 그의 부모 사이의 차이 또한 절대적인 것은 아니다.

---

3 * natura naturata(die geschaffene Natur), natura naturans(die schaffende Natur). 스피노자의 용어

4 * 카바니스의 주된 저서의 제목

5 프랑스의 해부학자·생리학자. 인체 조직을 체계적으로 연구하고 조직학의 기초를 세우는 데 공헌했다.

모든 **이해**Verstehen는 **표상 작용**Vorstellen의 행위라서 본질적으로 **표상**Vorstellung의 영역에 머무른다. 그런데 이 표상은 **현상들**Erscheinungen만 제공하므로 현상에 한정된다. **사물 자체**가 시작되는 곳에 **현상**은 끝난다. 따라서 표상과 이와 함께 이해도 끝난다. 하지만 그 대신에 여기에 **존재자**das Seiende 자체가 등장하는데, 그 존재자는 그 자신을 **의지**로서 의식하게 된다. 자신을 의식하게 되는 이러한 행위가 직접적이라면 우리는 사물 자체에 관한 완전히 적절한 인식을 갖게 될 것이다. 하지만 그 행위는 의지가 스스로를 위해 유기적인 신체를 만들어, 그 신체의 어느 부분의 도움으로 지성을 창조하는 사실에 의해 매개되기 때문에, 그런 다음 이 지성을 통해 비로소 자의식 속에서 스스로를 의지로서 발견하고 인식하기 때문에, 사물 자체에 관한 이러한 인식은 그 안에 벌써 포함된, 인식하는 것과 인식된 것의 대립을 통해 처음으로, 그리고 나서 뇌수의 자의식과 떼려야 뗄 수 없는 **시간**의 형식을 통해 제약받는다. 그러므로 그 행위가 완전히 충분하거나 적절한 것은 아니다.

이것과 연결되는 것이 나의 저서 『자연에서의 의지』의 '물리 천문학' 장에서 설명된 진리다. 거기서는 어떤 사건이나 상황의 이해 가능성이 명확할수록, 이러한 사실은 그만큼 더 단순한 현상 속에 있는 것이며, 본질 그 자체와는 관련이 없다고 말하고 있다.

사물 그 자체와 현상의 차이는 그러므로 어떤 사물의 **주관적** 본질과 **객관적** 본질 사이의 차이로 표현될 수도 있다. 그 사물의 순전히 **주관적** 본질이 바로 사물 자체이다. 하지만 사물 자체는 인식의 대상이 아니다. 그러한 대상에게는 인식하는 의식 속에서 항상 그 의식의 표상으로서 현존하는 것이 필수적이기 때문이다. 그리고 그 의식 속에서 그 자신을 나타내는 것이 바로 그 사물의 **객관적** 본질이다. 따라서 이것이 인식의 대상이다. 하지만 그 자체로서 그 객관적 본질은 단순한 표상에 불과하다. 그리고 그 본질은 자신의 성질과 그것에서 기인하는 법칙을 가져야만 하는 어떤 표상 기구의 매개에 의해서만 이러한 본질이 될 수 있으므로, 그것은 사물 자체와 관련될지도 모르는 단순한 현상에 지나지 않는다. 이것은 자의식, 그러므로 자기 자신을 인식하는 자아가 현존하는 곳에서도 마찬가지 경우다. 왜냐하면 이 자의식도 지성, 즉 표상 기구 속에서만, 그것도 유기적 형태로서 외부 감각을 통해, 의지로서 내부 감각을 통해 자신을 인식하기 때문이다. 형태의 행동이 그림자에 의해 반복되는 것처럼, 그 자의식은 의지의 행동이 그 형태에 의해 동시에 반복되는 것을 보게 된다. 이것으로부터 자의식은 양쪽의 정체성을 추론하고 그것을 '자아'라고 부른다. 그러나 이러한 이중적인 인식 때문에, 또한 여기서 지성이 그것의 근원이나 뿌리, 즉 의지에 남아 있는 근접성 때문에도, 그러므로 객관적 본질, 즉 현상에 대한 인식은 외부 감각에 의한 인식의 경우나 자의식과 대립되는 다른 사물들에 관한 의식의 경우보다 주관적 본질, 즉 사물 자체와 훨씬 더 유사하다. 다시 말해 자의식이 내부 감각에 의해서만 인식하는 한 더 이상 공간의 형식이 아니라 시간의 형식만 이 자의식을 고수한다. 그리고 시간의 형식은 주체와 객체로 분해되는 현상 이외에, 자의식을 사물 자체로부터 분리시키는 유일한 것이다.

5

우리가 어떤 자연물, 예컨대 어떤 동물, 자연 속에서 현존하고 살아가고 활동하는 어떤 동물을 바라보고 관찰해 보면, 그것은 동물학과 동물해부학이 그에 대해 가르치는 모든 것에도 불구하고 규명할 수 없는 수수께끼로 우리 앞에 존재한다. 그러나 자연은 단순한 고집 때문에 우리의 질문에 영원히 침묵을 지켜야 하는가? 자연은 모든 위대한 것과 마찬가지로 개방적이고 소통적이며, 심지어 소박하지 않은가? 질문이 잘못되거나 왜곡되어서, 잘못된 가정에서 나왔거나, 심지어 모순을 담고 있다는 이유와는 다른 이유 때문에 그 답이 부족할 수 있는 것일까? 영원히 또 본질적으로 발견되지 않은 채로 남아 있어야만 하는 근거와 결과들의 연관성이 있을 수 있다고 혹시 생각할 수 있을까? 물론 이 모든 것에 대해 그렇다고 할 수 없다. 규명할 수 없는 이유는 우리가 이 형식이 생소한 영역에서 근거와 결과들을 탐구하고, 그러므로 우리가 완전히 잘못된 궤도에서 근거와 결과들의 연쇄를 따라가기 때문이다. 다시 말해 우리는 근거율[6]을 실마리로 해서 도달하는 모든 현상에서 자연의 내

---

6 충분한 근거에 관한 명제[der Satz von dem zureichenden Grund]란 뜻이다. 모순율과 함께 2대 원리로서 라이프니

적 본질을 탐구한다. 반면에 이 근거율은 우리의 지성이 현상, 즉 사물의 표면을 파악하게 해 주는 단순한 형식일 뿐이다. 하지만 우리는 근거율로 현상을 넘어서려고 한다. 근거율은 현상의 내부에서 유용하고 충분하다. 예컨대 이때 어떤 주어진 동물의 현존은 그것의 생식으로부터 설명할 수 있다. 말하자면 이 생식은 기본적으로 모든 다른 영향, 심지어 그것의 원인에서 비롯된 단순한 영향의 성공보다는 더 불가사의하지 않다. 그러한 경우에도 설명은 결국 이해할 수 없는 점에 부닥치기 때문이다. 생식의 경우 연관성의 몇몇 연결고리가 우리에게 더 많이 결여되어 있다고 해서 본질적인 것은 아무것도 변하지 않는다. 그 연결고리들을 가지고 있다고 해도 우리는 여전히 이해할 수 없는 점에 직면할 것이기 때문이다. 이 모든 이유는 현상이 그대로 남아 있고, 사물 자체로 되지는 않기 때문이다.

사물의 내적 본질은 근거율과는 거리가 있다. 그것은 사물 자체이고, 그것은 순전히 **의지**일 뿐이다. 그 의지가 의지인 것은 의욕하기 때문이고, 그것이 의욕하는 것은 그것이 존재하기 때문이다. 모든 본질 안에서 오로지 실재하는 것은 의지다.

6

모든 사물의 기본 성격은 무상함이다. 자연에서 우리는 금속에서 유기체에 이르기까지 모든 것이 부분적으로 그것의 현존 자체를 통해 그리고 부분적으로 다른 것과의 충돌에 의해 마모되고 소모되는 것을 본다. 자연은 어떻게 형식의 보존과 개체의 쇄신, 생명 과정의 무수한 반복을 무한한 세월에 걸쳐 견뎌 내면서도 지치지 않을 수 있을까? 그 자신의 핵심이 무시간적이라서 완전히 파괴 불가능한 것이 아니라면, 사물 자체의 현상들과는 완전히 다른 종류의 어떤 사물 자체, 모든 물리적인 것과는 이질적인 형이상학적인 것이 아니라면 말이다. 이 형이상학적인 것이 우리 안의 그리고 모든 것 안의 **의지**다.

츠에 의해 제창되었는데, '어떠한 것도 근거가 없는 것은 없다'라는 형태로 표현된다. 그 뜻하는 바는 '하나의 사물이 존재하고, 한 사건이 일어나고, 하나의 진리가 생기기 위해서는 충분한 근거가 있어야만 한다'라는 것이다. 쇼펜하우어는 이 근거율을 생성·존재·인식·행위의 4가지 영역에 입각하여 정밀하게 규정하려고 시도했고, 하이데거는 근거율을 실마리로 근거의 문제를 파고들려고 시도했다.

모든 생명체 안에는 **세상의 완전한 중심**이 있다. 그 때문에 그 자신의 생존 Existenz이 그에게는 무엇보다 중요하다alles in allem. **이기심** 또한 이러한 사실에 기인하고 있다. 죽음으로 생명체가 소멸한다고 믿는 것은 지극히 우스꽝스러운 일이다. 모든 현존은 오직 죽음으로부터 비롯되기 때문이다.

7

우리는 대체로 현존의 연관성, 특히나 우리 자신의 전체와의 연관성을 이해하지 못하고 어둠 속에서 근근이 살아가면서 그 어둠에 대해 탄식한다. 그리하여 우리의 인생은 짧을 뿐만 아니라 우리의 인식 또한 완전히 그 인생에 한정되어 있다. 우리는 출생을 넘어 뒤돌아볼 수 없고 죽음을 넘어 앞을 내다볼 수 없기 때문이다. 따라서 우리의 의식은 흡사 일순간 밤을 밝히는 번개처럼 번쩍일 뿐이다. 그러므로 정말이지 어떤 데몬이 우리의 당혹감을 즐기기 위해 그 이상의 모든 지식을 음험하게 차단한 듯 보인다.

그러나 이 탄식은 엄밀히 말하자면 정당화되지 않는다. 그것은 사물 전체가 하나의 **지성**으로부터 비롯되었다는, 따라서 그것이 현실이 되기 전에 단순한 **표상**으로서 존재했다는 그릇된 기본 관점에 의한 망상에서 생기기 때문이다. 따라서 인식으로부터 생겨나는 것인 전체 사물은 인식에도 완전히 접근 가능해야 하고, 규명할 수 있어야 하며, 그리고 인식에 의해 고갈시킬 수 있어야 하겠다. 그러나 실상은 이와 반대로 우리가 알지 못한다고 불평하는 모든 것, 아무도 알지 못한다는 그 모든 것은 어쩌면 그 자체로 결코 알 수 없는 것, 즉 표상 불가능하다는 것일 수도 있다. 모든 인식이 깃들어 있는 영역이고, 또 모든 지식과 관련되는 **표상**은 현존의 외적 측면일 뿐으로 무언가 부차적이고 부가적인 것이다. 다시 말해 그것은 일반적으로 사물들의, 그러니까 세계 전체의 보존을 위해서가 아니라, 단순히 개별적인 동물 존재의 보존을 위해 필요한 것이다. 그러므로 사물의 현존은 일반적으로 그리고 전체적으로 단지 우연히, 따라서 매우 제한적인 방식으로 인식 속으로 들어간다. 사물의 현존은 동물의 의식에서 그림의 배경을 형성할 뿐, 본질적인 것이고 가장 높은 지위를 차지하는 것은 의지의 대상들이다. 물론 이 우연을 통해 전체 세계는 시공간에서 생겨난다. 즉 표상으로서의 세계는 인식 밖에서는 결코 그러한 종류의 현존을 갖지 않는다. 반면에 그 자체로 존재하는 그 세계의 내적 본질은 또한 그러한 현존으로부터 완전히 독립적이다. 따라서 앞서 말했듯이, 인식은 각 동물 개체의 보존을 위해서만 존재하듯이, 그 개체 전체의 속성, 시간과 공간 등과 같은 그 모든 형식은 단지 그러한 개체의 목적을 위해 설정된다. 이 형식들은 단지 개별 현상들 사이의 관계에 관한 인식을 요구하긴 하지만, 결코 사물의 본질과 세계 전체에 대한 인식을 요구하지는 않는다.

칸트는 다소간 모든 사람을 동요시키는 형이상학의 문제들이 직접적으로 충분히 해결될 수 없음을 증명했다. 하지만 이는 근본적으로 그 문제들이 우리의 지성 형식(시간, 공간, 인과율의 형식)에 기원하고 있다는 사실에 기초한다. 반면 이 지성은 단지 개체의 의지에 자신의 동기를 밀어 넣는 사명 Bestimmung, 즉 수단과 방법 이외에 자신의 의욕의 대상을 자기 것으로 **빼앗아** 지성에게 보여 주는 사명을 지니고 있다. 그렇지만 이 지성이 남용되어 사물의 본질 자체, 세계의 전체와 연관성을 지향한다면 가능한 모든 사물의 병존, 연속, 혼란이라는 앞서 말한 자신에게 부속된 형식들은 형이상학적인 문제들을 낳는다. 가령 세계와 자기 자신das eigene Selbst의 기원과 목적, 시작과 끝, 죽음에 의한 이 자기 자신의 소멸, 그리고 죽음에도 불구하고 그 자기 자신의 존속, 의지의 자유 등과 같은 문제들 말이다. 하지만 그 형식들이 언젠가 폐지되더라도, 그럼에도 그 사물들에 관한 의식이 존재한다고 우리가 상상한다면, 이러한 문제들은 가령 해결된다기보다는 완전히 사라지게 될 것이고, 그 문제들의 표현은 더 이상 아무런 의미를 갖게 되지 않을 것이다. 왜냐하면 그 문제들은 전적으로 세계와 현존의 이해와는 전혀 무관하게 단지 우리의 개인적인 목표의 이해를 겨냥하는 형식들에서 기인하기 때문이다.

그런데 이러한 전체 고찰은 우리에게 해명과 칸트주의 학설의 **객관적** 정당화Begründung를 제공한다. 그 학설은 창시자에 의해 단지 **주관적** 측면에서만 정당화된다. 이때 지력Verstand의 형식들은 초월적으로 사용되는 것이 아니라 단지 내재적으로 사용된다는 것이다. 다시 말해 사람들은 그 대신 지성Intellekt이 형이상학적이 아니라 물리적이라고도 말할 수 있을지도 모른다. 즉 지성은 의지의 객관화에 소속되는 것으로서 이 의지로부터 생겨났으므로, 오직 의지에 봉사하기 위해서만 존재한다. 하지만 이러한 봉사는 자연 너머에 있는 것이 아니라 자연 **속**에 있는 것에만 적용된다. 모든 동물(내가 『자연의 의지에 대해서』에서 상세히 설명하고 증명했듯이)은 먹이를 찾아내고 획득하는 목적을 위해서만 지성을 가지고 있는 것이 명백하며, 지성의 정도 또한 이러한 사실에 따라 규정된다. 인간도 이와 다름없다.

단지 자기 보존의 더 큰 어려움과 자신의 욕구의 무한한 증가 가능성이 이 경우에 훨씬 더 큰 정도의 지성을 필요로 했을 뿐이다. 이러한 정도가 정상 상태를 넘을 때에 완전히 **봉사로부터 자유로운 잉여 인간**이 나타나고, 그것이 상당한 정도에 이를 때 그는 **천재**라고 불린다. 이런 방식으로 그러한 지성은 이제 상당히 **객관적**이게 된다. 하지만 그 지성은 어느 정도는 직접 형이상학적이 되거나, 또는 적어도 그렇게 되려고 노력하는 것으로 이어질 수 있다. 사실 지성의 객관성의 결과로 이제 자연 그 자체, 사물 전체가 그것의 대상과 문제가 되기 때문이다. 다시 말해 자연은 우선 무엇보다 자기 자신을 존재하지만 존재할 수 **없는** 것으로 또는 어쩌면 **달리** 존재할 수도 있는 어떤 것으로서 제대로 지각하기 시작한다. 반면에 평범한, 단순히 정상적인 지성 속의 자연은 스스로를 명백하게 지각하지 못한다. 이는 방앗간 주인이 자신의 방앗간 소리를 듣지 못하거나 또는 향수 제조가가 자신의 가게 냄새를 맡지 못하는 것과 마찬가지다. 지성에게는 자연이 자신을 저절로 이해하는 것처럼 보인다. 즉, 지성은 자연에 사로잡혀 있다. 지성은 단순히 어떤 좀 더 명쾌한 어떤 순간들에만 자연을 알아채게 되고, 그 후 자연에 대해 거의 공포에 사로잡힌다. 하지만 이것은 곧 자신의 자리를 내준다. 따라서 그러한 정상적인 두뇌가 무더기로 모여든다 해도 그들이 철학에서 무엇을 할 수 있는지 우리는 곧 알 수 있게 된다. 반면에 만약 지성이 본래 그리고 그것의 사명에 따라 형이상학적이라면, 그들은 특히 단합된 힘으로 다른 모든 학문처럼 철학을 진흥시킬 수 있을 것이다.

제2장
범신론에 관한 몇 가지 말

1

유신론[7]과 범신론[8]에 대해 철학 교수들 사이에서 지금 벌어지고 있는 논쟁은 공연 중에 밀라노 극장의 1층 관람석에서 벌어질지도 모르는 대화를 통해 알레고리적이고 극적으로 묘사될 수 있다. 대화자 중 한 명은 자신이 **지롤라모**Girolamo의 크고 유명한 인형 극장에 있다고 확신하고 인형을 제작하고 연극을 지도하는 감독의 예술성에 감탄한다. 반면에 다른 사람은 이렇게 말한다. "전혀 아무것도 아니야! 대신 우리는 스칼라 극장에 있고, 감독과 그의 동료들이 함께 공연하고 있으며, 실제로 우리 앞에 보이는 인물들 속에, 저 안에 숨겨져 있어. 심지어 시인들도 함께 공연하고 있어."

하지만 철학과 교수들이 범신론을 금단의 열매인 양 흘낏흘낏 쳐다보며 집어 들려고 하지 않는 것을 보는 것은 흥겨운 일이다. 나는 이미 내 에세이 「대학 철학에 대하여」에서 그들의 행동을 묘사했는데, 그러면서 우리는 셰익스피어의 드라마 『한여름 밤의 꿈』의 베버 바텀Weber Bottom을 떠올렸다. 아아, 하지만 그것은 쓰라린 빵, 철학 교수의 빵이다! 먼저 우리는 사제들의 오르간

---

7 유신론有神論, theism, Theismus은 17~18세기 영국의 자유사상가들이 주장한 이론으로, 신을 세계의 창조자로 인정하지만, 세계를 지배하는 인격적 존재로는 생각하지 않고 계시나 기적을 부인하는 이성적 종교관. 18세기 말에 이르자 유신론은 영국·프랑스·독일의 지식인들 사이에서 가장 우세한 종교적 태도가 되었다.

8 범신론汎神論, pantheism, Pantheismus은 세계 밖에 별개로 존재하는 인격신이 아닌 우주, 세계, 자연의 모든 것과 자연법칙을 신이라 하거나, 또는 그 세계 안(신과 세계는 하나)에 하나의 신이 내재되어 있다는 철학, 종교관이자 예술적 세계관이다. 만유신교, 만유신론萬有神論이라고도 한다.

소리에 맞추어 춤을 추어야 한다. 제법 귀염성 있게 이 일을 해내면 우리는 야만적인 식인종들인 현실의 철학자들과 밖에서 갑자기 마주칠 수 있다. 이들은 어떤 사람을 주머니에 찔러 넣고 가지고 가서, 자기들 강의 분위기를 전환하기 위해 때때로 주머니 속 어릿광대로 그를 이용할 수 있다.

2

범신론에 반대하여 나는 주로 이것만 생각한다. 그것은 아무런 의미도 없다는 것이다. 세계를 '신'이라고 이름 짓는 것은 세계를 설명하는 것이 아니라, 대신 '세계'라는 단어의 불필요한 동의어로 언어를 풍부하게 하는 것을 의미한다. 여러분이 '세계는 신이다'라고 말하든 '세계는 세계다'라고 말하든 마찬가지다. 물론 누군가가 그 신이 주어진 존재이고 설명되어야 할 존재이기라도 하는 것처럼 신으로부터 출발한다면, 즉 '신은 세계다'라고 말한다면, 알려지지 않은 것이 더 잘 알려진 것으로 환원되는 한, 어느 정도는 설명이 된다. 하지만 그것은 단지 단어 설명에 불과할 뿐이다. 그러나 만약 누군가가 실제로 주어진 것, 즉 세계로부터 출발해서 '세계는 신이다'라고 말한다면, 그것으로 아무것도 언급되지 않았다는 것이나 또는 적어도 덜 알려진 것에 의해 알려지지 않은 것이 설명된 사실은 명백하다.

따라서 유신론은 범신론이 앞서 존재하는 것으로 전제한다. 신으로부터 출발하는 한에서만, 즉 신을 이미 먼저 가지고 있고, 신과 친숙한 한에서만 궁극적으로 신을 세계와 동일시할 수 있게 되고, 엄밀히 말하자면 신을 적절한 방식으로 제거할 수 있게 되기 때문이다. 다시 말해 사람들은 설명될 수 있는 것으로서의 세계로부터 공평무사하게 출발하지 않고, 주어진 존재로서의 신으로부터 출발했다. 그러나 곧 사람들이 그 신을 가지고 어떻게 해야 할지 더 이상 못하게 되었을 때 세계가 신의 역할을 떠맡아야 했다. 이것이 범신론의 기원이다. 왜냐하면 이 세계를 애당초부터 공평무사하게 신으로 간주하겠다는 생각이 아무에게도 떠오르지 않을 것이기 때문이다. 그것은 앞에 놓인 것과 같은 세계, 이처럼 굶주리는 세계로 자신을 변화시키는 것보다 더 나은 방법을 알지 못한 채 잘못 조언받은 신이 분명하다. 신은 그곳에서 비참, 곤궁, 죽음을 끝없이 견뎌야 한다. 한쪽이 다른 쪽을 잡아먹기 때문에 모두 잠시 동안만 존재하는 수없이 많은 살아 있지만 불안해하고 고통받는 존재의 모습으로 살아가야 한다. 예를 들어 벌거벗은 몸에 매일 평균 6천만 대의 채찍을 맞는 600만 명의 흑인 노예의 모습으로, 굶주림과 근심에 시달리며 후텁지근한 방이나 절망적인 공장에서 연명하며 살아가는 300만 명의 유럽 직조공들 등의 모습으로 말이다. 내 생각에 이것은 그 자체로 전적으로 다른 상황에 익숙해져 있을지도 모르는 신에게는 하나의 심심풀이일지도 모른다![9]

따라서 위에서 암시한 바처럼, 범신론을 단순히 가면을 쓴 부정으로서가 아니라 진지하게 받아들인다면, 소위 유신론에서 범신론으로의 커다란 진전은 증명되지 않은 것, 생각하기 어려운 것으로부터 바로 터무니없는 것으로의 전환이다. 우리가 '신'이라는 단어와 연결하는 개념은 비록 너무 불분명하고 불안정하며 혼란스러울지라도, 최고 권력과 최고 지혜라는 두 술어는 그것과 떼려야 뗄 수 없는 관계이기 때문이다. 그런데 이러한 것들로 무장된 존재가 앞에서 설명한 상황 속으로 자기 자신을 옮겨 놓았다는 것은 완전히 터무니없는 생각이다. 왜냐하면 세상에서 전지한 존재는 말할 것도 없고, 어떤 지적인 존재도 자신을 그런 상황에 옮겨 놓지 않을 것이기 때문이다.

범신론은 필연적으로 낙관주의이며 따라서 잘못된 것이다. 반면에 유신론은 단순히 증명되지 않았을 뿐이다. 무한한 세계가 우리가 동물적 본성으로만 그러한 것을 알고 있는 개인적인, 따라서 개별적인 존재의 작품이라는 것을 생각하기가 어려울지라도, 그것이 완전히 터무니없는 것은 아니다. 전능하고 전지한 존재가 고통받는 세상을 창조한다는 것은, 우리가 그 이유는 알지 못한다고 해도, 여전히 생각할 수 있기 때문이다. 따라서 비록 누군가가 신에게 최고선의 특성을 부여한다손 치더라도, 신적 의지의 불가해한 본질은 그러한 교리가 여전히 불합리하다는 비난을 피할 수 있는 탈출구가 될 것이다. 하지만 범신론을 받아들임으로써 창조하는 신 자신은 끝없이 고통당하는 존재이고, 이 지구상에서만도 그는 1초에 한 번씩 죽는 존재이다. 그리고 그는 이 모든 일을 자발적으로 수행한다. 이것은 터무니없는 일이다. 세계

---

9 • 만약 여러분이 세계를 설명하려고 한다면 범신론이나 유대 신화로는 충분치 않다. 그러므로 먼저 세계를 직시하도록 하라.

를 악마와 동일시하는 것이 훨씬 더 옳을 것이다. 실제로 이 일은 불멸의 작품 『독일 신학』[10] 93쪽(1851년 복원된 슈투트가르트 판본에 따르면)에서 어느 존경스러운 저자에 의해 다음과 같이 이루어졌다. "그러므로 악령과 자연은 하나이고, 자연을 극복하지 못한 곳에서는 사악한 적 역시 극복하지 못한다."

이 범신론자들이 **삼사라**Samsara(윤회)에 신의 이름을 붙여 준 것이 분명하다. 반면에 신비주의자들은 **니르바나**Nirwana(열반)에 같은 이름을 부여한다. 그러나 신비주의자들은 니르바나에 관해 자기들이 알 수 있는 것보다 더 많은 것을 이야기한다. 불교도들은 그런 일을 하지 않는다. 따라서 그들이 말하는 니르바나는 사실 상대적인 **무**다. '신'이라는 단어는 유대교 회당, 교회, 이슬람교에서 본래적이고 올바른 의미로 사용된다. '신'이라는 이름을 니르바나로 이해하는 유신론자들이 있다면 우리는 그 이름을 두고 그들과 다투고 싶지 않다. 이런 식으로 이해하는 자들이 **신비주의자**들이다. "만약 그 문제 자체가 올바로 이해된다면, 우리는 단어 때문에 일을 힘들게 만들고 싶지 않다."[11]

'세계는 자기 목적이다'라는 오늘날 자주 듣는 표현은 세계를 범신론에 의해 설명할 것인지 아니면 단순한 숙명론에 의해 설명할 것인지를 결정하지 못하게 한다. 하지만 후자를 가정할 때 세계는 언제나 더 높은 목적을 위한 **수단**으로 나타나므로, 그 표현은 아무튼 세계에 대해 도덕적moralisch 의미가 아니라 물리적physisch 의미만을 허용한다. 하지만 세계에 단지 자연적인 의미만 있을 뿐 도덕적 의미는 없다는 바로 그 생각은 정신의 가장 큰 전도顚倒에서 생겨난 더없이 무도한 오류이다.

---

10 『독일 신학Deutsche Theologie』은 14세기 후반에 쓰인 신비주의 작품으로, 저자는 알려지지 않았다. 이 책의 서문에 의하면 저자는 제사장이며 독일 프랑크푸르트에 사는 튜턴 기사단의 회원이라고 밝히고 있다. 마르틴 루터는 1516년 부분적인 내용을 처음으로 출판하였는데, 요한 타울러가 썼다고 생각했다.

11 *키케로의 말을 약간 변형시킨 것이다.

제3장
우리의 참된 본질은 죽음에 의해 파괴되지
않는다는 것에 관한 이론

1

내가 이 주제를 나의 주저에서 조리 있게 상세히 다루었지만 그에 대해 개별적으로 고찰한 것을 추가하는 것이 많은 사람에게 가치가 없지는 않을 것이다.

장 파울의 『셀리나』를 읽으면 극히 뛰어난 정신의 소유자조차 어떤 그릇된 개념과 맞붙어 싸우는 것을 알 수 있다. 그는 계속 불합리하다고 생각하면서도 그런 개념을 포기하려고 하지 않는다. 그런 자는 그릇된 개념에 집착하면서, 이때 자신이 이해할 수 없는 모순에 항시 마음이 불안해지기 때문이다. 그것은 우리 개인의 의식 전체가 죽은 후에도 개체에 의해 존속한다는 개념이다. 사실 장 파울의 싸움과 고투가 증명하는 것은 그릇된 것과 참된 것으로 구성된 그와 같은 개념이, 흔히 주장하듯 유익한 오류가 아니라 오히려 대단히 유해하다는 점이다. 해로운 이유는 영혼과 육체를 잘못 대립시키고, 전체 인격을 영원히 존속해야 하는 어떤 사물 자체로 끌어올려 참된 인식을 불가능하게 하기 때문이다. 이로써 우리의 진정한 본질은 시간, 인과율 및 변화와는 무관한 소멸하지 않는 것이라는, 현상과 사물 자체 사이의 대립에 기인하는 참된 인식이 불가능해진다. 그뿐만 아니라 그런 그릇된 개념은 진리의 대행자로서도 결코 확정될 수 없다. 이성은 언제나 새로이 자체 내의 불합리한 것에 맞서지만, 그다음에는 그 불합리함과 함께 그것과 밀접하게 결부된 참된 것도 포기해야 하는 것이다. 참된 것이란 장기적으로 보면 자신의 순수함

속에서만 존재할 수 있기 때문이다. 다시 말해 참된 것에 오류가 섞이면 그로 인해 효력이 없어진다. 그것은 비록 석영과 운모는 풍화하지 않는다 해도 장석이 풍화하면 화강암이 부서지는 것과 마찬가지다. 그러므로 진리의 대용품은 좋지 않다고 할 수 있다.

2

우리가 모든 것을 알고 싶어 하지만 아무것도 배우려 하지 않는 많은 사람 중 어떤 사람과 매일 교제하면서 죽음 이후의 존속에 대한 질문을 받는다면 "당신이 죽은 후에 당신은 태어나기 전의 상태로 되돌아갈 것이다"라는 대답이 어쩌면 가장 적절하고, 무엇보다 가장 올바른 대답일 것이다. 이 대답은 시초가 있는 존재 방식이란 끝없이 존재해야 한다는 요구가 불합리하다는 사실을 함축하고 있다. 게다가 그 대답은 두 종류의 존재가 있으며, 따라서 무無도 두 종류가 있을지 모른다는 암시를 내포한다. 그렇지만 같은 질문에 다음과 같이 대답할 수 있을지도 모른다. "당신이 죽은 후에 당신이 무엇이 되든, 설사 무로 돌아갈지도 모르지만 그렇게 되면 지금 당신의 개체적 유기체의 생존과 마찬가지로 자연스럽고 적합할 것이다. 그러므로 죽음으로 넘어가는 순간을 굳이 두려워할 필요가 없을 것이다. 그렇다, 이 문제를 잘 생각해 보면 우리의 생존보다 비생존이 더 나을지도 모른다는 결과가 나온다. 그러므로 우리가 더 이상 존재하지 않기에 우리의 존재나 시간이 중단된다는 생각은, 우리가 결코 태어나지 않았을지도 모른다는 생각만큼이나 당연히 슬프지 않을 수 있다. 그런데 이러한 생존은 본질적으로 개인적 생존이므로 개인적 생활이 끝나는 것도 상실로 간주할 수 없는 것이다."

반면에 우리는 객관적이고 경험적인 방식으로 유물론이라는 그럴듯한 실마리를 뒤쫓는 자와, 죽으면 완전히 무로 돌아간다는 두려움에 가득 차 죽음을 빤히 응시하며 우리에게 도움을 청하는 자를 그의 경험으로 파악하는 방식에 부합하게 금방 안심시킬 수 있을 것이다. 그러기 위해 우리는 질료와 일시적으로 그것을 소유하는 항시 형이상학적인 힘의 차이를 그에게 명백히 입증하면 된다. 예컨대 새알의 경우를 보면, 매우 동질적인 무형의 그 액체는 단지 적절한 온도만 갖추어지면 복잡하고 특정한 새의 종種과 속屬의 형태를 띤다. 이것은 일종의 자연 발생이다. 다시 말해 언젠가 태곳적에 운이 좋은 순간 알은 자기가 속하는 동물 유형에서 좀 더 고차원의 동물 유형으로 비약했을 지도 모른다. 특히 조금이라도 불리한 상태에서는 그런 일이 발생하지 않으므로, 어쨌든 이 경우에 질료와 다른 무엇이 생겨나는 현상은 확실하다. 이것으로 느낄 수 있는 것은 작용이 완수되거나 나중에 저지된 후에는 질료와 다른 무엇이 마찬가지로 온전한 상태로 질료로부터 물러날 수 있다는 것이다. 이것은 시간 속에서 질료가 자신의 형태를 고집하는 것과 완전히 다른 종류의 영속성이 존재함을 암시한다.

3

영원한 존속에 적합한 개체는 아무것도 없다. 다시 말해 개체는 죽으면 소멸한다. 그렇더라도 이때 우리가 잃는 것은 아무것도 없다. 개체적 생존의 토대에는 그것이 발현되는 현상과 전혀 다른 것이 있기 때문이다. 이것은 시간을 알지 못하므로 존속도 소멸도 알지 못한다.

　우리가 모든 것을 인식하고 이해하며 파악하는 어떤 존재를 생각하는 경우, 죽은 후에 존속할 것인지의 의문은 그 존재에게 필경 아무런 의미도 없으리라. 현 순간의 시간적이고 개인적인 우리의 생존을 넘어서는 존속과 종료란 더 이상 아무런 의미가 없으며, 그 두 가지는 구별하기 어려운 개념이기 때문이다. 그에 따라 우리의 본래적이고 참된 본질이나 우리의 현상 속에서 나타나는 사물 자체에는 소멸의 개념도 존속의 개념도 적용할 수 없다. 이러한 개념은 시간에서 빌려 온 것이므로 단순히 현상의 형태에 불과하다. 한편 우리는 우리 현상의 핵심이 되는 것의 불멸성을 그 핵심의 **존속**으로밖에 생각하지 않는다. 더구나 시간 속에서 형태가 아무리 변화해도 자신을 고수하는 질료의 모형에 따라 그렇게 생각할 수 있는 것이다. 그런데 그 같은 모형에 대해 이러한 존속이 인정되지 않으면, 우리는 우리의 시간적 종말을 **형태**의 모형에 따라 하나의 소멸로 간주하는데, 형태는 그것을 담당하는 질료를 잃을 때 소멸한다. 그렇지만 두 가지는 다른 속屬으로 넘어간다(아리스토텔레스, 『천체론』 제1권 1장). 다시 말해 현상의 형태가 사물 자체로 옮겨 가는 것이다. 그러나 우리는 영속하지 않는 불멸성에 대해서는 어떤 추상적 개념도 세울 수 없다. 그것은 그 개념을 증명할 직관이 우리에게 부족하기 때문이다.

하지만 실제로는 새로운 존재의 지속적 생성과 현존하는 존재의 소멸은 두 개의 흠 없는 렌즈(뇌의 기능)에 의해 비롯된 착각으로 간주할 수 있다. 우리는 그런 렌즈를 통해서만 무언가를 볼 수 있다. 다시 말해 그것은 시간과 공간, 그리고 그 두 가지 상호 작용에 기인하는 인과율을 의미한다. 우리가 이런 조건에서 지각하는 모든 것은 단순한 현상에 불과하기 때문이다. 하지만 우리는 사물을 그 자체로, 즉 우리의 지각과 무관하게 존재하는 것으로 인식하는 것이 아니다. 이것이 바로 칸트 철학의 핵심이다. 우리는 돈에 움직이는 사기꾼 근성이 사람을 바보로 만드는 과정을 거쳐 독일에서 철학을 추방한 이후 칸트 철학과 그 내용을 그다지 자주 떠올릴 수 없다. 진리와 정신은 아무래도 상관없다고 생각하는 반면, 자신들의 월급과 원고료를 가장 중시하는 자들이 철학의 추방에 앞장섰다.

개체의 죽음에 관여하지 않는 존재는 시간과 공간의 형식을 갖지 않는다. 다시 말해 우리에게 현실적인 모든 것은 시간과 공간 속에서 나타나므로, 죽음은 우리에게 소멸로서 그 모습을 드러낸다.

4

누구든 자신은 다른 사람에 의해 무에서 창조된 존재와 뭔가 다르다고 느낀다. 그래서 죽음이 그의 삶에는 종지부를 찍을지 모르나 그의 존재에는 종지부를 찍을 수 없다고 확신한다. 시간이라는 인식 형태에 의해 인간(즉 가장 높은 객관화 단계에서 삶에의 의지를 긍정하는)은 항시 새로 태어난 다음 죽어 가는 인간의 종種으로 나타난다.

인간은 생명이 주어진 무와 다른 어떤 것이며, 동물도 마찬가지다.

인간의 죽음을 바라볼 때 여기서 어떤 사물 자체가 무가 되리라고 어떻게 생각할 수 있겠는가? 오히려 모든 인간은 시간 속의 어떤 현상, 즉 모든 현상의 이 같은 형태 속의 어떤 현상만이 종말을 맞을 뿐이며, 사물 자체는 어떤 현상이 종말을 맞아도 아무런 영향을 받지 않으리라고 직접 직관적으로 인식한다. 그 때문에 사람들은 시대를 막론하고 극히 다양한 형태와 표현으로 그런 사실을 말하려고 노력해 왔다. 그러나 이들의 표현은 현상에서 빌려 온 것으로, 그 본래의 의미는 이러한 현상과만 관련될 뿐이다.

자신의 생존이 지금의 삶에만 한정되어 있다고 생각하는 사람은 자신을 생명이 주어진 무라고 여긴다. 30년 전에 그는 무였고, 30년 후에 다시 무로 되기 때문이다.

만약 우리가 우리 자신의 본질을 가장 깊은 근저까지 철저하고도 완전하게 인식했다고 한다면, 개체의 불멸을 갈망하는 것을 우스운 짓이라고 생각할 것이다. 왜냐하면 불멸을 갈망하는 것은 자신의 본질 자체를 포기하고 자신의 수많은 발현들, 즉 섬광燦光 중 어느 하나만 갖는 것을 뜻하기 때문이다.

5

어떤 사람이 모든 사물의 덧없음, 공허함, 꿈 같은 속성을 분명히 의식할수록 자신의 내적 본질의 영원함을 분명히 의식할 것이다. 그 이유는 이 같은 내적 본질은 인식되지 않고 단지 사물의 속성만 인식되기 때문이다. 그것은 배 자체의 내부는 들여다보지 못해도 해안을 바라본 후 자신이 탄 배가 신속히 나아가는 것만 감지하는 것과 같다.

6

현재는 **객관적** 현재와 **주관적** 현재라는 두 개의 절반으로 이루어져 있다. 객관적 현재만이 시간이라는 직관을 형식으로 지니고 있으므로, 끊임없이 굴러간다. 주관적 현재는 확고하게 고정되어 있어서, 언제나 동일하다. 우리가 진작 지나간 과거를 생생히 기억하는 것, 그리고 존재의 덧없음을 인식하면서도 우리의 불멸을 의식하는 것은 그 때문이다.

"세계는 나의 표상이다"라는 나의 시작 명제에 이어 "먼저 내가 있고 그다음에 세계가 있다"라는 명제가 뒤따른다. 죽음을 소멸과 혼동하지 않게 일깨워 주는 해독제로 이 말을 명심하는 것이 좋을 것이다.

누구나 자신의 가장 내면적 핵심은 **현재**를 포함하고 또한 함께 지니고 다니는 그 무엇이라고 생각해야 한다.

우리는 살아가는 동안 언제나 시간의 종점이 아닌 중심점을 의식하며 생활한다. 그러므로 누구나 무한한 전체 시간의 움직이지 않는 중심점을 마음속에 지니고 다닌다고 추측할 수 있다. 기본적으로 인간이 죽음의 두려움을 느끼지 않고 하루하루를 살아가도록 확신을 주는 것도 바로 그것이다. 하지만 기억력이 좋고 상상력이 풍부해서 자신의 인생행로에서 오래전에 지나간 일을 매우 생생히 떠올릴 수 있는 자는 **모든 시간에서 현재의 동일성**을 다른 누구보다 더욱 분명히 의식할 것이다. 그뿐만 아니라 이 명제는 어쩌면 그 반대가 더 옳을지도 모른다. 하지만 철학적 소질에는 모든 현재가 동일하다는 좀 더 분명한 의식이 꼭 필요하다. 그러한 소질에 의해 우리는 가장 덧없는 것, 즉 현재를 지속하는 유일한 것으로 파악한다. 그런데 가장 좁은 의미에서 모든 실재의 유일한 형식인 **현재**가 **우리** 내부에 원천을 지닌다는 사실, 그러므로 외부가 아니라 내부에서 유래한다는 사실을 직관적 방식으로 깨닫는 자는 자신의 본질의 불멸성을 의심하지 않을 것이다. 오히려 그런 자는 자신이 죽을 때 객관적 세계가 그것을 나타내는 매개물, 즉 지성과 함께 소멸해 버리지만, 이것이 그의 존재에는 아무런 영향을 끼치지 않는다는 것을 파악할 것이다. 왜냐하면 그라는 존재는 외적으로뿐만 아니라 내적으로도 엄연한 실재였기 때문이다. 그는 그런 사실을 잘 이해하고 이렇게 말할 것이다. "나는 전에 존재했고, 지금 존재하고, 앞으로도 존재할 모든 것이다."[12](스토바이오스, 『선집』 참조)

이 모든 것을 인정하지 않는 자는 그 반대를 주장하고 이렇게 말할 것이다. "시간은 나와 전혀 무관하게 존재하는 무언가 순수하게 객관적이고 실재적인 것이다. 나는 그냥 우연히 던져져 있을 뿐이고, 시간의 어떤 작은 부분을 손에 넣어, 일시적인 실재에 도달한 것이다. 나 이전의 무수히 많은 사람도 그러했다. 그들은 지금 더 이상 존재하지 않고 무無가 되어 있다. 나 역시 곧 무로 돌아갈 것이다. 반면에 시간은 실재적인 것이다. 다시 말해 시간은 나 없이도 계속 앞으로 나아갈 것이다." 나는 이 같은 견해가 근본적으로 잘못되었다는 것, 즉 불합리하다는 것을 표현의 단호함을 통해 느낄 수 있을 것으로 생각한다.

이 모든 사실로 볼 때 인생은 물론 일장춘몽으로, 죽음은 잠에서 깨어난 것

---

12 • 자이스의 이시스 신전에 있는 비명碑銘

으로 볼 수 있다. 그렇다면 인격, 개체는 꿈꾸는 의식에 속하지, 깨어 있는 의식에 속하지 않는다. 그 때문에 그런 깨어 있는 의식에게 죽음은 소멸로 나타난다. 그렇지만 아무튼 이러한 관점에서 보면 죽음이란 우리에게 완전히 새롭고 낯선 상태로 넘어가는 것으로 볼 것이 아니라, 오히려 원래 우리에게 고유한 상태로 되돌아가는 것으로 볼 수 있다. 그런 원래적 상태에 비하면 우리 인생은 하나의 짧은 에피소드에 불과하다.

그런데 어떤 철학자가 죽음에 임박해 자신이 너무나 자주 몰두한 어떤 문제가 해결되었다고 해서 자신에게만 고유한 위안, 어쨌든 방향 전환을 발견했다고 혹시 잘못 생각한다면, 그가 처한 상황은 아마 무언가 찾던 것을 손에 넣는 순간 등불이 꺼져 버리는 자가 처한 상황과 같다고 할 수 있을 것이다.

죽음으로 의식은 소멸하지만 그때까지 그 의식을 만들어 낸 것은 결코 소멸하지 않기 때문이다. 다시 말해 의식은 무엇보다 지성에 기인하지만, 이 지성은 생리적인 과정에 기인한다. 왜냐하면 지성은 명백히 뇌의 기능이고, 신경계와 혈관계의 작용에 제약받기 때문이다. 좀 더 자세히 말하면 심장에 의해 혈액을 공급받고 생기를 띠며 끊임없이 충격을 받는 두뇌, 해부학이 묘사하고 있는 것과 같은, 그러나 생리학으로는 도저히 이해할 수 없는 두뇌의 정교하고 비밀스러운 구조를 통해 객관적 세계의 현상과 우리의 활발한 사고 행위가 나타나는 것이다. 개체적 의식, 즉 일반적으로 의식은 **형체를 지니지 않은 존재**에서는 생각할 수 없다. 모든 의식의 조건인 인식은 필연적으로 뇌의 기능이기 때문이다. 원래 지성은 객관적으로는 뇌라는 형태로 나타난다. 지성은 생리학적으로 말한다면, 따라서 경험적 현실, 즉 현상 속에서는 생명 과정의 결과로 나타나는 2차적인 것이듯, 심리적으로도 의지와 달리 2차적인 것이다. 의지는 홀로 1차적인 것이고 어디서나 본래적인 것이다. 그렇지만 유기체조차 원래 직관적이고 객관적으로는 두뇌라는 형태를 취하며, 그 두뇌의 형식인 시간과 공간 속에서 나타나는 의지에 지나지 않는다. 나는 특히 『자연에서의 의지에 대하여』와 나의 주저(II, 20장 '동물 유기체에서 의지의 객관화')에서 이 문제와 자주 씨름했다. 그러므로 의식은 직접 의지에 결부된 것이 아니라 지성의 제약을 받고, 이 지성은 유기체의 제약을 받으므로 죽음에 의해 의식이 소멸하는 것은 의심할 여지가 없다. 그것은 잠과 온갖 기절에 의해

서도 의식이 소멸하는 것과 마찬가지다.[13]

하지만 안심하라! 대체 이것은 어떤 종류의 의식이란 말인가? 우리 인간에게서 그 의식이 정점에 도달하기는 하나 우리가 본질적으로 모든 동물 계열과 이 의식을 공유한다고 볼 때, 그것은 뇌수의 의식, 동물적 의식, 좀 더 높은 잠재력이 있는 동물적 의식이다. 그와 같은 의식은 내가 충분히 입증했듯이 그것의 목적과 근원에 따르면 자연의 단순한 정교한 장치이며, 동물적 존재를 도와 필요한 것을 얻게 해 주는 방편이다. 반면에 죽음으로 우리가 다시 돌아가는 상태는 존재의 원래 상태, 즉 자기 자신의 상태이며, 그것의 근원적 힘은 지금 종료되는 생명의 창조와 유지에서 나타난다. 다시 말해 사물 자체의 상태는 현상과 반대다. 그런데 이런 원래 상태에서는 의심할 여지없이 지극히 간접적이고, 바로 그 때문에 단순한 현상을 제공할 뿐인 뇌수의 인식과 같은 임시변통적인 타개책은 전혀 불필요하다. 우리는 그 때문에 인식을 잃어버린다. 우리에게 인식의 중지와 현상계의 종료는 한 가지다. 인식은 현상계를 매개하는 단순한 수단에 불과하므로, 그 이외에는 아무런 도움이 되지 않는다. 이런 우리의 근원적 상태에서 동물적 의식을 유지할 수 있다 해도, 마비 환자가 치유되면 목발을 거절하듯이, 우리는 의식을 단호히 거절할 것이다. 그러므로 단순히 현상에 따르고 현상적 능력만 있는 이러한 뇌수의 의식 상실이 임박했다고 탄식하는 자는 천국에 물개가 없다는 것을 알고 천국에 가지 않겠다는 그린란드의 개종자에 비유할 수 있다.

위에서 말한 모든 내용은 다음과 같은 전제를 기반으로 하고 있다. **의식이 없어졌다고 할 수 없는** 상태란 **인식하는** 상태이므로, 모든 인식 작용의 기본 형식인 주관과 객관의 분리, 인식하는 것과 인식된 것의 분리를 자체적으로 지닌 것으로 상상할 수 있다. 하지만 우리는 인식하는 것과 인식된 것이라는 이런 전체 형식이 단순히 우리의 동물적 본성, 따라서 매우 부차적이고 파생된 본성만 제약하므로, 모든 **실체**와 모든 존재의 근원적 상태가 아니라는 사실을 고려해야 한다. 그러므로 근원적 상태는 전혀 다른 종류이긴 하지만 **의식이 없어졌다고는 할 수 없을**지도 모른다. 그렇지만 우리가 존재의 내부를 추적

---

13 *물론 죽음과 함께 지성이 소멸하지 않는다면 매우 다행스러울지도 모른다. 그러면 이 세상에서 배운 그리스어를 완성된 상태로 다른 세계에 가져갈 수 있을 것이다.

할 수 있는 한 그 근원적 상태는 우리 자신의 현재 존재이고, **단순한** 의지이지만, 이 의지는 그 자체로 이미 인식이 없는 것이다. 그런데 우리가 죽음에 의해 지성을 잃는다면, 단지 인식이 없는 근원적 상태로 돌아가는 것일 뿐이다. 근원적 상태란 완전히 **의식이 없는** 상태가 아니라, 오히려 인식의 기본 형식을 넘어서는 고상한 상태, 주관과 객관의 대립이 종료되는 상태일 것이다. 여기서 인식되는 것과 인식하는 것 자체가 실제로 직접 하나가 될 것이므로, 인식의 기본 조건(주관과 객관의 대립)이 결여된다. "아무런 차이가 없는 절대적 일치인 신의 마음은 그 자체로 인식하는 존재이자 인식되는 존재이기도 하다"라는 조르다노 브루노의 발언은 나의 주저나 여기서 말한 것과 다른 표현으로 볼 수 있다.

또한 누구나 마음속 깊은 곳에서 다음과 같은 의식이 떠오르는 것을 느낄 것이다. 그것은 이루 말할 수 없이 초라하고 시간적이고 개체적이며, 순전히 비참한 일만 겪는 이런 존재와 전혀 다른 종류의 존재가 자기에게 적합할 것이니, 그 존재가 당연히 자기의 것이 되어야 할지도 모른다는 의식이다. 이럴 경우, 그는 죽음에 의해 다시 그런 상태로 되돌아갈 수 있을지도 모른다고 생각한다.

7

지금 **내면**을 향한 이런 고찰 방식과 달리, 우리가 다시 외면을 바라보고 우리에게 나타나는 세계를 완전히 객관적으로 파악하면 죽음은 물론 무로 넘어가는 과정으로 생각된다. 하지만 탄생도 무에서 유래하는 것으로 생각된다. 죽음이나 탄생도 현상의 실재만 갖고 있으므로 무조건 참일 수는 없다. 우리는 어떤 의미에서는 죽음도 견뎌 내야 하는데, 죽음이 우리가 매일 눈앞에 보는 출산의 기적보다 여전히 더 큰 기적은 아니기 때문이다. 죽는 것은 모든 생명이 유래하는 곳으로 가는 것이다. 이집트인이 저승의 신인 오르쿠스를 **아멘테스**라고 부른 것도 이런 의미에서다. 아멘테스는 플루타르코스(『이시스와 오시리스에 대하여』 29장)에 따르면 '빼앗는 자이자 주는 자'를 의미하는데, 그것은 모든 것이 돌아가고 모든 것이 나오는 것이 동일한 원천임을 표현하기 위한 것이다. 이런 관점에서 보면 우리의 생명이란 죽음에서 빌린 차용

금으로 볼 수 있을지도 모른다. 그렇다면 잠이란 이런 차용금의 하루 이자인 셈이다. 죽음이 개체의 종말이란 것은 숨김없는 사실이지만, 이런 개체 속에는 어떤 새로운 존재의 싹이 들어 있다. 그러므로 죽는 것의 전부가 영원히 죽어 버리는 것은 아니다. 또한 태어나는 것도 근본적으로 새로운 생존을 받아들이는 것은 아니다. 죽어 가는 것은 소멸한다. 하지만 하나의 싹은 남아 있어, 거기에서 새로운 존재가 출현한다. 그 새로운 존재는 자기가 어디에서 왔는지, 무엇 때문에 바로 지금과 같은 모습으로 있는지 알지 못한 채 이제 생존 속으로 나온다. 이것이 **환생**[14]의 신비다. 이에 대해 자세히 알기 위해서는 나의 주저 II, 41장 '우리의 본질 자체에 대한 죽음과 그것의 관계에 대하여'를 참조하길 바란다.

따라서 이 순간 살아 있는 모든 존재는 앞으로 살게 될 모든 존재의 진정한 핵심을 내포하고 있으므로, 그 미래의 존재가 어느 정도는 지금 벌써 현존하고 있다는 사실이 우리에게 분명해진다. 이와 마찬가지로 전성기를 맞이하는 모든 동물은 우리에게 이렇게 소리치는 것 같다. "너는 왜 살아 있는 것의 무상함을 탄식하고 있느냐? 내 이전에 존재한 나의 종족이 모두 죽었다면 내가 어떻게 존재할 수 있겠느냐?" 그에 따라 세계라는 무대에서 작품과 가면이 아무리 바뀐다 해도 배우는 언제나 똑같다. 우리는 함께 앉아 말하고 서로를 자극한다. 눈은 반짝이고 목소리는 더욱 크게 울려 퍼진다. 이와 마찬가지로 천 년 전에는 다른 사람들이 앉아 있었다. 다시 말해 그것은 같은 상황이었고, 같은 사람들이었으며, 천 년 후에도 마찬가지일 것이다. 이때 우리가 깨닫지 못하는 장치가 시간이다.

우리는 **윤회**와 **환생**을 잘 구별할 수 있다. **윤회**는 영혼 전체가 다른 육체로 옮겨 가는 현상이지만, **환생**은 **개체의 해체**이자 새로운 형성이다. 이 경우 의지만이 계속 지속돼 새로운 존재의 형태를 띠고 새로운 지성을 얻는다. 따라서 개체는 중성염처럼 해체된다. 그렇게 되면 개체의 염기鹽基는 다른 산酸과 결합해 새로운 염이 된다. 베르길리우스의 주석자인 세르부스도 윤회와 재생을 구별했는데, 그 요지가 베른스도르프의 『윤회론』(48쪽)에 짧게 언급되어 있지만, 그것은 분명히 잘못되고 보잘것없다.

---

14 개체의 발생에서 그 조상의 특징이 나타나는 반복 현상

「아이네이아스의 지옥으로의 하강」, 1530/1540

스펜스 히디의 『불교 입문』이나 산제르마노의 『버마 제국』 및 『아시아 연구』(제6권, 제9권)에서 밝혔듯이, **불교**에는 사후의 존속과 관련해 **공교적**公敎的 교리와 **비교적**祕敎的 교리가 있다. 공교적 교리는 브라만교에서와 같은 **윤회**지만, 비교적 교리는 훨씬 난해한 환생이다. 이 환생은 내 교설과 상당히 흡사하다. 즉 지성은 단순히 물리적 속성을 지니고 이것에 상응하게 무상한 것에 비해, 의지는 형이상학적으로 존속한다는 것이다. 거듭남은 이미 신약 성경[15]에도 등장한다.

　　그런데 우리가 환생의 비밀을 좀 더 깊이 캐기 위해 여기서 나의 주저(II, 43장 '특성의 유전성')의 도움을 받아 보다 자세히 고찰해 보면, 모든 시대에 걸쳐 남성은 의지의 보관자고, 여성은 인류의 지성의 보관자라는 사실이 드러날 것이다. 그로 인해 인류는 계속 존속할 수 있다. 그에 따라 각자 부계의 구성 요소와 모계의 구성 요소를 갖는다. 이런 요소는 탄생으로 하나가 되듯이 개체의 종말인 죽음에 의해 해체된다. 우리는 개체가 죽으면 그것이 실제로 사라진다는 느낌에 애도를 금치 못한다. 개체는 단순한 결합에 불과하므로 소멸해 버리는 것이다. 우리는 어머니에게서 물려받은 지성이 아버지에 의해 물려받은 의지만큼 결정적이고도 절대적인 것은 아니라는 사실을 잊어서는 안 된다. 지성은 부차적이고 단순히 물리적인 실체다. 지성은 뇌와 관련해서뿐만 아니라 다른 면으로도 유기체에 완전히 종속되어 있기 때문이다. 이러한 점은 앞에서 내가 말한 장章에 상세히 설명되어 있다. 말이 나온 김에 여기서 또 언급할 점은 **플라톤**이 소위 말하는 영혼에서 사멸할 부분과 불멸의 부분을 구분하는 한 그와 나의 견해가 일치한다는 사실이다. 하지만 그는 나와 진리와 정반대 입장이다. 플라톤의 『티메우스』에 나오는 구절을 살펴보면 알 수 있듯, 그는 나 이전의 모든 철학자의 방식에 따라 지성을 불멸의 부분으로 보고, 이와 반대로 욕구와 열정의 본거지인 의지를 사멸할 부분으로 본다. 아리스토텔레스도 플라톤과 같은 견해를 내세운다.[16]

　　출산과 죽음을 통해, 즉 모든 개체가 의지와 지성으로 합성되어 있다가 나

15　•『마태복음』 28장 7절, '죽은 자의 부활'. 디도서 3장 5절, '옛 사람의 새 사람으로의 변화'

16　•『영혼론』(제1권 4장)의 처음에 **영혼이란 본래적**인 것이고 **불멸**이라는 그의 진심이 자신도 모르게 불쑥 새어 나온다. 그는 그릇된 주장으로 그런 사실을 증명하고 있다. 미움과 사랑은 영혼이 아니라 그것의 기관, 즉 무상한 부분에 속한다고 하다니!

중에 해체되는 것을 통해, 형이하학적 요소가 아무리 놀랍고도 우려스러운 힘을 행사한다 해도, 그 밑바닥에 있는 형이상학적 요소는 이질적인 본체여서 출산이나 죽음에 끄떡하지 않으니 우리는 안심해도 좋다.

그에 따라 우리는 모든 인간을 두 가지 상반된 관점에서 고찰할 수 있다. 그 한 가지 관점에서 보면 인간은 시간에 의해 시작해 끝을 맺는 덧없이 스쳐 지나가 버리는 개체, 즉 그림자의 꿈인 동시에 결점과 고통이라는 무거운 짐을 지고 있는 개체다. 다른 한 가지 관점에서 보면 인간은 모든 존재자 속에 객관화되어 나타나는 불멸의 근원적 존재로서, 그 자체로 자이스의 이시스 상像처럼 "나는 전에 존재했고, 지금 존재하고, 앞으로도 존재할 모든 것이다"라고 말해도 좋을 것이다. 물론 그런 존재는 우리의 이 세계에서 모습을 드러내는 것보다 더 나은 일을 할 수 있을지도 모른다. 왜냐하면 그것은 유한성의 세계이자 고통과 죽음의 세계이기 때문이다. 그 세계에 있는 것, 그 세계에서 나온 것은 죽음으로 끝을 맺게 마련이다. 하지만 그 세계에서 나오지 않고, 그 세계에서 나오려 하지 않는 것은 하늘에서 번쩍이는 번개처럼 전능한 힘을 갖고 이 세계를 위협하듯 휙 지나가며, 시간도 죽음도 알지 못한다. 이 모든 대립을 하나로 통합하는 것이 본래 철학의 주제다.[17]

---

17 • 실러의 『시령자Geisterseher』에서처럼 소설에 속편이 없고, 특히 스턴의 『감상 여행』에서처럼 이야기의 한가운데서 때때로 끊겨 버리는 것처럼, 인생이 한 편의 장편 소설이라고 믿는 것은 미적으로나 도덕적으로도 전혀 이해되지 않는 생각이다. 우리에게 **죽음**은 어디까지나 **소극적인** 것, 즉 생명의 종료다. 하지만 죽음에는 적극적인 면도 있는 게 틀림없겠지만, 그것은 우리에게 은폐되어 있다. 우리의 지성이 그런 측면을 도저히 파악할 수 없기 때문이다. 그러므로 우리는 죽음에 의해 잃어버리는 것은 잘 인식하지만, 죽음에 의해 얻는 것은 제대로 인식하지 못하고 있다. 의지는 죽음에 의해 **지성**의 상실이라는 손해를 입는다. 의지는 여기서 소멸하는 현상의 핵심이며, 사물 자체로서 소멸하지 않는다. 그런데 지성의 상실은 바로 이러한 개체적 의지의 망각이다. 다시 말해 이러한 지성이 없어도 의지는 이미 스스로 그 핵심이었던 많은 현상을 기억할지도 모른다. 우리가 죽으면 자신의 개성을 마치 헌옷처럼 내던져 버리고, 지금 얻은 가르침에 따라 새롭고 더 좋은 개성을 얻게 된 것을 기뻐해야 할 것이다. 만약 우리가 개체들이 잠시 존속하게 한 후 **소멸**시킨다고 **세계정신**을 비난한다면, 세계정신은 이렇게 말할 것이다. "이 개체를 보라! 그것의 결점, 가소로움, 비열함, 흉측함을 보라! 그런 것을 영원히 존속시켜야 하겠는가?" 내가 **조물주**에게 이렇게 말한다고 치자. "어중간한 기적에 의해 끊임없이 새로운 인간을 만드는 대신, 그리고 이미 살아 있는 자들을 소멸시키는 대신 현존하는 이 사람들을 마지막으로 끝맺고 이들을 왜 영원히 존속하게 하지 않는가?" 그러면 그는 필경 이렇게 말할 것이다. "그들 자신이 언제나 새로운 인간을 만들려고 한다. 그러니 나는 장소를 마련해 줘야 해. 물론 그런 일을 하지 않는다면 좋겠지만! 우리끼리 하는 이야기지만, 이 세상에 저렇게 존재한다는 목적 말고 다른 목적은 없이, 항상 저렇게 계속 살아가면서 항상 저런 짓을 하는 종족은 객관적으로는 우스꽝스럽게 주관적으로는 지루하게 살아가고 있어. 그건 자네가 상상할 수 없을 정도지. 머릿속에서 그런 광경을 좀 그려 보지 그래!" 그에 대해 나는 이렇게 대답한다. "글쎄요, 그들은 각기 나름대로 무언가 해낼 수 있을 텐데요."

마지막의 재미있는 짤막한 대화

트라시마코스: 요컨대, 내가 죽고 나면 어떻게 되는지 분명하고도 간단히 말해 보게!

필라레테스: 모든 것이 되기도 하고 무無가 되기도 하지.

트라시마코스: 뻔한 말이군. 문제를 해결하는 방식으로는 모순이야! 그런 계략은 낡은 거야.

필라레테스: 초월적인 질문을 내재적 인식을 위해 창조된 언어로 대답하면 물론 모순에 이를 수밖에 없지.

트라시마코스: 초월적 인식이니 내재적 인식이니 하는 것은 무슨 뜻이지? 그런 표현은 나도 교수에게서 들어 알고 있어. 하지만 신의 술어로서지. 당연한 일이지만 교수의 철학은 오로지 신만 문제 삼았어. 다시 말해 신이 세계 속에 있을 때는 내재적이지만, 어딘가 바깥에 있을 때는 초월적이라는 거야. 어때, 이젠 분명히 이해할 수 있겠나! 이만하면 무엇에 의지해야 하는지 알 수 있어. 하지만 자네의 칸트적 구식 전문어는 더 이상 아무도 이해하지 못해. 현대의 시대 의식은 독일 학문의 중심지에서 나와…….

필라레테스: (혼자 나지막이) 독일 철학의 허풍에서 나왔다는 거지.

트라시마코스: 연이어 등장한 위대한 인물들 때문이지. 특히 위대한 슐라이어마허와 거인적 정신 헤겔을 거치면서, 이 모든 인물을 앞질렀다거나 오히려 앞으로 계속 나아갔기에 칸트 철학 같은 것은 과거의 일이 되었어. 오늘날엔 더 이상 그에 대해 알지 못해. 그런 것을 가지고 무얼하자는 말인가?

필라레테스: 선험적 인식이란 경험의 모든 가능성을 넘어서서 그 자체로 존재하는 사물의 본질을 규정하려고 애쓰는 인식이지. 반면에 내재적 인식이란 경험의 가능성의 한계를 벗어나지 않으므로, 현상에 관해서만 말할 수 있는 인식이야. 개체로서의 너는 죽음과 함께 끝나는 거지. 하지만 개체란 너의 진정한 궁극적 본질이 아니라 오히려 그것의 단순한 발현에 지나지 않아. 다시 말해 개체란 사물 자체가 아니라, 시간의 형식으로 나타나고 그에 따라 시작과 끝이 있는 사물 자체의 현상일 뿐이지. 반면에 자네의 본질 그 자체는 시

간도, 시작과 끝도 주어진 개성의 한계도 알지 못해. 그 때문에 그것은 어떠한 개성으로부터도 배제되지 않고 각각의 모든 것 속에 들어 있지. 그러므로 전자의 의미에서 자네는 죽음에 의해 무가 되는 거지. 후자의 의미에서 자네는 모든 것이고 모든 것으로 남아 있어. 그 때문에 나는 자네가 죽음 이후에 모든 것이 되기도 하고 무가 되기도 한다고 말한 거야. 자네의 질문에 이보다 간결하게 이보다 더 올바른 답변을 하기는 어려워. 하지만 물론 거기에 모순이 담겨 있기는 하지. 사실 자네의 인생은 시간 속에 존재하지만, 자네의 불멸성은 영원 속에 있거든. 그 때문에 이러한 불멸성은 또한 존속이 없는 불멸성이라 불릴 수도 있지. 그런데 그러면 또다시 모순에 부딪히게 돼. 이런 일이 생기는 것은 초월성을 내재적 인식 속으로 끌고 들어가려 하기 때문이야. 다시 말해 내재적 인식을 함부로 써서 격에 맞지 않게 남용하기 때문이야.

트라시마코스: 이봐, 나의 개성이 존속하지 않는다면 자네가 말하는 불멸성 전체를 위해서 한 푼도 내놓지 않을 거야.

필라레테스: 그렇지 않아, 아직은 나와 흥정할 여지가 있을 거야. 내가 자네 개성의 존속을 보증해 주겠어. 그렇지만 조건이 있어. 자네의 개성이 다시 깨어나기 전에 세 달간 완전히 의식이 없는 죽음의 잠으로 들어가게 하는 거야.

트라시마코스: 그런 조건이라면 받아들이도록 하지.

필라레테스: 그런데 완전히 의식이 없는 상태니까 우리에겐 시간을 재는 척도가 없어. 그러므로 죽음의 잠에 빠져 있는 동안 의식이 있는 세계에서 석 달이 지나든 만년이 지나든 우리에게는 매한가지야. 석 달이든 만년이든, 우리가 잠에서 깨어났을 때 말하는 대로 그저 받아들일 수밖에 없지. 그러니 자네의 개성이 석 달 후에 또는 만년 후에 원래대로 주어져도 아무 상관없을 거야.

트라시마코스: 그야 기본적으로는 부정할 수 없는 말이라고 할 수 있지.

필라레테스: 그런데 만년이 흐른 후에 자네를 깨우는 것을 깜빡 잊는다 해도 크게 불행하지는 않을 것 같아. 아주 짧게 생존한 후에 그토록 오랫동안 비생존 상태로 있는 것에 이미 습관이 들어 버렸기 때문이지. 자네가 그것을 알아차리지 못하리란 점은 확실해. 그리고 지금 자네의 현상을 움직이게 하는 그 비밀스러운 장치가 예의 만년 동안 단 한순간도 멈추지 않고 같은 종류의 다른 현상을 출현시키고 움직이게 했다는 것을 안다면, 자네는 이 사태에 전적으로 위안을 느낄 거야.

트라시마코스: 어라, 그런 식으로 은근슬쩍 나의 개성을 빼앗아 갈 생각이야? 그런 식으로 나한테 사기 치지 마. 아까 내놓은 조건은 내 개성의 존속을 보증한다는 것이었어. 그것이 이루어지지 않는다면 어떤 내적 동기도 현상도 나를 위로할 수 없어. 나의 주된 관심사는 개성의 존속이야. 이것만은 포기할 수 없어.

필라레테스: 그러니까 자넨 자네의 개성을 무척 편안하고 우수하며, 완전하고 탁월하다고 생각하는 모양이군. 더 뛰어난 개성은 없다는 식으로 말이야. 그러니까 어떤 다른 개성 속에서 더 안락하고 더 수월하게 지낼 수 있다고 하는데도, 다른 개성과는 바꾸고 싶지 않다는 거지?

트라시마코스: 이봐, 현재의 모습이 어떻든 지금 그대로의 내 개성, 그것이 나란 말이야.

이 세상에 나 이상의 것은 없다.
신은 신이고, 나는 나니까 말이다.
(괴테, 『사티로스』 2, 17 이하)

나, 나, 나는 이 세상에 있고 싶단 말이야! 중요한 것은 그 점이야. 쓸데없는 말로 그것이 나의 존재라고 설득받아야 하는 존재 같은 것은 필요 없어.

필라레테스: 주위를 좀 둘러봐! 자네는 "나, 나, 나는 이 세상에 있고 싶다"라고 외치는데, 자네만 그런 것이 아니라, 조금이라도 의식이 있는 것은 모두 그런단 말이야. 따라서 자네 속에 있는 이러한 소망은 개인적인 것이 아니라 차별 없이 만인에게 공통되는 거야. 다시 말해 그 소망은 개성에서 오는 것이 아니라 존재 일반이 외치는 것이며, 존재하는 모든 것에 본질적이야. 아니, 그것에 의해 존재하는 것이 가능해지는 바로 그것이야. 따라서 이 소망은 결코 개인적 존재를 지향하지 않으므로, 배타적으로 어떤 특정한 개인적 존재에 의해서가 아니라 소망에 관련되는 존재 일반에 의해 충족되는 거야. 이 소망은 다름 아닌 개인적 존재 속에서 의식에 도달할 수 있고, 매번 이러한 존재에만 관련되는 것 같아서, 그때마다 존재가 그런 겉모습을 띠지. 편견에 사로잡힌 개체는 그런 겉모습에 매달리지만, 반성은 그런 겉모습을 파괴해서 그것으로부터 우리를 해방시킬 수 있어. 다시 말해 그토록 격렬하게 이 세상에 있기

를 요구하는 것이 개체이긴 하지만, 그것은 단순히 간접적일 뿐이야. 사실 직접적으로 그렇게 요구하는 것은 삶에의 의지 일반이야. 그것은 모두의 내부에서 똑같이 일어나는 현상이야. 그런데 존재 자체가 의지의 임의의 작품이고, 아니 그것의 단순한 반사광에 불과하므로, 개체는 이 의지에서 벗어날 수 없어. 하지만 의지는 존재 일반에 의해 일시적으로 충족될 수 있어. 다시 말해 의지, 즉 영원히 충족되지 않는 그 의지가 충족될 수 있는 만큼만 말이야. 의지와 개성은 매한가지야. 의지는 의지의 소리를 직접 듣는 개체에 대해서는 개성을 문제 삼는 것 같지만, 실은 그렇지 않아. 그로 인해 의지는 의지 자신의 현상인 존재를 어디서도 볼 수 없을 것 같은 방식으로 주도면밀하게 감시해 종속의 보존을 확실히 하는 거야. 그 결과 개성은 완전성이 아니라 제한이라는 사실이 밝혀지고, 그 제한에서 벗어나는 일은 상실이 아니라 오히려 획득이지. 그러니 걱정은 하지 말아 줘. 그런 걱정은 참으로 유치하고 매우 가소로운 걸로 생각될 거야. 자네가 자신의 본질을 완전하고도 철저히 인식하기만 하면, 다시 말해 자네의 현재 모습 그대로 삶의 보편적 의지로서 인식하기만 하면 말이야.

트라시마코스: 유치하고 매우 가소로운 것은 자네 자신과 모든 철학자야. 나처럼 분별 있는 사람이 자네 같은 바보에게 15분이나 시간을 내준 것은 심심풀이에 불과해. 난 더 중요한 일이 있으니 이제 가 봐야겠어. 잘 있게!

제4장
생존의 공허함의 이론에 대한 몇 가지 추가 기록

1

공허함은 생존의 모든 형식에, 즉 시간과 공간은 무한한데 개체는 어느 면에서나 유한하다는 사실에 표현되어 있다. 공허함은 현실의 유일한 생존 방식인 현재가 지속적이지 않은 점, 모든 사물의 의존성과 상대성, 존재가 없는 끊임없는 생성, 만족을 모르는 끊임없는 소망, 끊임없는 죽음의 억제에 표현되어 있다. 삶은 이러한 죽음의 억제에 의해 존속하다가 결국 언젠가는 그 억제가 극복되고 만다. **시간**과 모든 사물의 **덧없음**은 억제 속에서, 억제에 의해, 사물 자체로서 불멸인 삶의 의지에 그 노력의 **공허함**을 명백히 드러내는 단순한 형식에 지나지 않는다. 시간은 시시각각 모든 것을 우리의 수중에서 무無로 변화시키고, 그럼으로써 모든 것은 참된 가치를 잃는다.

2

한 번 **존재했던** 것은 더 이상 **존재**하지 않으며, **결코** 존재하지 않았던 것과 마찬가지로 존재하지 않는다. 현재 존재하는 모든 것은 다음 순간 벌써 존재했던 것이 된다. 그 때문에 아무리 하찮은 현재라도 현실이라는 면에서 가장 의미 있는 과거보다 우월하고, 현재의 과거에 대한 관계는 유有의 무無에 대한 관계와 같다.

인간은 수많은 시간에 걸쳐 존재하지 않은 후 여기에 존재하며, 잠시 후에 똑같이 오랫동안 다시 존재하지 않다가 어느 순간 **돌연** 놀랍게도 존재하는 것이다. 가슴은 "그 말은 더 이상 옳지 않다"라고 말한다. 분별력이 미숙한 사람조차 이런 식으로 고찰할 때 시간의 관념성을 어렴풋이 느끼지 않을 수 없을 것이다. 하지만 이러한 시간의 관념성은 공간의 관념성과 아울러 모든 참된 형이상학에 이르는 열쇠다. 즉 이러한 관념성에 의해 자연의 질서와 전혀 다른 질서를 인정할 수 있기 때문이다. 칸트가 그토록 위대한 것은 그 때문이다.

우리 삶의 모든 과정은 단 한 순간만 '존재한다'일 뿐이고, 그다음에는 영원히 '존재했다'가 된다. 우리는 저녁마다 하루 정도 더 빈곤해진다. 생명의 샘을 끊임없이 쇄신할 수 있도록 결코 마르지 않는 영원의 샘이 우리에게 속한다는 은밀한 의식이 우리 존재의 깊디깊은 근저에 자리하고 있지 않다면, 우리는 이처럼 짧은 일생이 흘러가는 것을 보고 어쩌면 미칠 지경이 될지도 모른다.

이런 사실을 토대로 현재를 즐기고 그것을 삶의 목적으로 삼는 것이 가장 위대한 **지혜**라는 이론을 펼 수 있을 것이다. 오직 현실만이 실재하고, 다른 모든 것은 단지 사고의 유희에 불과하기 때문이다. 하지만 이와 마찬가지로 그것을 가장 위대한 **어리석음**이라 칭할 수 있을지도 모른다. 다음 순간 더 이상 존재하지 않는 것, 꿈처럼 완전히 사라져 버리는 것은 결코 진지하게 추구할 가치가 없어서다.

3

우리의 생존은 차츰 사라져 가는 현재 외에는 발을 디딜 토대가 없다. 그 때문에 생존에는 형식을 향한 끊임없는 **운동**만 있을 뿐, 우리가 항시 추구하는 안정을 얻을 가능성은 없다. 그것은 마치 뛰어서 산을 내려오는 자가 멈추려고 하면 넘어질 수밖에 없으므로 계속 달려 다리의 균형을 계속 유지하는 것과 같다. 마찬가지로 손가락 끝에서 균형을 유지하고 있는 막대기나 계속 앞으로 나아가지 않으면 곧장 태양에 떨어지고 말 유성과도 같다. 그러므로 생존의 전형적인 모습은 불안이다.

이처럼 세상에는 어떤 종류의 안정이나 지속적인 상태가 불가능하고 모든 것이 쉼 없이 소용돌이치며 변화하고 있다. 모든 것이 빠르게 움직이고 질주하며 끊임없이 나아가고 움직이면서 줄 위에서 균형을 유지하므로, 행복이란 도저히 생각조차 할 수 없다. 플라톤이 말하는 '부단히 생성할 뿐 결코 존재하지 않는' 곳에서는 행복이 깃들 수 없다. 사실 아무도 행복하지 않으며 평생 행복이라고 추정되는 것을 추구하지만 행복을 얻는 경우는 드물며, 얻는다 해도 환멸만 얻을 것이다. 대체로 누구나 결국 난파당해 돛대를 잃은 배처럼 항구에 들어오게 마련이다. 그리하여 지속이 없는 현재로 이루어진 삶이 이제 끝나는 순간에는 행복했느냐 불행했느냐의 여부는 아무래도 매한가지다.

인간이나 동물이 식욕과 성욕이라는 두 개의 간단한 원동력과 거기에 약간 가미된 무료함에 의해 그토록 다양하고도 쉼 없이 움직이며 살아가는 것, 그리고 이 세 가지가 알룩달룩한 인형극을 움직이는 매우 복잡한 기계의 제1동인 역할을 하는 것을 보면 새삼 놀라지 않을 수 없다.

그런데 좀 더 상세히 고찰해 보면, 무엇보다 무기물의 존재는 매 순간 화학적 힘의 공격을 받아 결국 마모되어 없어지는 반면, 유기물의 존재는 끊임없는 신진대사에 의해서만 유지된다. 이러한 신진대사를 위해서는 끊임없는 유입, 따라서 외부의 도움이 필요하다. 그 자체만으로 벌써 유기적 생명은 손 위에서 균형을 잡기 위해 계속 움직일 수밖에 없는 막대기와 같아서, 끊임없는 결핍, 항시 되돌아오는 부족, 끝없는 곤궁이다. 그렇지만 이 유기적 생명에 의해서만 비로소 의식이 가능해진다. 따라서 이 모든 것은 **끝없는 생존**이다. 이와 반대되는 것으로 **무한한** 생존을 생각할 수 있다. 그것은 외부로부터 공격받지 않고 외부의 도움이 필요하지 않아 언제나 변함없고, 영원히 조용하고, 생성하지도 흘러가지도 않고, 변화도 시간도 없고, 다수도 차이도 없다(플라톤, 『티메우스』). 이런 소극적 인식이 플라톤 철학의 토대다. 삶에의 의지를 부정해야 그러한 생존에 이르는 길을 열 수 있다.

4

우리 인생의 여러 장면은 거친 모자이크 그림과 같다. 가까이서 보면 아무런 매력이 없고 멀리서 보아야 아름다움을 감상할 수 있다. 그 때문에 '열망하던 것을 얻으면' 그것이 공허한 것임을 알게 되어, 우리는 언제나 더 나은 것을 기대하며, 동시에 때로는 지나간 것을 후회하는 심정으로 그리워하기도 한다. 반면에 현재는 다만 일시적인 것으로 치부되어, 목적에 이르는 길로서 아무것도 아닌 걸로 경시된다. 그 때문에 사람들 대부분은 인생의 끝 무렵에 이르러 한평생 임시로 살아왔음을 알게 된다. 그리고 그들은 그다지 존중하지도 즐기지도 않고 그냥 지나쳐 보낸 것이 바로 기대에 차서 살아온 그들의 인생임을 깨닫고 놀라워할 것이다. 그래서 인간의 인생행로는 대체로 희망에 우롱당하며 죽음을 껴안고 춤추게 되어 있다.

그런데 개체의 의지는 어떻게 해도 채워지지 않아 그것이 충족될 때마다 새로운 소망이 생기므로 개체의 욕구는 영원히 충족되지 않은 채 끝이 없다! 그 이유는 기본적으로 의지란 그 자체로 볼 때 모든 것을 예속시키는 세계의 주인이라서 부분이 아니라 무한한 전체에 의해서만 충족될 수 있다는 사실에서 기인한다. 반면 세계의 주인인 이 의지도 개체의 현상 속에서는 제대로 힘을 발휘하지 못해 대부분 개체를 유지하는 정도에 그치는 것을 감안하면 우리는 새삼 동정심이 생기지 않을 수 없다. 그 때문에 개체는 심한 비탄에 빠진다.

5

온갖 종류의 열등한 것을 숭배하는 데 열을 올리는 정신적으로 무력한 현시대는 자신이 그럴싸하게 만들어 낸 주제넘고 듣기에도 거북한 '현대'라는 용어로 자신을 꽤 적절하게 표현하고 있다. 현대의 현재가 홀로 존재한 다른 모든 현재를 망라하는 명실상부한 그 현재인 듯 말이다. 범신론자도 삶이란 그들이 흔히 그렇게 부르듯 '자기 목적'이라고 말하는 것을 서슴지 않는다. 이러한 우리의 생존이 세계의 최종 목적이라면, 우리 자신이 그렇게 정했든 남이 그렇게 정했든 그것은 지금까지 정해진 가장 어리석은 목적일지도 모른다.

인생의 과제는 무엇보다 어떻게든 밥벌이해서 목숨을 유지하는 것이다. 이러한 과제가 해결되면 얻은 그것은 짐이 된다. 그리하여 맹금처럼 안전하게 살아가는 모든 생명체를 노리다가 덮치는 무료함을 방지하기 위해 그 목숨을 처리해야 하는 두 번째 과제가 생긴다. 첫 번째 과제는 무언가를 얻는 것이고, 두 번째 과제는 그것을 얻은 후 짐 되지 않도록 얻은 것을 느끼지 못하게 하는 것이다.

인간계의 전체 모습을 하나의 시선에 모아 보면 매 순간 위협하며 들이닥치는 온갖 종류의 위험과 재해에 맞서 어디서나 쉼 없는 투쟁이, 생명과 생존을 둘러싸고 체력과 정신력을 다 소모하는 엄청난 분투가 보인다. 그런데 이 모든 노력의 결과로 얻는 대가, 즉 생존과 목숨 자체를 살펴보면 그 사이사이에 고통이 없는 생존의 순간이 몇 번 발견되지만, 그것은 즉각 무료함의 공격을 받아 새로운 곤경을 당하며 금방 끝나고 만다.

곤경의 배후에 좀 더 영리한 동물마저 곧장 사로잡히는 **무료함**이 도사리고 있는 것은 삶에 **참되고 진정한** 내용이 없으며, 그 삶이 단순히 욕구와 착각에 의해 **움직이기** 때문이다. 하지만 이러한 움직임이 멈추자마자 생존의 전체적인 삭막함과 공허함이 모습을 드러낸다.

인간의 생존은 일종의 길 잃음이 분명하다. 그런 사실은 인간이란 욕구가 뭉쳐 굳은 존재라는 간단한 지적을 보더라도 충분히 알 수 있다. 욕구를 충족하기란 쉽지 않지만 그것이 충족되어야 고통 없는 상태가 제공된다. 그런 상태에서 인간은 무료함에 사로잡힐 뿐이다. 그렇게 되면 무료함은 생존 자체에 아무 가치 없음을 증명한다. 무료함이란 실은 그 생존이 공허하다는 느낌에 불과하기 때문이다. 다시 말해 우리의 존재와 생존이란 생명을 갈망하는 것에 그 본질이 있는데, 생명 그 자체에 적극적 가치와 실질적 내용이 없다면 무료함이란 아예 있을 수 없으며, 단순한 생존 자체가 우리를 충만하게 하고 충족시켜야 할지도 모른다.

우리가 우리의 생존을 즐기는 경우는 무엇을 얻으려고 노력할 때 또는 순전히 지적인 작업에 종사할 때다. 장애물이 중간에 있지만 우리가 얻으려고 노력하는 먼 목표물이 우리를 충족시킬 것으로 생각한다. 하지만 그것이 충족된 후에는 그러한 착각이 사라진다. 그렇지만 지적인 활동에 종사할 때 우리는 특별석의 관객처럼 외부에서 바라보기 위해 삶에서 벗어나 있다. 심지어 감각의 향락마저 끊임없는 노력에 그 본질이 있으므로, 목표가 달성되자마자 멈추어 버린다. 그런데 우리는 두 가지 경우 중 하나에 종사하지 않고 생존 자체를 되돌아보자마자 그 생존에 아무 내용이 없어서 공허함을 확인한다. 그것이 무료함이다. 우리 마음속에 깃든 무언가 굉장한 것을 붙잡으려는 지울 수 없는 욕구로 볼 때 우리가 사물의 매우 지루하고 자연스러운 운행 질서에 염증을 느껴 그것이 중단되기를 얼마나 바라는지 알 수 있다. 지체 높은 사람들이 화려한 잔치를 벌이며 누리는 호사스러운 영화도 기본적으로는 우리 생존의 본질적인 빈약함에서 벗어나려는 헛된 노력과 다르지 않다. 상세히 고찰해 보면 보석과 진주, 깃털, 수많은 촛불 곁의 붉은 우단, 춤꾼과 곡예사, 가장 무도회의 복장과 행렬 등은 대체 뭐란 말인가? 현재 대단히 다행스러운 일은 아직 자신이 술에 취했을 거라고는 아무도 느끼지 못한다는 점이다.

6

삶에의 의지의 가장 완전한 현상은 인간의 유기체라는 극히 정교하고 복잡한 기계 장치 속에서 드러난다. 그 유기체는 죽어서 흙으로 돌아갈 수밖에 없으며, 그것의 전체 본질과 노력이 결국 명백히 공허하게 끝나고 마는 것이다. 이러한 의지의 전체 노력이란 본질적으로 공허한 것이라는 게 언제든 진정하고 솔직한 자연의 순진한 발언이다. 그 노력이 그 자체로 무언가 가치 있는 것이라면, 다시 말해 무조건 인정받아야 하는 것이라면 그것은 비생존을 목적으로 삼지 않을 것이다. 괴테의 다음과 같은 멋진 시도 이러한 감정을 토대로 삼고 있다.

옛 성탑 위에는
영웅의 존귀한 정신이 솟아 있도다.
(「정신의 인사」)

죽음의 필연성은 무엇보다도 인간이 단순한 현상이지 사물 자체, 즉 참된 존재자는 아니라는 사실에서 도출할 수 있다. 인간이 사물 자체라면 소멸할 리 없기 때문이다. 하지만 현상들의 토대가 되는 사물 자체가 이러한 종류의 현상들 속에서만 자신을 나타낼 수 있다는 것은 사물 자체의 속성에서 비롯된 결과다.

우리의 시작과 종말 사이에는 얼마나 큰 간격이 벌어져 있는가. 처음에는 욕망이라는 망상에 사로잡히고 환락이 주는 희열에 빠지지만, 결국에는 모든 신체 기관이 파괴되어 시신이 썩는 냄새가 진동한다! 또한 둘 사이의 길은 행복과 향락이라는 점에서 볼 때 언제나 내리막길을 걷는다. 더없이 행복하게 꿈꾸는 유년 시절, 즐거운 청년기, 고통스러운 장년기, 노쇠하고 때로는 애처로운 노년기, 죽음에 이르는 병의 고통, 마지막으로 죽음과의 싸움, 이런 사실로 볼 때 인간의 생존이란 하나의 오류이며, 그 결과가 점차 더욱 분명히 드러나는 것처럼 생각되지 않는가?

인생을 환멸로 파악하는 게 가장 옳을 것이다. 만사가 그렇다는 것은 굳이 말할 필요도 없다.

7

우리의 삶은 **현미경**으로 봐야 할 정도로 아주 작은 점에 불과한데, 우리는 그 점을 시간과 공간이라는 두 개의 강력한 렌즈로 확대해 엄청나게 큰 것으로 보고 있다.

시간이란 그것의 지속에 의해 사물과 우리 자신의 **극히 공허한 존재**가 실재한다는 허상을 주기 위한 우리의 머릿속에 든 하나의 장치다.

우리가 지난날에 이런저런 행복이나 향락을 즐길 기회를 놓쳐 버렸다고 애석해하거나 한탄하는 것은 얼마나 어리석은 짓인가! 그것을 가졌다 한들 지금 무엇이 남아 있겠는가? 기억 속의 말라빠진 미라만 남을 것이다. 우리가 실제로 손에 넣은 것은 모두 이렇게 되는 것이다. 따라서 **시간의 형식** 자체란 바로 지상의 모든 향락의 **공허함**을 우리에게 가르치려는 수단이다.

우리 인간이나 모든 동물의 생존은 확고한 상태에 있거나 적어도 시간상으로 언제까지나 지속되는 것이 아니라, 끊임없는 변화에 의해서만 존재하는 **유동적인 단순한 실재**에 불과하다. 그것은 물의 소용돌이에 비유할 수 있다. 신체의 **형태**는 한동안 그럭저럭 존속하겠지만, 물질이 끊임없이 교체되어 낡은 것이 나가고 새것이 들어오는 조건에서만 그러하다. 그에 따라 새로운 것이 들어오도록 적당한 물질을 언제나 조달하는 것이 인간과 모든 동물의 주된 일이다. 이와 동시에 그들은 그런 성질을 지닌 생존이 앞서 말했듯이 한동안만 지속된다는 것을 의식하고 있다. 그 때문에 그들은 떠나갈 때 그들의 자리를 대신하는 다른 존재로 넘어가려고 열망한다. 이러한 열망은 자의식 속에서는 성욕이라는 형태로 나타나고, 다른 사물의 의식 속에서는, 즉 객관적 직관 속에서는 생식기라는 형태로 나타난다. 이러한 충동을 진주를 꿴 끈에 비유하면 급속히 교체되는 개체는 진주에 해당할 것이다. 이러한 교체가 신속히 이루어지는 상상을 해 보면 개체에서는 물론이고 연속된 전체에서도 언제나 형태만 남고 재료는 계속 바뀌는 것을 알 수 있다. 그러므로 우리는 가짜 생존만 갖고 있음을 깨달을 것이다. 오로지 이념만이 존재하고 그것에 상응하는 사물은 그림자와 유사한 성질을 가진다고 하는 플라톤의 가르침도 그러한 견해를 토대로 하고 있다.

우리가 사물 자체와 달리 **단순한 현상**이라는 것은 우리의 생존이 물질의 끊임없는 유출과 유입에 불가피하게 의존하고 있다는 데서 입증되고 예시되며 분명히 제시된다. 우리가 살아가려면 언제나 양분 공급이 필요하다. 그런 점에서 우리는 외부로부터의 유입이 줄어들면 곧장 사그라들거나 활동을 멈추는 연기, 불꽃, 분수로 이루어진 현상과 같다. 삶에의 의지란 전적으로 무로 돌아가는 현상 속에서만 나타난다고 말할 수도 있다. 하지만 현상들과 함께 이러한 무도 삶에의 의지에 포함되며, 삶에의 의지를 근거로 하고 있다. 그것은 물론 어두운 곳에 자리하고 있다.

세상사를 살펴보다가, 특히 인류와 그들의 하루살이 같은 덧없는 존재가 급히 교체되는 것을 살펴보다가, 희극에서 나타나는 것과 같은 **인간 생활의 세부**를 들여다보면 그것이 만들어 내는 인상은, 현미경으로 봤을 때 섬모충이 우글거리는 물방울이나 눈에 보이지 않는 수많은 치즈 벌레의 모습에 비유할 수 있다. 그것들이 열심히 활동하고 투쟁하는 모습은 우리를 웃음 짓게 한다. 한편으로는 그토록 좁은 공간에서 극히 짧은 시간 동안 그토록 왕성하고도 진지하게 활동하는 모습이 우스꽝스럽기 때문이다.

제5장
세상의 고통의 이론에 대한 몇 가지 추가 기록

1

만일 고뇌가 우리 삶의 가장 가깝고 직접적인 목적이 아니라면 우리의 생존은 이 세상에서 가장 목적에 반하는 것이다. 삶의 본질적인 곤경에서 생기는 끝없는 고통, 세상 어디서나 가득 찬 고통을 아무 목적 없이 순전히 우연히 일어나는 일이라고 받아들이는 것은 불합리하기 때문이다. 고통을 느끼는 우리의 감각은 무한한 반면, 즐거움을 느끼는 감각은 좁은 한계에 갇혀 있다. 모든 개체적 불행은 예외로 생각되지만 일반적 불행은 규칙이다.

2

시냇물은 장애물을 만나지 않는 한 소용돌이를 일으키지 않는다. 그처럼 인간이나 동물의 본성도 우리의 의지에 따라 모든 일이 진행되면 우리가 그것을 제대로 눈치채거나 깨닫지 못하게 한다. 우리는 의지에 따라 진행되었을 때가 아니라 어떤 장애물에 부딪혔을 때 그런 사실을 깨닫는다. 반면에 의지에 반하는 것, 그 의지를 가로막고 그것에 맞서는 모든 것, 그러므로 모든 불쾌하고 고통스러운 것을 우리는 금방 느낀다. 하지만 몸 전체의 건강은 **느끼지 못하고** 신발이 작아서 꼭 끼는 것 같은 작은 부위의 고통만 느낀다. 그처럼 우리는 모든 일이 무척 잘되어 가는 것은 생각하지 않으면서 우리를 성가시게 하는 하찮고 자질구레한 일만 생각한다. 그 이유는 내가 자주 지적하듯이 고통이 적극적인 성질을 띠는 것과 달리 쾌감과 행복은 소극적인 성격을 띠기 때문이다.

나는 재해를 소극적인 것으로 설명하는 대부분의 형이상학 체계를 가장 어리석다고 생각한다.[18] 재해란 적극적인 것, 자기 자신을 느낄 수 있게 하는 것인 반면 좋은 것, 즉 모든 행복한 것과 온갖 충족은 소극적인 것, 다시 말해 소망의 단순한 해소이자 고통의 종식이다.

우리가 즐거움은 우리의 기대보다 훨씬 못하고, 고통은 우리의 기대보다 훨씬 크다고 생각하는 것으로 볼 때 그 말이 옳다고 할 수 있다.

세상에서 향락이 고통을 능가하거나 적어도 두 가지가 서로 균형을 유지한다는 주장을 단시간에 검증하려는 자는 다른 동물을 잡아먹는 동물의 즐거움을 잡아먹히는 동물의 고통과 비교해 보면 될 것이다.

3

모든 불행과 모든 고뇌를 겪을 때 가장 효과적인 위안은 우리보다 더 불행한 자들을 바라보는 것이다. 이것은 누구나 할 수 있는 방법이다. 그러면 인간 전체에게 어떤 일이 벌어지겠는가?

우리는 도살업자가 자기들을 하나하나 고르는 줄도 모르고 들판에서 뛰노는 어린 양과 같다. 우리는 행복한 나날을 즐기는 중에는 운명이 바로 지금 우리에게 어떤 액운을 준비하고 있는지 알지 못한다. 질병, 박해, 빈곤, 불구, 실명, 광기, 죽음 등과 같은 액운을.

역사는 우리에게 여러 민족의 삶을 보여 주는데, 이때 들려줄 것이라곤 전쟁이나 반란 같은 것밖에 없다. 평화로운 시절은 짧은 휴식 시간이나 막간극으로 가끔 한 번씩 나타날 뿐이다. 이와 마찬가지로 개개인의 삶은 투쟁의 연속이다. 곤궁이나 무료함과의 투쟁일 뿐 아니라 실제로 다른 사람들과의 투쟁이기도 하다. 인간은 가는 곳마다 자신의 적대자를 발견하고 끊임없이 싸우면서 살다가 손에 무기를 든 채 죽음을 맞이한다.

---

18 •이런 점에서 그 문제를 명백하고 가련한 궤변으로 증명하려고 하는 라이프니츠(『변신론』)가 특히 심하다.

4

항시 시간이 우리를 몰아대며 숨 돌릴 틈 없게 만들고, 우리 뒤에서 교도관처럼 채찍을 들고 있다. 그로 인해 우리는 적지 않은 고통을 겪는다. 시간은 무료함에 사로잡힌 사람에게만 고통을 안겨 주는 것이 아니다.

5

대기의 압력이 없으면 우리의 신체가 파열해 버리는 것처럼, 인간의 삶에 고난, 곤궁, 고약한 일, 실패가 없다면 자꾸 오만방자해져서 제어할 수 없는 바보짓거리, 다시 말해 광포한 행위를 하기에 이를 것이다. 심지어 배가 안전하게 똑바로 나아가기 위해 싣는 배의 바닥짐처럼 누구나 항시 어느 정도의 걱정이나 고통, 고난이 필요하다.

일, 고역, 노고, 고난은 거의 모든 인간이 평생에 걸쳐 짊어지고 가야 하는 것이다. 하지만 모든 소망이 생기자마자 성취된다면 인생을 무엇으로 채울 것이며, 무엇으로 시간을 보낸단 말인가? 모든 것이 저절로 자라고, 비둘기가 구워진 채 날아다니며, 누구든 열렬히 사랑하는 여자를 만나서 어려움 없이 손에 넣을 수 있는 **게으름뱅이의 천국**에 인류를 옮겨놓으면 사람들은 일부는 무료한 나머지 죽어 버리거나 목매어 죽고, 일부는 서로를 공격하고 교살하며 살해해서, 지금 자연이 우리에게 가하는 것보다 더 많은 고통을 맛볼 것이다. 그러므로 그런 인류에게는 다른 어떤 무대나 다른 어떤 생존도 적합하지 않다.

6

앞에서 말한 바와 같이 고통이 적극적 성질을 띠는 것과 달리 쾌감과 행복은 소극적 성질을 띠고 있으므로, 어떤 사람의 생애가 행복했는지는 그가 얼마나 즐거움과 향락을 누렸는지 여부로 평가할 것이 아니라 적극적 성질을 띤 고통이 얼마나 없었는가 여부로 평가해야 한다. 이렇게 보면 인간의 운명보다 동물의 운명을 견디기가 더 쉬울 것 같다. 이 두 가지를 좀 더 상세히 고찰해 보기로 하겠다.

인간은 행복과 불행을 좇기도 하고 그것에서 도망치려고도 한다. 이러한 인간의 행복과 불행이 아무리 다양한 형태로 나타난다 해도 이 모든 것의 물질적 토대는 육체적 쾌락이나 고통이다. 이러한 토대는 매우 협소하다. 다시 말해 그것은 건강, 음식물, 습기와 추위로부터의 보호, 성욕의 충족, 또는 이런 것들의 결핍이다. 따라서 인간은 동물 이상으로 실질적인 신체적 쾌락을 누리지 못한다고 할 수 있다. 다만 좀 더 강화된 신경 계통이 모든 쾌락이나 고통에 대한 감각을 높여 줄 따름이다. 하지만 인간의 마음속에서 일어나는 감정의 변화는 동물의 그것보다 얼마나 격심한가! 인간의 마음은 얼마나 비교할 수 없이 깊고 격렬하게 움직이는가! 그렇지만 결국 그 결과로 얻는 것은 건강이며 의식주 등에 지나지 않는다.

이런 일이 일어나는 까닭은 무엇보다도 인간은 지나간 일과 다가올 일을 생각하므로 모든 일이 크게 증폭되어 나타나는 바람에, 걱정이나 두려움, 희망이 생기는 경우 실제의 쾌락이나 고통보다 훨씬 커지기 때문이다. 그렇지만 동물은 언제나 실제의 쾌락이나 고통을 느낄 뿐이다. 다시 말해 동물에게는 반성 작용으로 즐거움과 고통을 담아 두는 축전기가 없어서 그런 것이 축적되지 않는 반면, 인간의 경우에는 기억과 예견에 의해 그런 일이 일어난다. 동물은 같은 고통을 수없이 되풀이해서 겪어도 현재의 고통만 느낄 뿐이다. 그것도 현재의 고통을 처음 그대로 느끼며 합산되지 않는다. 그 때문에 동물은 부러울 정도로 걱정이 없고 마음이 평온하다. 반면에 인간은 반성과 거기에 따르는 심리 작용 때문에 동물도 갖는 쾌락이나 고통이라는 요소에서 발전해 행복과 불행이라는 격상된 느낌을 갖는다. 그 결과 순간적 환희나 때로는 심지어 죽을 것 같은 환희에 사로잡힐 수도, 절망에 빠져 자살을 감행할 수도 있다.

이 문제를 좀 더 상세히 고찰하면 그것의 과정은 다음과 같다. 인간의 욕구를 충족시키는 일은 동물의 욕구를 충족시키는 일보다 약간 더 어려울 뿐인데, 인간은 쾌락을 높이려고 일부러 욕구를 높인다. 그 때문에 인간은 사치, 맛있는 것, 담배, 아편, 술, 호사와 그런 것에 어울리는 모든 것을 만들어 낸다. 이와 마찬가지로 성찰에 의해, 인간에게만 유일하게 흐르는 쾌락, 따라서 고통의 샘이 첨가된다. 그리하여 인간은 필요 이상으로, 그러니까 거의 다른 모든 것, 다시 말해 야심이나 명예심, 수치심 이상으로 쾌락과 고통의 샘에 시달린다. 산문적으로 말하면 타인이 자신을 보는 견해에 관심을 기울이는 것이다. 그런데 이러한 견해는 육체적 쾌락이나 고통을 뛰어넘는 거의 모든 노력의 목표가 된다. 그 목표는 때로 수천 가지의 기이한 형태로 나타난다. 물론 인간은 동물에게서는 찾아볼 수 없는 지적인 쾌락을 누린다. 그 쾌락에는 수많은 단계가 있어서 가장 단순한 유희나 대화에서부터 최고의 정신적 성과에 이르기까지 다양하다. 하지만 이와 균형을 맞추어 고통의 측면에서 인간은 무료함을 겪는다. 적어도 자연 상태에서 살아가는 동물은 이 무료함을 알지 못하지만 길들인 상태에서 살아가는 가장 영리한 동물만은 가벼운 정도의 무료함을 느끼기도 한다. 무료함은 인간의 경우 실제적인 채찍 역할을 하는데, 두뇌가 아니라 주머니를 채우는 데만 골몰하는 가련한 무리에게서 특히 그런 현상을 볼 수 있다. 그 결과 그런 자들은 안락한 상태가 주는 무료함이라는 고통스러운 형벌에 시달린다. 이런 무료함에서 벗어나기 위해 때로는 이곳저곳 쫓아다니거나 살금살금 돌아다니고, 때로는 여행을 다니고, 가난한 자가 그 고장의 **자금줄**을 문의하고 다니듯, 그곳의 **구제책**을 불안스럽게 문의하고 다니지만 어디서도 그런 것을 좀처럼 얻지 못한다. 왜냐하면 곤궁과 무료함은 인생의 양극이기 때문이다. 또한 마지막으로 인간의 경우 성적 충족은 인간 특유의 매우 고집스러운 선택에 의해 이루어지지만 때로는 다소 열정적인 사랑으로 옮아가기도 한다는 점을 언급할 수 있다. 나는 이 점에 대해 나의 주저 II의 한 장章('성애의 형이상학')에서 상세히 설명해 두었다. 이런 선택도 인간의 경우 긴 고통과 짧은 즐거움의 원천이 된다.

여기서 놀라운 점은 인간은 동물에게서는 볼 수 없는 사고력을 지니기 때문에 동물도 가지는 고통과 즐거움이라는 동일한 좁은 토대 위에 인간의 행복과 불행이라는 높고 큰 건물을 세운다는 사실이다. 이로 말미암아 인간의 마음은 격심한 감정 변화, 격정, 동요를 겪어 그 흔적의 지속적인 특징을 얼굴에서 읽을 수 있다. 그렇지만 결국 인간이 실제로 얻는 소득이라곤 동물도 얻는 보잘것없는 것에 불과하다. 더구나 동물은 인간과 비교되지 않을 정도로 미미한 감정 변화와 고통을 겪고도 그런 것을 얻을 수 있다.

이 모든 사실로 인해 인간에게는 고통의 양이 쾌락의 양보다 훨씬 늘어나고, 인간은 실제로 죽음을 알고 있다는 사실로 인해 고통의 양이 특별히 더 증가한다. 반면 동물은 다만 본능적으로 죽음을 피하려고 할 뿐 죽음을 알지 못하며, 그 때문에 늘 죽음을 내다보며 살아가는 인간과 달리 실제로 죽음을 염두에 두지 않는다. 그런데 얼마 안 되는 동물만 자연사自然死를 하고 대부분의 동물은 생식生殖을 하는 데 필요한 동안만 살다가 결국 다른 동물의 먹이가 되고 만다. 그런 반면 인간은 소위 자연사를 상례가 되도록 애쓰지만, 그 규칙에는 예외가 많다. 그러므로 앞에 든 근거를 보더라도 동물은 인간보다 유리한 위치에 있다. 하지만 그것 말고도 인간이 동물과 마찬가지로 실제로 자연스러운 삶의 목표를 이루는 경우는 드물다. 그도 그럴 것이 인간의 긴장이나 열정과 아울러 생활 방식이 자연스럽지 못하고, 그로 인해 생기는 종족의 퇴화로 그런 목표에 도달하는 경우가 드물기 때문이다.

동물은 우리보다 훨씬 단순한 삶에 만족하고, 식물은 그것에 전적으로 만족한다. 인간은 지적 수준이 낮을수록 삶에 만족한다. 그에 따라 동물은 인간보다 삶에 훨씬 적은 고통과 즐거움을 느낀다. 그 이유는 한편으로 동물은 **걱정이나 우려**와 그에 따르는 고통을 느끼지 못하고, 다른 한편으로 진정한 **희망**도 없으며, 그 때문에 생각을 통해 즐거운 미래를 예상하거나 그에 따르는 상상력에 의해 행복을 얻는 환영에 사로잡히지 않아서 희망이 없다. 우리 인간이 느끼는 대부분의 즐거움과 쾌락의 원천은 그러한 환영이다. 동물의 의식은 눈앞에 구체적으로 드러난 것에, 그로 인해 현재에만 한정되기 때문이다. 동물은 이미 눈앞에 드러나 있는 대상과 관련해서만 때때로 극히 짧은 시간 동안 두려움과 희망을 느낄 뿐이다. 반면에 인간의 의식은 인생 전체를 포괄하거나, 그것을 넘어서는 지평을 갖고 있다.

그 결과 인간과 비교해 볼 때 동물은 현재를 차분히 온전하게 즐긴다는 점에서 실제로 현명하게 생각된다. 동물은 현재의 화신이다. 그래서 우리 인간은 마음의 평안을 누리는 동물을 보고 생각이나 걱정으로 자주 불안에 시달리며 만족을 얻지 못하는 자신을 부끄럽게 여기기도 한다. 그런데 심지어 앞에서 말한 희망과 예상을 하는 즐거움을 우리가 아무런 대가 없이 얻는 것은 아니다. 다시 말해 희망과 기대를 통해 미리 만족을 누려 실제적인 즐거움을 맛보면 그만큼 나중에 얻는 즐거움이 줄어든다. 따라서 희망이나 소망 자체가 우리에게 만족을 주는 정도가 훨씬 줄어드는 것이다. 그러나 동물은 어떤 즐거움을 앞당겨 즐기는 법이 없어 즐거움이 줄어드는 일도 없으므로 현재와 현실 자체를 그대로 즐길 수 있다. 이와 마찬가지로 재해도 동물에게는 현실 그대로의 무게로 다가오지만, 인간은 다가올 재해를 불안한 심정으로 두려워하고 예측해 때로는 불안감이 열 배 정도 커지곤 한다.

우리는 자기가 기르는 가축을 바라보며 즐거움을 얻을 수 있다. 그것은 동물이 **현재에 완전히 몰두**하기 때문이다. 다시 말해 동물은 현재의 화신이므로, 우리가 아무런 걱정 없이 해맑게 살아가는 매 순간의 가치를 어느 정도 느끼게 해 준다. 반면에 우리의 생각은 대체로 이런 순간에 얽매이지 않고 그 순간을 중시하지 않는다. 하지만 이기적이고 냉혹한 인간은 우리보다 더욱 단순한 생존으로 만족을 느끼는 동물의 이 같은 특성을 악용해, 때로는 동물이 아무것도 없이 그냥 알몸뚱이 상태로만 살아가게 할 정도로 착취한다. 인간은 세계의 절반을 두루 날아다니게 되어 있는 새를 조그만 새장 안에 가두어 키운다. 새는 그 안에서 점점 죽음을 그리워하며 이렇게 외친다.

새장 속의 새는 기분이 좋지 않아,
새가 노래하는 것은 기뻐서가 아니라 분노해서야.

그리고 인간에게 더없이 충실한 친구이자 그토록 영리한 개를 쇠줄에 묶어 두다니! 나는 그런 개를 볼 때마다 마음속으로 동정심을 느끼며 개 주인에게 강한 분노를 느낀다. 나는 몇 년 전에 「타임스」지에 실린 기사를 생각하며 흡족한 기분을 느낀다. 거기에는 쇠사슬에 커다란 개를 묶어 둔 어떤 귀족이 한번은 넓은 뜰을 거닐다가 문득 개를 어루만져주고 싶은 생각이 들어서 손을 내밀었더니, 개가 주인의 팔을 덥석 물어버렸다는 내용이 실려 있었다. 그야 당연한 일 아니겠는가! 개는 이렇게 말하고 싶었을 것이다. "당신은 내 주인이 아니라 나의 짧은 생애를 지옥으로 만든 악마다." 개를 쇠사슬에 묶어 두는 자는 누구든 이런 봉변을 당해도 싸다!

7

앞에서는 인간의 삶이 동물의 그것보다 더 고통스러운 것은 인간의 인식 능력이 높기 때문임을 밝혔다. 여기서는 보다 보편적인 법칙에서 그 원인을 찾아 훨씬 광범위한 개관을 해 보겠다.

인식 자체에는 언제나 고통이 없다. 고통은 **의지**만 겨냥하는데, 의지가 억제당하고 방해받고 차단될 때 고통이 생긴다. 그렇지만 이러한 억제에 인식이 수반될 필요가 있다. 다시 말해 햇빛이 공간을 밝게 하는 것은 거기에 물체가 있어 햇빛을 반사하기 때문이다. 음은 공명이 필요하며, 소리는 진동하는 공기의 파동이 딱딱한 물체와 부딪쳐야 멀리까지 들린다. 그래서 주위에 아무것도 없는 산꼭대기에서는 소리가 눈에 띄게 약해지고, 야외에서는 노랫소리가 크게 들리지 않는다. 이와 마찬가지로 고통으로 느껴지기 위해서는 그 자체로는 온갖 고통과 무관한 인식에 의해 의지의 억제가 수반되어야 한다.

육체적 고통도 뇌와 연결된 신경이 있어야 느낄 수 있다. 그 때문에 손발을 다쳤을 때도 뇌에 이르는 신경이 끊어져 있거나 뇌 자체가 마비되어 기능을 잃으면 고통을 느끼지 못한다. 바로 그런 사실 때문에 우리는 죽어 가는 사람이 의식을 상실하자마자 일어나는 모든 경련을 고통스럽지 않게 느낀다고 간주한다. **정신적** 고통이 인식의 제약을 받는다는 것은 자명한 사실이다. 인식의 정도에 따라 고통이 커지는 것을 우리는 쉽게 간파할 수 있다. 이 점은 나의 주저(I, 56장 '의지와 삶의 고뇌')에서도 입증되었다. 그러므로 우리는 이 모든 관계를 다음과 같이 비유적으로 말할 수 있다. "의지는 악기의 줄이고, 그것의 차단이나 방해는 줄의 진동이고, 인식은 공명판이며, 고통은 음이다."

따라서 무기물은 물론이고 식물도 의지가 억제당할 경우는 많이 있어도 고통을 느낄 수는 없다. 반면에 모든 동물은 섬모충에 이르기까지 고통을 느낀다. 아무리 불완전하다 해도 인식이야말로 동물성의 참된 성격이기 때문이다. 동물성의 단계가 높아질수록 고통을 느끼는 정도도 커진다. 그러므로 최하등 동물은 고통을 매우 미약하게 느낀다. 예컨대 곤충이 다리가 떨어지고 내장만 붙어 있어도 몸을 질질 끌고 먹이를 찾아다니는 것은 바로 그 때문이다. 하지만 고동 동물의 경우에도 개념과 사고가 없어서 인간에 비해 고통을 느끼는 정도가 미약하다. 고통을 가장 강하게 느낄 수 있는 경우는 이성과 이성의 사리 분별에 의해 의지가 부정될 가능성이 있을 때다. 이처럼 의지가 부정될 가능성이 없다면 최고로 고통을 느낀다는 것은 무의미하고 잔혹한 일이었을지도 모르기 때문이다.

우리가 어릴 적에 닥쳐올 인생행로를 앞두고 있는 모습은 무대의 막이 오르기 전에 즐겁고 두근거리는 마음으로 어떤 일이 벌어질지 기다리는 모습과 같다. 그런데 우리가 바라는 행복이 어떤 종류의 것인지 실제로 아는 사람은 아무도 없다! 그것을 아는 자가 볼 때 아이들은 때때로 아무 죄가 없는 피고 같을 것이다. 피고는 사실 사형 선고가 아닌 삶의 선고를 받았지만, 판결 내용은 아직 모르고 있다. 그럼에도 누구나 장수하기를 바란다. 그러나 그것은 다음과 같은 상태에 불과하다. "오늘은 고약한 날이다. 그런데 날마다 더 고약해지다가 결국 최악의 상황이 올 것이다."

태양 아래서 벌어지는 온갖 종류의 곤궁, 고통, 고뇌를 계산하는 일이 대충 가능하다고 할 때 그 총합을 상상해 보면, 태양이 지구나 달에 생명 현상을 일으킬 수 없고 지구와 달의 표면이 수정과 같은 상태에 있으면 훨씬 더 좋을 걸로 생각될 것이다.

우리는 우리의 삶을 무라는 축복받은 안정된 상태를 쓸데없이 방해하는 조그만 일화로 파악할 수 있다. 어쨌든 인생을 그럭저럭 감내하며 살아가는 자조차 오래 살수록 전체적으로 인생이란 환멸이자 속임수임을, 또는 사기라고까지는 하지 않더라도 커다란 기만의 성격을 띠고 있음을 분명히 깨달을 것이다. 젊은 시절의 친구 두 사람이 오랫동안 떨어져 지내다가 노인이 되어 다시 만난다면, 그들은 서로의 모습을 보며 옛날 기억을 떠올리고는 **인생 전체에 대한 실망감**을 느낄 것이다. 한때 그들의 인생은 청춘의 장밋빛 아침 햇살을 받아 자신들 앞에 그토록 멋지게 펼쳐져 있었고, 많은 것을 약속해 주었으며 앞날이 창창했다. 그들은 다시 만나면서 이러한 감정에 강하게 지배되어 자신의 인생을 굳이 말로 표현할 필요조차 느끼지 못할 것이며, 그것을 암묵적으로 전제하고 이러한 토대 위에서 자신의 인생에 대해 계속 말할 것이다.

자손의 2대나 심지어 3대까지 체험하는 자는 대목장이 열리는 동안 노점에 죽치고 앉아 각종 곡예사들의 공연을 두세 번 잇따라 되풀이해서 보는 구경

꿈과 같은 기분이 들 것이다. 다시 말해 그런 것은 한 번의 공연만 염두에 두었기 때문에 속임수나 신기함이 사라진 후에는 아무런 효과를 거두지 못하는 법이다.

곤궁과 비탄의 무대이며, 적어도 우리에게 알려진 견본으로 판단하건대 가장 행복한 경우라 해도 무료함을 던져 줄 뿐인 세상을 비추는 일밖에 하지 않는 별들, 즉 방대한 우주, 무한한 공간에서 무수히 반짝이는 별들을 바라보면 우리는 미치고 싶은 기분이 든다.

세상에 **부러워할** 만한 사람은 아무도 없는 반면, 매우 **슬퍼해야** 할 만한 사람은 무수히 많다.

인생이란 어떻게든 끝마쳐야 하는 힘든 과제와 같다. 이러한 의미에서 볼 때 "나는 인생을 견뎌 냈다"라는 말은 멋진 표현이다.

생식 행위가 어떤 욕구나 성적 쾌락에 의해서가 아니라 순수하고 합리적인 숙고에 의해 일어난다고 한번 생각해 보자. 그렇다면 인류가 과연 존속할 수 있겠는가? 그렇다면 오히려 태어나는 세대를 가엾이 여겨 생존이라는 짐을 지우지 않으려고 하지 않을까? 또는 적어도 냉혹하게 그런 짐을 부과하는 것을 꺼리지 않을까?

세상이란 실은 지옥이다. 인간은 한편으론 들볶이는 영혼이고, 다른 한편으론 그 영혼 속의 악마이기도 하다.

이러다가 내 철학은 위로를 주지 않는다는 말을 다시 들을 수밖에 없을 것 같다. 그 이유는 단지 세상 사람들은 "주 하느님이 만물을 잘 만들었다"라는 말을 듣기를 원하는데 나는 진실을 말하기 때문이다. 교회에 다니더라도 철학자를 성가시게 하지 마라! 적어도 철학자들이 그들의 학설을 여러분이 시키는 대로 조정하기를 요구하지 마라. 다시 말해 그러한 요구에 응하는 자는 사기꾼이거나 사이비 철학자다. 그런 철학자들에게서 여러분은 구미에 맞는 학설을 주문할 수 있을 것이다. 철학 교수에게 필수적인 낙관주의의 계획을 뒤엎는 일은 쉬운 만큼 유쾌하기도 하다.

브라마梵天는 일종의 원죄와 과오에 의해 세상을 만들어 내고, 죗값을 치러 자신이 구원받을 때까지 몸소 이 세상에 머무른다. 매우 탁월한 생각이다! 불교에서 세상은 오랜 휴지休止 후에 접어드는 불가해한 무명無名의 결과 속죄를 통해 얻는 행복한 상태인 **열반**이라는 천계의 정복淨福으로 생겨난다. 그러

인드라(제석천)와 브라마(범천)

므로 이 가르침은 일종의 숙명론에 가까우며, 기본적으로는 도덕적으로 이해되어야 하겠다. 태양계를 이루는 원시 세계의 성운 띠가 불가사의하게 생성되는 것을 볼 때 자연계에는 불교의 가르침과 정확히 일치하는 면이나 유사한 현상이 있는 것도 사실이다. 하지만 그런 후 도덕적 과오를 저질러 세상이 물리적으로도 점점 악화하여 오늘날과 같은 참담한 상황을 맞았다. 이것도 무척 탁월한 생각이다! 그리스인에게 세계와 신들은 이유를 규명할 수 없는 필연성의 소산이었다. 이러한 견해는 일시적이나마 우리를 만족시킨다는 점에서 참을 만하다. **아후라 마즈다**Ahura Mazda[19]는 **아흐리만**Ahriman[20]과 투쟁하면서 살아간다. 이것도 들어 줄 만하다. 하지만 **여호와**는 내키는 대로 낙을 삼아 이처럼 곤궁하고 비참한 세상을 만들어 놓고, "모든 것이 매우 좋았다"[21]라고 자화자찬했는데, 이것은 참아 줄 수 없다. 그러므로 이런 점에서 보더라도 유대 종교는 문화 민족들의 교의 중에서 가장 열등함을 알 수 있다. 또한 유대 종교는 영생의 교의에 관한 어떠한 흔적도 지니고 있지 않은 유일한 종교임을 보더라도 그 점은 전적으로 옳다.

이 세계는 **있을 수 있는** 세계 중에서 여전히 최선의 세계라는 라이프니츠의 말이 옳다고 해도, 그 같은 주장으로는 아직 **변신론**辯神論이 나올 수 없을지도 모른다. 왜냐하면 창조주는 세계뿐만 아니라 가능성 자체도 창조했다고 보아야 하기 때문이다. 그에 따르면 창조주는 그 가능성으로 더 나은 세계가 만들어지도록 이 세계를 조정해야 했을지도 모른다. 하지만 한편으로 세상에 고통이 충만한 것을 볼 때 세계가 전지전능한 신이 만든 성공한 작품이라는 견해를 큰소리로 반박하는 주장이 있다. 다른 한편으로 피조물 중에 인간이 가장 완전하다는 견해는 명백히 불완전하며 심지어 우스꽝스럽게 왜곡되어 있다. 이러한 점에 해소할 수 없는 의견의 불일치가 존재한다. 그런데 이와 달리 우리가 세계를 우리의 죄의 소산으로, 따라서 더 나을 수 없는 무언가로 파악한다면 위의 두 주장은 우리 견해와 부합하며, 우리 견해의 증거로 쓰일 것이다. 첫 번째 가정을 따르면 이러한 견해는 창조주에 대한 준열한 비난이 되고 조소의 소재를 제공하는 반면, 두 번째 가정을 취하면 그 견해는 우리 자신

---

19 '지혜로운 주'라는 뜻이며, 페르시아 조로아스터교의 최고신으로 선과 빛의 신
20 '파괴의 영'이라는 뜻으로 페르시아 조로아스터교의 악의 신
21 「창세기」1장 31절, "하나님이 지으신 그 모든 것을 보시기에 심히 좋았더라."

의 존재와 의지에 대한 비난으로 나타나, 우리가 굴욕감을 느끼게 하는 데 적합하다. 왜냐하면 그러한 견해는 우리가 마치 방탕한 아버지의 아들처럼 이미 죄를 짓고 세상에 태어났다는 통찰과, 우리는 끊임없이 이러한 죗값을 갚아야 하므로 우리의 생존은 매우 비참해져 결국 죽음으로 끝난다는 통찰로 우리를 이끌어 가기 때문이다.

일반적으로 말해 **세상**의 무거운 **죄** 때문에 **세상**의 커다란 **고통**이 초래된다는 것이 가장 확실한 결론이다. 물론 여기서 말하려는 것은 물리적으로 경험적인 연관성이 아니라 형이상학적인 연관성이다. 이러한 견해에 따르면 나를 구약 성경과 화해시키는 것은 단지 원죄에 관한 이야기뿐이다. 그것 말고도 내가 보기에 원죄 이야기는 비록 알레고리의 형태를 취하고 있기는 하나 구약 성경에서는 유일한 형이상학적 진리. 왜냐하면 우리의 생존은 하나의 과오, 벌 받아야 할 욕정의 결과와 완전히 비슷한 것으로 보아야 하기 때문이다. 나는 사유하는 독자에게 이러한 대상에 관한 대중적이지만 전적으로 진심 어린 **클라우디우스**Matthias Claudius(1740~1815)[22]의 고찰을 추천하지 않을 수 없다. 그는 기독교가 본질적으로 비관적인 정신을 지니고 있음을 밝히고 있다. 그 글은 『반츠베커의 사자使者』 제4권에 '너 때문에 경작을 망쳤다'라는 제목으로 나와 있다.

언제나 인생의 방향을 정해 주는 확실한 나침반을 가지려면, 길을 잃지 않고 인생을 올바로 바라보려면 이 세계를 속죄의 장소로, 말하자면 감옥으로, 작업장으로 보게 습관 들이는 것이 가장 유용할 것이다. 이미 아주 먼 옛날의 철학자들도 세계를 그렇게 불러 왔다(클레멘스 알렉산드리아누스의 『스트로마타』, 그리고 기독교 교부 철학자들 중 **오리게네스**는 칭찬할 만한 정도로 그 문제를 대담하게 말했는데, 이에 대해서는 아우구스티누스의 『신국론』에 나와 있다). 나의 철학뿐만 아니라 모든 시대의 지혜, 다시 말해 브라만교나 불교[23], 엠페도클레스나 피타고라스의 주장을 보더라도 그런 견해가 이론적

---

22 독일의 시인. 1771~1775년 잡지 『반츠베커의 사자使者』를 발행, 그 잡지에 '아스무스Asmus'라는 필명으로 발표한 시문詩文을 모아서 『반츠베커의 사자 전집』 5권을 출판, 후에 6권을 추가하였다. 건강한 기독교적 심정, 소박하고 청순한 정서, 자연스럽고 천진난만한 유머 등이 그의 시의 기반이다.

23 • 인생을 견뎌 내고 재해나 인간을 의연히 참아 내기 위해서는 이런 종류의 **불교적 회상**이 가장 유용할 수 있다. "**이것이 윤회**, 즉 욕정과 욕구의 세계, 그 때문에 생로병사의 세계. 다시 말해 그것은 존재해서는 안 되는 세계. 그리고 이 경우 모두 윤회의 주민이다. 그러므로 여러분은 더 나은 무엇을 기대할 수 있겠는가?"

으로나 객관적으로 옳다는 것을 알 수 있다. 또한 키케로(『철학 단편』)도 옛 현자나 비밀 종교 의식에서 "우리가 이 세상에 태어난 것은 전생에 저지른 특정한 잘못을 속죄하기 위해서다"라고 가르쳐 왔다는 사실을 인용하고 있다. 이러한 사실을 가장 강하게 표현한 사람은 자신의 주장을 철회하지 않고 화형당한 **바니니**Lucilio Vanini(1585~1619)[24]였다. 그는 이렇게 말한다. "인간의 삶은 숱한 큰 고통으로 가득해 나는 기독교 교리에 위배되지 않는다면 감히 다음과 같은 주장을 할 것이다. 악마들이 있다면 그들은 인간의 몸으로 매인 채 속죄할 것이다."(『놀라운 신비스러운 자연에 대하여』)

그리고 진정하고 잘 이해된 기독교에서도 우리의 생존을 죄나 과오의 결과로 파악하고 있다. 이런 습관을 받아들이면 사람들은 인생에 관해 사물의 성질에 알맞게 기대해, 그에 따라 삶에서 일어나는 크고 작은 성가신 일, 고뇌, 고역, 곤궁을 규칙에 어긋나는 뜻밖의 일로 여기지 않고 완전히 정상이라고 여길 것이다. 누구나 알고 있듯이 이 세상 사람들은 자신의 생존에 대해 각자의 방식으로 벌을 받고 있다.[25] 우리가 관계하는 사회도 감옥에서 겪는 재해들 중 하나다. 좀 더 나은 대우를 받을 자격이 있는 사람이라면 이 사회에서 살아가는 게 어떤 기분일지 내가 굳이 말하지 않더라도 잘 알 것이다. 그래서 천재뿐만 아니라 아름다운 영혼의 소유자라면 때로는 사회에 살면서 비열한 범죄인 틈바구니에 끼인 갤리선의 고상한 정치범 같은 기분이 들지도 모른다. 그 때문에 그들은 이 정치범처럼 자신을 고립시키려고 할 것이다. 그렇지만 앞에서 말한 견해를 견지하면 우리는 인간들 대부분이 소위 불완전하다고 해서, 다시 말해 도덕적으로나 지적으로 비열한 속성을 지녔다고 해서 놀랄 일은 아니며, 분개할 일은 더욱 아니다. 우리는 우리가 살아가는 곳을 항시 염두에 두고, 모든 사람을 단지 자신의 죄악 때문에 살아가는 존재로 간주할

나는 누구든 매일 네 번 되풀이해서 이런 점을 명심하라고 지시하고 싶다.

24 이탈리아의 철학자, 의사, 자유사상가. 그는 우주를 자연법칙에 의해 지배되는 실체로 본 최초의 근대 사상가들 중 한 명이다. 1616년 인류가 유인원에서 유래했다는 주장을 폈다가 산 채로 혀를 도려내고 말뚝에 목 졸라 살해당한 뒤 화형당했는데, 그것은 자신의 형상을 본떠 인간을 창조한 신에 대한 모독이며 불경이었기 때문이다.

25 • **모든 인간을 평가하기 위한 올바른 척도**는 그가 애당초 존재해서는 안 되고, 다양한 고통과 죽음에 의해 자신의 생존을 속죄하는 존재라는 점이다. 그러한 존재로부터 무엇을 기대할 수 있는가? 우리는 모두 사형 선고를 받은 죄인이 아닌가? 우리는 1차로 우리의 출생에 의해, 2차로 죽음에 의해 속죄한다. **원죄**도 이것을 알레고리로 나타내고 있는 것이다.

「원죄와 천국으로부터의 추방」, 미켈란젤로, 1508~1512

것이기 때문이다. 그러한 자의 삶이란 태어난 죄를 속죄하는 일이다. 이러한 사실이 바로 기독교에서 죄지을 본성이라 칭하는 것의 본질을 이룬다. 그러므로 그런 본성은 사람들이 이 세계에서 자기와 같은 존재로서 마주치는 인간들의 토대다. 그뿐만 아니라 인간들은 이러한 세계의 속성 때문에 대체로 그리고 다소 고통스럽고 불만스러운 상태에 처한다. 그러한 상태는 사람들이 좀 더 관심을 갖고 친절하게 만드는 데 적합하지 않다. 그리하여 결국 그들의 지성은 대체로 의지에 봉사하는 데 빠듯한 정도에 지나지 않는다. 우리는 이 세계에서 사회에 대한 우리의 요구를 규율해야 한다. 이러한 입장을 견지하는 자는 사교 충동을 유해한 경향이라고 부를 수 있을지도 모른다.

인간이란 애당초 존재해서는 안 되는 그 무엇이라 해도 세계가 우리의 마음을 서로에 대한 아량으로 채우는 데 적합하다는 것은 대체로 확실하다. 우리는 그러한 평가를 받는 인간에게서 무엇을 기대할 수 있단 말인가? 그렇다, 이러한 입장을 견지하면 인간끼리 서로를 부를 때 '아무개 씨', '아무개 선생'이라고 하는 대신 '고통의 동지'라고 하는 게 적합하다는 생각이 들지도 모른다. 이 말이 이상하게 들릴지 모르나 그것은 사실에 부합하고 상대를 가장 올바로 평가하며 가장 필요한 것을 상기시킨다. 다시 말해 그 말은 누구에게나 필요하고, 그 때문에 누구나 빚지고 있는 관용, 인내, 보호, 이웃 사랑을 상기시킨다.

10

이 세계, 다시 말해 인간 세계에서 일어나는 일의 성격은 내가 종종 말했다시피 **불완전**하다기보다는 도덕적인 면이나 지적인 면 또는 물리적인 면에서 모두 **왜곡**되어 있다.

인간은 때때로 악덕이라 볼 수 있는 다음과 같은 말로 변명하기도 한다. "하지만 그것은 **인간에게 자연스럽다**"라는 말로는 불충분하고 그에 대해 이렇게 반박해야 한다. "그것은 사실 나쁘기 때문에 **자연스럽고**, 바로 그것이 **자연스럽기** 때문에 나쁘다." 이 말을 올바로 이해하려면 원죄설의 의미를 제대로 인식해야 한다.

인간을 평가할 경우 인간의 토대는 결코 존재해서는 안 되는 어떤 것, 죄 많은 것, 불합리한 것, 원죄로 이해된 것, 그 때문에 죽을 운명에 처한 것이라는 입장을 항시 견지해야 한다. 이러한 좋지 않은 기본 속성은 심지어 타인이 자신을 면밀히 관찰하는 것을 아무도 참아 내지 않는다는 사실에서 잘 드러난다. 그러한 존재에게서 무엇을 기대할 수 있단 말인가? 이러한 입장에서 출발하면 다른 사람을 보다 관대하게 평가할 것이고, 그의 마음속에 잠들어 있는 악마가 언젠가 깨어나 눈을 비비며 나타나더라도 하등 놀랄 일이 아닐 것이다. 그리고 지성 때문이든 그 밖의 무엇 때문이든 그의 내부에 들어 있던 선을 우리는 보다 잘 평가할 수 있을 것이다. 하지만 두 번째로 우리는 그의 상황도 생각해야 하고, 인생이란 본질적으로 곤궁하고 때로는 비참한 상태임을 잘 고려해야 한다. 이 세상에서 우리는 각자 자신의 생존을 위해 투쟁하고 싸우므로, 언제나 기분 좋은 표정을 지을 수는 없는 노릇이다. 이와 반대로 낙관적인 종교나 철학이 주장하는 것처럼 인간이 유일신의 작품이거나 화신이라면, 일반적으로 어떤 의미에서도 존재해야 하고 지금 있는 그대로 존재해야 하는 존재라면, 어떤 인간과도 처음 인사를 거쳐 점점 가까워지고 교제를 계속한다면 지금의 우리와 얼마나 다른 인상을 주겠는가!

"용서는 모든 사람에게 해당하는 말이다."(셰익스피어, 『심벨린』 마지막 장면에 나오는 말). 우리는 눈앞에 보고 있는 현상이 바로 우리 자신의 어리석음, 결점, 악덕임을 염두에 두면서, 인간의 온갖 어리석음, 모든 결점, 악덕에 관대해야 한다. 그것들은 바로 우리도 그 일원인 인류의 결점이고, 우리 자신도 모두 지닌 결점이기 때문이다. 그러므로 우리는 지금 당장 그런 결점이 우리에게는 나타나지 않는다고 해서 그런 것을 보고 즉각 분개하기도 한다. 다시 말해 그런 결점은 표면에 드러나지 않고 속에 깊숙이 들어 있다가, 어떤 계기가 생기기만 하면 수면 위로 떠오를 것이다. 물론 어떤 사람에겐 이런 결점이, 또 어떤 사람에겐 저런 결점이 나타나기도 하고, 다른 어떤 사람에게는 모든 나쁜 성질의 전체 양이 다른 사람에 비해 훨씬 크다는 점을 부인할 수 없기도 하다. 개성의 차이가 헤아릴 수 없이 크기 때문이다.

제6장
자살에 대하여

1

내가 알기로 자신의 종교를 믿는 신자가 자살을 범하는 것을 범죄로 보는 종교는 유일신 종교, 다시 말에 유대 종교들밖에 없다. 이러한 점은 구약 성경이나 신약 성경에서도 자살에 대한 어떠한 금지나 결정적인 부인도 찾아볼 수 없는 사실을 감안할 때 특기할 만하다. 그 때문에 신학자들은 그들 자신의 철학적 근거를 바탕으로 자살을 엄금하지 않을 수 없다. 그러나 그 근거가 너무 미약해 그들은 논거의 강도가 약화하는 현상에 대해 혐오감을 드러내는 표현을 강하게 하여, 모욕을 통해 대체하려고 한다. 그래서 우리는 자살이란 가장 비겁한 행위이고 광기나 그와 같은 우매한 상태에서만 가능하다는 말과 아울러 자살은 '부당하다'는 전혀 무의미한 상투어를 들어야 한다.

사람들은 누구든 자신의 신체나 목숨에 대해서만큼은 세상에서 다른 어느 것 이상으로 확실한 **권리**를 갖는 것이 분명하다. 그것 말고도 앞서 말했듯이 자살은 범죄에 포함되고 범죄와 결부된다. 특히 야비하게 위선적인 신자가 많은 영국에서는 자살한 사람에 대해 모욕적인 방법으로 장례를 치르고 그의 유산마저 몰수해 버린다. 그러므로 배심 재판소는 거의 항상 광기를 자살 원인으로 판결 내린다. 이 문제에 관해서는 무엇보다 먼저 도덕 감정에 호소해 판단 내리는 것이 좋을 것이다. 그리고 어떤 지인이 범죄, 이를테면 살해, 잔혹한 짓, 사기, 도둑질을 저질렀다는 소식을 들었을 때 우리가 받는 인상과, 그가 자발적 죽음을 저질렀다는 소식을 들었을 때 우리가 받는 인상을 비교해 보는 게 좋을 것이다. 전자가 격렬한 분개, 최고의 분노, 처벌이나 복수에 대한 촉구를 일으키는 반면, 후자는 슬픔이나 동정심을 자극할 것이다. 그러한 슬픔이나 동정심에는 아마 자살한 자의 용기에 경탄하는 감정이 가끔 섞여 있지만, 나쁜 행동을 한 자에 대해서는 도덕적으로 부인하는 감정이 담겨 있을 것이다. 자발적으로 세상을 하직한 지인, 친구, 친척이 없는 사람이 누가 있겠는가? 그렇다면 누구나 범죄자만큼이나 이 세상을 혐오스럽게 생각해야 한단 말인가? 나는 결코 그렇지 않다고 말한다! 오히려 나는 성경의 권위에 기대지 않고 어떤 설득력 있는 철학적 논거라도 있는지 성직자에게 말하도록 촉구해야 한다는 견해다. 그들이 어떤 권능으로 설교단이나 글에서 우리의 존경과 사랑을 받는 많은 사람이 저지른 행위를 **범죄**라고 낙인찍고, 자발적으로 생을 하직한 사람들의 떳떳한 장례식을 거부하는지에 대해서 말이다. 하지만 이때 분명한 것은 근거를 제시해야지, 공연한 상투어나 욕설로 대신해서는 안 된다. 형법에서 자살을 엄금한다고 해서, 그것이 교회에서도 통용되는 근거가 될 수는 없다. 게다가 자살을 금지하는 자체가 지극히 우스꽝스러운 일이다. 처벌한다고 해서 자살하려는 자가 겁을 먹겠는가? 만일 자살미수에 그친 사람을 처벌한다면 그것은 자살에 성공하지 못한 미숙함을 처벌하는 것이다.

옛날 사람들도 이 문제를 성직자와 같은 관점에서 바라보지 않았다. **플리니우스**는 이렇게 말한다.

우리는 사람들이 어떻게 해서든 생명을 연장시킬 정도로 삶을 사랑할 필요가 없다는 견해다. 그대가 아무리 생명을 원하는 자라 해도, 그대가 (선을 행하거나) 악덕을 행하며 살았든 범죄를 저지르며 살았든 그대는 마찬가지로 죽을 것이다. 그 때문에 누구든 자연이 인간에게 부여한 온갖 재화 중에서 조기 사망보다 더 나은 것이 없다는 사실을 자신의 영혼의 구제책으로 생각할지도 모른다. 그리고 누구나 스스로 그런 일을 할 수 있는 것이 최상이다.

(『자연사』, 제28권 1장)

그는 또한 이런 말을 하기도 한다.

신이라고 해서 뭐든지 할 수 있는 것은 아니다. 신이 아무리 원한다 해도 자신에 대한 죽음을 결정할 수 없기 때문이다. 그렇지만 신은 인간이 살면서 수많은 고통을 겪을 때 최상의 선물로서 인간에게 그런 능력을 부여했다.

(『자연사』, 제2권 7장)

마실리아[26]와 케오스 섬에서는 시장이 생을 버릴 만한 설득력 있는 근거를 제시할 수 있는 자에게 독미나리를 공공연하게 건네주었다[27](발레리우스 막시무스, 『기억할 만한 공적과 격언에 관한 책』 제2편 6장 7절, 8절). 고대의 수많은 영웅과 현인이 자발적 죽음을 통해 자신의 삶을 마감하지 않았던가! 사실 아리스토텔레스는 자살이란 자신에 대해서는 부당한 행위가 아닐지라도 국가에 대해서는 부당한 행위라고 말한다(『니코마코스 윤리학』 제5권 5장). 그렇지만 스토바이오스는 **소요학파**[28]의 윤리학((『윤리학 발췌』 제2권 제7장)을 서술하면서 "너무 커다란 불행을 겪는 좋은 사람들이나 너무 큰 행복을 겪는 나쁜 사람들은 인생을 작별해야 한다"라는 명제를 인용한다. 또한 "그러니 사람들은 결혼해서 자식을 낳고 공무에 헌신해야 한다. 그리고 일반적으로 자기 능력을 가꾸면서 때로는 생명을 보전하고, 때로 어쩔 수 없을 땐 인생과 작별해야 한다"라는 구절도 있다.

그런데 스토아학파가 쓴 기록을 볼 때 우리는 그들이 자살을 일종의 고귀한 영웅적 행위라고 찬미하는 것을 알 수 있다. 그 증거로 내세울 수 있는 대목이 수백 군데는 되지만 그중에서도 세네카의 글이 가장 강력하다. 더구나 인도인의 경우에는 알다시피 자살을 종교적인 행위로 여기는 사람도 더러 있다. 예를 들면 과부 순장殉葬[29], 자거나우트[30] 신의 수레바퀴 밑에 몸을 던져 죽는 희생, 갠지스 강이나 성스러운 사원의 연못에 사는 악어에게 자기 몸을 바치는 행위가 있으며 그 밖에도 여러 가지가 있다. 또한 인생을 보여 주는 거울인 연극에서도 그와 같은 것을 볼 수 있다. 예컨대 중국의 유명한 작품 『중국

26 지금의 마르세유
27 • 그리스의 **케오스** 섬에서는 **노인**이 자발적으로 죽음에 몸을 던지는 풍습이 있었다.
28 고대 아리스토텔레스학파를 칭하는 것으로 아리스토텔레스가 산책하면서 강의했다는 데서 나온 말
29 죽은 남편과 함께 미망인을 화장하던 인도인의 풍습
30 인도의 크리사나 신상神像을 말하는 것으로, 매년 한 번씩 그 신상을 큰 수레에 싣고 거리를 돌아다니는데, 이 때 이 수레에 치여 죽으면 극락에 간다고 믿고 신자는 기꺼이 수레 밑에 몸을 던졌다고 한다.

의 고아』(생 쥘리앵의 번역본, 1834)에서 고귀한 성품을 가진 인물은 대부분 자살로 인생을 끝맺는다. 하지만 그들이 범죄를 저질렀다는 암시는 연극 어디에도 나타나지 않고, 구경꾼에게도 그런 생각이 떠오르지 않는다. 유럽의 연극 작품도 기본적으로 이와 다르지 않다. 예컨대 『마호메트』의 팔미라, 실러의 『마리아 슈투아르트』의 모티머, 셰익스피어의 『오셀로』의 주인공이나 실러의 『발렌슈타인의 죽음』에 나오는 테르츠키 백작 부인이 모두 그러하다. 그리고 소포클레스[31]는 이렇게 말한다.

내가 직접 원한다면 신은 내게 자유를 줄 것이다.
(『바쿠스의 시녀들』 498행)

햄릿의 독백(제3막 제1장)을 범죄적 성찰이라고 할 수 있겠는가? 우리가 죽음에 의해 절대적으로 말살되는 것을 확신한다면, 햄릿은 세계의 속성을 살펴보건대 무조건 죽음을 택할 것이라고 말할 따름이다("하지만 그것이 어려운 점이다"). 어쨌든 일신교, 즉 유대 종교들의 모든 성직자와 이들에게 순응하는 철학자들이 내세운 자살에 반대하는 근거들은 쉽게 반박될 수 있는 미약한 궤변에 불과하다(나의 논문 「도덕의 기초에 대하여」 5절 참조). 흄은 그의 『자살에 관한 에세이』에서 사제들의 궤변을 매우 철저히 반박하고 있다. 그가 죽은 후에야 발간된 이 책은 영국의 야비하고 위선적 신앙을 가진 자들과 파렴치한 사제 전체에 의해 즉시 판매 금지되고 말았다. 그 때문에 아주 적은 부수의 책이 비밀리에, 아주 비싼 값으로 판매되었다. 위대한 철학자가 쓴 이 논문과 또 다른 논문이 우리에게 남아 있는 것은 바젤의 복제본 덕택이다. 그것은 『후기 데이비드 흄의 자살과 영혼의 불멸에 대한 에세이들』(바젤, 1799, 제임스 데커 간행)이다. 영국의 일류 사상가이자 저술가의 한 사람이 당시 통용되던 자살 반대론을 냉철한 이성으로 반박한 순전히 철학적인 이 논문이 그의 조국에서 마치 파렴치한 행위라도 되는 것처럼 은밀히 외국으로 반출되어 보호받았다는 사실은 영국 국민의 커다란 수치라고 할 수 있다.

동시에 이러한 점에서 교회가 지닌 양심이 어떤 종류의 것인지 알 수 있다.

---

31 • 소포클레스가 아니라 에우리피데스다.

춤추는 마에나데스(바쿠스를 따르는 여인들), 기원전 425년~400년경

나는 자살에 반대하는 유일하게 설득력 있는 도덕적 근거를 나의 주저에 설명해 두었다(『의지와 표상으로서의 세계』 I, 67장 '연민에 대하여'). 그 근거는 자살이란 비참한 이 세상에서 실제적인 구원을 받는 것이 아니라 단지 엉터리 구원을 받는 것에 지나지 않으므로, 최고의 도덕적 목표에 도달하는 것에 배치된다는 점이다. 하지만 내가 여기서 자살을 도덕적 의미의 잘못이라고 해서 반대하는 것과 기독교 사제가 그것을 범죄라고 낙인찍으려는 것 사이에는 큰 차이가 있다.

기독교는 가장 깊은 곳에 고난(십자가)이 삶의 본래적인 목적이라는 진리를 담고 있다. 그 때문에 자살은 고난이라는 이러한 목적에 배치된다고 비난받는 것이다. 이와 반대로 고대인은 좀 더 낮은 입장에서 자살을 용인하고 존중하기까지 했다. 그렇지만 기독교가 자살에 반대한다[32]는 앞서 말한 근거는 금욕적인 근거이므로, 유럽의 도덕 철학자들이 한때 취했던 입장보다 훨씬 높은 윤리적 입장에서만 적용된다. 하지만 우리가 매우 높은 입장에서 내려온다면 자살을 비난할 아무런 확고한 도덕적 근거도 더 이상 존재하지 않는다. 그러므로 성경에도, 설득력 있는 근거에도 뒷받침을 받지 못하면서 유일신 종교들의 사제들이 유별나게 활발한 열의를 보이며 자살에 반대하는 까닭은 어떤 감추어진 근거에 기인하는 것 같다. 그 근거란 생을 자발적으로 포기하는 것이 "모든 것이 보기에 좋았더라"라고 말한 분의 비위를 거스르는 행위이기 때문 아닐까? 그렇다면 어떻게 보면 유대 종교들의 의무적 낙관주의가 자살을 비난하는 것은 자살로 인해 비난받지 않기 위해서일지도 모른다.

2

일반적으로 우리는 삶의 공포가 죽음의 공포를 능가하는 단계에 이르자마자, 인간은 자신의 삶에 종지부를 찍는 것을 볼 수 있다. 그렇지만 죽음의 공포가 지니는 저항력도 만만치 않아, 죽음의 공포는 말하자면 문을 지키고 선

---

32 •이에 대해서는 모두의 견해가 일치하고 있다. 루소(『작품들』)에 따르면 아우구스티누스와 라크탄츠는 일단 자살을 죄악이라고 선언했지만, 그 논거를 플라톤의 『파이돈』에서 취했다. 다시 말해 그것은 그 이후 전혀 근거 없을 뿐만 아니라 매우 진부한 논거로, 우리가 보초를 서는 입장이라거나 신들의 노예라는 입장이다.

문지기와 같다. 삶의 종말이 순전히 어떤 소극적인 것, 다시 말해 생존이 갑자기 멈추는 것이라면, 인간은 누구나 진작 자기의 삶에 종지부를 찍고 말 것이므로, 아마 살아 있는 사람은 아무도 없을 것이다. 하지만 삶의 종말, 즉 신체의 파멸에는 무언가 적극적인 측면이 있다. 신체는 바로 삶에의 의지의 현상이므로, 신체의 파멸이 사람을 위협해 물러서게 만든다.

그런데 대체로 문지기와의 싸움은 멀찍이서 우리가 생각하는 것만큼 어려운 일이 아니다. 더구나 정신적 고통과 육체적 고통 사이의 대립 때문에 쉽다고 할 수 있다. 가령 우리가 육체적 고통을 매우 심하게 또는 계속해서 겪고 있을 때는 온갖 다른 근심에 대해 무관심하다. 건강의 회복에만 관심을 기울이기 때문이다. 이와 마찬가지로 정신적으로 매우 심한 고통을 겪을 때는 육체적 고통을 느끼지 못한다. 육체적 고통을 무시하는 것이다. 가령 육체적 고통이 우세하면 기분 좋게 고통이 분산되어 정신적 고통이 멈추기도 한다. 바로 이런 사실 때문에 쉽게 자살할 수 있다. 심한 정신적 고통에 시달리는 사람에게는 자살에 따르는 육체적 고통이 하찮게 느껴져서다. 순전히 병적인 심각한 우울증에 사로잡혀 자살을 저지르는 사람들에게 특히 그러하다. 우울증에 걸린 사람은 자살을 결행할 때 아무런 극기도 필요하지 않으며, 자살을 위한 마음가짐도 전혀 필요 없다. 그래서 옆에서 간호하는 사람이 단 2분만 자리를 비워도 서둘러 삶에 종지부를 찍는다.

3

답답하고 끔찍한 꿈속에서 불안이 최고조에 달할 때 불안 자체 때문에 우리가 눈을 뜨고 깨어나 보면 이제까지 우리를 괴롭혔던 밤의 온갖 괴물은 흔적도 없이 사라져 버리고 만다. 인생도 마치 꿈과 같다. 마찬가지로 우리의 불안이 최고조에 달할 때 우리는 인생의 꿈을 깨뜨려 버리고 만다.

4

자살이란 인간이 자연에 물어서 답변을 강요하려는 하나의 실험이자 질문으로 볼 수도 있다. 다시 말해 죽음을 통해 인간의 생존과 인식이 어떤 변화를 겪는지 알아보려는 실험 말이다. 하지만 그것은 서툰 실험이다. 왜냐하면 이 실험은 질문하고 대답을 들어야 할 의식의 동일성마저 파괴해 버리기 때문이다.

제7장
삶에의 의지의 긍정과 부정의 이론에 대한 몇 가지 추가 기록

1

지금 세상의 현상을 나타나게 하는 존재가 그 현상이 나타나지 않게, 그대로 조용히 있게 할 수도 있다는 사실은 어느 정도 선천적으로 인식할 수 있으며, 일반적으로 저절로 이해되는 문제다. 다른 말로 하면 현재의 확장 말고 본래의 수축도 있음이 틀림없다는 것이다.[33] 그런데 전자가 삶을 의욕하는 현상이라면 후자는 삶을 의욕하지 않는 현상이다. 또한 삶을 의욕하지 않는 이러한 현상은 본질적으로 베다 학설(『우프넥하트』 제1권)의 '크고 깊은 잠', 불교도의 열반, 신플라톤학파의 저편과도 같을 것이다.

이에 대해 어떤 어리석은 반론을 제기할 사람이 있을 것 같아 다음 사실을 언급하고자 한다. **삶에의 의지의 부정**이란 어떤 실체를 없애 버리겠다는 말이 아니라 단순히 의욕하지 않는 행위, 다시 말해 지금까지 **의욕해 온 것**을 더 이상 **의욕**하지 않음을 말한다. 우리는 이러한 본질, 사물 자체인 의지를 의욕하는 행위 속에서, 의욕하는 행위를 통해 알고 있으므로 이러한 행위를 중단한 뒤 그 의욕이 계속해서 무엇이 되거나 무엇을 행하는지 말하거나 파악할 능력이 없다. 그 때문에 의욕의 현상인 **우리**에게는 의지의 부정이 무無로 넘어가는 과정으로 인식된다.

삶에의 의지의 긍정과 부정은 단순히 '의욕하는 것과 의욕하지 않는 것'에 불

---

33 • 괴테의 『색채론』 참조

과하다. 이 두 가지 행위를 하는 주체는 동일하며, 따라서 그 자체로 어느 하나의 행위를 통해서나 다른 행위를 통해서도 없어지지 않는다. 그 때문에 인간의 '의욕하는 것'은 사물 자체의 현상인 이런 직관적 세계에 나타난다. 반면에 우리는 '의욕하지 않는 것'에 대해서는 단순히 그것이 출현하는 현상 말고는 다른 현상을 인식하지 못한다. 더구나 원래 '의욕하는 것'의 현상에 속하는 개체에서 그러하다. 그러므로 우리는 개체가 존재하는 한 '의욕하지 않는 것'을 항시 '의욕하는 것'과의 투쟁에서 본다. 개체가 소멸해서 그 안에서 '의욕하지 않는 것'이 우세해지면 그 개체는 '의욕하지 않는 것'을 순수하게 고지했다(이것은 교황이 성인 명부에 오르는 것과 같은 의미다). 우리는 이 의욕하지 않는 것에 관해 그 현상이 '의욕하는 것'의 현상일 수 없다고 단순히 말할 수는 있지만, 그 의욕하지 않는 것이 실제로 모습을 드러내는 것인지, 지성을 위해 2차적 생존을 얻는지 알지 못한다. 생존을 얻으려면 의욕하지 않는 것은 먼저 지성을 산출하지 않으면 안 된다. 우리는 지성에 대해 의지를 긍정하는 의지의 기관으로만 알고 있기에 의욕하지 않는 것이 의지의 긍정을 지양한 후 왜 지성을 만들어 내야 하는지 알지 못한다. 이 같은 지성을 지닌 주체에 관해서는 아무것도 말할 수 없다. 그 이유는 이런 주체를 단지 상반되는 행위인 '의욕하는 것'에 의거해서만 그 현상계의 사물 자체의 의미로 적극적으로 인식해 왔기 때문이다.

2

그리스인과 인도인의 윤리는 상당한 차이가 있다. 그리스인은 (플라톤은 예외라 해도) 행복한 삶을 영위하는 능력을 목표로 삼는 반면, 인도인은 삶 일반에서 해방되어 구원을 얻는 게 목표다. 그러한 삶은 '**상키야**[34] **카리카**[35]'의 바로 첫 번째 문장에 직접 표현되어 있다.

피렌체의 미술관에 있는 아름다운 고대의 석관石棺을 살펴보면 앞의 경우

---

34 '완전한 지혜'라는 뜻으로, 성자 카필라가 주장한 사상 체계로 후에 베단타파 철학 등에 흡수되었다. 현존하는 최초의 문헌은 기원후 4세기경에 이슈바라 크리슈나가 저술한 『상키야 카리카』다.
35 • "3중의 고통이 밀려들어 그것에 저항하는 방법을 모색한다. 저항에 이르는 길을 어디서 지각해야 할지가 필요한데, 그 이유는 그 길을 영원히 알 수 없기 때문이다."

와 유사하게 직관적으로 볼 때 심한 대조를 이루는 것을 알 수 있다. 석관의 조각된 그림에는 최초의 구혼에서부터 결혼의 신에게 바친 횃불이 신방을 비추는 장면에까지 결혼할 때 일련의 의식儀式이 묘사되어 있다. 그런데 그림 옆의 **기독교식** 관에는 비애를 표시하는 검은 천이 드리워 있고, 관 위에 십자가가 장식되어 있다. 이러한 차이는 극히 의미심장하다. 둘 다 상반된 방식이긴 하지만 죽음에 대해 위로하려고 한다. 둘 다 나름대로 옳다. 한쪽은 삶에의 의지의 **긍정**을 나타낸다. 그리하여 개체로서의 형태들이 아무리 빨리 변한다 해도 삶에의 의지로서의 삶 자체는 영원히 존속한다. 다른 한쪽은 고통과 죽음의 상징을 통해 삶에의 의지의 **부정**을, 죽음과 악마가 지배해 의욕하지 않는 것을 의욕하는 데까지 이르는 어느 세계로부터의 구원을 나타내고 있다.

그리스와 로마의 이교도 정신과 기독교 정신 사이에는 삶에의 의지의 긍정과 부정이라는 본래적인 차이가 있다. 그런데 궁극적으로는 기독교의 견해가 대체로 옳다고 할 수 있다.

3

내가 말하는 윤리학과 유럽 철학에서 주장하는 모든 윤리학의 관계는 교회에서 이해하는 신약 성경과 구약 성경의 관계와 같다. 다시 말해 구약 성경은 인간을 구원으로 이끌지 못하는 율법의 지배에 두려고 한다. 그렇지만 신약 성경은 율법이 불충분하다고 천명하고, 그것으로부터 해방시켜 준다(예컨대 「로마서」 제7장과 「갈라디아서」 제2장과 제3장). 신약 성경은 신앙, 이웃 사랑, 자기 자신의 전면적 부정을 통해 들어갈 수 있다는 은총의 나라를 설교한다. 이것이야말로 재해나 세상으로부터 구원에 이르는 길이라고 한다. 물론 신교적이고 합리주의적 왜곡이 있긴 하지만 신약 성경의 정신은 뭐니 뭐니 해도 금욕적 정신이다. 하지만 이러한 금욕적 정신이 바로 삶에의 의지의 부정이다.

구약 성경에서 신약 성경으로, 율법의 지배에서 은총의 지배로, 행위에 의한 정당화에서 중개자에 의한 구원으로, 죄악과 죽음의 지배에서 그리스도 안에서의 영생으로 넘어감은, 본래적 의미에 따르면 단순히 도덕적 덕목에서 삶에의 의지의 부정으로 넘어감을 의미한다. 그런데 형태와 서술 체제에서 상이한 점이 있긴 차지만, 절대적(예컨대 목적은 물론이고 근거도 결여된) 도덕률, 도덕적 명령과 금지가 담겨 있고, 은밀히 명령하는 여호와의 정신이 깃든 나 이전의 모든 철학적 윤리학은 구약 성경의 정신에 입각해 있다. 이와 반대로 나의 윤리학에는 근거, 목표, 목적이 있다. 그것은 무엇보다도 정의와 인간애의 형이상학적 근거를 증명하고 있으며, 그다음에는 그것이 완전히 실행될 경우 결국 이르는 목적지도 함께 제시한다. 이와 동시에 이 세계가 배척받아 마땅한 대상임을 솔직히 고백하고, 의지의 부정이야말로 이 세계에서 벗어나 구원에 이르는 길임을 알려 준다. 그러므로 나의 윤리학은 실제로 신약 성경의 정신에 입각한 반면, 다른 모든 것은 구약 성경의 정신에 입각해 있으며, 그에 따라 이론적으로도 단순한 유대 정신(노골적이고 전제적인 유신론)에 귀결되고 있다. 이런 의미에서 나의 가르침을 진정한 기독교 철학이라고 불러도 무방할 것이다. 그렇지만 이 말이 사물의 핵심을 파악하지 못하고 겉만 맴도는 사람들에게는 모순되게 들릴지도 모른다.

4

사물을 좀 더 깊이 사유할 능력이 있는 사람은 다음 사실을 곧 간파할 것이다. 인간의 탐욕이란 각 개인이 우연히 서로 상대방을 방해해 한쪽에는 재해를, 다른 쪽에는 해악을 끼치는 그 지점에서 비로소 죄가 되기 시작하는 것이 아니다. 오히려 인간의 탐욕은 이미 원래 본질적으로 죄가 되어 배척받아 마땅한 것이다. 따라서 삶에의 전체 의지 자체가 배척받아 마땅한 의지이다. 세상에 가득 찬 온갖 전율과 비참함은 중생의 전체 성격에서 비롯되는 필연적 결과고, 그러한 성격에 의해 삶에의 의지는 인과율의 끊임없는 연속으로 나타나며 그 성격에 동기를 제공하는 상황에서 객관화되어 나타난다. 그러므로 온갖 전율과 비참함은 삶에의 의지를 긍정하는 단순한 주석인 셈이다(루터, 『독일 신학』). 우리의 생존 자체가 죄를 함축하고 있음을 죽음이 증명하고 있다.

「햄릿의 극중극 장면」, 에드윈 오스틴 에비, 1897

고상한 성격의 소유자는 자신의 운명을 쉽게 한탄하지 않는데, 그런 자에게는 햄릿이 호레이쇼에게 한 말이 적용될 것이다.

자네는 온갖 괴로움을 당하면서도
아무 일 없었던 자 같았기 때문이지.

그런데 이는 다음과 같은 관점에서 이해할 수 있다. 그런 사람은 자신의 본질을 타인에게서도 인식하고 그 때문에 그들의 운명에 관심을 보이면서, 자기 주위에 거의 언제나 자신의 운명보다 더욱 가혹한 운명이 있다는 것을 알게 된다. 따라서 그는 자신의 불우한 처지를 한탄하지 않는다. 이와 달리 모든 현실을 자기 자신에게만 한정하고 다른 사람들을 단순한 허깨비나 환영으로 간주하는 비열한 이기주의자는 이들의 운명에는 아무런 관심을 보이지 않고 자신의 운명에만 관심을 집중해 이해타산에 매우 예민해지고 걸핏하면 비탄에 빠진다.

내가 가끔 입증한 바와 같이 무엇보다 정의와 인간애를 일으키는 원천은 낯선 현상 속에서 자신을 재인식하는 데 있다. 그럼으로써 결국 의지를 포기하기에 이른다. 이러한 의지가 나타나는 여러 현상은 분명 고통스러운 상태에 있을 것이므로 자신의 자아를 그들 모두에게 확장하는 자는 그 자아를 계속 의욕할 수 없기 때문이다. 그것은 제비뽑기할 때 모든 제비뽑는 사람이 당연히 큰 손해를 볼 수밖에 없는 것과 마찬가지다. 의지의 긍정은 자의식을 자신의 개체에 한정하는 것을 전제하며, 인생행로가 우연에 의해 유리하게 진행될 가능성에 의지한다.

세계를 파악하려고 하는 경우 사물 자체인 삶에의 의지에서 출발하면 그것의 핵심, 으뜸가는 중심은 생식 행위임을 알 수 있다. 이러한 생식 행위는 최초의 행위이자 출발점으로서 나타난다. 그 행위는 세계라는 난자의 기점이자 요점이다. 반면에 현상으로 주어진 경험적 세계, 표상으로서의 세계에서 출발하면 얼마나 큰 차이가 있는가? 여기서는 생식 행위가 별로 중요하지 않은 전적으로 개별적이고 특수한 일, 그러므로 은폐되고 숨겨진 부수적인 일, 몰래 행하는 일이라서 웃음거리밖에 제공하지 못하는 모순된 이상한 행위로 비친다. 마치 악마가 배후에서 조종하는 듯한 생각이 들기도 한다. 동침은 그의 착수금이고 세계는 그의 나라이기 때문이다. 동침한 직후 등 뒤에서 악마의 웃음소리가 들리는 것을 눈치채지 못했는가? 진지하게 말해서 그것은 성욕, 특히 특정 여성에게 사랑을 고정하고 집중시켰을 경우의 성욕이란 이러한 호사스러운 세계의 모든 속임수 중의 정수라는 사실에 기인한다. 성욕이란 이루 말할 수 없고 무한하며 엄청나게 많은 것을 약속하지만 손에 넣는 것은 가련할 정도로 보잘것없기 때문이다.

어떤 의미에서 보면 생식 행위를 할 때 여성의 죄는 남성보다 적다고 할 수 있다. 다시 말해 남성은 태어나는 아기에게 최초의 죄이자 모든 악과 화禍의 근원인 의지를 부여하는 반면, 여성은 구원에 이르는 길을 열어 주는 인식을 부여하는 것이다. 생식 행위란 '삶에의 의지가 새로이 자신을 긍정했다'를 말하는 것으로 세계의 얽힌 매듭이다. 이러한 의미에서 브라만교의 진부한 문구는 "슬프고 슬프도다! 링감이 요니 속에 들어 있구나"[36]라며 애통해한다. 반면에 수태와 임신은 '의지에 다시 인식의 빛이 덧붙여 주어졌음'을 의미한다. 다시 말해 인식의 빛으로 의지는 다시 자신의 길을 찾아내 구원의 가능성이 새로이 생긴 것이다.

모든 여성은 생식 행위를 할 때 화들짝 놀라고 수치심에 어찌할 바 모르다가, 막상 임신하면 언제 부끄러워했느냐는 듯이 자랑스럽게 드러내고 다니는 현상은 그런 사실로 설명할 수 있다. 그것 말고도 어떤 일에서나 확실한 표시는 나타나는 상태 자체를 보면 알 수 있다. 여성은 성행위는 무척 부끄럽게 생각하지만 임신은 아무렇지 않게 여긴다. 앞에서 말한 것처럼 임신은 어떤 의미에서는 성행위에 의해 유발된 죄를 없애 주거나 적어도 그 죄의 제거를 약속해 주기 때문이다. 그 때문에 성교에는 온갖 치욕과 수치가 따라다니지만 이와 매우 밀접한 관계에 있는 임신은 순수하고 순결하며 존귀한 것으로 여

---

36 ・산스크리트어의 원전에 따르면 "보석이 연꽃 속에 들어 있다"이다.

겨진다.

성교는 주로 남성의 일이고, 임신은 전적으로 여성만의 일이다. 아기는 아버지로부터는 의지와 성격을 물려받고, 어머니로부터는 지성을 물려받는다. 지성은 구원의 원칙이고, 의지는 구속의 원칙이다. 지성에 의해 밝기가 더해지는데도 삶에의 의지가 시간 속에서 영원히 존재하려는 표시가 성교다. 다시 말해 이러한 의지에 새로이 덧붙는, 구원의 가능성을 열어 놓는 인식의 빛의 표시이며, 더구나 최고로 분명히 드러난 삶에의 의지의 새로워진 인간화다. 그러므로 임신했을 때는 솔직하게, 의기양양하게 돌아다니지만, 성교는 마치 범죄자처럼 몰래 숨어서 한다.

7

몇몇 교부[37]들은 결혼한 부부가 아이를 낳을 목적일 때만 동침이 허용된다고 가르쳤으며, 클레멘스(『잡록』제2권 3편 3장)도 그렇게 말하고 있다(해당 부분이 파울 에른스트 린트의 『칼리바투 크리스티아노룸에 대하여De Caelibatu Christianorum』1장에 나란히 모아져 있다). 클레멘스 알렉산드리아누스의 『잡록(3편 12장)』에는 피타고라스학파 철학자들도 이런 견해를 지녔다고 기록되어 있다. 그렇지만 엄밀히 말하면 이런 견해는 잘못된 것이다. 성교가 더 이상 그 자체의 쾌락 때문에 이루어지지 않는다면 이미 삶에의 의지의 부정이 일어나서, 번식 목적이 이미 달성되는 한 인류의 번식은 쓸데없고 무의미한 일이 되어서다. 게다가 아무런 주관적 정열이나 욕정, 물리적 충동 없이 단순히 순수한 숙고와 냉정한 의도에서 한 인간이 존재하도록 그를 세상에 내보내는 것이 가능하다면, 이것은 도덕적으로 매우 우려할 만한 행위일지도 모른다. 또한 그런 행위를 받아들일 사람도 극히 드물 것이다. 이러한 성행위와 단순한 성욕에서 비롯되는 생식 행위의 관계는 냉정히 숙고해서 저지르는 살인과 격분해서 저지르는 살인의 관계와 같다고 말할 수 있을 것이다.

자연에 반하는 모든 성욕의 충족이 비난받는 것은 원래 이상과 반대되는

---

37 교부敎父는 2세기 이후부터 기독교 신학의 주춧돌을 놓은 이들을 일컫는다. 교부라는 호칭은 후대에 붙인 경칭이며, 이들에 관련된 신학을 교부신학이라고 부른다. 교부는 2세기에서 8세기에 걸쳐 기독교의 이론을 확립하고 또한 이교도와의 열띤 논쟁을 벌여 보편 교회 신학과 교리의 수호에 앞장섰다.

근거에 기인한다. 이런 경우에는 성욕의 충족을 따르므로, 삶에의 의지는 긍정되지만, 개체의 출생은 무산되기 때문이다. 이러한 출생에 의해서만 의지의 부정의 가능성이 열리는 것이다. 금욕적 성향을 지닌 기독교가 나타나 비로소 동성애를 엄중한 죄로 본 것도 이런 사실에서 설명할 수 있다.

<h2 style="text-align:center">8</h2>

수도원은 청빈, 동정童貞, 복종(즉 자신의 의지의 단념)을 서약하고, 공동생활을 통해 부분적으로는 존재 자체, 나아가서 단념하기 힘든 상태를 수월하게 하기 위해 사람들이 모인 곳이다. 비슷한 뜻을 품은 사람들과 같은 식으로 단념한 사람들을 보고 서로 결의를 굳건히 할 수 있고 위로받을 수 있는 것이다. 게다가 한정된 울타리 내에서의 사교 생활은 인간의 본성에도 맞는 일이며, 여러 가지 아쉬운 점이 있어도 별 탈 없이 지낼 수 있게 해 준다. 이것이 **수도원**에 대한 우리의 일반적인 생각이다. 그런데 누가 그런 사회를 바보와 멍청이의 단체라고 부를 수 있을까? 그러나 나의 철학 이외에 어떤 철학에서도 그렇게 부르지 않을 수 없을 것이다.

금욕 생활과 같은 참된 수도원 생활의 내적 정신과 의의는 현세보다 내세에 더 나은 존재가 될 가치가 있고 그럴 능력이 있다고 인식하는 데 있다. 그리고 이 세상이 제공하는 것을 멸시하고, 세상의 모든 향락을 무가치한 것으로 떨쳐 버리고, 이런 공허한 유혹을 떨친 생활이 끝나기를 차분하고도 담담히 기다려 이러한 확신을 굳히고 유지하려는 데 있다. 그러다가 언젠가 죽음이 찾아오면 구원의 순간으로 반갑게 맞이하려는 것이다. 사니아시의 고행도 전적으로 이 같은 취지와 의의에서 이루어지고, 불교도의 수도 생활도 마찬가지다. 물론 이론이 실천을 따르기가 어렵기는 수도 생활만 한 것이 없다. 수도 생활의 근본 사상이 너무 숭고하기 때문이다. 그리고 "최선을 남용하면 최악이 된다"라는 것이다. 참된 승려는 극히 존경할 만한 존재다. 하지만 대부분의 경우 두건 달린 수도복은 단순한 가장 무도회의 복장에 불과하다. 가장 무도회의 복장에서와 마찬가지로 승복에 진정한 승려가 들어 있는 경우는 매우 드물다.

자신의 의지를 부정하려면 다른 사람의 의지에 완전히 따르고 맹목적으로 맡겨 버리겠다고 생각하는 것이 그것을 용이하게 하기 위한 심리적 수단이며, 진리를 따르는 적절하고도 알레고리적인 수단이다.

물론 정식 트라피스트[38] 수도회 수도사의 수는 많지 않다. 하지만 인류의 절반은 어쩌면 **타의에 의한 트라피스트 수도회 회원**일지도 모른다. 그들은 온갖 향락, 그러니까 가장 필요한 위로 수단이 결핍된 채 청빈과 복종의 정신으로 살아간다. 또한 때로는 어쩔 수 없이 동정을 지키고 혹은 궁핍 때문에 순결하다는 것이 그들의 운명이다. 그 차이란 트라피스트 수도회 수도사는 더 나아질 거라는 희망을 품지 않고 자진해서 체계적으로 일을 수행하는 반면, 사람들 대부분은 내가 금욕을 논한 장에서 '차선의 길'이라는 표현으로 지칭한 사람들 부류에 포함된다는 점이다. 그러므로 이러한 차선의 길을 초래하기 위해 자연은 이미 그 질서의 토대에 의해 충분한 배려를 해 두었다. 특히 직접 자연에서 생기는 재해를 전시든 평화 시든 인간의 불화나 악의에 의해 초래되는 또 다른 재해에 포함한다면 말이다. 하지만 영원한 구원을 얻기 위해 강제적인 고난이 필요함은 "낙타가 바늘귀로 들어가는 것이 부자가 하나님의 나라로 들어가는 것보다 쉬우니라"(「마태복음」 19장 24절)라는 구세주의 말에도 나와 있다. 그러므로 영원한 구원을 얻는 문제를 대단히 진지하게 생각한 자들은 운명에 의해 지체 높은 집안에서 부유하게 태어나면 자발적으로 가난을 선택하기도 했다. 왕자로 태어난 부처 석가모니도 자진해서 문전걸식하는 생활을 했다. 걸식 교단의 창설자인 **프란체스코**Saint Francis of Assisi(1182~1226)[39]는 젊은 귀공자였다. 어떤 사람이 명문가 따님들이 모인 무도회에서 그에게 물

---

38 1098년 프랑스에서 창설된 시토 수도회를 1664년 랑세가 개혁해 세운 분파로 금욕과 엄격한 침묵 속에 노동과 작업을 행하는 수도회
39 이탈리아의 수도사이자 성자. 1209년 교황의 인가를 받아 프란체스코 교단을 창립했다. 가난한 자와 병자를 위로하며 그리스도의 사랑을 실천했다.

「기도하는 성 프란체스코」, 에밀리오 치골리, 1597~1599

었다.

"프란체스코 씨, 당신은 저 미인들 가운데 한 여자를 곧 선택하겠지요?"

그러자 그는 이렇게 대답했다.

"난 그보다 훨씬 아름다운 것을 이미 골라 두었지요!"

"어떤 것인데요?"

"가난입니다."

말을 마친 그는 이내 모든 것을 버리고 문전걸식하며 나라를 떠돌아다녔다.

그러한 고찰을 통해 고난과 고통이 대체로 우리의 구원에 얼마나 필요한지 마음에 생생히 그려 본 자라면 다른 사람의 행복보다는 불행을 부러워해야 한다는 사실을 깨닫게 될 것이다. 또한 그와 같은 이유로 스토아주의는 운명에 맞서는 신조이고, 사실 삶의 고통을 막아 주는 좋은 갑옷이며 현재를 좀 더 잘 참아 내는 데 유용하지만, 진정한 구원과는 배치된다. 스토아주의는 마음을 완고하게 만들기 때문이다. 돌처럼 딱딱한 외피에 싸인 마음이 그 외피를 느끼지 못한다면 어떻게 고통을 겪는다고 개선될 수 있단 말인가? 그뿐만 아니라 어느 정도 이런 스토아주의는 아주 드물지도 않고, 때로는 짐짓 허세를 부리며, '내기에 지고도 좋은 표정을 짓는' 것일지도 모른다. 그렇지만 스토아주의는 왜곡되지 않은 경우 대체로 단순한 무감각이라든가, 심지어 크게 마음을 상하게 하는 에너지와 활력, 느낌과 상상력의 결핍에서 비롯된다. 이러한 종류의 스토아주의는 굼뜨고 둔감한 독일인에게 특히 적합하다.

11

부당하거나 사악한 행위는 그것을 행하는 자의 입장에서 보면 삶에의 의지의 긍정이 강력하다는 표시다. 참된 구원인 삶에의 의지의 부정, 따라서 세상으로부터의 구원에서 멀리 떨어져 있다는 표시이므로, 구원에 도달하려면 인식과 고통의 수련을 오랫동안 쌓아야 함을 말해 준다. 하지만 그러한 행위로 말미암아 고통을 당해야 하는 자의 입장에서 보면 그 행위는 형이하학적으로는 재해지만 형이상학적으로는 선이며 참된 구원에 이르게 해 주므로 기본적으로 하나의 자선 행위다.

세계정신: 그런즉, 여기에 네가 고생하며 힘들게 해내야 하는 힘든 과제가 있다. 다른 모든 사물이 그렇듯이 너는 그런 것을 위해 존재해야 해.

인간: 하지만 제가 생존에서 무엇을 얻는단 말인가요? 바삐 일하면 곤궁에 시달리고, 하는 일이 없으면 무료함에 시달립니다. 이렇게 많은 일과 많은 고통을 주면서 보답은 이처럼 보잘것없단 말인가요?

세계정신: 하지만 그것은 너의 모든 노고와 너의 모든 고통에 알맞은 보답이다. 보답이 보잘것없는 만큼 바로 보답이라고 할 수 있지.

인간: 뭐라고요? 저로서는 무슨 말인지 도저히 모르겠어요.

세계정신: 모르는 것도 무리는 아니지. (혼잣말로) 삶의 가치란 삶을 원하지 않도록 가르치는 데에 있다는 것을 저자에게 말해 줘야 하나? 최고의 신성함을 얻으려면 먼저 삶 자체가 이 사람을 준비시켜야 해.

12-1

앞서 말했다시피 모든 인간의 삶은 전체적으로 보면 비극의 특성을 띠고 있다. 삶은 대체로 실패로 끝난 일련의 희망, 공허하게 끝난 계획, 너무 늦게 깨달은 오류와 다름없다. 이러한 진리는 다음의 비통한 시구에 잘 나타나 있다.

> 노쇠와 경험이 손에 손을 잡고
> 그를 죽음으로 이끌었다.
> 그때야 그는 깨달았노라,
> 평생에 걸쳐 오랫동안 힘들게 노력했지만
> 자신의 견해가 옳지 않음을.
> (로체스터(?), 「인류에 대한 풍자」)

이러한 견해는 나의 세계관과 전적으로 일치한다. 나는 생존 자체를 일종의 길 잃음보다 나을 게 없다고 본다. 생존에 대한 인식이 우리를 그러한 길 잃음으로부터 벗어나게 해 준다. 인간은 존재하고 인간인 한 이미 '잘못되어 있다'. 따라서 모든 개인도 자신의 삶을 굽어보며 대체로 '잘못된' 상태에 있음을 발견하는 것은 당연하다. 인간의 구원이란 자신의 삶에 대한 일반적인 통찰이다. 그러기 위해서는 **개별적인 경우**에서, 다시 말해 자신의 개인적인 인생행로에서 삶을 인식하는 것으로 시작해야 한다. 왜냐하면 '속屬에 적용되는 것은 종種에도 적용되기' 때문이다.

삶이란 우리에게 부여된 **엄중한 질책**으로 봐야 한다. 그렇지만 우리의 사고방식은 전혀 다른 목표를 지향하고 있어서 왜 그런 질책을 받아야 하는지 이해하지 못한다. 하지만 우리는 세상을 떠난 친구들을 생각할 때마다 그들이 질책을 견뎌 냈음을 고려하고, 그 질책이 효과 있었기를 진심으로 바라면서 흡족한 마음으로 되돌아봐야 한다. 이와 같은 관점에서 우리는 자신의 죽음에 대해서도 사람들 대부분이 그렇듯이 겁내거나 두려워하지 말고 바라던 즐거운 일로 바라보아야 한다.

행복한 삶이란 불가능하다. 인간이 달성할 수 있는 최고의 인생행로는 **영웅적인 인생행로**다. 그런 생애를 산 사람은 어떤 일이나 문제에서 모든 사람에게 어떻게든 도움을 주기 위해 엄청난 어려움을 무릅쓰고 싸워서 결국 승리를 거두지만, 정작 자신은 보답을 조금밖에 받지 못하거나 전혀 받지 못한다. 그리하여 고치Carlo Gozzi(1720~1806)[40]의 희곡 『까마귀』에 나오는 왕자처럼 마지막에는 돌로 변해 버리지만, 고귀한 자세로 관대한 태도를 취한다. 그는 뭇사람의 기억에 영원히 남아 **영웅**으로 숭배받는다. 그의 의지는 노고와 활동, 실패와 세상의 배은망덕에 의해 평생에 걸쳐 무효로 선언되어 **열반**에 들면서 **소멸한다**(카알라일은 『영웅과 영웅 숭배』를 이런 의미에서 썼다).

13

앞에서와 같은 고찰을 통해, 매우 높은 입장에서 인류의 고통은 정당화할 수 있지만 동물도 마찬가지 방식으로 볼 수는 없다. 동물의 고통은 대부분 인간에 의해 초래되지만, 때로는 인간이 고통을 가하지 않더라도 상당히 크다고 할 수 있다. 그러므로 '사리 분별에 의해 구원을 얻을 자유도 없는데 무엇 때

---

40 이탈리아의 극작가

문에 의지는 수천 가지 형태로 이렇게 고통받으며 불안에 떤단 말인가?'라는 의문이 생긴다. 현상계에서는 삶에의 의지 이외에 아무것도 존재하지 않고, 그것은 굶주린 의지이므로, 삶에의 의지란 **그 자신의 살**을 갉아먹으며 살아갈 수밖에 없다는 사실로만 동물계의 고통이 정당화될 수 있다. 따라서 삶에의 의지의 여러 현상은 연속되는 단계로 나타나 그 각각의 현상은 타자를 희생시키며 살아간다. 이 점에 대해서는 『소품과 부록』에서 '세상의 고통의 이론에 대한 몇 가지 추가 기록' 장의 6, 7번을 참조하길 바란다. 나는 거기서 동물의 고통 감지 능력이 인간에 비해 훨씬 미약하다고 설명했다. 하지만 그 정도를 넘어서서 더 가르치려다가는 가설이, 심지어 신화가 될 우려가 있으므로 독자 여러분의 생각에 맡겨 두는 편이 좋을 것이다.

제8장
종교에 대하여

1. 신앙과 지식

철학은 하나의 학문으로서 **믿어야** 하거나 믿어도 되는 것이 아니라 단순히 우리가 **알** 수 있는 것과만 관계있다. 그런데 이 말이 우리가 믿어야 하는 것과는 전혀 다른 것이라고 한다면 신앙에도 불리하지 않을지 모른다. 우리가 알 수 없는 것을 신앙이 가르쳐도 신앙은 신앙이기 때문이다. 우리가 그런 사실을 알 수 있다면, 가령 수학과 관련해 교의를 내세우는 것처럼 신앙은 쓸데없고 가소로운 것이 될지도 모른다.

그렇더라도 신앙이 철학 이상으로 훨씬 많이 가르칠 수 있으며, 서로 일치하지 않는 철학으로는 아무것도 가르칠 수 없다는 이의가 제기될 수 있겠다. 다시 말해 지식은 신앙보다 더 단단한 재료에서 나온 것이므로 둘이 충돌한다면 신앙이 붕괴한다.

어쨌든 철학과 신앙은 근본적으로 상이해 양자의 안녕을 위해 서로에게 주의도 기울이지 말고 각자 자신의 길을 가도록 할 필요가 있다.

2. 계시

인간이라는 덧없는 종은 신속히 연이어 생겨났다가 사라지지만 개체는 불안, 곤궁, 고통을 겪으며 죽음을 껴안고 춤춘다. 그러면서 이들은 자신이 어떤 존재인지, 희비극적인 전체 익살극이 무엇을 의미하는지 지칠 줄 모르고 질문하며 하늘에 대답을 간청한다. 하지만 하늘은 침묵으로 일관한다. 반면 사제는 계시를 가지고 온다. 인간의 가혹하고 불쌍한 많은 운명 중에서 가장 안타까운 것은 우리가 어디로 가고, 어디에서 왔으며, 무엇 때문에 존재하는지 알지 못하고 살아간다는 점이다. 다시 말해 이러한 불행한 감정에 사로잡혀 있는 자는 계시라는 이름으로 우리에게 특별 보고를 알려 주려 한다고 사칭하는 사람들에 대해 분노를 느끼지 않을 수 없다. 나는 계시를 전하는 자들에게 오늘날 너무 많은 계시를 말하지 말라고 충고하고 싶다. 그러지 않으면 실제로 계시가 무엇인지 언젠가 그들에게 쉽게 밝혀질 것이다.

하지만 아직 인간은 일찍이 인간이 아니었던 존재가 자신과 세계의 생존이나 목적에 관해 설명했으리라고 진지하게 생각할 수 있는 다 큰 어린이에 불과하다. 모든 인간의 운명이 그렇듯이 현자도 종교를 말할 때 종종 이상한 알레고리나 신화로 표현하긴 하지만 현자의 생각 이외에 다른 계시는 존재하지 않는다. 그러므로 그런 점에서는 어느 인간이 자신의 생각을 신뢰하며 살다가 죽든 남의 생각을 신뢰하며 살다가 죽든 매한가지다. 왜냐하면 인간은 언제나 인간적인 생각과 견해만 신뢰하기 때문이다. 그렇지만 인간은 대체로 자신의 머리를 신뢰하는 자보다는 초자연적 근원이 있다고 사칭하는 자를 특히 좋아한다. 그런데 우리가 인간들 간의 지적 차이가 엄청나게 큰 것을 주시하면 어쨌든 어떤 사람의 생각이 다른 사람에게는 혹시 계시로 여겨질 수 있을지도 모른다.

반면에 지구상에서 시대를 막론하고 모든 사제의 기본 비밀과 원래 계략은 브라만교나 이슬람교든, 불교나 기독교든 상관없이 다음과 같다. 그들은 인간의 형이상학적 욕구가 대단히 강하며, 그것이 소멸하지 않는다는 사실을 올바로 인식하고 제대로 파악했다. 다시 말해 그들은 위대한 수수께끼의 말이 이례적인 방식으로 자기들에게 직접 다가왔기 때문에 그 욕구를 충족하고 있다고 사칭한다. 그런데 사람들이 그런 사실을 일단 납득하면 그들은 자기 마음대로 사람들을 지도하고 지배할 수 있다. 그 때문에 보다 영리한 자들은 군주와 동맹을 맺는다. 그래서 다른 사람들은 그들의 지배를 받는다. 그러나 가장 드문 예외적인 현상이긴 하지만 철학이 제위에 오르면 모든 희극을 가장 거북하게 방해하는 현상이 빚어진다.

3. 기독교에 대하여

기독교를 정당하게 평가하기 위해서는 기독교 이전에 존재했던 것과 기독교에 의해 추방된 것도 살펴보아야 한다. 무엇보다도 그리스와 로마의 이교는 민족 형이상학으로 보면 실제적인 특정한 교의학이 없고, 이렇다 할 단호한 윤리학도 없는, 말하자면 도덕적 경향과 성스러운 문서가 없는 그다지 중요하지 않은 현상이다. 그리하여 그것은 종교라는 이름을 들을 만한 가치가 거의 없고, 상상력의 유희이자 전래 민담으로 이루어진 시인들의 졸작일 뿐이다. 가장 잘된 부분은 자연력을 눈에 띄게 의인화한 점이다. 여러 사람이 그런 유치한 종교를 일찍이 진지하게 여겼다고는 생각할 수 없다. 그럼에도 고대인들이 쓴 저서의 여러 대목, 특히 발레리우스 막시무스(『기억할 만한 공적과 격언에 관한 책』)가 쓴 최초의 책과 심지어 헤로도토스의 저서(『역사』)에 나오는 여러 대목은 그랬다는 사실을 증언하고 있다. 헤로도토스의 책 마지막 장(65장)에서 그는 마치 노파처럼 자신의 견해를 피력한다. 그 후의 시대와 진보한 철학의 경우에는 물론 이러한 진지함이 사라졌다. 그리하여 기독교는 철학의 외적 지원에도 불구하고 국교國敎를 쫓아낼 수 있었다. 그렇지만 이러한 국교는 심지어 그리스의 전성기에도 최근의 기독교나 아시아의 불교나 브라만교, 이슬람교처럼 결코 진지하게 받아들여지지 않았다. 따라서 고대인의 다신론은 일신론의 단순한 복수와 완전히 다른 것이었다. 이런 사실은 디오니소스가 생각할 수 있는 가장 가련한 멍청이이자 겁쟁이로 등장해 조롱을 받는 아리스토파네스의 『개구리』가 충분히 입증하고 있다. 그리고 그런 일은 그 자신의 축제인 디오니소스 축제에서 공공연히 행해졌다.

기독교가 두 번째로 몰아낸 것은 유대교다. 그것의 어설픈 교의는 기독교에 의해 순화되고 암암리에 알레고리가 되었다. 일반적으로 기독교는 전적으로 알레고리의 성격을 지니고 있다. 왜냐하면 세속적인 일에서 알레고리라고 불리는 것은 종교에서 신비라고 불리기 때문이다. 우리는 기독교가 자비, 화해, 원수에 대한 사랑, 체념, 자기 의지의 부정(동양에서는 이런 것이 자명한 사실이다)을 배타적으로 자기 것으로 하는 도덕에서뿐만 아니라 교의학에서조차 이전의 두 종교를 훨씬 능가한다는 사실을 인정해야 한다. 하지만 진리를 직접 파악할 능력이 없는 우중愚衆에게 실제적 삶에 대한 길잡이로서, 희망과 위안의 닻으로서 완전히 멋진 알레고리를 주는 것보다 더 나은 것이 뭐가 있겠는가. 그런 알레고리에는 불합리함이 섞인 조그만 혼합물이 알레고리 성격을 암시하는 필수 요소다.

기독교의 교의학을 원래 의미로 이해하면 볼테르의 견해가 옳다고 볼 수 있다. 반면에 알레고리적으로 보면 기독교의 교의학은 성스러운 신화이자 민족에게 진리를 가르쳐 주는 수단이다. 그런 수단에 의하지 않으면 민족은 결코 진리에 도달할 수 없을 것이다. 우리는 이런 교의학을 누가 보아도 부자연스럽고 불가능한 것을 묘사하지만 그럼에도 심오한 뜻이 담겨 있는 룽게의 아라베스크와 마찬가지로 라파엘의 아라베스크에 비유할 수 있을지도 모른다. 심지어 종교의 교의에서 볼 때 교회는 이성이란 전적으로 무능하고 맹목적이며 비난받아 마땅하다고 주장한다. 하지만 깊디깊은 근저에서는 이런 교의가 알레고리적 성격을 띠고 있어서, 교회는 모든 것을 본래의 의미로 받아들이는 이성이 갖다 대는 척도로 평가될 수 없다는 점을 말하고 있다. 교의에서 알레고리와 신화를 나타내는 특징과 부호는 불합리한 성격을 띠고 있다. 그렇지만 이 경우 그런 불합리한 점이 생기는 이유는 구약 성경의 교리와 신약 성경의 교리 같은 이질적인 두 가지 가르침이 결합될 수 있기 때문이다.

커다란 알레고리는 외적이고 우연한 사정을 계기로 그것에 담긴 진리가 해석돼 서서히 성립되다가 **아우구스티누스**에 의해 완성되었다. 그 알레고리는 은밀하고 깊은 의미가 있어 분명히 의식되지 않는다. 아우구스티누스는 그 알레고리의 의미를 매우 깊이 파고들어 그것을 전체 체계로 파악하고 부족한 점을 보충할 수 있었다. 그에 따라 아우구스티누스의 가르침이 완전한 기독교다. 그것은 루터의 뒷받침을 받기도 했다. 그러나 오늘날의 신교는 그것과 달리 '계시'를 본래 의미로 받아들여 하나의 개체에만 한정하고 있다. 다시 말해 초기 기독교는 싹이 아닌 열매를 향유의 대상으로 보았다. 그렇지만 모든 종교의 고약한 점은, 종교란 독자적이어서는 안 되고 은밀히 알레고리적인 것은 가능하므로, 교리가 모든 진지함을 본래의 의미로서 언제나 진실하게 내놓아야 한다는 것이다. 종교에는 본질적으로 불합리함이 요구되므로, 그로 인해 끊임없이 기만해 고약하게도 대단히 곤란한 상태가 초래된다. 그런데 더욱 고약한 점은 세월이 흐르면서 종교가 원래의 의미에서 참되지 않다는 것이 밝혀지는 일이다. 그렇게 되면 종교는 쇠락하고 만다. 그런 점에서 알레고리적 성격을 즉각 고백하는 것이 더 나을지도 모른다. 하지만 무언가가 참인 동시에 거짓일 수 있다는 사실을 민족에게 어떻게 가르친단 말인가? 그런데 우리는 모든 종교에 그런 속성이 다소 있음을 알기 때문에 인류에게 불합리함이 어느 정도 적합하다는 것을, 그러므로 삶의 활력소와 착각이 인류에게 없어서는 안 된다는 것을 인정할 수밖에 없다. 또한 이러한 사실을 다른 현상도 입증해 주고 있다.

앞에서 언급했듯이 구약 성경과 신약 성경의 결합에서 기인하는 불합리함의 근원에 대한 하나의 실례와 예증은 무엇보다도 루터를 인도하는 별인 아우구스티누스에 의해 형성된 예정설과 은총에 관한 기독교 교리를 우리에게 제공한다. 그것에 따르면 어떤 사람은 다른 사람에 앞서 은총을 얻는다. 그리하여 태어날 때 이미 가장 중요한 일에서 특권을 가지고 세상에 오는 결과다. 그러나 이러한 학설의 상스러움과 불합리함은 단순히 인간이란 낯선 의지의 작품이며, 이런 의지에 의해 무에서 비롯되었다는 구약 성경의 전제에 기인할 뿐이다. 반면에 진정한 도덕적 장점은 사실 선천적이라는 점과 관련해서, 그 문제는 브라만교와 불교에서 말하는 윤회라는 전제에서 볼 때 완전히 다르고 좀 더 합리적인 중요성을 획득한다. 그 전제에 따르면 어떤 사람이 태어날 때 다른 사람보다 우월하게 해 주는 것은 낯선 은총의 선물이 아니라 다른 세계와 이전의 삶에서 완수한 자신의 행위의 결실이다.

그런데 아우구스티누스의 그런 교의에 이어, 파멸해 영겁의 벌에 떨어진 인류의 무리 중 극소수만이, 더구나 구원의 선택과 예정설의 결과로 정당한 평가를 받고 축복받는다는 교의가 뒤따른다. 하지만 여타의 사람들은 당연히 파멸 받아 지옥의 영원한 고통을 맛본다.[41] 원래 의미에서 보면 이 경우 그 교의는 혐오스럽다. 그것은 자신의 영원한 지옥의 벌에 의해, 과오를 저지른 대가나 때로는 채 20년도 안 되는 생애 동안 신을 믿지 않은 대가로 영원한 고통을 겪어야 한다는 사실 때문이다. 게다가 거의 일반적인 이런 저주가 사실 원죄의 결과, 즉 최초 인류의 타락에 의한 필연적인 결과라는 사실이 첨가되기 때문이다. 그런데 사람들을 처음에 지금보다 낫지 않게 창조한 다음 그들에게 덫을 놓은 자는, 어쨌든 이런 사실을 당연히 예상했을 것이다. 모든 것

---

41 •비거의『아우구스티누스파의 사상과 펠라기아누스파의 사상』참조

이 그의 작품이고, 그는 모르는 것이 없으므로 그들이 덫에 빠질 것이라는 사실을 알 수밖에 없다. 그에 따라 그는 죄악에 예속된 나약한 인류를 무에서 생존으로 불러내 영원한 고통에 처하게 했는지도 모른다. 결국 관용과 모든 죄의 용서, 그리고 원수를 사랑하라고까지 지시하는 그 신은 아무것도 실행하지 못하고 오히려 그 반대 상태에 빠진다. 모든 것이 지나가고 영원히 끝나 맨 끝에 이루어지는 처벌은 개선도 위협도 목표로 할 수 없는 단순한 복수이기 때문이다.

그렇게 고찰하면 사실상 모든 인류는 구원의 선택(우리는 왜 그러는지 모른다)에 의해 구원받을 수 있는 극소수의 예외를 제외하면 영원한 고통과 영겁의 벌을 받도록 창조된 것이 확실하고 분명하다. 하지만 이런 사실을 제쳐 놓으면 신은 악마가 세상을 데려가도록 세상을 창조한 것 같은 결과에 이른다. 그러면 신은 악마가 그러지 못하게 훨씬 잘할 수 있을 것이다. 원래의 의미로 받아들이면 교의도 이와 마찬가지다. 반면에 알레고리의 의미에서 이해하면 이 모든 사실을 충분히 해석할 수 있다. 하지만 앞서 말했듯이, 맨 처음에 이 교리의 불합리하고 혐오스러운 점은 신이 무에서 인간을 창조했다는 유대 유신론의 결과다. 유대 유신론은 그런 사실과 연관되는 자연스러운 윤회설을 실제로 모순되고 혐오스럽게 부정한다. 윤회설은 어느 정도 분명하다. 따라서 유대인을 제외하고, 시대를 막론하고 거의 전 인류가 그것을 받아들인다.

이런 사실에서 기인하는 대단히 곤란한 상태를 제거하고, 교의의 혐오스러운 점을 완화하기 위해 교황 그레고리우스 1세는 6세기에 매우 현명하게도 연옥설을 정립해 교회의 교의에 정식으로 받아들였다. 연옥설은 이미 본질적으로는 오리게네스(베일의 『역사와 비평 사전』에서 그런 사실이 확인된다)에게서 발견된다. 그로 인해 그 문제는 매우 부드러워지며, 어느 정도는 윤회가 연옥설로 대체된다. 양자 모두 정화 과정이 마련된 셈이다. 모든 사물의 환원설도 같은 의도에서 주창되었다. 그에 의하면 세계 희극의 마지막 장에서 죄인들은 모두 빠짐없이 본래적 존재의 의미로 환원된다. 성경을 엄격하게 믿는 신교도만은 영원한 지옥의 벌을 받아들이지 않았다. "어디 두고 보라고." 악의적인 사람들은 그렇게 말할지도 모른다. 하지만 그들도 그런 사실을 신뢰한 것이 아니라 그 문제를 당분간 자신의 생각에 맡겨 둔다는 점에서 위로가 된다. 그러면 그 일이 아마 그다지 고약해지지는 않을 것이다!

아우구스티누스는 자신의 체계적이고 경직된 머리로 기독교를 엄격히 교의화하고, 성경에서 단지 암시만 되고 여전히 모호한 상태에 있는 교리를 확정해서, 후자에 구체적인 윤곽을 부여했고 전자를 매우 준엄하게 완성했다. 그리하여 그 교리는 오늘날 혐오스럽다. 그 때문에 그의 시대에는 펠라기아누스파의 사상이, 오늘날에는 합리주의가 그것에 반기를 들었다. 예컨대 『신국론』(제12권 11장)에서는 문제를 추상적으로 파악해 실제로 이런 식으로 본다. 다시 말해 신은 **어떤 존재를 무에서 창조**해, 그 존재에게 금지와 명령을 내린다. 그런데 이러한 지시가 지켜지지 않기 때문에 신은 생각해 낼 수 있는 온갖 고통을 가하며 영원히 인간을 괴롭힌다. 이 목적을 위해 신은 인간이라는 존재가 고통스럽게 해체되고 없어져서, 영원히 고통받으며 살도록 육체와 영혼을 분리할 수 없게 결합한다(『신국론』제13권 2장, 11장, 24장). 무에서 생겨난 이 가련한 인간은 적어도 자신의 원래적 무에 대한 요구권은 갖고 있다. 결코 매우 나쁠 리 없는 이 마지막 도피처는 인간의 권리상 상속받은 소유물로서 그에게 확보되어야 한다.

나는 인간에게 동정심을 느끼지 않을 수 없다. 그런데 이 모든 것이 사실 인간의 행동거지에 의해 좌우되는 것이 아니라 구원의 선택에 의해 미리 정해졌다는 아우구스티누스의 다른 교리를 덧붙인다면 무슨 말을 해야 할지 더이상 알지 못한다. 물론 학식 높은 우리의 합리주의자는 이렇게 말한다. "하지만 그 모든 것이 참된 것이 아닌 단순한 허깨비가 아니며, 우리는 끊임없는 진보를 하며 단계별로 점점 완성도가 높아질 것이다." 이때 우리가 이전에 시작하지 않은 점이 애석할 뿐이다. 그랬다면 우리는 이미 존재하는 셈이기 때문이다. 화형을 당한 사악한 이단자, 율리우스 케사르 바니우스의 목소리에 한번 귀 기울여 보면 우리는 그런 발언에 더욱 혼란스러워진다.

세상에서 가장 고약하고 형편없는 행위가 자신의 존재를 갖는 것을 신이 원하지 않는다면 신은 의심할 여지없이 온갖 파렴치한 행위를 순식간에 세상 밖으로 몰아내고 추방할 것이다. 우리 중에서 대체 신의 의지에 저항할 사람이 누가 있겠는가? 죄를 짓도록 신이 범죄자에게 힘을 부여한다 해서 신의 의지에 반하는 범죄가 실행되리라고 누가 생각할 수 있겠는가? 하지만 신의 의지와 달리 인간이 죄를 짓는다면 신은 자신에게 맞서고 그럴 권한을 갖는 인간보다 약한 존재가 된다. 이런 사실에서 추론해 볼 때 신은 지금 있는 그대로의 세계를 원한다고 볼 수 있다. 신이 더 나은 세계를 원한다면 더 나은 세계를 가질 수 있을 테니까.

(『원형 경기장』 16)

다시 말해 그는 이 대목의 앞부분에서 이렇게 말했다.

신이 죄를 원한다면 죄를 저지르는 자는 신 자신이다. 신이 죄를 원하지 않는다 해도 죄는 저질러진다. 따라서 우리는 신이 자신의 의지의 이행 여부를 알지 못하거나 관철시키지 못하거나 중시하지 않으므로 예견력이 없거나 무기력하거나 잔인하다고 말하지 않을 수 없을 것이다.

이것으로 보아 오늘날에 이르기까지 자유 의지에 관한 교의가 확고하게 유지되는 이유가 명확해진다. 그렇지만 상을 받은 나의 「의지의 자유에 관한 현상 논문」에서 볼 수 있듯이, 홉스에서부터 나에게 이르는 진지하고 솔직한 모든 사상가는 그 교의를 불합리하다고 비난해 왔다. 물론 바니니에게 반박하는 것보다 그를 화형하는 편이 더 쉬운 일이었다. 그 때문에 사람들은 먼저 그의 혀를 자른 다음 화형하는 방법을 택한 것이다. 지금도 누구나 반박할 수 있다. 그렇지만 공허하고 쓸데없는 말로 반박할 것이 아니라 진지한 생각으로 해야 할 것이다!

죄인의 수는 너무 많고, 영원한 축복을 받을 만한 자는 너무 적다는 아우구스티누스의 견해는 그 자체로 옳다고 할 수 있다. 그런 점은 브라만교나 불교에서도 똑같이 발견되지만 거기서는 윤회 때문에 아무런 불쾌감도 주지 않는다. 사실 전자는 최종적 구원(마지막 해방)을, 후자는 열반(두 가지 다 우리의 영원한 축복에 해당하는 말임)을 극소수에게만 인정한다. 그렇지만 우연히 그런 특권을 얻는 것이 아니라 전생에 공덕을 많이 쌓고 태어나서, 계속 같은 길을 가는 사람이 그런 구원을 얻는 것이다. 하지만 그렇다고 나머지 사람들이 모두 영원히 불타는 지옥의 연못으로 떨어지는 것이 아니라 그들의 행위에 알맞은 세계로 옮겨질 뿐이다. 그에 따라 구원에 이르지 못한 나머지 사람들이 모두 어디에서 무엇을 하는지 이 종교의 스승에게 묻는 자는 이런 답변을 얻을 것이다. "네 주위를 보라, 여기에 있는 이것이 그들이다. 이것이 그들의 놀이터고, 이것이 윤회다. 다시 말해 갈망, 탄생, 고통, 노화, 질병과 죽음의 세계다."

반면에 우리가 논의 중인 극소수의 선택된 자들과 영겁의 벌을 받은 수많은 사람에 관한 아우구스티누스의 교의를 우리 철학의 의미에서 해석하기 위해 단순히 알레고리의 의미에서 이해한다면, 물론 소수의 사람만이 의지를 부정해 이 세상으로부터 구원(불교도의 경우는 열반)받는 것이 진리에 부합한다고 할 수 있다. 반면에 그 교의를 영겁의 벌로 실체화하는 것은 우리가 사는 바로 이 세계일 뿐이다. 다시 말해 나머지 사람들은 그 세계에 귀속되는 것이다. 그 세계는 충분히 고약하다. 그 세계는 연옥이고 지옥이며, 거기에는 악마도 부족하지 않다. 때에 따라 인간이 인간에게 어떤 판결을 내리는지 살펴보기만 하면 된다. 온갖 생각을 짜낸 고통을 가해 인간은 다른 인간을 서서히 죽음에 이르게 한다. 악마가 더 나쁜 짓을 할 수 있을지 스스로에게 물어보라. 이와 마찬가지로 개종하지 않고 삶에의 의지를 계속 긍정하는 자들도 모두 영원히 그 세계에 머문다.

그런데 유럽이란 무엇이냐고 고지高地의 어느 아시아인이 묻는다면, 나는 이렇게 답하지 않을 수 없을 것이다. "유럽은 인간의 출생이 그의 절대적인 시초이며, 인간이 무에서 비롯되었다는 미증유의 믿을 수 없는 망상에 완전히 사로잡혀 있는 대륙이지요."

양쪽의 신화는 별도로 하고 깊디깊은 근저에서 보면 부처의 **윤회**와 **열반**은 아우구스티누스가 『신국론』에서 세상을 나누는 두 가지 '나라', 즉 '세속의 나라'와 '하늘의 나라' 개념과 같다.

기독교에서 **악마**는 신의 대자대비와 전지전능의 대응 세력으로서 극히 필요한 존재다. 세상을 외상으로 사는 악마가 없다면 세상의 수없이 많고 무한하며 엄청난 재해가 대체 어디에서 유래하는지 도저히 알 수 없을 것이다. 그 때문에 합리주의자들이 악마를 없앤 이래, 여기에서 생겨나는 단점을 점점 더 확연히 느낄 수 있다. 이것은 예견할 수 있는 일이었고, 정통주의자도 그런 예상을 했다. 어떤 건물의 기둥을 제거하면 나머지 부분도 위험해지기 때문이다. 다시 말해 여호와가 아후라 마즈다의 변형이고, 사탄이 그것과 떼어 낼 수 없는 아흐리만이라는 다른 데서 확정된 사실이 이런 점에서도 확인된다.

「라리타비스타라, 붓다와 다섯 수행자」

하지만 아후라 마즈다 자신은 인드라의 변형이다.

기독교는 다른 종교와 마찬가지로 순수한 **교리**가 아니라 본질적으로 또 주로 일련의 사건이고 여러 사실의 복합체며, 개체적 존재의 행위와 고통의 복합체인 하나의 역사라는 본래적 단점을 지니고 있다. 바로 이러한 역사가 교의를 이루고, 그것에 대한 믿음이 축복을 준다. 불교와 같은 다른 종교는 창시자의 삶에서 역사적인 덤을 얻을지도 모른다. 하지만 이러한 삶은 도그마 자체의 일부가 아니라 그 같은 교의와 나란히 진행된다. 예컨대 우리는 현시대의 부처인 **석가모니**의 생애를 담고 있다는 점에서 『**라리타비스타라***Lalitavistara*』[42]를 복음서와 비교할 수 있다. 하지만 이전에 존재한 부처의 인생행로도 완전히 달랐고, 미래 부처의 인생행로도 그것과 완전히 다를 것이므로, 이러한 삶은 교의, 즉 불교 자체와는 완전히 분리된 상이한 문제다. 교의는 이 경우 창시자의 인생행로와 결코 결합하지 않고, 개체로서의 인물이나 사실에 근거하지 않으며, 모든 시대에 똑같이 통용되는 보편적인 것이다. 그러므로 『라리타비스타라』는 단어의 기독교적 의미에서 복음서가 아니고, 구원의 사실에 관한 기쁜 소식이 아니라, 각자 어떻게 자기 자신을 구원할 수 있는지에 대한 지침을 알려 준 자의 인생행로다. 중국인들이 선교사를 민담 구연자라며 조소하는 것은 기독교의 그런 역사적 속성 때문이다.

이런 기회에 언급할 수 있는, 하지만 명백히 설명할 수 없으며 절망적인 결과를 매일 분명히 드러내는 기독교의 또 다른 근본적 오류는 인간을 자연에 반하는 방식으로 **동물계**로부터 떼어 냈다는 점이다. 인간은 본질적으로 동물계에 속하는데, 인간을 전적으로 홀로 인정하려고 동물을 사물로 간주했다. 그런 반면 브라만교와 불교는 일반적으로 전체 자연과 인간이 유사하다는 것을 인정하듯이, 무엇보다 대체로 동물적인 자연과 인간이 대단히 유사하다는 사실을 단호히 인정하고, 인간을 항시 윤회에 의해 그리고 보통 동물계와 밀접하게 연결 지어 서술한다. **유대교와 기독교**에서 **동물**이 전적으로 무가치한 것과 비교해 볼 때 브라만교와 불교에서 일반적으로 동물이 수행하는 중요한 역할은, 유럽인이 그런 불합리함에 아무리 익숙해져 있다 해도 완전성과 관련해 유대교와 기독교를 가혹하게 비판하는 일이다. 유대교와 기독교

---

42 부처의 전설적인 생애를 묘사한 작품

의 근본적 오류를 미화하는 것은 사실 그 오류를 확대하는 행위다. 우리는 그런 데서 후안무치하고 가련한, 이미 나의 『윤리학의 두 가지 근본 문제』에서 비판한 술책을 발견한다.

동물은 모든 자연스러운 활동을 우리와 공통으로 지니고 있다. 먹고 마시기, 임신, 출생, 죽음, 시신 등에서 보듯이 우리의 본성과 동물의 본성은 동일한 것을 알 수 있다. 동물의 그런 활동은 인간의 경우와 전혀 다른 말로 표현된다. 인간의 이 같은 행위는 사실 비열한 술책이다. 그런데 앞에서 말한 근본적 오류는 인간을 무에서 창조된 결과로 보기 때문이다. 그에 따라 창조주(「창세기」 제1장과 9장)는 자신의 문하생과 헤어질 때 대체로 개장수가 동물을 덧붙여 끼워 주듯, 좋은 대우를 해 주라는 아무런 권고도 하지 않고 동물 전체를 마치 사물처럼 인간에게 넘겨준다. 그것은 인간이 동물을 **다스리**도록, 자기 마음대로 하도록 하기 위해서다. 그런 다음 창조주는 인간을 최초의 동물학 교수로 임명하고(제2장에서), 인간에게 동물의 이름을 짓게 한다. 그것이 곧 동물들의 이름이 된다. 그런데 이런 사실은 동물이란 인간에게 전적으로 예속되어 있고 아무런 권리가 없다는 상징일 뿐이다.

성스러운 갠지스 강! 우리 인류의 어머니! 그와 같은 역사는 내게 역청이나 '마늘 냄새'와 같은 작용을 한다. 동물을 인간이 사용하기 위한 제품으로 간주하는 것은 유대인의 견해 탓이다. 하지만 유감스럽게도 우리는 그 결과를 오늘날까지 확연히 느낄 수 있다. 그 결과가 기독교로 넘어갔으니 기독교의 도덕이 가장 완벽하다고 칭찬하지 않는 것이 좋다. 사실 기독교 도덕은 인간에게만 규정을 한정하고, 전체 동물계는 권리 없는 상태로 방치한다는 점에서 본질적으로 대단히 불완전하다. 그 때문에 경찰은 거칠고 무정한, 때로는 금수보다 더한 우중에 맞서 동물 보호에 앞장서야 한다. 이것이 충분하지 않기 때문에 오늘날 동물 보호 단체가 유럽과 미국 각지에서 설립되고 있다.

반면에 **할례를 받지 않는** 전 아시아에서는 그런 단체가 세상에서 가장 쓸데 없을 것이다. 아시아에서는 종교가 동물을 충분히 보호하고, 심지어 적극적인 자선 행위의 대상으로 삼기까지 한다. 우리는 그 결실을 예컨대 인도 수라테의 대형 동물 병원에서 볼 수 있다. 기독교인이든 이슬람교도든 유대교도든 자신의 병든 동물을 그 동물 병원에 보낼 수 있지만, 치료에 성공한 후에는 그 동물을 다시 돌려받지 않는다. 그것은 매우 올바른 처사다. 그리고 마찬가지로 브라만교도나 불교도는 개인적인 행운을 맞았을 때나 유리한 결과를 얻었을 때마다, 가령 '테디움 성가'[43]를 소리 내어 부르지 않고 시장에 가서 새를 산 후 성문 앞에서 새장을 열어 준다. 온갖 종교의 신봉자가 모여드는 아스트라칸[44]에서는 이런 일을 흔히 볼 수 있으며, 백 개의 유사한 일이 벌어진다.

반면에 우리 기독교의 천민은 동물을 극악무도하게 취급하고, 무의미하게 웃으면서 살해하며, 사지를 절단하거나 고통을 가한다. 그리고 자신을 직접 부양하는 말조차 늙을 때까지 피골이 상접하도록 극도로 부려먹어 결국 죽음에 이르게 하기도 한다. 말하자면 인간은 지상의 악마고, 동물은 고통을 당하는 영혼인 셈이다. 그것은 에덴동산에서 벌어진 장면의 결과다. 왜냐하면 천민은 폭력이나 종교에 의해서만 다스릴 수 있기 때문이다. 하지만 이 경우 기독교는 우리를 굴욕적으로 위험 속에 방치한다. 믿을 만한 소식통에서 들은 바에 의하면 어떤 신교 설교자가 동물 학대에 반대하는 설교를 해 달라는 동물 보호 단체의 요청을 받고는, 종교는 동물을 지원하지 않기 때문에 아무리 바랄지라도 그렇게 할 수 없다는 응답을 했다고 한다. 그 남자는 정직했고, 그의 견해는 옳았다.

극도로 칭찬받을 만한 뮌헨 동물보호협회의 1852년 11월 27일자 고시는 가장 좋은 의도에서 성경에 나오는 "동물계의 보호를 설교하라는 지시"를 가르치려고 노력하며 「솔로몬의 잠언」 12장 10절[45], 「시락서」 7장 22절[46], 「시편」 147장 9절[47], 104장 14절[48], 「욥기」 38장 41절[49], 「마태복음」 10장 29절[50] 을 인용한다. 하지만 이것은 사람들이 그 대목을 펼쳐 보지 않을 것을 알고 하는 경건한 기만일 뿐이다. 다시 말해 잘 알려진 첫 대목만은 비록 약점이 있긴 하지만 나름대로 알맞은 말을 하고 있다. 나머지 대목은 사실 동물에 관해 말

---

43 시편 형식으로 되어 있으며 감사 예배 때 부름

44 카스피 해 연안의 도시

45 의인은 자기의 가축의 생명을 돌보나 악인의 긍휼은 잔인이니라.

46 가축을 가지고 있거든 잘 보살펴라. 특히 노역에 도움이 되는 가축은 더욱 잘 간수하여라.

47 들짐승과 우는 까마귀 새끼에게 먹을 것을 주시는도다.

48 그가 가축을 위한 풀과 사람을 위한 채소를 자라게 하시며 땅에서 먹을 것이 나게 하셔서.

49 까마귀 새끼가 하나님을 향하여 부르짖으며 먹을 것이 없어서 허우적거릴 때에 그것을 위하여 먹이를 마련하는 이가 누구냐.

50 참새 두 마리가 한 앗사리온에 팔리지 않느냐. 그러나 너희 아버지께서 허락하지 아니 하시면 그 하나도 땅에 떨어지지 아니하리라.

하고 있긴 하지만 동물을 보호하라는 말은 하지 않는다. 그러면 그 대목은 무엇을 말하고 있는가? "의인은 자신의 가축을 측은히 여긴다." "측은히 여겨라!" 무슨 이런 표현이 있단 말인가! 사람들은 죄인, 범죄자를 측은히 여기지만 죄 없는 충실한 가축은 측은히 여기지 않는다. 가축은 때로는 주인을 부양하기도 하지만 얼마 안 되는 사료 말고는 아무것도 갖지 못한다. "측은히 여겨라!" 사람들은 가축을 측은히 여길 것이 아니라 정당하게 대우해야 한다. 유럽에는 대체로 정의가 결여되어 있다. 그 대륙에는 "유대의 악취"가 짙게 배어 있어 "동물은 본질적으로 인간과 같다"라는 명백하고 단순한 진리가 상스러운 역설이 되고 있다.[51]

동물 보호는 그것을 목적으로 하는 단체와 경찰의 소관이지만, 둘 다 천민의 일반적인 극악무도함에 대처할 능력은 별로 없다. 그런 자들이 저지르는 백 가지 잔혹한 행위 중에 거의 **하나도** 고발할 수 없는 처지이고, 처벌도 너무 경미한 수준이다. 영국에서는 최근 태형이 제안되었는데, 대단해 적절해 보인다. 그렇지만 그들은 인간과 동물이 본질적으로 같다는 것을 은밀히 알면서도 그것을 인정하지 않는다. 오히려 편협한 신앙을 지닌 매우 고루한 학자와 심지어 동물학자가 솔직하고 합리적인 동료를 논박하고 극구 반대한다면 천민에게서 무엇을 기대할 수 있겠는가? 그런 동료는 인간을 자기에 해당하는 동물 강綱으로 분류하거나 침팬지와 오랑우탄과 인간의 밀접한 유사성을 증명할 것이다. 하지만 전적으로 기독교 성향인 경건한 **융 슈틸링**이 자신의 『영계의 장면』(제2권 장면 1)에서 다음의 비유를 든다면 정말 혐오스러운 일이다. "우리가 해골을 점화 유리의 초점에 놓아, 이제 고름 같은 피가 쉬쉬 끓어오르면, 마치 커다란 왕거미처럼 그 해골이 갑자기 끔찍하고 조그만 난쟁이 형태로 오그라들었다." 그러므로 이 경건한 남자는 그런 파렴치한 행위를 저질렀거나 그런 모습을 차분히 구경하며 지켜본 것이다. 이 경우 어느 것이나 결과는 동일하다. 그가 그런 이야기를 우리에게 숨김없이 들려준 것으로 보이나, 그는 그다지 사악한 인간이 아니다! 이것은 「창세기」 제1장과 일반적

---

51 • 동물 보호 단체는 경고의 말을 할 때 동물에 대한 잔인함은 인간에 대한 잔인함으로 이어진다는 좋지 않은 논거를 여전히 필요로 한다. 단순히 인간은 도덕적 의무의 직접적 대상이고, 동물은 단순히 간접적이고 그 자체로 단순한 사물이라도 되는 것처럼! 쳇! 나의 『윤리학의 두 가지 근본 문제』와 이런 종류의 칸트의 가르침을 보라.

으로 유대인의 전체적인 자연관의 결과다. 반면에 힌두교도와 불교도의 경우에는 "마하바키야"(위대한 말씀—네가 바로 그것이다)가 통용된다. 동물과 우리 속의 내적인 동일성을 보존하고, 우리의 행동 지침으로 삼기 위해 현재 모든 동물에 대해서도 언제나 그렇게 말할 수 있다. 그러니 가장 완벽한 도덕을 지니고 다녀라!

내가 괴팅겐에서 대학교에 다닐 때 **블루멘바흐**Johann Friedrich Blumenbach(1752~1840)[52]는 생리학 강의에서 동물 생체 해부의 참혹함에 대해 우리에게 매우 진지하게 말했다. 그는 그 일이 얼마나 잔혹하고 끔찍한 일인지 우리에게 알려 주었다. 그 때문에 우리는 극히 드물게, 그리고 매우 중요하고 직접적인 이익이 되는 연구를 하는 경우에만 생체 해부를 해야 한다는 것이다. 하지만 이때 잔혹한 제물이 학문의 제단에 최대한의 이익을 가져다주도록 대형 강당에 모든 의학자를 초청한 후 공공연히 그런 일을 해야 한다는 것이다. 하지만 오늘날 모든 엉터리 의사는 이미 오래전 책에 해결책이 적혀 있는 문제를 결정하기 위해 자신의 고문실에서 극히 잔인하게 동물 학대를 자행할 권한이 있다고 여긴다. 그는 책을 열심히 본다고 하지만 너무 게으르고 무지하다. 우리 독일의 의사들은 나름의 인문주의와 고상한 분위기를 지녔던 예전과 달리 더 이상 고전에 대한 교양이 없다. 지금은 되도록 일찍 대학에 진학해서 포장용의 얄팍한 과목만 배우고는 그것으로 지상에서 잘 먹고 잘살려고 한다.

프랑스의 생물학자들은 이러한 일을 솔선수범한 것 같다. 독일인은 순전히 이론적인, 종종 매우 무익한 문제를 결정하기 위해 죄 없는 동물들을 때로는 대량으로 극히 잔혹하게 고문하는 짓을 저지르면서 그들에게 뒤지지 않으려고 열심히 노력한다. 그런데 나는 나를 특히 분노하게 한 몇 개의 사례를 들어 이 문제를 증명하려고 한다. 그렇지만 그것은 결코 개별적으로 존재하는 것이 아니라 백 가지 유사한 사례가 열거될 수 있을 것이다. 마부르크의 루드비히 픽 교수는 자신의 저서 『뼈 형성의 원인에 대하여』(1857)에서 뼈가 틈새로 파고든다는 자신의 가설을 확증하기 위해 어린 동물의 눈동자를 들어냈다고 보고했다!(1857년 10월 24일자 『첸트랄 블라트』지에 따르면). 에른스트 폰

---

52 독일의 생리학자·비교 해부학자. 형질 인류학의 아버지라 불리는 그는 인류 발전의 연구에서 비교 해부학의 가치를 입증한 최초의 학자이며, 두개골 측정 연구를 통해 인류를 코카서스인·몽골인·말라야인·에티오피아인·아메리카인 등 다섯 종류로 분류해 최초로 인종의 분류 방식을 제시했다.

비브라 남작이 뉘른베르크에서 저지른 혐오스러운 행위는 특별한 언급을 할 만하다. 그는 이해할 수 없이 순진하게 『인간과 척추동물의 뇌에 대한 비교 연구』(1854)에서 일을 잘한 듯이 대중에게 들려준다. 그는 전적으로 불필요하고 무익한 연구를 하기 위해 두 마리의 토끼를 계획적으로 **굶어 죽게** 했다. 굶어 죽으면 뇌의 화학적 성분이 어떻게 변하는지 보기 위해서였다니! 학문에 이익이 되기 위해서. 그렇지 않은가? 해부용 칼과 집게를 든 이 사람들은 자신이 먼저 인간이고 그다음에 화학자임을 꿈에도 생각하지 않는단 말인가? 무해한 포유동물은 감옥에 갇혀 고통스럽게 서서히 굶어 죽어 가는데 어떻게 편히 잠을 잘 수 있단 말인가? 잠자다가 놀라 깨어나지 않는단 말인가? 그리고 이런 일이 바이른에서 일어난단 말인가? 그곳은 아달베르트 공의 보호 아래 품위 있고 칭찬받아 마땅한 궁정 고문관 **페르너**가 동물을 거칠고 잔혹하게 다루지 않고 보호한다는 점에서 전 독일에 훌륭한 모범을 보인다. 뉘른베르크에는 그토록 복 받을 행동을 하는 뮌헨의 지점이 없단 말인가? 비브라의 잔혹한 행위를 저지할 수 없다면 그것을 처벌할 수는 없단 말인가? 하지만 이 비브라 남작처럼 아직 책에서 그토록 많은 것을 배워야 하는 자는 자신의 지식을 풍부하게 하기 위해, 즉 이미 오래전에 알려진 비밀을 짜내기 위해 잔혹한 행위로 최종 답변을 끄집어내며[53], 자연을 고문한다는 사실을 생각해 보아야 한다. 왜냐하면 불쌍하고 속수무책인 동물에게 고통을 가해 죽음에 이르도록 하지 않고도 지식을 얻을 수 있는 다른 많은 무해한 보고實庫가 있기 때문이다. 도대체 불쌍하고 무해한 토끼가 무슨 짓을 저질렀기에 그것을 가두어 서서히 굶어 죽이는 고통을 가한단 말인가? 연구 대상인 비례 관계에 대해서는 이미 책에 나와 있는데도 그런 모든 사실을 아직 제대로 모르는 자는 생체 실험을 할 자격이 없다.

유럽에서 적어도 동물에 관련한 유대의 자연관이 이제야말로 종말을 맞고,

---

53 •왜냐하면 그는 뇌의 무게와 몸의 다른 부분의 무게가 비례하는지에 대한 상세한 연구를 하기 때문이다. 그런데 **쵬머링**이 뛰어난 통찰로 그 문제를 밝혀낸 이후 뇌의 무게가 몸 전체의 무게와 비례하지 않고 나머지 신경계의 무게와 비례한다고 보아야 한다는 사실이 널리 알려지고 논란의 여지가 없었다(블루멘바흐, 『생리학 원리』. 먼저 무언가를 배운 다음 대화에 한몫 끼도록 하라. 이것은 자신의 무지를 증명할 뿐이 책을 쓰는 모든 사람들에게 덧붙여 하는 말이다). 분명 이것은 인간과 동물의 뇌에 대한 실험적 연구를 하기 전에 가져야 하는 예비지식에 속한다. 하지만 물론 불쌍한 동물에게 고통을 가해 서서히 죽음에 이르게 하는 것이 무언가를 배우기보다 더 쉬운 일이다.

우리 인간 속에서처럼 동물 속에도 살아 있는 영원한 존재가 그 자체로 인정되고 보호받고 존중받아야 할 시점이다. 그런 사실을 알고 명심하기를! 비록 전 유럽이 유대 예배당으로 뒤덮인다 해도 그것은 진지하게 하는 말이고, 모든 게 꼭 필요한 말이다. 오감이 있는 한, 오감이 '유대의 악취'에 의해 클로로포름으로 완전히 마취되지 않는 한, **동물**이 본질적으로 우리와 완전히 같은 존재임을, 그리고 그 차이가 의지인 실체에 있지 않고 단순히 우연에, 즉 지성에 있음을 통찰하지 않을 수 없다. 세계는 형편없이 만들어진 졸작이 아니며, 동물은 우리가 사용하기 위한 제품이 아니다. 이와 같은 견해를 유대 예배당과 철학 강당에 넘겨주어야 한다. 그 두 가지는 본질적으로 서로 그다지 다를 것이 없다. 반면에 앞의 인식은 동물을 올바로 대우하기 위한 규칙을 우리의 손에 넘겨준다. 나는 이 말에 크게 반대하지 말 것을 열성분자와 사제에게 충고하는 바다. 이번에는 단지 진리뿐만 아니라 도덕도 우리 편이기 때문이다.[54]

철도의 가장 큰 선행은 수백만 마리에 이르는 마차 끄는 말들이 비참하게 살지 않게 해 주었다는 점이다.

영국에는 채식주의자가 있긴 하지만, 북쪽으로 내몰려 피부가 하얗게 된 인간에게 육식이 필요하다는 것은 안타깝지만 사실이다. 하지만 그렇더라도 클로로포름으로 마취시키거나 치명적인 부위에 신속히 타격해 그런 동물이 죽음을 전혀 느끼지 못하도록 해야 한다. 구약 성경의 말처럼 '측은한 마음'에서가 아니라 우리 속에 들어 있는 모든 동물 속에 살아 있는 영원한 존재에 대해 크게 빚진 마음에서 그래야 한다. 우리는 동물을 도살하기 전에 먼저 마취를 시켜야 한다. 이렇게 고상한 조치를 취해야 인간이 명예로울 것이다. 서양의 좀 더 높은 학문과 동양의 좀 더 높은 도덕은 손을 맞잡고 같은 조치를 취했고, 브라만교와 불교는 자신의 규정을 '이웃'에만 한정하지 않고 '살아 있는 모든 존재'를 보호하에 둔다.

유대 신화와 사제의 협박에도 불구하고 유럽에서도 마침내 왜곡되지 않고 '유대의 악취'에 의해 흐려지지 않은 머리를 지닌 모든 사람에게는 저절로 명백히 이해되고 곧바로 확실한 진리가 관철되어야 하고, 더 오래 은폐되어서

---

54 • '참된 신앙'을 가르치기 위해 브라만교도와 불교도에게 선교사가 파견된다. 하지만 유럽에서 동물을 어떻게 취급하는지 알면 그들은 유럽인과 그들의 교의에 매우 심한 혐오감을 느낄 것이다.

는 안 된다. 그 진리는 바로 **동물이 주된 점에서 그리고 본질적으로 우리 자신과 완전히 같은 존재**이고, 그 차이란 단순히 지성의 정도, 즉 뇌의 활동에 있을 뿐이라는 사실이다. 그렇지만 여러 동물들 사이에도 지성에 큰 차이가 있으므로 동물들에게 좀 더 인간적 대우를 해 주는 게 필요하다. 그런 간단하고 의심할 여지없이 고상한 진리가 대중의 마음속에 파고들어야 비로소 동물은 더 이상 권리 없는 존재로 살아가지 않고, 거친 악동의 나쁜 기분이나 잔혹성에 내맡겨지지 않을 것이다. 그리고 오늘날 벌어지고 있듯이, 어떤 엉터리 의사라도 수많은 동물에게 더없이 끔찍한 고통을 가해 자신의 무지로 인한 엉뚱한 생각을 마음대로 시험하지 못할 것이다.

이제 동물에게 대체로 **클로로포름으로 마취**하는 일을 고려해야 한다. 그래야 동물이 수술받는 동안 고통을 느끼지 않고, 수술 후에 금방 죽음에 이를 수 있다. 그렇지만 오늘날 빈번히 행해지듯이 신경계의 활동과 그것의 지각력에 관련된 수술을 하는 경우에는 당연히 그런 방법을 쓰면 안 된다. 그 방법은 여기서 관찰될 수 있는 사항을 무효로 하기 때문이다. 그런데 유감스럽게도 모든 동물 중에서 도덕적으로 가장 고상한 동물인 개가 가장 빈번하게 생체 실험을 당하고 있다. 게다가 신경계가 가장 발전된 개는 고통을 좀 더 민감하게 받아들인다.[55] 유럽에서도 개를 비양심적으로 대우하는 일에 종지부를 찍어야 한다. 동물계에 대한 유대인의 견해는 그것의 비도덕성 때문에 유럽에서 추방되어야 한다. 본질적으로 그리고 주된 점에서 동물이 우리와 완전히 같다는 사실보다 더 명백한 게 있단 말인가? 이런 사실을 오인하려면 사람들에게 오감이 없어지거나 보려고 하지 말아야 한다. 그런 자는 진리보다 팁이 더 마음에 들기 때문이다.

---

55 • **『쇠사슬에 매인 개에 대한 잔혹함에 대하여』.** 개는 인간의 유일한 진정한 반려이자 가장 충실한 친구이며, **프레데릭 퀴비에**(『동물의 본능과 지성에 대해 프레데릭 퀴비에가 관찰한 것의 분석적 요약』)가 말하듯이 인간이 지금까지 얻은 가장 값진 노획물이다. 극히 지적이고 감각이 예민한 존재지만 범죄자처럼 쇠사슬에 매인 개는 아침부터 밤까지 항시 새로워진, 결코 충족되지 않는 자유와 움직임에 대한 동경을 느낀다. 개의 삶이란 서서히 진행되는 고문이다. 그 결과 개는 그러한 잔혹함에 의해 결국 자신의 본성을 잃어버려, 애정이 없고 거칠고 불충한 동물로 변해 악마인 인간 앞에서도 항시 떨고 굴종하는 존재로 변하고 마는 것이다! 나에 의해 야기될지도 모르는 그러한 비참한 광경을 항시 눈앞에 보느니 차라리 나는 언젠가 개를 누가 훔쳐갔으면 하고 바라기도 했다! (앞에서 말한 개 주인과 쇠사슬에 매인 그 개를 보라.) 모든 새장도 수치스럽고 어리석은 잔혹함이다. 그것은 금지되어야 하고, 경찰은 이 경우에도 인간성의 자리를 대변해야 한다.

4. 유신론有神論에 대하여

다신론이 자연의 개별 부분과 힘의 의인화이듯, 일신론은 전체 자연을 한꺼번에 의인화한다.

그런데 내가 "나의 창조주여! 나는 한때 무였습니다. 하지만 그대는 내가지금 무엇이 되어 존재하도록 나를 만들었습니다"나 거기다가 "난 그대의 자선에 감사드립니다", 그리고 결국은 "내가 아무 쓸모 없다면 그것은 저의 탓입니다"라고 말하는 어떤 개체적 존재 앞에 있다고 상상한다면, 나는 철학과인도 연구의 결과 내 머리가 그런 생각을 견딜 수 없었음을 고백하지 않을 수없다. 그건 그렇다 치고 그 창조주는 칸트가 『순수 이성 비판』('우주론적 증명의 불가능성에 대하여' 장에서)에서 우리에게 선보인 자의 대응물이다. "우리는 있을 수 있는 모든 존재 중에서 최고라고 상상할 수 있는 어떤 존재가, 말하자면 '나는 영원히 존재하고, 단지 나의 의지에 의해서만 무언가가 되는그것 없이는 나 말고 아무것도 존재하지 않는다. **하지만 나는 대체 어디서 온 것일까?**'라고 자기 자신에게 말할 걸로 생각하지 않을 수 없지만, 그런 생각을견딜 수도 없다." 말이 난 김에 말하면 방금 인용한 장章 전체뿐만 아니라 이마지막 질문도 칸트 이후의 철학 교수들이 **절대자**, 요컨대 아무 근거도 없다고 할 수 있는 절대자라는 것을 그들의 모든 철학적 사고의 끊임없는 주된 테마로 삼는 것을 저지하지 못했다. 그들에게는 그것이 그런대로 정당한 생각이다. 일반적으로 이 사람들은 구제 불능이다. 나는 그들의 저서와 강의에 시간을 빼앗기지 말 것을 간곡히 권한다.

나무, 돌멩이, 금속으로 우상을 만들든 추상적 개념을 조합해서 그것을 만들든 매한가지다. 사람들이 자신을 희생시키는 존재, 소리치며 부르는 존재, 감사하는 어떤 개인적 존재를 자기 앞에 가지자마자 그것은 **우상 숭배**가 된다. 자신의 양을 바치든 자신의 애착을 바치든 그것은 기본적으로 그다지 다르지 않다. 모든 의식儀式이나 (모든) 기도는 당연히 **우상 숭배**의 증거가 된다. 그때문에 모든 종교의 신비 종파는 전문가를 위한 온갖 의식을 폐지하는 점에서 일치하고 있다.

유대교는 사실상의 유신론을 조건으로 하는 현실주의와 낙관주의를 기본 성격으로 하고 있으며, 그것과 가까운 친척 관계에 있다. 이러한 유신론은 물질적 세계를 절대적으로 현실적이라 사칭하고, 삶은 우리에게 주어진 편안한 선물이라고 사칭하기 때문이다. 이와 달리 브라만교와 불교는 **관념론**과 **염세주의**를 기본 성격으로 하고 있다. 그것은 세계에 다만 꿈같은 실존만 허용하고, 삶을 우리의 잘못의 결과로 간주하기 때문이다. 첸다베스타[56] 학설에서 염세적 요소는 아흐리만에 의해 대변되는데, 알다시피 유대교는 그 경전에서 유래한다. 유대교에서는 이 아흐리만이 사탄으로서 아직 종속된 위치에 있을 뿐이다. 그렇지만 사탄은 사실 아흐리만과 마찬가지로 뱀, 전갈, 해충의 원조이기도 하다. 유대교는 아흐리만을 즉각 자신의 낙관적 근본 오류의 개선에, 다시 말해 원죄에 활용한다. 그런데 원죄는 생존의 근거로서 생존에 앞서 서술되어야 하는 것을 생존 과정 속에 잘못 집어넣는다. 하지만 종교에서 가장 옳은 기본 사상인 그 원죄는 가장 확실한 진리를 위해 요구되는 염세적 요소를 종교에 집어넣고 있다.

여호와가 아후라 마즈다라는 결정적인 확증은 그리스어 구약 성경의 제1서인 「에스라」, 그러므로 루터가 생략한 사제 에이(A. 6장 24절)가 제공해 준다. "예루살렘에 주의 성전을 짓게 한 키루스 대왕 Cyrus(기원전 c. 600~529)[57]은 거기에서 **영원한 불**에 의해 희생된다." 「마카베오기」의 제2서도 유대인의 종교가 페르시아인의 종교였음을 증명하고 있다. 포로가 되어 바빌론에 끌려온 유대인이 느헤미아의 지도로 사전에 성스러운 불을 땅속의 마른 빗물 통에 숨겨 두었다고 이야기되기 때문이다. 거기서 불은 물 밑에 있다가, 페르시아 왕을 크게 교화시키기 위해 기적에 의해 훗날 다시 불붙여진다고 한다. 페르시아인도 유대인과 마찬가지로 우상 숭배를 혐오해서 신들을 형상으로 묘사하지 않았다(**슈피겔**도 『페르시아 종교에 대하여』에서 페르시아 종교와 유대교 사이에 밀접한 유사성이 있음을 가르치지만, 전자가 후자에서 유래한다고 주장한

---

56 조로아스터교의 경전
57 페르시아의 왕. 페르시아를 건설한 그는 바빌론을 멸망시킨 후 이스라엘 민족의 귀국을 허락했다.

다). 여호와가 아후라 마즈다의 변형이듯이 아흐리만의 변형이 아후라 마즈다의 적수인 사탄이다(루터는 그리스어 구약 성경에 나오는 '**사탄**'을 예컨대 「열왕기상」 11장 23절에서 '**적수**'라고 옮긴다). 여호와 숭배는 요시아스 치하에서 힐키아스의 도움으로 생겨난 것 같다. 다시 말해 그것은 조로아스터교도에 의해 받아들여지고, 바빌론 추방에서 돌아올 때 「에스라」에 의해 완성된 것 같다. 왜냐하면 요시아스와 힐키아스에 이르기까지 분명히 자연 신앙, 별 숭배[58], 바알 숭배[59], 아스타르테Astarte[60]가 유대 왕국에서 솔로몬 치하에서도 만연했기 때문이다(요시아스와 힐키아스에 관한 「열왕기」를 참조하라)[61].

덧붙여 여기에서 유대교의 기원이 조로아스터교라는 확증으로서 구약 성경과 유대의 다른 전거에 따르면 케루빔이 여호와를 타고 있는 황소 머리를 한 존재라는 사실이 인용된다. 반은 황소이고 반은 인간이며 또한 사자이기도 한, 「에스겔」의 묘사와 매우 비슷한 그런 종류의 동물은 페르세폴리스[62]의 조각에서도 발견되는데, 특히 모술[63]과 님루드[64]에서 발견된 아시리아 조각상에서 그런 모습이 보인다. 심지어 빈에 있는 어떤 조각된 돌멩이에는 아후라 마즈다가 그런 황소 케루빔을 타고 있는 모습이 묘사되어 있다(그것의 자세한 내용에 대해서는 『빈 문학 연감』 중 1833년 9월 발간된 『페르시아 여행』의 비평판에 나와 있다). 유대교의 기원에 대해서는 요한 고트리프 로데가 자신의 책 『페르시아 민족의 성스러운 전설』에서 상세히 설명하고 있다. 이 모

---

58 아랍의 자바 지방 주민의 별 숭배를 말한다.

59 바알Baal은 셈족의 태양신

60 고대 페니키아의 풍작과 사랑의 여신

61 •(「에스라」에 따르면) 키로스와 다리우스가 유대인에게 보여 주는 은총과 그들의 성전을 재건하게 하는 보통 설명되지 않는 은총은 그때까지 바알, 아스타르테, 몰록 등을 숭배한 유대인이 바빌론에서 페르시아인이 승리한 후에 조로아스터 신앙을 받아들이고, 이제 여호와라는 이름으로 아후라 마즈다에게 예배한 것에 기인하는가? (보통은 어리석은 일이라고 할 수 있겠지만) 키로스가 이스라엘의 신에게 기도하는 일도 심지어 그것과 부합한다. 구약 성경에 앞서는 모든 책은 나중에, 그러므로 바빌론 유수 후에 쓰였거나 적어도 여호와 가르침이 나중에 들어온 것이다. 그것 말고도 사람들은 「**에스라**」(1장, 8장, 9장)에 의해 유대교의 가장 치욕적인 면을 알게 된다. 여기서 선택된 민족은 시조始祖 아브라함의 혐오스럽고 극악무도한 모범에 따라 행동한다. 아브라함이 이스마엘과 함께 하갈을 쫓아내듯이 바빌론 유수 동안 결혼한 여성들은 아이들과 함께 쫓겨난다. 유대 종족이 아니라는 이유 때문이다. 이보다 비열한 일은 거의 생각할 수 없을 정도다. 전체 민족의 보다 대규모 배반 행위를 미화하기 위해 혹시 아브라함의 배반 행위가 날조되지 않는다면 말이다.

62 고대 페르시아 제국의 수도

63 •니네베 맞은편의 티그리스 강가

64 •니네베 근처의 아시리아의 칼크. 「창세기」 10장에 따르면 칼라흐를 말함

든 사실을 볼 때 여호와의 계보가 분명히 드러난다.

반면에 신약 성경은 인도에서 유래한 것이 분명하다. 신약 성경에서 드러나듯 도덕을 금욕으로 옮기는 전적인 인도적 윤리, 염세주의, 아바타[65]가 그것을 증거하고 있다. 그러나 바로 이런 사실에 의해 신약 성경은 구약 성경과 내적으로 결정적인 모순 관계에 있다. 원죄 이야기만 신약 성경이 매달릴 수 있는 연결고리 역할을 할 뿐이었다. 인도의 가르침은 약속의 땅에 들어설 때 타락과 세계의 참상에 대한 인식, 구원의 필요성과 아바타에 의한 구원의 인식을 유대의 일신론이나 "모든 것이 보기에 좋았더라"[66]와 결합해야 하는 과제가 생겨났지만, 완전히 이질적이고 상반된 두 개의 가르침을 어떻게든 결합할 수 있었다.

담쟁이덩굴은 버팀목과 발판이 필요하므로 거칠게 다듬은 말뚝을 휘감고 올라가, 보기 흉한 말뚝 어디나 적응해 무럭무럭 자라지만, 자신의 생명력과 매력을 갖추어 보기 흉한 말뚝을 감싸고 우리에게 즐거운 모습을 보인다. 이처럼 인도의 지혜에서 유래한 그리스도론도 자신과 완전히 이질적이고 조악한 유대교의 옛 근간을 그대로 유지했다. 그리고 유대교의 기본 형태 중에서 유지되어야 하는 것은 그리스도론에 의해 완전히 다른 것, 무언가 생기 있고 참된 것으로 변화되었다. 다시 말해 양자는 같은 것 같지만 실제로는 다른 것이다.

세계에서 분리되어 무에서 나온 창조주는 다시 말해 구세주와 동일시되고, 그를 통해 인류와 동일시된다. 인류는 아담 속에서 타락하고 그 이래로 죄악과 파멸, 고통과 죽음의 굴레를 벗어나지 못했듯이, 구세주 속에서 구원받으므로 이 구세주는 인류의 대변자 역할을 맡는다. 불교에서와 마찬가지로 세계는 이 모든 것으로 나타나기 때문이다. "모든 것을 매우 아름다웠다"라고 여긴 유대의 낙관주의로 더 이상 세상을 보지 않는 것이다. 오히려 이제 악마 자체는 '이 세상의 군주'[67]로, 단어 그대로는 '세상의 지배자'로 불린다. 세상은 더 이상 목적이 아니라 수단이다. 다시 말해 영원한 기쁨의 나라는 이 세상과 죽음의 저편에 있는 것이다. 이 세상에서의 체념과 더 나은 세상에 대한 희

---

65 신의 화신化身을 뜻하는 힌두교 용어
66 •「창세기」1장 31절
67 「요한복음」12장 31절, "이제 이 세상에 대한 심판이 이르렀으니 이 세상의 임금이 쫓겨나리라."

망의 체념이 기독교의 정신이다. 하지만 화해, 다시 말해 세상과 세상의 여러 여정으로부터의 구원이 그런 세상으로 가는 길을 열어 준다. 도덕에는 보복권 대신에 원수를 사랑하라는 계율이, 무수히 많은 후손 대신에 영생의 약속이, 조상의 죄에 대해 육촌에까지 이르는 자손을 벌하는 대신 모든 것을 무색하게 하는 성령이 그 자리에 들어섰다.

이처럼 우리는 신약 성경의 가르침을 통해 구약 성경의 가르침이 수정되고 재해석되는 것을 본다. 그렇게 하여 깊디깊은 본질에서는 인도의 옛 종교들과 일치한다. 기독교에서 참된 모든 것은 브라만교와 불교에서도 발견된다. 하지만 생기 있는 무에 관한 유대의 견해, 그리고 비참, 불안, 곤경으로 가득 찬 덧없는 실존에 대해 매우 겸손하게 고마워하고, 그 대신 여호와를 찬미하는 현세적인 형편없는 졸작에 관한 유대의 견해는 힌두교와 불교에서 찾을 수 없을 것이다. 멀리 적도의 광야에서 산과 강을 넘어 불어오는 꽃향기처럼 인도의 지혜의 정신을 신약 성경에서 느낄 수 있기 때문이다. 반면에 구약 성경에 관해서는 단지 원죄 말고는 아무것도 인도의 지혜와 맞지 않는다. 원죄는 낙관적인 유신론을 교정하는 수단으로서 즉각 첨가되어야 했다. 신약 성경 역시 자신에게 제공되는 유일한 논거로서 원죄를 이어받았다.

그런데 어떤 종種을 철저히 알려면 속屬의 지식이 필요하고, 이 속 자체는 다시 그것의 종에서만 인식되듯이 기독교를 철저히 이해하기 위해서는 세상을 부정하는 다른 두 종교, 다시 말해 브라만교와 불교에 대한 지식이 필요하다. 더구나 확실한 지식, 될 수 있는 한 정확한 지식이 필요하다. 무엇보다 산스크리트어를 알아야 그리스어와 라틴어를 제대로 철저히 이해할 수 있듯이 브라만교와 불교를 알아야 기독교를 제대로 알 수 있는 것이다.

그것 말고도 나는 언젠가 인도 종교에 정통한 성경 연구자가 나타나리란 희망을 품고 있다. 그는 인도 종교와 기독교의 유사성을 매우 특수한 특성에 의해 증명할 것이다. 시험 삼아 잠시 다음에 대한 주의를 환기하고자 한다. 「야고보서」(3장 6절[68])에 나오는 "생성의 수레바퀴"라는 표현이 예로부터 해설자에게 고통을 안겨 주었다. 하지만 불교에서 "윤회의 수레바퀴"는 매

---

68 혀는 곧 불이요 불의의 세계라 혀는 우리 지체 중에서 온몸을 더럽히고 삶의 수레바퀴를 불사르나니 그 사르는 것이 지옥불에서 나느니라.

우 잘 알려진 개념이다. 『포에 쿠에 키Foé Koué Ki 혹은 불교 왕국들의 관계』를 번역한 아벨 레뮈사Abel Remusat(1788~1832)[69]의 글에 이런 표현이 있다. "수레바퀴는 원처럼 시작도 끝도 없는 윤회의 상징이다." 또 이런 표현도 나온다. "수레바퀴는 불교도에게 잘 알려진 상징이다. 그것은 상이한 생존 형식의 원 속에서 영혼이 바뀌며 넘어가는 것을 의미한다." 그 책에서 보면 부처 자신은 이렇게 말한다. "진리를 인식하지 못하는 자는 수레바퀴의 회전에 따라 삶과 죽음에 빠져들 것이다." **뷔르누프**Eugene Burnouf(1801~1852)[70]의 『인도 불교사 입문』에서 우리는 의미심장한 대목을 발견한다. "그는 윤회의 수레바퀴가 무엇인지, 그것이 다섯 개의 특질을 갖고 있고, 움직이는 동시에 움직이지 않음을 인식했다. 그러기 전에 그는 길을 파괴해 세상 속으로 들어가는 모든 길을 완전히 제압했다." 스펜스 하디의 『동양 군주제』에는 이런 글이 있다. "**수레바퀴의 회전**과 마찬가지로 죽음과 출생의 규칙적인 계승이 존재한다. 그것의 도덕적 이유는 존재하는 대상에 대한 집착인 반면, 도구적 이유는 **카르마**[71](행위)다." 또한 **프라보다 찬드라 우다야**에도 이런 글이 적혀 있다. "무지는 **이러한 죽음을 면치 못할 생존의 수레바퀴**를 돌리는 열정의 근원이다."[72] 세계의 끊임없는 생성과 소멸에 관해 『아시아 연구』(제6권)에 실린 논문으로 미얀마어 텍스트에 근거한 **뷰캐넌**의 불교 설명은 이러하다. "세계의 연이은 파괴와 새로운 창조는 시작도 끝도 알 수 없는 커다란 수레바퀴와 같다."(이 대목은 산제르마노의 『버마 제국』에 보다 상세히 실려 있다.)[73]

그라울의 용어 색인에 따르면 **한사**Hansa는 **사니아시**Saniassi의 동의어다. **요하네스**라는 이름(우리가 줄여서 한스라고 부르는 이름)이 사니아시(그리고 황야에서의 그의 사니아시 고행)와 관계있다는 말인가?

불교와 기독교의 외적인 우연한 유사성은 그것이 태동한 나라에서 지배적이지 않다는 점이다. 그러므로 둘 다 이렇게 말하지 않을 수 없다. "선지자가 고향에서는 높임을 받지 못한다."(「요한복음」 4장 44절)

---

69 프랑스의 중국학 학자
70 프랑스 대학의 산스크리트어 교수
71 불교에서 말하는 심신의 활동과 일상생활로 업業을 의미함. 중생이 몸과 입과 뜻으로 짓는 선악의 소행을 말하며, 혹은 전생의 소행으로 말미암아 현세에 받는 응보應報를 가리킨다.
72 *산스크리트어 원전은 다음과 같다. "무지는 윤회Samsara의 수레바퀴를 돌리는 커다란 현혹의 뿌리다."
73 *윤회는 산스크리트어로 막연한 명칭인 삼사라인데, 그것은 출생의 원 또는 원형의 운행을 뜻한다.

기독교가 인도의 가르침과 일치하는 점을 설명하기 위해 온갖 추측을 해 본다면, 이집트로의 도주에 관한 복음의 고지가 역사적인 요소를 토대로 하고 있고, 예수가 인도를 종교의 기원으로 한 이집트 사제에 의해 교육받았고, 그들에 의해 인도의 윤리와 아바타의 개념을 받아들였으며, 후에 그런 것을 본국에서 유대의 교의에 맞추고 옛 근간에 접목하려 애썼으리라고 가정할 수 있다. 자신의 도덕적이고 지적인 우월감에 마음이 동해 마침내 자기 자신을 아바타로 간주하고, 그에 따라 자신이 단순한 인간 이상임을 암시하기 위해 자신을 '인간의 아들'로 부르도록 했을 것이다. 게다가 그의 강하고 순수한 의지를 바탕으로, 일반적으로 사물 자체인 의지에 귀속되는 전능, 그리고 동물적인 최면술이나 이것과 유사한 마법적인 영향으로 알려진 전능에 의해 그 역시 소위 기적을 행할, 다시 말해 의지의 형이상학적 영향력을 발휘할 능력이 있었으리라 생각해 볼 수 있다. 또한 이집트 사제들의 가르침도 그에게 도움이 되었을 것이다. 이런 기적이 후에 전설을 확대하고 증가시켰다고 볼 수 있다. 실제적 기적이란 어디서나 자연이 자기 자신을 부인하는 행위일지도 모르기 때문이다.[74] 우리에게는 그런 종류의 전제에서만, 그래도 자신의 주된 서간은 진실한 것으로 여겨지는 바울이 당시 얼마 전에 고인이 된 자(그의 동시대인이 아직 많이 살아 있었으므로)를 매우 진지하게 인간의 모습을 띤 신으로, 세상의 창조주와 하나인 것으로 서술할 수 있다는 것이 설명된다. 그렇지만 진지하게 생각한 이런 종류의 신격화와 위대성이 서서히 무르익으려면 보통 수 세기가 필요하다. 다른 한편으로 그 때문에 바울 서간의 진정성에 대한 반론을 제기할 수 있을지도 모른다.

　나는 일반적으로 예수의 시대나 환경에서 나온 어떤 원본이나 적어도 단편斷篇이 우리 복음서의 토대를 이루고 있다는 사실을 '세계 종말과 구름을 타고 내려오는 주의 찬란한 재림'이라는 그토록 혐오스러운 예언에서 추론

74　•우중에게 이해할 수 있는 유일한 논거가 기적이다. 모든 종교의 창시자가 기적을 행하는 것은 그 때문이다. 종교의 원전은 그것의 내용을 믿게 하려고 기적을 포함하고 있다. 그러나 그것이 반대의 결과를 야기하는 시기가 도래한다.

복음서는 기적의 보고에 의해 자신의 신빙성을 뒷받침하려고 했지만, 그로 인해 신빙성을 훼손시켰다.

성경에서 기적이란 그것의 진실을 증명해야 한다. 하지만 그것은 반대 작용을 한다.

신학자들은 성경 속의 기적에서 어떻게든 벗어나기 위해 그것을 때로는 알레고리로 만들려 하고 때로는 순화시키려고 한다. 왜냐하면 그들은 기적이란 거짓의 표시라고 느끼기 때문이다.

하고 싶다. 그런 일은 약속할 때 현장에 있었던 몇몇 사람이 살아 있을 동안 일어나야 한다. 다시 말해 이 예언은 성취되지 않았다. 그것은 그 후의 시대에 불쾌감을 일으켰을 뿐만 아니라 바울과 베드로를 당황스럽게 한 극히 언짢은 상황이다. 『예수와 그의 제자들의 목적에 관해』라는 라이마루스의 매우 읽을 만한 책에는 그런 내막이 상세히 설명되어 있다. 그런데 복음서가 가령 백 년 후에 앞에 있는 동시대의 자료 없이 작성되었다면 그 같은 예언을 집어넣지 않았을 것이다. 불쾌하게도 그 예언이 성취되지 않으리라는 사실은 당시에 벌써 자명했다. 그러니 복음서에는 문제의 모든 대목이 들어가지 않아야 했을 것이다. 라이마루스는 매우 현명하게도 자신이 '제자들의 제1체계'라고 칭하는 것을 그런 대목으로 구성한다. 그런 사실에 따르면 예수는 제자들이 볼 때 단지 유대인의 세속적 해방자에 불과했다. 만약 복음서 저자들이 그런 대목을 담고 있던 동시대 자료를 토대로 작업하지 않았더라면 말이다. 심지어 신자들 사이에서 단순히 구전으로 내려온 전통은 신앙을 손상하는 대상과 관계를 끊었을 것이기 때문이다.

라이마루스는 이해할 수 없게도 다른 모든 것보다 자신의 가설에 유리한 대목인 「요한복음」 11장 48절(1장 50절, 6장 15절과 비교하는 것)을 간과했고, 마찬가지로 「마태복음」 27장 28~30절, 「누가복음」 23장 1~4절, 37절, 38절, 「요한복음」 19장 19~22절도 간과했다. 그런데 이런 가설을 진지하게 인정하고 관철하고자 한다면, 우리는 기독교의 종교적·도덕적 내용이 알렉산드리아, 인도, 불교에 정통한 유대인에 의해 짜 맞추어진 다음, 원래 지상의 메시아를 천국의 메시아로 변형시켜 비극적 운명을 지닌 정치적 주인공을 운명의 연결점으로 만든 것이라고 받아들이지 않을 수 없을 것이다. 물론 모순되는 점이 많다.

복음 역사를 설명하기 위해 슈트라우스에 의해 주창된 신화적 원칙은 적어도 역사의 세부 사항에는 확실히 옳은 원칙이다. 그런데 그 원칙이 어느 정도 옳은지 결정하기는 어려울 것이다. 일반적으로 그 원칙이 신화적인 것과 어떤 사정을 갖는지는 좀 더 쉽게 이해되고 덜 미심쩍은 예로 분명히 설명해야 한다. 그래서 예컨대 중세 전체에 프랑스뿐만 아니라 영국에서 아서 왕은 확고하게 정해지고 대단히 활동적이며 기묘한, 항시 같은 성격으로 같은 수행원을 데리고 나타나는 인물이다. 그는 자신의 원탁, 기사, 미증유의 영웅적 행위, 불가사의한 가신, 부정한 왕비, 그녀의 연인인 호수의 랜슬롯 등으로 수세기 동안 시인과 소설가의 지속적인 주제가 된다. 이들의 시와 소설에는 모두 같은 성격을 지닌 같은 인물이 등장하고, 일어나는 사건도 상당히 일치한다. 하지만 복장과 행실에서만, 다시 말해 시대의 척도에 따라 서로 상당히 다를 뿐이다. 몇 년 전 프랑스 내각이 빌레마르케 씨를 영국에 보내 아서 왕 신화의 기원을 조사하게 했다. 그 결과 기초가 되는 사실은 이러했다. 6세기 초 웨일스 지방에 살았던 아서라는 이름의 족장이 자신의 땅에 침입한 작센족과 끈기 있게 싸웠으나 그의 중요하지 않은 행위는 잊혀 버렸다. 그런데 그런 자가 어떻게 수 세기에 걸쳐 수많은 노래, 설화 시, 소설에서 칭송받는 인물이 되었는지 아무도 모른다. 토마스 드 라 빌레마르케의 『원탁의 기사의 기원에 관한 에세이와 고대 브리튼의 민담』(1842)과 리트슨의 『고대 역사와 믿을 만한 자료에 의한 아서 왕의 생애』(1825)도 참조하길 바란다. 거기서 아서 왕은 먼 과거의 불분명하고 흐릿한 인물로 나오지만, 그렇다고 실체가 없는 인물로 그려지지는 않는다.

중세 전체를 통틀어 영웅인 **롤랑**도 이와 거의 같은 관계에 있다. 그는 수많은 노래, 서사시, 소설에서는 물론이고 심지어 롤랑 입상立像[75]에 의해서도 칭송받고 있다. 그는 결국 아리오스토에게 소재를 제공하고 그에게서 변용된 채 부활한다. 그런데 이 인물은 역사에 의해 단 한 번, 어쩌다가 세 단어로 언급된다. 다시 말해 에긴하르트는 그를 론세스바예스 근처에 머문 저명인사들 중 '브리튼 변경 사령관 흐루드란두스'(『카를 대제의 일생』 9장)로 함께 거론하는 것이다. 우리가 그에 대해 알고 있는 것은 이것이 전부다. 이와 마찬가지로 우리가 사실 예수에 대해 알고 있는 것이라곤 **타키투스**의 책(『연감』 제15권 44장)에 나오는 대목밖에 없다. 또 다른 예는 전설과 연대기, 무엇보다도 그토록 유명하고 멋진 로만세로[76] 속의 민속 발라드와, 마지막으로는 코르네유의 최상의 비극도 찬미하는 스페인 사람 시드다. 그는 주된 사건 면에서는 말하면 **히메나**와 관련된 부분과 상당히 일치한다. 반면에 그에 대한 빈약한

---

75 사법권과 자유의 상징으로 독일 중북부 도시 롤란트의 시장에 세워진 기사의 입상

76 유럽 발라드 중 독특한 전통을 이루고 있는 스페인의 민속 발라드. 영웅적·귀족적 분위기, 전쟁이나 영웅과 관련된 주제, 가상적 사건을 실제 역사처럼 다루었다는 점에서 서사시와 닮았지만 간결한 극의 줄거리를 지닌 이야기체 가사를 특정 곡조에 맞추어 노래 부른다는 점에서 발라드 특유의 성격을 지니고 있다.

역사적 자료로는 용감한 기사이자 탁월한 장수지만 매우 잔인하고 신의가 없는 인물이라는 것밖에 없다. 때로는 이편에 때로는 저편에 가담하고, 기독교 신자면서 가끔 이슬람교도에게 봉사하는 그는 거의 용병대장과 같은 인물이지만, 히메나와 결혼한다. 처음으로 제대로 된 원전을 살펴본 것으로 보이는 도지의 『에스파냐 역사 연구』(1849)를 보면 좀 더 상세한 내용을 알 수 있다. 『일리아드』의 역사적 토대가 되는 것이 뭐가 있단 말인가? 그렇다. 이 문제를 매우 자세히 알고 싶으면 아무 근거도 없지만 수천 권의 책에서 거듭 인용되는 뉴턴의 사과 이야기를 생각해 보라. 심지어 오일러는 『공주에게 보내는 편지』 제1권에서 그 문제를 애정을 가지고 상세히 설명한다. 우리 인류가 온갖 이야기를 꾸며 내긴 했지만 유감스럽게도 이것만큼 터무니없는 거짓말은 없을 것이다.

제9장
박식함과 학자에 대하여

1

가르치고 배우기 위한 많고 다양한 학교와 수많은 학생과 교사를 보면, 사람들은 인류에게 통찰과 지혜가 무척 중요하다고 생각할지도 모른다. 하지만 그렇게 보일 뿐 실제로 그렇지는 않다. 교사들은 돈을 벌기 위해 가르친다. 그들은 지혜를 얻으려고 열망하는 것이 아니라 그 지혜의 겉모습과 신용을 추구한다. 그리고 학생은 지식과 통찰을 얻기 위해 배우는 것이 아니라 떠벌이기 위해, 명성을 얻기 위해 배운다. 다시 말해 30년마다 새로운 세대가 등장한다. 그는 아무것도 아는 게 없는 풋내기이면서, 인류가 수천 년에 걸쳐 모은 지식의 결과를 개요만 간추려서 매우 신속히 흡수한 다음 과거의 누구보다 더 현명해지려고 한다. 그는 이런 목적으로 대학에 들어가서 책을 집어 든다. 그것도 자신의 동시대인이나 동년배의 최신 서적에 한정되어 있다. 그 자신이 새롭듯이 모든 것이 짧고 새로울 뿐이다! 그러고 나서 그는 이것저것 마구 평가하기 시작한다. 여기서 나는 본격적으로 빵을 얻기 위한 학문은 고려조차 하지 않았다.

2

나이 불문하고 온갖 부류의 대학생과 대학 교육을 받은 자는 대체로 **지식**을 얻으려 하지 **통찰**을 얻으려 하지 않는다. 그들은 온갖 암석이나 식물, 온갖 전투나 실험에 관해, 그리고 온갖 책에 관한 모든 지식을 얻는 것을 명예로 삼는다. 그들은 그 지식이 통찰을 얻기 위한 단순한 수단이고, 그 자체로 그다지 또는 아무런 가치가 없다는 것에는 생각이 미치지 않는다. 반면 이런 사고방식이야말로 철학적 두뇌의 특성이다. 많이 아는 체하는 사람들의 인상적인 박식함을 접하면 나는 이따금 이렇게 중얼거린다. 저렇게도 읽은 책이 많은데 생각은 그렇게도 하지 않다니! 중년의 플리니우스는 식탁에서든 여행 중이든 욕실에서든 늘 책을 읽거나 책을 낭독했다고 한다. 이런 이야기를 들으면 그에게 생각이 그토록 부족했는지, 소모성 질환에 시달리는 사람의 목숨을 유지하기 위해 걸쭉한 고기 수프를 주입하듯 끊임없이 남의 생각을 주입해야 했는지 의문이 생긴다. 판단력이 없고 남의 말을 곧잘 믿는 그의 태도나 말할 수 없이 역겹고 이해하기 어려우며 종이를 절약하는 그의 짜깁기식 문체도 그의 독자적 사고에 관해 높이 평가하기에 적합하지 않다.

3

많은 **독서와 배움**이 자신의 사고를 중단시키듯이 많은 **글쓰기와 가르침도 지식**과 **이해**의 명확성과 철저함의 습관을 자연히 버리게 한다. 명확성과 철저함을 얻을 시간이 없기 때문이다. 그래서 그는 강의할 때 명확한 인식이 부족한 것을 말과 미사여구로 채우려고 한다. 책이 대부분 말할 수 없이 지루한 것은 주제가 무미건조해서가 아니라 바로 그 때문이다. 훌륭한 요리사란 낡은 구두 밑창을 가지고도 맛있는 요리를 만들어 낼 수 있다고 하듯이 훌륭한 저술가는 무미건조한 주제를 재미있게 만들 수 있다.

4

학자들 대부분에게 학문은 목적이 아니라 수단이다. 그 때문에 그들은 결코 어떤 위대한 일을 해내지 못할 것이다. 위대한 일을 하려면 학문을 하는 것이 목적이고, 다른 모든 것, 즉 생존은 단순히 수단이어야 한다. 그 자체 때문에 하지 않는 모든 것은 대충 하기 쉽다. 어떤 종류의 것이든 그 이외의 다른 목적에 대한 수단으로서가 아니라 그 자체 때문에 만들어 낼 때 진정으로 탁월한 작품을 얻을 수 있다. 이와 마찬가지로 타인의 인식에 신경 쓰지 않고 연구의 직접적인 목적에 대한 자신의 인식을 얻는 자만이 새롭고 위대한 기본 통찰을 할 수 있을 것이다. 하지만 학자들이 대개 그렇듯이, 그들은 가르치고 책을 쓸 목적으로 연구한다. 그러므로 그들의 머리는 음식물을 소화하지 않고 다시 내보내는 위나 장과 같다. 하지만 바로 그 때문에 그들의 가르침과 글도 그다지 유익하지 않을 것이다. 소화하지 않고 내보낸 배설물이 아닌 자기 피에서 분비된 젖만 다른 사람에게 양분이 될 수 있다.

5

가발은 순수한 학자 그 자체를 의미하는 잘 선택된 상징이다. 그것은 자신의 머리칼이 부족할 때 남의 풍부한 머리칼로 머리를 꾸며 준다. 박식하다는 것도 남의 생각을 잔뜩 집어넣고 있는 것에 불과하다. 남의 생각은 자신에게 자연스럽게 잘 어울리지도 않을뿐더러 모든 경우나 목적에 유용하게 적합하지도 않으며 그다지 확고하게 뿌리를 내리고 있지도 않다. 그것을 사용했을 경우는 자기 자신의 땅에서 생겨난 생각과 달리 같은 원천에서 나온 다른 생각으로 대체할 수도 없다. 바로 그 때문에 **스턴**은 『트리스트램 섄디』(44장)에서 대담하게 이런 주장을 한다. "나 자신의 1온스 정신은 다른 사람 정신의 한 통[77]만큼이나 가치가 있다."

　사실 가장 완전한 박식과 천재의 관계는 식물 표본실과 항시 새로운 것을 만들어 내고 영원히 싱싱하고 영원히 젊고 영원히 변하는 식물계의 관계와 같다. 주석자의 박식함과 노인의 아이 같은 소박함보다 더 큰 대조는 존재하지 않는다.

6

딜레탕트, 딜레탕트라니! 학문이나 예술을 해서 수입을 얻으려고 하는 사람

77　쇼펜하우어는 영어의 'tun'을 'ton'과 혼동했으므로, '2천 파운드'가 아니라 '한 통'으로 하는 것이 옳다고 할 수 있다.

들은 사랑하는 마음이나 즐거운 마음으로 그것을 하는 자들을 경멸 투로 딜레탕트라고 부른다. 그들은 학문이나 예술로 돈을 벌어야만 즐겁기 때문이다. 이러한 경멸은 곤궁이나 배고픔, 또는 탐욕의 자극을 받아야만 어떤 일을 진지하게 할 것이라는 그들의 저급한 확신에서 기인한다. 대중도 같은 견해다. 대중이 '전문가'를 대개 존경하고 딜레탕트를 불신하는 것은 그 때문이다. 그런데 사실 딜레탕트에겐 그 일이 목적이고, 전문가에겐 수단에 불과하다. 하지만 그 일을 직접 중요하게 생각하고 사랑하기 때문에 그 일에 몰두하고, 사랑하는 마음으로 그 일을 하는 자만이 매우 진지한 자세를 가질 것이다. 항시 가장 위대한 일은 그런 자에게서 시작되지 임시 고용인에게서 시작되지 않는다.

7

괴테도 색채론 분야에서 딜레탕트였다. 그에 관해 여기서 한마디 하겠다!

인간은 어리석어도 열등해도 괜찮다. "어리석음은 인간의 권리다." 반면에 어리석고 열등하다고 말하는 것은 범죄이고, 불쾌하게도 좋은 풍습과 온갖 예절을 깨뜨리는 행위다. 현명한 예방책이다! 그렇지만 나는 독일인과 독일어로 말하려면 지금 그런 점을 고려하지 않아야 한다. 괴테의 색채론의 운명이란 독일 학계의 부정직 또는 완전한 판단력 결여의 엄연한 증거임을 말하지 않을 수 없기 때문이다. 어쩌면 두 가지의 고상한 특성이 이 경우 서로에게 도움을 주었을지도 모른다. 적지 않은 수의 교양 대중은 안락한 생활과 소일거리를 추구하므로 소설, 희극이나 시가 아닌 것은 제쳐 둔다. 예외적으로 교훈을 주는 글을 읽기 위해 그들은 맨 먼저 그 글에서 실제로 교훈을 얻을 수 있다는 사실에 대해 좀 더 잘 이해하는 자들의 보증을 기다린다. 그들은 좀 더 잘 이해하는 자들이 **전문가**일 거라고 생각한다. 다시 말해 교양 대중은 어떤 일로 밥벌이하는 자들을 그 일을 위해 살아가는 사람과 혼동하고 있다. 그렇지만 그 일을 위해 살아가는 사람은 드물다. 이미 디드로는 『라모의 조카』[78]

---

78 라모의 조카인 엉터리 악사가 카페에서 대화하는 형식으로 쓰인 작품이다. 천재론, 이탈리아 음악과 프랑스 음악의 우열론 등이 화제로 등장하나, 권력자에게 아첨하고 기생충 같은 생활을 하며 백과전서파 공격에 열중해 있는 어용 문인들의 생활 태도나 심리 분석이 주 내용이다. 괴테가 이 작품을 1805년 독일어로 번역했다.

에서 "어떤 학문을 가르치는 자는 그 학문을 이해하고 그것에 진지하게 임하는 자가 아니기에 그와 같은 학문을 가르칠 시간이 남지 않는다"라고 말했다. 일로 밥벌이하는 자들은 단순히 학문을 해서 살아갈 뿐이다. 다시 말해 학문은 그들에게 "버터를 공급해 주는 유용한 암소다"(실러, 『학문』).

괴테가 색채론을 연구했듯, 어느 민족의 가장 위대한 정신의 소유자가 어떤 일을 자신의 필생의 주된 연구로 삼았지만, 그 문제가 일반적으로 받아들여지지 않는다면, 정부가 금전을 지원하는 대학에 위임해 위원회를 개최해 이 문제를 연구하도록 해야 한다. 프랑스에서는 훨씬 덜 중요한 문제도 그렇게 하고 있다. 그렇지 않다면 그토록 많이 생겼지만, 실은 그곳에 많은 멍청이가 죽치고 앉아 뽐내고 있는 이러한 대학이 대체 무엇 때문에 존재한단 말인가? 중요한 새로운 진리가 그곳에서 나오는 경우는 드물다. 그 때문에 대학이란 중요한 업적을 판단할 능력이 있어야 하고, 직무상 말할 능력을 갖추어야 한다.

베를린대학 교수 **링크** 씨가 그의 『자연 과학 입문』(1836년)에서 자신의 대학이 지닌 판단력의 견본을 우리에게 제공해 주었다. 그는 동료 **헤겔**은 위대한 철학자이고, **괴테**의 『색채론』은 졸작이라고 선천적으로 확신하고 두 사람을 나란히 위치시킨다(같은 책 47쪽). "헤겔은 **뉴턴**에 관한 한 한결같이 터무니없는 비방을 퍼붓는다. 아마 깔보아서 그러는 것일 터다. 괴테의 『색채론』도 형편없다는 소리를 들어 마땅하다." 그러니까 링크 씨는 어떤 한심한 사기꾼이 뻔뻔스럽게도 민족의 가장 위대한 정신을 **깔보는 태도**에 대해 말하고 있다! 나는 그의 판단력과 가소로운 무모함의 본보기로 같은 책의 다음 대목을 덧붙이겠다. "심오한 뜻을 지니고 있다는 점에서 헤겔은 자신보다 앞선 모든 철학자를 능가한다. 그들의 철학은 헤겔의 철학 앞에서는 흔적도 없이 사라진다고 말할 수 있다." 링크 씨는 애처로운 헤겔식 강단 어릿광대 극의 서술을 이렇게 끝마친다. "이것은 고도의 형이상학적인 명민함을 갖춘, 학문을 아는 심오하고 고상한 체계다. '필연성의 사유는 자유다. 자유가 다시 필연성이 되는 경우 정신은 윤리성의 세계를 창조한다'라는 말은 다가오는 정신을 외경심으로 충만케 한다. 한번 적절하게 인식하면 그 말은 그것을 말한 사람에게 불멸을 약속해 준다." 베를린대학 교수일 뿐만 아니라 저명인사, 어쩌면 독일 학자 공화국의 명사에도 속하는 링크 씨의 이런 발언은 어디서도 비난받은 적이 없으므로 독일적 판단력과 정의의 본보기로 여겨질 수 있다. 그러므로 독자는 나의 저서가 30년 이상 동안 주목받지 못하고 무시당한 사실을 잘 이해할 수 있을 것이다.

8

그런데 독일 학자는 너무 가난하기도 해서 솔직하거나 명예롭게 행동할 수 없다. 그 때문에 왜곡하고 비틀고 순응하고, 자신의 확신을 부정하고, 자신이 믿지 않는 것을 가르치고 쓰며, 굽실거리고 아첨하며 편드는 것, 그리고 장관이나 권세 있는 사람, 동료, 대학생, 서적상, 비평가와 친교를 맺는 것, 요컨대 진리나 남의 공덕보다 오히려 모든 것을 고려하는 것이 그의 처세이자 방식이다. 그로 인해 독일 학자는 대체로 사려 깊은 사기꾼이 된다. 독일 문학 일반이나 철학에 특히 부정직이 압도적이어서 누군가를 속일 능력이 없는 자는 아무 데도 쓸데없는 사람이 될 지경이다.

9

다른 공화국에서처럼 학자 공화국의 사정도 마찬가지다. 다시 말해 그곳에서는 조용히 혼자 행동하며 남보다 현명해지려고 하지 않는 소박한 사람을 사랑한다. 위험한 일을 저지를 위험이 있는 이상한 사람에 맞서 서로 단결하고, 어느 쪽이든 다수 편에 선다.

학자 공화국에서는 대체로 멕시코 공화국에서와 같은 일이 벌어진다. 멕시코 공화국에서는 각자 자신의 이득만 생각하고, **자신을 위한** 명성과 권력을 추구하며, 전체에는 전혀 신경 쓰지 않다가 망하고 만다. 이와 마찬가지로 학자 공화국에서는 각자 명성을 얻기 위해 자신만 인정하려 한다. 그들 모두가 의견 일치를 보는 유일한 일은 정말로 탁월한 사람이 등장하지 않도록 하는 것이다. 그런 사람이 나타나면 그들 모두에게 위험해질 것이기 때문이다. 학문 전체의 사정이 그렇다는 것은 쉽게 간파할 수 있다.

교수와 독립적인 학자 사이에는 예로부터 가령 개와 늑대 사이에서 볼 수 있는 어떤 대립 관계가 존재한다.

교수는 자신의 위치에 의해 동시대인에게 알려지는 데 큰 이점이 있다. 반면에 독립적인 학자는 자신의 위치에 의해 후세에 알려지는 데 큰 이점이 있다. 그러기 위해서는 무엇보다 여유와 독립도 필요하기 때문이다.

인류가 누구에게 관심을 보여야 할지 알아내기까지 오랜 세월이 걸리므로 양자는 서로 나란히 영향을 미칠 수 있다.

대체로 교수라는 사람이 취하는 축사용 사료는 반추 동물에 가장 적합하다. 반면에 자연의 손으로 직접 자기 먹이를 잡는 사람은 야외 생활이 더 어울린다.

온갖 종류의 지식 중 대부분은 언제나 종이 위에만, 즉 종이에 기록된 인류의 기억인 책 속에만 존재한다. 모든 특정한 시점의 사람들 머릿속에 실제로 살아 있는 것은 그 기억 중 작은 일부에 불과하다. 그 이유는 특히 인간의 수명이 짧고 불확실한 것 외에도 인간의 태만함과 향락욕 탓이다. 그때그때 신속히 지나가 버리는 세대는 자신이 필요로 하는 것을 인간의 지식으로부터 획득한다. 세대는 곧 끝나 버린다. 학자들 대부분은 매우 피상적이다. 그런데 아무것도 모르지만 모든 것을 처음부터 배워야 하는 희망적인 새 세대가 뒤따른다. 그리하여 새 세대는 파악할 수 있거나 자신의 짧은 여정에 사용할 수 있는 만큼 지식을 되찾지만, 마찬가지로 물러나고 만다. 문자와 인쇄 기술이 없다면 인간의 지식이 얼마나 형편없겠는가! 도서관만이 인류의 확실하고 영속적인 기억이며, 인류 개개인은 모두 매우 한정되고 불완전한 지식을 지닐 뿐이다. 그 때문에 상인이 장부 검사를 싫어하는 것처럼 학자들 대부분은 자신의 지식 검사를 좋아하지 않는다.

인간의 지식이 어느 정도인지 도저히 예측조차 할 수 없으며, 무릇 알아둘 가치가 있는 것에 대해 개개인은 1000분의 1도 알 수 없다. 따라서 학문의 폭이 너무 넓어져 '무언가를 연구'하려는 자는 다른 모든 것은 신경 쓰지 말고 전적으로 어떤 특수한 전문 분야만 다루어야 한다. 그렇게 되면 연구자는 자신의 전문 분야에서는 일반인의 수준보다 높아지겠지만, 다른 모든 분야에서는 일반인의 수준에 머물 것이다. 그런데 오늘날 점점 흔한 현상으로 나타나고 있듯, 고전어를 소홀히 하면 우리는 자신의 특수한 전문 분야 이외에는 완전히 문외한인 학자를 보게 될 것이다. 고전어를 어중간하게 배워서는 아무 소용없고, 그러다간 일반적인 인문주의 교양이 부족해진다. 일반적으로 이처럼 다른 분야를 수용하지 않는 배타적인 전공학자는 평생 동안 특정한 나사나 갈고리, 또는 특정한 도구의 손잡이나 하나의 기계만 만드는 공장 노동자와 비슷하다. 물론 한 분야만 파다 보면 믿기지 않을 정도의 완벽한 기술을 얻기는 한다. 또한 전공 학자를 자기 집에 살면서 결코 집밖으로 나오지 않는 사람과 비교할 수 있다. 마치 빅토르 위고의 콰지모도가 노트르담 교회를 알고 있듯, 그는 집안의 모든 것, 즉 모든 계단, 모든 구석, 모든 들보를 정확히 알지만, 집 밖의 사물은 모두 그에게 낯선 미지의 것이다.

이와 달리 인문주의의 참된 교양은 다방면의 지식과 개관 능력을 요구하므로, 학자에게는 좀 더 높은 의미에서 뭔가 박식함이 필요하다. 하지만 철두철미한 철학자가 되려고 하는 자는 인간 지식의 가장 동떨어진 양 끝을 연관시킬 줄 알아야 한다. 그렇지 않으면 다른 어디에서 그것들이 언젠가 함께 만날 수 있겠는가? 그런데 일급의 정신은 결코 전공학자가 될 수 없을 것이다. 그런 사람은 생존 전체를 문제로 삼는다. 그런 사람은 어떤 형식과 방식으로든 그 문제에 관한 새로운 해결책을 인류에게 제시할 것이다. 사물의 전체와 위대함, 본질적인 것과 일반적인 것을 자신의 업적의 주제로 삼는 자만이 천재라는 명칭을 얻을 만하기 때문이다. 하지만 일평생 사물 상호 간의 특수한 관계를 정리하려고 애쓰는 사람은 천재라고 부를 수 없다.

12

일반적인 학자어로 라틴어를 사용하지 않고 민족 문학의 소시민 근성이 도입된 것은 유럽의 학문에 진정 불행한 일이었다. 무엇보다도 라틴어에 의해서만 유럽의 일반적인 학자 독자가 존재하며, 발간되는 책은 모두 그 학자 독자 전체를 직접 겨냥하기 때문이다. 그런데 실제로 사유 능력과 판단력이 있는 두뇌의 수는 전 유럽에서 얼마 되지 않는다. 그래서 그들의 공개 토론이 언어의 한계로 인해 토막 나고 엉망으로 되면 그들의 유익한 영향력은 무한히 약화하고 만다. 출판업자가 마음대로 선택한 후 문학 직공에 의해 제작된 번역물은 일반적인 학자어의 나쁜 대용품이다. 그래서 칸트 철학은 잠시 반짝하다가 독일적 판단력의 늪 속에 빠지고 말았다. 반면에 피히테, 셸링, 마지막으로는 헤겔적인 엉터리 학문의 도깨비불이 휘황찬란한 횃불을 올렸다. 그 때문에 괴테의 색채론은 정당한 평가를 받지 못했고, 나 또한 주목받지 못했다. 따라서 그토록 지적이고 판단력 있는 영국 민족은 지금 극히 모욕적인 편협한 신앙심과 사제의 후견에 의해 격이 떨어져 버렸다. 그 때문에 프랑스의 명예로운 물리학과 동물학은 충분하고 합당한 형이상학의 지지와 통제를 받지 못하고 있다.

이러한 커다란 단점에 얼마 안 가 두 번째의 더 큰 단점, 다시 말해 고전어 습득을 중단하는 일이 결합될 것이다. 벌써 프랑스와 심지어 독일에서도 전반적으로 고전어를 홀대하고 있다! 벌써 1830년대에 『법전』[79]이 독일어로 번역되었다는 사실은 모든 학식, 즉 라틴어의 토대에 무지와 야만이 등장했다는 명백한 징표였다. 그리하여 이제 라틴과 그리스 저작들은 **독일어** 각주를 달고 발간되는 지경에 이르렀다. 이런 일은 추잡하고 비열한 행위다. 그렇게 된 진정한 이유(그분들이 어떤 행동을 취할지 모르지만)는 발행자가 더 이상 라틴어를 쓸 줄 모르기 때문이다. 그래서 젊은이는 그들의 손에 이끌려 게으름, 무지, 야만의 길을 기꺼이 헤매고 다닌다. 나는 문학지가 이러한 조치를 당연히 혹독하게 비판하기를 기대했다. 그러나 놀랍게도 마치 지극히 정상인 것처럼 아무도 질책하지 않았다. 그 이유는 비평가라는 사람들이 사실 그러한 무지한 후원자이거나 발행자나 출판인의 대부이기도 하기 때문이다. 이제 각종 독일 문학에는 극히 사려 깊은 비열함이 완전히 판치고 있다.

날이면 날마다 더욱 뻔뻔스럽게 벌어지는 특수하고 천박한 행태로서 나는 학술 서적에, 그리고 식자층이 보는 잡지, 심지어 대학에서 발행되는 잡지에 그리스나 라틴 저자가 쓴 대목이 독일어로 번역되어 인용되는 것을 비난하지

---

79 • 유스티니아누스의 『법전』이 오토, 실링, 진테니스에 의해 번역되었다.

않을 수 없다. 이 얼마나 수치스러운 일인가! 퉤, 빌어먹을! 너희는 구두장이나 재단사를 위해 글을 쓰는 거냐? 다만 책을 많이 '팔아먹기' 위해서다. 그런데 감히 지적하자면 당신네들은 모든 의미에서 천박한 친구들이다.[80] 몸속에 더 많은 명예를 지녀라. 지갑 속에는 더 적은 돈을 지니고 다녀라. 무식한 자가 열등감을 느끼게 하고, 그들이 몸에 차고 다니는 전대纏帶에 굽실거리지 마라. 그리스와 라틴 저자들에게는 독일어 번역이 커피 대신에 쓰이는 치커리 같은 대용품이나 다름없다. 게다가 그 번역이 올바로 되었는지 도저히 신뢰할 수 없다.

그 정도가 되면 인문주의나 취향, 고상한 감각은 이제 모두 안녕이다! 철도가 건설되고 전선電線이 만들어지고 기구氣球가 생긴다 해도 다시 야만 시대가 도래하는 것이다. 결국 우리는 그로 인해 우리의 선조가 누렸던 어떤 이점을 상실하고 만다. 다시 말해 로마 고대가 라틴 고대뿐만 아니라 모든 유럽 국가의 중세 전체와 지난 세기 중반에 이르기까지의 근대를 열었다. 그 때문에 수백 명의 다른 사람과 함께, 예컨대 9세기의 스코투스 에리게나, 12세기의 요하네스 폰 샐리스버리, 13세기의 라이문트 룰루스는 학문적 주제가 떠오르자마자 그들에게 자연스럽고 고유한 언어로 내게 말한다. 그들은 지금도 내 곁으로 바짝 다가온다. 나는 그들과 직접 접촉하며 그들을 진정으로 알게 된다. 그들 각자가 자신이 살았던 시대의 자기 나라 언어로 글을 썼더라면 어떻게 될 뻔했는가? 나는 그것의 절반도 이해하지 못하고, 그들과의 참된 정신적인 접촉은 불가능할지도 모른다. 다시 말해 나는 그들을 멀리 지평선에 걸린 실루엣처럼 보거나 번역이라는 망원경을 통해 볼지도 모른다. 이런 일을 피하려고 베이컨은 자신이 분명히 말했듯이 자신의 『수상록』을 '세르모네스 피델레스'라는 이름으로 후에 라틴어로 직접 번역했다. 홉스가 그의 번역 작업을 도왔다.

말이 나온 김에 언급하면, 애국심은 학문의 영역에서 세력을 얻으려고 한다면 내던져 버려야 하는 지저분한 녀석이다. 순수하고 일반적인 것을 추구하고 진리, 명확성, 아름다움만 통용되어야 하는 경우 자신이 가치 있는 일원으로 소속되는 민족에 대한 편애보다 뻔뻔스러운 것이 뭐가 있겠는가. 그리

80　◆이 판의 발행인은 고전어 인용에 독일어 번역을 첨가하는 것을 막지 않았다.

하여 자신을 중요하게 생각하려는 나머지 그런 점을 고려해 때로는 진리에 폭력을 가하고, 때로는 자기 민족의 좀 더 못한 자를 부각하기 위해 타민족의 위대한 정신을 부당하게 평가하기도 한다. 하지만 우리는 유럽 모든 민족의 문필가들에게서 이런 천박성의 실례를 매일 접할 수 있다. 그 때문에 **트리아르테**는 이미 그의 매우 인기 있는 『문학적 우화』의 33번째 우화에서 그런 사람들을 조소하기도 했다.

13

남아도는 대학생의 **숫자**를 줄이고 그들의 **자질**을 향상시키기 위해 다음과 같은 법칙을 정해야 한다. 첫째, 만 스무 살이 되기 전에 대학교에 들어가서는 안 되고, 학생 명부에 오르기 위해서는 먼저 두 가지 고전어의 구술시험에 합격해야 한다. 그렇지만 대학생이 되면 군 복무를 면제받아야 한다. 그로써 대학에 다니면서 학자라는 명성에 수여된 최초의 훈장을 받는 셈이다. 대학생은 일 년 또는 그 이상 동안 자신의 직업과 이질적인 군인 신분이 되어 망가지는 대신 아무 걱정 없이 학업에 매진할 수 있어야 한다. 교육을 못 받은 자는 누구든 수준 여하를 막론하고 박식한 자를 존경해야 하는 것이다. 하지만 박식한 자가 군사 훈련을 받는다고 존경받지 말아야 한다고는 생각하지 않는다. **라우파흐**는 『백 년 전』이라는 희극에서 바로 이런 야만성은 묘사하는데, 거기에서 늙은 데사우 사람은 어느 대학 졸업 예정자를 교활하고 잔인하게 다루고 있다. 대학생의 군 복무를 면제해 준다고 해서 군대가 해체되지는 않을 것이다. 하지만 아마도 그로 인해 나쁜 의사, 나쁜 변호사와 판사, 무식한 교사와 온갖 종류의 사기꾼의 수는 줄어들 것이다. 모든 면에서 군 생활이 미래의 학자를 타락시키는 작용을 하리라는 사실은 그만큼 확실하다고 할 수 있다. 둘째, 모든 대학생은 1학년 때는 오로지 철학 강의를 들어야 한다는 법칙을 정해야 한다. 2학년 때 전공에 들어가 신학은 2년, 법학은 3년, 의학은 4년간 공부해야 한다. 반면에 김나지움 수업은 고전어, 역사, 수학, 독일 문체에 한정해도 되며, 특히 고전어는 그럴수록 더욱 철저히 가르쳐야 한다. 그렇지만 수학적 소질은 다른 능력과 평행하지 않고, 그것과 아무 공통점이 없는[81] 특수하고 고유한 소질이기에 수학 수업을 할 때는 학생들을 능력별로 분류해 가르쳐야 한다. 그러므로 영재 학급에 속하는 학생이라도 수학 과목에서는 그의 명예와 상관없이 김나지움 4, 5학년에 앉아 있을 수 있으며, 그 반대의 경우도 마찬가지다. 이렇게 해서만이 누구나 자신의 이런 특별한 종류의 능력에 따라 무언가를 배울 수 있다.

교수는 물론 학생의 질보다는 수에 관심이 있으므로 앞의 제안을 지지하지 않을 것이고, 또한 다음의 제안도 지지하지 않을 것이다. 이득을 탐하는 교수의 마음 때문에 신용이 실추된 박사 학위가 다시 세상에 널리 인정받기 위해서는 학위 취득은 전적으로 무료로 받을 수 있게 해야 한다. 그 대신 박사 학위를 취득할 때 그 후의 국가시험은 폐지하는 것이 좋다.

---

81 •이 점에 대해서는 1836년 1월 『에딘버러 리뷰』에 휴얼Whewell의 어떤 책의 비평 형식으로 쓰인 윌리엄 해밀턴의 멋진 논문을 참조하길 바란다. 또한 나중에 그의 이름으로 다른 몇몇 논문과 함께 발간되었다. '수학의 가치와 무가치에 대하여'라는 제목으로 독일어로 번역되기도 했다(1836).

제10장
스스로 사고하기

1

아무리 장서藏書가 많더라도 정리되어 있지 않은 도서관은 책의 수는 얼마 되지 않아도 정리가 잘된 장서만큼 효용이 없는 것처럼 지식도 마찬가지다. 아무리 많은 지식이라도 자신의 사고思考로 철저히 다듬은 지식이 아니라면 양은 훨씬 적어도 다양하게 숙고한 지식만큼 가치가 없다. 알고 있는 지식을 모든 방면으로 조합하고, 모든 진리를 다른 진리와 비교해서야 비로소 자신의 지식을 완전히 자기 것으로 하고, 그 지식을 자기 마음대로 할 수 있다. 알고 있는 것만 면밀히 숙고할 수 있다. 그러니 우리는 무언가를 배워야 한다. 그런데 이 중에서 면밀히 숙고한 것만 정말로 안다고 할 수 있다.

우리는 자기 마음대로 읽기와 배움에 힘쓸 수 있지만, 사고는 사실 뜻대로 되지 않는다. 다시 말해 불에 공기를 제공해 지펴 주어야 하듯 사고도 부추겨 주어야 하며, 사고 대상에 대한 관심을 자극해 유지해 줘야 한다. 이러한 관심은 순전히 객관적인 것일 수도 단순히 주관적인 것일 수도 있다. 후자는 우리가 개인적인 문제에 부딪혔을 때 생기지만, 전자는 단지 천성적으로 사고하는 두뇌를 타고난 사람에게만 생기는데, 이들에게는 사고가 호흡만큼이나 자연스러운 일이다. 하지만 이런 두뇌를 지닌 사람은 매우 드물다. 그러므로 학자 중 사고 능력을 지닌 학자는 극소수에 불과하다.

스스로 사고하기가 정신에 미치는 영향과 독서가 정신에 미치는 영향 사이에는 믿기지 않을 만큼 큰 차이가 있다. 사람마다 원래 두뇌의 차이가 있어서, 어떤 사람은 독자적 사고에, 어떤 사람은 독서에 끌리는데, 그 차이 때문에 두 가지가 정신에 미치는 영향은 끊임없이 커진다. 다시 말해 독서는 우리가 순간적으로 갖는 정신의 방향이나 기분, 너무나 낯설거나 이질적인 사고를 마치 도장 찍듯 정신에 강요한다. 이때 정신은 전혀 그러고 싶은 충동이 없고 기분이 나지 않는데도 때로는 이것을 때로는 저것을 생각하도록 외부로부터 심하게 강요당한다. 반면에 독자적 사고를 하는 경우 정신은 순간적으로는 외부의 환경이나 어떤 기억에 좀 더 좌우된다 해도 자기 자신의 충동을 따른다. 다시 말해 구체적인 환경은 독서와 달리 **어떤** 특정한 사고를 정신에 강요하는 것이 아니라, 단순히 자신의 천성과 그때의 기분에 맞는 것을 생각하도록 소재와 계기를 제공해 줄 뿐이다. 따라서 용수철에 무거운 짐을 계속 놓아두면 탄력성을 잃듯, **많은** 독서는 정신의 탄력성을 몽땅 빼앗아 간다. 그러니 시간이 날 때마다 아무 책이나 덥석 손에 쥐는 것은 사고를 못 하게 하는 가장 확실한 방법이라 할 수 있다. 학식을 쌓을수록 사람들 대부분은 원래의 자신보다 더욱 우둔하고 단조로워지며, 그들의 저작이 결국 실패로 돌아가는 것도 이러한 독서 습관 때문이다.[82] 그들은 이미 **포프**Alexander Pope(1688~1744)[83]가 말한 상태에 있다고 할 수 있다.

> 모두의 머릿속에 산더미 같은 책이 담겨 있어
> 끊임없이 읽고 있지만 도무지 읽히지 않는다.
> (포프,『우인열전愚人列傳』3, 194)

학자란 책을 많이 읽은 자들이다. 사상가, 천재, 세상 사람을 깨우쳐 주는 자, 인류의 후원자는 직접 세상이라는 책을 읽은 사람을 말한다.

---

82 •글을 자주 쓰는 사람들은 사고하는 일이 드물다.
83 18세기 영국의 시인

엄밀히 말하면 자신의 기본 사상에만 진리와 생명이 깃든다. 우리가 제대로 온전히 이해하는 것은 그것뿐이기 때문이다. 독서로 얻은 남의 생각은 남이 먹다 남긴 음식이나 남이 입다가 버린 옷에 불과하다.

우리의 마음속에서 일어나는 자신의 생각과 책에서 읽은 남의 생각의 관계는 마치 봄에 꽃이 피어나는 식물과 돌멩이 속에 든 태곳적 식물의 화석의 관계와 같다.

독서는 스스로 사고하기의 단순한 대용품에 불과하다. 독서를 하면 남의 생각에 자신의 사고가 끌려다닌다. 만약 책이 우리를 이끌어 간다고 한다면, 많은 책은 그 안에 얼마나 많은 미로가 있는지, 얼마나 고약한 결과에 이를 수 있는지 보여 주는 데 유용할 뿐이다. 하지만 수호신의 인도를 받는 사람, 즉 독자적 사고를 하고, 자발적으로 생각하고, 올바로 생각하는 사람은 올바른 길을 발견하는 나침반을 갖고 있다. 그러므로 자신의 사고의 샘이 막혀 버렸을 때만 독서를 해야 한다. 가장 뛰어난 두뇌의 소유자라도 가끔 그런 경우가 충분히 생길 수 있을 것이다. 이와 달리 책을 손에 들기 위해 원초적 힘을 지닌 자신의 생각을 쫓아 버리는 것은 성령에 죄짓는 일이다. 그런 사람은 말린 식물 표본을 보려고 또는 동판화 속의 아름다운 경치를 보려고 야외에서 도망치는 사람과 같다.

이따금 우리는 크게 애써 스스로 사고하고 다방면으로 조합해서 천천히 알아낸 진리나 통찰이 어떤 책에 그대로 쓰인 것을 편리하게 발견할 수도 있다. 하지만 스스로 사고해서 알아낸 지식은 책에서 거저 얻은 것에 비해 100배는 더 가치 있다. 그렇게 해야만 그 진리는 불가결의 부분이자 살아 있는 구성 요소로 우리 사고의 전체 체계에 들어와, 완전하고 확고한 관련을 맺으며, 그 근거와 결론이 모두 이해되어 우리의 전체 사고방식의 색깔, 색조, 특징을 띠기 때문이다. 또한 그 진리는 꼭 필요하다고 생각될 때 바로 때맞추어 나타나므로 확고한 위치를 차지해 두 번 다시 사라져 버리는 일이 없다. 따라서 다음과 같은 괴테의 시구는 이런 사실을 가장 완벽하게 응용하고, 즉 설명하고 있다.

> 조상에게서 물려받은 것을 소유하려면
> 그대가 그것을 획득하라.
> (괴테, 『파우스트』 제1부 682행)

다시 말해 스스로 사고하는 사람은 자신의 견해가 지닌 권위를 나중에야 알게 되는데, 그때 그 권위는 자신의 견해에 힘을 실어 주고 그것을 강화하는 데 도움이 된다. 반면에 책에만 매달리는 철학자는 다른 사람들에게서 주워 모은 견해들을 가지고 하나의 전체 체계를 만드니까 그 견해들에서 출발하는 셈이다. 그렇게 되면 그 체계는 서로 다른 재료로 짜 맞춘 로봇과 같은 반면, 스스로 사고해서 만든 체계는 갓 태어난 살아 있는 인간과 같다. 전체 체계가 생겨나는 방식은 인간이 태어나는 방식과 유사하기 때문이다. 다시 말해 외부 세계가 사고하는 정신을 수태시킨 후 그 정신이 체계를 쭉 품고 있다가 낳은 것이다.

단순히 습득한 진리는 마치 의수나 의족, 의치, 밀랍으로 만든 코나 기껏해야 남의 살로 성형 수술한 코처럼 우리 몸에 그냥 붙어 있기만 할 뿐이지만, 스스로 사고하여 얻은 진리는 자연스러운 수족과 같으므로, 그것만이 정말로 우리 것이다. 사상가와 단순한 학자의 차이도 이런 사실에 기인한다. 따라서 독자적 사고를 하는 사람의 정신적 획득물은 올바른 빛과 그림자의 배합, 은은한 색조, 색채의 완전한 조화로 살아 있는 한 편의 빼어난 아름다운 그림처럼 보인다. 하지만 단순한 학자의 정신적 획득물은 알록달록한 색으로 가득하고 체제도 정돈되어 있지만, 조화와 연관성이며 의미가 결여된 커다란 팔레트와 같다.

5

독서란 자기의 머리로 생각하는 대신 다른 사람의 머리로 생각하는 것을 말한다. 그런데 스스로의 생각으로 엄밀하게 완결된 체계는 아니더라도 항상 조리 있는 전체를 발전시키려 할 때 끊임없는 독서로 다른 사람의 생각이 강하게 흘러 들어오는 것만큼 불리한 작용을 하는 것은 없다. 다른 사람의 생각은 모두 남의 정신에서 싹튼 것이며, 다른 체계에 속하고 다른 색채를 띠고 있어서 사고와 지식, 전체 통찰과 확신에 저절로는 결코 합류하지 못하고, 오히려 머리에 가벼운 언어의 혼란[84]을 일으켜 그런 것들로 채워진 정신으로부터 온갖 명확한 통찰력을 빼앗아 버려 정신을 거의 해체해 버리기 때문이다.

많은 학자가 이러한 상태에 있음을 볼 수 있는데, 그들이 상식이나 올바른 판단, 실제적인 배려 면에서 배우지 못한 많은 사람보다 뒤떨어지는 것은 그 때문이다. 이런 사람들은 경험이나 대화, 얼마 안 되는 독서로 외부에서 얻은 보잘것없는 지식을 언제나 자신의 생각에 받아들여 동화시킨다. 그런데 학문적 **사상가도** 보다 큰 규모로 바로 이 같은 일을 하고 있다. 다시 말해 그런 사람은 많은 지식을 필요로 하고, 그 때문에 책을 많이 읽어야 하겠지만, 그의 정신은 이 모든 일을 해내고 지식을 자기 것으로 만들어 자신의 사상 체계에 병합해, 끊임없이 커지는 자신의 웅대한 통찰력의 유기적으로 연관된 전체에 그 지식을 종속시킬 만큼 충분히 강력한 것이다. 이때 사상가 자신의 생각은 파이프 오르간의 기초 저음처럼 항시 모든 음을 지배하며 결코 다른 음에 묻히는 일이 없다. 반면에 단순히 박식하기만 한 사람은 온갖 음조로 이루어진 누더기 음이 갈팡질팡하는 바람에 기본음을 더 이상 들을 수 없다.

6

독서로 일생을 보내고 여러 가지 책에서 지혜를 얻은 사람은 여행 안내서를 잔뜩 읽고 어느 나라에 관한 정확한 지식을 얻은 사람과 같다. 이런 사람은 많은 정보를 줄 수는 있지만, 엄밀히 말하면 그 나라의 사정에 대한 일목요연하고 분명하며 철저한 지식을 갖고 있지는 못하다. 이와 반대로 일생을 사고하며 보낸 사람은 직접 그 나라에 갔다 온 사람과 같다. 이런 사람만이 그 나라의 실제 모습을 알고 있고, 그곳의 문제를 일목요연하게 꿰뚫고 있으며, 진정으로 그곳 사정에 정통하다.

---

84 「창세기」 제11장 1절~9절

책에만 매달리는 평범한 철학자와 스스로 사고하는 사람과의 관계는 역사 연구가와 목격자의 관계와 같다. 독자적 사고를 하는 사람은 사물에 대해 자신이 직접 파악한 것을 말한다. 그 때문에 독자적 사고를 하는 자들은 모두 기본적으로 일치하는 점이 있다. 그들의 차이는 단지 입장이 다른 데서 생겨날 뿐이다. 그러나 입장이 다르지 않을 경우, 그들은 모두 똑같은 말을 한다. 왜냐하면 그들은 객관적으로 파악한 것만 말하기 때문이다. 나는 여러 가지 명제가 모순되는 것처럼 생각되어 대중에게 알리기를 주저하기도 했는데, 후에 놀랍게도 위대한 선인들의 옛 저서에 그런 명제가 언급된 것을 발견하고 기뻤던 적이 있다. 반면에 책에만 매달리는 철학자는 이런저런 사람이 말하고 생각한 것이나, 그것에 대해 다른 사람이 반론한 것 등을 보고한다. 그는 그런 것을 비교하고 심사숙고하며 비판해 사물의 진리를 찾아내려 애쓴다. 이 점에서 그는 비판적 역사 연구가와 매우 비슷하다. 그래서 그는 예컨대 라이프니츠가 한때 잠시나마 스피노자주의자였던 적이 혹시 있었는지 따위를 연구한다. 호기심 많은 애호가를 위해 여기서 말한 부류의 사람에 드는 명백한 실례로 **헤르바르트**의 『도덕과 자연법의 분석적 고찰』과 마찬가지로 그의 『자유에 대한 서한』을 들 수 있다. 우리는 이런 사람이 그렇게 하기 위해 얼마나 많은 노력을 들였는지 알고 나면 놀랄지도 모른다. 우리 생각에 그가 사물 자체만 주시하려고 했다면 스스로 약간만 생각하면 곧장 목표에 도달할 것 같기 때문이다. 하지만 우리의 의지대로 그냥 스스로 사고할 수 있는 것이 아니므로 그 문제에 약간의 애로 사항이 있다. 언제든지 책상에 앉아 책을 읽을 수는 있지만, 생각은 그렇게 할 수 없다. 다시 말해 생각도 사람과 마찬가지라서, 언제든지 마음대로 불러낼 수 있는 것이 아니라, 그것들이 이제나저제나 오기를 기다려야 한다. 다행히도 외적 동기가 내적 기분이나 긴장과 조화롭게 잘 어우러지면 저절로 어떤 대상에 대해 생각할 수밖에 없다. 그런데 위의 사람들에게는 바로 그게 좀처럼 되지 않는다. 우리의 개인적 이해관계가 걸린 문제를 생각해 보면 그런 사실이 설명된다. 우리가 그와 같은 사건에 대해 결심해야 할 때 마음대로 택한 시점에 자리에 앉아 여러 근거를 숙고한다고 결정을 내릴 수 있는 것은 아니다. 그 경우 우리의 생각이 바로 그 문제에 고정되지 않고 다른 쪽으로 빗나가 버리기 때문이다. 그 문제에 반감이 생겨서 그런 경우도 있다. 그럴 때는 억지로 생각을 강요할 것이 아니라 저절로 그럴 기분이 생길 때까지 기다려야 한다. 뜻하지 않게 자꾸 그러고 싶은 기분이 들기도 하는 법이다. 그리고 다른 시기에 다른 기분으로 생각하면 사안을 다르게 볼 수도 있는 것이다. 이러한 과정은 **결단이 무르익을** 때처럼 더디게 일어난다. 힘든 과제는 나누어 처리해야 하기 때문이다. 그럼으로써 전에 못 보고 지나친 것이 새삼스레 생각나기도 한다. 또한 명확하게 주시하면 문제가 대부분 훨씬 견딜 만한 것으로 생각되어 반감도 사그라질 것이다.

그런데 이론적인 문제에서도 이와 마찬가지로 좋은 때가 오기를 기다려야 한다. 아무리 뛰어난 두뇌의 소유자라 해도 항상 스스로 사고할 능력이 있는 것은 아니기 때문이다. 그러니 앞에서 말했듯이 스스로 사고하기의 대용품이며 정신에 재료를 제공해 주는 독서에 남는 시간을 이용하는 것이 유익하다. 독서를 하면 언제나 우리의 방식이 아닌 방식이긴 하지만 다른 사람이 우리 대신 생각해 준다. 바로 이런 이유로 지나친 독서를 하지 않는 것이 좋다. 정신이 대용품에 길들여져 생각하는 것 자체를 잊어버리지 않도록 하기 위해서다. 그러므로 정신이 이미 남이 밟아서 다져진 길에 익숙해지지 않도록, 그리고 다른 사람의 사고 과정을 따라 자신의 사고 과정이 생소해지지 않도록 하기 위해서다. 독서할 때보다 현실 세계를 바라볼 때 스스로 사고할 계기와 기분이 훨씬 자주 일어나므로 책을 읽느라 현실 세계의 모습을 완전히 외면하지 않도록 해야 한다. 원래의 순수성과 힘을 지닌 구체적인 것과 현실적인 것은 사고하는 정신의 자연스러운 대상이라서, 아주 쉽게 정신을 깊이 자극할 수 있기 때문이다.

이러한 고찰에 따르면, 스스로 사고하는 사람과 책에만 매달리는 철학자는 이미 말솜씨로 쉽게 식별된다고 해도 놀랄 일이 아닐 것이다. 다시 말해 스스로 사고하는 자는 진지하고 직접적이며 본래적 특징이 있고, 모든 사고나 표현에 독창성이 있다. 반면에 책에만 매달리는 철학자는 죄다 남의 손을 거친 것이고, 개념도 남의 것을 받아들인 것이기에 중고품을 잔뜩 모아놓은 것과 같아서 복제품을 다시 복제한 것처럼 희미하고 흐릿하다. 그리고 틀에 박힌 진부한 상투어와 잘 통하는 유행어로 이루어진 문체는 직접 화폐를 주조하지 않아서 순전히 외국 동전만 쓰는 작은 나라와 같다.

8

단순한 경험도 독서와 마찬가지로 사고를 대신하지 못한다. 순수한 경험과 사고의 관계는 먹는 것과 소화나 동화 작용의 관계와 같다. 만약 순수한 경험이 자신이 발견한 것에 의해서만 인간의 지식이 늘어났다고 뻐긴다면, 마치 입이 자신의 활동에 의해서만 신체가 존립한다고 자랑하려는 것과 마찬가지다.

9

진정으로 능력 있는 모든 사람의 작품은 **단호함**과 **확고함**, 또 그런 사실에서 기인하는 분명하고 명확한 성격에 의해 다른 사람의 작품과 구별된다. 그들은 자신이 표현하려는 것을 언제나 확실하고도 명백히 알고 있기 때문이다. 그런데 산문이나 시, 또는 음악의 경우도 마찬가지일지 모른다. 다른 사람들에게는 바로 이 단호함과 명확함이 결여되어 있으므로, 그런 사실로 곧장 그들을 식별할 수 있다.

제1급의 정신을 지닌 소유자들의 특징적인 자질은 모두 직접 판단을 내린다는 점이다. 그들이 제시하는 의견은 모두 그들 자신이 스스로 사고해 얻은 결과이며, 어디서나 말솜씨를 보더라도 그런 사실이 잘 드러난다. 따라서 그들은 독일 제국에 직속된 영주들처럼 정신의 제국에 직속되어 있다. 나머지 사람들은 모두 영주에 예속되어 있다. 이런 사실은 독자적인 특징이 없는 그들의 문체로 미루어 알 수 있다.

그러므로 진정으로 스스로 사고하는 사람은 이런 점에서 군주와 같다. 그는 모든 일을 자신이 직접 결정하며, 자신을 넘어서는 사람은 아무도 인정하지 않는다. 그의 판단은 군주의 결정처럼 자신의 절대적 권력에서 유래하며, 자기 자신에게서 출발한다. 군주가 타인의 명령을 인정하지 않는 것처럼 스스로 사고하는 자는 권위를 인정하지 않으며, 그 자신이 재가한 것 말고는 아무것도 효력을 인정하지 않기 때문이다. 반면에 온갖 종류의 지배적인 견해,

권위, 편견에 사로잡힌 속된 두뇌의 소유자는 법이나 명령에 묵묵히 복종하는 빈충과 같다.

10

권위 있는 자의 말을 인용해서 미해결의 문제를 판정하기를 매우 좋아하고 그러는 데 급급한 사람들은 자신에게 부족한 자기의 분별력이나 통찰력 대신 남의 것을 동원할 수 있을 때 참으로 기뻐한다. 그런 사람은 헤아릴 수 없이 많다. 세네카가 말하듯 "누구나 스스로 판단하기보다 오히려 남의 말을 믿으려고 하기"(『행복한 삶에 관하여』) 때문이다. 따라서 그들이 논쟁에서 즐겨 쓰는 무기는 권위다. 그들은 이 무기를 가지고 서로 치고받고 싸운다. 그러므로 어쩌다 논쟁에 휘말린 자는 이런저런 근거나 논거를 들어 반대 주장을 펴는 것이 아무런 도움이 되지 않는다. 그들은 생각하고 판단할 능력이 없는 피에 몸을 적신 불사신 지크프리트와 같기 때문이다. 따라서 그들은 '경외심을 일으키는 논거'로서 권위를 내세우고는 '승리'를 외칠 것이다.

11

현실이 아무리 아름답고 행복하며 우아하다 해도, 현실의 나라에서 우리는 언제나 중력의 영향을 받으며 살아가므로, 이러한 영향을 끊임없이 극복해 나가야 한다. 이와는 달리 사고의 나라에서 우리는 중력도 곤경도 알지 못하는 형체가 없는 정신이다. 지상에서는 어떤 행복도 아름답고 열매를 맺는 정신이 행복한 순간 자기 자신에게서 발견하는 것에 비하면 아무것도 아니다.

12

현재 어떤 사고를 하고 있다는 것은 눈앞에 애인이 있는 것과 같다. 우리는 이런 생각을 결코 잊지 않을 것이고, 이 애인에게 결코 무관심해질 수 없다는 말이다. 하지만 안 보면 잊어버리는 법이다! 아무리 멋진 생각이라도 적어 두지 않으면 다시 기억해 내지 못할 정도로 완전히 잊어버릴 위험이 있고, 애인도 결혼하지 않으면 달아날 위험이 있다.

13

어떤 생각을 해낸 사람에게만 가치 있는 생각이 많다. 하지만 독자의 반향이나 성찰에 의해 영향을 미칠 힘이 있는, 다시 말해 글로 쓰인 후에 독자의 관심을 끄는 생각은 그것들 중 극소수에 지나지 않는다.

14

이런 경우, 무엇보다 **자기 자신을 위해** 생각한 것만 진정한 가치가 있을 뿐이다. 일반적으로 사상가는 무엇보다 **자신을 위해** 사고하는 사람과, 남을 위해 사고하는 자로 분류할 수 있는데, 전자의 사람들이 참된 사상가이며, 단어의 이중적 의미에서 **스스로 사고하는 사람**이다. 그들이야말로 참된 **철학자**다. 그들은 사물을 진지하게 생각하고, 그들 생활의 즐거움과 행복은 바로 사고에 있기 때문이다. 후자의 사람들은 **소피스트**들이다. 그들은 **그럴듯하게 드러내 보이기**를 원하고, 세상 사람으로부터 얻을 수 있다고 기대하는 것에서 행복을 찾는다. 그들은 이런 점을 진지하게 생각한다. 어떤 사람이 두 가지 부류 중 어디에 속하는지는 그들의 모든 행동 방식을 보면 금방 알 수 있다. **리히텐베르크**는 첫 번째 부류에 속하는 전형적인 인물이며, **헤르더**는 두 번째 유형에 속하는 것을 금방 알 수 있다.

15

생존 문제, 이 애매하고 괴로우며 덧없는 꿈과도 같은 생존 문제는 너무나 중요하고 절박하다. 그 문제를 잘 헤아리는 자가 그런 점을 깨닫자마자 다른 모든 문제와 목적은 그 그림자에 덮여 무색해질 정도로 생존 문제는 너무나 중요하고 절박하다. 몇몇 드문 경우를 제외하면 모든 사람은 이 문제를 분명히 의식하지 않으며, 심지어 전혀 깨닫지 못하는 것 같다. 그들은 오히려 그것과 전혀 다른 문제를 걱정하고, 오늘 일이나 자신의 아주 가까운 장래 일만 생각하며 그날그날을 살아간다. 그러면서 이 문제를 일부러 회피하거나 그 문제와 관련해서 어떤 대중 형이상학 체계와 기꺼이 타협하며 그것으로 그럭저럭 만족한다. 이 점을 잘 헤아려 보면 우리는 인간이란 매우 넓은 의미에서만 **사고하는 존재**로 부를 수 있다는 견해를 갖게 될지도 모른다. 그런 후에는 깊은 생각이 없고 단순한 특성이 나타나도 그다지 놀라지 않을 것이며, 오히려 보통 인간의 지적 시계視界가 사실 동물의 그것을(미래도 과거도 의식하지 못하는 동물의 전체 생존은 오로지 현재에만 국한되어 있다) 넘어서기는 하지만, 흔히 생각하는 것처럼 도저히 예측할 수 없을 만큼 넓은 것은 아님을 알게 될 것이다.

따라서 심지어 대화할 때도 인간들 대부분의 생각은 마치 잘게 썬 짚처럼 짧게 끊어져서 좀 더 긴 실을 자아내지 못한다.

또한 만일 이 세계에 진정으로 사고하는 존재가 모여 살고 있다면 온갖 종류의 소음이 무제한으로 허용되지 않을 것이므로, 끔찍하기 짝이 없고 무의미한 소음이 일어날 수 없을 것이다. 그런데 자연이 인간을 이미 사고하도록 정해 놓았다면 자연은 인간에게 귀耳를 주지 않았거나, 최소한 박쥐처럼 공기가 안 통하는 밀폐용 덮개를 달아 주었을 것이다. 나는 이런 점에서 박쥐가 부럽다. 하지만 인간은 다른 동물과 마찬가지로 가련하며, 인간의 힘은 자신의 생존을 유지할 정도에 불과하므로, 묻지도 않았는데 박해자가 가까이 오고 있음을 시도 때도 없이 알려 주는, 늘 열려 있는 귀가 필요하다.

제11장
저술과 문체에 대하여

1

세상에는 일 자체 때문에 쓰거나 쓰기 위해서 쓰는 두 종류의 저술가가 있다. 전자는 어떤 생각을 지녔거나 경험을 통해 그것을 전달할 가치가 있다고 여긴다. 후자는 돈이 필요해서, 돈 때문에 글을 쓴다. 그들은 글을 쓰기 위해서 생각한다. 그들의 특징은 다음과 같다. 그들은 될 수 있는 한 길게 생각을 뽑아내고, 반쯤 진실하고 그릇된, 부자연스럽고 불확실한 생각을 전개하는 모습을 보인다. 또한 대체로 그들의 실제 모습이 아닌 것을 보이기 위해 불명료함을 사랑한다. 그 때문에 그들의 글에는 단호함과 명확성이 결여되어 있다. 따라서 우리는 그들이 원고지를 메우기 위해 글을 쓴다는 것을 곧장 눈치챈다. 우리의 가장 뛰어난 저술가들의 경우에서, 예컨대 부분적으로는 레싱의 『연극론』과 심지어 장 파울의 일부 소설에서도 가끔 그런 현상을 볼 수 있다. 그런 모습이 보이면 곧장 책을 손에서 놓아야 한다. 시간은 소중하기 때문이다. 사실 저자가 원고지를 메우기 위해서 글을 쓰는 것만으로도 독자를 속이는 셈이다. 타인에게 전달할 것이 있어서 글을 쓴다는 것은 둘러대는 핑계에 지나지 않는다. 원고료와 복제 금지가 요컨대 저작물[85]을 망쳐 버렸다.

전적으로 오직 사안 그 자체 때문에 글을 쓰는 사람만 가치 있는 글을 쓰는 것이다. 저작물의 모든 영역에 걸쳐 단 몇 권의 탁월한 책만 있어도 그 이익

---

85 여기서 말하는 저작물Literatur에는 시, 소설, 드라마는 물론 철학 책도 포함된다.

은 헤아릴 수 없을 정도일 것이다. 하지만 글을 써서 원고료가 들어오는 한 결코 그렇게 될 수 없다. 마치 돈에 어떤 저주가 붙어 있거나 한 것처럼 저술가가 소득을 얻기 위해 글을 쓰면 곧 타락하고 말 것이기 때문이다. 위대한 인물의 가장 뛰어난 작품은 모두 아직 돈을 받지 않거나 극히 적은 원고료를 받고 글을 써야 할 때 나왔다. 그러므로 이 경우에도 "명예와 돈은 같은 자루에 들어가지 못한다"라는 스페인의 격언이 옳다는 것이 입증된다. 독일이나 그 밖의 나라에서 저작물이 현재 극히 참담한 상태에 있는 근원은 글을 써서 돈을 벌려는 데에 있다. 돈이 필요한 사람은 누구나 책상에 앉아 글을 쓴다. 그런데 대중은 어리석게도 그것을 산다. 이와 같은 현상의 부차적인 결과로 언어를 망쳤다.

질이 떨어지는 수많은 저술가는 신간 책만 읽으려 하는 대중의 어리석음에 의존해 살아간다. 즉 그들이 저널리스트다. 그들을 일컫는 적절한 명칭이 있다. 바로 '날품팔이'[86]다.

2

또한 세상에는 세 종류의 저작자가 있다고 말할 수 있다. 첫 번째 유형은 사고를 하지 않고 글을 쓴다. 그들은 기억과 추억을 바탕으로 하거나, 남의 책을 직접 이용해서 글을 쓰기도 한다. 이런 부류의 사람이 가장 많다. 두 번째 유형은 글을 쓰면서 사고하는 사람들이다. 그들은 쓰기 위해서 사고한다. 그 수는 무척 많다. 세 번째 유형은 사고하고 나서 집필에 착수하는 사람들이다. 그들은 사고를 했기 때문에 글을 쓸 뿐이다. 그런데 그런 사람은 드물다.

글을 쓸 때까지 사고를 미루는 두 번째 종류의 저술가는 운을 하늘에 맡기고 길 떠나는 사냥꾼에 비유할 수 있다. 그런 사람이 사냥을 많이 하고 집에 돌아오기란 어려울 것이다. 반면에 보기 드문 세 번째 저술가의 글쓰기는 몰

---

86 * 예술가를 어떻게 특징짓고, 따라서 그들 모두에게 무엇이 공통이든 **위대한** 저술가(보다 높은 장르에서)란 **그들의 일에 진지한 자세**를 보이는 자를 말한다. 나머지 사람들은 자신의 이익과 이득에만 진지한 태도를 보이는 것이다. 어떤 사람이 내적인 소명이나 충동에서 나온 글로 명성을 얻은 다음 그로 인해 다작가가 된다면 **보잘것없는 돈 때문에 명성을 팔아 치운** 것이다. 무언가를 하려고 글을 쓰자마자 그것은 곧 형편없는 것이 되고 만다. 19세기에 들어서야 비로소 **직업적** 저술가가 생겨났다. 그 전까지는 저술가라는 **직업**이 있었다.

이사냥과 같다. 이런 사냥에서는 짐승이 이미 잡혀 우리 안에 들어가 있다. 그후 짐승의 무리는 그러한 우리에서 역시 울타리가 쳐져 있어 사냥꾼에게서 달아날 수 없는 다른 공간으로 옮겨진다. 사냥꾼은 이제 목표를 정해 쏘기(서술)만 하면 된다. 이렇게 사냥해야 무언가 수확이 있는 것이다.

그러나 매우 진지하게 미리 생각하고 글을 쓰는 소수의 저술가 중에서도 **사물들 자체**에 대해 생각하는 사람은 극소수다. 그 외의 사람은 단지 책이나 다른 사람이 이미 말한 것에 대해서만 생각할 뿐이다. 다시 말해 그들이 생각하기 위해서는 남이 제공하는 사상에 의한 보다 상세하고 강력한 자극이 필요하다. 이제 이러한 남의 것이 그들에게 가장 친밀한 주제가 된다. 따라서 그들은 항시 그러한 영향을 받고 있어 참으로 독창적인 것은 결코 얻지 못한다. 반면에 극소수의 사람은 **사물들 자체**를 통해 생각하도록 자극받는다. 그러므로 그들은 직접 사물들 자체를 생각한다. 이런 사람들 중에서만 영원한 생명과 불후의 명성을 지닌 저술가를 발견할 수 있다. 물론 차원이 높은 전문 분야의 저술가를 말하는 것이지 브랜디 증류법을 다루는 저술가를 말하는 것이 아님은 자명하다.

쓰는 글의 소재를 자신의 머리에서 직접 취하는 사람의 글만 읽을 만한 가치가 있다. 그런데 저술가, 편람 집필자, 평범한 역사가 등은 여러 책에서 직접 소재를 취한다. 다시 말해 소재가 머릿속에서 통행세를 내지도 검열받지도 않고 여러 책에서 집필자의 손가락으로 옮겨 간다. 하물며 가공을 겪지 않는 것은 말할 나위도 없다. (그가 자신의 책에 쓰여 있는 것을 다 안다면 얼마나 박식하겠는가!) 그 때문에 그들의 말은 때로 의미가 막연해서 그들이 **무슨** 생각을 하는지 알아내느라 골치를 앓다가 헛수고로 끝나고 만다. 그들은 사실 아무것도 생각하지 않는다. 그들이 베껴 쓴 책도 마찬가지로 작성된 경우가 흔하다. 그러므로 이런 저술은 여러 번 모형을 뜬 압인押印 석고상과 같다. 이런 식으로 계속 모형을 뜨면 마침내 안티누스[87]의 상像마저 얼굴 윤곽을 식별할 수 없을 정도가 된다. 그러니 우리는 편찬자가 만드는 책은 되도록 적게 읽는 것이 좋다. 그렇다고 전혀 읽지 않기란 쉽지 않기 때문이다. 그런데 수

---

87 로마 시대 미소년의 대명사인 안티누스는 로마 황제 하드리아누스Publius Aelius Hadrianus(재위 117~136)의 동성애 상대로 우울증에 걸려 나일 강에 빠져 죽었다. 그의 모습은 많은 전신상, 흉상, 보석 세공, 화폐 등에 새겨져 청년의 이상적인 미로 표현되었다.

백 년 동안 쌓인 지식을 협소한 지면에 수록한 편람도 편찬한 책이라고 할 수 있다.

　마지막에 한 말이 항상 옳은 말이고, 나중에 쓴 글은 모두 이전에 쓴 것을 개선한 글이며, 모든 변화가 진보라고 믿는 것만큼 큰 잘못은 없다. 사고하는 두뇌의 소유자, 올바른 판단을 하는 사람들, 진지하게 사안을 대하는 사람들은 모두 예외에 불과하지만, 세상 어디서나 버러지 같은 인간이 일반적 규칙이다. 이런 사람은 전자의 사람들이 충분히 숙고해서 한 말을 언제나 자기 방식으로 개선하겠다면서 열심히 애써 결국 개악시키고 만다. 그 때문에 어떤 문제에 대해 가르침을 얻으려는 자는, 학문이란 언제나 진보한다고 전제하거나, 이 책을 쓸 때 이전의 책들을 이용했으리라 전제해서 대뜸 그 문제를 다룬 최신 서적만 움켜잡지 않도록 조심해야 한다. 그들은 아마 그렇게 했을지도 모른다. 하지만 어떻게 그게 가능하겠는가? 집필자가 이전의 책들을 철저히 이해하지 못하는 경우가 더러 있다. 그래서 그 책들에 표현된 말을 그대로 사용하지 않으려다가, 그 때문에 그것들 중 훨씬 분명하고 잘 표현된 말을 고치려다 개악해서 엉망으로 만들어 버리기도 한다. 그들은 자신의 살아 있는 전문 지식으로 글을 썼기 때문이다. 이따금 그는 그들이 내놓은 최상의 것, 사안에 대한 그들의 가장 꼭 맞는 설명, 그들의 가장 적절한 지적을 다시 빠뜨리기도 한다. 그것들의 가치를 인식하지 못하고, 그것들의 의미심장한 표현을 못 느끼기 때문이다. 진부하고 피상적인 것만이 그와 같은 종류다.

　때로는 옛날의 훌륭한 책이 더 나쁜 최근의 책, 돈 때문에 집필되었지만 보란 듯이 등장하며 동료들의 찬사를 받은 책에 의해 추방당하기도 했다. 학문에서는 누구나 자신을 내세우기 위해 새로운 것을 시장에 내놓으려고 한다. 어떻게 보면 이런 것의 존재 의의는 그가 지금까지 통용되던 옳은 것을 넘어뜨리고 자신의 허튼 생각으로 대신하려는 데 있을 뿐이다. 가끔은 단기간 그런 방법이 성공하기도 하지만 결국 옛날의 옳은 것으로 되돌아가게 마련이다. 그런 최근의 책들은 그것을 쓴 인물 말고는 세상의 어느 것도 진지하게 여기지 않는다. 그들은 이 인물을 내세우려는 것이다. 그런데 그런 일이 역설에 의해 신속하게 일어나고야 만다. 그들 두뇌의 불모성이 그들에게 부정의 길을 추천하는 것이다. 다시 말해 오래전부터 인정되던 진리가 부인된다. 예컨대 생명력, 교감 신경계, 생물의 자연 발생이 부인되고, 열정의 영향을 지력의 영향과 분리하는 비샤의 이론도 부인된다. 그리하여 극단적 원자론 등으로 되돌아가기 때문에 **학문 과정**이 때로는 **퇴행 과정**이 되기도 한다. 저자의 글을 고치는 동시에 가공하기도 하는 번역자도 이런 부류에 속한다. 나는 그런 행동을 늘 주제 넘는다고 생각한다. 그대 자신이 번역할 가치가 있는 책을 써라. 그리고 타인이 쓴 작품은 원래 그대로 놓아둬라. 그러므로 우리는 될 수 있는 한 원래의 창작자, 창시자, 창안자의 작품이나, 적어도 전문 분야에서 정평 있는 대가의 작품을 읽어야 하며, 최신 내용이 담긴 책보다 차라리 중고 서적을 사는 편이 낫다. 하지만 물론 '이미 발견된 내용에 덧붙이기는 쉬운 일'이므로 잘 세워진 토대에 좀 더 새로운 것을 추가해 자신을 알릴 수는 있을 터다. 그러므로 대체로 어디서나 그렇듯이 여기서도 "좋은 것은 짧은 순간만 새로운 것이므로 새로운 것이 좋은 것이 되는 경우는 드물다"라는 규칙이 적용된다.[88]

편지의 주소 성명은 책의 **제목**에 해당한다. 책에서 제목이 필요한 이유는 독자가 책의 내용에 관심을 가질 수 있도록 하기 위해서이다. 따라서 책의 제목은 눈에 잘 띄어야 한다. 책의 제목은 본래 짧으므로 간단하고 간결하고 함축적이며, 가능한 한 책 내용의 모노그램 역할을 하게 된다. 그에 따라 장황한 제목, 아무 내용 없는 제목, 불명료하고 모호한 제목, 또는 독자를 오도하는 잘못된 제목은 좋지 않다. 특히 내용과 무관한 잘못된 제목은 편지에 주소 성명을 잘못 기재한 것과 같다. 하지만 그중에서도 가장 나쁜 것은 다른 책의 제목을 도용하는 일이다. 왜냐하면 첫째로 그것은 표절이고, 둘째로 저자에게 독창성이 전적으로 부족함을 가장 설득력 있게 증명해 주기 때문이다. 다시 말해 책의 새로운 제목조차 생각해낼 능력이 없는 자가 새로운 내용을 담을 리가 만무하기 때문이다. 책의 제목을 모방하는 것, 즉 제목을 절반쯤 도용하는 것도 이와 비슷한 행위이다. 예컨대 내가 『자연에서의 의지에 대하여』를 출간한 뒤 외르슈테드Örsted라는 자가 『자연에서의 정신에 대하여』라는 제목의 책을 낸 것과 같은 식이다.

부정직한 저술가들이 있다. 그들은 남의 글에서 인용한 것을 자기 글에 써

---

88 • 대중의 지속적인 주의와 관심을 확보하기 위해 영속적인 가치가 있는 글을 쓰거나 그래 봤자 점점 나쁜 결과를 초래하는 새로운 글을 자꾸 쓸 수밖에 없다. 내가 조금이나마 높은 곳에 있으려면 온갖 미사곡을 써야 한다(티크, 『가령 그와 같은 것』).

먹는다. 양심이 결여된 행위이다. 나는 내 글이 위조되어 쓰인 것을 종종 발견하곤 한다. 이런 경우 나의 가장 공공연한 추종자들만은 예외로 할 수 있다. 때로는 부주의로 남의 글을 위조하는 일이 벌어지기도 한다. 사소하고 진부한 표현과 어법이 이미 그들에게 익숙해서 그것을 습관적으로 쓰게 된다. 때로는 자신을 더 돋보이려는 주제넘은 태도 때문에 그런 일이 벌어지기도 한다. 하지만 일부러 나쁜 의도로 그러는 경우가 허다하다. 이는 화폐 위조범과 마찬가지로 수치스러운 비열한 행위이다. 그런 파렴치한 행위는 원래 창작자에게서 정직한 사람이라는 성격을 완전히 앗아가 버린다.

3

저서는 저자의 사상을 그대로 반영한 복제품 이상일 수 없다. 사상의 가치는 저자가 생각한 대상인 **소재**나, 소재의 가공인 **형식**에, 그러므로 저자가 생각한 것에 있다.

사고의 대상은 무척 다양하다. 그 점은 책의 집필에 장점이 된다. 모든 경험적 소재, 그러므로 역사적 사실이나 자연적 사실은 모두 그 자체로나 가장 넓은 의미에서 볼 때 사고의 대상에 속한다. 이때 고유한 특색은 **객체**에 있다. 그 때문에 저자가 누구든 관계없이 저서가 중요한 의미를 지닐 수 있다.

반면에 내용이 문제 되는 경우에 고유한 특색은 **주체**에 있다. 그 대상은 누구에게나 접근 가능하고 알려진 소재일 수 있다. 그러나 대상을 파악하는 형식, 즉 저자가 대상을 어떻게 파악하는지가 가치 있으므로, 이때 중요한 것이 주체이다. 따라서 어떤 저서가 이런 점에서 탁월하고 비길 데 없다면 저자 역시 그러하다고 할 수 있다. 읽을 만한 저서를 발간한 공로가 클수록 소재의 덕을 입는 경우가 적어지고, 때로는 심지어 이 소재가 그만큼 잘 알려지고 진부한 경우인 것은 그 때문이다. 예컨대 고대 그리스의 위대한 3대 비극 작가[89]들은 모두 동일한 소재를 가공했다.

그러므로 어떤 책이 유명해졌을 때 그것이 소재 때문인지 형식 때문인지 잘 따져 보아야 한다. 아주 평범한 보통 사람들이 **소재** 때문에 매우 중요한 저

---

89 아이스킬로스, 소포클레스, 에우리피데스를 말한다.

서를 발간하는 수가 있다. 바로 그들만이 그런 소재에 접근할 수 있을 때이다. 예컨대 먼 나라들을 돌아다닌 여행기나 진기한 자연 현상이나 실험에 대한 기록, 그들이 목격한 이야기나 사료를 찾아내서 특별히 연구하는 데에 시간과 노력이 든 역사가 그러하다.

반면에 소재는 누구나 접근 가능하거나 이미 잘 알려져 있어서 **형식**이 중요한 경우, 그러므로 동일한 소재를 대하는 사상가의 능력이 행위에 가치를 부여할 수 있는 경우에는 뛰어난 두뇌의 소유자만이 읽을 만한 저서를 내놓을 수 있다. 보통 사람들은 언제나 다른 사람도 생각할 수 있는 내용만 생각할 것이기 때문이다. 그들은 자기 정신의 복제품을 제공한다. 하지만 각자가 이미 소유한 원본도 그 복제품으로부터 받아들인 것이다.

그렇지만 일반 대중은 형식보다 소재에 훨씬 더 많은 관심을 기울이므로, 기대한 만큼 보다 높은 교양을 제대로 갖추지 못하게 된다. 문학 작품의 경우에도 독자가 이런 경향을 드러내는 것이 가장 우스꽝스럽다. 독자는 작품을 쓰는 계기로 작용한 작가의 실제 이야기나 개인적 상태를 주도면밀하게 추적한다. 그러니까 결국 독자에게는 작품 자체보다 이런 실제 이야기나 개인적 상태가 더 흥미로운 것이다. 독자는 괴테의 작품보다 괴테의 삶에 대해 더 많이 읽고, 『파우스트』라는 작품보다 파우스트 전설을 더 열심히 연구한다. 뷔르거Gottfried August Bürger(1747~1794)[90]는 "독자들은 레노레가 실제로 누구였는지에 관해 학문적 연구를 할 것이다"라고 말한 적이 있다. 괴테에게 바로 이런 현상이 일어났다. 『파우스트』와 파우스트 전설에 대해 많은 학문적 연구가 이미 이루어졌기 때문이다. 이런 연구는 작품보다 작품의 소재에 관심을 기울인다. 형식보다 소재를 편애하는 이런 경향은 아름다운 에트루스크[91] 미술 양식 항아리의 색조와 색깔을 화학적으로 연구한다면서 그 형태와 회화繪畵를 무시하는 태도와 같다.

소재를 중시하는 이런 나쁜 경향에 빠진 연구는 작품의 공로가 엄연히 **형식**

---

90 민요에 대해 새로운 관심을 반영한 독일 낭만주의 발라드 문학 창시자 가운데 한 사람. 민요에서 영감을 얻은 '괴팅겐 숲의 시사詩社'라는 이름의 질풍노도 시인 집단과 괴팅겐에서 처음으로 접촉하기 시작했다. 1773년 색다른 발라드 『레노레Lenore』를 발표했는데, 이 작품은 레노레의 죽은 연인으로 행세하는 유령이 번개 치는 무시무시한 밤에 말을 타고 나타나 그녀를 데려가 버린다는 내용의 유령 로맨스이다.

91 이탈리아의 토스카나, 움브리아 및 라치오 북부를 합한 지역을 통틀어 일컫는 이름으로, 지금의 에트루리아를 말한다.

에트루스크 양식의 물 항아리, 기원전 525년경

에서 비롯하는 분야, 그러므로 시 분야에서는 절대적으로 비난받을 행동이 된다. 그럼에도 소재에 의해 극장을 가득 채우려는 나쁜 극작가들이 많이 있다. 예컨대 이들은 유명인이면 누구나 자신의 무대에 등장시킨다. 그의 생애에 극적 사건이 전혀 없는데도, 때로는 그와 함께 등장하는 인물들이 죽기를 기다리지도 않고 말이다.

여기서 문제가 되는 소재와 형식의 구별은 심지어 대화에서도 자신의 권리를 주장한다. 다시 말해 이런 대화 능력을 갖추게 해 주는 것은 우선 분별력, 판단력, 기지 및 생동감이다. 이런 것들이 대화의 **형식**을 부여한다. 하지만 그다음에는 대화의 **소재**, 즉 상대방과 이야기를 나눌 수 있는 화제인 지식이 고려될 것이다. 이런 지식이 매우 형편 없을 경우 앞서 말한 엄청나게 높은 정도의 형식적 특성만이 대화에 가치를 부여할 수 있다. 이때 대화는 소재와 관련하여 일반적으로 잘 알려진 인간적·자연적 상황과 사물에 한정된다.

이와 반대로 형식적 특성이 부족한 경우 어떤 종류의 지식이 대화에 가치를 부여한다. 하지만 그럴 경우 대화의 가치는 전적으로 소재에 의존하게 된다. 스페인 속담에 이런 말이 있다. "바보라도 자기 집 사정은 외지의 현자보다 더 많이 알고 있다."

4

어떤 사상의 진정한 삶은 그 사상이 언어의 한계점에 도달할 때까지만 지속될 뿐이다. 그때 사상은 화석이 되고, 그 후 생명을 잃고 만다. 하지만 태고 시대의 화석이 된 동식물처럼 파괴할 수 없게 된다. 사상의 순간적이고 본래적인 삶은 결정結晶이 생기는 순간 수정의 삶에 비교할 수 있다.

다시 말해 우리의 사고가 언어를 발견하는 즉시 사고는 이미 더 이상 마음 깊은 데서 우러나오는 것이 아니고, 깊디깊은 근저에서는 진지하지도 않다. 사고는 타인을 위해 존재하기 시작하는 경우 우리 마음속에서 살아가기를 그만둔다. 이는 갓난아기가 독자적인 삶을 시작하는 순간 어머니의 모태에서 분리되는 것과 마찬가지다. 괴테도 이렇게 노래하고 있다.

그대들은 항변으로 나를 혼란스럽게 하지 마라!

말하자마자 사람은 벌써 잘못을 저지르기 시작한다.

(괴테, 『잠언, 이의』)

5

펜이 사고에 하는 역할은 걸을 때 지팡이가 하는 역할과 같다. 그러나 지팡이 없이 걷는 발걸음이 가장 가벼운 법이다. 그리고 펜이 없을 때 가장 완전한 사고가 행해진다. 인간은 늙기 시작할 때야 비로소 지팡이와 펜을 즐겨 이용한다.

6

하나의 **가설**은 한때 자리 잡고 있었거나 자신이 생겨난 두뇌에서 살아간다. 가설은 자신에게 유익한 것과 자신과 동질적인 것만 외부 세계로부터 받아들인다는 점에서 유기체의 삶과 비슷하다. 반면에 자신에게 이질적인 것이나 해로운 것은 결코 받아들이지 않는다. 또는 어쩔 수 없이 그런 것을 받아들여야 하는 경우 그것을 완전히 온전한 상태로 다시 봉쇄해 버린다.

7

풍자Satire란 대수학과 마찬가지로 단순히 추상적이고 불특정하며 구체적이지 않은 가치나 위대하다고 알려진 대상에 가해져야 한다. 해부학과 마찬가지로 살아 있는 인간을 풍자의 대상으로 삼아서는 안 된다. 벌을 가할 때 인간의 피부나 생명을 대상으로 해서는 안 된다.

8

어떤 작품이 **불멸의 것**이 되려면 무척 많은 탁월한 점을 갖추어야 한다. 그 **모든 것**을 파악하고 평가하는 독자를 찾기는 쉽지 않다. 하지만 언제든 **이런** 탁월함은 이런 독자에 의해, **저런** 탁월함은 저런 독자에 의해 인정받고 숭배된다. 그로 인해 장구한 세월이 흐르는 동안 관심사는 항시 변하더라도 작품에 대한 신뢰는 계속 유지된다. 이때 그 작품은 때로는 이런 의미에서, 때로는 저런 의미에서 숭배되며 결코 고갈되지 않는다. 그런 작품을 쓴 저작자, 그러므로 후세에 자기 작품이 살아남기를 바라는 이는 넓은 지상의 자기 동시대 사람들에게서도 인정받으려 하지만 헛수고에 그치고 만다. 그의 저서에 다른 사람과 현격히 구별되는 탁월한 점이 있다 하더라도 말이다. 그는 심지어 영원한 유대인처럼 몇 세대에 걸쳐 방랑하더라도 같은 경우에 처할지도 모른다.

요컨대 그에게는 "자연은 그를 주조한 다음 거푸집을 깨뜨려 버렸다"(『성난 오를란도』 10, 84)라는 아리오스토Ludovico Ariosto(1474~1533)[92]의 말이 실제로 적용된다. 왜냐하면 그렇지 않으면 그의 사상이 다른 모든 사상처럼 왜 묻혀 버리는지 이해되지 않을 것이기 때문이다.

9

시대를 막론하고 예술은 물론 문학에서도 그릇된 주의나 방식 또는 작풍이 유행하고 경탄을 받는다. 천박한 두뇌의 소유자들은 그런 것을 받아들이고 익히려고 열심히 노력한다. 통찰력 있는 자는 그런 사실을 인식하고 경멸한다. 그는 유행을 따르지 않는다. 그러나 몇 년 후에는 대중도 진상을 파악해 현재의 유행을 바보짓이라 인식하고 그것을 비웃는다.

질 나쁜 석고 세공품으로 장식된 벽에서 회칠이 벗겨져 나가는 것처럼 매너리즘에 빠진 모든 작품에 발라진 질 나쁜 분가루가 떨어져 나간다. 이처럼 작품을 벽에 비유할 수 있다. 그러므로 우리는 오랫동안 은밀히 영향을 미치는 그릇된 주의가 결정적으로 되어, 크고 분명한 발언권을 얻더라도 화내지 말고 기뻐해야 한다. 그 후 사람들은 그 주의의 그릇된 점을 곧 느끼고 인식해서, 결국 마찬가지로 크고 분명하게 말할 것이기 때문이다. 이는 고름이 터지는 원리와 같다고 할 수 있다.

---

92 이탈리아의 시인. 그의 유명한 작품 『성난 오를란도』는 일반적으로 이탈리아 르네상스의 예술 경향과 정신적 자세를 가장 완벽하게 표현한 것으로 평가받고 있다.

문학잡지들이 우리 시대의 엉터리 문필가, 노아의 홍수처럼 점점 넘쳐나는 무익하고 질 나쁜 책들을 막아 주는 댐 역할을 해야 한다. **문학잡지**는 매수되지 않고 공정하고 엄정한 판단을 해야 한다. 그리하여 부적격한 문필가들의 졸작을 가차 없이 비판하고 그들의 집필 욕구와 사기 짓거리를 의무적으로 저지해야 한다. 머리가 텅 빈 작자들이 텅 빈 지갑을 채우려고 마구 휘갈겨 쓰는 바람에 출간 도서의 90%는 그런 책이라 할 수 있다.

무엇보다 독자의 시간과 돈을 빼앗기 위해 작가와 출판사가 비열하게 결탁하는 풍조부터 바로잡아야 한다. 일반적으로 문필가는 낮은 급료와 열악한 보수로 인해 돈 때문에 글을 쓰는 교수나 문사들이다. 이들은 공동의 목적을 가지므로 이해관계도 같아서 서로 단결하고 상호 지원을 아끼지 않는다. 각자 서로를 변호해 준다. 형편없는 책들에 대해 칭찬 일색인 것도 바로 그 때문이다. 문학잡지의 내용도 그런 자들의 글에 의해 결정된다. 그들의 모토는 '우리가 살려면 남을 살려야 한다!'이다(일반 독자는 어리석게도 양서보다 신간을 읽는 데 혈안이 되어 있다).

현재나 과거를 불문하고 전혀 무가치한 졸작을 한 번도 칭찬한 적이 없다고 자랑할 수 있는 자가 그들 중 과연 한 명이라도 있겠는가. 탁월한 작품을 비난하거나 폄하하지 않았다고, 또는 교활한 수법으로 세상의 이목을 끌지 못하도록 그런 작품을 중요하지 않게 다룬 적이 없다고 자랑할 수 있는 자가 과연 한 명이라도 있겠는가. 소개할 책을 고를 때 친구의 추천이나 동료에 대한 배려, 또는 심지어 출판사의 뇌물이 아닌 순전히 책의 중요성에 따라 양심적으로 했다고 자신할 수 있는 자가 과연 몇 명이나 될까? 신인이 아닌 자가 어떤 책을 극찬하거나 또는 심하게 비난하는 경우 거의 당연히 출판사의 눈치를 보고 그러는 게 아니겠는가? 오늘날 논평은 일반적으로 독자가 아닌 출판업자의 이익을 위해 행해지고 있다.

반면에 앞서 언급한 것 같은 문학잡지가 존재한다면 재능이 떨어지는 문필가, 비양심적인 출판인, 남의 책을 표절하는 사람, 속이 비고 무능하며 취직에 연연하는 사이비 철학자, 실제보다 부풀려지고 허영기 있는 변변찮은 시인은 모두 이내 공개적으로 대중의 조소를 당할 것이 분명하므로 글을 쓰고 싫어 근질거리는 손가락이 마비되어 버릴 것이다. 그러면 문학에는 진정한 구원이 될 것이다. 조잡한 문학은 단순히 무익한 것을 넘어 사회에 큰 해악을 끼친다. 그런데 오늘날 서적들의 대부분은 악서이며, 쓰이지 않은 것이 차라리 좋았을 것이다. 따라서 그런 책을 함부로 칭찬해서는 안 된다. 오늘날 비평가들은 개인적인 배려 차원에서 비난은 하지 않고 칭찬을 남발하고 있다. 그들의 좌우명은 이렇다. "한패가 되어 칭찬하라. 그러면 네가 안 보일 때 너를 다시 칭찬해 준다."(호라티우스, 『풍자시』 2, 5, 72)

세상에는 어디서나 우둔하고 멍청한 사람들로 우글거리고 있다. 그들을 당연히 관대하게 대해야겠지만 이를 문학에도 그대로 적용하려는 것은 잘못된 일이다. 그들은 후안무치한 침입자이기 때문이다. 이때 조잡한 문학을 경멸하는 것은 훌륭한 문학에 대한 의무이다. 아무것도 나쁘지 않다고 생각하는 자는 아무것도 좋다고도 생각하지 않기 때문이다. 사회생활에서는 필요한 **예의**가 문학에서는 이질적인 요소이며, 너무나 자주 해로운 요소이다. 나쁜 것을 좋다고 하는 것이 예의이기 때문이다. 그럼으로써 예술뿐만 아니라 학문의 목적을 거스르게 된다.

물론 내가 바라는 문학잡지에서는 비범한 지식과 좀 더 비범한 판단력을 겸비한 매수되지 않는 정직함을 지닌 사람들이 글을 써야 한다. 따라서 독일 전역에서 그런 문학잡지는 기껏해야 하나 정도이거나 또는 거의 하나도 없을지도 모른다. 하지만 그런 문학잡지는 최고 법정의 기능을 할 것이며, 그 구성원은 모든 범위에서 선발해야 할 것이다. 현재 문학잡지는 대학의 동업 조합이나 문사 패거리의 성격이 강하므로 은밀히 출판업자를 위해 서적 판매에 유리하게 행동한다. 그리고 대체로 열등한 두뇌의 소유자들은 훌륭한 인물이 성공하지 못하도록 동맹을 맺는다. 문학 분야에서보다 더 부정직이 횡행하는 곳은 없다. **괴테**도 이미 그렇게 말한 바가 있다. 나는 나의 저서 『자연에서의 의지에 대하여』에서 그 점을 좀 더 상세히 다루었다.

그러니 무엇보다 이런 모든 부정직을 일소하기 위해서는 문학계에서 잘못된 관행으로 통용되는 방패, 즉 **익명**이 폐지되어야 한다. 문학잡지에서는 익명이 작가와 그의 후원자의 원망으로부터 솔직한 비평가, 대중의 경고자를 보호해 줘야 한다는 핑계로 쓰인다. 단 한 번 이런 일을 한 대가로 수많은 이득이 생긴다. 익명으로 글을 쓰는 자는 자신의 견해와 다른 주장을 하면서도 온갖 책임을 모면할 수 있으며 또는 어쩌면 매수할 수 있는 저열한 자라는 수치를 은폐할 수 있게 된다. 그런 자는 대중에게 나쁜 책을 칭찬하면서 출판업자로부터 술값을 받아 챙긴다. 때로는 익명은 단순히 판단하는 자의 미심쩍음, 형편없음, 무능력을 감추는 데 쓰이기도 한다. 그들은 익명의 그늘 밑에서 자신이 안전함을 알고 있다. 이럴 경우 그런 작자가 얼마나 뻔뻔스러운지, 문학적 사기 짓거리를 얼마나 겁내지 않는지 믿을 수 없을 정도이다. 만병통치약Universal-Medizin이라는 게 있듯이, 악서를 칭찬하거나 양서를 비난하든 상관없이 익명의 온갖 비평에 효력이 있는 다음과 같은 **만능 반론**Universal-Antikritik도 존재한다. "사기꾼이여, **그대 이름을 드러내라!** 복면을 쓰고 얼굴을 가린 채 맨얼굴을 드러낸 사람들을 공격하는 것은 명예를 중시하는 사람이 할 짓이 아니다. 그것은 악당의 비열한 짓이다. 그러니, 사기꾼이여, 그대 이름을 드러내라!" 이것으로 반론의 효험이 검증된 셈이다.

이미 **루소**는 『신新 엘로이즈』[93]의 서문에서 "정직한 사람은 모두 자신이 쓴 글에 서명을 한다"라고 말했다. 이 문장은 반대로 뒤집어 "자신이 쓴 글에 서명하지 않는 자는 정직하지 않은 자다"라고 말해도 무방할 것이다. 루소의 이 말은 대부분 논평으로 가득 찬 논쟁적인 글에 훨씬 더 통용된다. 그 때문에 『괴테에 대한 전달』 서문에서 **리머**Friedrich Wilhelm Riemer(1774~1845)[94]가 한 말은 전적으로 옳다고 할 수 있다. "서로 얼굴을 마주 보고 허심탄회하게 마음을 드러낼 수 있는 상대는 정직하고 온건한 사람이다. 이런 상대와는 의사소통을 할 수 있고 화합하며 화해할 수 있다. 반면에 자신을 숨기는 자는 **저열하고 비겁한 악당**이다. 그는 자신이 판단하는 것을 신봉할 용기가 없다. 그러므로 자신의 견해가 아니라, 몰래 처벌받지 않고 화풀이하는 은밀한 즐거움을 중시할 뿐이다."

이것이 바로 익명으로 글 쓰는 자에 대한 **괴테**의 견해였을 것이다. **리머**가 한 말도 대체로 그렇기 때문이다. 앞서 말한 루소의 법칙은 독일에서 출간되

---

93 『신 엘로이즈Julie ou la nouvelle Héloïse』(1761)는 서간체 장편소설로서 '알프스 산기슭의 조그만 도시에 사는 두 연인의 편지'라는 부제가 붙어 있다. 이것은 중세의 신학자 아벨라르와 엘로이즈가 정신적 사랑을 주고받았던 편지에서 딴 것이다. 스위스의 레만호를 무대로 귀족가문의 딸 쥘리와 가난한 평민 출신 가정교사 생 푸레의 애틋한 사랑을 그렸다. 전원생활의 행복, 특히 그 감상성과 연애 이상주의로 폭발적인 환영을 받았으며 감성의 존중과 자연으로의 감정이입 풍조를 일게 하는 데 영향을 미쳤다.

94 괴테의 아들을 가르쳤으며 그의 비서로 일했던 교사이자 문필가, 바이마르의 도서관 사서

는 모든 글에도 해당한다. 격식 있는 식장 인사를 하거나, 청중 앞에서 연설하려는 자가 복면을 쓰고 있다면 그것을 견딜 사람이 있을까? 복면을 쓰고 다른 사람을 공격하고 비난을 쏟아붓는다면 이를 견딜 수 있을까? 그런 자는 문밖으로 나서자마자 다른 사람들의 발길질을 당하지나 않을까?

독일은 최근에야 언론 출판의 자유를 획득했다. 그러자 즉각 그것을 남용하는 파렴치한 일이 일어났다. 이런 상황에서 익명과 가명으로 자신의 글을 발표하는 것을 금지하는 것이 필요하다. 파급력이 큰 출판이라는 매개체를 통해 공개적으로 발언하는 것에 대해 각자는 명예심이 아직 있다면 적어도 자신의 명예심으로 책임을 져야 한다. 명예심이 없다면 그의 이름이 자신의 발언을 무효로 하도록 해야 한다. 익명으로 글을 써본 적이 없는 사람에게 익명으로 공격하는 것은 파렴치한 행위가 분명하다.

익명의 비평가는 타인이나 타인의 저서에 대해 세상에 알리고 어떤 것은 숨기면서도 정작 자신이 그런 일을 당하는 것은 **용납하지 않으려고** 자신의 이름을 드러내지 않는 작자다. 누가 그런 작태를 참을 수 있겠는가? 익명의 비평가가 거짓말을 하지 않는다는 거짓말만큼 뻔뻔스러운 것은 없다. 그는 무책임한 자이다. 익명 비평은 모두 거짓말과 사기를 목표로 설정하고 있다. 그 때문에 거리를 복면으로 활보하는 것을 경찰이 허용하지 않아야 하듯이, 익명으로 글을 쓰는 행위도 용납해서는 안 된다.

익명으로 글을 발표하는 문학잡지는 무지가 학식을, 우둔이 분별력을 재판하면서도 아무런 처벌을 받지 않는 곳이다. 대중을 속이면서도 처벌받지 않고, 악서를 칭찬함으로써 독자의 돈과 시간을 사취하는 곳이다. 익명은 문학, 특히 출판 분야에서 온갖 악행을 저지르는 견고한 성채가 아닌가? 그러므로 그 성채는 완전히 허물어져야 한다. 다시 말해 신문 기사조차도 모두 작성자의 이름을 달아서, 서명이 올바르다는 것에 대해 편집인이 엄중한 책임을 져야 한다. 그로 인해, 아무리 하찮은 자라도 자신의 동네에서는 알려져 있을 테니, 거짓 기사의 3분의 2는 사라질 것이고, 파렴치한 많은 독설을 자제하게 될 것이다. 프랑스에서는 마침 이 문제를 검토 중이라고 한다.

하지만 이러한 금지를 법으로 정할 수 없는 한, 문학에서는 솔직한 문필가들은 모두 일치단결해서 익명을 추방해야 한다. 공공연히 지칠 줄 모르고 매일 그런 짓을 극단적으로 경멸한다는 낙인을 찍는 것이다. 그리고 어떤 식으로든 익명 비평은 비열하고 파렴치한 행위라는 인식을 확산시켜야 한다. 익명으로 글을 쓰며 공격하는 자는 바로 그러므로 자신이 대중을 기만하거나 또는 아무런 위험 없이 타인의 명예를 훼손하려 한다고 자신에 대한 추정을 하는 셈이다. 그 때문에 익명의 비평가를 언급할 때는, 비난의 의도 없이 말이 나온 김에 언급할 때라도 "익명의 비겁한 비평가 모모"라거나 "잡지에서 복면을 쓴 익명의 악당" 등의 수식어를 반드시 달아야 한다.

나는 사실 그런 녀석들이 자신들의 직업을 싫어하도록 점잖고 적절한 어조로 말하고 있다. 자신이 누구인지 알리는 한에서만 각자 개인적인 존중을 받을 권리를 요구할 수 있기 때문이다. 독자는 누가 쓴 글인지 알고 싶어 한다. 복면을 해서 변장하고 살금살금 걸으며 자신을 무익하게 만드는 자는 그런 권리를 요구할 수 없다. 오히려 그런 자는 사실상 (아무튼) 법률의 보호를 받지 못하는 자다. 그는 무명無名씨이다. 무명씨가 비열한 악당이라고 선언하는 것은 누구에게나 허용되어 있다.

따라서 특히 반론을 펴는 익명의 비평가를 모두 즉각 비열한 악당이나 개자식이라고 불러야지, 몇몇 작가들이 무뢰한에게 모욕당하고도 비겁하게 그러는 것처럼 '존경하는 비평가님'이라고 불러서는 안 된다. 모든 정직한 문필가들은 익명의 비평가를 '자기 이름을 드러내지 않는 개자식'이라고 불러야 마땅하다. 나중에 그런 호칭을 들을 만한 자가 나타나면 적대감으로 바라보는 사람들 앞을 지나가는 녀석의 요술 두건을 벗기고, 그의 귀를 잡고 끌고 가야 한다. 그러면 밤도깨비 같은 녀석을 보고 사람들은 낮에 커다란 환호성을 지를 것이다. 누가 자기를 비방했다는 말을 들으면 누구나 대체로 분노의 표시로 "누가 그런 말을 했지?"라고 말한다. 하지만 익명의 글에는 누가 썼는지 모르므로 답변을 할 수 없게 된다.

그러한 익명 비평가의 행위 중 특히 우스꽝스러운 파렴치함은 국왕처럼 1인칭 복수 **우리는**이라는 용어를 쓴다는 점이다. 그들은 1인칭 단수형으로 쓸 뿐만 아니라 축소형, 그러니까 겸양형을 써야 한다. 예컨대 '가련하고 하찮은 나는', '비겁하고 교활한 나는', '복면을 쓴 무능한 나는', '미천한 부랑자인 나는' 등등의 표현을 써야 한다. 복면한 사기꾼, '시시한 문학잡지'의 어두운 구멍에서 야유를 퍼붓는 이런 비열한 자에게는 그런 칭호가 적합하다. 그런 자는 이제 장사를 그만두게 해야 한다. 문학에서의 익명은 시민 공동체에서 사기를 치는 행위와 같다.

"그대 이름을 드러내라, 사기꾼아, 그렇지 않으면 침묵하라!" 서명이 없는 비평을 대하면 즉각 사기꾼의 글이라고 덧붙이는 게 좋다. 그 일은 돈을 벌게 해 줄지는 모르되 명예를 가져다주지는 않는다. 공격하는 경우 익명 씨는 당장 악당 씨가 되기 때문이다. 자기 이름을 드러내지 않는 자는 대중을 속이려는 게 틀림없다[95].

우리는 익명의 책에 대해서만은 익명으로 비평할 권리가 있다. 어쨌든 익명의 악습이 폐지되면 문학 영역에서 행해지는 거의 모든 악행이 사라질 것이다. 익명 비평가의 활동이 금지될 때까지 우리는 기회 있을 때마다 기업체를 운영하는 사람(익명의 비평 연구소의 간부와 기업가)한테 그의 일용 노동자들이 저지른 죄에 대해 그 자신이 직접 책임지도록 해야 한다. 더구나 우리에게는 그의 영업 활동에 걸맞은 어조로 그를 비판할 권리가 있다[96]. 나라면 익명의 비평가 소굴을 맡아서 경영하느니 차라리 도박장이나 유곽의 대표가 될 것이다.

11

문체는 정신의 관상이다. 정신의 관상은 신체가 주는 인상 이상으로 진실하다. 타인의 문체를 모방하는 것은 가면을 쓰고 다니는 것과 같다. 가면은 아무리 아름답더라도 생명이 없으므로 곧 식상하고 견딜 수 없게 된다. 그러므로 아무리 못생겼다 해도 생기 있는 얼굴이 가면보다는 낫다.

따라서 라틴어로 글을 쓰는 문필가 역시 고대인의 문체를 모방한다는 의

---

95 ●익명의 비평가는 애당초부터 우리를 기만하려는 목적을 지닌 사기꾼으로 간주해야 한다. 이런 점을 감안해서 모든 **존중할 만한** 문학잡지에서는 비평가들이 자기 이름을 서명한다. 그는 대중을 **기만**하려 하고, 문필가들의 명예를 훼손하려고 한다. 첫째로 대개는 출판업자의 이익을 위해, 둘째로 그의 시기를 가라앉히기 위해. 요컨대 익명 비평가의 문학적 악행은 근절되어야 한다.

96 ●익명 비평가의 죄악에 대해서는 원고의 출판인과 편집인이 직접 쓴 것처럼 그에게 직접 책임을 물어야 한다. 이는 직공이 나쁜 짓을 했을 때 장인이 직접 책임을 져야 하는 것과 마찬가지다. 이 경우 그 직공이 한 일에 대해 그를 주저 없이 부당하게 다루어서는 안 된다. 익명은 문학적 사기 행위이므로, 즉각 되받아쳐야 한다. "악당, 그대는 그대가 다른 사람에게 한 말을 신봉하지 않겠다는 거냐? 그러면 그대의 비방의 아가리를 닥쳐라!" 익명의 비평은 익명의 편지 이상의 권위가 없다. 그러므로 이런 편지를 받았을 때처럼 믿지 말아야 한다. 그렇지 않으면 가령 그런 익명 **협회**의 대표 이름을 그의 직원의 진실성을 보증하는 것으로 간주하겠는가?

미에서 엄밀히 말하자면 가면 쓴 자와 같다. 다시 말해 그들이 하는 말을 잘 알아들을 수는 있다. 하지만 이때 그들의 관상, 즉 문체까지는 볼 수 없다. 하지만 **스스로 사고하는 자들**의 라틴어 글에서는 이러한 관상을 볼 수 있다. 예컨대 스코투스 에리우게나Johannes Scotus Eriugena(c. 810~c. 877)[97], 페트라르카Francesco Petrarca(1304~1374)[98], 베이컨, 데카르트, 홉스, 스피노자 등과 같은 사람들은 모방하는 것에 만족하지 않았다.

잔뜩 허세를 부리는 문체는 인상을 찌푸리는 사람에 비유할 수 있다. 사람들이 쓰는 언어는 국가의 관상이다. 언어는 그리스어에서부터 카리브해 연안의 언어에까지 큰 차이를 보인다.

자신의 글에 드러나는 문체상의 결함을 피하려면 우리는 타인의 글에 드러나는 문체상의 결함을 간과해서는 안 된다.

12

어떤 저술가의 정신적 저작물이 지닌 가치를 잠정적으로 평가하기 위해서는 그가 **무엇에 대해** 또는 **무엇을** 생각했는지 굳이 알 필요는 없고(그러려면 그의 작품 전체를 통독해야 하기 때문이다), 우선 그가 어떻게 생각했는지 아는 것으로 충분하다. 사고의 이런 **방식**, 그 사고의 이런 본질적인 성질과 일반적인 **질**의 정확한 복제물이 그의 **문체**다. 다시 말해 문체는 한 인간이 지닌 모든 사상의 **형식적인** 성질이다. 그러므로 문필가가 **무엇에 대해** 또 **무엇을** 생각하든 언제나 문체는 똑같아야 한다. 문체는 온갖 형태를 빚어내는 반죽과 비슷하다. 이때 무척 다양한 형태가 나타날 수 있다. 그래서 오일렌슈피겔은 다음 장소까지 얼마나 더 가야 하는지 묻는 사람에게 "몇 걸음 걸어 보세요!"라며 얼핏

---

97 아일랜드 출신의 스콜라 철학의 선구자로 중세 전기의 뛰어난 사상가. 그리스어에서 라틴어로 번역한 『디오니시오스 위서』로 중세 철학은 플라톤주의의 결정적인 영향을 받게 되었다. 고트샬크Gottschalk의 이중예정설을 반박하기 위해 쓴 『신의 예정에 대하여』는 교회에 의해 이단으로 몰렸다. 주요 저서는 865~870년경에 쓴 『자연 구분론』 5권으로, 중세 전기의 유일한 철학서로 간주되고 있다. 선생과 학생의 대화 형식으로 쓰인 이 책은 신플라톤주의에 입각하여 만물은 신으로부터 유출流出하여 단계적인 구조를 이루며, 모든 것은 신에게 돌려야 한다면서 이성과 신앙의 일치를 주장하고 있다.

98 이탈리아 시인·인문주의자. 한니발을 격파한 스키피오를 찬미하는 장시 「아프리카」로 로마에서 계관시인이 되었다. 16세기 프랑스 르네상스가 특히 페트라르카의 영향을 크게 받았으며 이는 페트라르카 주의라 명명되기도 하였다. 그는 이탈리아어 작품을 중시하지 않아서 『서정시집』과 장시 「개선凱旋」이란 작품만 전한다.

부적절해 보이는 대답을 했다. 그 의도는 그가 주어진 시간에 얼마만큼 갈 수 있는지 일단 그의 발걸음으로 측정해 보기 위해서였다. 이와 마찬가지로 나는 작가의 글을 몇 쪽만 읽어 보면 그가 내게 어느 정도 도움을 줄 수 있을지 벌써 대충 짐작하게 된다.

이런 사정을 조용히 의식하는 평범한 문필가는 모두 자신에게 고유하고 자연스러운 문체를 숨기려고 한다. 그래서 그는 온갖 소박함을 포기할 수밖에 없게 된다. 그로 인해 이 소박함은 자신이라는 존재를 자각하는 까닭에 자신 있는 모습을 보이는 우월한 정신의 소유자들의 특권으로 남는다. 평범한 두뇌의 소유자들은 자신들이 생각하는 대로 글 쓸 결심을 할 수 없다. 그러다가 형편없는 결과물을 얻을지도 모른다고 생각해서다. 그러나 언제나 자기 생각대로 글을 쓰는 것이 중요하리라.

그러므로 그들이 성실하게 일에 착수하고 실제로 생각한 사소하고 평범한 것을 생각한 그대로 단순하게 전달하려 한다면, 그들의 글은 읽을 만할 것이고, 심지어 알맞은 영역에서는 교훈적일지도 모른다. 하지만 그 대신에 그들은 실제보다 훨씬 더 많이 더 깊이 생각한 척하려고 한다. 따라서 그들은 말해야 하는 내용을 어렵고 부자연스러운 관용구나 신조어, 장황한 복합문으로 제시한다. 이때 복합문은 독자들이 저자의 생각을 알 수 없게 은폐하는 기능을 한다.

평범한 저술가들은 자기 생각을 전달하려는 노력과 그것을 은폐하려는 노력 사이에서 갈등한다. 그들은 유식하고 심오한 모습을 보이려고 자기 생각을 꾸미고 싶어 한다. 현재 독자가 알아채는 것 이상으로 생각의 배후에 많은 것이 숨어 있을지도 모른다고 생각하도록 하기 위해서다. 평범한 저술가들은 자기 생각을 때로는 조금씩 짧고 다의적이며 역설적인 잠언으로 내던진다. 잠언은 말하는 것 이상으로 많은 내용을 암시하듯 보이게 한다(이런 종류의 훌륭한 예가 셸링Friedrich Wilhelm von Schelling(1775~1854)[99]의 자연철학 저술이다). 그들은 이내 다시 자신의 사상을 참을 수 없이 장황하게 홍수처럼 단어로 쏟

---

99 쇼펜하우어의 비판을 받은 독일의 관념론 철학자. 피히테 학파의 후계자로 그의 자연철학은 자연과 정신의 동일성, 객관과 주관의 무차별이 철학의 원리라는 동일철학을 수립했다. 그의 철학은 자아에서 출발하는 피히테의 관념론과 헤겔의 절대적인 체계의 중간에 위치한다. 저서로는 『철학의 원리로서의 자아』, 『선험적 관념론의 체계』, 『인간의 자유 본질에 대한 철학적 고찰』등이 있다.

아 낸다. 생각의 심오한 뜻을 이해시키려는 준비가 필요한 듯이 말이다. 반면에 결코 진부하다고는 할 수 없는 대단히 단순한 착상이 있다(피히테가 쓴 대중적인 글이나, 이름을 거론할 가치도 없는 수많은 한심한 바보들이 쓴 철학 교재에서 그런 예를 얼마든지 발견할 수 있다).

그들은 마음대로 어떤 글쓰기 방법을 상정하여 그것을 고상하다고 간주하며 전력을 기울인다. 예컨대 대단히 철저하고 학구적인 글쓰기 방법 말이다. 길게 늘어지고 깊은 생각이 부족한 복합문은 마약 같은 효과를 내며 읽는 사람을 죽도록 고문한다(특히 인류 중 가장 후안무치한 작가들인 헤겔Georg Wilhelm Friedrich Hegel(1770~1831)[100] 추종자들이 발간하는 헤겔 지誌인 「학문적 문학 연감」이 그 대표적인 예다). 또는 그들은 재기 있는 글쓰기 방법을 목표로 하기도 했는데, 그럴 경우 미쳐 버리려고 하는 것 같다.

"태산 명동泰山鳴動에 서일필鼠一匹[101]"(호라티우스, 『시론詩論』 139)이라는 말을 내쳐 버리려는 그들의 노력은 그들이 원래 하려던 일이 무엇인지 알아내는 것을 종종 힘들게 한다. 게다가 그들은 완전히 복합문으로 이루어진 문장을 쓰기도 한다. 그러면서 그들 자신은 아무것도 생각하지 않는다. 그렇지만 그들은 이때 다른 사람은 뭔가 생각하기를 기대한다.

그렇게 애를 쓰는 밑바닥에는 지칠 줄 모르고 항시 새로운 방법으로 시도하며 노력하는 것밖에 없다. 그것은 사상을 위해 언어를 팔아치우려는 노력이고, 새롭거나 또는 새로운 의미로 사용된 표현, 관용구, 각종 합성어에 의해 정신의 외관을 만들어 내려는 노력이다. 그렇게 하는 것은 정신의 부족을 너무 고통스럽게 느끼고 그걸 보충하기 위해서다. 정신을 나타내는 가면으로 문체를 사용하기 위해, 이런 목적을 위해 때로는 이런 문체, 때로는 저런 문체를 시도하는 것을 보면 재미있다는 생각이 든다. 그런 가면은 한동안은 미숙한 사람들을 속일 수 있을지 모르지만, 결국은 생기 없는 가면으로 인식되어

---

100 독일 관념철학의 대표자로 정반합의 개념으로 변증법을 정형화했다. 변증법은 만물이 본질적으로 끊임없는 변화 과정에 있음을 주장하면서, 그 변화의 원인을 내부적인 자기 부정, 즉 모순에 있다고 본다. 저서로는 『정신현상학』, 『논리학』, 『법철학 강요』 등이 있다. 『정신현상학』에서는 인간 정신이 어떻게 단순한 의식에서 자기의식·이성·정신·종교를 거쳐 절대지絶對知로 상승하는가를 기술하고 있다.

101 nascetur ridiculus mus. 크게 떠벌리기만 하고 실제의 결과는 작은 것을 말함. "그렇게 큰소리치며 약속한 자가 과연 그 약속에 부합되는 것을 내놓을 수 있을까요? 그러다간 산들이 산고를 겪되 우스꽝스러운 쥐한 마리를 낳는 꼴이 되어 버립니다."(호라티우스, 『시론』, 138~139행)

조롱받다가 다른 가면으로 교체되기도 한다.

그래서 사람들은 문필가들을 때로는 술 취한 것 같은 격정적인 사람으로 보기도 하고, 때로는 벌써 다음 페이지에서는 거들먹거리고 엄숙하며 철저하고 박식한 자로 보기도 한다. 급기야는 극히 둔중하고 조금씩 되씹으며 생각하는 매우 장황한 사람으로 보기도 한다. 비록 현대적인 의상을 입기는 했으나 일찍이 크리스티안 볼프Christian Wolff(1679~1754)[102]가 그런 예라고 볼 수 있다. 그렇지만 이해되지 않는 글의 가면이 가장 오래 지속되고 있다. 오직 독일에서만 통용되는 그 가면은 **피히테**에 의해 도입되어 **셸링**에 의해 완성되었으며, 마침내 **헤겔**에 의해 최고 정점에 도달했다. 그 가면은 항상 대단한 성공을 거두었다! 그렇지만 아무도 이해하지 못하게 글을 쓰는 것처럼 쉬운 일은 없다. 반대로 중요한 사상을 누구나 이해할 수 있게 표현하는 것만큼 어려운 것도 없다. **이해되지 않는 것**이 **이해하지 못하는 자**에게는 친근하게 여겨진다. 신비화는 그 속에 심오한 뜻이 숨어 있지 않을까 하는 큰 착각을 불러일으킨다. 그러나 앞에서 언급한 온갖 기술을 사용하는 데는 지력이 없어도 전혀 상관없다. 있는 그대로의 모습을 보여 줄 때 지력이 필요한 것이다. 호라티우스의 다음 잠언은 시대를 막론하고 인정받고 있다.

"올바른 글을 쓰려면 현명해야 한다."
(『시론』 309)

하지만 저들은 수백 가지의 다른 합성물을 시도하는 어떤 금속 노동자들처럼, 유일무이하고 영원히 대체 불가능한 금과 같은 위치를 주장한다. 하지만 이와는 완전히 반대로 어떤 작가는 오히려 더 많은 지력을 보이려고 눈에 띄는 노력을 하지 않도록 조심하는 게 좋다. 그런 노력을 하면 독자는 그의 지력이 변변찮다고 의심하는 수가 있기 때문이다. 사람들은 언제나 어떤 식으로든 자기에게 실제로 없는 것을 가지고 있는 척 허세를 부리는 법이다. 바로 그 때문에 어떤 작가가 **소박하다**고 불린다면 그것은 칭찬이다. 이는 그

102　독일의 계몽철학자로 신학을 배우고 철학·자연 과학을 수학했다. 라이프니츠의 뒤를 이어 계몽주의 철학을 체계화하였으며, 논문 용어를 라틴어에서 독일어로 옮기는 데서 공적이 컸다. 저서로는 『논리학』 『존재론』이 있다.

가 자신을 있는 모습 그대로 보여주겠다는 표시일 수 있다. 아무튼 소박함은 매력을 끈다. 반면에 부자연스러움은 어디서나 놀라서 움찔하게 만든다. 또한 우리는 모든 실제적인 사상가가 자신의 사상을 될 수 있는 한 순수하고도 분명히, 확실하고도 간결히 표현하고자 노력하는 것을 본다. 따라서 단순함은 언제나 진리의 특징일 뿐만 아니라 천재의 특징이기도 했다. 문체는 사상의 아름다움을 보존한다. 사이비 사상가들의 경우에서처럼 문체를 통해 사상을 아름답게 꾸미려 해서는 안 된다. 문체는 사상의 단순한 실루엣에 지나지 않는다. 글이 불명료하고 조잡한 것은 생각이 흐릿하고 뒤죽박죽이기 때문이다.

그 때문에 좋은 문체의 첫 번째 규칙, 즉 그 자체만으로 거의 충분한 규칙은 **무언가 말할 것이 있어야 한다**는 사실이다. 오, 그것만으로도 성과가 있으리라! 그러나 특히 **피히테**Johann Gottlieb Fichte(1762~1814)[103] 이래로 독일의 철학적인, 아무튼 모든 반성적 문필가의 기본 특성은 그런 규칙을 소홀히 한다는 점이다. 이들 문장가에게서 나타나는 공통적인 특징은 무언가 할 말이 있는 듯 보이려 하지만 아무것도 말하지 않는다는 사실이다. 대학의 사이비 철학자에 의해 도입된 이러한 방식은 일반적으로, 그리고 심지어 당대의 일류 문필가에게서도 목격할 수 있다.

이런 방식은 불확실하고 애매한 다의적인 문체, 또한 장황하고 둔중하며 딱딱한 문체를 만드는 어머니라고 할 수 있다. 이때 쓸데없는 말을 늘어놓는 경우가 적지 않다. 급기야는 덜컹거리며 돌아가는 물레방아처럼 지칠 줄 모르고 마구 지껄이면서 극히 애처로운 사상의 빈곤을 은폐하기도 한다. 이런 문체의 문장은 몇 시간이나 읽어도 우리는 명백히 표현된 특정한 사상을 얻을 수 없다. 이러한 방식과 기술로 악명 높은 견본을 꼽으라면 『할레 연감』

---

103 셸링, 헤겔과 더불어 독일 관념론을 대표하는 사상가. 지식학을 주로 연구한 그는 칸트로부터 헤겔에 이르는 다리 역할을 한 철학자로 인정되고 있다. 스피노자의 결정론의 영향을 받았으나, 칸트 철학을 알게 됨에 따라, 실천이성의 자율과 자유 사상에서 결정적인 영향을 받았다. 『모든 계시의 비판 시도』로 그의 명성이 알려졌다. 「신의 세계지배에 대한 우리들의 신앙 근거에 관하여」라는 논문으로 무신론 논쟁을 일으켰으며, 결국 예나대학에서 물러나게 되었다. 나폴레옹 전쟁에서 패한 프로이센의 위기에 처하여 행한 "독일 국민에게 고함"이란 강연이 유명하다. 나폴레옹 침공 시 종군 간호사가 된 부인에게서 옮은 발진티푸스에 감염되어 사망했다.

(후에는 『독일 연감』)[104]을 들 수 있다. 무언가 말할 가치가 있는 것을 지닌 자는 멋 부린 표현, 난해한 용어, 애매한 암시로 은폐할 필요가 없다. 그는 자신의 사상을 단순하고 명료하며 소박하게 말할 수 있다. 그러면서도 그것의 효과가 없지는 않을 것이라 자신할 수 있다. 따라서 앞서 말한 기법이 필요한 자는 그로 인해 사상, 정신, 지식의 빈곤을 드러낸다.

어느새 독일인은 그처럼 페이지마다 온갖 종류의 쓸데없는 말을 늘어놓는 문장을 태연히 읽는 것에 익숙해져 있다. 그러면서 글쓴이가 무엇을 원하는지 딱히 알지도 못한다. 독자는 사실 그것이 당연하다고 여기며, 저자가 단순히 글을 쓰기 위해 쓴다는 사실을 간파하지 못한다. 풍부한 사상을 지닌 훌륭한 문필가는 진정으로 그리고 실제로 무언가 말할 것이 있어서 말을 한다는 신뢰를 금세 독자로부터 얻는다. 그래서 분별 있는 독자는 인내심 있게 그의 말을 주의 깊게 따라간다. 그런 문필가는 실제로 무언가 말할 것이 있으므로 언제나 가장 간결하고도 단호한 방식으로 표현할 것이다. 그에게는 자신이 지닌 사상을 다름 아닌 독자의 마음속에서도 일깨우는 것이 중요하기 때문이다. 따라서 그는 **부알로**Nicolas Boileau(1636~1711)[105]와 대화를 나누어도 될 것이다.

> "나의 사상은 항시 밝은 대낮에 모습을 드러내고
> 나의 시는, 좋든 나쁘든, 항시 무언가를 말한다."
> (「세느레이 후작에게 보내는 서한」)

반면에 앞서 기술한 자들에 대해서는 부알로의 "말이 많은 자는 결코 아무것도 말하지 않는다"라는 글이 적용된다. 이들은 필요한 경우 언제나 궁지에

---

104 『독일 연감』은 『할레 연감』(1838~1841)이 정부의 탄압으로 폐간된 후 루게가 그 후속으로 1841년 7월 라이프치히에서 창간한 청년 헤겔학파의 문예 철학지이다. 『독일 연감』은 독일의 편협한 민족주의적 '자유주의' 노선이 아니라, 프랑스적인 급진적 사회주의 노선을 택할 것을 주장했다. 그러나 프랑스인은 한 사람도 기고에 응하지 않았고, 재정적 후원이 거의 없어 한 차례의 발간(1844. 3)으로 끝나고 말았다.

105 프랑스 고전문학 이론의 대표자로 시인이자 문학평론가. 프랑스와 영국 문학에서 고전주의의 기준을 세우는 데 이바지한 당대의 유력한 문인으로 알려져 있다. 영웅시풍 서사시인 『보면대讀面臺』는 보면대를 예배당의 어디에 둘 것인가를 둘러싸고 두 고위 성직자가 벌이는 말다툼을 다루고 있다. 운문으로 된 교훈적 논문 「시론詩論」으로 고전주의 전통에 따라 시를 짓는 규칙을 제시했다. 그는 작가가 사상을 또렷하게 다스릴 것을 강조했으며, 그에 의하면 '마땅하게 구상된 것은 분명하게 표출되고, 그 표현을 위해 말이 쉽게 떠오른다.'

서 빠져나오기 위해 되도록 **단호한** 표현을 피한다. 이것이 그들의 특성을 잘 드러내 주는 말이기도 하다. 이 때문에 그들은 어떤 경우에도 **보다 추상적** 표현을 쓴다. 반면에 지력을 갖춘 사람들은 좀 더 구체적인 표현을 써서 사물을 일목요연하게 설명한다. 구체성이 모든 명증성의 근원이다. 문필가들이 추상적인 표현을 편애하는 것은 많은 예를 통해 입증할 수 있다. 독일 문필계에서는 지난 10년 동안 '일으키다bewirken', '야기하다verursachen'를 사용해야 할 경우 대개 '**제약하다**bedingen'라는 단어를 쓰고 있는데, 이는 특히 우스꽝스러운 일이다. 이런 동사는 앞서 말한 두 동사보다 더 추상적이고 불확실하며 애매하게 말하기 때문이다(다시 말해 '이것에 의해' 하는 대신에 '이것이 없는 것이 아니라'). 따라서 그들은 항시 달아날 탈출구를 마련해 둔다. 그들이 이런 표현을 선호하는 이유는 자신들의 무능력을 잘 알기에 모든 **단호한** 표현에 대해 늘 두려움을 느끼기 때문이다. 그렇지만 이런 개인적 성향과는 달리 단순히 민족성이 영향을 끼치기도 한다. 독일인은 일상생활에서는 온갖 무례함을 모방하듯, 문학에서는 즉시 온갖 우둔함을 모방한다. 이러한 민족성은 그 두 가지가 재빨리 만연하는 것으로 증명된다. 영국인은 무언가를 써야 할 경우 어떤 행동을 할 때처럼 자신의 판단에 의지한다. 이와 반대로 독일인에게는 그런 점을 칭찬할 수 없다. 앞에서 말한 이런 사정 때문에 지난 10년 동안 '일으키다', '야기하다'는 모든 문장에서 거의 완전히 사라진 반면, 어디서나 '제약하다'라는 단어만 사용되고 있다. 이런 일은 우스꽝스러운 특성 때문에 언급할 가치가 있다.

평범한 두뇌의 소유자들이 쓴 저작물이 지루하고 싫증 나는 것은 다음의 이유 때문일지도 모른다. 그들은 언제나 흐리멍덩한 의식으로 말한다. 다시 말해 자신이 한 말의 의미를 자신 역시 제대로 이해하지 못하는 것이다. 그러한 말을 그들이 습득해서 완성된 형태로 받아들였기 때문이다. 그 때문에 그들은 말을 한다기보다는 진부한 상투어 전체를 짜 맞추는 셈이다. 그들에게는 사상을 만들어 내는 데 필요한 주형鑄型, 즉 자신의 명료한 사고가 없어서 명백히 표현된 사상의 결여가 눈에 띄게 드러난다. 그 대신 우리는 불확실하고 애매한 단어의 조합, 잘 통하는 표현법, 진부한 상투어, 유행하는 표현[106]을 발견한다. 그 결과 그들의 악문惡文은 닳아 빠진 활자로 찍은 인쇄물과 같다. 반면에 지력을 갖춘 사람들은 그들의 글에서 **실제로** 우리에게 말을 건다. 그 때문에 그들은 우리를 고무시키고 즐겁게 해줄 수 있다. 그들만이 하나하나의 언어를 충분히 의식하여 의도적으로 선택해서 조합할 수 있다. 이 때문에 그들의 글과 앞에서 묘사한 사람들의 글과의 관계는 실제로 **그린** 그림과 형지型紙로 찍은 그림의 관계와 같다. 지력을 갖춘 작가가 쓴 모든 단어에는 화가의 모든 필치에 그렇듯이 특별한 의도가 담겨 있다. 반면에 평범한 두뇌의 소유자들이 쓴 저작물은 모든 것이 기계적으로 작성되어 있다.[107] 같은 차이를 음악에서도 발견할 수 있다. 천재의 작품은 어느 부분에서나 항상 정신이 감지되며, 그런 사실이 천재의 작품을 특징짓는다. 이는 **개릭**David Garrick(1717~1779)[108]의 몸의 모든 근육에서 자기 영혼의 편재偏在를 느꼈다고 언급한 **리히텐베르크**Georg Christoph Lichtenberg(1742~1799)[109]의 말과 유사하다.

저작물의 **지루함**과 관련해서 일반적으로 언급해 둘 게 있다. 지루함에는 객관적인 것과 주관적인 것 두 가지 종류가 있다. **객관적인** 지루함은 언제나 여기서 문제가 된 것이 부족한 경우, 그러니까 전달할 완전히 명료한 사상이나 인식이 저자에게 전혀 없을 때 생겨난다. 그런 것을 지닌 저자는 그것을 전달하려는 목표에 곧장 매진하기 때문이다. 그 때문에 어디서나 명백히 표현된 개념을 전달하고, 따라서 장황하지도 내용이 없지도 혼란스럽지도 않기에, 따라서 지루하지 않다. 그의 기본 사상이 오류일지라도 그것은 그런 경우 명백히 사유되고 잘 숙고되었으니 적어도 형식적으로는 올바르다. 그로 인해 그의 글은 여전히 나름의 가치를 지닌다. 그런데 같은 이유에서 객관적인 **지루함**은 언제나 무가치하다. 반면에 **주관적인** 지루함은 단순히 상대적인 지루함이다. 독자가 저자의 글에 관심이 부족해서 발생하는 것이다. 그러나 그것

---

106 • 알맞은 표현, 독창적인 표현법, 적절한 관용구는 의복과 같다. 그것들이 새로운 것이면 빛을 반짝이며 큰 효과를 준다. 하지만 다들 얼마 지나지 않아 진부해지고 빛이 바래지는 것을 택함으로써, 결국 아무런 효과를 거두지 못하게 된다.

107 • 평범한 두뇌의 소유자들의 글은 틀에 박은 듯이 천편일률적이다. 다시 말해 현재 유행하고 많이 쓰이는 순전히 식상한 표현법과 상투어로 이루어져 있다. 그들은 스스로 생각해 보지도 않고 그런 표현을 덧붙인다. 우월한 두뇌의 소유자는 현재의 특별한 경우를 위해 특별히 모든 관용구를 만들어 낸다.

108 셰익스피어 연극 전문 배우이자 극단 경영자

109 18세기 독일의 물리학자 겸 풍자·해학 작가

은 독자의 관심이 협소해서 생기는 현상이다. 그 때문에 탁월한 글에도 어떤 글이든 주관적으로 지루함을 느낄 수 있다. 반대로 아무리 형편없는 글이라도 어떤 글이든 주관적으로 재미를 느낄 수 있다. 주제나 저자가 독자의 흥미를 끌 수 있기 때문이다.

위대한 정신의 소유자처럼 사고해야 하는 반면 누구나 같은 언어로 말해야 한다는 인식이 독일 문필가에게는 대체로 도움이 될지 모른다. 평범한 언어를 사용하여 비범한 사상을 말하는 게 중요하다. 그러나 문필가들은 그 반대의 방법을 선택했다. 다시 말해 우리는 이들이 시시한 개념을 고상한 언어로 싸고, 그들의 매우 평범한 사상을 지극히 비정상적인 표현과 지극히 멋 부리고 가식적이며 이상한 상투어로 치장하려 노력하는 것을 발견한다. 그들의 문장은 끊임없이 거들먹거리며 걸어간다. 호언장담, 아무튼 허풍 떨고 거만하고 멋 부리고 과장된, 공중곡예 식 문체를 이처럼 좋아하는 것과 관련하여 그 전형은 기수旗手 **피스톨**Pistol인데, 그의 친구 **폴스태프**Falstaff[110]는 언젠가 참지 못하고 이렇게 소리쳤다. "자네가 무슨 말을 하려는지 말해 보게, 이 세상 출신의 사람처럼 말이야!"(셰익스피어의 『헨리 4세』 2, 5, 3)

독일어에서는 프랑스어 'stile empesé'(딱딱한 문체)에 정확히 상응하는 표현을 찾을 수 없지만, 우리는 그런 일 자체를 더욱 자주 접하게 된다. 책에서 멋 부린 문체는 사교계에서 허세를 부리는 위엄, 고상함, 멋 부림과 마찬가지로 참을 수 없는 일이다. 실생활에서 어리석음이 위엄과 허례허식으로 나타나듯 책에서는 정신의 빈곤이 종종 그런 멋 부린 문체로 나타난다.

멋 부려 글을 쓰는 자는 자신의 비천한 신분을 숨기고 혼동을 일으키려 요란하게 꾸미는 자와 같다. 진정한 신사는 아무리 허술한 복장으로 다녀도 누구 하나 뭐라고 하지 않는다. 그 때문에 화려한 의상과 네 개의 핀으로 고정된 옷으로 천박한 사람임을 알 수 있듯이 멋 부린 문체로 평범한 두뇌의 소유자임을 알 수 있다.

그럼에도 말하는 투로 글을 쓰려고 노력하는 것은 잘못된 일이다. 오히려

---

110 윌리엄 셰익스피어가 창조해 낸 인물로 영국 문학사에서 가장 중요하고 유명한 희극적 인물이다. 셰익스피어 작품의 주인공 중에서 햄릿과 폴스태프는 가장 지적인 캐릭터이고, 가장 자유로운 아티스트이다. 폴스태프는 재치 면에서 타의 추종을 불허한다. 폴스태프의 신god은 위트wit다. 우리가 분노와 울분에 가득 차 있다면 폴스태프는 우리의 어둠을 재치와 웃음으로 전환하는 능력을 지니고 있다.

모든 문어체는 비문碑文의 문체와 어느 정도 유사한 점이 있어야 한다. 비문에 새겨진 글이야말로 모든 글의 조상이기 때문이다. 이 때문에 글 쓰려는 것처럼 말하려는 것 역시 그 반대만큼이나 비난할 일이다. 그럴 경우 현학적인 동시에 이해하기 어려울 것이기 때문이다.

표현이 모호하고 불명료한 문장은 언제 어디서나 정신적으로 매우 빈곤하다는 반증이다. 이처럼 표현이 모호하고 불명료한 것은 십중팔구는 사상이 불명료하기 때문이며, 사상이 불명료한 것은 다시 거의 언제나 사상의 근본적인 부적절, 모순, 즉 오류에서 기인한다. 어떤 사람의 머릿속에 어떤 올바른 사상이 떠오르면 그것을 명료화하기 위해 노력해서 이내 그 목적을 달성할 것이다. 하지만 명료하게 생각한 것은 쉽게 적절한 표현을 발견한다. 인간이 생각할 수 있는 것은 언제나 명료하고 파악 가능하며 명확한 언어로 표현할 수 있다. 난해하고 애매하고 엉클어지고 불명료한 말을 조합하는 자들은 자기들이 무슨 말을 하려는지 제대로 알지 못하고, 그제야 막연히 어떤 사상을 가져야겠다고 생각만 할 뿐이다. 하지만 그들은 실제로는 아무것도 말할 게 없다는 사실을 이따금 자기 자신과 타인에게 숨기려 한다. 그들은 피히테와 셸링, 헤겔처럼 자신들이 알지 못하는 것을 아는 척하거나, 자기들이 생각하지 않은 것을 생각하는 척하려고 한다. 대체 분명히 전달할 내용이 있는 자가 불명료하게 말하려 애쓰겠는가, 아니면 명료하게 말하려 애쓰겠는가? **퀸틸리아누스**Marcus Fabius Quintilianus(c. 35~c. 96)[111]는 이미 이렇게 말했다. "학식이 풍부한 사람일수록 흔히 알기 쉽고 명료하게 말하는 반면, 유능하지 않은 사람일수록 더욱 어렵게 말한다."

이와 마찬가지로 **알쏭달쏭한** 표현을 삼가야 하며, 자신이 하나의 사실을 말하려 하는지, 또는 말하지 않으려 하는지 알아야 한다. 독일의 문필가들은 명료한 표현을 하지 않기에 독자를 짜증 나게 만든다. 어떤 점에서 뭔가 금지된 전달 내용이 있을 경우만 예외다.

어떤 작용도 정도가 지나치면 대개 목표했던 것과 반대되는 결과를 초래

---

111 에스파냐 출신으로 고대 로마의 교육 사상가이자 작가. 그의 수사학 저서 『웅변 교수론』은 교육 이론과 문학 평론에 중대한 공헌을 했다. 그는 『웅변 교수론』에서 유아기 이후의 전체 교육 과정이 웅변가 훈련의 주된 내용과 연관된다고 믿었다. 그는 문체상의 기교가 즉각적인 효과를 나타낸다는 것을 인정하지만, 법률상의 공적 변론이라는 현실에서는 결국 웅변가에게 큰 도움이 되지 않는다고 생각했다.

하기 마련이다. 이처럼 언어 역시 사상을 파악하기 쉽게 해 주는 데 도움을 주기 하지만, 그 효용도 어느 정도까지만 그러하다. 이러한 한계를 넘어 지나치게 사용하다 보면 언어는 전달해야 할 사상을 다시 점점 모호하게 만든다. 이러한 한계를 인식하는 것이야말로 문체의 임무이며 판단력의 문제라고 할 수 있다. 쓸데없는 말은 목적에 정면으로 위배되는 결과를 초래하기 때문이다. 이런 의미에서 **볼테르**François-Marie Arouet(1694~1778)[112]는 "형용사는 명사의 적이다"라고 말한다. 하지만 되도록 장황하게 말해 사상의 빈곤을 은폐하려는 문필가들이 많은 것이 물론이다.

문필가는 온갖 장황한 표현과 끼워 놓은 문구를 피해서, 읽는 수고를 할 보람이 없는 중요치 않은 언급을 피해야 한다. 문필가는 독자의 시간과 노력, 인내력을 낭비하게 해서는 안 된다. 그렇게 해야 그의 글은 독자의 신뢰를 얻어 주의 깊게 읽을 가치가 있고, 수고하며 독서한 보람이 있을 것이다. 무의미한 문장을 덧붙이는 것보다는 차라리 좋은 글이라도 문맥에 맞지 않으면 과감히 생략하는 편이 더 나을 것이다. "절반이 전체보다 낫다"라는 헤시오도스Hesiod(?~?)[113]의 언급은 이런 경우를 두고 하는 말이다.

말인즉 문필가가 모든 것을 다 말할 필요는 없는 것이다! "독자를 지루하게 만드는 비결은 모든 것을 다 말해 버리는 데 있다."(볼테르,『인간론』) 그러므로 될 수 있는 한 문제의 핵심과 중요 부분만 얘기하고 독자 혼자서도 생각할 수 있는 것은 말하지 않아야 한다. 얼마 안 되는 사상을 전달하기 위해 많은 말을 하는 것은 어디서나 평범함을 드러내는 분명한 징표이다. 반면에 탁월한 두뇌의 소유자는 많은 사상을 얼마 안 되는 말로 마무리 짓는다.

---

112 프랑스의 작가·사상가로 계몽주의 시대를 대표하는 인물. 그는 18세기 유럽의 전제 정치와 종교적 맹신에 저항하고 진보의 이상을 고취했다. 볼테르의 작품은 체계적이라기보다 비평적이고, 문체는 풍자적이다. 그가 행한 시민적 관용과 종교적 관용을 위한 투쟁은 형이상학적 체계에 대한 비판에서 나온 상대주의와 회의주의에 근거하고 있다.

1755년 리스본에서 일어난 지진의 대참사는 이 세계가 라이프니츠가 묘사한 것처럼 '가능한 최상의 세계'일 수 있다는 생각을 버리기에 충분하였다. 그래도 역시, 볼테르에 따르면, '모든 것은 존재해야 하는 대로 존재한다.' 즉 우주는 혼돈의 우연에 의하여 일어나지 않았다는 것이다.

인류가 진보로 향한다고 확신했던 그는 섭리의 견해에 의한 역사 설명에 반대하였고, 또한 단순히 정치적이거나 군사적 역사 편찬에도 반대하였다. 주요 저서로는『철학 편지』,『인간론』,『자디그』,『루이 14세의 세기』,『민족정신과 풍습에 관한 시론』,『관용론』,『캉디드』등이 있다.

113 기원전 700년경에 활동한 그리스의 시인으로 흔히 '그리스 교훈시의 아버지'라고 불린다. 오늘날 완전한 형태로 남아 있는 그의 서사시는『신들의 계보』와『노동과 나날』이다.

진리는 적나라할수록 더없이 아름답고, 그것이 주는 인상은 간단한 표현일수록 더욱 심오하다. 첫째로, 그래야 진리는 부수적인 사상에 의해 전혀 흐트러지지 않은 독자의 마음을 온전히 사로잡을 수 있기 때문이다. 둘째로, 그래야 독자는 수사적 기교에 농락당하거나 기만당하지 않고, 전체 효과가 사실 자체로부터 시작된다고 느끼기 때문이다. 예컨대 인간 존재가 허망하다는 진리에 대해 어떤 열변이 다음과 같은 욥의 말보다 더 깊은 인상을 남기겠는가. "여인에게서 태어난 사람은 생애가 짧고 걱정이 가득하며, 그는 꽃과 같이 자라나서 시들고 그림자같이 지나가며 머물지 아니하거늘."(「욥기」 14장 1절)

괴테의 소박한 시가 실러Johann Christoph Friedrich Schiller(1759~1805)[114]의 수사적인 시보다 비길 데 없이 높은 위치를 차지하는 것도 바로 그 때문이다. 또 여러 나라의 민요가 큰 영향을 미치는 것도 그 때문이다. 건축술에서 지나친 장식을 하지 않도록 조심해야 하듯, 언어 예술에서도 모든 불필요한 수사적 장식, 쓸데없는 부연, 과잉 표현을 삼가도록 조심해야 한다. 그러므로 **정결한** 문체를 위해 열심히 노력해야 한다. 필요 없는 덧칠은 불리하게 작용한다. 소박함은 더없는 숭고함과도 화합하므로 단순함과 소박함의 법칙은 모든 예술에 적용된다.

모든 형식은 자신을 감추기 위해 **내용 없는 말**Geistlosigkeit을 받아들인다. 내용 없는 것은 과장과 허식, 우월함과 고상함의 어조, 수백 개의 다른 형식으로 자신을 은폐한다. **소박함**에 의지하지 않는 것은 그러다가 즉각 자신의 맨 모습을 드러내고 단순한 우직함을 세상에 내놓을 것이기 때문이다. 좋은 두뇌의 소유자조차도 섣불리 **소박**해서는 안 된다. 그러다간 무미건조하고 메마른 모습으로 비칠지도 모르기 때문이다. 그러므로 맨 모습이 아름다움의 예복禮服이듯 **소박함**은 어디까지나 천재의 예복이다.

표현을 간결하게 해야 하는 진정한 이유는 말할 가치가 있는 것만 말하는 데 그 본질이 있다. 반면에 누구나 생각할 수 있는 내용을 장황하게 설명해서는 안 된다. 그러기 위해서는 필요한 내용과 불필요한 내용의 정확한 구별이

---

114 독일의 시인, 극작가, 역사가. 슈투름운트드랑 운명의 혁명적 작가로 등장하여 『도적들』, 『간계와 사랑』으로 이름을 떨쳤다. 칸트 철학을 연구하여 그의 미학과 윤리학을 발전시켰으며, 괴테와 함께 독일 고전주의 시대를 열었다. 작품으로 『발렌슈타인』, 『오를레앙의 처녀』, 『윌리엄 텔』 등이 있다.

필요하다. 그렇다고 문법은 말할 것도 없이 명료함도 간결함에 희생시키라는 말은 결코 아니다. 단어 몇 개를 줄이기 위해 사상의 표현을 약화시키거나 또는 심지어 복합문의 뜻을 모호하게 하거나 가치를 떨어뜨리는 것은 비난받아 마땅한 몰상식한 짓이다. 그러나 바로 이것이 오늘날 유행하고 있는 잘못된 간결함의 예다. 이 같은 간결함의 잘못된 점은 목적 달성에 도움되는 것, 즉 문법적으로나 논리적으로 필요한 것을 생략해 버린 데에 있다. 현재 독일의 형편없는 엉터리 저술가들은 마치 광기에 사로잡힌 듯 그러한 잘못된 간결함에 사로잡혀 믿을 수 없이 몰상식한 짓을 저지르고 있다. 이들은 하나의 단어를 아끼기 위해, 그리고 하나의 파리채로 두 마리의 파리를 잡기 위해, **하나의** 동사나 **하나의** 형용사를 여러 개의 복합문과 상이한 복합문에 동시에, 그러니까 상이한 방향에 따라 써먹는다. 따라서 독자는 이해하지도 못하고 암중모색하듯 모든 문장을 읽어 나가야 한다. 그러다가 결국 마지막 맺는말까지 읽게 되고 우리에게 그 글에 대한 진상이 밝혀지게 된다. 그뿐만 아니라 그들은 전적으로 부적절한 여러 가지 다른 생략법을 사용해 표현과 문체를 간결하게 만들고자 어리석은 노력을 하고 있다. 물론 여기서 말하는 간결함이란 경제적인 의미에서 어느 단어를 생략하는 것을 말한다. 이러한 방법은 어느 복합문을 **단번에** 모호하게 만들어, 독자는 몇 번이고 읽어 문장의 뜻을 파악하려 하나 그것은 하나의 수수께끼처럼 생각될 것이다.

표현을 명확하고 정확히 하려면 사상의 온갖 뉘앙스나 변조變調를 정확하고 분명히 표현하는 데 성공함으로써 언어에 가치를 부여해야 가능하다. 그러므로 사상을 자루 속이 아닌 젖은 의복 속에서처럼 나타나게 해야 한다. 아름답고 힘차며 함축적인 문체는 그렇게 해서 만들어지고, 일류 문장가는 그런 문체로 만들어진다. 그런데 표현을 이처럼 명확하고 정확히 할 가능성이 언어를 잘게 쪼개는 방법으로 완전히 사라져 가고 있다. 언어를 잘게 쪼개는 방법에는 여러 가지가 있는데, 그중에서도 접두사와 접미사의 삭제, 부사와 형용사를 구별하는 음절의 삭제, 조동사의 생략, 완료형 대신 미완료 과거형의 사용 등이 그러하다. 현재 이 같은 풍조가 편집증처럼 독일 문필가들에게 유행하고 있다. 다들 아무 반대 없이 경쟁이라도 하듯 앞다투어 이런 멍청한 짓에 동참하고 있다. 영국이나 프랑스, 이탈리아에서라면 이런 일이 결코 일반화될 수 없을 것이다. 이처럼 언어를 잘게 쪼개는 일은 누군가가 귀중한 옷감을 좀 더 촘촘히 싸려고 잘라 버려 헝겊으로 만들어 놓는 것과 같다. 그로 인해 언어는 반쯤 이해되는 고약한 은어로 변형된다. 독일어는 곧 그렇게 될 것이다.

그러나 간결함을 추구하는 독일 문필가들의 잘못된 노력은 하나하나의 단어들을 절단해 버리는 데서 가장 확연히 드러난다. 일당을 받고 일하는 싸구려 문필가, 소름 끼치게 무식한 문사, 값싼 신문기자들은 사기꾼이 화폐를 위조하듯 사방에서 독일어를 난도질하고 있다. 그들도 잘 알고 있듯, 이 모든 것은 단순히 독자에게 인기 있는 간결함을 추구하기 위해서다. 이런 노력을 하는 그들은 못 말리는 수다쟁이와 같아진다. 수다쟁이들은 짧은 시간에 아주 많은 말을 쏟아내기 위해 철자와 음절을 삼켜 버리고, 급히 숨을 헐떡거리며 판에 박은 말을 신음하듯 나불댄다. 이때 그들은 언어를 절반만 발음한다. 이러한 목적을 달성하기 위해 그들은 단어의 중간에 있는 철자, 접두사와 접미사를 제멋대로 삭제해 버린다. 그런데 여기서 독자들에게 한마디 하고 싶은 것이 있다. 독자들 대부분이 신문 이외에는 거의 아무것도 읽지 않는다는 사실이다. 따라서 거의 필연적으로 신문을 모범으로 정서법, 문법과 문체를 형성하게 된다. 심지어 식견의 부족으로 간결한 표현을 위해 그처럼 언어를 망치는 일을 우아한 경솔함이나 통찰력 있는 언어 개량으로 간주하기도 한다.

아무튼 배움이 부족한 계층의 젊은이들은 인쇄되어 있다고 해서 신문에 권위를 부여한다. 그러니 정부는 신문이 올바른 언어 사용에 앞장설 수 있도록 진지한 대책을 마련해야 한다. 이런 목적을 위해 검열관을 임명하는 것도 하나의 방법이라 할 수 있다. 그리하여 문법이나 구문의 오류를 범했을 때뿐만 아니라, 단어를 삭제했을 경우와 전치사를 잘못 연결했을 때나 잘못된 의미로 사용했을 경우 봉급을 지급하는 대신 수수료로 루이 금화[115]를 징수하는 것이다. 평범한 두뇌의 소유자들은 바퀴 자국이 난 길을 다녀야지, 언어를 개선하겠다고 나서서는 안 된다. 또는 독일어는 가령 법률의 보호를 받을 가치가 없는 하찮은 것으로서 법의 보호 밖에 있단 말인가? 하물며 거름도 법의 보호를 누리고 있는데 말이다. 한심한 속물들 같으니! 악문을 쓰는 자와 신문기자들이 그들 기분과 몰상식의 잣대에 따라 마음대로 처리하고 행사하는

115 1640~1795년에 발행된 프랑스의 금화

전권을 계속 지닌다면, 독일어의 앞날은 대체 어찌 되겠는가? 그러나 이런 횡포를 부리는 장본인이 신문기자에게만 한정된 것은 아니다. 오히려 그런 횡포는 일반적인 현상이며, 단행본이나 학술 잡지 역시 똑같은 짓을 아무렇지 않게 뻔질나게 저지르고 있다.

나는 영국의 신문에서 어느 연설가가 말한 'my **talented** friend(나의 재능 있는 친구)'라는 표현이 심하게 질책받는 것을 발견했다. 'talented'라는 형용사는 영어에 존재하지 않는다는 것이다. 물론 'spirit(정신)'에서 나온 'spirited(기운찬)'라는 형용사는 쓰인다. 다른 나라 국민은 언어[116]와 관련해 이처럼 엄격하다. 반면에 독일의 삼류 문필가는 들어보지도 못한 단어를 거리낌 없이 조합해 내고 있다. 하지만 신문과 잡지의 호된 비난을 받는 대신 그런 자는 찬사를 받고 모방자를 낳는다. 어떤 문필가도, 심지어 가장 저급한 삼류 문필가조차도 어떤 동사를 지금껏 부여되지 않은 의미로 사용하는 것을 주저하지 않는다. 그가 한 말뜻을 독자가 알아맞힐 수만 있다면 그것은 독창적인 발상으로 통용되어 모방자[117]를 낳는다. 문법, 언어 사용, 의미와 상식을 고려하지 않고 모든 바보는 자기 머리에 떠오르는 것을 써 버린다. 터무니없는 것일수록 더 낫다니!

얼마 전 'Zentroamerika(중앙아메리카)'라는 복합명사를 본 적이 있다. 물론 정확한 표현은 'Zentralamerika'다. 'al'을 멋대로 삭제하고 'o'로 대신한 것이다. 간결한 표현이 중요하므로 단어가 지닌 힘은 희생되어도 좋다는 것이다! 그런 식으로 독일인은 매사에서 질서, 규칙, 법칙을 싫어한다. 독일인은 개인적 자유재량과 자신의 변덕을 사랑한다. 그는 그것을 자신의 날카로운 판단력

---

116 • 영국인, 프랑스인, 이탈리아인의 이러한 엄격함은 옹졸함이 아니라, 독일에서처럼 삼류 문필가가 성스러운 모국어를 망치지 못하도록 하는 신중함이다.

117 • 가장 고약한 것은 대체로 가장 저급한 문사들이 저지르는 그런 언어 훼손에 대해 독일에서 아무런 반대도 없다는 점이다. 대체로 정치 잡지에서 생겨난 절단되거나 뻔뻔하게 남용된 단어들이 아무 방해 없이 명예롭게 대학이나 학술 협회에서 발행하는 학술 잡지로, 그러니까 모든 책으로 옮겨간다. 아무도 저항하지 않고, 아무도 언어를 지켜내겠다는 사명감을 느끼지 않고, 다들 경쟁하듯 바보짓에 동참한다.
보다 좁은 의미에서 진정한 **학자**는 어떤 방식으로든 모든 오류와 사기에 저항하고 온갖 종류의 우둔함의 물결을 막아 주는 댐의 역할을 하고, 천박한 자의 현혹을 공유하지 말고 그런 자의 우둔함에 동참하지 않고, 항시 과학적 인식의 빛 속을 거닐며, 지혜롭고 철저히 다른 이들의 앞을 비추는 것을 자신의 직분으로 인식하고 명예로 삼아야 한다. **학자의 품위**는 **그런 데** 있다.
반면에 우리의 교수들은 학자의 품위가 궁정 고문관 칭호나 휘장에 있다고 잘못 생각하고 있다. 그들은 그런 것을 받음으로써 국가의 임명직 공무원이나 이와 유사한 학식 없는 공직자와 동렬에 선다고 생각한다. 학자라면 그와 같은 칭호를 물리쳐야 한다. 반면에 이론적인, 즉 순전히 정신적인 신분으로서 모든 실용적이고 임시변통에 도움되는 것에 대해 나름의 자긍심을 가져야 한다.

에 따라 다소 무미건조한 정의라고 바꿔 부른다.

그 때문에 나는 영국인이 세 개의 영국 왕국과 모든 식민지의 온갖 길에서 철저히 시행하고 있듯이, **우측통행** 준수를 독일인이 언젠가 배울 수 있을지 자못 의심스럽다. 그것의 장점이 너무나 크고 확연히 눈에 띄는데도 말이다. 우리는 사교 모임이나 클럽, 그와 같은 곳에서도 편리함의 장점이 없다면 많은 사람이 사교계의 가장 합목적적인 법칙을 멋대로 깨뜨리는 것을 볼 수 있다. 이에 대해 **괴테**는 이렇게 말하고 있다.

"자기 마음대로 사는 것은 천박하다.
고귀한 자는 질서와 법칙을 추구하거늘."
(『사생아의 딸』)

광적 풍조는 보편적 현상이다. 다들 무자비하고도 인정사정없이 언어 파괴에 적극 가담하고 있다. 사격대회에서처럼 각자 할 수 있는 한 번갈아 가며 목표물을 쏘아 맞히려 한다. 지금 독일에는 지속해서 기대할 만한 작품을 쓴 문필가가 단 한 명도 보이지 않다 보니 책 제조업자나 문사, 신문기자들은 감히 언어를 개혁하려고 한다. 그러므로 우리는 현재 비록 수염은 길지만 이런 무능한, 즉 고도의 지적인 창작물을 생산할 능력이 없는 족속들이 언어를 훼손하는 데에, 그리고 헤로스트라토스[118]가 저지른 만행에 대한 기억을 불러일으키기 위해, 위대한 작가들의 작품에 쓰인 언어를 지극히 악의적이고도 후안무치한 방식으로 훼손하는 데에 여가를 활용하고 있음을 본다. 예전에는 문학의 위대한 거장들이 개별적으로 충분히 생각해서 언어를 개선할 특권을 부여받았다. 그런데 오늘날에는 삼류 문필가, 신문기자, 시시한 지방 문예지의 편집인이라면 누구를 막론하고 자신의 변덕에 따라 마음에 들지 않는 것을 삭제하거나 또는 신조어도 첨가하기 위해, 멋대로 언어를 절단할 자격이 있다고 여긴다.

앞서 말했듯이 이처럼 언어를 절단하는 자들의 광적인 관심은 주로 모든

118　유명해지고 싶어 죄를 짓는 범죄자. 자신의 이름을 영구히 남기려고 기원전 356년에 아르테미스 신전을 불태운 그리스인 헤로스트라토스의 이름에서 유래함

단어의 접두어와 접미어에 향해 있다. 그렇다면 이 같은 절단의 목적은 과연 무엇일까. 아마 간결한 문장일 것이다. 이런 간결함에 의해 문장이 더욱 함축적으로 되고, 표현에 힘이 생긴다고 생각할지도 모른다. 그런데 종이를 아끼는 것으론 결국 효과가 너무 미약하다. 그러므로 그들은 말하는 내용을 되도록 줄이고 싶어 한다. 그러나 이를 위해서는 언어를 줄이는 방법으로 전혀 다른 절차가 요구된다. 다시 말해 간결하고 설득력 있게 **사고하는** 절차 말이다. 그러나 누구나 이런 절차를 지킬 수 있는 것은 아니다.

13

문학이 쇠퇴하고 고전어가 무시당하는 오늘날 문체의 결점이 점점 더 빈번해지고 있다. 이러한 풍조는 독일어에서만 벌어지는 현상이다. 이 결점은 **주관인 성격**을 띠고 있다. 주관적이라는 의미는 작가가 말하고 원하는 것을 스스로 아는 것으로 그에게는 충분하다는 말이다. 독자가 배후에 숨겨진 뜻을 알아내든 말든 상관없다는 식이다! 그는 독백을 읊듯 이런 점은 아랑곳하지 않고 글을 쓴다. 하지만 독자와 대화하듯 글을 써야 한다. 더구나 상대방의 질문이 들리지 않는 만큼 그럴수록 더욱 명료한 표현을 해야 한다. 그러니 문체는 주관적이어서는 **안 되고** 객관적이어야 한다. 작가가 생각하는 것과 정확히 똑같은 것을 독자가 생각하지 않을 수 없게끔 문장력을 기르는 것이 필요하다.

작가는 사상이란 중력의 법칙에 따름을 항시 명심해야만 이런 문장력이 길러진다. 머리로 생각한 사상을 종이에 옮기기가 종이에 쓰인 것을 머리에 옮기기보다 훨씬 쉽다. 따라서 이때 사상은 우리 마음대로 쓸 수 있는 온갖 수단의 도움을 받아야 한다. 이렇게 만들어진 문장은 완성된 유화油畵와 마찬가지로 순전히 객관적인 작용을 하게 된다. 반면에 주관적인 문체는 벽의 얼룩보다도 훨씬 불확실한 작용을 한다. 얼룩에서도 상상력이 풍부한 사람은 어쩌다가 형상을 볼 수 있겠지만, 다른 사람들은 얼룩만 볼 뿐이다. 이와 같은 차이는 모든 서술 방식에 적용되지만, 때로는 개별적으로도 증명 가능하다. 예컨대 나는 최근 신간에서 이런 글을 읽은 적이 있다. "내가 이 책을 쓴 것은 현재 존재하는 책의 양을 증가시키기 위해서가 아니다." 이것은 독자가 의도하는 것과 반대되는 말이고, 게다가 쓸데없는 말이다.

14

성의 없이 글 쓰는 자는 자신의 사상에 커다란 가치를 부여하지 않음을 고백하는 것과 마찬가지다. 자신의 사상이 진리이고 중요하다는 확신이 들 때만 감격스러운 마음이 솟구치기 때문이다. 지칠 줄 모르고 끈기 있게 어디서나 사상에 대한 가장 명료하고 아름다우며 힘찬 표현을 생각하기 위해서는 그런 감격스러운 마음이 필요한 것이다. 우리는 성물聖物이나 대단히 귀중한 예술품, 금이나 은으로 된 그릇을 감상할 때만 이런 감정을 느낄 수 있다. 따라서 고대인은 보통 주도면밀하게 글을 썼으며, 그들의 사상이 그들 자신의 언어로 이미 수천 년간 계속 살아 있기에 그들은 고전 작가Klassiker라는 명예로운 칭호를 얻고 있다. 예컨대 플라톤Plato(기원전 427~347)[119]은 자신의 저서 『국가』[120]의 서문을 쓸 때 일곱 번이나 다르게 수정했다고 한다.

이와는 달리 독일인은 양복을 무성의하게 입듯이 성의 없는 문체로 다른 민족에 비해 두드러진다. 두 가지의 칠칠치 못한 행동은 민족의 성격에 깃든 같은 근원에서 기인한다. 하지만 양복을 소홀히 하는 것이 자신이 속한 사회를 무시하는 행위이듯, 무성의하고 나쁜 날림 문체로 글을 쓰는 것은 독자를 모욕하고 무시하는 행위다. 그럴 경우 독자는 당연히 글을 읽지 않음으로써 처벌한다. 그러나 극히 무성의한 임금賃金 작가 문체로 타인의 작품을 비판하는 비평가는 특히 재미를 선사한다. 이는 어떤 사람이 모닝

---

119 서양 문화의 철학적 기초를 마련한 고대 그리스의 철학자. 논리학·인식론·형이상학 등에 걸친 광범위하고 심오한 철학 체계를 전개했으며, 특히 그의 모든 사상의 발전에는 윤리적 동기가 바탕을 이루고 있다. 선善의 실현이 곧 인간의 목적이며 이를 위해 철인 정치를 이상적인 정치 형태로 보았다. 소크라테스에게 배우고 아리스토텔레스에게 가르쳤으며 아테네 교외에 아카데미아를 설립했다. 저서로는 『소크라테스의 변론』, 『향연』, 『국가』 등의 대화편이 있다.

120 『국가』는 플라톤의 철학과 정치학에 관한 주저로, 기원전 380년경에 소크라테스 주도의 대화체로 썼었다. 이 저서는 철학과 정치 이론에서 광범위한 영향력을 가지며, 플라톤의 저작 중 가장 잘 알려진 책이기도 하다. 플라톤에 의하면 철인 국가가 가장 이상적인 형태이며, 계급 간의 관계가 타락함에 따라 점차 정부 형태도 타락해 간다고 보았다. 군인 국가, 과두정, 민주주정에 이어 최악의 정체인 참주정에 이르면 참주를 제외한 모든 피지배자는 참주에게 억압받고 참주는 다수의 피지배자에 의한 보복의 공포에 휩싸이며 사회는 무절제가 만연하게 된다.

가운에다 슬리퍼를 신고 재판을 하기라도 할 때처럼 이채를 띠는 현상이다. 반면에 영국의 평론지 『에든버러 리뷰*Edinburgh*』와 프랑스의 평론지 『주르날 데 사방*Journal des Savants*』은 얼마나 주도면밀하게 작성되는가! 하지만 형편없고 더러운 옷을 입은 사람과 대화를 나누는 경우 잠시 주저하게 되듯, 나는 성의 없는 문체로 쓰인 글을 보게 될 때 즉각 그 책을 내려놓을 것이다.

약 100년 전까지만 해도 학자들, 특히 독일 학자들은 **라틴어**로 글을 썼다. 라틴어의 문법적 오류는 수치였을지도 모른다. 심지어 학자들 대부분은 우아한 라틴어 글을 쓰려고 진지한 노력을 기울였다. 그리고 많은 사람이 그렇게 하는 데 성공했다. 이러한 족쇄에서 해방되어 대단히 편리하게도 자신의 모국어로 글을 써도 되는 지금, 그들은 최소한 대단히 정확하고도 되도록 우아한 글을 쓰려고 노력해야 한다. 프랑스, 영국, 이탈리아에서는 아직 이런 노력을 계속하고 있다. 그러나 독일에서는 정반대의 일이 벌어지고 있다니! 시급을 받는 임시 고용인처럼 그들은 해야 할 말을 급히 휘갈겨 쓴다. 그들의 혐구에서 튀어나오는 표현에는 문체도 문법도, 그러니까 논리도 없다. 어디서나 현재완료와 과거완료 대신에 미완료 과거형이 쓰이고, 소유격 대신에 탈격[121]이 쓰이기 때문이다. 또한 온갖 불변화사 대신에 언제나 하나의 '**für**'만을 사용함으로써, 여섯 번 중에 다섯 번은 잘못 사용되고 있다. 요컨대 앞에서 몇 번 지적했듯 다들 문법상으로 바보짓을 저지르고 있다.

15

미리 설계도를 작성한 후 세부적인 부분을 완성해 가는 건축가가 드문 것처럼 글 쓰는 사람도 이와 마찬가지다. 오히려 작가들 대부분은 도미노 게임을 하듯 글을 쓴다. 다시 말해 때로는 의식적으로, 때로는 우연에 의해 돌을 하나씩 세우듯이 글을 쓰는데, 문장의 순서와 맥락도 이와 마찬가지다. 그들은 전체의 형태가 어떻게 될지, 전체를 어떤 모습으로 만들어야 할지 잘 알지 못한다. 많은 작가는 이런 사실을 알지 못하고, 산호충이 집을 짓듯이 글을 쓴다.

---

121 라틴어 문법의 제6격

복합문이 복합문에 짝 맞추어져서, 신의 뜻대로 이루어진다. 게다가 **현시점** Jetztzeit의 생활은 **대단히 빠른 속도**로 돌아가고 있다. 문학에서 빠른 속도는 극단적인 신속함과 불성실함으로 드러난다.

16

인간은 한 번에 **한 가지** 생각만 명료하게 할 수 있다. 문장론의 이러한 으뜸 원칙을 명심해야 한다. 그러니 두서너 가지를 한꺼번에 생각하도록 독자에게 부당한 요구를 해서는 안 된다. 그런데 독자에게 이러한 무리한 요구를 하는 작가가 있다. 그는 이런 목적으로 삽입문을 잘게 자른 주된 문장에 끼워 넣음으로써 독자를 쓸데없이 멋대로 혼란에 빠뜨린다. **독일**의 문필가들 중 이런 방법을 쓰지 않는 부류가 거의 없을 정도다.

독일어는 다른 언어들에 비해 이런 방법을 쓰기에 더 적합하다. 그렇기에 독일 문필가들이 이처럼 멋대로 글을 쓴다고 해서 사실 반박할 근거가 없기는 하다. 그렇다고 그것이 칭찬받을 만한 일은 아니다. 프랑스어로 쓴 산문처럼 수월하고 기분 좋게 읽을 수 있는 글은 없는데, 그 이유는 프랑스어가 이 같은 잘못을 용납하지 않게 만들어졌기 때문이다. 프랑스인은 생각하고 있는 내용을 되도록 논리적이고 자연스러운 질서로 병렬시켜, 독자가 편리하게 생각할 수 있게 순차적으로 제시한다. 이는 독자가 작가의 생각 하나하나에 온전히 주의를 기울일 수 있도록 하기 위해서다.

독일인은 이와 반대로 생각을 짝 맞춰 가뜩이나 복잡한 문장을 자꾸만 더 난해하게 만든다. 한 개의 문제를 차례로 제시하는 대신 여섯 개의 문제를 한꺼번에 말하려 하기 때문이다. 여섯 개의 문제를 한꺼번에 뒤섞어 말하지 말고, 그대들이 말하려는 내용을 차례로 말하라! 그러므로 독일의 작가는 독자의 주의를 끌고 붙잡아 두려 해야 하는 반면, 게다가 서너 가지의 상이한 생각을 동시에 하도록 하거나, 또는 그것이 불가능하므로 재빨리 번갈아 가며 하도록 요구하고 있다. 이 때문에 딱딱한 독일어 문체가 생겨났으며, 극히 단순한 내용을 전달하는 데도 멋 부리고 허풍 떠는 표현과 그 밖의 이런 종류의 기교가 필요한 것이다.

독일인의 진정한 민족성은 **둔중함**이다. 이런 점은 그의 몸가짐, 행동거지,

언어와 말, 이야기하는 투, 이해하는 방식과 생각에서, 그중에서도 특히 문체에서 두드러지게 나타난다. 그리고 길고 둔중하며 복잡하게 얽힌 복합문을 쓰면서 흡족해하는 데서 두드러지게 나타난다. 복합문을 읽는 경우 혼자 5분 동안은 참을성 있게 기억력의 한계를 느끼다가 결국 복합문의 끝에 가서 해결의 실마리를 찾아 수수께끼가 풀리게 된다. 독일인은 이 점에 대해 우쭐한다. 독일 작가는 멋 부리고 과장된 문체, 허세 섞인 엄숙한 위엄을 과시하는 데 탐닉하고 있다. 그러면서 독자에게 참을성을 가지라고 한다.

그러나 보통 독일 작가는 되도록 모호하고 불확실한 표현을 하는 데 열심히 노력하고 있다. 그로 인해 모든 표현이 안개 속 형상처럼 흐릿하게 나타난다. 그 목적은 모든 문장에 뒷문을 열어 놓으려는 계산인 것 같다. 또는 생각한 내용보다 말을 더 많이 하려는 것처럼 허세를 부리는 것인지도 모른다. 또는 기질이 실제로 우둔하고 굼떠서 그런지도 모른다. 외국인들이 독일 작가의 글을 죄다 싫어하는 이유는 바로 이 때문이다. 그들은 암중모색하며 글 뜻을 파악하는 것을 좋아하지 않는다. 반면에 우리 독일인들은 그런 표현에 기질적으로 맞는 모양이다.[122]

17

덧붙여 언급하자면 논리학에서는 좋은 문장을 쓰기 위해 **분석적 판단**을 해서는 안 된다고 할 수 있을지도 모른다. 분석적 판단은 아둔한 느낌을 주기 때문이다. 이런 느낌은 종種의 속성에 속하는 것을 개체가 지니고 있다고 부연 설명할 때 가장 두드러지게 나타난다. 예컨대 뿔 달린 황소라든지, 환자를 치료하는 일을 하는 의사라든지 하는 설명이 그러하다. 따라서 분석적 판단은 설명이나 정의가 필요한 경우에만 사용해야 한다.

---

122 • 우리의 언어 개량자들은 듣기 좋은 소리Euphonie와 불협화음Kokophonie에 대해 아무 개념이 없다. 오히려 그들은 모음을 삭제하고 자음들끼리 더욱 촘촘히 이어지게 한다. 그리하여 동물의 주둥이로 발음 연습을 하는 것처럼 귀에 거슬리는 소리가 나게 만든다. '터무니없는 짓'이다! 그들은 또한 라틴어를 이해하지 못하는 자들로서 l이나 r과 같은 유음流音과 다른 자음들 사이의 차이를 알지 못한다.

비유Gleichnis는 미지未知의 관계를 기지旣知의 관계로 환원시킬 때 큰 가치가 있는 표현법이다. 우화寓話, Parabel나 우의寓意, Allegorie로 발전하기도 하는 보다 상세한 비유 역시 어떤 관계를 가장 간단하고 구체적이며 알기 쉬운 서술로 환원시키는 표현법일 뿐이다. 심지어 모든 개념 형성은 기본적으로 비유에서 출발한다. 여러 사물의 비슷한 점을 파악하고 비슷하지 않은 점을 내버리는 것에서 개념 형성이 이루어지기 때문이다. 더구나 어떤 종류의 **이해**를 막론하고 이해란 결국 관계의 파악이 관건이다.

그러나 우리는 상이한 경우나 완전히 이질적인 사물들 사이에서 같은 관계를 인식하는 경우 모든 관계를 더욱 분명하고 순수하게 파악할 것이다. 다시 말해 내가 어떤 관계를 하나하나의 경우에 존재하는 것으로만 알고 있는 한 그와 같은 관계에 대해 다만 개별적인, 그러므로 직관적인 인식만 가능하다. 하지만 내가 또한 두 가지 상이한 경우에서 같은 관계를 파악하는 즉시 그와 같은 관계의 모든 **종류**에 대한 **개념**을 갖게 되며, 그러므로 보다 깊고 완전한 인식을 하게 된다.

이처럼 비유는 인식을 위한 강력한 지렛대 역할을 한다. 그러므로 놀라우면서도 적절한 비유를 내세우는 것은 깊은 지성의 증거다. **아리스토텔레스** Aristotle(기원전 384~322)[123]도 일찍이 이런 말을 했다.

"비유를 찾아내는 것이 무엇보다 가장 위대한 일이다. 이 비유만은 다른 사람에게서 배울 수 없으며, 그것은 천재적인 천성의 징표이기 때문이다. 좋은 비유를 들기 위해서는 같은 성질을 인식하는 것이 필요하기 때문이다."

(『시학』)

---

123 고대 그리스의 철학자·과학자. 플라톤의 제자로 알렉산드로스 대왕의 스승이자 소요학파의 창시자이며 리세움의 창립자이다. 그가 세운 철학과 과학의 체계는 중세 그리스도교 사상과 스콜라주의를 뒷받침했다. 17세기 말까지 서양 문화는 아리스토텔레스주의였으며 수백 년에 걸친 과학 혁명 뒤에도 아리스토텔레스주의는 서양 사상에 여전히 뿌리 깊게 남아 있었다. 철학 외에 인문, 사회, 자연 과학 전반에 큰 영향을 미쳤다. 가장 큰 업적은 형식논리학과 동물학 분야의 연구이다. 키케로는 그의 문체를 '황금이 흐르는 강'이라고 묘사했다. 저서에 『오르가논』, 『영혼론』, 『형이상학』, 『수사학』, 『정치학』, 『시학』 등이 있다.

이 밖에 그는 다음과 같은 말로 비유에 대해 말하기도 했다.

"철학에서도 확연히 다른 사물에서조차 같은 성질을 발견하는 것은 명민함의 징표다." (『수사학』)

19

언어는 일종의 예술품이므로 객관적으로 다루어야 한다. 그러므로 언어로 표현되는 모든 작품은 규칙을 따라야 하며, 자신의 의도에 부합해야 한다. 모든 문장에서 그 문장이 말해야 하는 내용은 객관적으로 그 속에 들어 있는 것으로서 실제로 증명될 수 있어야 한다. 하지만 우리는 언어를 단순히 주관적으로 받아들여, 우리가 말하는 바를 다른 사람도 어쩌면 알아맞힐지도 모른다고 기대하며 임시변통으로 표현해서는 안 된다. 격을 전혀 표시하지 않고, 과거 시제를 모두 미완료 과거로 표현하고, 접미사를 생략하는 등으로 말이다.

언젠가 동사의 시칭과 화법, 명사와 형용사의 격을 생각해 내고 구별한 우리의 선조들과 이 모든 것을 창밖으로 던지고 싶어 하는 한심한 작자들의 차이는 얼마나 현격한가! 그들은 이처럼 대충 표현함으로써 자신에게 알맞은 미개인의 은어를 후세에 남기려고 한다. 이들은 현재 모든 정신이 파탄한 문학 시대의 싸구려 매문업자賣文業者들이다.

신문기자들에게서 시작된 언어 파괴는 문학 비평가와 책들에서 순종하고 경탄하는 추종자를 발견했다. 그들은 적어도 그런 행위와 상반되는 예를 통해, 그러므로 훌륭하고 진정한 독일어를 수호해서 문제를 해결하려고 해야 했다. 하지만 아무도 이런 일을 하지 않으며, 현 상황에 저항하는 사람이 단 한 사람도 보이지 않는다. 단 한 사람도 더없이 저열한 문학 천민에게 학대받는 언어를 도우려 하지 않는다. 아니, 그들은 양 떼처럼 바보들 뒤를 따르고 있다.

독일인의 이 같은 태도는 국민성에서 비롯한다. 독일 민족은 스스로 판단해서 스스로에 **유죄 판결**을 내리지 않는 경향이 있다. 그런데 어떤 민족도 독일 민족처럼 그렇게 하지는 않는다. 생활과 문학이 매시간 그럴 기회를 제공하는데도 말이다(오히려 그들은 모든 멍청한 언어 파괴를 급히 모방함으로써 다음 사실을 보여 준다고 잘못 생각하고 있다. 즉 자기들이 시대에 뒤처져 있지 않고 '시대의 첨단을 달리고' 있으며, 문필가들은 최신 유행을 따르고 있다는 것이다). 그들은 비둘기처럼 쓸개가 없다.[124] 하지만 쓸개가 없는 자는 분별력도 없다. 분별력은 분노를 낳는다. 분노는 일상생활이나 예술과 문학에서 필시 수천 가지 일에 대한 내적인 비난과 조소를 불러일으킨다. 우리가 그런 일을 따라 하지 않는 것은 바로 이런 감정 때문이다.

---

124 • 셰익스피어의 『햄릿』 제2막 2장과 「마태복음」 10장 16절(보라 내가 너희를 보냄이 이리 가운데로 보냄과 같도다. 그러므로 너희는 뱀같이 지혜롭고 비둘기처럼 순결하라)에 나오는 말 참조

제12장
독서와 책에 대하여

1

무지한 자가 부자가 되었을 때 비로소 무지는 인간의 품격을 떨어뜨린다. 가난한 사람은 자신의 가난과 궁핍에 얽매인다. 그의 경우에는 성과가 지식을 대신하므로 가난한 자는 성과를 내겠다는 생각에 몰두한다. 반면 무지한 부자는 단지 자신의 욕망에 따라서만 살아가며, 그런 자는 짐승과 같다. 우리는 이런 사실을 매일같이 목격할 수 있다. 거기에다가 또한 부자들은 그들에게 가장 큰 가치를 부여하는 것에 부와 여가를 이용하지 않았다는 비난을 받아도 할 수 없는 일이다.

2-1

독서란 자기 스스로 생각하지 않고 남이 대신 생각해 주는 것이다. 다시 말해 우리는 그 사람의 마음에서 일어나는 과정을 따라가는 것에 불과하다. 그것은 학생이 글쓰기를 배울 때 선생이 연필로 그어 놓은 선을 따라 펜을 움직이는 것과 같다. 그것에 따라 책을 읽으면 우리는 생각을 거의 하지 않는다. 독자적 사고를 하다가 독서를 하면 마음이 한결 홀가분해지는 것은 바로 그 때문이다. 그러나 우리의 머리는 책을 읽는 동안에는 타인의 생각이 뛰어노는 놀이터에 불과하다. 그런데 이런 생각이 물러가면 남는 게 뭐란 말인가? 그러니까 거의 종일 책을 읽되 그사이에 멍하니 시간을 보내며 휴식을 취하는 자는 독자적 사고를 할 능력을 점차 상실한다. 그것은 마치 늘 말을 타고 다니는 사람이 결국 걷는 법을 잊어버리는 것과 마찬가지다. 그런데 매우 많은 학자의 실상이 그러하다. 그들은 책을 많이 읽어 바보가 된 것이다. 틈날 때마다 독서하는 생활을 계속하면 손작업을 계속하는 생활보다 더욱 정신이 마비되기 때문이다. 그래도 손작업을 할 때는 자신의 생각에 몰두할 수 있다. 하지만 용수철이 다른 물체로부터 계속 압력을 받으면 탄력을 잃듯, 다른 사람의 생각이 끊임없이 떠오르면 정신도 탄력을 잃고 만다. 음식을 너무 많이 섭취하면 위를 망치고 그 때문에 몸 전체를 해치는 것처럼, 정신도 자양분을 너무 많이 섭취하면 영양 과잉으로 질식해 버린다. 책을 많이 읽을수록 읽은 흔적이 정신에 그만큼 적어지기 때문이다. 다시 말해 정신은 글씨를 지우지 않고 겹쳐서 써 놓은 흑판처럼 되고 말아 읽은 것을 되새기지 못한다.[125] 음식이란 먹는다고 우리 몸에 양분이 되는 것이 아니라 소화를 해야 되는 것처럼, 되새겨야만 읽은 것이 자기 것으로 된다. 반면에 끊임없이 책만 읽고 나중에 그것을 계속 생각하지 않으면 읽은 것이 뿌리를 내리지 못하고 대부분 사라지고 마는 것이다. 일반적으로 정신의 양식도 육체의 양식과 마찬가지로, 섭취한 양의 50분의 1 정도만 흡수되고 그 나머지는 증발이나 호흡, 또는 그 밖의 일로 없어진다.

이러한 모든 사실 이외에도 종이 위에 적힌 생각은 모래 속에 남은 보행자의 발자국과 진배없다. 다시 말해 그 사람이 걸어간 길은 알 수 있지만, 그가 길을 걸으며 무엇을 보았는지 알기 위해서는 자기 자신의 눈을 사용해야 한다.

2-2

저술가에게는 예컨대 설득력, 다양한 비유 능력, 비교의 재능, 표현의 대담성이나 신랄함, 간략함이나 우아, 경쾌, 그리고 기지, 대조의 수완, 간결한 표현과 소박함 등과 같은 특성이 있다. 그런데 이런 재능을 지닌 저술가의 책을 읽는다고 해서 우리가 그런 것을 획득할 수는 없다. 그러나 우리가 이미 소질

---

125 *새로 읽은 것이 자꾸 많아질수록 이전에 읽은 것이 더 빨리 잊혀 버릴 뿐이다.

로, 잠재력으로 지닌 경우에 독서로 우리 내면의 그와 같은 특성을 불러일으키고, 그것을 우리에게 의식하게 하여 그것으로 뭐든지 할 수 있음을 알 수 있다. 또한 그런 특성을 사용해 보려는 기분, 아니 용기로 힘을 얻은 다음 실례에 의해 사용 효과를 판단해서 그것의 올바른 사용법을 습득할 수 있다. 이렇게 해서야 비로소 우리는 이런 특성을 실제로 소유하기에 이른다. 독서를 통해 글 쓰는 법을 배우려면 이런 방식밖에 없다. 다시 말해 독서는 우리 자신이 지닌 천부적 재능의 사용법을 우리에게 가르쳐 주는데, 이때는 언제나 천부의 재능이 있어야 한다는 전제가 필요하다. 반면에 이런 재능이 없으면 우리는 독서를 통해 오로지 차갑고 쓸모없는 수법만 배워 진부한 모방자가 된다.

3

위생 경찰은 눈의 보호를 위해 활자의 크기에 최소한의 한도를 정해서 그것보다 작은 활자는 만들지 못하도록 감시하는 것이 좋겠다(1818년 내가 베네치아에 머물렀을 때는 아직 베네치아 특유의 쇠사슬을 만들던 시절이었다. 가는 쇠사슬을 만드는 사람은 서른 살이 되면 실명할 것이라고 어떤 금 대장장이가 내게 말했다.)

4

지층이 지나간 세기의 생물을 차례로 보존하고 있는 것처럼 도서관의 서가도 과거의 오류와 그것이 서술된 글을 차례로 보존하고 있다. 이런 글도 지나간 세기의 생물과 마찬가지로 그 시대에는 크게 활약하고 큰 소동을 일으켰지만, 지금은 굳어서 화석으로 변해 문헌을 연구하는 고생물학자만 살펴볼 뿐이다.

5

(헤로도토스에 의하면) 페르시아의 대왕 크세르크세스는 헤아릴 수 없이 많은 자신의 대군을 바라보며 100년 후에는 이 모든 사람 중에 아무도 살아남

지 못하리라 생각하고 눈물을 흘렸다고 한다. 두꺼운 도서 목록을 보면서 이 모든 책 중에 10년 후에는 읽힐 책이 단 한 권도 없으리라고 생각하면 누군들 눈물을 흘리고 싶지 않겠는가.

6

문학의 세계도 인생과 다르지 않다. 어디로 눈을 돌리든 교정 불능의 천민 무리를 만날 수 있다. 이들은 어디서든 무리 지어 살면서 여름의 파리 떼처럼 온갖 것을 가득 채우고 온갖 것을 더럽힌다. 그 때문에 무수히 많은 악서惡書, 문학에 무성한 이 잡초는 밀의 양분을 빼앗아 질식시킨다. 다시 말해 이러한 악서는 단순히 돈이나 지위를 얻으려는 의도에서 쓰인 것인데도 당연히 양서와 그것의 고상한 목적에 쓰여야 할 독자의 시간과 돈, 주의력을 빼앗아 간다. 그러므로 악서는 무익할 뿐 아니라 절대적으로 해롭다. 현재 우리나라의 저작물 중 10분의 9는 독자의 호주머니에서 돈을 빼내려는 목적밖에 없다. 이런 목적을 위해 저자와 출판인, 비평가는 똘똘 뭉쳐 있다.

현대의 문필가, 매문업자賣文業者, 다작가 들이 시대의 좋은 취향과 참된 교양을 외면하고, 전체 **상류 세계**를 고삐로 끌어내 즉각 자신들의 글을 **읽도록** 길들이는 데 성공한 것은 교활하고 고약한 짓이긴 하지만 눈부신 일이라고 할 수 있다. 다시 말해 그들은 사교 모임에서 대화의 재료로 삼기 위해 모두 언제나 같은 책, 즉 최신 저작을 읽지 않을 수 없는 것이다. 이러한 목적에 도움이 되는 것은 예전의 **슈핀들러, 불버, 오이겐주에** 등과 같이 한때 문명을 날렸던 작가들이 쓴 질 낮은 소설이나 이와 비슷한 작품들이다. 그러나 이런 통속 소설을 읽는 독자들의 운명만큼 비참한 것이 어디 있겠는가! 이런 독자들은 단순히 돈 때문에 글을 쓰고 그 때문에 늘 때로 존재하는 극히 평범한 작가의 최신 졸작을 읽는 것을 언제나 의무로 생각한다. 그 대신 동서고금에 걸쳐 희귀하고 훌륭한 작가가 쓴 작품은 이름만 들어 알고 있을 뿐이다! 특히 미학적 감각이 있는 독자는 참된 예술 작품을 읽어서 자신의 교양을 높이는 데 사용해야 한다. 그런데 그런 시간을 평범한 작가들의 진부한 졸작을 읽는 데 허비하도록 교활하게 생각해 낸 수단이 바로 통속 소설을 싣는 **일간지**다.

사람들은 모든 시대를 통틀어 최고의 작품 대신 항상 최신 작품만 읽기 때

분에 서슬 가는 유통되는 이념이 좁은 범위에 갇혀 있고, 시대는 언제나 그 자신의 오물 속에 점점 깊이 파묻힌다.

그 때문에 우리의 독서법에서 보면 읽지 **않는** 기술이 극히 중요하다. 그 기술이란 늘 곧장 좀 더 많은 독자의 관심을 끄는 작품을 그 때문에라도 손에 쥐지 않는 데 있다. 가령 곧바로 독서계에 물의를 일으키고 출판되는 해에 몇 판을 찍고 그것으로 끝나는 정치적 팸플릿, 문학 팸플릿, 소설, 시 따위를 사보지 말아야 한다. 오히려 항시 얼마 안 되더라도 일정 시간을 독서에 할애해 모든 시대와 민족을 막론하고 나머지 인류보다 위대하고 탁월한 정신의 소유자라서 그 자체로 명성이 자자한 작가가 쓴 작품만 읽도록 하라. 이런 작품만이 정말로 우리에게 교양과 가르침을 준다.

악서는 많이 읽게 되지만, 양서는 자주 읽지 못하는 법이다. 악서는 정신의 독약이라서 정신을 파멸시킨다.

양서를 읽기 위한 조건은 악서를 읽지 않는 것이다. 인생은 짧고 시간과 힘은 한정되어 있기 때문이다.

7

이런저런 위대한 옛 작가를 논평한 책이 나오면 독자는 그런 책을 읽지, 그 작가의 저술 자체는 읽지 않는다. 독자는 단지 새로 나온 책만 읽으려 한다. '유유상종'이라는 말이 있듯이, 오늘날의 멍청이가 지껄이는 진부하고 김빠진 잡담이 위대한 정신의 생각보다 독자의 수준과 구미에 맞아서다. 하지만 나는 이미 젊은 시절 슐레겔의 멋진 경구를 접하고, 그때부터 그것을 나의 좌우명으로 삼은 운명에 감사한다.

> 열심히 고전을 읽어라, 진정으로 참된 고전을!
> 최근에 나온 글은 그다지 중요하지 않으니.[126]
> (『고대 연구』)

---

126 · 그다음 구절은 이러하다. "고전을 읽어라! 참으로 가장 오래된 고전을! / 현대인이 칭찬하는 글은 그다지 중요하지 않으니."

오, **어떤** 평범한 인간은 다른 평범한 인간을 어쩌면 그다지도 닮았단 말인가! 그들은 어쩌면 모두가 하나의 틀에서 만들어진단 말인가! 누구나 같은 기회에 다른 생각은 하나도 떠오르지 않고 같은 생각만 떠오른단 말인가! 더욱이 그들은 저급한 개인적 의도를 지니고 있다. 그런데 멍청한 독자는 새로 나온 신간이라며 그런 가련한 자의 보잘것없는 잡담을 읽으면서도, 위대한 정신의 소유자가 쓴 책은 책꽂이에 고이 모셔 둔다.

모든 시대와 모든 나라에서 배출된 온갖 종류의 더없이 고귀하고 극히 드문 정신의 소유자가 쓴 작품을 읽지 않고 방치하는 독자의 어리석음과 불합리함은 도저히 믿을 수 없을 정도다. 그 대신 일반 독자는 갓 인쇄되고 잉크가 채 마르지 않았다는 이유로, 매일같이 나오는 평범한 졸작, 매년 파리 떼처럼 무수히 생겨나는 졸작을 읽으려 한다. 오히려 이런 작품은 몇 해만 지나면, 또 그다음부터는 영원히 지나간 시대와 그 시대의 허튼 생각을 비웃는 단순한 재료가 될 뿐이므로, 이미 나온 날부터 내버리고 무시하는 것이 좋겠다.

8-1

어느 시대에나 상당히 낯설게 서로 나란히 존립하는 두 가지 형태의 저작물이 있다. 하나는 참된 저작물이고, 다른 하나는 겉보기만 그럴듯한 저작물이다. 참된 저작물은 **영원한 저작물**이 된다. 학문이나 문학을 위해 살아가는 사람들에 의해 쓰인 참된 저작물은 진지하고 조용하나 매우 더딘 걸음을 한다. 그래서 이런 작품은 한 세기 동안 유럽에서 거의 한 다스도 나오지 않으나 영원히 존속한다. 학문이나 문학으로 밥벌이하고 살아가는 사람들에 의해 쓰인 겉보기만 그럴듯한 저작물은 당사자들이 큰 소리로 야단법석을 떠는 가운데 빠른 속도로 내달린다. 그런 작품은 매년 수천 개씩 시장에 쏟아져 나온다. 그러나 얼마 지나지 않아 사람들은 그것들이 어디로 갔느냐고, 그렇게 일찍부터 떠들썩하던 그 명성은 어디로 갔느냐고 물을 것이다. 그 때문에 이런 저작물은 일시적인 저작물이라고, 참된 저작물은 영원한 저작물이라고 부를 수 있다.

책을 읽는 시간도 함께 살 수 있다면 책을 사는 것은 좋은 일일지도 모른다. 하지만 사람들은 대체로 책의 구입과 그 내용을 자기 것으로 만드는 것을 혼동하고 있다.

어떤 사람이 자기가 지금까지 읽은 것을 모두 간직하기를 바라는 것은 지금까지 자기가 먹은 것을 모두 체내에 담고 있기를 바라는 것과 같다. 그가 먹은 것에 의해 육체적으로 살고, 읽은 것에 의해 정신적으로 살아서 현재의 자신이 되었다. 하지만 육체는 자신과 동질적인 것을 동화시키듯이, 누구나 자신이 **흥미**를 느끼는 것, 다시 말해 자신의 사고 체계나 그것의 목적에 맞는 것만 간직할 것이다. 물론 누구에게나 목적은 있지만, 사고 체계와 비슷한 것을 지닌 사람은 극소수다. 이 때문에 그들은 어떤 것에도 객관적인 흥미를 느끼지 않는다. 이런 점 때문에 독서를 해도 그들에게 아무것도 남지 않는다. 다시 말해 그들은 읽은 것을 아무것도 간직하지 않는다.

"반복은 연구의 어머니다." 중요한 책은 무엇이든 즉시 두 번 읽는 게 좋다. 그래야 사물의 맥락을 좀 더 잘 파악할 수 있고, 끝을 알고 있으면 처음 부분을 비로소 제대로 이해할 수 있기 때문이다. 또한 두 번째 읽을 때는 어떤 대목도 처음과 다른 분위기와 기분을 느끼므로, 다른 인상을 받는다. 그것은 어떤 대상을 다른 각도로 보는 것과 같다.

작품이란 어떤 정신의 진수다. 그 때문에 작품은 아무리 위대한 정신의 소유자라 해도, 그 정신의 인간관계에 비해 항시 비교할 수 없이 풍부한 내용을 담고 있고, 이 인간관계를 본질적으로 대체할 것이다. 따라서 작품은 정신을 훨씬 능가하고 앞지른다. 심지어 평범한 인간이 쓴 저서도 유익하고 읽을 가치가 있으며 재미있을 수 있다. 그것이 그의 정신의 진수이며, 그의 모든 사고와 연구의 결과이자 결실이기 때문이다. 반면에 그의 인간관계는 우리를 만족시킬 수 없다. 그러므로 그 사람의 인간관계에는 만족하지 않더라도 그 사람의 저서는 읽을 수 있다. 따라서 정신적 교양이 높아지면 더 이상 사람이 아닌 거의 책에서만 점차 즐거움을 발견할 것이다.

그렇지만 정신을 위한 청량제로는 옛 고전을 읽는 것보다 나은 것이 없다. 고작 반 시간이라도 고전 작가의 작품을 읽으면 곧 생기가 나고 홀가분해지고 정화되고 고양되고 힘이 생기는 기분을 느낄 수 있다. 이것은 마치 바위틈에서 솟아나는 신선한 물을 마시고 기분이 상쾌해지는 것과 같다. 이것은 고전어와 그것의 완벽함 때문일까? 또는 몇천 년이 지나도 작품이 훼손되지 않고 약화하지 않는 정신의 위대성 때문일까? 이 두 가지가 함께 작용했을지도 모른다. 하지만 나는 언젠가 이 고전어 학습을 그만둘까 봐 벌써부터 우려된다(야만인이 벌써 나타났고, 반달족은 사라지지 않을 것이다). 그렇게 되면 일찍이 없었던 야만적이고 천박하며 보잘것없는 졸작으로 이루어진 새로운 저작물이 나올 것이다. 특히 고전어의 완벽성을 일부 지닌 독일어가 오늘날 '당대'의 보잘것없는 엉터리 작가에 의해 체계적으로 심하게 훼손되고 망가지고 점차 빈곤해지고 형편없어져 상스러운 은어로 변질되기 때문이다.

두 가지 **역사**, 즉 정치의 역사와 문학과 예술의 역사가 있다. 전자는 의지의 역사이고, 후자는 **지성**의 역사다. 정치의 역사는 대개 불안과 두려움을 일으킨다. 다시 말해 정치사는 말할 수 없는 불안과 곤궁, 사기, 끔찍한 살인으로 가득 차 있다. 이에 반해 문예사는 잘못된 길을 헤매는 경우조차 고독한 지성처럼 어느 부분이나 즐겁고 명량하다. 문예사의 주요 분야는 철학의 역사다. 사실 철학사는 다른 역사에까지 울려 퍼져, 거기서도 밑바탕에서 견해를 이끌어 가는 기본 저음이다. 다시 말해 철학사가 세계를 지배하는 것이다. 그 때문에 철학은 잘 이해하면 가장 강력한 현세적인 권력이기도 하지만 그 영향은 매우 서서히 나타난다.

9

세계사에서는 계속 재료가 흘러 들어와 항상 무슨 일을 일으켜 반세기가 언제나 중요한 작용을 한다. 이에 반해 문학사에서는 그동안 아무 일도 일어나지 않아 그 기간이 시간에 들어가지 않을 때도 가끔 있다. 문학사는 서투른 습작과 관계없기 때문이다. 그러므로 문학사에서는 50년 전이나 지금이나 다를 바 없다.

이런 점을 해명하기 위해 인류에게서 나타난 인식의 진보를 행성의 궤도와 비교해 생각해 보자. 인류는 대체로 눈부신 진보를 보인 후에는 곧장 프톨

Schema huius præmissæ diuisionis Sphærarum.

「프톨레마이오스 초상」, 1584(왼쪽)
「프톨레마이오스의 우주」, 1584(오른쪽)

레마이오스Claudios Ptolemaeos[127]의 주전원周轉圓[128]으로 설명되는 미로에 빠지고 만다. 인류는 이 주전원의 어느 쪽을 달려도 결국 원래의 출발점으로 되돌아온다. 그렇지만 인류를 행성의 궤도 위에서 앞으로 나아가게 하는 위대한 인물은 그때그때의 주전원에 동참하지 않는다. 후세에 명성을 떨치는 많은 사람은 동시대인의 갈채를 받지 못하고, 반대로 오늘날 갈채를 받는 많은 사람은 후세에 무시된다는 것도 이런 점에서 설명된다. 그와 같은 주전원은 예컨대 최후에 헤겔이 희화화戱畵化해 완성한 피히테와 셸링의 철학이다. 이러한 주전원은 마지막으로 칸트에 의해 그때까지 이어진 원주로부터 끊어졌다. 나는 나중에 칸트에서 끊긴 지점을 다시 받아들여 원주를 계속 이어 가려고 했다. 그런데 그사이 앞에서 말한 사이비 철학자들과 그 밖의 몇 명이 주전원을 달려, 그것이 이제 막 완성된 상태에 있다. 그들과 함께 달리던 독자는 원운동이 시작된 바로 그 지점에 다시 되돌아온 것을 깨닫게 될 것이다.

학문, 문학, 예술의 시대정신이 대략 30년마다 파산 선고를 받는 것도 이러한 과정과 관계있다. 다시 말해 그 기간에 그때마다의 오류가 차츰 늘어나 그 불합리의 무게를 견디지 못하고 무너지고 마는 것이다. 이와 동시에 이러한 오류에 반대하는 세력의 힘이 커진다. 그러므로 형세가 일변한다. 때로는 반대 방향에서 오류가 일어나기도 한다. 이러한 주기적인 회귀 과정을 보여 주면 문학사의 적절한 실용적 재료가 될지도 모른다. 하지만 문학사는 이것을 그다지 중요하게 생각하지 않는다. 게다가 그러한 주기가 비교적 짧기에 시대가 멀어질수록 그 같은 재료를 모으기가 쉽지 않을 때도 가끔 있다. 그 때문에 자신이 살아가는 시대에 그런 현상이 나타나는 것을 가장 쉽게 관찰할 수 있다.

이에 대한 실례를 실제 과학에서 얻으려고 한다면 베르너의 암석 수성론水成論 지질학을 들 수 있을 것이다. 하지만 나는 이미 앞에서 인용한, 우리에게 가장 가까이 있는 실례에서 벗어나지 않겠다. 독일 철학에서 칸트의 전성시대에 곧바로 이어진 것은 칸트와 아무런 관련이 없는 시대다. 철학자는 설득하는 대신 감탄을 불러일으키려고 애썼다. 그는 철저하고 명확한 표현 대

---

127 2세기 그리스의 천문학자이자 수학자로 천동설을 주장했다.
128 140년경 프톨레마이오스가 천구상에서 행성들의 역행과 순행을 설명하기 위해 제창한 행성의 운동 궤도

신에 이해하기 어려운 미사여구와 과장된 표현을 썼다. 심지어 진리를 추구하는 대신 음모를 꾸미기도 했다. 그리하여 철학이 앞으로 나아갈 수 없었다. 결국 이 학파와 방법론은 모두 파탄에 이르고 말았다. 헤겔과 그의 제자들은 한편으로 무의미한 글을 날림으로 써 대는 뻔뻔함을 저질렀고, 다른 한편으로 비양심적으로 자화자찬하는 뻔뻔함을 저질렀다. 온갖 터무니없는 짓거리를 눈에 띄게 의도적으로 저지르는 중에 뻔뻔함의 도가 너무 지나쳐 결국 누가 보든 완전히 협잡이라는 사실이 명백해졌다. 몇 가지 일이 들통나자 당국의 비호를 잃고 사람들의 입방아에 오르내리기 시작했다. 역사상 존재했던 모든 사이비 철학 가운데 가장 비참한 피히테와 헤겔적인 전제는 그 일로 인해 불명예의 나락으로 끌려 들어갔다. 그리하여 칸트 이후의 19세기 전반에 독일 철학은 전적인 무능을 백일하에 드러내는데도, 독일인은 외국에 대해 자신의 철학적 재능을 뽐내고 있다. 특히 어떤 영국의 문필가가 악의적인 반어를 담아 우리를 사상가의 민족[129]이라고 부른 후로 이런 경향이 더욱 두드러졌다.

그런데 앞에서 말한 주전원이라는 일반적 도식에 관한 사례를 예술사에서 찾고자 하는 사람은 전세기에 특히 프랑스적인 평생 교육에서 꽃피어난 **베르니니**Giovanni Lorenzo Bernini(1598~1680)[130]의 조각가 유파를 살펴보기만 하면 된다. 고대의 미 대신에 보통의 자연을, 고대의 단순함과 우아함 대신 프랑스풍의 미뉴에트 춤의 단아함을 나타낸 이 유파는 **빙켈만**Johann Joachim Winckelmann(1717~1768)[131]의 훈계에 따라 고대 예술로 돌아가라는 운동이 일어나자 끝장나고 말았다. 또한 회화에서는 19세기 초반에서 그 사례를 찾아볼 수 있다. 이 시기에 예술이란 중세적 신앙심을 표현하는 단순한 수단이자 도구에 지나지 않는다고 본 일군의 화가가 나타나, 종교적인 소재를 그들의 유일한 주제로 택했다. 그러나 오늘날에 와서는 그러한 주제를 다루는 화가들에게서 그와 같은 진지한 신앙심이 없어졌다. 그런데도 그들은 앞에서 말한 망상에 사로잡혀 프란체스코 프란치아, 피에트로 페루지노, 데 피에솔레 안

---

129 *1782년 발행된 자신의 전래 민담의 예비 보고서에서 카를 무조이스가 한 말을 참조할 것

130 이탈리아 바로크를 대표하는 조각가·건축가·화가·극작가

131 독일의 고고학자·미술사가. 그의 저작은 대중이 고전 예술, 특히 고대 그리스 예술에 관심을 갖게 해 주었으며 서구의 회화와 조각뿐만 아니라 문학과 철학에도 영향을 미쳤다.

젤리코 등을 모범으로 삼고, 이들 뒤에 출현한 진정으로 위대한 거장들보다 높이 평가했다. 이러한 일탈과 관련해, 그리고 문학에서 때를 같이해 이와 유사한 노력이 있었기 때문에 괴테는 「사제의 놀이」라는 우화를 썼다. 그런 다음 이 유파도 망상에 기초하고 있음이 드러나 소멸했고, 그에 이어 자연으로 돌아가라는 운동이 일어났다. 때로는 정도에서 벗어나 평범해지기는 하지만, 그 운동은 각종 풍속화에 잘 나타나 있다.

문학사란 앞에서 묘사한 인류 진보의 과정에 부합하게 대부분 실패작들의 진열장에 든 목록이다. 이것들을 가장 오랫동안 보존하게 해 주는 에틸알코올 역할을 하는 것은 돼지가죽이다. 반면에 소수의 잘된 우량품은 거기서 찾을 필요가 없다. 다시 말해 그것은 살아 있는 것이다. 우리는 불사신처럼 영원히 싱싱한 청춘의 모습으로 유유히 활보하는 그런 우량품을 세계 어디서나 만날 수 있다. 그것들만이 내가 앞 절節에서 든 **참된** 문학을 이룬다. 우리는 인물이 빈약한 문학사를 어린 시절부터 편람이 아닌 모든 교양인의 입으로 들어서 알고 있다. 오늘날에는 문학사를 읽으려는 편집 망상증이 만연하고 있다. 실은 무언가를 알지 못하면서도 모든 문제에 대해 지껄일 수 있기 위해서다. 나는 이런 망상증의 치료제로 리히텐베르크의 저작(『잡록』 제2권 302쪽, 구판)에서 읽을 만한 구절을 독자에게 추천하고 싶다.

그런데 나의 소망은 언젠가 누군가가 **비극의 문학사**를 써 줬으면 하는 것이다. 그 속에 들어가야 할 내용은 자신의 나라가 배출한 모든 위대한 작가나 예술가를 대단히 자랑스럽게 여기는 여러 국민이 그들이 살아 있을 때 그들을 어떻게 대우했는가 하는 점이다. 다시 말해 모든 시대와 모든 나라의 좋은 것과 참된 것이 그 시대를 지배하는 불합리며 열악한 것과 맞서 견뎌 내야 했던 저 끝없는 싸움을 우리 눈앞에 제시해 달라는 것이다. 인류에게 참된 빛을 던져 준 거의 모든 사람과 각종 예술 분야의 거의 모든 위대한 거장이 겪었을 순교자의 고난을 묘사해야 한다. 그들은 소수를 제외하고는 세상의 인정과 관심을 받지 못하고 제자도 없이 가난과 비참함 속에서 고통스럽게 살아간 반면, 자신의 전문 분야에서 형편없는 자들은 명성과 명예, 부를 얻은 경위를 우리에게 보여 줘야 한다. 그러므로 **에서**의 이야기가 바로 그런 경우다. 에서가 어느 날 아버지를 위해 사냥을 나가 짐승을 잡는 사이 그의 옷을 입고 변장한 **야곱**이 집에서 아버지의 축복을 가로챈 것이다. 그렇지만 인류의 위대한 교육자들이 비록 비참하게 살았다 해도, 일에 대한 사랑으로 자신을 지탱해서, 마침내 그와 같은 고투苦鬪가 끝났을 때 불멸의 월계관이 그에게 손짓하고, 최후의 순간에 다음과 같은 노랫소리도 울렸으면 한다.

무거운 갑옷은 날개옷으로 바뀌고,
고통은 짧고, 즐거움은 영원하노라.
(실러, 『오를레앙의 처녀』 제5막 14장)

제13장
논리학과 변증술에 대하여

어떤 이론적 주제를 두고 벌이는 **논쟁**Kontroverse, Disputieren은 그것에 참여한 두 당사자에게 의심할 여지없이 매우 유익할 수 있다. 논쟁은 그들의 생각을 수정하거나 확인하여, 또한 새로운 생각을 하도록 자극하기도 한다. 논쟁은 종종 불꽃을 일으키는 두 정신의 마찰 또는 충돌이다. 하지만 보다 약한 사람이 고통을 겪어야 하는 반면 보다 강한 사람은 일이 잘 풀려 단지 승리의 소리를 내보낼 뿐이라는 점에서, 그것은 또한 신체의 충돌과 유사하다. 이와 관련하여 두 논쟁 당사자가 최소한 지식뿐만 아니라 지성Geist과 지적 민첩성Gewandtheit 면에서 서로 어느 정도 필적할 만한 상대가 되어야 하는 것이 필요하다. 지식이 부족한 한쪽은 일정 수준에 도달해 있지 못하므로 상대방의 논거를 받아들이지 못한다. 그는 결투장에서 싸울 때 마치 링 밖에 서 있는 사람과 같다.

하지만 지성이 부족한 자는 논쟁에서 마음속에서 일어난 분노가 온갖 종류의 부정직한 기술, 술수, 속임수를 이용하려고 할 것이다. 그리고 이런 사실을 지적받으면 그는 무례한 태도로 나올 것이다. 따라서 동등 수준의 사람들만 시합을 벌이도록 허락받았듯이, 무엇보다도 학자는 배움이 없는 자들과는 논쟁을 벌여서는 안 된다. 논거를 이해하고 숙고할 지식이 부족한 자에 맞서 최상의 논거를 사용할 수 없기 때문이다. 하지만 이러한 난감한 상황에서 그가 이 논거들을 그들에게 이해시키려고 한다면, 이 일은 대체로 실패할 것이다. 사실 나쁘고 조잡한 반론을 통해 그들은 자기들처럼 무지한 청중들이 보기에 결국 논쟁에서 이긴 것처럼 보일 것이다. 괴테는 『서동시집西東詩集』[132](6, 27)에서 이렇게 말한다.

"언제든 그대 자신이
잘못된 논쟁에 빠져들지 않도록 하라.
무지한 자들과 논쟁할 때
현자들이 무지에 걸려드는 법이거늘."

하지만 논쟁 상대방에게 지성과 이해력이 부족한 경우에는 상황이 더욱 열악하다. 그가 이러한 결함을 메우기 위해 가르침을 받아 진리를 얻으려는 성실한 노력을 한다면 또 몰라도. 그렇지 않으면 그는 이내 가장 민감한 부위에 상처를 받았다고 느끼기 때문이다. 그러므로 그와 논쟁을 벌이는 사람은 그가 더 이상 자신의 지성이 아니라 인간의 과격한 면, 그의 의지와 관계하고 있음을 즉각 알아채게 될 것이다. 그 의지에 유일하게 중요한 문제는 정당한 수단을 쓰든 그렇지 않든 무슨 수를 써서라도 논쟁에서 이기는 것이다.

따라서 그의 지성은 이제 오로지 온갖 종류의 술수, 속임수, 불공평을 향한다. 그가 나중에 이것들로부터 쫓겨나면 그는 마침내 무례에 의지하여 자신이 느끼는 열등감을 어떤 식으로든 보상받으려 할 것이다. 그리고 정신의 싸움을 신체의 싸움으로 변화시키려는 논쟁 상대들의 신분과 형편에 따라, 그는 자신을 위해 신체에서 더 나은 기회를 활용하려 든다. 따라서 지성이 떨어지는 사람들과 논쟁해서는 안 된다는 것이 두 번째 규칙이다. 우리는 함께 논쟁을 벌일 만한 사람들이 많지 않다는 사실을 이미 간파하고 있다. 실은 예외적인 사람들과만 우리는 그런 일을 할 수 있다. 반면에 보통 사람들은 우리가 그들의 견해와 다를 때 언짢게 생각하는 경향이 있다. 하지만 이때 그들이 자신들의 견해를 수정해야 우리는 그것을 받아들일 수 있을 것이다. 이제 그들과 논쟁을 벌일 때, 그들이 어리석은 자들의 마지막 도피처[133]에 의지하지 않

---

132 『서동시집West-östlicher Divan』은 괴테가 1814~1819년 집필하여 1819년에 196편이, 1827년에 239편이 증보되어 나온 시집이다. 이 시집은 하이템과 줄라이카와의 사랑의 노래로 읊어졌으며 주로 주고받는 연가 형식으로 되어 있다. 1814년 괴테가 고향인 프랑크푸르트 암 마인에 갔을 때, 그의 친지인 은행가 빌레머의 약혼녀인 마리아네를 알게 되어 그녀에 대한 노시인의 정열이 불타올랐고, 그녀 역시 마음속으로는 시인의 사랑에 응답하였는데, 그것이 바로 하이템과 줄라이카와의 사랑으로 표현되었다고 볼 수 있다.

133 ultima ratio stultorum(letzte Zuflucht der Dummen, the last resource of the stupid)

는다 해도 우리는 대체로 언짢은 일만 체험할 것이다. 우리는 여기서 그들의 지적 무능력뿐 아니라 이내 그들의 도덕적인 사악함과도 마주해야 할 것이기 때문이다. 이러한 사악함은 논쟁할 때 그들이 부정직한 방법을 빈번히 사용함으로써 드러날 것이다. 오로지 논쟁에서 이기기 위해 그들이 사용하는 술책Schlich, 속임수Kniff, 책략Schikane은 너무나 많고 다양하다. 토론의 주제뿐만 아니라 논쟁에 가담하는 사람들이 아무리 상이하다 해도 똑같은 술수와 속임수가 항상 되풀이되었고, 나는 그런 것을 쉽게 알아챌 수 있다는 사실을 인식했다. 그런 후에 그들이 걸핏하면 이런 방법들을 씀으로써 그것들은 몇 년 전에 성찰을 위한 나 자신의 소재가 되었고, 나는 순전히 그것들의 형식적인 요소에 주의를 기울였다.

그리하여 나는 당시에 앞서 말한 술책과 속임수의 순전히 형식적인 부분을 소재로부터 순수하게 분리하여, 그것을 말하자면 깔끔한 해부학 표본으로서 내보일 생각을 했다. 따라서 나는 논쟁할 때 너무나 자주 발생하는 온갖 부정직한 요령들을 수집하여, 그것들 각각의 독특한 본질에 따라 사례를 들어 상세히 설명하고, 그 자신의 고유한 명칭을 부여하여 분명하게 설명했다. 마지막으로 이러한 공격에 대한 방어 동작으로서 그것들에 대한 대응 수단들도 덧붙였다. 그리하여 공식적인 '**논쟁적 변증술**eristische Dialektik'이 생겨났다. 이제 이 글에서는 앞서 언급한 요령Kunstgriff이나 전략Strategem이 논쟁적-변증술적 형태로 자리매김했다. 논리학에서는 그것들이 삼단논법의 형태로, 수사학에서는 수사학적 형태로 채워진다. 사람들은 어느 정도는 공히 논리학과 수사학이라는 두 가지 특성을 타고 난다. 실천이 이론에 선행하므로 그 방법들을 실행하기 위해 우리는 그것들을 먼저 배울 필요는 없다. 따라서 그 방법들의 순전히 공식적인 진술은 논리학, 변증술, 수사학으로 이루어진 것으로서, 내 주저 『의지와 표상으로서의 세계』 II, 9장 '논리학에 대하여'에 서술된 '**이성의 기법**'의 보충이 될지도 모른다. 내가 알기로 이전에는 이런 식의 시도가 없으므로 어떤 사전 작업의 도움을 받을 수 없었다. 단지 아리스토텔레스의 『변증론Topica』을 가끔 이용할 수 있었고, 내 목적을 위해 그 규칙 몇 개를 활용해 주장을 내세우고 또 허물 수 있었을 뿐이다. 하지만 디오게네스 라에르티오스가 언급한 테오프라스토스의 저서 『궤변에 대한 이론의 논쟁서』[134]가 이 목적에 매우 석합했음이 틀림없다. 그의 수사학 저서는 모두 사라져 버렸다. 플라톤도『국가』에서 반박술에 손대고 있는데, 거기서 그는 대화술이 대화법을 가르쳤듯이 논쟁법을 가르쳤다. 근대의 저서로는 고인이 된 할레대학의 **프리데만 슈나이더**Friedemann Schneider 교수의 책『논리학 논고』[135](할레, 1718)가 나의 목적에 가장 부합한다. 다시 말해 그는 그 논문의 실수를 다룬 장章에서 논쟁술의 여러 부정직한 사례를 폭로하고 있다. 하지만 그는 항시 정식 학문적 논쟁만을 염두에 두고 있다. 또한 그 주제를 다루는 그의 논문은, 그러한 학술적 제조품이 으레 그렇듯이 대체로 건조하고 빈약하다. 게다가 라틴어도 극히 조잡하다. 1년 후에 출간된 **요아힘 랑에**Joachim Lange의『논쟁법Methodus Disputandi』이 훨씬 낫긴 하지만, 거기에는 내 '목적'에 적합한 것이 하나도 들어 있지 않다.

그렇지만 지금 이전에 쓴 글의 수정 작업을 하면서, 나는 비열한 인간 본성이 그 부족함을 은폐하기 위해 이용하는 그러한 부정한 수단과 술수의 면밀하고 상세한 고찰이 더 이상 나의 기질에 맞지 않음을 발견하고, 그러한 고찰을 그만두기로 한다. 그러는 사이 앞으로 자칫 그와 같은 종류의 일을 시도할 생각이 들지도 모르는 사람들에게 그 사안을 다루는 나의 방식을 좀 더 자세히 설명하기 위해, 몇 가지의 전략을 표본으로 여기에서 소개하고자 한다. 하지만 그러기 전에 앞에서 말한 완성본을 가지고 '**모든 논쟁에 본질적인 것의 개요**'[136]를 전달하고자 한다. 이 개요는 추상적인 뼈대, 말하자면 논쟁 일반의 골격을 제공하므로, 논쟁의 골학骨學으로 간주될 수 있어서다. 그리고 논쟁의 일목요연함과 명료성 때문에 여기에 그 개요를 기록해 둘 가치가 있으리라 생각된다.

모든 논쟁에서(대학 강의실이나 법정과 같은 공적인 논쟁이나 또는 통상적인 대화에서 벌어지는 말다툼에서) 그 본질적인 과정은 다음과 같이 진행된다.

어떤 '논제'가 제시되고 반박되어야 한다. 이제 이러한 목적을 위해 두 가지

---

134 Kampfbüchlein der Theorie über die Trugschlüsse

135 『논쟁 시의 방법과 의무뿐 아니라 논쟁 당사자들의 실수들을 설명한 특수한 논리학 논문Tractatus logicus singularis in quo processus disputandi, seu officia, aeque ac VITIA DISPUTANTIUM exhibentur』

136 Umriß des Wesentlichen jeder Disputation

'**수단**Mode'과 '**방법**Weg'이 있다.

I) 그 방식들은 다음과 같다. a) 사안을 논거로 삼는 대사안對事案 논증[137] b) 사람을 논거로 삼는 대인對人 논증[138], 또는 상대방의 용인을 논거로 삼는 논증이 있다. 다만 첫 번째의 대사안 논증만을 통해 우리는 그 논제가 논란이 되는 사안의 속성과 일치하지 않음을 밝힘으로써 그것의 절대적 또는 객관적 진리를 전복시킨다. 반면에 다른 논증을 통해서는 그 논제가 다른 주장이나 그 논제를 옹호하는 사람의 시인과 모순됨을 증명함으로써, 또는 우리가 상대방의 논거가 지지될 수 없음을 증명함으로써 단지 상대적인 진리를 전복시킬 뿐이다. 그럼으로써 사안 자체의 객관적 진리는 사실 미결정 상태로 남는다. 예컨대 철학이나 자연 과학과 관련되는 논쟁에서 상대방(이때 그가 영국인일 경우)이 성경의 논거를 개진하는 것을 허락한다면 우리는 바로 그 논거를 가지고 그를 반박하게 될지도 모른다. 그것이 사안을 해결하지 못하는 단순한 대인 논증에 불과하더라도 말이다. 이는 우리가 누군가에게서 받은 바로 그 지폐로 돈을 치를 때와 마찬가지다. 많은 경우에서 이러한 진행 방식은 피고가 그의 입장에서 그릇된 영수증으로 처리한 잘못된 차용증을 원고가 법정에 제출하는 것에 비교할 수 있다. 하지만 그럼에도 채무 관계가 일어났을지도 모른다. 그러나 바로 후자의 경우에서처럼 단순한 대인 논증은 종종 간결함이라는 장점을 지니기도 한다. 다른 경우에서 그렇듯이 어떤 경우에서 사안의 참되고 철저한 설명은 극히 복잡하고 어려운 경우가 매우 허다할 것이기 때문이다.

II) 게다가 우리가 추구하는 두 가지 '**방법**'에는 '**직접적 방법**'과 '**간접적 방법**'이 있다. 전자는 상대방 논제의 '근거'를 공격하고, 후자는 그 '결과'를 공격한다. 전자는 그 논제가 참이 아님을 보여 주고, 후자는 그것이 참일 수 없음을 보여 준다. 우리는 이 방법을 보다 자세히 고찰하고자 한다.

---

137 대사안 논증ad rem, in Beziehung auf die Sache
138 대인 논증ad hominem, in Beziehung auf die Person

1) **직접적 방법으로** 반박하면서, 그러므로 논제의 **근거들**을 공격하면서, 우리는 상대방이 내세우는 주장의 대전제Obersatz와 소전제Untersatz[139]를 논박함으로써, 이 근거들 자체가 참이 아님을 보여 준다. 두 가지 경우를 통해 우리는 논제를 근거 짓는 결론의 '질료'Materie를 공격한다. 또는 우리는 이 근거들은 인정하되, 논제가 그것들로부터 도출되지 않는다는 것을 보여 준다. 따라서 우리는 결론 문장을 공박한다고 말한다. 그럼으로써 우리는 추론 **형식**을 공격하는 것이다.

2) '간접적인' 방법으로 반박하면서, 그러므로 논제의 '**결과들**'을 공격하면서, '결과의 허위로부터 근거의 허위가 밝혀진다'[140]는 법칙에 의해 이 결과들의 허위로부터 논제 자체의 허위를 추론하기 위해, 우리는 단순 **반증**Instanz이나 또는 **간접 반증**Apagoge을 이용할 수 있다.

a) **반증**은 단순한 반대 증거다. 이는 그것의 주장에 의해 이해되는, 그러므로 그것으로부터 도출되는 사물이나 상황을 지적함으로써 논제를 반박한다. 그 논제가 그 주장에 들어맞지 않는 것이 맹백하므로, 그것은 참일 수 없다.

b) **간접 반증**은 우리가 논제를 일단 참으로 받아들임으로써 실현된다. 하지만 이제 우리는 참으로 인정되고 논란의 여지가 없는 어떤 다른 명제를 그 논제와 연관시켜 그것의 결론이 거짓이 분명한 어떤 추론의 전제가 되게 한다. 이때 그 결론이 거짓이 되는 것은 그것이 사물 일반의 본성, 또는 논란이 되는 사안의 확실히 인정된 속성 또는 그 논제의 옹호자의 다른 어떤 주장에 모순되기 때문이다. 따라서 간접 반증은 그 방식에 따라 단순히 대인 논증일 뿐만 아니라 대사안 논증일 수 있다. 하지만 그 결론이 절대적으로 의심의 여지가 없는, 심지어 선험적으로 확실한 진리와 모순된다면, 우리는 상대방의 불합리함을 논증ad absurdum할 수 있을 것이다. 어쨌든 덧붙여진 다른 전제는 논란의 여지가 없는 진리이므로 결론의 허위는 상대방의 논제로부터 기인하

---

139 크리스티안 볼프Christian Wolff, 『논리학』, 1108절

140 a falsitate rationati ad falsitatem rationis valet consequential

는 것이 틀림없다. 그러므로 이 논제는 참일 수 없다.

논쟁에서 모든 공격 방식은 여기서 공식적으로 서술된 처리 방식에 환원될 것이다. 따라서 변증술에서 이러한 처리 방식은 검술에서 티어스Terz[141]나 카르트Quart[142] 등과 같은 정식 찌르기에 해당한다. 반면에 내가 수집해 모은 요령이나 전략은 어쩌면 검술의 거짓 동작에 비교할 수 있을 것이다. 그리고 마지막으로 논쟁에서 개인적인 감정 폭발은 대학 검술 사범의 소위 말하는 마구잡이식 반칙 공격Sauhieb에 비교될 수 있을지도 모른다. 내가 수집한 전략들의 견본과 사례로는 다음과 같은 것들이 있다.

일곱 번째 전략: 확대하기

상대방의 주장이 자연스러운 한계를 넘어설 것이다. 그러므로 그가 의도하거나 심지어 표현한 것보다 넓은 의미에서 받아들여 그의 주장을 그런 의미에서 편안하게 반박한다.

사례:

A가 영국인은 연극에서 다른 모든 민족을 능가한다고 주장한다. B는 음악에서 영국인의 성취는 보잘것없으며, 따라서 오페라에서도 보잘것없다는 그럴듯한 반증을 한다.

이런 연유로 이 같은 거짓 동작에 대한 다음과 같은 방어 동작이 뒤따른다. 반박이 행해지면 우리는 우리가 공언한 주장을 즉각 사용된 표현들에 엄격히 한정하거나, 또는 당연히 받아들여질 수 있는 그것들의 의미로 축소해야 한다. 그리고 일반적으로 그 표현들을 되도록 좁은 한계 내로 축소해야 한다. 왜냐하면 어떤 주장이 일반적인 것이 될수록 더욱 여러 공격에 노출되기 쉽기 때문이다.

여덟 번째 전략: 억지 결론을 이끄는 그릇된 삼단논법을 적용하기

상대방이 내세운 어떤 명제에 심지어 단지 암묵적으로 주제나 술어 면에서

---

141 검술에서 오른쪽 관자놀이와 왼쪽 허리를 잇는 부분을 찌르는 자세
142 검술에서 오른쪽에서 적의 왼쪽을 내려치는 자세

그의 명제와 유사한 두 번째 명제를 종종 덧붙인다. 이 두 개의 명제로부터 이제 우리는 참이 아닌, 대체로 악의적인 결론을 이끌어 상대방에게 잘못을 뒤집어씌운다.

사례:

A는 찰스 10세를 추방한 프랑스인들을 칭찬한다.

B는 즉시 반박한다. "그러므로 당신은 우리가 우리 왕을 추방하기를 바란다는 거군요."

이로써 암묵적으로 대전제로 추가된 명제는 이러하다.

"자기 나라의 왕을 추방하는 모든 사람은 칭찬받아야 한다."

이것은 또한 제한된 의미에서 주장된 것을 무제한적인 의미로 받아들이는 요령으로 환원될 수 있다.

아홉 번째 전략: 화제를 다른 데로 돌리기

논쟁이 벌어지는 과정에서 일이 불리하게 돌아가 우리가 질 것 같으면 제때에 논점 전환을 시도해 이런 불운을 미연에 방지해야 한다. 그러므로 토론의 주제를 별로 중요하지 않은 다른 데로 돌려야 한다. 부득이한 경우에는 심지어 그런 부수적인 문제로 단번에 옮아가야 한다. 우리는 이제 이 부수적인 문제를 몰래 밀어 넣고 원래의 주제를 논쟁의 테마로 삼는 대신에 그것을 공박하면 된다. 그리하여 상대방은 예상되는 승리를 눈앞에 두고 이쪽으로 관심을 돌릴 수밖에 없게 된다. 하지만 불행히도 여기서도 곧 강력한 반론에 부닥친다면 다시 잽싸게 같은 방법을 써서 또 한 번 다른 논제로 넘어간다. 그리고 상대방이 가령 인내심을 잃지 않는다면 이런 방법을 15분 내에 열 번 되풀이할 수 있다. 우리는 이러한 방향 전환을 매우 교묘하게 실행할 것이다. 즉 논쟁을 눈에 띄지 않게 서서히 논란 중인 주제와 관련된, 가능하다면 다른 점에서만 실제로 상대방 자신과 관련된 어떤 주제로 넘어감으로써 말이다.

우리가 단순히 논제의 주제는 고수하면서, 논란이 되는 것과는 전혀 상관이 없는 다른 문제를 화제에 올린다면 이는 물론 덜 미묘한 문제다. 예컨대 중국인들의 불교에 관한 이야기를 하다가 그들의 차茶 거래로 넘어가는 것처럼 말이다. 하지만 이런 방법도 실행할 수 없다면 상대방이 우연히 사용한 어떤 표현을 낚아채서 그것을 전혀 새로운 논점에 연결하고, 그럼으로써 이전의 논점으로부터 벗어나면 된다. 예컨대 상대방이 이런 표현을 했다고 치자. '여기에 바로 사안의 신비한 점이 있어요.' 그러면 그의 말에 잽싸게 끼어든다. '네, 당신이 신비와 신비주의에 관해 말한다면, 나는 당신의 남자가 아닙니다. 왜냐하면 이와 관련해서 말하자면' 등으로 말한다. 그러면 이제 전적인 승리를 거두게 된다. 하지만 이러한 기회가 주어지지 않는다면 좀 더 뻔뻔스럽게 나가서, 느닷없이 다음과 같은 전혀 다른 사안으로 넘어가야 한다. '네, 당신은 최근에 이런 주장을 하셨지요' 등으로. 일반적으로 화제의 전환은 부정직한 논쟁자들이 대체로 본능적으로 이용하는 모든 술수 중 가장 인기 있고 가장 많이 사용되는 술수다. 그리고 그들이 난관에 봉착하자마자 거의 불가피하게 선택하는 수단이기도 하다.

그러므로 나는 40여 개의 그와 같은 전략을 수집하여 만들어 놓았다. 하지만 나는 지금 완고함, 허영심, 그리고 부정직과 밀접하게 결부되어 있는 협량함과 무능력이라는 이 모든 은신처에 빛을 비추고 싶은 마음은 없다. 그러니 나는 이 견본 정도로 만족하고, 사람들과의 흔한 말다툼을 피하기 위해 앞에서 언급한 근거들을 더욱 진지하게 참조하도록 충고하고자 한다. 아무튼 우리는 논거를 통해 다른 사람의 이해력을 도와주려고 할지도 모른다. 하지만 그의 답변에서 어떤 완고함을 알아채자마자 우리는 즉시 그만두어야 한다. 왜냐하면 그는 또한 곧장 부정직해질 것이며, 이론에서 궤변인 것이 실천에선 속임수이기 때문이다. 하지만 여기에 소개된 전략들은 훨씬 무가치하다. 왜냐하면 그 전략들 속에서는 의지가 지성의 가면을 쓰고 지성의 역할을 하려고 하기 때문이다. 그 결과는 언제나 혐오스러운 모습으로 나타난다. 어떤 사람이 일부러 오해한다는 것을 우리가 알아차릴 때처럼 우리를 분개하게 하는 것은 별로 없기 때문이다. 상대방의 건전한 근거를 인정하지 않는 자는 직접적으로 약한 지성을 증거하거나 또는 자신의 의지의 지배를 받아 억압된, 즉 간접적으로 약한 지성을 증거한다. 그러므로 우리는 임무와 의무가 요구할 때만 그러한 자를 찾아다녀야 한다.

하지만 이 모든 사실에도 불구하고 앞에서 언급한 술수와 책략을 정당화하기 위해, 나는 상대방의 적절한 논거에 우리 역시 우리의 견해를 너무 성급하게 포기할 수 있음을 고백하지 않을 수 없다. 다시 말해 우리는 그러한 논거에서 그 사람의 힘을 느낀다. 하지만 반대 근거를, 또는 다른 식으로 우리의 주장 자체를 존속하게 하고 구할 수 있는 것 역시 우리한테 쉽사리 떠오르지 않는다. 하지만 그러한 경우 우리가 패배한 것으로 보고 우리의 논제를 즉각 포기한다면 바로 그 때문에 우리가 진리에 불성실해지는 일이 발생할 수 있다. 그럼에도 나중에 가서 우리의 견해가 결국 옳았음이 밝혀질지도 모르기 때문이다. 그렇지만 약점과 우리의 사안에 대한 신뢰 부족 때문에 우리는 그 순간의 인상에 굴복한 셈이 될 것이다.

심지어 우리가 우리의 논제를 위해 내세운 증거조차도 실제로는 틀렸을 수 있고, 하지만 이 논제를 위한 또 다른 옳은 증거가 있을 수 있다. 이와 같은 느낌 때문에 솔직하고 진리를 사랑하는 사람들조차 쉽사리 훌륭한 논거에 금방 굴복하지 않고, 오히려 잠시 저항을 시도하는 일이 일어난다. 실은 대부분의 경우, 그들은 반대 논거가 그 명제의 진리를 미심쩍게 만들었을 때도 한동안 그들의 명제를 고수하기도 한다. 이런 점에서 그들은 자신이 지킬 수 없다는 것을 알면서도 지원군이 도착하기를 바라며 진지를 한동안 고수하려고 하는 군사령관과 같다. 다시 말해 그들이 당분간 형편없는 근거로 자신을 방어하는 동안, 그 사이에 그들에게 훌륭한 근거가 떠오르기를 또는 상대방 논거의 단순한 그럴듯함이 그들에게 분명해지기를 희망한다.

그러므로 이런 이유로 우리는 논쟁에서 약간 부정직해질 필요가 있다. 왜냐하면 우리는 그 순간에는 진리를 위해서라기보다는 우리의 명제를 위해 싸워야 하기 때문이다. 이는 어느 정도는 진리의 불확실성과 인간 지성의 불완전성의 결과다. 하지만 이제 곧장 우리가 이 방향으로 도를 넘게 되어, 너무 오랫동안 그릇된 확신을 위해 싸울지도 모르는, 그리고 결국에는 완고해지는 위험이 생긴다. 정당한 수단을 쓰든 정당치 못한 수단을 쓰든 상관없이 인간 본성의 사악함에 굴복할 위험, 그러므로 전력을 다해[143] 자신의 명제를 고집하면서 부정직한 전략의 도움으로 그 명제를 옹호할 위험이 있다. 나중에 그가 부끄러움을 느낄 필요가 없도록 여기서 모든 이가 각기 자신의 훌륭한 수호신의 보호를 받기를 바란다. 하지만 여기에 설명된 사안의 속성에 대한 명확한 인식은 이러한 점에서도 물론 자기 형성으로 이끌어 준다.

---

143 mordicus, mit allen Kräften

제14장
신화에 관한 몇 가지 고찰

1

이 현상 세계의 모든 존재의 근원적 친화성의 결과가 그 통일성에 의해 사물 자체 속에 있을지도 모른다. 단지 일반적으로 충분히 생각해 보면, 어쨌든 그것들은 모두 비슷한 유형을 가지고 있고, 그것들 모두 사이에 같은 법칙으로서 어떤 법칙이 우세한 것은 사실이다. 이런 사실에서 가장 이질적인 사물들을 서로 관련지어 상세히 설명하거나 시각화할 수 있을 뿐만 아니라 의도하지 않았던 서술에서도 어떻게 적절한 알레고리를 찾을 수 있는지 설명할 수 있다. 이에 관해 골라 뽑은 증례가 초록 뱀에 관한 괴테의 비길 데 없이 아름다운 동화다. 모든 독자는 부득이하게 이에 대한 알레고리적 해석을 추구하지 않을 수 없다고 느낀다. 또한 이 동화가 모습을 드러낸 직후, 이 경우 알레고리적 해석은 염두에 두지 않았던 그 시인에게는 대단히 즐겁게도, 많은 사람에 의해 또한 매우 진지하고 열성적으로 그리고 극히 다양한 방식으로 해석이 이루어진 것은 바로 그 때문이다. 이에 대한 보고는 **된처**Düntzer의 『괴테 작품의 연구』(1849)에서 찾을 수 있다. 나는 괴테의 개인적인 발언을 통해 이미 진작부터 그것에 대해 알고 있었다. 이솝 우화가 생겨난 것은 사물들의 이러한 보편적인 유사성Analogie과 전형적인 동일성Identität 덕분이며, 역사가 알레고리적이 될 수 있고, 알레고리적인 것이 역사가 될 수 있다는 사실은 그 우화에 기인한다.

하지만 다른 무엇보다도 그리스인들의 신화는 예로부터 알레고리적 해석을 위한 소재를 제공했다. 그 신화는 거의 모든 근본 사상을 시각화하기 위한 도식, 그러니까 실은 그 자체로 언제 어디서나 두루 빛나는 모든 사물과 상황의 원형을 어느 정도 포함함으로써 그런 해석으로 초대하기 때문이다. 결국 그 신화는 엄밀히 말하자면 만물을 의인화하려는 그리스인들의 유희 충동에서 생겨났다. 그러므로 심지어 가장 오래된 태고 시대에, 즉 헤시오도스에 의해 진작에 알레고리적으로 파악되었다. 그러므로 예를 들어, 그가 밤의 자식들(『신들의 계보』)과 그리고 그 직후 불화의 여신 에리스Eris의 자식들을 열거할 때 이는 사실 도덕적인 알레고리일 뿐이다. 다시 말해, 노력, 해악[144], 고통, 전투, 살인, 싸움, 거짓말, 불의, 재난, 선서와 같은 것들 말이다. 의인화된 밤과 낮, 수면과 죽음에 대한 그의 묘사는 다시금 자연적physisch 알레고리다.

또한 모든 우주론적 체계와 심지어 모든 형이상학적 체계를 위해서 앞에서 언급된 것과 같은 이유로 신화학에 현존하는 어떤 알레고리를 찾아볼 수 있다. 일반적으로 우리는 대부분의 신화를 명백히 생각된 진리의 표현이라기보다는 단순히 직감된 진리의 표현으로 간주해야 한다. 왜냐하면 저 고대 그리스인들은 젊은 시절의 괴테와 같았으므로, 비유와 우의Gleichnis 외에는 그들의 생각을 표현할 수 없었다. 반면에, 크로이처는 신화학을 끝없는 방대함과 고통스러운 장황함으로 진지하고 성가시게 해석했다. 그는 그 신화학을 일부러 물리적 진리와 형이상학적 진리의 저장고로 적어 놓았는데, 이에 대해 나는 아리스토텔레스의 반박 글로 처리하지 않을 수 없다. "신화의 허튼소리에 관해서는 진지하게 고려할 가치가 없다."(『형이상학』) 게다가 이러한 점에서도 아리스토텔레스는 비록 알레고리적인 방식이긴 하지만 신화를 다루기를 좋아하는 플라톤의 대척점에 서 있음을 드러낸다.

따라서 몇 가지 그리스 신화에 대해 내가 시도한 다음과 같은 알레고리적 해석을 위에서 설명한 의미에서 받아들이도록 하자.

2

신들의 체계의 첫 번째 커다란 근본 특성에서 우리는 최고의 존재론적이고

---

144 •나 자신의 추측에 의하면 나는 망각 대신에 해악이라고 읽는다.

우주론적인 원리의 알레고리를 인식할 수 있다. **우라노스**는 **공간**이고, 현존하는 모든 것의 첫 번째 조건이며, 따라서 사물들의 담지자인 가이아와 함께 최초의 창조자Erzeuger다. **크로노스**는 시간이다. 그는 생식 원리를 무력화한다. 즉 **시간**은 모든 생식력, 또는 더 정확히는 **새로운 형태**의 생식 능력을 소멸시킨다. 살아 있는 종種들의 원시 생식은 최초의 세계 시기die erste Weltperiode 이후에 멈춘다. 아버지의 식탁에서 벗어난 **제우스**는 **질료**다. 오직 질료만이 다른 모든 것을 파멸시키는 시간의 힘에서 벗어난다. 즉, 질료는 지속한다. 하지만 모든 사물은 질료에서 나온다. 즉 제우스는 신과 인간들의 아버지다.

이제 좀 더 자세히 설명하겠다. **우라노스**는 자신이 대지와 함께 낳은 자식들이 대낮의 빛을 보게 하지 않고, 대신 대지의 깊은 곳에 그들을 숨긴다(『신들의 계보』). 이것은 화석 상태로 남아 있는 자연 최초의 동물 생산물을 암시한다. 이와 마찬가지로 사람들은 메가테리움(거대한 화석 포유류)과 마스토돈(코끼리와 닮은 신생대 3기의 큰 포유동물)의 뼈에서 제우스가 지하 세계로 던진 거인들을 알아볼 수 있다. 지난 세기만 해도 사람들은 이것을 타락한 천사의 뼈로 해석하려고 했던 것이다! 그러나 사실상 헤시오도스의 『신들의 계보』는 지구의 최초의 변화에 대한 모호한 개념, 그리고 산화되고 생존력 있는 표면과 산화될 수 있는 물질을 지배하는, 내부로 추방된 제어되지 않은 자연력 사이의 투쟁에 대한 모호한 개념을 토대로 하는 것으로 보인다.

더군다나 교활한 **크로노스**는 간계로 우라노스를 무력화시킨다. 이는 다음과 같이 해석할 수 있다. 모든 것에 살그머니 다가가는 시간, 모든 것을 해치우고 우리에게서 은밀하게 차례로 가로채는 시간은 결국 지구와의 사이에서 자식을 번식한 하늘로부터, 즉 자연으로부터 **새로운 형상들**을 만들어 내는 힘도 **빼앗았다**. 하지만 이미 번식된 것들은 **시간** 속에서 종으로서 존속한다. 하지만 크로노스는 자신의 자식들을 잡아먹는다. 더 이상 종속種屬을 생산하지 않고 단지 **개체들**만 세상에 내보내는 시간은 단지 **필멸의** 존재들만 낳을 뿐이다. **제우스**만이 이러한 운명을 모면한다. 즉 질료는 지속되는 것이다. 하지만 이와 동시에 영웅과 현자도 불멸이다. 여기에 앞서 말한 것의 좀 더 자세한 과정은 다음과 같다. 하늘과 땅, 즉 자연이 새로운 형상들을 만들어 내는 원시적인 번식력을 잃은 후 그 힘은 말하자면 바다에 떨어진 우라노스의 절단된 생식기의 거품에서 생겨난 **아프로디테**로 변한다. 아프로디테는 사실 현존하는

우라노스와 가이아
(로마 시대 모자이크화, 기원후 3세기)

종들의 보존을 위한 단순한 개체들의 **성적** 번식을 의미한다. 그러므로 이제 더 이상 새로운 종들이 생겨날 수 없게 된다. 이런 목적을 위해 에로스와 히메로스는 아프로디테(『신들의 계보』)의 동반자이자 조력자로 태어난다.

3

연관성, 그러니까 인간 본성과 동물 본성, 그리고 여타의 모든 본성과의 통일, 따라서 소우주와 대우주의 통일은 신비롭고 수수께끼 같은 스핑크스에 의해, 켄타우로스에 의해, 무수히 많은 가슴 아래에 다양한 동물 형상을 지닌 에페소스의 아르테미스에 의해, 그리고 마찬가지로 동물 몸통을 지닌 이집트의 인간과 인도의 가네샤[145]에 의해, 마지막으로는 니네베의 황소와 인간의 머리를 지녀 인간-사자로서의 아바타를 연상시키는 사자에 의해 표현된다.

4

이아페토스[146]들은 인간 성격의 네 가지 기본 자질과 그에 따르는 고통을 보여 준다. 인내하는 자 아틀라스는 짊어지고 있어야 한다. 용감한 자 **메노이티오스**[147]는 압도되어 지옥에 떨어진다. 사려 깊고 영리한 자 **프로메테우스**[148]는 쇠사슬에 묶이고, 즉 자신의 효용을 억제받고, 그리고 독수리, 즉 근심은 그의 심장을 갉아 먹는다. 생각 없고 경솔한 자 **에피메테우스**Epimetheus[149]는 자신의 어리석음으로 벌을 받는다.

---

145 시바Siva와 그의 왕비 파바티Parvati의 아들로 긴 코에 코끼리 상을 한 지혜의 신

146 그리스 신화에서 티탄족으로 우라노스와 가이아의 아들. 후에 클리메네 혹은 아시아와 관계하여 아틀라스와 프로메테우스, 에피메테우스 등을 낳았다. 대홍수를 피해 방주를 만든 노아의 아들인 야벳이 이아페토스로부터 유래했다는 설이 있다.

147 그리스 신화에서 메노이티오스는 티탄족의 편을 들었다가 나중에 타르타로스에 감금되었다.

148 고대 그리스 신화에서 올림포스의 신들보다 한 세대 앞서는 티탄족에 속하는 신이다. 티탄인 이아페토스의 아들이며, 아틀라스, 에피메테우스, 메노이티오스, 헤스페로스와 형제였다. 프로메테우스는 '미리 생각하는 사람'이라는 뜻으로 일반적으로 믿어지는 바에 따르면 그는 최고의 장인이 되어, 이러한 인연으로 불과 인간의 창조와도 관계를 맺었다.

149 그리스 신화에 나오는 거인족 신. 이아페토스와 클리메네의 아들이며, 후에 판도라와 관계하여 퓌라를 낳았다. 그는 인류에게 불을 갖다 주었다고 알려진 프로메테우스의 동생이며, '판도라의 상자'의 판도라의 남편이기도 하다.

프로메테우스에게서는 꽤 적절하게 **인간의 선견지명**Vorsorge이 의인화되어 있다. 그것은 동물보다 인간을 우월하게 해 주는 미래를 위한 사유다. 프로메테우스가 예언의 재능을 지닌 것은 그 때문이다. 그것은 사려 깊은 예지력叡智力을 의미한다. 그가 어떤 동물도 갖지 못한 불의 사용을 인류에게 허락하고, 삶의 기술을 위한 토대를 놓는 것도 그 때문이다. 그러나 인간은 마찬가지로 동물은 알지 못하는 **근심**이라는 고통을 끊임없이 받음으로써 이러한 **배려**의 특전에 대한 대가를 치러야 한다. 즉 쇠사슬에 묶인 프로메테우스의 간을 쪼아 먹는 독수리가 그 고통이다. 필연적인 결과로 아마 나중에 고안되었을 에피메테우스는 경솔과 사려 없음의 대가인 뒤늦은 깨우침Nachsorge을 대변한다.

플로티노스(『엔네아데스』)는 프로메테우스에 대한 완전히 다른, 말하자면 형이상학적인, 그렇지만 의미심장한 해석을 한다. 이때 프로메테우스는 세계영혼[150]이고, 인간을 만들어 내며, 그리하여 헤라클레스만이 풀 수 있는 족쇄를 차게 된다.

이제 우리 시대의 교회의 적들에게 다시 다음의 해석이 약속될 것이다. 쇠사슬에 묶인 프로메테우스는 신들(종교)에 의해 족쇄가 채워진 이성이다. 제우스의 몰락에 의해서만 이성이 해방될 수 있다.

5

판도라Pandora[151]의 우화는 나에게 예로부터 분명하지 않았고, 그러니까 터무니없고 왜곡되었다는 인상을 주었다. 벌써 헤시오도스 자신이 그 우화를 오해하고 왜곡한 것이 아닌가 추측된다. 판도라라는 이름이 벌써 암시하듯 그녀의 상자Büchse 안에는 세상의 온갖 악이 아니라 모든 재화가 들어 있다. 에피메테우스가 이 상자를 섣불리 열자 재화들은 날아올라 가 버리고, 희망만이 구조되어 우리에게 남게 된다. 마침내 나는 이러한 내 견해와 일치하는 고대인의 몇몇 구절, 즉 선집(『그리스인의 경구 선집』, 야콥 판) 속의 경구와 거기

---

150 세상을 지배하고 질서를 유지하는 근본 원리
151 그리스 신화에 나오는 최초의 여자. 판도라는 온갖 고통과 악이 들어있는 단지, 판도라의 상자를 갖게 된다. 제우스가 판도라를 에피메테우스에게 보내자 그는 형제인 프로메테우스의 경고를 잊어버리고 판도라를 아내로 삼는다. 나중에 판도라가 그 단지를 열자, 그 안에서 온갖 악들이 나와서 땅 위에 퍼졌다.

서 인용된 바브리우스[152]의 구절을 발견하고 만족하게 생각했다. 바브리우스의 구절은 "통Faß에 모든 선한 것을 모으는 제우스"(바브리우스, 『우화집』)로 시작한다.

6

헤시오도스가 『신들의 계보』의 두 구절에서 헤스페리데스[153]에게 붙인 '맑은 목소리를 지닌hellstimmig'이라는 특별한 별명은, 그 이름이며 저녁 늦게까지 그들의 체류가 지연되었다는 사실과 함께, 내가 물론 이상한 생각을 하게 만들었다. 말하자면 헤시오도스는 헤스페리데스라는 이름으로 박쥐를 염두에 두었을지도 모른다. 이 별명은 이 동물들의 짧은 피리 소리와 매우 잘 어울린다. 게다가 이 동물들은 곤충을 잡으러 나갈 때 밤보다 오히려 저녁에 날아다니고, 헤스페리데스는 바로 라틴어 '베스퍼틸리온'(박쥐)에 해당하므로, 그 동물들은 밤의 딸들(박쥐들)보다는 저녁의 딸들(헤스페리데스)로 불리는 게 더 적절할지도 모른다. 그래서 나는 이 경우에 누군가가 일단 그런 사실에 주의를 기울여 그 착상을 확인해 줄 무언가를 발견하는 것이 가능하다는 생각을 억누르고 싶지 않았다. 케루빔이 날개 달린 황소라면, 헤스페리데스가 박쥐가 아닐 이유가 뭐가 있겠는가? 어쩌면 헤스페리데스는 오비디우스의 『변신 이야기』에서 박쥐로 변하는 알키토에[154]와 그녀의 자매들일지도 모른다.

7

부엉이가 아테네의 새라는 사실은 학자들의 야행성 연구로 야기되었을지도 모른다.

152 2세기경 활동한 현존 최고의 그리스어 우화집의 저자
153 그리스 신화에 나오는 맑은 음성을 가진 님프들로 단수형은 '헤스페리스'다. 헤라가 제우스와 결혼할 때 황금 사과가 열리는 나무를 지킨 것으로 유명하다.
154 알키토에는 보이오티아 오르코메노스 지방의 미니아스의 딸이다. 알키토에와 그 자매들은 디오니소스 축제에 가지 않고 집에 남아 실을 자아 옷감을 만들고 있었는데, 그날 늦게 디오니소스의 음악이 그들 주위에 울려 퍼지면서 집은 화염에 휩싸였고 그들은 박쥐와 새로 변신했다.

「헤스페리데스 동산」, 프레데릭 레이톤, 1892

8

신화에서 크로노스가 돌멩이를 집어삼키고 소화하는 것은 근거와 의미가 없지 않다. 다른 방법으로는 결코 소화할 수 없는 것들인 온갖 슬픔, 분노, 상실, 모욕은 시간만이 소화하기 때문이다.

9

제우스가 천둥을 쳐서 티탄들을 저승으로 떨어트리는 것은 여호와에게 반기를 든 천사들이 지옥으로 떨어지는 이야기와 같아 보인다.

신에 대한 맹세 때문에 자기 아들을 희생시키는 이도메네오스[155]의 이야기는 본질적으로 성경에 나오는 입다[156]의 이야기와 같다.

(호루스와 아폴론이 같으니까 타이폰과 파이톤은 필경 같을 것이다.)(『헤로도토스』)

고트어와 그리스어의 뿌리가 산스크리트어에 있듯, 그리스와 유대 신화가 생겨나게 한 더 오래된 신화가 있는 것은 아닐까? 우리가 상상력을 마구 펼친다면, 더 동쪽에 있던 여호수아가 태양을 여리게 하고 성 앞에 멈추어 있으라고 명령했기 때문에, **제우스**가 **알크메네**와 관계해 **헤라클레스**를 낳았던 두 배로 긴 밤이 찾아왔다고 추론할 수 있다. 따라서 제우스와 여호와는 서로의 손에 놀아났다. 왜냐하면 하늘의 신들은 땅의 신들처럼 언제나 은밀히 친구가 되었기 때문이다. 하지만 아버지 제우스의 심심풀이 장난은 여호수아와 그가 선택한 약탈을 일삼는 백성들의 피에 굶주린 행위에 비하면 얼마나 순진무구했는가!

---

155 트로이 전쟁에서 그리스 편에서 싸운 크레타의 왕. 전쟁 후 그는 자신이 무사히 귀향하게 된다면 처음으로 마주치는 것을 바치겠다고 신에게 맹세했다. 자신의 아들을 맨 처음 만난 그는 아들을 제물로 바쳤다. 그러나 신들은 그의 왕국에 역병을 보내고, 백성들은 그를 폐위시키고 살인자라고 불렀다.

156 이스라엘의 사사士師. 백성들에게 버림받았다가 구원자로 다시 부름을 받는 입다는 자신의 생명과도 같은 무남독녀를 자신이 서원한 대로 하나님 앞에 번제로 드리는 운명을 맞게 된다. 「사사기」 11:30~40 참조

그리하여 나는 여기서 결론적으로 나의 매우 미묘하고 극히 특이한 알레고리적 해석, 특히 아풀레이우스Lucius Apuleius(124~170?)[157]에 의해 찬미된 잘 알려진 신화에 대한 해석을 제시한다. 그 해석이 소재 때문에, '숭고함에서 우스꽝스러움까지는 한걸음에 지나지 않는다'라는 구절을 이용하고자 하는 모든 이의 조롱을 받는다 하더라도 말이다.

알다시피 금욕적인 관점인 내 철학의 정점에서 바라본다면, **삶에 대한 의지의 긍정**은 생식 행위에 집중되어 있으며, 이 생식 행위는 그러한 긍정의 가장 결정적인 표현이다. 그런데 이러한 긍정의 중요성은 원래 인지력이 없고, 따라서 맹목적인 충동인 의지는 표상으로서의 세계에 의해 그 자신의 본질에 대한 인식이 일어난 후, 그로써 의욕과 욕망이 방해나 억제를 받지 않고 자신이 그때까지 인지력이 없는 욕동과 충동으로서 의욕한 바로 그것을 이제 의식적이고 신중하게 원한다는 사실이다(『의지와 표상으로서의 세계』 I, 54장 '삶에의 의지의 긍정과 부정' 참조). 따라서 우리는 자발적인 정결을 통해 금욕적으로 삶을 **부정하는** 사람이 생식 행위를 통해 삶을 긍정하는 사람과 경험적으로 다르다는 것을 발견한다. 전자의 경우 인지력 없이 그리고 맹목적인 생리 기능으로서, 즉 수면 중에 일어나는 것이 후자에 의해서는 의식적으로 신중하게 행해지며, 그러므로 인식의 빛을 받고 일어난다는 점에서 그러하다.

이제 그리스 정신과 전혀 무관한 이 추상적인 철학이 이를 증명하는 경험적 과정과 더불어, **프시케**[158]에 관한 아름다운 우화에 대해 정확한 알레고리적

---

157 고대 로마의 작가이자 플라톤주의 철학자, 수사학자. 사후에도 오랫동안 영향을 끼친 산문체 이야기인 『황금 당나귀』의 저자로 유명하다. 원래는 아풀레이우스 자신이 『변신』이라고 불렀던 이 작품은 마술에 걸려 당나귀로 변한 한 젊은이의 모험을 이야기하고 있다.

158 그리스 신화에서 아프로디테의 질투와 에로스(사랑의 신)의 사랑을 불러일으켰던 빼어난 미모의 공주. 아풀레이우스의 변신 이야기 『황금 당나귀』에 따르면, 질투심 많은 아프로디테는 자기 아들 에로스에게 프시케가 가장 비열한 사람을 사랑하게 하라고 시켰다. 에로스는 그 대신 자신만이 찾아갈 수 있는 외딴 곳으로 그녀를 데려갔다. 에로스는 완전한 어둠 속이어야만 그녀를 찾아올 수 있다고 경고했지만, 프시케는 어느 날 밤 램프를 켜고 자기 옆에서 자는 사랑의 신을 보았다. 에로스는 램프에서 떨어지는 뜨거운 기름방울에 잠이 깨어 프시케를 꾸짖고 사라졌다.
프시케는 에로스를 찾아온 땅을 헤매다가 아프로디테에게 붙잡혀, 힘든 일을 해야만 했다. 마침내 프시케의 뉘우침에 마음이 움직인 에로스는 그녀를 구출해 냈다. 에로스의 호소로 제우스는 프시케에게 영생을

설명을 한다는 것은 사실상 매우 주목할 만한 것이다. 아모르를 보지 않고 즐기기로 되어 있던 프시케는 이에 만족하지 않고, 모든 경고에도 불구하고 그를 보고 싶어 했다. 그로 인해 그녀는 신비로운 힘들의 가혹한 발언 후에 끝없는 불행에 빠졌다. 그녀는 지하 세계를 방랑하고 거기서 힘든 일을 경험함으로써 속죄받을 수 있었다.

주었고 에로스와 결혼하도록 해 주었다.

여기서 아풀레이우스가 의도한 것은 '영혼'이 '사랑'에 인도되는 과정을 그린 알레고리였고, 르네상스 문학과 예술에서도 프시케 이야기는 그런 식으로 다루어졌다. 그리스 전승에서 영혼은 나비의 형태로 그려지고 있는데, 프시케라는 단어의 또 다른 뜻이 '나비'다.

제15장
심리학적 소견

1

모든 동물, 특히 인간은 이 세상에 존재하고 계속 살아가기 위해서는 의지와 지성 사이에 얼마간의 적합성과 균형을 유지하는 것이 필요하다. 그런데 자연이 이 적합성과 균형을 더 정확하고 더 올바르게 맞출수록 인간은 더 쉽고 더 확실하고 더 쾌적하게 이 세상을 헤쳐 나갈 것이다. 사실 올바른 균형점에 단순히 가까워지는 것만으로 이미 그는 파멸을 피하기에 충분하다. 따라서 앞서 말한 균형의 올바름과 적합성의 한계 내에서 어느 정도의 폭이 존재한다. 여기에 적용되는 기준은 다음과 같다. 지성의 사명은 의지의 발걸음의 등불이자 안내자가 되는 것이다. 그러므로 의지의 내적 충동이 격렬하고 충동적이고 격정적일수록 그것에 부속된 지성은 그런 만큼 완전하고 명석해야 한다. 그것은 격렬한 의욕이나 분투, 이글거리는 열정, 광포한 격정에 미혹되거나 거기에 휩쓸려 무분별과 오류, 파멸에 빠지지 않기 위해서다. 의지가 격렬한데 지성이 매우 미약한 경우 이 모든 일은 불가피할 것이다.

반면에 점액질의 성격은, 그러므로 미약하고 흐릿한 의지는 미미한 지성으로도 헤쳐 가며 살아갈 수 있다. 즉 미약한 의지는 미미한 지성을 필요로 한다. 일반적으로 의지와 지성 사이의 불균형, 즉 앞서 말한 기준에서 나오는 균형에서 벗어나는 것은 인간을 불행하게 만드는 경향이 있다. 따라서 이와 반대 방향으로 균형에서 벗어나는 경우에도 마찬가지다. 다시 말해 지성이 비정상으로 강렬하고 과도하게 발달하고, 그로 인해 완전히 균형을 잃을 만큼 지성이 의지를 압도하는 것은, 이것이야말로 진정한 천재의 본질을 이루는 것이긴 하지만, 인생의 필요와 목적을 위해서는 불필요할 뿐 아니라 그것을 방해하기도 한다. 또한 젊은 시절에는 상상력만 넘치고 이렇다 할 경험이 부족해서 객관적 세계를 파악하는 데 지나치게 에너지를 쏟는 탓에, 젊은 머리는 엉뚱한 개념이나 심지어 이상한 망상까지 받아들여 쉽게 그런 것들로 가득 차게 된다. 거기에서 기괴한, 심지어 기상천외한 성격이 생겨난다. 그런데 나중에 경험을 통해 배움을 얻으면 이런 것은 소멸하고 없어지더라도, 그럼에도 천재는 평범한 사람처럼 비속한 외부 세계와 시민 사회에서 편안하게 느끼지 못할뿐더러, 그 사회에 제대로 녹아들어 안락하게 살아가지 못할 것이다. 오히려 그는 때때로 기이한 실책을 저지르게 될 것이다. 왜냐하면 평범한 인간은 자신의 개념과 파악의 좁은 영역에서는 아무도 그 자신에게 무언가 피해를 줄 수 없을 만치 완전히 익숙해져 있으므로, 그의 인식은 의지에 봉사한다는 본래의 목적에 항상 충실하여, 언제나 터무니없이 행동하지 않고 한결같이 이러한 목적에 전념하기 때문이다. 반면에 천재란, 내가 앞서 상세히 설명했듯, 기본적으로는 과잉에 의한 기형이다. 이와 반대로 지성이 없는 열정적이고 격렬한 인간, 뇌가 없는 광포한 자는 결여에 의한 기형과 같다.

2

모든 생물의 가장 내적인 핵심을 이루는 삶에의 **의지**는 가장 고등 동물들, 즉 가장 영리한 동물들에게서 가장 덜 가려지고, 그 본질에 따라 가장 명료하게 목격되고 관찰된다. 왜냐하면 이 단계 **아래의** 동물에게서는 의지가 아직 그처럼 뚜렷이 드러나지 않고, 객체화의 정도가 낮기 때문이다. 하지만 그 단계 **위의** 동물, 즉 인간에게서는 이성과 함께 분별심이, 그리고 그 의지 위에 곧장 베일을 씌우는 위장 능력이 생겨난다. 그러므로 인간의 경우 의지는 흥분과 열정이 폭발할 때만 숨김없이 드러난다. 하지만 이런 이유로 열정은 어떤 종류의 것이든 상관없이 발휘될 때마다 언제나 신뢰를 받으며, 또 그래야 마땅하다. 열정이 시인의 주된 테마이고 배우의 핵심 전시품인 것은 바로 그런 이유 때문이다. 그런데 내가 먼저 말한 것은 우리가 개, 원숭이, 고양이 등을 보고 즐거운 기분이 드는 것은 맨 처음 말한 것에서 기인한다. 이 동물들이 우리를 그토록 흥겹게 해 주는 것은 그들의 표현이 완벽하게 순박하기 때문이다.

아무런 방해를 받지 않고 혼자 힘으로 자신의 특색을 발휘하고, 음식을 구하거나, 새끼를 돌보거나, 다른 동료들과 어울려 노는 모든 자유로운 동물을 바라보면 얼마나 독특한 즐거움을 맛볼 수 있는가. 이럴 적에 이 동물들은 온전히 그래야 하고 그럴 수 있는 존재다. 비록 그것이 단지 어린 새 한 마리라 하더라도 나는 오랫동안 흡족한 기분으로 지켜볼 수 있다. 그러니까 그것이 시궁쥐든, 개구리든 마찬가지며, 오히려 고슴도치, 족제비, 노루나, 사슴이라면 더욱 그러하다! 동물들의 모습이 우리를 그토록 흥겹게 해 주는 주된 이유는 우리 자신의 본질을 그토록 **단순화된** 상태로 눈앞에서 보는 것이 즐겁기 때문이다.

세상에는 거짓말하는 존재가 딱 **하나** 있다. 바로 **인간**이다. 그 밖의 모든 존재는 있는 그대로의 모습을 숨김없이 드러내고, 느낀 그대로를 표현하는 진실함과 솔직함을 지니고 있다. 이 근본 차이를 보여 주는 외적 표현이나 알레고리적 표현은 인간 이외의 모든 동물이 자연 그대로의 모습으로 돌아다니고 있다는 사실이다. 우리가 그들의 모습을 보고 그토록 즐거운 인상을 받는 것은 바로 그 때문이다. 특히 야생 동물들을 바라보면 항시 내 마음이 부풀어 오른다. 그 반면에 인간은 옷을 걸침으로써 희화화된 존재가 되고, 흉물스러운 존재가 되어 버렸다. 그런 모습은 보는 것만으로도 역겨움을 자아낸다. 게다가 부자연스러운 하얀 피부, 그리고 자연에 거슬리는 육식, 알코올음료, 담배, 방탕한 생활, 질병 등과 같은 이 모든 역겨운 결과로 인해 그 모습이 더욱 악화한다. 인간은 자연에서 하나의 오점으로서 존재하는 것이다! 그리스인들은 이런 사실을 느꼈기에 옷을 되도록 제한했다.

3

마음이 불안하면 가슴이 두근거리고, 가슴이 두근거리면 마음이 불안해진다. 번민이나 근심, 심란함은 혈액 순환이든 각종 분비든 또는 소화든 생활 과정과 유기체의 활동을 방해하고 어렵게 하는 작용을 한다. 이와 반대로 심장이든 위장이든 문맥門脈이든 정낭精囊이든 그밖에 어디에서든지, 이러한 활동이 신체적 원인 때문에 억제되고 방해받거나 또는 어떤 식으로 난조를 보이면, 까닭 없이 마음이 불안해지고 걱정과 우울, 번민이 생긴다. 즉 건강염려증 Hypochondrie[159]이라 불리는 상태가 생겨난다. 이와 마찬가지로 사람들은 분노에 휩싸여 고함을 지르거나 과격한 행동을 하며 격렬한 몸짓을 보이기도 한다. 바로 이런 신체적 표현에 의해 분노가 더욱 커지거나, 또는 아주 사소한 계기에 의해서도 부추겨진다. 이 모든 사실이 의지와 신체의 통일성과 동일성에 관한 나의 가르침을 강력히 뒷받침해 주는 것임은 새삼 말할 필요도 없다. 그것에 따르면 신체는 두뇌의 공간적 직관 속에 나타나는 의지 그 자체에 불과하다.

4

습관의 힘 탓으로 여겨지는 아주 많은 것이 오히려 타고난 본래 천성이 일정불변하다는 사실에서 기인한다. 그런 까닭에 우리는 같은 사정일 때는 늘 **같은 행동**을 한다. 따라서 그러한 일은 첫 번째도 백 번째도 똑같은 필연성에서 일어난다. 반면에 진정한 **습관의 힘**은 실은 **타성**에 기인한다. 타성은 새로 선택하는 노력과 어려움, 위험을 지성과 의지가 면하기를 원한다. 이 때문에 우리는 벌써 어제도 했고 백 번은 했던 일을, 그래야 그 목적이 이루어진다는 것을 아는 일을 오늘도 하는 것이다.

그러나 이 문제의 진리는 좀 더 깊은 곳에 있다. 이 문제는 첫눈에 그렇게 보이는 것보다 더 본래적인 의미에서 이해되어야 한다. 말하자면 단순히 기계적 원인으로 움직이는 물체에게 **타성의 힘**이라는 것, 바로 그것이 동기에 의해 움직이는 신체의 경우에는 **습관의 힘**이기 때문이다. 우리가 단순히 습관에서 하는 행위는 본래 개개의 개인적 동기, 특별히 이 경우를 위해 작용하는 동기 없이 이루어진다. 이것이 우리가 그 경우 사실상 그 행위를 생각하지 않는 이유이다. 습관이 된 모든 행위의 최초의 실례들에 처음에는 하나의 동기가 있었다. 그 동기의 이차적인 여파가 지금의 습관이며, 더구나 그 습관은 행위를 지속시키기에 충분하다. 이는 충격으로 움직이는 물체가 그 운동을 지속하기 위해 더 이상 새로운 충격은 필요 없고, 방해만 없다면 영원히 계속 움직

이는 것과 마찬가지다. 동물 조련은 강요된 습관이라는 점에서 이런 사실이 동물에게도 적용된다. 말은 강요받지 않고도 차분히 마차를 계속 끌고 간다. 처음에 채찍을 맞고 달리도록 강요받은 영향이 이러한 움직임으로 여전히 나타난다. 타성의 법칙에 따라 이러한 영향이 습관으로 영구화된 것이다. 이 모든 것은 실제로 단순한 비유 이상이다. 그것은 바로 의지의 객체화의 매우 넓고 상이한 단계에서 그 문제의, 즉 의지의 동일성을 말해 준다. 그러한 객체화의 단계에 따라 같은 운동 법칙이 사실 매우 상이한 형태를 취한다.

5

'오래오래 사십시오!Viva muchos años!'가 스페인어로 하는 흔한 인사이고, 전 세계 어디에서나 장수 기원은 매우 관례적인 일이다. 이것은 생명이 무엇인지 아는 것에서 설명되지 않고, 이와는 달리 인간의 본질이 무엇인가 하는 것에서 설명될 수 있다. 즉 삶에의 의지가 바로 인간의 본질이다.

죽은 뒤에도 자신을 **기억해** 주었으면 하는 누구나 품는 소망, 그리고 포부가 대단한 사람들의 경우에는 점점 심해져 **사후의 명성**까지 추구하게 되는 **소망**은 삶에 대한 집착에서 생겨나는 것으로 보인다. 현실적인 현존 가능성이 차단되었다고 생각하면, 이제 유일하게 현존하는, 비록 관념적인 것에 지나진 않긴 하지만, 그림자를 붙잡으려 하는 것이다.

6

우리가 관계 맺으며 행하는 모든 일에서 우리는 다소간 끝이 다가오기를 바라고, 조급하게 끝내려고 하며, 끝이 나면 기뻐한다. 다만 전반적 끝, 모든 끝의 끝만큼은 대체로 되도록 멀리 있기를 바란다.

7

모든 이별은 죽음을 미리 맛보게 해 준다. 그리고 모든 재회는 부활을 미리 맛보게 해 준다. 그래서 서로에게 냉담했던 사람들조차 20년, 30년의 세월이 지나 재회하면 그토록 환호하는 것이다.

8

모든 친근한 존재의 죽음에 대한 우리의 깊은 고통은 어떤 개체에게서든 무언가 형언할 수 없는 것, 그 존재만의 고유한 것, 그 때문에 전적으로 **돌이킬 수 없는 것**이 있다는 감정에서 생겨난다. "모든 개별 존재는 불가해한 것이다." 이것은 동물 개체에게도 해당한다. 애지중지하던 동물이 어쩌다 치명상을 입게 되어 그 이별의 눈빛을 맞이하고 가슴을 쥐어뜯는 듯한 고통을 맛본 사람은 이런 기분을 더없이 생생하게 느낄 것이다.

9

얼마 지나지 않았는데도 우리는 우리의 적과 반대자들의 죽음을 우리 친구의 죽음만큼이나 애도하는 일이 일어날 수 있다. 다시 말해 우리가 그들을 우리의 빛나는 성공의 증인으로 그리워할 때 말이다.

10

불쑥 찾아온 뜻밖의 큰 행운이 쉽게 치명적 작용을 하는 것은 우리의 행복감과 불행감이 단순히 우리의 요구와 실제로 주어지는 것 사이의 비례치에 불과하다는 사실에서 비롯된다. 따라서 우리는 우리가 소유하고 있거나, 미리 그럴 것으로 확신하는 재화를 그 자체로서 느끼지 않는다. 모든 향유는 본래 **소극적**일 뿐이고, 고통을 야기하는 작용을 할 뿐인 반면, 고통이나 화는 본래 적극적이고 직접적으로 느껴지기 때문이다. 우리가 뭔가 소유하거나 소유할 것 같은 확신이 서면 즉각 우리의 요구는 커지고, 더 많은 소유물과 그 이상의 전망을 위한 우리의 수용력은 증가한다. 반면에 계속되는 불행이 마음을 위축시키고, 요구가 최소 수준으로 줄어든 경우에 불쑥 찾아온 행운은 자신을 받아들일 수용력을 발견하지 못한다. 다시 말해 기존의 요구에 의해 상쇄되지 않을 때, 그것은 언뜻 적극적인 작용을 해서, 있는 힘을 다해 작용함으로써 마음을 갈가리 찢어 버려, 치명적으로 될 수 있다.

따라서 예측되는 행복을 먼저 희망하게 하고, 기대하게 한 다음 부분적으로만 서서히 알리는 행위는 우리에게 잘 알려진 배려다. 이러한 방법은 각 부분이 요구에 의해 예상됨으로써 그 효과가 반감되고, 더 많은 부분을 위한 여지를 남기게 된다. 이 모든 논의 결과로 우리는 이렇게 말할 수 있다. "행복에 대한 우리의 위胃는 사실 바닥이 안 보이지만, 그래도 그 입구는 좁다." 그러나 갑자기 찾아온 불운에 대해서는 앞서 말한 것이 그대로 적용되지 않는다. 이 경우 희망이 여전히 그에 맞서 강력히 저항하기 때문에, 그 효과는 훨씬 덜 치명적이다. 공포가 행운의 경우와 유사한 역할을 하지 않는 것은 우리가 본능적으로 근심보다는 희망 쪽으로 더 기울어지는 경향이 있기 때문이다. 이는 우리의 눈이 자연히 어둠 쪽이 아닌 빛 쪽을 향하는 것과 마찬가지다.

11

희망이란 어떤 사건에 대한 소망과 그것이 일어날 개연성을 혼동하는 것이다. 인간은 누구나 예외 없이 마음의 어리석음으로부터 자유롭지 않기에 개연성에 대한 지성의 올바른 평가를 너무 왜곡시켜 천 분의 일의 확률도 쉽게 가능한 일로 간주한다. 그렇지만 희망 없는 불운이 신속한 치명적 일격과 비슷하다면, 반면에 끊임없이 좌절되면서도 거듭 되살아난 희망은 고문으로 서서히 죽어 가는 유형과 비슷하다.[160]

희망에 의해 버림받은 자는 누구든 공포에 의해서도 버림받는다. 이것이 '절망적'이라는 표현의 뜻이다. 다시 말해 자신이 원하는 것을 믿고, 그것을 원하기 때문에 믿는다는 것은 인간에게 당연한 일이기 때문이다. 그런데 인간 본성의 자비롭고 완화시키는 특성이 거듭되는 운명의 가혹한 타격에 뿌리 뽑혀, 심지어 그가 거꾸로 자신이 바라지 않는 일이 일어날 것으로 믿고, 자신이 바라는 일은 바로 그렇기 때문에 결코 일어날 수 없을 거라고 굳게 믿는 데까지 이르면, 이것이 바로 '절망'이라고 불리는 상태다.

---

160 • **희망**은 우리의 본질 전체, 즉 의지와 지성이 경쟁하는 상태다. 즉 의지는 그 희망의 대상을 소망하고, 지성은 그 소망이 그럴듯하다는 것을 계산한다는 점에서 그러하다. 의지의 요소가 차지하는 몫이 작고 지성의 요소가 차지하는 몫이 클수록, 그만큼 희망에는 더 좋아지고, 반대 경우는 희망에 더 나빠진다.

12

우리가 종종 타인을 잘못 보는 것은 항상 딱히 우리의 판단력 때문은 아니고, 대체로 "지성은 기름 없이 타는 등불이 아니라, 의지와 열정으로부터 보급을 받는다"[161]라는 베이컨의 말에서 비롯한다. 다시 말해 우리는 사정을 알지 못하면서, 처음부터 곧장 사소한 것에 의해 이들에게 찬성하거나 반대하는 경향이 있기 때문이다. 그것은 우리가 실제로 다른 사람들에게서 발견하는 자질들에 머무르지 않고, 그들과 불가분의 관계에 있거나 양립할 수 없다고 간주되는 자들로부터 다른 사람들을 추론하는 경우가 매우 허다하기 때문이다. 예컨대 인지된 관대함으로부터 우리는 정의를, 경건함으로부터 정직성을, 거짓말로부터 속임수를, 속임수로부터 도둑질 등을 추론하는 식이다. 이리하여 수많은 오류의 문이 열리게 되는데, 이는 부분적으로는 인간 성격의 이상함 때문이고, 부분적으로 우리의 관점의 일면성 때문이다. 사실 성격은 일반적으로 일관되고 연관성이 있지만, 그것의 전체적 자질의 뿌리는 너무 깊은 곳에 있어서, 주어진 경우에 어떤 자질은 양립할 수 있고, 어떤 자질은 그렇지 않은지를 개별적인 자료들로는 판단할 수 없는 것이다.

13

모든 유럽 언어에서 인간 개인을 지칭하기 위해 '퍼슨person'이라는 단어를 관습적으로 사용하는 것은 무의식적으로 적절하다. 왜냐하면 '페르소나persona'는 사실 배우의 가면을 의미하는데, 물론 아무도 있는 그대로의 자기 모습을 보여 주지 않고, 각자 가면을 쓰고 어떤 역할을 하기 때문이다. 일반적으로 말해 사회생활 전체는 연속되는 코미디 공연이다. 이것은 실속 있는 사람들에게는 무미건조하다는 생각이 들게 하는 반면, 평범한 사람들은 그것을 정말로 즐기게 해 준다.

---

161 • 『신기관Novum Organum』 1, 49

우리는 간혹 어떤 식으로든 우리를 위험에 빠트릴지도 모르는 말을 불쑥 내뱉기도 한다. 그러나 자신을 웃음거리로 만들지도 모르는 일에 대해서는 우리는 끝까지 침묵을 지킨다. 후자의 경우에는 웃음거리가 된다는 결과가 원인에 뒤이어 곧바로 나타나기 때문이다.

불의를 당한 고통은 자연인의 뜨거운 **복수심**에 불을 지핀다. 그리고 종종 복수는 달콤하다고들 한다. 이것은 단순히 복수를 음미하기 위해, 그리고 그에 따르는 어떠한 손해 보상도 의도하지 않고 치러지는 수많은 희생으로 확인된다. 반인반수Kentaur인 켄타우로스[162]의 쓰라린 죽음은 그의 마지막 순간에 아주 영리한 방법으로 준비된 복수에 대한 확실한 예지叡智에 의해 감미롭게 다가온다. 그리고 같은 생각이 세 나라의 언어로 번역된 **베르톨로티**의 소설 「두 자매」에서 현대적이고 그럴듯하게 묘사되어 있다. **월터 스콧**은 지금 화제가 된 인간의 성향을 정당하고도 강력하게 표현한다. "복수는 지금까지 지옥에서 요리된 음식 중 입으로 가는 가장 달콤한 음식이다." 이제 나는 복수심에 대한 심리학적 설명을 시도하고자 한다.

　자연, 우연 또는 운명에 의해 우리한테 쌓인 모든 고통은 그 밖의 사정이 같다면 타인의 변덕에 의해 우리에게 가해진 그것만큼은 고통스럽지 않다. 이것은 우리가 자연과 우연을 세계의 근원적 지배자로 인정하고, 그것들을 통해 우리에게 닥치는 일이 마찬가지로 다른 모든 사람에게도 일어날 수 있다고 통찰하는 데서 비롯된다. 그래서 우리는 이 근원으로부터 받는 고통 속에서 우리 자신의 운명보다 인류 공통의 운명을 더 슬퍼한다. 다른 한편으로 다른 사람들의 횡포로 인한 시달림은 그 고통이나 피해 자체에 완전

162　헤라클레스의 아내를 납치하려다 헤라클레스에게 죽임을 당한 네소스는 죽을 때 자신의 피를 그녀에게 주었는데, 뒷날 독이 든 그 피가 발라진 옷 때문에 헤라클레스 역시 죽음을 맞이했다.

히 독특한 쓸쓸함을 더해 준다. 즉, 자신은 무력한 데 반해, 폭력에 의해서든 간계에 의해서든, 상대는 우월하다는 의식이 첨가되는 것이다. 입은 피해는 보상이 가능하다면 그것으로 치유된다. 하지만 저 쓸쓸한 첨가물, "너한테 그런 일을 당해도 나는 감수할 수밖에 없다!"라고 하는 생각은 종종 피해 그 자체보다도 더 고통스럽고, 복수에 의해서만 상쇄될 수 있다. 다시 말해 우리가 폭력이나 간계로 가해자에게 다시 피해를 줌으로써, 그에게 우리의 우월성을 보여 주고, 그로써 그가 우월하다는 증거를 무효로 할 수 있기 때문이다. 그리하여 우리는 갈망하던 만족감을 얻게 된다. 따라서 자존심이나 허영심이 많은 곳에서는 복수심도 많을 것이다. 그러나 모든 성취된 소망은 다소간 착각으로 드러나듯이, 복수심도 마찬가지다. 대부분의 경우 복수로 기대된 즐거움은 동정 때문에 망쳐지고 만다. 그러니까 종종 우리가 행한 복수는 나중에 심장을 찢고 양심을 괴롭힐 것이다. 즉 복수에 대한 동기는 더 이상 효력을 발휘하지 않고, 우리 앞에는 우리의 악의의 증거만 남는다.

16

성취되지 않은 소망으로 인한 고뇌는 **후회**에 비해서는 작다. 소망은 항상 열려 있는, 헤아릴 수 없을 만치 방대한 미래를 대하고 있는 반면, 후회는 돌이킬 수 없을 만치 완결된 과거를 대하고 있기 때문이다.

17

인내patientia, 특히 스페인어 'sufrimiento'는 '**당해서 괴롭다**leiden'는 의미에 기초해 이름이 붙여졌는데, 이 인내는 정신의 능동성의 반대인 수동성을 띠고 있다. 따라서 정신의 활동이 큰 경우 양자는 합일하기 힘들다. 인내는 점액질의 사람들, 또한 정신적으로 나태한 사람, 또는 정신이 빈약한 사람, 그리고 여성들의 타고난 미덕이다. 그럼에도 이 미덕이 대단히 유익하고 필요하다는 것은 이 세계의 서글픈 속성을 암시한다.

금전은 인간의 추상적인 행복이다. 그러므로 행복을 구체적으로 누릴 능력이 더 이상 없는 사람은 마음을 온통 돈에 바친다.

모든 **고집**은 의지가 인식의 자리를 억지로 차지한 데서 비롯한다.

불쾌Verdrießlichkeit와 멜랑콜리(우울)Melancholie는 꽤 멀리 떨어져 있다. 즉 쾌활에서 우울까지의 거리는 불쾌에서 우울까지의 거리보다 훨씬 가깝다.

　멜랑콜리는 끌어당기지만, 불쾌는 밀어낸다.

　건강염려증Hypochondrie은 이유 없이 현재의 일에 대한 불만과 분노로, 또 인위적으로 생각해 낸 미래의 불행에 대한 근거 없는 불안감으로뿐만 아니라, 과거의 우리 자신의 행위에 대한 부당한 비난으로도 우리를 괴롭힌다.

　건강염려증의 가장 직접적인 작용은 화를 내거나 걱정할 거리가 어디 없는지 끊임없이 찾아다니고 애써 생각하는 것이다. 그 **원인**은 내부의 병적인 불쾌감인데, 거기에다 기질에서 오는 내적 불안이 가끔 더해지기도 한다. 이 두 가지가 최고도에 이르면 자살로 치닫는다.

유베날리스[163]의 시에 나오는 "아무리 작은 계기라도 하나만 있으면 우리를 분노하게 만들기에 충분하다"라는 시구를 좀 더 자세히 설명하기 위해서는 다음 내용이 도움이 될지도 모른다.

　분노는 즉시 그 계기를 엄청나게 확대하고 왜곡시키는 현혹을 만들어 낸다.

163　•2세기 로마의 시인, 출전은 『풍자시』 13, 183

이 현혹은 이제 다시 분노를 높이고, 높아진 이 분노 자체에 의해 그 현혹이 다시 커진다. 이런 식으로 계속 상호 작용이 고조되다가 마침내 분노가 폭발하게 되는 것이다.[164]

이런 사태를 미연에 방지하려면 활달한 사람들은 화가 나기 시작하는 즉시, 먼저 자신의 마음을 잘 다스려 눈앞의 그 사건을 머리에서 내쫓도록 노력해야 한다. 왜냐하면 한 시간쯤 지나서 돌이켜 보면 이 일이 어느새 그다지 고약하지 않은 것으로, 어쩌면 이내 하찮은 일로 여겨질 것이기 때문이다.

22

증오는 마음의 문제지만, **경멸**은 머리의 문제다. 자아는 둘 중의 어느 쪽도 지배하지 못한다. 마음은 변화시킬 수 없고, 동기에 의해 움직이며, 그리고 머리는 불변의 규칙과 객관적 자료에 따라 판단을 내리기 때문이다. 자아는 단순히 마음을 머리에 묶어 주는 멍에 역할만 할 뿐이다.

증오와 경멸은 결정적인 적대 관계에 있으며, 서로를 배척한다. 심지어 많은 경우 증오는 다른 사람의 장점에 의해 강요되는 존경과 다르지 않은 근원을 가지고 있다. 그러나 가련한 생물들을 일일이 미워하려고 한다면 끝도 없을 것이다. 이런 자들을 싸잡아서 경멸하기란 대단히 쉬운 일이다. 진실하고 진정한 자부심의 감춰진 면인 진실하고 진정한 경멸은 은밀히 묻어 두고, 남이 눈치채게 해서는 안 된다. 경멸을 눈치채게 하는 사람은, 그가 상대를 얼마나 하찮게 평가하는지 알게 하려고 하는 한, 이미 그것으로 어느 정도 상대를 존중한다는 표시를 하고 있는 셈이다. 이를 통해 그는 경멸을 배제하는 증오를 드러내고, 다만 경멸하는 척할 뿐이다. 이와는 달리 진정한 경멸은 상대의 무가치에 대한 순수한 확신으로, 관대함이나 배려와 양립할 수 있다. 그러한 수단들로 우리는 우리 자신의 평온과 안전을 위해 경멸받는 자를 자극하는 것을 피하게 된다. 안 그러면 각자 피해를 입을 수 있기 때문이다. 그럼에도 이 순수하고 차갑고 솔직한 경멸이 눈에 드러나게 되면, 그것은 더없이 피비린내 나는 증오로 응답받게 된다. 같은 경멸로 보답하는 것은 경멸당한 상

---

164 •호라티우스의 『서간집』 I, 2, 62

대의 권한을 벗어나는 일이기 때문이다.

23

우리를 어떤 종류의 불쾌한 흥분으로 몰아넣는 모든 사건은, 아무리 하찮은 것이라 하더라도, 우리의 정신에 어떤 여파를 남길 것이다. 그 여파가 지속되는 한, 그것은 사물과 상황에 대한 명확하고 객관적인 파악을 방해하며, 우리의 모든 생각을 물들여 버린다. 이는 아주 작은 어떤 물체라도 눈 가까이에 들이대면 우리의 시야를 제한하고 왜곡하는 것과 마찬가지다.

24

사람들을 **무정하게** 만드는 것은 저마다 그 자신의 곤란한 문제들을 짊어지고 다녀야 한다는 느낌, 또는 그렇게 생각하는 느낌이다. 그래서 익숙하지 않은 행복한 상태는 사람들 대부분을 동정적이고 자애롭게 만든다. 그러나 지속적인, 항상 존재했던 상태는, 고통이 낯설어져서 타인의 불행을 더 이상 동정하지 못하게 됨으로써 종종 반대 작용을 한다. 때때로 가난한 사람들이 부자들보다 남들을 더 잘 돕는 것으로 드러나는 것은 바로 그 때문이다.

다른 한편으로 타인의 행동을 훔쳐보거나 염탐하는 데에서 보이는 왕성한 호기심은 인생에서 고뇌와는 반대되는 대극인 지루함 탓이다. 물론 이때 가끔은 부러움도 함께 작용하기는 한다.

25

어떤 인물에 대한 자신의 진정한 느낌을 알고 싶은 사람은 그에게서 뜻하지 않은 우편 편지를 받고 그것을 처음 보는 순간 어떤 인상을 받았는지 주목하도록 하라.

26

종종 우리는 무언가를 원하는 동시에 원하지 않는 것 같아서, 같은 사건에 대해 기뻐하는 동시에 슬퍼하는 것 같기도 하다. 예컨대 어떤 식으로든 또는 어떤 경우에, 어떤 시험에 통과하는 것이 무척 큰 가치가 있는 결정적인 시험을 통과해야 할 때, 우리는 이 시험을 치르는 시점을 원하는 동시에 두려워하기도 한다. 그런데 그 시험을 기다리는 중에 이번에 그것이 미뤄졌다는 소식이 전해지면, 우리는 기쁜 동시에 슬프기도 할 것이다. 미뤄진 것은 우리의 의도에 반하지만, 그래도 잠시나마 우리에게 안도감을 주기 때문이다. 이는 우리가 어떤 중요한 결정적인 편지를 기다리고 있는데, 그것이 도착하지 않고 있는 것과 같다.

이러한 경우, 실은 두 가지 다른 동기가 우리에게 영향을 끼친다. 하나는 더 강하지만, 멀리 있는 동기, 즉 시험에 통과해서 결정을 받고 싶다는 소망이고, 다른 하나는 더 미약하지만, 더 가까이에 있는 동기, 즉 당장은 평안히 골치 아프지 않게 지내고 싶다는 소망이다. 이때 희망을 품을 수는 있지만 불확실한 상태가 적어도 있을 수 있는 불행한 결말보다는 유리하므로, 이러한 이점을 계속 누리고 싶어 한다. 따라서 우리의 시야에서 더 작지만 더 가까운 대상이 더 크지만 더 멀리 떨어진 대상을 가려 버릴 때 일어나는 물리적 현상이 여기서 도덕적 현상으로 일어나게 된다.

27

이성은 **예언자**로도 불릴 만하다. 즉 이성은 우리의 현재 행동에 대한 미래의 결과이자 작용으로서 미래 전망을 우리 앞에 제시한다. 바로 그런 까닭에 이성은 우리가 쾌락의 욕구나 분노의 폭발, 또는 탐욕심이 미래에 우리가 분명 후회하게 될 일을 하도록 잘못 이끌려고 할 때 우리를 제어하기에 적합하다.

우리 개개인의 삶의 과정과 사건들은 그 진정한 의미와 맥락을 고려해 볼 때 비교적 조악한 모자이크 작품에 비유할 수 있다. 이 작품에 가까이 다가가서 서 있는 한 우리는 묘사된 대상들을 제대로 인식할 수 없고, 그것들의 중요성도 아름다움도 지각하지 못한다. 이 두 가지는 약간 떨어져서 봐야 모습을 드러낸다. 이와 마찬가지로 우리는 우리의 삶에서 중요한 사건들의 진정한 연관성을, 종종 그것들이 일어나는 동안이나 그 직후에는 이해하지 못하고 상당한 시간이 흐르고 나서야 비로소 이해한다.[165]

우리에게 상상력이라는 확대경이 필요해서 그런 걸까? 아니면 멀리 떨어져야만 비로소 전체 모습을 파악할 수 있기 때문일까? 아니면 열정이 식어 버려야만 하는 걸까? 또한 경험이라는 학교에 의해서만 우리의 판단력이 무르익기 때문일까? 어쩌면 이 모든 것이 합쳐져서 그럴지도 모른다. 그러나 확실한 것은 우리는 종종 타인의 행동에 대해서, 때로는 심지어 우리 자신의 행동에 대해서조차, 많은 세월이 흐른 뒤에야 적절한 빛을 볼 수 있다는 사실이다. 그리고 이는 우리 자신의 삶에서처럼 역사에서도 마찬가지다.

29

인간의 행복한 상태라는 것은 대체로 일종의 나무숲과 같다. 멀리서 보면 무척 아름다워 보이지만 가까이 다가가 안으로 들어가 보면 이 아름다움은 사라져 버린다. 우리는 그 아름다움이 어디에 있었는지 알지 못하고, 나무들 사이에 우두커니 서 있다. 우리가 너무나 자주 다른 사람들의 처지를 부러워하는 것도 바로 이런 이유 때문이다.

30

거울이 있는데도 우리가 자신의 모습을 제대로 알지 못하고, 따라서 우리 자신을 어떤 지인들처럼 상상하여 마음속에 그릴 수 없는 것은 무슨 까닭일까? 우리는 이미 첫걸음부터 "너 자신을 알라"라는 어려운 명제와 마주한다.

---

165 • 우리는 현재의 사건과 인물들의 **중요성**을 쉽게 인식하지 못한다. 그것들이 과거의 것이 되어서야 비로소 기억과 이야기, 묘사에 의해 거론되어, 그것들의 중요성이 드러나게 된다.

의심할 여지없이, 이것은 우리가 얼마쯤은 거울을 볼 때 항상 정면을 바라보면서 시선을 움직이지 않고 자신을 보는 탓이다. 그리하여 그토록 중요한 눈의 놀이와 함께 시선의 진정한 특징적인 면이 대부분 사라지기 때문이다. 그러나 이러한 물리적 불가능성 이외에 이와 유사한 윤리적 불가능성도 함께 작용하는 것 같다. 우리는 거울 속의 자신의 모습을 낯선 사람의 시선으로 바라볼 수 없다. 그런데 **낯선 사람의 시선**으로 바라보는 것이 자신이 모습을 파악하기 위한 **객관성**의 조건이다. 다시 말해 이런 시선은 결국 그것의 깊은 곳에서 느껴지는 **비아**非我(『윤리학의 두 가지 근본 문제』 참조)와 함께 도덕적 이기심에 근거하기 때문이다. 이것은 온갖 결점을 객관적으로 순수하고 가감 없이 지각하기 위해 요구되는 시선이다. 그렇게 해야만 무엇보다 자신의 모습이 충실하고 진실하게 나타난다. 그러나 거울에서 자신의 모습을 볼 때는 언제나 그렇게 하지 않고, 바로 저 이기주의가 자꾸만 우리에게 "이것은 비아가 아니라 나다"라는 예방적인 말을 속삭인다. 이는 "나를 만지지 말라"[166]와 같은 작용을 해서 순수하게 객관적인 파악을 방해한다. 즉 심술이라는 효소를 약간 섞지 않으면 그러한 객관적 파악이 성립할 수 없는 것으로 보인다.

31

누구든 자신의 내부에 고뇌를 견디고 또 행동하는 힘이 얼마나 있는지 어떤 계기로 그 힘이 작동할 때까지는 알지 못한다. 이는 마치 거울처럼 잔잔한 연못 물을 바라봐서는 그것이 폭포수가 되어 사납게 날뛰며 바위로부터 떨어질지, 또는 분수가 되어 얼마나 높이 솟아오를지 알지 못하는 것이나 얼음처럼 차가운 물속에 잠열潛熱이 있다고 생각되지 않는 것과 같다.

32

의식이 없는 현존은 다른 존재들을 위해서만 간접 실재할 뿐이고, 그들 의식 속에서 그 현존이 나타난다. 즉 자신의 의식이 있어야 **직접** 실재한다고 할 수

---

166 • 「요한복음」20:17 참조

있다. 그러므로 인간 개인의 실재적 현존도 무엇보다 그의 **의식** 속에 있다. 그런데 그 의식은 그 자체로서 필연적으로 표상하는 의식이고, 따라서 지성에 의해 그리고 그 지성의 활동의 범위와 소재에 의해 제약받는다. 따라서 의식, 사려 깊음Besonnenheit의 명료함의 정도는 **현존의 실재성**의 정도로 간주될 수 있다. 그런데 인간 종족 자체의 경우 이 사려 깊음의 정도 또는 자신과 타인의 존재에 대한 명료한 의식의 정도는 자연적인 정신력, 그것의 교양, 깊이 생각할 여유에 따라서 참으로 다양하게 세분되어 있다.

정신력의 실제적이고 근원적인 다양성과 관련해 말하자면, 우리가 개인에 초점을 맞추지 않고 보편적인 것에 머무르는 한 그 정신력을 제대로 비교할 수 없다. 왜냐하면 이러한 다양성은 멀리서부터 개관할 수 없고, 교육이나 여가, 하는 일의 차이처럼 외부에서도 쉽게 식별할 수 없기 때문이다. 그러나 이런 것들을 토대로 진행한다 해도 어떤 사람은 다른 사람들보다 적어도 열 배는 높은 **현존의 정도**를 갖고 있다는 것을 인정하지 않을 수 없다. 즉 열 배는 더 많이 **현존**하고 있음을.

나는 여기서 나무에 사는 원숭이의 삶보다 때로는 겨우 **한** 단계 위일 뿐인 야만인에 대해 말하고 싶지는 않지만, 가령 나폴리나 베네치아의 짐꾼을 살펴보고(북쪽에서는 겨울을 지낼 걱정 때문에 그것만으로도 사람들은 더 신중하고 더 생각이 깊어진다), 그의 인생을 처음부터 끝까지 대충 훑어보기로 하자. 이들은 곤궁에 시달리고, 자신의 힘에 의지하고, 노동과 많은 노력으로 나날의, 아니 시시각각의 욕구를 땜질해 간다. 그것은 끊임없는 소란함이고, 곤궁한 삶이고, 내일은 생각하지 못하는 삶이고, 지쳐도 상쾌한 휴식을 생각하지 못하는 삶이고, 툭하면 남들과 다투고, 한시도 생각할 겨를이 없고, 온화한 기후와 견딜 만한 식사로 감각적인 쾌적함을 구하는 삶이다. 거기에다가 결국은 형이상학적인 요소로서 교회에서 벗어난 극단적인 미신에 빠져드는 삶이다. 그러므로 전체적으로 볼 때 상당히 흐리멍덩한 의식으로 영위하는 삶이거나 오히려 이리저리 휘둘리는 삶인 것이다. 수백만 명의 삶은 이러한 불안하고 혼란스러운 꿈으로 이루어져 있다. 그들은 눈앞의 **의욕**을 위해서만 **인식한다**. 즉 그들은 현존 그 자체는 고사하고 그들 현존 **속**의 연관성을 자각하지 못한다. 즉 어느 정도는 그들은 현존을 제대로 인지하지도 못하고 현존하고 있다. 따라서 아무 생각 없이 살아가는 프롤레타리아나 노예의 삶은 우리의 삶보다 전적으로 현재에 국한된 동물의 삶에 훨씬 더 가깝다. 하지만 바로 그런 까닭에 훨씬 덜 고통스럽다. 사실 모든 향유는 그 본성상 **소극적**이고, 곤궁이나 고통에서 벗어나 있을 뿐이다. 그러므로 프롤레타리아의 노동에서 흔히 볼 수 있듯, 현재의 무거운 짐과 그것의 해결이 부단히 빠른 속도로 교대되는 것, 그리고 마침내 노동을 휴식과 교환하고 자신의 욕구를 충족시키는 것이 향유의 끊임없는 원천이다. 이러한 향유의 풍요로움은 부자들보다 가난한 자들의 얼굴이 훨씬 더 자주 명랑하다는 사실로 확실히 증명되고 있다.

그러면 이제 이성적이고 사려 깊은 상인을 살펴보자. 그들은 자본을 운용하면서 평생을 보내며, 매우 신중하게 계획을 세워 조심스럽게 실행하고, 회사를 설립하고, 처자식과 후손을 부양할 뿐만 아니라, 공동체의 삶에도 열심히 참여한다. 분명 상인이 프롤레타리아보다 훨씬 더 많은 의식을 가지고 살아간다. 즉, 상인의 현존은 더 높은 정도의 실재성을 지니고 있다.

다음으로 과거 역사를 탐구하는 학자를 보자. 학자는 자신이 실존하는 시대를 넘어, 그리고 그 자신인 개인을 넘어 전체적으로 이미 현존을 의식하고 있다. 즉 세상 돌아가는 형편을 성찰하는 것이다.

이제 시인이나 사려의 깊이가 이런 수준에 도달한 철학자를 보자. 그는 현존의 어떤 특별한 현상을 연구하는 일에 자극받지 않고, **현존 그 자체**, 즉 위대한 스핑크스 앞에 놀라워하며 우뚝 선 채 그것을 자신의 문제로 삼는다. 그 의식은 내부에서 명료성의 정도를 높여서 세계의식이 되었다. 이로써 그의 내부의 표상은 그의 의지에 봉사하는 모든 관계에서 벗어나, 이제 하나의 세계를 그의 앞에 내놓는다. 세상은 그가 세상사에 참가하는 것보다 훨씬 더 그것을 연구하고 고찰하도록 촉구한다. 그런데 의식의 정도가 실재성의 정도라고 한다면, 그러한 철학자를 '가장 실재적인 존재'라고 부르더라도 이 말에는 의미와 의의가 있을 것이다.

여기서 묘사한 양극단 사이 즉 중간 지점을 포함한 어딘가에서 각자 자신의 자리를 찾을 수 있을 것이다.

"동물들이 몸을 굽혀 대지로 얼굴을 향하고 있는 동안……"[167]

오비디우스의 이 시구는 실제적이고 신체적 의미에서는 동물에게만 해당하는 말이지만, 비유적이고 정신적 의미에서는 유감스럽게도 인간들 대부분에게도 적용된다. 그들의 생각, 사고, 노력은 전적으로 육체적 향락과 안녕을 추구하는 데에 또는 개인적 이해관계를 위해 쓰인다. 그 이해관계의 영역은 종종 여러 가지를 포함하지만, 결국 향락과 연결되어야만 중요성을 얻는다. 하지만 그 이상을 넘어서지는 않는다. 그들의 생활 방식과 대화뿐만 아니라 심지어 그들의 단순한 외모와 인상, 표정과 걸음걸이, 몸짓 역시 그런 사실을 여실히 보여 준다. 그들의 모든 점이 이렇게 외치고 있다. "대지에 몸을 굽혀라!"[168] 따라서 그 이후의 구절들은 그들에게는 적용되지 않고, 인류 가운데 다만 예외적으로 출현하는 더 고상하고 더 고귀한 재능을 타고난 사람들, 사색하고 진실로 자신의 주위를 둘러보는 사람들에게만 적용된다.

"신은 인간에게만 고귀한 얼굴을 주셨고,
고개를 들어 하늘의 별을 바라보라고 명하셨다."[169]

'gemein'(공통의, 비속한)이라는 말은 왜 경멸의 표현이고, 'ungemein'(비범한), 'außerordentlich'(비상한), 'ausgezeichnet'(탁월한)는 왜 칭찬의 표현이 되는가? 왜 '공통의'라는 표현은 모두 경멸의 뜻을 담고 있는가?

'gemein'이라는 단어는 본래 모든 사람, 즉 종 전체에 고유하고 공통되는 것, 그러므로 그 종으로 이미 정해져 있는 것을 의미한다. 따라서 인간이라는 종 일반이 갖는 특성 이상의 특성을 갖지 못하는 사람은 **비속한 인간**gemeiner

---

167 • 오비디우스의 『변신 이야기』 1, 84
168 • 살루스티우스, 『카틸리나 전쟁』 제1장
169 • 『변신 이야기』 I, 85~86

Mensch이다. **평범한 인간**gewöhnlicher Mensch이라는 표현은 훨씬 부드러운 표현으로 지적인 면을 겨냥하는 반면, 비속한 인간이라는 표현은 오히려 도덕적인 면과 관계가 있다.

대체 수백만의 동류와 조금도 다르지 않은 존재에게 무슨 가치가 있겠는가? 수백만이라고? 오히려 무한이다. 대장장이의 망치질에 튕겨 나오는 무수한 쇳조각처럼, 자연이 끝없는 원천에서 끊임없이, 영원히 쏟아내는 무한히 많은 수의 존재에게 무슨 가치가 있겠는가?

그 종의 특질 이외에 다른 어떤 특질도 없는 존재는 그 종 내에서의 현존과 이 종에 의한 현존에 대한 것 외에 다른 현존에 대해서는 아무런 요구도 해서는 안 된다는 것은 확연한 일이다.

내가 여러 번 상세히 설명했듯이(예컨대 『윤리학의 두 가지 근본 문제』, 『의지와 표상으로서의 세계』), 동물에게는 종속種屬의 특성만 있을 뿐, 실제로 개성이라는 특성을 가진 존재는 인간뿐이다. 그러나 사람들 대부분은 사실상 개성적인 면이 매우 희박할 뿐이다. 이들은 거의 완전히 종Klasse에 따라서 분류될 수 있다. 이들은 견본인 셈이다. 이들의 의욕과 생각은 얼굴 생김새와 마찬가지로 종 전체의 의욕과 사고이고, 어쨌든 그들이 속한 인간이라는 종의 그것이다. 따라서 바로 그 때문에 진부하고 평범하며, 비속하고 흔해 빠진 부류다. 또한 이들의 말과 행동 역시 상당히 정확하게 예측할 수 있다. 그들은 독특한 특징이 없는 공업 제품들이다.

그들의 본질처럼 그들의 현존도 종의 그것 속에 용해되어야 하는 게 아닐까? 종에서만 인간의 본질과 현존만을 허용한다는 점에서 이 평범함의 저주는 인간을 동물과 가깝게 자리매김한다.

그러나 모든 고귀하고 위대하며 고상한 것은 본성상, 저열하고 타기할 만한 존재를 지칭할 때 흔히 일컫는 '비속한'이라는 표현보다 더 나은 것을 찾을 수 없어 세상에서 고립되어 존재하리라는 것은 자명한 일이다.

35

사물 자체인 **의지**는 모든 존재의 공통된 소재이고, 사물들의 일반적인 요소다. 따라서 우리는 이 의지를 모든 사람, 그리고 각 개인과 공유하고 있고, 동물들, 심지어 더 아래쪽에 위치하는 존재들과도 공유하고 있다. 모든 만물이 의지로 가득 차 있고 그것으로 충만해 있는 한, 의지 그 자체라는 점에서 우리는 어떤 존재와도 동일하다. 다른 한편으로 존재를 존재 이상으로 높여 주고, 인간을 인간 이상으로 높여 주는 것은 인식이다. 그 때문에 우리의 표현은 되도록 인식에 한정되어야 하고, 인식만이 두드러지게 나타나도록 해야 한다. 왜냐하면 전적으로 공통된 것das Gemeinsame으로서의 의지는 사실 **비속한 것**das Germeine이기도 하기 때문이다. 따라서 의지의 격렬한 표출은 모두 **비속**하다. 즉 이는 우리를 종속種屬의 단순한 실례이자 표본으로 끌어내리는 것이다. 그럴 경우 우리는 사실 종속의 성격만을 보여 주기 때문이다. 따라서 모든 분노, 제어하기 어려운 기쁨, 모든 증오나 공포, 요컨대 모든 흥분Affekt, 의지의 온갖 움직임은 비속하다. 의지가 너무 강렬해져 의식 속에서 인식을 압도하고, 인간을 인식하는 존재로서가 아니라 의욕하는 존재로서 나타나게 하는 경우 그것은 비속하다. 그러한 흥분에 몸을 내맡기는 경우에는 아무리 위대한 천재라도 가장 비속한 인간과 똑같아진다. 반면에 오롯이 비범해지려는, 즉 위대해지려는 자는 아무리 의지에 자극받더라도 의지의 압도적인 움직임에 의식을 완전히 점령당하도록 해서는 안 된다. 예컨대 다른 사람이 자신을 미워한다는 것을 알게 되었어도, 그렇다고 의지가 흥분하도록 해서는 안 될 것이다. 중상하거나 모욕하는 말을 들었어도 개의치 않고 넘겨 버리는 것보다 더 확실한 위대함의 징표는 없다. 즉 그런 경우 다른 무수히 많은 오류와 마찬가지로 말하는 자의 미약한 인식 탓으로 간단히 돌리고, 따라서 그런 표현을 느끼지 않고 단순히 지각하면 된다. **그라시안**(『신탁과 처세술』)이 한 말을 우리는 이런 점에서도 이해할 수 있다. "그가 인간이라는 것을 알아채게 하는 것만큼 어떤 인간의 평판에 나쁜 것은 없다."

앞에서 말한 대로, 우리는 타인에게 얼굴만 보여 주고 생식기는 숨기듯이, 인식만 보여 주고 의지는 숨겨야 한다. 의지도 생식기도 모두 우리 존재의 뿌리이긴 하지만, 겉으로 내보이면 안 되는 것이다. 즉, 이를 어기면 비속해지는 죄를 면할 수 없다.

열정이나 흥분을 아주 중요한 주제로 삼는 드라마에서조차도 그러한 감정들은 비속하게 나타나기 쉽다. 특히 프랑스의 비극 작가들에게서 그런 점을 엿볼 수 있다. 이들은 열정의 묘사보다 더 높은 목표를 설정하지 않고, 때로는 과장되고 우스꽝스러운 격정Pathos 뒤에, 때로는 경구 같은 재담 뒤에 그 문제의 비속함을 숨기려고 한다. 마리 스튜어트 역으로 유명한 프랑스의 여배우 라셸Rachel[170]은 비록 그 연기를 훌륭하게 해내었음에도, 엘리자베스를 격렬하게 비방하는 장면에서는 생선 장수를 떠올리게 해 주었다. 그리고 마지막 작별 장면에서도 그녀의 연기에서는 숭고한 분위기, 즉 진정으로 비극적인 요소는 완전히 자취를 감추었다. 프랑스인들은 이런 것에 대해 아무런 개념이 없는 민족이다. 이탈리아 여배우 리스토리Adelaide Ristori[171]는 같은 역을 비교가 안 될 만큼 더 훌륭히 연기했다. 이탈리아인과 독일인은 많은 면에서 크게 다르지만, 예술에서의 **진심**, 진지함과 진실함에 대한 감정에서는 서로 일치하며, 그로써 이런 감정이 전적으로 결여된 프랑스인과는 대비된다. 이는 연극에만 국한되지 않고 모든 분야에서 나타난다.

고귀한, 즉 비범하고 숭고한 요소가 희곡 속으로 들어가는 것은 무엇보다 의욕에 대립하는 인식에 의해서다. 즉 인식은 열정이나 흥분 같은 의지의 온갖 움직임에 초연하며, 이것들을 심지어 관찰의 소재로 삼기까지 하기 때문이다. 이것은 셰익스피어에게서 일반적으로 볼 수 있는 수법인데, 『햄릿』에서 특히 그러하다. 그런데 인식이 높아져 모든 의욕과 노력의 공허함이 드러나고, 그 결과 의지 자체가 지양되는 지점에 이른 다음에야 비로소 희곡은 비극적으로 되고, 따라서 진실로 숭고해져서 그것의 최고 목표에 도달하게 된다.

36

지성의 에너지가 긴장되어 있는지 또는 느슨한지에 따라, 인생은 너무 짧고, 너무 보잘것없고, 너무 덧없어서 인생에서 일어나는 어떤 일도 우리 마음을 움직일 가치가 없는 것으로 여겨진다. 향락과 부, 심지어 명성도 모두 하찮은 것처럼 여겨지고, 따라서 그중에 무엇을 놓치더라도 아주 큰 손실은 아닌 것처럼 보이게 된다. 또는 이와 반대로, 지성에게는 인생이 너무 길고 너무 중요

---

170 라신 작품의 여주인공 역으로 당대 으뜸이라고 불렸던 19세기 초엽의 유명 배우. 라셸은 1840년 피에르 앙투안 르브렁Pierre-Antoine Lebrun의 「마리 스튜어트」에 출연했고, 이후 몇 년간 유럽 순회공연을 했다.
171 지적인 연기로 세계적인 명성을 얻었던 19세기의 여배우로 1850년대에 프랑스의 라셸과 같은 작품 「마리 스튜어트」 순회공연을 했다.

하며, 전반적으로 너무 중대하고 너무 까다로워서, 그 재화에 가담해서 상품을 확보하고 우리의 계획을 관철하기 위해서는 온 영혼을 바쳐 인생에 부딪쳐야 하는 것으로 보인다. 이 후자의 인생관은 내재적인 관점으로, **그라시안**이 "진지하게 인생을 받아들인다"라는 말로 표현한 의미와 같다. 반면의 전자의 인생관은 초월적인 관점으로, "인생이란 그다지 중요하지 않다"[172]라는 오비디우스의 말은 좋은 표현이다. 하지만 "인간의 일은 너무 애쓸 가치가 없다"[173]라는 플라톤의 말이 더 나은 표현일지도 모른다.

첫 번째 입장은 의식에서 **인식 작용**Erkennen이 우위를 점했다는 사실에서 비롯한다. 여기서 인식은 **의지**에 단순히 봉사하는 것에서 벗어나, 삶의 현상을 객관적으로 파악하게 되고, 이젠 삶의 공허함과 무의미함을 분명히 통찰할 수 있게 된다. 다른 입장에서는 반대로 **의욕**이 우세하며, 인식은 단지 의지의 대상을 조명하고 그들에게 가는 길을 밝히기 위한 것이다. 인간은 양쪽 중 어떤 인생관이 우위를 점하느냐에 따라 위대하거나 또는 그렇지 못하게 된다.

37

모두 자기 시야의 끝을 세계의 끝이라고 간주한다. 이는 지적인 문제에서 육안으로 볼 때 하늘이 지평선에서 지구와 맞닿아 있는 것 같은 허상을 보는 것만큼이나 불가피한 일이다. 하지만 이것 역시 무엇보다 모든 사람이 대부분 단지 재단사의 잣대에 불과한 자신의 잣대로 우리를 측정한다는 사실에 기인한다. 우리는 그런 사실을 감수할 수밖에 없다. 또한 다들 자신의 옹졸함을 우리 탓으로 덮어씌우기도 하는데, 이런 일은 한 번쯤은 용인되는 허구다.

38

누군가의 머리에 명료하고 확실하게 존재하는 일은 매우 드물지만, 어떤 개념의 자리를 나타낼 뿐인 이름만으로 간신히 명맥을 유지하고 있다가, 그 개

---

172 ＊『변신 이야기』6, 386
173 ＊『국가』제10장

념이 없이는 이름이 완전히 사라져 버릴지도 모르는 몇 가지 개념이 있다. 예컨대 **지혜**라는 개념이 그러하다. 그것은 많은 사람에게 얼마나 막연한 개념인가! 철학자들의 설명을 들어 보자.

'**지혜**'는 내 생각에 단순히 이론적인 완전성뿐 아니라 실천적인 완전성도 나타내는 말인 것 같다. 나는 지혜를 사물 전반에 대한 완전하고 올바른 인식, 즉 사람에게 완전히 스며들어 어디서나 그의 행동을 이끄는 관계로 이제 행동에서도 드러나는 인식이라고 정의하겠다.

39

인간 내부의 모든 근원적인 것, 따라서 진정한 것은 그 자체로서 자연의 여러 힘처럼 무의식적으로 작용한다. 의식을 통과한 것은 바로 그렇게 함으로써 하나의 표상이 되었다. 결과적으로 그 의식의 표현은 얼마쯤은 어떤 표상의 전달이다. 그에 따라서 성격과 정신의 진정하고 순수한 모든 특성은 모두 본래 무의식적인 것이다. 그리고 이처럼 무의식적인 것이기에 그 특성들은 깊은 감명을 준다.

이런 종류의 모든 의식적인 것은 이미 수정되었고, 의도적이다. 그러므로 가장假裝, 즉 기만으로 넘어간다. 인간이 무의식적으로 행하는 것은 힘이 들지 않는다. 그러나 그것은 어떤 노력으로 대체될 수 있는 것은 아니다. 독창적 개념이 모든 진정한 성취의 토대이고, 그것의 핵심을 이루는 것처럼, 독창적인 개념도 그러한 방식으로 생겨난다. 그러므로 타고난 자질만이 진정하고 확실한 것이다. 무언가를 성취하려는 자는 행실이나 글쓰기, 수양의 영역에서, 사실 어떤 일에서든 **규칙을 알지 못하고 그것에 따라야** 한다.

40

많은 사람이 삶의 행복을 거머쥔 것은 확실히 유쾌한 미소로 사람들의 마음을 사로잡은 덕택이다. 그렇지만 우리는 조심해서, 햄릿의 기념 수첩에 적힌

"미소 짓고, 미소 지으면서 악당이 될 수 있음을"[174]이라는 구절을 아는 것이 더 나을 것이다.

41

위대하고 뛰어난 특성Eigenschaft을 지닌 사람들은 자신의 결점이나 약점을 인정하는 것이나, 또는 이것들을 보여 주는 것을 대수롭지 않게 여긴다. 그들은 그런 것들에 대한 대가를 치른 것으로 간주하거나, 또는 그런 약점이 자신들에게 수치로 작용하기보다는 오히려 그들이 약점을 명예롭게 해 준다고 간주한다. **조르주 상드**가 "누구든 자신의 미덕에 상응하는 결점을 지니고 있다"[175]라고 말한 대로, 이런 결점들이 불가결의 조건으로서 바로 그들의 위대한 특성과 결부되어 있을 때 특히 그러하다.

　반면에 좋은 성격에 나무랄 데 없는 머리를 지녔으면서, 자신의 얼마 안 되는 사소한 약점을 인정하지 않고, 오히려 그것들을 주도면밀하게 숨기고, 은근히 암시만 해도 대단히 민감하게 반응하는 사람들이 있다. 이는 이들의 전체 장점이 결점이나 결함이 없다는 점에 있으므로, 결점이 드러날 때마다 그만큼 장점도 줄어들게 되기 때문이다.

42

능력이 평범한 자들의 **겸손**은 단순한 정직에 지나지 않지만, 재능이 뛰어난 자들의 겸손은 위선이다. 그러므로 재능 있는 사람이 당당히 자신감을 드러내고 비범한 능력을 숨김없이 의식하는 것은 평범한 사람의 겸손이 그런 것처럼 예의 바른 태도이다. 발레리우스 막시무스Valerius Maximus[176]는 '자신감에 대하여'라는 장에서 이에 관해 매우 적절한 실례를 들고 있다.

174　제1막 제5장
175　이 책의 '색채론에 대하여', 513쪽
176　기원후 20년경에 활동한 로마의 역사가·도덕주의자

인간은 **훈련 능력**에서도 모든 동물을 능가한다. 이슬람교도들은 하루에 메카 쪽을 향해 다섯 번 기도하라고 훈련받으면, 이것을 절대로 어기지 않고 실행한다. 그리스도교도들은 특정한 경우에 성호를 긋고 고개를 숙이라는 등을 훈련받는다. 이처럼 일반적으로 종교는 훈련, 즉 사고력 훈련의 진정한 걸작이다. 그 때문에 이 훈련은 잘 알려져 있다시피, 아무리 빨리 시작해도 너무 이르지 않은 것이다. 누가 봐도 터무니없는 내용이 분명하더라도 6세 이전에 훈련을 시작해서 끊임없이, 엄숙하고 진지하게 들려주어 주입하면 인간의 머리에 단단히 새겨지지 않을 것은 아무것도 없다. 동물의 훈련처럼 인간의 훈련도 유년기 초기에 실시해야 완전히 성공하기 때문이다. 귀족들은 명예를 걸고 한 선서를 신성하게 지키고, 기사적 명예의 기괴한 규범을 아주 진지하고 엄격하고 철저히 신뢰하도록 훈련받으며, 부득이한 경우에는 목숨으로 그 규범을 지키고, 왕을 실제로 더 높은 존재로 여기도록 훈련받는다. 우리가 보여 주는 예의나 칭찬, 특히 숙녀들을 존중하고 정중히 대하는 것도 훈련에 기초하고 있으며, 출생이나 신분, 칭호 등에 대한 존중도 이와 마찬가지다. 우리를 향한 발언에 우리가 신중히 점차로 불쾌감을 느끼는 것도 마찬가지다. 예컨대 영국인들은 신사가 아니라는 비난, 더욱이 거짓말쟁이라는 말을, 프랑스인들은 비겁하다는 말을, 독일인들은 우둔하다는 말을 듣는 것을 죽어 마땅한 죄로 여기도록 훈련받는다. 많은 사람이 **한** 가지 측면에서 정직함을 어기지 않도록 훈련받지만, 다른 모든 측면에서는 그에 관해 내보일 것이 거의 없다. 그래서 돈은 훔치지 않지만 직접 누릴 수 있는 것은 무엇이든지 훔치는 자들이 적지 않고, 또 상인들도 도둑질은 절대로 하지 않지만 거짓말은 아무렇지 않게 한다. 그래서 적지 않은 사람들이 돈은 훔치지 않더라도, 직접 누릴 수 있는 모든 것을 훔친다. 또 일부 상인들이 양심의 가책 없이 사기는 칠지언정, 도둑질은 절대로 하지 않을지도 모른다.

44

의사는 인간의 모든 약한 점을 보고, 법률가는 인간의 모든 악한 점을, 신학자는 인간의 모든 어리석은 점을 본다.

45

나의 머릿속에는 일종의 만년 야당이 있어서, 내가 아무리 충분히 숙고한 끝에 행동하거나 결정하더라도 나중에 사사건건 논박한다. 하지만 그렇다고 매번 그것이 옳은 것은 아니다. 이 야당은 어쩌면 바로잡아 주는 검증 정신의 한 형태에 불과할지도 모르지만, 가끔 나를 부당하게 비난하기도 한다. 다른 많은 사람들 사정도 이와 다르지 않을 거라고 추측된다. 자신에게 이렇게 말하려는 사람이 많을 것이기 때문이다.

"그 정도의 솜씨로 시작해 놓고 그런 시도와 소망의 성취를 후회하지 말란 말인가?"
(유베날리스, 『풍자시』10, 5)

46

활동적으로 되기 위해 매번 감각의 자극이 필요 없을 정도로 **직관적인 뇌 활동**이 강력한 사람은 **상상력**이 풍부한 자다.

따라서 외적 직관이 감각을 통해 우리에게 적게 전해질수록 상상력의 활동은 그만큼 더 활발해진다. 감옥이나 병실에서의 오랜 고독, 정적, 황혼, 암흑은 상상력의 활동을 촉진한다. 이러한 것들의 영향으로 상상력은 자발적으로 자신의 역할을 시작한다. 이와 반대로 외부로부터 많은 현실적 소재가 직관에 주어질 때, 이를테면 여행 중이거나 세상사가 번잡할 때라거나 환한 대낮에는 상상력은 일을 쉬고, 일하라고 시켜도 활동하지 않는다. 일할 때가 아님을 아는 것이다.

그럼에도 상상력이 열매를 맺기 위해서는 외부 세계로부터 많은 소재를 받아들여야 한다. 이 외부 세계만이 상상력의 저장고를 채워 주기 때문이다. 그러나 상상력의 영양분은 신체의 자양분과 같은 것이다. 외부로부터 많은 영양분이 들어오는 즉시 신체는 그것을 소화해야 하다 보니, 어떤 일에든 가장 무능한 상태가 되어 일을 쉬고 싶어 한다. 그러나 나중에 적절한 때에 발휘되는 모든 힘은 바로 이 자양분 덕택이다.

47

여론은 진자의 운동 법칙을 따른다. 한쪽에서 중심점을 지나 다른 쪽으로 움직인 만큼 반대쪽에서도 그만큼 움직이게 되어 있다. 시간이 지나야만 적당한 휴지부를 찾아서 그대로 멈추어 있게 된다.

48

공간 속에서 거리는 사물을 수축시켜 결점과 나쁜 점을 사라지게 함으로써 모든 것이 작게 보이게 하듯이, 오목 거울이나 암상자Camera Obscura 속에서는 모든 것이 실제보다 훨씬 아름다워 보인다. 시간 속에서 과거가 이와 같은 작용을 한다. 먼 과거의 장면과 사건, 함께 활동한 인물들이 추억 속에서 비본질적인 부분과 성가신 요소는 모두 떨어져 나가고 무척 매력적인 모습을 띤다. 그런 장점이 결여된 현재는 늘 결함이 있는 것으로 보인다.

그리고 공간 속에서 작은 물체들이 가까이에 있으면 크게 보이고, 아주 가까이 접근하면 우리의 전체 시야를 차지해 버리기도 한다. 그러나 거리가 조금 떨어지면 작고 보잘것없게 보인다. 시간 속에서도 이와 마찬가지 현상이 일어난다. 우리의 일상생활이나 변화에서 일어나는 작은 일이나 돌발 사건, 사고는 현재의 일로서 우리의 눈앞 가까이에 있는 동안에는 크고 의미 있고 중대하게 보이므로, 우리의 흥분Affekt, 근심, 불만과 열정을 자극한다. 하지만 지칠 줄 모르는 시간의 흐름에서 조금만이라도 멀어지면 별것 아닌 일, 주의할 가치가 없는 것이 되어, 곧 잊혀 버린다. 그런 일들이 크게 보였던 것은 단지 가까이에 있었기 때문이다.

49

기쁨과 슬픔은 표상이 아니라 의지의 흥분 상태Affektion라서 기억의 범위 내에 있지 않다. 그래서 **그러한 감정들 자체**를 다시 불러들여 새로이 맛보는 일은 불가능하며, 그것들과 동반된 **표상**들만 다시 떠올릴 수 있을 뿐이다. 하지만 특히 그 흥분들이 무엇인지 가늠하기 위해, 당시에 그 감정들에 의해 야기된 표현들만 기억할 수 있을 뿐이다. 이렇듯 기쁨과 슬픔에 대한 우리의 기억은 언제나 불완전하며, 그것들은 지나가 버리면 우리와 무관한 일이 된다. 그래서 우리가 가끔 과거의 즐거움이나 고통을 다시 떠올려 보려고 노력해 봤자 헛수고로 끝난다. 고락苦樂의 진정한 본질은 의지 속에 들어 있지만, 의지는 원래 그 자체로 기억을 갖지 않기 때문이다. 그런데 기억은 지성의 한 기능이고, 지성은 본성상 단순한 표상 이상의 것을 제공하거나 포함하지 않는다. 그리고 여기서는 표상이 문제가 되는 것이 아니다.

좋지 않을 때는 우리가 과거의 행복했던 나날을 매우 또렷하게 떠올릴 수 있는 반면, 좋을 때는 나빴던 시기를 매우 불완전하고 냉담하게 떠올릴 수밖에 없다는 것은 참으로 기묘한 일이다.

50

기억의 경우 배운 것의 혼란과 뒤죽박죽이 걱정될 수 있겠지만, 그렇다고 가득 채웠다고 걱정할 필요는 없다. 많은 것을 배웠다고 기억력이 떨어지지는 않는다. 이는 마치 모래를 가지고 계속해서 여러 가지 형태들을 만든다고 해서 새로운 형태를 만들어 내는 모래의 능력이 줄어들지 않는 것과 마찬가지다. 이런 의미에서 기억은 끝이 없는 것이다. 그렇지만 어떤 사람이 더 많은 다방면의 지식을 갖게 되면, 지금 갑자기 필요한 것을 찾아내는 데 그만큼 더 많은 시간이 걸릴 것이다. 왜냐하면 그는 다양한 물건이 놓인 커다란 창고에서 누군가가 방금 요구한 물건을 찾아내야 하는 상인과 같기 때문이다. 또는 엄밀히 말하자면, 그 사람은 자신에게 가능한 수많은 사고 과정들로부터 이전에 훈련한 결과에 따라 자신을 요구된 것으로 이끄는 바로 그 사고 과정을 불러내지 않으면 안 되기 때문이다. 왜냐하면 기억은 보관 용기가 아니라, 정신력의 연습 능력에 불과하기 때문이다. 그러므로 우리의 머리는 모든 지식을 실제로가 아니라, 늘 잠재적으로 지니고 있을 뿐이다. 이에 대해서는 내 논문『충분근거율의 네 겹의 뿌리에 대하여』45절을 참조하길 바란다.

51

가끔 내 기억[177]은 내가 아주 잘 알고 있는데도 외국어의 어떤 단어, 어떤 이름이나 술어를 재생하려고 하지 않을 때가 있다. 그럴 때는 좀 더 짧은 시간이든 긴 시간이든 고심하다가 안 되면 그 문제를 완전히 접어 버린다. 그러다가 한두 시간 내에, 드물게는 그 후에, 때로는 4주나 6주 후에야 비로소 전혀 다른 것을 생각하던 중에 찾던 단어가 갑자기 생각나기도 한다. 마치 외부로부터 내게 속삭여 주기라도 하는 것처럼 말이다(이럴 때는 기억에 다시 제대로 새겨질 때까지 기억 장치를 이용해 한동안 단단히 붙들어 매는 것이 좋다). 나는 이러한 현상을 아주 오래전부터 종종 관찰하고 감탄한 후에 지금은 다음과 같은 설명이 얼추 맞는다는 생각이 든다. 나의 의지는 고통스러운 헛된 탐색을 한 뒤에도 그 단어에 대한 욕망을 간직하면서 지성 속에 염탐꾼을 풀어놓는다. 이제 나중에 내 생각이 이리저리 움직이는 중에 그 단어와 첫 음절이 같다든가 또는 그 밖에 비슷한 단어가 우연히 떠오르면, 이 파수꾼은 곧장 달려들어 찾던 단어를 완성한다. 이제 파수꾼은 완성된 단어를 붙잡고, 갑자기 의기양양하게 나한테 끌고 온다. 그런데 나는 파수꾼이 어디서 어떻게 그 단어를 붙잡았는지 알지 못하기 때문에, 마치 외부에서 나에게 속삭인 것처럼 생각되는 것이다. 이는 어떤 단어를 입 밖에 내어 말하지 못하는 어떤 아이에게 선생님이 결국 첫 번째 철자를 알려 주고, 경우에 따라 두 번째 철자를 알려 주면 그 단어가 아이의 입에서 튀어나오는 것과 같다. 이런 식으로 되지 않으면 알파벳의 모든 글자를 사용하여 체계적으로 그 단어를 찾는 수밖에 없다.

단순한 개념보다는 구체적인 이미지가 기억 속에 더 확고히 자리 잡는다. 그래서 상상력이 풍부한 사람이 다른 사람들보다 언어를 더 쉽게 배우는 것은 그 때문이다. 이들은 사물의 구체적인 이미지를 새로운 단어와 즉시 결부시키는 반면, 다른 사람들은 단순히 자신의 언어에 있는 같은 의미의 단어를 그것과 결부시키기 때문이다.

---

177 • 기억은 어린 소녀처럼 변덕스럽고 제멋대로의 존재다. 때로는 백 번 준 것을 뜻밖에 거부하고, 그러다가 나중에는 더 이상 그 생각을 하지 않을 때 저절로 떠오르기도 한다.

기억 속에 단단히 새겨 놓고 싶은 것이 있으면 그것을 직접적으로든, 또는 실례나 단순한 비유 또는 유사한 것 등으로서, 되도록 구체적인 것으로 바꾸어 생각하는 것이 좋다. 모든 구체적인 것은 단지 추상적으로 생각한 것이나 단순히 말 이상으로 훨씬 더 단단히 기억에 남기 때문이다. 이 때문에 우리는 읽은 것보다 경험한 것을 훨씬 더 잘 보존한다. 기억술Mnemonik이라는 명칭은 기지에 의한 직접적 보존을 간접적 보존으로 변화시키는 기술이라기보다, 오히려 기억의 모든 특성을 설명하고, 그것을 기억의 본질적 성질로부터, 그런 다음 서로로부터 이끌어 내는 체계적인 기억 이론에 더 타당한 명칭이다.

52

우리는 가끔 무언가를 배울 뿐이고, 온종일 잊고 있다.

이 점에서 우리의 기억은 시간이 지남에 따라 그리고 오래 쓰면 점점 눈이 성겨지는 체와 닮았다. 다시 말해 우리는 나이를 먹을수록 우리가 기억에 맡긴 것을 기억으로부터 더 빨리 잃어버린다. 반면에 초년기에 머릿속에 단단히 넣어 둔 것은 그대로 남아 있다. 그래서 노인의 추억은 과거로 거슬러 올라갈수록 더욱 또렷해지고, 현재에 가까워질수록 점점 더 희미해진다. 결국 눈과 마찬가지로 기억도 원시遠視가 되어 버린다.

53

인생에는 특별한 외적 요인도 없이, 오히려 내부로부터 기인하는, 그리고 생리학적으로만 설명되는 감수성의 고조에 의해 주변 상황이나 그 시점의 감각적 파악이 보다 드물게 더 높은 정도로 명료해지는 순간들이 있다. 그리하여 이러한 순간들은 나중에 가서도 지워지지 않을 만치 기억에 깊이 각인되고, 그 개성적인 전체 모습이 보존된다. 이와 비슷한 수많은 순간 중에서 어째서, 왜 바로 이런 순간만이 기억되는지 우리는 알지 못한다. 오히려 이것은 암석층 사이에 보존된 개개의 멸종 동물 표본들이나, 언젠가 책을 덮는 순간 우연히 압사해 버린 곤충들처럼 완전히 우연한 일이리라. 그렇지만 이런 종류의 기억은 언제나 사랑스럽고 기분 좋은 것이다.

지나간 생애의 몇몇 장면이나 사건들은 당시에는 특별히 그 가치를 평가하지 않고 흘려버렸음에도 기억 속에서는 얼마나 아름답고 중요하게 나타나는지! 하지만 그것들은 존중받든 그렇지 않았든 지나가야만 했다. 즉, 그것이 바로 우리 생애의 기억 심상을 만들어 내는 **모자이크 돌**Mosaikstein인 셈이다.

54

아주 오래전에 지나간 장면이 얼핏 보아 아무런 계기도 없이 기억 속에 갑자기 생생히 살아나는 일이 가끔 있다. 이는 많은 경우 명료한 의식에 이르지 못한 가벼운 냄새가 당시처럼 지금 바로 느껴져서일지도 모른다. 알다시피 냄새는 특히 쉽게 기억을 일깨워 주고, 어디서나 극히 미미한 자극만 있어도 연상이 가능하기 때문이다. 말이 나온 김에 말하자면(『충분근거율의 네 겹의 뿌리에 대하여』 21절), 눈은 지성의 감관이고, 귀는 이성의 감관이다. 그리고 여기서 살펴보았듯이, 후각은 기억의 감관이다. 촉각과 미각은 이상적인 측면이 없이 접촉에 매인 현실주의자들이다.

55

가벼운 취기가 종종 지나간 시간과 장면에 대한 기억을 크게 높여 주는 것도 기억의 특성에 속한다. 그래서 술 취하지 않은 상태에서는 할 수 있었던 것 이상으로 그때의 온갖 상황을 완전하게 되살려 준다. 이와는 달리 취한 동안에 한 말이나 행동은 안 취했을 때보다 훨씬 더 불완전하게 기억나고, 그러니까 심하게 취한 뒤에는 기억이 완전히 사라진다. 즉 취한 상태는 기억을 높여 주는 반면, 기억에 소재는 별로 제공하지 않는다.

56

섬망은 직관을 왜곡하고, 광기는 사고를 왜곡한다.

57

모든 정신 활동 가운데 가장 낮은 것은 산술이다. 이는 기계로도 할 수 있는 유일한 정신 활동이 산술이라는 사실로 증명된다. 지금 영국에서는 이런 종류의 계산기가 편리함 때문에 이미 흔히 사용되고 있다. 그런데 유한과 무한의 연구라는 것도 기본적으로는 계산으로 귀결된다. 이러한 정신으로 우리는 리히텐베르크가 우스꽝스럽게 말한 '수학적 심오함'을 평가해야 한다. "소위 전문 수학자들은 다른 사람들의 미성숙에 의존해서 심오함이라는 신용을 얻었지만, 이 신용은 신학자들이 독점하고 있는 성스러움이라는 신용과 매우 유사하다."

능력이 매우 뛰어난 사람들은 평범한 사람들보다 극히 제한된 머리를 지닌 사람들과 대체로 사이좋게 지낸다. 이는 폭군과 천민, 조부모와 손주들이 자연스러운 동맹자인 것과 같은 이유다.

사람들에게 외부 활동이 필요한 것은 내부로 향하는 활동이 없기 때문이다. 반면에 내부 활동이 일어나는 경우 외부 활동은 오히려 매우 반갑지 않은, 이따금 저주스러운 방해물이자 성가신 것이 된다. 반면에 조용히 지내며 휴식을 취하고 싶다는 소망과 여유를 즐기고 싶다는 소망이 지배적인 것이 된다. 일이 없는 사람들의 분주함과 쓸데없는 여행 욕구는 그런 이유로 설명된다. 이들이 여러 나라를 돌아다니고, 국내에서 떼로 몰려다니며 법석을 떠는 것은 지루함 때문이다.[178] 이런 모습을 보면 참으로 우스꽝스럽다. 언젠가 내가 만난 50대의 어떤 모르는 남자가 이러한 진리를 여실히 확인해 주었다. 그는

---

178 • 게다가 지루함은 도박, 과음, 낭비, 음모 등과 같은 가장 심각한 악의 근원이다. 이러한 것의 뿌리를 캐 보면 지루함에 그 근원이 있다.

아주 먼 나라들과 미지의 대륙으로 여행을 떠나 2년 동안 유람했던 이야기를 내게 들려주었다. 내가 "큰 고생과 결핍, 위험을 견뎌 내셨겠군요"라고 말하자, 그는 실제로 그 즉시, 아무 서론도 없이 생략 3단논법의 수법으로, 아주 소박한 대답을 했다. "저는 한순간도 지루하지 않았답니다."

60

나는 사람들이 혼자 있을 때 지루해한다는 것이 이상하지 않다. 인간은 혼자서는 웃지 못한다. 심지어 그러는 것을 바보 같다고 생각한다. 그런데 웃음은 가령 단어처럼 단지 타인에 대한 신호이고, 단순한 표시에 불과할까? 그들이 혼자 있을 때 웃지 못하는 것은 상상력의 부족 탓이고, 무릇 정신이 활기차지 못하기 때문이다(테오프라스토스의 『성격론』 제27장에 나오는 표현을 쓰면 정신의 둔감, 무감각, 느림). 동물은 홀로 있으나 무리를 이루고 있으나 웃지 않는다.

　　인간 혐오자인 뮈송이 혼자서 웃고 있다가 혼자 있으면서 도대체 왜 웃고 있느냐는 뜻밖의 질문을 받자 그는 이렇게 대답했다. "바로 그 때문에 웃고 있는 거요."

61

그건 그렇고 점액질의 기질을 지닌 사람이 단순히 명청이라면, 낙관적인 기질을 지닌 사람은 익살꾼이 될 것이다.

62

연극을 보러 가지 않는 사람은 거울 없이 화장하는 사람과 같다. 더욱 고약한 경우는 친구의 조언을 구하지 않고 자기 일을 결정하는 사람이다. 매사에 가장 올바르고 적절한 판단을 내리는 사람이라도 그 자신의 일에만은 그렇지 못하기 때문이다. 이 경우에는 의지가 즉시 지성의 개념을 왜곡시키기 때문이다. 그러므로 자기 일에 대해서는 타인의 조언을 구해야 한다. 의사가 누구든지 치료할 수 있지만 자기 자신만큼은 그러지 못해 동료 의사를 부르는 것도 같은 이유 때문이다.

63

대화를 활발히 나눌 때 흔히 하게 되는 자연스러운 **몸짓**은 하나의 고유한 언어이고, 게다가 말에 의한 언어 이상으로 훨씬 보편적인 언어다. 몸짓은 말과는 무관한, 모든 민족에게 똑같이 통용되는 같은 언어이기 때문이다. 그렇기는 하나 각 민족은 활발함의 정도에 따라 몸짓을 사용한다. 개별 민족, 예컨대 이탈리아인은 자연스러운 몸짓에 몇 개의 단순히 관습적인 몸짓을 추가했으며, 따라서 이런 몸짓은 그 지방에서만 유효할 뿐이다. 몸짓이 그때마다의 말의 실질적인 면이 아니라 단순히 형식적인 면만을 표현하는 데 그치는 한, 몸짓의 보편성은 논리나 문법의 그것과 유사하다. 그렇지만 몸짓은 지적인 면뿐만 아니라 도덕적인 면, 즉 의지의 흥분과도 관계한다는 점에서 논리나 문법과는 구별된다. 따라서 몸짓은 선율과 적절히 보조를 맞추는 기초 저음처럼 말을 따라다니며, 그 효과를 높이는 데 기여한다. 그런데 여기서 가장 흥미로운 것은 **실질적인 면**, 즉 말의 소재, 그때그때의 사건이 아무리 이질적이더라도, 말의 **형식적인 면**이 같으면 그때마다 그 몸짓은 완전히 동일하다는 점이다. 그래서 우리는 활발한 대화를 나누는 모습을 보고, 가령 창 너머로 지켜보면서 한 마디도 들리지 않더라도 그 대화의 보편적인 의미, 즉 단순히 형식적·전형적인 의미를 충분히 이해할 수 있다. 당사자들의 몸짓을 보고 대화의 상황을 정확히 간파할 수 있기 때문이다. 말하는 사람이 지금 논박하고 있으며, 자신의 근거들을 제시한 다음 그것에 한정해 이번에는 역설하고 의기양양하게 결론을 내린다. 또는 말하는 사람이 논평하고 있으며, 가령 자신에게 부당한 일이 행해진 것을 명백히 설명하고, 상대가 고집스럽고 어리석으며 말이 안 통한다는 것을 활발히 규탄하듯 묘사한다. 그러다가 멋진 계획을 생각해 내 실행했다는 듯이 이야기한 다음 자랑스럽게 그것의 성공을 설명하거나, 운명의 분노에 의해 패배당한 듯 탄식하기도 한다. 그러다가 다시 당면 문제에 속수무책임을 고백하다가, 다른 사람들의 간계를 때맞춰 알아차리고 간파해서 자신의 권리를 주장하거나 또는 자신의 힘을 사용함으로써 그 간계를 좌절시키고, 그 장본인을 응징했다는 등의 이와 유사한 수백 가지 이상의 일들을 몸짓을 보고 알아낼 수 있다는 것이다.

그러나 엄밀히 말하자면, 단순한 몸짓이 내게 던져 주는 것은 그 대화 전체의 도덕적으로 또는 지적으로 본질적인 내용이 추상화된 것, 즉 정수이자 진정한 실체로, 이것은 계기가 아무리 다르더라도 대화 소재가 아무리 상이하더라도 늘 같으며, 그 실체와 이 대화 소재와의 관계는 마치 개념과 그것에 포섭된 개개의 것들과의 관계와 같다. 몸짓의 문제에서 가장 흥미롭고 재미있는 점은, 앞서 말한 대로, 같은 상황을 나타낼 때 몸짓을 쓰는 사람이 아무리 달라도 몸짓은 완전히 동일하고 안정되어 있다는 것이다. 어떤 언어의 단어가 발음상의 작은 차이나 교육의 차이로 조금은 다르긴 해도 누구의 입에서 나오든 똑같다는 말이다.

그렇지만 이렇게 안정된, 일반적으로 준수되는 몸짓의 형식은 딱히 합의에 근거하는 것이 아니라 자연적이고 원래적인 것이다. 그 몸짓이 모방과 습관으로 고정되었다 할지라도, 그것은 진정한 자연 언어다. 몸짓에 대한 보다 정확한 연구는 주지하다시피 배우에게 꼭 필요하며, 좀 더 제한된 범위에서 보자면, 대중 연설가에게도 매우 중요하다. 그러나 그 연구의 주안점은 관찰과 모방에 두지 않을 수 없다. 왜냐하면 몸짓의 문제는 추상적 규칙으로 환원될 수 없기 때문이다. 물론 예외적으로 완전히 일반적인 지도 원리가 없는 것은 아니다. 예컨대 제스처는 말 뒤에 따라가는 것이 아니라, 예고하면서, 그로써 주의를 환기하면서 말보다 조금 먼저 행해져야 한다는 것이다.

영국인들은 몸짓에 독특한 경멸심을 갖고 있으며, 이것을 약간 상스럽고 천박한 것으로 여긴다. 하지만 나는 그것이야말로 영국식 잘난 척의 어리석은 편견 중 하나일 뿐이라고 생각한다. 몸짓은 자연이 모든 사람에게 부여했고 또 모든 사람이 이해할 수 있는 언어이기 때문이다. 그러므로 몸짓을 단순히 그 잘난 신사도를 위해 그처럼 간단히 없애 버리거나 꺼리는 것은 좀 생각해 봐야 할 문제일 것이다.

제16장
여성에 대하여

1

실러의 시 「여성의 품위」는 충분히 생각해서 쓴 것으로, 대구법과 대조에 의해 효과를 보지만, 내 생각에 그보다도 **주이**Etienne de Jouy(1764~1846)[179]의 몇 마디 말이 여성을 진정으로 찬미하는 것 같다. "여성이 없으면 우리는 인생의 초년에 도움을 받을 수 없을 것이고, 중년에는 즐거움이 없을 것이며, 만년에는 위로받지 못할 것이다." **바이런**George Gordon Byron(1788~1824)[180]도 이와 같은 의미의 말을 희곡 『사르다나팔루스』 제1막 2장에서 좀 더 격정적으로 표현하고 있다.

> 인간의 생명은 여성의 모태에서 비롯되며
> 그대가 처음으로 옹알거리는 말은 그녀가 가르쳤다.
> 그대가 처음으로 흘린 눈물도 그녀가 닦아 주었으며
> 우리의 마지막 숨도 흔히 여성 곁에서 거두지만,
> 그런데도 남성은 흔히 그렇듯 배려심이 부족해
> 이전에 자기를 인도해 준 여성이 임종을 맞을 때
> 옆에서 지켜 주지 않는다.

---

179 프랑스의 극작가
180 시 작품과 특이한 개성으로 유럽인들의 상상력을 사로잡은 영국 시인. 시집 『게으른 나날』을 출판하며 시인의 길로 들어섰고, 『차일드 해럴드의 여행』으로 사람들을 매료시켰다.

이 두 편의 시는 모두 여성의 가치에 대한 올바른 입장을 드러낸다.

2

여성이 정신적으로나 육체적으로 힘든 일을 감당할 수 없음은 그들의 몸집만 보아도 알 수 있다. 여성은 태어난 죄과를 행동이 아니라 고통으로, 다시 말해 해산의 고통, 아이를 돌보는 일, 남편에 대한 복종으로 갚는다. 여성은 남편에 대해 항상 참을성 있고 기분을 풀어 주는 반려자가 되어야 한다. 매우 격렬한 고통과 즐거움, 힘쓰는 일은 여성의 몫이 아니고, 여성의 인생은 남성의 그것보다 조용하고 미미하며 평온하게 흘러가야 한다. 그렇다고 여성의 인생이 본질적으로 남자의 인생보다 더 행복하거나 불행한 것은 아니다.

3

여성이 우리의 유아기에 유모나 교육자로 적합한 것은 그들 자신이 유치하고 멍청하며 근시안적이기 때문이다. 한마디로 말해 그들은 한평생 큰 어린아이에 지나지 않는다. 여성은 어린아이와 참된 의미의 인간이라고 할 수 있는 남성 사이에 있는 일종의 중간 단계다. 소녀가 온종일 어린이와 놀아 주고 옆에서 춤추고 돌아다니며 노래하는 것을 보라. 그런데 남성이 소녀의 일을 대신한다면 아무리 잘하려고 해도 무엇을 할 수 있겠는지 생각해 보라.

4

자연은 연극에서 말하는 극적 무대 효과라고 불리는 것을 소녀에게서 노린다. 자연은 소녀의 나머지 일생을 희생한 대가로 그녀에게 짧은 기간 동안 넘칠 듯한 아름다움과 매력, 풍만함을 부여하는 것이다. 다시 말해 소녀는 그 기간에 어떤 남성의 환상을 완전히 사로잡아 그가 어떤 형태로든지 성실하게 여자의 일생을 돌볼 수 있게 해 준다. 그러나 남성의 단순한 이성적 숙고만으로는 이런 일을 하도록 확실한 보장이 되지 못하는 것 같다. 그리하여 자연은 다른 모든 피조물에 하듯 여성에게도 그들의 생존 확보에 필요한 무기와 도구를 마련해 주었다.

그것도 그러한 장비가 필요한 기간에 한해서 말이다. 이 경우에도 우리는 흔히 그렇듯 자연의 절약주의를 엿볼 수 있다. 다시 말해 암개미가 교미를 한 후에는 이제 쓸모없는 날개, 아니 알을 부화하는 데 위험한 날개를 잃어버리는 것처럼, 여성도 아이를 하나둘 낳은 뒤에는 대체로 아름다움을 상실하고 만다. 아마도 암개미와 같은 이유에서일 것이다. 따라서 젊은 여성은 가사나 생업에 관련되는 일은 마음속으로 부수적인 일로, 어쩌면 그냥 놀이로밖에 여기지 않을지도 모른다. 그들이 정말 진지하게 여기는 일은 사랑과 정복이며, 그것과 관련되는 일인 화장이나 춤 같은 것이다.

5

사물은 고상하고 완전할수록 늦게 천천히 성숙하는 법이다. 남성은 스물여덟 살 이전에 이성과 정신력이 완전히 성숙하는 일이 드물지만, 여성은 열여덟 살만 되면 성숙한다. 여성의 이성이 빠듯하게 적당한 것도 그 때문이다. 모든 여성은 일평생 어린이로 머무르고, 언제나 눈앞의 것만 보고 현재에 집착해, 사물의 가상을 실재로 여기며, 가장 중요한 일보다 하찮은 일을 더 좋아한다. 다시 말해 인간이 현재 속에서만 사는 짐승과 달리 과거와 미래를 내다보고 숙고할 줄 아는 것은 그에게 이성이 있기 때문이다. 그래서 인간은 조심하고 걱정하며 자주 가슴이 답답해진다. 여성은 이성이 빈약하므로 그것이 가져다주는 단점뿐만 아니라 장점도 덜 누린다. 오히려 여성은 정신적 근시이기 때문에 직관적 지성이 가까이 있는 것은 예리하게 보지만 시야가 좁아서 멀리 있는 것은 잘 보지 못한다. 그 때문에 눈앞에 보이지 않는 것, 즉 과거나 미래는 남성보다 여성에게 미치는 영향이 훨씬 약하다. 여성이 훨씬 자주 가끔은 미친 듯이 낭비하는 성향도 그 때문이다("여성은 천성적으로 낭비 성향이 강하다." 메난더,『단행시』). 여성은 마음속으로 돈을 버는 것은 남성의 일이고, 될 수 있으면 이미 남편 생전에, 또는 적어도 남편이 죽은 후에 재산을 탕진하는 것은 자신의 일이라고 생각한다. 남편이 번 돈을 살림에 쓰라고 맡기는 것 자체가 여성의 이런 신념을 강화해 준다. 이 모든 것에 비록 단점이 많긴 하지만 그렇다고 장점이 없는 것도 아니다. 여성은 남성보다 현재에 훨썬 몰두하므로, 단지 현재가 그런대로 견딜 만하면 그것을 잘 즐길 줄 안다. 여성 특유의 명랑성은 바로 이런 사실에서 기인한다. 이런 명랑성은 걱정에 시달리는 남편의 기분을 풀어 주고, 불가피한 경우에는 남편을 위로해 주는 데 적당하다.

어려운 일이 있을 때 고대 게르만인의 방식에 따라 여성의 조언을 구하는 것은 결코 비난받을 일이 아니다. 왜냐하면 사물을 파악하는 방식이 남성과 판이하기 때문이다. 특히 여성은 자기 목표에 이르는 최단거리나 보통 가장 가까이 있는 것을 주시한다는 점에서 그러하다. 남성은 사물이 바로 코앞에 있어서, 대체로 그 너머로 멀리 내다보는 경향이 있다. 이런 경우 남성은 여성의 조언에 귀 기울여 가깝고 단순한 견해를 갖는 것이 필요하다. 또한 여성은 남성보다 훨씬 냉정하므로 실제의 사물보다 더 많은 것을 보지 않는다. 반면에 남성은 열정에 불이 붙으면 현존하는 것을 쉽게 확대하거나 공상을 덧붙이기도 한다.

같은 이유에서 여성은 남성보다 동정심과 인간애가 많고, 불행한 사람에게 더욱 관심을 보이는 반면 정의, 솔직함, 성실, 양심이라는 면에서 남성보다 못하다는 사실이 도출된다. 여성은 이성이 미약하므로 현재의 일, 구체적인 사물, 직접 실재하는 것에 크게 영향을 받는 반면 추상적 사고, 확고부동한 원칙, 굳은 결의, 일반적으로 과거와 미래에 대한 고려, 눈앞에 없는 먼 곳에 대해서는 별로 좌우되지 않기 때문이다. 따라서 여성은 1차적인 것, 주요한 것을 지녔다는 미덕이 있으나 2차적인 것, 즉 미덕에 가끔 필요한 수단이 부족하다. 이런 점에서 여성은 간은 있지만 쓸개가 없는 유기체에 비교할 수 있다. 이 점에 대해서는 나의 논문 「도덕의 기초에 대하여」 18장을 참조하기 바란다.

따라서 여성의 성격의 근본 결함이 **불의**임을 알 수 있을 것이다. 이 결함은 우선 앞에서 언급한 바와 같이 여성에게는 이성적 태도가 부족해 깊이 사고하지 못하는 데서 생기며, 천성적으로 남성보다 약해 힘 대신 술책에 의지하기 때문에 더욱 심해진다. 여성이 본능적으로 약삭빠르고 거짓말을 잘하는 것도 이 때문이다. 사자에게 발톱과 이빨을, 코끼리와 멧돼지에게 앞니를, 황소에게 뿔을, 오징어에게 먹물을 준 것처럼, 자연은 여성에게는 자신을 지키고 방어하기 위한 위장술이라는 무기를 주었다. 남성에게는 강한 육체와 이성의 형태로 온갖 힘을 주었고, 여성에게는 위장술이라는 재능을 준 것이다. 그 때문에 위장은 여성의 타고난 천성이므로, 우둔한 여성도 이 점에는 영리한 여성에 거의 뒤지지 않는다. 그러므로 여성이 기회 있을 때마다 이 재능을 사용하는 것은 짐승이 공격할 때 즉시 자신의 무기를 사용하는 것처럼 매우 자연스러운 일이다. 이때 여성은 어느 정도 자신의 권리를 사용하는 것으로 느낀다. 그런 관계로 전적으로 진실하고 솔직한 여성이란 존재할 수 없을 것이다. 여성은 남의 거짓을 쉽게 알아채므로 여성 앞에서 거짓말을 하는 것은 현명한 일이 못 된다. 앞에서 말한 근본 결함과 그것에 딸린 결함에서 허위, 신의 없음, 배반, 배은망덕 등이 생기는 것이다. 법정에서 여성이 남성보다 위증을 훨씬 많이 한다. 그러므로 여성에게 선서를 허용하는 것은 일반적으로 문제가 많다고 볼 수 있다. 전혀 부족할 게 없는 숙녀가 상점에서 물건을 슬쩍 집어넣고 달아나는 행위는 어디서나 흔히 볼 수 있는 일이다.

6

젊고 건강하고 잘생긴 남성은 인류의 번식을 위해 힘쓰도록 자연의 부름을 받고 있다. 종족이 퇴화하지 않도록 하기 위해서다. 이런 점이 자연의 확고한 의지이고, 그 의지의 표현이 여성의 정열이다. 그 법칙은 오래되고 강력하다는 점에서 다른 어느 법칙보다 우선한다. 그 때문에 자신의 권리나 이익을 내세워 그 법칙을 방해하는 자는 화를 입는다. 남성이 무슨 말과 행동을 한다 해도 그의 권리와 이익은 최초의 중요한 계기에 무자비하게 분쇄되고 말 것이다. 왜냐하면 여성의 은밀하고 입 밖에 내지 않은, 즉 무의식적이지만 타고난 윤리 규범은 이러하기 때문이다. "우리는 개체인 우리를 조금 돌보아 주었다고 해서 종種을 위한 권리를 얻었다고 착각하는 남성을 배신할 권리가 있다. 앞으로 우리에 의해 태어날 세대에 의해 실현되는 종의 속성과 행복은 우리의 수중에 들어 있다. 그것은 우리의 세심한 주의에 달려 있다. 다시 말해 우리는 이 일을 양심적으로 관리하고자 한다."

그러나 여성은 이 최고의 원칙을 추상적으로가 아니라 단순히 구체적으로 의식하고 있다. 그러므로 여성은 어떤 기회가 오면 그 원칙에 대해 자신의 행동 방식과 다른 표현은 가지고 있지 않다. 이때 그들의 양심은 대체로 우리가 추측하는 것 이상으로 그런 일을 태연히 한다. 여성은 개체에 대한 의무는 이행하지 않았다 해도 종에 대한 의무는 충실히 이행했다고 마음속 깊이 의식하고 있는 것이다. 종의 권리는 무한히 더 크다. 이러한 사정에 대해서는 나의 주저 『의지와 표상으로서의 세계』 II, 44장 '성애의 형이상학'에서 보다 자세히 설명해 두었다.

기본적으로 여성은 오직 종족의 번식을 위해서만 존재한다. 이 점이 여성의 숙명이기 때문에 그들은 대체로 개체보다는 종속 안에서 살아가며, 마음속으로 개체의 일보다 종속의 일을 좀 더 진지하게 생각한다. 이 때문에 여성의 전체 존재와 행동은 경박한 모습으로 나타나며, 여성의 성향은 일반적으로 남성의 성향과 근본적으로 다르다. 그리하여 결혼 생활에서 남녀 간에 의견 충돌이 빈번하게 일어나는 것은 거의 정상이라고 할 수 있다.

7

남성은 천성적으로 서로에게 무관심하지만, 여성은 이미 날 때부터 서로에게 적의를 품고 있다. 남성의 경우에는 지위나 수입에 대한 시기심이 각기 그들이 소속한 동업 조합에 한정되어 있지만, 여성의 경우에는 모두가 오직 **하나**의 생업만을 가지고 있으므로 여성 전체가 서로를 시기하는 것도 이 때문이라고 할 수 있다. 길에서 만나면 여성은 마치 겔프당과 기벨린당[181]처럼 서로를 적대시한다. 또한 여성은 처음으로 다른 여성을 알게 될 때도 남성의 경우보다 더욱 부자연스럽고도 위선적으로 서로를 대하는 것이 확연히 눈에 띈다. 그 때문에 두 여성이 인사를 나누는 모습도 두 남성이 나누는 인사보다 훨씬 우스꽝스럽다. 더욱이 남성은 자기보다 신분이 훨씬 낮은 사람을 대할 때도 대체로 여전히 어느 정도의 존중심과 인간미를 갖고 말하지만, 대체로 신분이 높은 여성이 신분이 낮은(그렇다고 자신의 하녀가 아닌) 여성과 대화를 나눌 때 그 여성에게 거만하고 무례한 태도를 취하는 꼴은 차마 눈 뜨고 볼 수 없을 정도다. 그 이유는 아마 여성에게 지위의 차이가 남성의 경우보다 훨씬 불안정하고, 한결 빨리 변하거나 금방 없어질 수 있기 때문일지도 모른다.

---

181 중세 이탈리아의 대립적인 두 정파로, 겔프당은 교황을, 기벨린당은 독일 황제를 지지했다.

남성의 경우에는 수백 가지의 요소가 저울에 오르지만, 여성의 경우에는 오직 한 가지 요소, 즉 어느 남자의 마음에 드느냐 하는 것만으로 운명이 결정되기 때문이다. 이것 말고도 여성은 모두 다 같이 집안일을 하고 있어 남성들에 비해 서로 훨씬 가깝게 지내므로, 신분 차이를 더욱 부각하려고 한다.

8

키가 작고 어깨는 좁으며, 엉덩이가 넓고 다리는 짧은 여성이라는 족속을 아름다운 성이라고 일컬을 수 있는 것은 단지 성적 충동으로 남성의 지성이 흐려져서다. 다시 말해 여성의 아름다움은 모두 이러한 성적 충동 때문이다. 그러므로 여성을 아름다운 성이라고 부르기보다는 오히려 **미적 감각이 없는** 성이라 부르는 편이 훨씬 적당할 것이다. 여성은 음악이나 문학, 조형 예술에 대해서 진실로 아무런 감각이나 감수성도 없으며, 설령 그런 척할 때는 남성의 마음에 들기 위해 단순히 흉내 내는 것에 불과하다. 그래서 여성은 어떤 사물에 **순전히 객관적 관심**을 가질 수 없다. 내 생각에 그 이유는 다음과 같다. 남성은 모든 경우에 사물을 이해하거나 제압해서 **직접** 지배하려고 한다. 하지만 여성은 언제 어디서나 단순히 **간접적으로**, 즉 자신이 유일하게 직접 지배할 수 있는 남성을 통해 지배하도록 되어 있다. 그 때문에 여성은 천성적으로 모든 것을 남성을 얻기 위한 수단으로만 보는 경향이 있다. 여성이 그 밖의 다른 것에 관심을 보이는 것은 언제나 단지 그런 척하는 단순한 우회적 수단에 불과하다. 즉 그런 것은 애교를 떠는 것이며 흉내 내는 것에 지나지 않는다. 그래서 이미 루소는 이렇게 말했다.

여성은 일반적으로 예술을 사랑하지 않고, 어떤 예술도 이해하지 못하며, 천재성을 지니고 있지 않다(「연극에 관해 달랑베르에게 보낸 편지」, 1758).

사물을 겉으로만 보는 사람이 아니라면 누구나 이런 사실을 벌써 꿰뚫어 보았을 것이다. 음악회, 오페라, 극장에서 여성이 어디에 어떻게 주의를 보이는지 살펴보기만 하면 된다. 예컨대 가장 위대한 걸작의 가장 아름다운 장면이 나오는 중에도 여성은 어린애처럼 거침없이 계속 수다를 떠는 모습을 볼 수 있다. 그리스인이 정말로 여성을 극장에 들여보내지 않았다면 그들은 그 점에서 옳은 일을 한 셈이다. 그러면 사람들은 극장에서 적어도 무언가를 들을 수 있을 것이다. 우리 시대에는 "여자는 교회에서 잠잠하라"(「고린도전서」14장 34절)라는 구절에 "여성은 극장에서 잠잠하라"라는 구절을 덧붙이든가, 아니면 그것으로 대체하든가 해서 그것을 큰 글씨로 무대의 막에 붙여 두는 것이 적당할 것이다. 그리고 전체 여성 가운데 아무리 뛰어난 두뇌의 소유자라 해도 미술에 관해서는 유일무이하고, 참으로 위대하며 참된 독창적인 성과를 거둔 적이 없었고, 영속적인 가치를 지닌 어떤 작품도 세상에 내놓지 못했음을 염두에 둔다면, 여성에게서 아무것도 기대할 수 없음을 알 수 있다. 이런 현상이 가장 두드러지게 나타나는 것은 회화繪畵 분야다. 이 회화의 기법 면에서는 여성도 남성만큼 할 수 있으므로 열심히 그리지만, 지금까지 명화라고 할 만한 그림을 그린 예가 없다. 그들에게는 그림을 그리는 데 가장 직접적으로 요구되는 정신의 객관성이 부족하기 때문이다. 즉 이런 경우 여성은 주관적인 것 속에 갇혀 있는 것이다. 보통 여성에게는 회화에 대한 감수성조차 없다고 하는 것은 바로 그 때문이다. "자연은 비약하지 않기"[182] 때문이다. **우아르테**도 300년 전부터 유명한 그의 저서 『재질과 자질의 검토』(1575, 암브르 1603판)에서 여성에게 보다 높은 아무런 능력도 없다고 말한다. 그는 벌써 머리말에서부터 이렇게 말한다.

여성의 자연스러운 뇌 구조는 지적 작업은 물론 학문을 하기에도 적합하지 않다.

그리고 15장에는 이런 말이 나온다.

여성이 타고난 소질을 그대로 지니고 있다면 모든 종류의 문학이나 학문은 그들의 정신에 거슬리는 것이다.

또한 그 뒤에는 이런 구절이 나온다.

---

182   *아리스토텔레스가 맨 처음 내세운 연속성의 법칙(『동물의 생성에 관하여』)

여성은 (여성 특유의 차가움과 축축함 때문에) 심오한 정신에 도달할 수 없다. 우리는 여성이 보잘것없고 가벼운 일에 대해 겉보기에 달변으로 말하는 것을 볼 뿐이다.

이런 사실은 개별적이고 부분적인 몇 가지 예외가 있다고 해서 변할 수 없다. 여성은 전체적으로 보면 철두철미하고 치유 불능인 속물들이고, 또한 언제까지나 그러하다. 그 때문에 여성은 남편의 신분과 지위를 공유하는 극히 불합리한 관행에 매몰되어 그들 남편의 **저급한** 명예욕을 끊임없이 자극하는 존재다. 더구나 이런 특성 때문에 여성이 앞장서고 주도하면 현대 사회가 파멸한다. 이와 관련해 "여성에게는 지위가 없다"라고 한 나폴레옹 1세의 말을 규범으로 받아들이는 것이 좋을 것이다. 게다가 **샹포르**는 매우 적절하게 이렇게 말하고 있다.

여성은 우리 남성의 약점이나 어리석음에 관여하도록 만들어졌지, 우리의 이성에 관여하도록 만들어지지 않았다. 남녀 사이에는 피상적 공감만 존재할 뿐 정신, 영혼, 성격에 공감하는 일은 극히 드물다.

(샹포르, 『격언과 금언』 제2장)

여성은 이른바 열등한 성[183]이며, 모든 점에서 남성에 뒤떨어지는 제2의 성이다. 그러므로 여성의 약점은 보살펴 줘야 하겠지만, 그들에게 지나친 외경심을 표시하는 것은 우스운 일이고 그들 자신의 눈앞에서 우리를 깎아내리는 일이다. 자연이 인류를 두 개의 절반으로 나누었을 때 한가운데에 경계선을 긋지는 않았다. 이렇게 갈라진 양극兩極에서 양극과 음극의 차이는 질에서뿐만 아니라 양에서도 존재한다. 고대인과 동방민족은 여성을 이렇게 보았다. 그러므로 그들은 여성에서 적합한 위치를 옛 프랑스적인 정중한 태도와 몰취미한 여성 숭배에 젖은 우리보다 훨씬 올바로 인식했다. 이러한 여성 숭배는 기독교와 게르만적인 어리석음이 최고로 꽃 피어난 것이다. 이런 태도는 여성을 건방지고 안하무인으로 만드는 데 기여할 뿐이어서 우리는 그런

183 *열등한 성sexus sequior이란 아풀레이우스의 『메타모르포세스』 제7권 8장에 나오는 말이다.

제16장 여성에 대하여   467

모습에서 때때로 베나레스[184]의 성스러운 원숭이를 떠올리곤 한다. 사람들이 원숭이를 신성불가침의 존재로 떠받들기 때문에 그 원숭이는 뭐든지 허용된다며 멋대로 행동하려는 것이다.

서양 여성, 이른바 '귀부인'이라고 불리는 여성은 잘못된 위치에 있다. 고대인이 '열등한 성'이라고 옳게 부른 여성은 남성의 외경심과 숭배 대상이 되고, 남성보다 머리를 높이 쳐들고 다니며, 남성과 동등한 권리를 갖는 것에 적합하지 않기 때문이다. 이처럼 잘못된 위치에서 비롯되는 여러 결과를 우리는 지겹도록 보고 있다. 따라서 참으로 바람직한 것은 유럽에서도 인류의 제2종족이 자연스러운 자리로 되돌아가는 일이다. 그리하여 현재 전 아시아인의 웃음거리일 뿐 아니라 그리스인과 로마인의 비웃음을 받았을 귀부인이라는 괴물에 제약이 가해지는 것이 매우 바람직하다고 하겠다. 그로 인해 사회적·시민적·정치적인 면에서 초래되는 결과는 예측할 수 없이 유익할 것이다.

그렇게 되면 살리족[185]의 법전도 쓸데없는 진부한 표현이 되어 전혀 필요 없을 것이다. 유럽의 **귀부인**은 결코 있어서는 안 되는 존재고, 주부나 주부가 되기를 바라는 소녀가 있으면 된다. 그 때문에 이들에게 건방지도록 가르칠 것이 아니라 살림을 잘하고 고분고분해지도록 가르쳐야 한다. 유럽에 귀부인이라는 게 있어서 신분이 낮은 대다수의 여성들이 동양에서보다 훨씬 불행한 처지에 있다. 그래서 바이런 경卿조차 이렇게 말하고 있다.

나는 고대 그리스인들 사이에서 여성의 지위를 생각해 보았는데, 그것은 매우 적절한 것이었다. 야만, 기사도와 봉건 시대의 잔재인 오늘날 여성의 지위는 인위적이고 부자연스럽다. 여성은 가정을 돌보는 것이 좋으며, 잘 먹고 잘 입어야겠지만 사회에 나가서는 안 된다. 종교 교육도 잘 받아야겠지만, 시나 정치 서적을 읽게 해서는 안 되고 단지 기도서나 요리 책만 읽히면 된다. 음악, 미술, 무용, 그리고 가끔 약간의 정원 일이나 밭일이면 족하다. 나는 그리스의 에피루스에서 여성들이 도로 보수 일을 매우 성공적으로 해내는 것을 본 적이 있다. 그러니 건초 만들기나 젖 짜기와 마찬가지로 여성이 왜

---

184 인도에 있는 힌두교의 성스러운 도시
185 고대 로마 마르스 신의 제사를 주관한 프랑켄족의 일파. 여성의 토지 상속권, 왕위 계승권을 부정하는 그 법은 프랑스와 스페인에서 실시되었다.

이런 일은 해서는 안 된단 말인가?

(토머스 보어 편서編書, 『편시와 일시』)

9

일부일처제를 원칙으로 하는 유럽에서 남성이 결혼한다는 것은 자신의 권리는 절반으로 줄이고 의무는 배로 늘리는 행위를 의미한다. 그렇지만 법률이 여성에게 남성과 동등한 권리를 인정해 준다면 여성에게 남성의 이성도 함께 부여해야 했을 것이다. 반면에 법률이 여성에게 인정한 권리와 명예가 여성의 자연스러운 관계를 넘어설수록 실제로 이 혜택을 누리는 여성의 수가 줄어든다. 다른 모든 여성은 법이 그런 일부 여성에게 권리와 명예를 부여한 만큼 자신의 자연스러운 권리를 박탈당한다.

여성과 남성은 동등하지 않은데도 일부일처제와 이에 따르는 혼인법으로 여성을 남성과 완전히 동등하게 보아 여성에게 부자연스럽게도 유리한 위치가 부여된다. 그래서 현명하고 신중한 남성이 그토록 큰 희생을 치르면서 그토록 불공평한 계약을 맺는 것을 주저하는 현상을 종종 매우 자주 볼 수 있다.[186] 그러므로 일부다처제를 실시하는 나라에서는 모든 여성이 부양을 받는 반면, 일부일처제를 실시하는 나라에서는 결혼한 여성의 수가 제한되어 있어 수많은 여성이 생계 지원을 받지 못하고 있다. 그들 중상류 계층 여성은 아무 쓸모 없는 노처녀로 무위도식하며 살아가지만, 하층 여성은 감당하기 힘든 중노동을 하며 살아가거나 매춘부가 될 수밖에 없다. 매춘부는 즐거움도 명예도 없는 생활을 하지만 그와 같은 사정에서는 남성을 만족시키기 위해서 필요한 존재다. 그 때문에 그들은 이미 남편이 있거나, 그럴 희망이 있는 팔자 좋은 여성을 유혹에 빠져들지 않게 해 주는 특수한 목적을 지닌 공인된 신분으로 등장한다. 런던에만도 그런 매춘부가 8만 명이나 있다. 이들 여성이

---

186 * 하지만 결혼할 수 없는 처지에 있는 사람의 수가 훨씬 많다. 그런 여성은 모두 노처녀가 된다. 다시 말해 이 노처녀는 대체로 생활력이 없고, 어쨌든 짝을 만나 결혼을 하지 않았기 때문에 다소 불행하다. 다른 한편 일부 남성에게는 결혼 직후 30년이나 지속되는 만성병에 걸린 아내가 있다. 그는 어떡해야 한단 말인가? 다른 남성의 경우는 아내가 너무 늙어 버렸고, 또 다른 남성은 이제 당연히 아내를 증오했다. 유럽 남성은 모두 전 아시아나 아프리카와 달리 두 번째 아내를 얻어서는 안 된다. 일부일처제 제도에서는 건강하고 튼튼한 남성은 언제나 자신의 성욕을…… 하지만 그런 이야기는 너무 진부하고 널리 알려져 있다.

야말로 일부일처제 아래에서 가장 끔찍한 피해를 입은 사람들이며, 일부일처제라는 제단에 바쳐진 실제적인 제물이 아니고 무엇이겠는가?

여기서 언급한 열악한 처지에 있는 모든 여성은 유럽에 요구가 많고 거만한 귀부인이 있는 한 없어지지 않을 것이다. 그러므로 **전체**적으로 볼 때 일부다처제가 여성에게 실제로 유익하다. 다른 한편 만성병으로 고생하거나 아이를 낳지 못하거나, 점점 자신에게 너무 늙어 버린 아내를 가진 남성이 왜 두 번째 아내를 얻어서는 안 되는지 합리적으로 생각해 보아도 이유를 알 수 없다. 그토록 많은 사람이 모르몬교[187]로 개종하는 이유는 바로 부자연스러운 일부일처제를 폐지해서인 것 같다.[188] 게다가 여성에게 부자연스러운 권리를 부여하자 아울러 부자연스러운 의무도 부과되어, 그 의무를 이행하지 않으면 여성이 불행해진다. 다시 말해 일부 남성은 신분이나 재산을 고려해 매우 좋은 어떤 조건이 결부되지 않으면 결혼을 탐탁지 않게 여긴다. 그래서 남성은 자신이 선택한 여성을 얻더라도 정식 결혼과 다른 조건에서 그녀와 아이들의 운명을 확보하기를 바랄 것이다. 그런데 이 조건이 아무리 정당하고 합리적이며, 현실에 부합된다 해도, 그리고 여성이 혼인에 의해서만 얻을 수 있는 분에 넘치는 권리의 주장을 포기하면서 굴복하면, 혼인이란 시민적 사회관계의 토대이기 때문에 여성은 그로 인해 어느 정도 불명예스럽고 서글픈 나날을 보내게 될 것이다. 그것은 인간이 본성상 자신에 대한 타인의 견해를 너무 지나치게 중시하기 때문이다. 반면에 여성이 남성의 조건에 굴복하지 않는다면, 그 여성은 자신이 좋아하지 않는 남성과 억지로 혼인 관계를 맺으며 살아가든가, 평생 노처녀로 시들어 가다 죽는 위험을 무릅써야 한다. 왜냐하면 여성이 남성의 매력을 끄는 기간은 매우 짧기 때문이다.

일부일처제의 이런 측면과 관련해 **토마지우스**의 해박한 논문 「축첩론」이 매우 읽을 만하다. 그 논문을 보면 루터의 종교 개혁에 이르기까지는 시대를 막론하고 모든 문명 민족에게 축첩은 허용된 제도였고, 아니 어느 정도는 심지어 법적으로 승인되어 조금도 불명예스럽지 않은 제도였음을 알 수 있다. 그러다가 종교 개혁에 의해 비공식적이고 불명예스러운 악습이 되었을

---

187 1830년 조지프 스미스가 창안한 기독교의 일파로 처음에 일부다처제를 채택했으나 1895년 이후 미국 법률로 금지되었다.

188 •성과 관련된 문제에서 볼 때 부자연스러운 일부일처제를 시행하는 유럽이 세계에서 가장 비도덕적이다.

뿐이다. 종교 개혁으로 축첩 금지는 오히려 성직자의 결혼을 정당화하기 위한 수단으로 인식되었다. 그러자 가톨릭교회에서도 뒤질세라 축첩을 금지하였다.

일부다처제에 대해서는 논란의 여지가 있을 수 없다. 그것은 어디서나 존재하는 사실로 받아들여야 하며, 다만 어떻게 **조절**하느냐가 과제일 뿐이다. 대체 진정한 일부일처주의자가 어디 있단 말인가? 우리 모두는 적어도 한동안은, 그러나 대개는 언제나 일부다처 상태로 살아간다. 따라서 어떤 남성이든 많은 여성이 필요하므로 많은 여성을 돌보는 것이 남성의 자유재량이자 의무 사항임은 더없이 지당한 일이다. 그로 인해 종속된 존재인 여성도 원래의 올바르고 자연스러운 입장으로 되돌아간다. 그리고 유럽의 문명, 기독교와 게르만의 어리석음이 낳은 괴물이며, 가소롭게도 존경과 숭배를 요구하는 숙녀라는 이 괴물은 세상에서 자취를 감추고 오직 **여성**만 남을 것이다. 하지만 지금 유럽에 우글거리는 **불행한 여성**은 더 이상 찾아볼 수 없을 것이다. 모르몬교의 견해가 옳은 것이다.

10

인도에서는 여성의 독립이 허용되지 않고 『마누 법전』 제5장 148절에 따라 아버지나 남편, 또는 남자 형제나 아들의 감시를 받는다. 남편이 죽으면 아내를 남편의 시신과 함께 화장하는 풍습은 물론 분노할 일이다. 하지만 남편이 한평생 자식을 위해 열심히 모은 재산을 그가 죽은 뒤 과부가 정부情夫와 함께 탕진하는 것 역시 분노할 일이다. 따라서 "중용을 지키는 자는 행복하다"라고 할 수 있다.[189] 본래 모성애는 동물의 경우와 마찬가지로 인간의 경우에도 순전히 본능적인 것이므로, 자식을 신체적으로 도와줄 필요가 없을 때 사라진다. 이때부터는 원래의 모성애 대신 습관과 이성에 기초한 사랑이 나타나야 하는데, 특히 어머니가 아버지를 사랑하지 않았을 경우에는 그것이 나타나지 않을 때도 있다. 아버지의 자식에 대한 사랑은 종류가 다르며 훨씬 설득력이 있다. 다시 말해 부성애는 자식 속에서 자신의 가장 내적인 자아를 재

---

189 • 1613년 사망한 비텐베르크의 타우프만 교수의 표어

인식하므로, 그것은 형이상학적 근원에서 비롯한다.

고대와 현대의 거의 모든 민족, 심지어 호텐토트인[190]의 경우에도 재산은 아들에게만 상속된다. 그런데 유럽에서만은 귀족 사회를 제외하면 이런 원칙이 지켜지지 않는다. 남성이 오랫동안 땀 흘려 모은 재산이 후에 여성의 수중에 들어가면 그들의 분별없는 사용으로 단시일에 탕진되거나 낭비되곤 하는데, 그런 일은 흔히 볼 수 있는 꼴불견이다. 그런 일을 미연에 방지하려면 여성의 상속권을 제한해야 마땅하다. 내 생각에 과부든 딸이든 여성에게는 항시 재산을 담보로 한 이자를 종신 연금으로 물려주는 데 그치고, 남성 상속자가 한 명도 없다면 토지나 자본은 물려주지 않는 게 최선의 방책일 것 같다. 재산을 모은 사람은 남성이지 여성이 아니므로, 여성은 재산을 관리할 능력이 없을 뿐만 아니라, 재산을 무조건 소유할 권리도 없다. 적어도 여성은 물려받은 재산, 즉 자본, 건물, 토지를 결코 임의로 처분하지 못하도록 해야 한다.

여성에게는 언제나 후견인이 필요하다. 그 때문에 여성은 어느 경우에도 자기 자식의 후견인이 되게 해서는 안 된다. 여성의 허영은, 비록 그것이 남성의 허영보다 크지 않다고 해도, 전적으로 물질적인 측면, 즉 자신의 개인적인 아름다움에 치중하고 그다음에는 겉만 번지르르한 물건, 사치스러운 옷, 호사한 생활에 쏠리는 고약한 점이 있다. 여성이 사교 생활을 좋아하는 것도 바로 그런 점 때문이다. 특히 이성이 부족한 경우 여성은 이러한 허영 때문에 낭비에 빠지기 쉽다. 그래서 벌써 어떤 고대인은 "여성은 천성적으로 낭비 성향이 강하다"(메난더, 『단행시』)라고 말하고 있다. 하지만 이와 반대로 남성의 허영은 지성, 학식, 용기 등과 같은 비물질적 장점에 쏠리는 경향이 강하다. **아리스토텔레스**는 『정치학』 제2권 9장에서, 스파르타인이 여성에게 상속권과 지참금, 그리고 많은 자유를 주어 그들에게 너무 많이 양보한 결과 얼마나 막대한 손실을 입었는지, 또한 이러한 일이 스파르타의 몰락에 얼마나 크게 기여했는지 자세히 다루고 있다. 프랑스에서도 루이 13세 이후 여성의 영향력이 계속 커져 궁정과 정부가 점차 부패했고, 결국 최초의 대혁명이 일어났으며, 그 결과 온갖 정변이 계속해서 일어난 것 아닌가? 어쨌든 귀부인이라는 존재

---

190 • 호텐토트인의 경우에는 아버지의 전 재산이 장남에게 상속되든지, 동일 가족 중에서 가장 가까운 남자에게 넘어간다. 재산은 절대로 분할되지 않으며, 여자에게 상속되는 법은 결코 없다[샤를 조르주 르루아, 『인간 및 동물의 지성과 능력에 대한 철학적 문헌』(1802)].

에서 극명하게 드러나듯 여성이 차지하고 있는 잘못된 위치는 유럽 사회의 근본적 결함의 하나이며, 그 결함은 사회의 중심에서 비롯되어 온갖 방면으로 불리한 영향을 미치지 않을 수 없다. 여성은 천성적으로 남성에게 복종하게 되어 있다. 그런 점은 부자연스럽게도 완전히 독립적 위치에 있는 어느 여성이라도 즉시 한 남성과 결합해 그의 인도와 지배를 받는 것을 보더라도 분명히 알 수 있다. 여성은 주인이 필요하기 때문이다. 여성이 젊을 때는 그 주인이 애인이고, 늙었을 때는 고해 신부가 주인이다.

제17장
교육에 대하여

1

우리 지성의 본성에 따라 **개념**은 **직관**을 추상화해서 생긴다. 그러므로 직관이 개념보다 앞서 존재한다. 그런데 단순히 교사와 책에 대한 자신의 경험만 있는 사람의 경우가 그렇듯, 실제로 이런 과정을 밟으면 인간은 각각의 개념이 어느 직관에 해당하고 어느 직관이 어떤 개념을 대변하는지 잘 알 수 있다. 다시 말해 인간은 두 가지를 정확히 알고 있으며, 그에 따라 자신에게 일어나는 모든 일을 올바로 처리한다. 우리는 이런 길을 자연스러운 교육이라고 부를 수 있다.

이와 달리 인위적 교육의 경우에는 구체적인 세계를 폭넓게 알기 전부터 미리 알려 주기와 가르침, 책을 통해 많은 개념이 머릿속에 잔뜩 주입된다. 경험이 이 모든 개념에 대한 직관을 나중에 가져다주어야 한다. 하지만 그때까지는 이 개념이 잘못 적용되어, 인간은 사물과 인간을 잘못 판단하고 잘못 보며 잘못 취급한다. 이런 인위적인 교육은 그릇된 머리를 가진 사람을 만든다. 그 때문에 우리는 젊은 시절 오랫동안 배우고 독서를 한 후에 때로는 편협하고 괴팍한 모습으로 세상에 나와서, 때로는 소심하게 때로는 건방지게 행동한다. 우리는 이제 머릿속에 가득 든 개념을 적용해 보려고 애쓰지만 거의 언제나 잘못 적용한다. 본말이 전도되어 원인과 결과를 혼동하기 때문이다. 우리는 정신의 자연스러운 발달 과정에 역행해 먼저 개념을 얻고 마지막에 직관을 얻는다. 교육자는 아이에게 스스로 인식하고 판단하고 사고하는 능력을 길러 주는 대신 다른 사람의 완성된 생각을 머릿속에 잔뜩 주입하려고 애쓸 뿐이다. 이 때문에 나중에 그릇된 개념을 적용해서 생기는 판단을 오랜 경험으로 바로잡아야 한다. 이것이 성공적으로 이루어지는 경우는 드물다. 매우 무식한 사람은 상식을 가진 경우가 많은 반면, 박식한 사람이 상식을 갖춘 경우가 매우 드문 것도 이 때문이다.

2

앞서 말한 내용에 따라 모든 교육의 목표는 세계를 알게 되는 것이라고 할 수 있다. 그러므로 교육의 주안점은 **올바른 끝에서 세계를 알기** 시작하는 것일지도 모른다. 하지만 이미 보여 주었듯이 이것은 모든 일에서 **직관이 개념에** 선행하며, 더욱이 보다 좁은 개념이 보다 넓은 개념에 선행한다는 사실에 주로 기인한다. 따라서 우리는 사물의 개념이 서로를 어떻게 **전제**하는지 질서 있게 가르쳐야 한다. 하지만 우리가 이런 순서를 건너뛰면 곧장 불충분한 개념이 생겨나고 여기서 그릇된 개념이 생겨나서, 결국 개인에게만 통용되는 비뚤어진 세계관이 생긴다. 그래서 거의 모든 사람은 이런 세계관을 오랫동안, 대부분은 일평생 머리에 지니고 살아간다. 자기 자신을 되돌아보면 나이를 먹은 후에야 비로소, 때로는 갑자기 꽤 단순한 여러 사물과 관계에 대해 올바로 또는 명확히 이해했음을 발견할 것이다. 그러므로 그는 세상을 잘못된 방식으로 알아 갔는데, 그것은 타인에 의한 인위적인 교육이든, 단순히 자기의 경험에 의한 자연스러운 교육이든 최초의 교육을 받을 때 대상을 건너뛰었기 때문이다.

　그에 따라 교육자는 인식의 참으로 자연스러운 순서를 탐구하려 노력하고, 그런 다음 이런 순서에 따라 아이들에게 세계의 사물과 관계를 체계적으로 알려야 한다. 그 경우 허튼 생각이 아이들의 머릿속에 들어오지 않도록 해야 한다. 그런 생각이 주입되고 나면 다시는 버리지 못할 때가 종종 있기 때문이다. 이때 무엇보다도 아이들이 명확한 개념과 연결하지 못하는 말은 사용하지 않도록 해야 한다.[191] 그런데 언제나 주요한 일은 직관을 개념에 앞서도

---

191 ・아이들은 대체로 사물을 이해하려는 대신 말에 만족해서, 만약의 경우 그것으로 곤경을 헤치고 나아가기 위해 그 말을 암기하려는 좋지 않은 경향이 있다. 이런 경향은 나중에까지 남아, 많은 학자의 지식이란 단순한 말을 늘어놓는 것에 그치고 만다.

록 해야지, 그것이 거꾸로 되어서는 안 된다는 사실이다. 그렇지만 보통은 아이가 나면서부터 두 발로 걸어 다니거나 처음부터 운에 맞춰 시를 짓는다고 생각하는 것처럼, 그것이 불행하게도 거꾸로 되어 있다. 다시 말해 아이의 정신은 아직 매우 빈약한 직관을 지니고 있는데, 사람들은 아이에게 개념이나 판단을 새겨 넣어 그야말로 선입견을 심어 주는 것이다. 그런데 나중에 아이는 먼저 직관과 경험으로 이런 완성된 장치를 취소하는 대신 오히려 그것을 직관과 경험에 끼워 맞추려 한다. 직관은 풍부하고 다방면에 관심을 가지므로, 간결성과 신속성이라는 면에서 모든 것을 곧 처리하는 추상적 개념에 필적할 수 없다. 따라서 직관이 먼저 선입견이 된 개념을 바로잡으려면 오랜 시일이 걸리거나 결코 바로잡을 수 없을 것이다.

직관이 자기 쪽에서 개념과 충돌할 경우 직관의 관점은 우선 일면적인 관점으로 배척되어 부정된다. 먼저 선입견이 된 개념에 손해가 되지 않도록 직관의 관점은 자신을 외면하고 눈을 감아 버리는 것이다. 그리하여 많은 사람은 일평생 허튼 생각, 변덕, 심술, 망상, 선입견을 품고 다니며 그것이 결국 고정 관념으로 굳어 버린다. 이처럼 많은 사람은 모든 것을 다 만들어진 것으로 받아들였기 때문에, 직관과 경험에서 자기 스스로 철저한 개념을 끄집어내려고 하지 않았다. 많은 사람, 아니 무수히 많은 사람이 그토록 진부하고 피상적인 까닭은 바로 그 때문이다. 그러니 그러는 대신 유년 시절에는 인식 능력의 발달에 맞는 자연스러운 과정을 밟아야 한다. 어떤 개념도 직관을 매개로 하지 않고 주입되어서는 안 되며, 적어도 직관 없이 덮어 놓고 인증되어서는 안 된다. 그렇게 교육받은 아이는 얼마 안 되지만 철저하고 올바른 개념을 지닐 것이다. 아이는 타인의 척도가 아닌 자기 자신의 척도로 사물을 측정하는 법을 배울 것이다. 그렇게 되면 아이는 수많은 변덕이나 편견에 결코 사로잡히지 않을 것이며, 그런 것이 없는 상태에서 최상의 부분이 추후의 경험과 삶의 학교에 활용되어야 한다. 그러면 그의 정신은 언제까지나 철저함, 명확함, 자신의 판단과 공평함에 익숙해질 것이다.

일반적으로 아이는 모든 점에서 원전으로 인생을 알게 해야지 사본으로 미리 알게 해서는 안 된다. 그 때문에 아이들에게 서둘러 책만 손에 쥐어 주는 대신 사물과 인간관계를 알게 해 주어야 한다. 무엇보다도 아이들이 현실을 순수하게 파악하도록 이끌고, 언제나 개념을 현실 세계에서 직접 끄집어내

현실에 근거해 그 개념을 형성하도록 유념해야 한다. 그러나 개념을 현실이 아닌 다른 곳, 책이나 동화, 타인의 말에서 가져와, 그런 개념을 나중에 이미 만들어진 것으로 현실에 적용해서는 안 된다. 그렇게 되면 환영으로 가득 찬 머리는 현실을 잘못 파악하거나 그런 환영에 따라 현실을 개조하려 헛되이 애써 마침내 이론적으로나 실제적으로도 미로에 빠져들 것이다. 이처럼 일찍 심어진 환영과 그로써 생기는 선입견이 얼마나 많은 해를 입히는지 도저히 믿기지 않을 정도이기 때문이다. 다시 말해 세계와 현실 생활에서 얻는 나중의 교육은 주로 그런 잘못된 점을 가려내는 데 활용되어야 한다. 디오게네스의 『고문선집』 제6권 7장에서 "무엇을 습득하는 것이 가장 필요한지의 질문"에 안티스테네스Antisthenes(기원전 445~365)[192]가 "가장 나쁜 것을 잊어버리는 것이다"라고 대답하는 것도 그 때문이다.

3

일찍부터 머릿속에 흡수된 오류는 대체로 지우기 어렵고, 판단력은 가장 늦게 성숙한다. 그러므로 아이들이 16세가 될 때까지는 커다란 오류가 들어 있을 수도 있는 모든 가르침, 즉 온갖 철학이나 종교, 온갖 종류의 일반적 견해로부터 멀리하도록 해야 한다. 그 대신 오류가 있을 수 없는 수학이나, 오류가 있어도 그다지 위험하지 않은 어학이나 자연 과학, 역사 등과 같은 과목을 가르쳐야 한다. 일반적으로 어떤 나이에서나 그 시기의 두뇌가 받아들일 수 있고 완전히 이해할 수 있는 학문만 가르쳐야 하는 것이다. 유년기와 청년기는 자료를 수집해 개별적인 것을 특수하게 근본적으로 알아 나가는 시기다. 반면에 일반적으로 판단은 아직 보류하고, 최종 설명은 뒤로 미루어야 한다. 판단을 내리려면 성숙하고 경험이 있어야 하므로, 판단력은 가만히 놔두고, 판단력에 선입견이 들어가지 않도록 조심해야 한다. 그러다간 판단력이 영원히 마비되고 만다.

반면에 기억력은 청년기에 가장 왕성하고 오래가므로 이 시기에 그것이 매

---

192   고대 그리스의 철학자. 그는 "자연 법칙에 따라 살아라, 자유롭게 뛰노는 개와 같이 살아라"라고 주장했다. 그는 디오게네스를 제자로 받아들였다.

안티스테네스, 1774

우 중요한 역할을 한다. 그렇지만 세심하게 숙고해 극히 주도면밀하게 대상을 선택하는 것이 중요하다. 청년기에 확실히 기억해 둔 것은 일평생 남아 있으므로 이 귀중한 소질은 최대한 유익하게 이용해야 하기 때문이다. 우리가 우리 생애의 최초 12년 동안 알게 된 사람들을 기억 속에 얼마나 깊이 새겨 두는지 생각해 보면, 그리고 그즈음 일어난 일들과 당시 경험하고 듣고 배운 대부분의 일이 잊히지 않고 깊이 뇌리에 새겨져 있는 것을 생각해 보면, 청년기 정신의 감수성과 집요성을 교육의 기초로 삼는 것이 매우 자연스러운 생각이다. 우리는 이러한 성질에 대한 모든 인상을 규범과 법칙에 따라 체계적이고 조직적으로 엄격히 관리해야 한다. 그런데 인간의 청년기가 불과 몇 년밖에 안 되고, 기억 능력, 더욱이 개인의 기억 능력은 언제나 한정되어 있어 가장 본질적이고 중요한 것만 기억하고 그 나머지는 모두 제외하는 것이 중요하다. 각 전문 분야의 가장 유능한 사람과 대가가 충분히 숙고해 이런 선택을 맡아야 하고 선택의 결과가 확인되어야 한다. 이때 인간 일반에게, 그리고 모든 특수한 직업이나 전문 분야를 위해 기초가 되는 것을 선별해야 하므로 이에 필요한 것과 중요한 것을 알고 있어야 한다. 그리고 인간 일반에게 필요한 지식은 개개인의 외적 사정을 감안해 부여한 일반 교양의 정도에 따라 학과목을 편성해, 필수적인 기본 교과에 한정하는 것에서부터 철학과에서 가르치는 전체 과목을 망라하는 것에 이르기까지 단계적으로 확장된 기본 과정이나 과목으로 다시 세분되어야 한다. 그러나 특수한 직업이나 전문 분야의 지식은 각 분야의 진정한 대가에게 선택을 맡기는 것이 좋다. 이렇게 얻은 전체 지식은 지적 교육에 필요한 특수하게 완성된 표준이 될 것이다. 물론 이런 표준은 10년마다 한 번씩 수정할 필요가 있다. 그러므로 이런 식으로 교육을 실시하면 기억이 주는 청년의 힘을 최대한 유리하게 이용해, 그 후의 판단력에 탁월한 소재가 될 것이다.

4

인식 능력의 **성숙**, 즉 개개인에게서 인식 능력이 도달할 수 있는 완전성은 모든 추상적 개념과 직관적 파악 사이에 정확한 연결이 이루어진다는 데 존재한다. 그리하여 각각의 개념이 직접적으로나 간접적으로 직관적 토대를 근거로 하며, 그럼으로써만 그 개념이 실질적 가치를 지닌다. 이와 마찬가지로 인간은 자기에게 일어나는 모든 직관을 그것에 적합한 올바른 개념에 포함할 수 있다. 이러한 성숙은 오로지 경험과 때로는 시간의 소산이다. 우리는 직관적 인식과 추상적 인식을 따로 얻는 것이 보통이므로, 직관적 인식은 자연스러운 과정으로 얻어지고, 추상적 인식은 타인의 좋고 나쁜 가르침과 전달을 통해 얻어진다. 그러므로 청년기에는 대체로 단순한 말로 고정된 개념과 직관에 의해 얻은 실질적 인식 사이에 합일과 연결이 거의 일어나지 않는다. 그러다가 개념과 직관이 점차 접근해 서로를 바로잡는다. 하지만 두 가지가 완전히 합쳐 하나가 되었을 때야 비로소 인식의 성숙이 이루어진다. 이런 인식의 성숙은 모든 개개인이 지닌 능력의 높고 낮은 완전성 정도와 전혀 무관하다. 그 완전성은 추상적 인식과 직관적 인식의 연관성이 아니라 양자의 심도深度에 기인하기 때문이다.

5

실천적인 사람에게 가장 필요한 연구는 **세상이 돌아가는 형편**에 대한 정확하고 철저한 지식을 얻는 것이다. 하지만 이것은 시간이 오래 걸리는 지루한 연구이기도 하다. 그 연구는 인생의 늘그막에 이르기까지 지속되지만 그렇다고 완전히 배울 수는 없다. 물론 청년기에 이미 여러 학문에서 가장 중요한 것을 섭렵할 수 있기는 하다. 소년과 청년은 그런 인식 면에서 처음으로 가장 어려운 과목을 배우는 초보자인 셈이다. 하지만 때로는 성숙한 사람도 부족한 인식을 보충할 필요가 있다. 그런데 사물에 대한 인식 자체를 얻는 것도 꽤 어려운데 소설을 읽어 그 어려움이 배가된다. 소설은 현실에서 사실 일어나지 않을 것 같은 사건의 과정과 인간이 취하는 태도의 과정을 묘사한다. 그런데 쉽게 믿는 청년은 이 소설을 사실로 마음속에 받아들인다. 그리하여 이제 단순히 소극적 무지 대신에 그릇된 전제로 복잡하게 얽힌 관점이 적극적 오류로 등장한다. 이런 오류는 후에 심지어 경험 자체의 학교를 혼란에 빠트리고, 그 가르침을 거짓으로 보이게 한다.

　지금까지 어둠 속을 걷던 청소년이 도깨비불에 미혹되는데, 흔히 소녀에게 이런 일이 더욱 심하다. 소녀는 소설을 읽고 완전히 그릇된 인생관을 가져,

결코 실현될 수 없는 기대에 젖는다. 이것이 대체로 평생 극히 해로운 영향을 끼친다. 그러므로 수공업자 등과 마찬가지로 청년기에 소설을 읽을 시간이나 기회가 없었던 사람은 한결 유리한 입장에 선다. 앞의 비난에서 제외되는 몇몇 소설은 오히려 반대 의미에서 영향을 미친다. 예컨대 **르사주**Alain Rene Lesage(1668~1747)[193]의 『질 블라』[194]나 그 밖의 작품들, 나아가서 『웨이크필드의 목사』[195]나 부분적으로 월터 스콧의 소설도 그러하다. 세르반테스의 『돈키호테』는 앞서 말한 미로를 풍자적으로 서술한 작품으로 볼 수 있다.

---

[193] 17세기 초엽 프랑스의 사회상을 정확하고 상세히 묘사한 소설가이자 극작가

[194] 근대적 사실주의의 선구가 된 풍속 소설. 적응력이 뛰어난 질 블라라는 젊은 하인이 여러 주인을 거치면서 겪는 모험과 배움을 다루었다.

[195] 아일랜드 출신의 올리버 골드스미스Oliver Goldsmith(1728~1774)의 작품. 어떤 역경과 고난 속에서도 좌절하지 않고 꿋꿋이 이겨 내는 목사의 모습을 그렸다.

제18장
관상론

인간의 외면이 그의 내면을 그대로 재현하고, 용모가 인간의 전체 본질을 표현하고 드러낸다는 것은 하나의 가정으로서, 그것의 선험성과 확실성은 기회 있을 때마다 모습을 드러내는 보편적인 욕망으로 입증된다. 사람들은 좋든 나쁘든 어떤 행위로 두각을 드러내거나 또한 이례적인 업적을 이룬 어떤 인물을 **보고** 싶어 한다. 이 소망이 이루어지지 않을 경우에는 그의 **풍모**에 대해서라도 최소한 제3자로부터 알고 싶어 한다. 그리하여 한편으로는 그런 인물이 나타날 것으로 예상되는 곳으로 우르르 몰려가기도 하고, 다른 한편으로는 일간지들, 특히 영국의 신문들이 그에 관해 자세하고 적절한 기사를 쓰려고 애를 쓴다. 그런 직후에 화가와 동판화가가 그에 관해 우리에게 생생하게 묘사해 준다. 마지막으로 바로 이런 이유로 높이 평가받는 **다게르**Louis-Jacques-Mandé Daguerre(1787~1851)[196]의 발명이 우리의 욕구를 가장 완벽하게 충족시켜 준다. 이와 마찬가지로 일상생활에서도 모든 사람은 자기 앞에 나타나는 사람이면 누구든 관상학적으로 살펴보고, 몰래 그 사람의 외모로 그의 도덕적·지적 본질을 미리 알아보려고 한다. 그런데 몇몇 얼간이들이 생각하듯이, 영혼과 신체의 관계는 상의와 그것을 입는 사람의 관계와 같으므로, 두 가지가 완전히 별개의 것이라면서 인간의 외관이 중요하지 않다고 한다면, 앞에서

---

196 프랑스의 화가이자 사진가로 촬영 시간을 크게 단축한 사진술 다게레오타이프(은판 사진)의 발명으로 유명하다. 그 업적 덕분에 사진의 아버지로 불린다. 실물을 영구적으로 기록한 최초의 사진은 1826년과 1827년 프랑스의 조제프 니세포르 니에프스가 만들었지만, 질이 좋지 않고 노출 시간이 무려 8시간이나 필요했다. 반면에 다게르가 개발한 방법은 노출 시간이 20~30분 정도면 충분했다.

말한 것과 같은 일이 일어날 수 없을 것이다.

오히려 모든 인간의 얼굴은 물론 해독할 수 있는 하나의 상형문자로, 그것의 알파벳은 우리 내부에 이미 고스란히 저장되어 있다. 심지어 한 인간의 얼굴이 대체로 그의 입보다 더 많이, 더 재미있는 것을 말해 준다. 얼굴은 이 사람의 모든 사유와 노력의 모노그램 격으로 그가 앞으로 말하려고 하는 모든 것을 요약한 편람이기 때문이다. 또한 입은 그 사람의 생각만을 말해 주지만, 얼굴은 자연의 생각을 표현한다. 그러므로 모두 그 사람과 대화를 나눌 만한 가치는 없지만, 그를 유심히 관찰할 만한 가치는 있다. 그런데 모든 개체가 자연의 개별적인 생각으로서 관찰할 만한 가치가 있다면 아름다움은 최고의 정도로 그럴 만한 가치가 있다. 왜냐하면 아름다움은 자연의 보다 높고 더 일반적인 개념이고, 그것은 그 種에 대한 자연의 생각이기 때문이다. 아름다움이 우리의 시선을 그토록 강력하게 사로잡는 것은 그 때문이다. 아름다움은 자연의 근본적이고 주된 생각인 반면, 개체는 부수적 생각으로 하나의 첨가물에 지나지 않는다.

모든 사람은 암암리에 각 개인이 **보이는 그대로의** 존재라는 원칙으로부터 출발한다. 이것은 올바른 원칙이다. 하지만 그 적용에 어려운 점이 있는데, 그 적용 능력은 일부는 타고났으며 일부는 경험으로 얻어진다. 그렇다고 그 능력을 완전히 배워서 익히는 사람은 없으며, 가장 숙련된 자조차도 실수를 저지른다. 그럼에도 (피가로[197]가 무슨 말을 하든) 얼굴이 거짓말을 하는 것이 아니라, 거기에 적혀 있지 않은 것을 읽어 내는 것은 우리 자신이다. 물론 얼굴에 적힌 암호를 해독하는 것은 위대하고 어려운 기술이다. 그 원칙을 추상적으로는in abstracto 결코 습득할 수 없다. 그러기 위한 첫 번째 조건은 상대를 **순전히 객관적인 시선**으로 파악하는 것이지만, 그것이 그다지 쉬운 일은 아니다. 다시 말해 조금이라도 혐오감이나 호감, 두려움이나 희망, 또는 우리 자신이 지금 **상대**에게 어떤 인상을 줄까 생각하는 것만으로도, 요컨대 어떤 주관적인 것이 끼어든 순간 그 상형문자는 왜곡되어 변조되기 때문이다. 어떤 언어를 이해하지 못하는 자에게만 그 언어의 음향이 들리듯이—안 그러면 기의가 의식으로부터 즉각 기표를 대신하기 때문에—어떤 사람의 관상을 보려

---

197 모차르트의 「피가로의 결혼」에서 피가로는 "거짓말하는 것은 내가 아니라 내 얼굴이다"라고 말한다.

면 그 사람과 아직 낯선 사람, 즉 그를 비교적 자주 보거나 그와 대화를 나누어서 그의 얼굴에 익숙해지지 않은 자라야 한다. 따라서 어떤 얼굴을 보고 순전히 객관적인 인상을 받고, 그리고 그로 인해 얼굴을 해독할 가능성을 갖는 것은 엄밀히 말하자면 처음 보는 순간뿐이다. 냄새는 처음 풍겨왔을 때만 후각을 자극하고, 포도주는 엄밀히 말해 첫 잔에만 제대로 맛을 느낄 수 있듯이, 얼굴 역시 첫 만남일 때만 온전한 인상을 준다. 그러므로 이러한 인상에 주의를 기울여 조심할 필요가 있다. 나아가서 개인적으로 우리에게 중요한 사람이라면 그에 대한 인상을 적어 두어야 한다. 다시 말해 사람의 인상에 대한 자신의 느낌을 신뢰할 수 있다면 말이다. 나중에 그와 알게 되어 교제를 나누게 되면 첫인상은 지워져 버리겠지만, 계속 만나다 보면 언젠가 그 인상이 틀리지 않았음을 알게 될 것이다.

한편 우리는 여기서 첫 대면이 대체로 극히 달갑지 않은 일임을 숨기지 않으려고 한다. 그런데 사람들 대부분은 그다지 쓸모없다! 예외적으로 아름답고 선량하며 재기 있는 얼굴도 없지 않지만, 이런 경우는 극히 소수이고 드물다. 내 생각에 섬세한 감각을 지닌 사람은 새 얼굴을 보면 그때마다 대체로 충격과 유사한 느낌을 받는다. 새롭고 놀라운 조합에 언짢은 기분이 들기 때문이다. 정말이지 이는 대체로 울적한 광경(미안한 광경a sorry sight)이다. 심지어 얼굴에 지성의 동물적 한계를 동반하는 순진한 야비함과 저열한 성향을 드러내는 사람들이 있는데, 그런 얼굴로 어떻게 외출하는지 그리고 왜 차라리 가면을 쓰고 다니지 않는지 의아한 생각이 든다. 정말이지 그냥 쳐다보기만 해도 더럽혀졌다고 느끼게 만드는 얼굴들이 있다. 그러므로 세상에서 물러나 있는 덕분에 '새 얼굴을 보는' 고통으로부터 완전히 면제되어 유리한 상황에 있는 사람들을 나쁘게 생각할 일이 아니다. 이 문제를 **형이상학적**으로 설명하면, 각 개인의 개성이란 자신의 존재 자체에 의해 되찾아지고 교정되어야 하는 바로 그것이라는 사실이 고려되어야 한다. 반면에 **심리학적** 설명에 만족하고자 한다면, 평생에 걸쳐 마음속에 좀스럽고 저열하고 가련한 생각과 비루하고 이기적이고 시기하고 사악하고 고약한 소망 말고는 거의 아무것도 떠오르지 않았던 사람들이 어떤 인상을 지닐 것으로 예상되는지 자문해 보면 된다. 이러한 생각은 얼굴에도 계속 나타나 있다. 이 모든 흔적은 세월이 흐르면서 자꾸 반복되는 바람에 얼굴에 깊이 새겨져, 흔히 말하듯이 마차의 바퀴

자국처럼 되어 버린다. 그러므로 우리가 대체로 사람들 얼굴을 처음 보고 흠 칫 놀랐다가, 그 얼굴에 서서히 익숙해져서, 즉 그런 인상이 차츰 무뎌져서 더 이상 그런 느낌을 받지 않게 되는 것은 바로 그 이유 때문이다.

그런데 사실 재기 넘치는 얼굴이 서서히 만들어지고, 심지어 나이가 들어 서야 뚜렷이 나타나는 반면, 젊은 시절의 초상화에서는 그러한 것의 가장 초 기의 흔적들만이 보이는 것도 지속적인 얼굴 표정이 무수히 많은 일시적이고 특징적인 표정의 긴장을 거듭하면서 더딘 형성 과정을 거치는 탓이다. 반면 에 처음 본 얼굴에서 받는 충격에 대해 방금 한 말은 얼굴이 첫 번째 만남 때 만 올바르고 온전한 인상을 준다는 앞서 말한 내용과 일치하고 있다. 다시 말 해 이 인상을 순전히 객관적이고 왜곡되지 않게 받아들이기 위해서는 우리 가 그 인물과 아무런 관계가 없어야, 말하자면 되도록 그 사람과 아직 대화를 나누지 않았어야 한다. 모든 대화는 벌써 그것만으로도 얼마쯤 서로를 친근 하게 만들고, 어떤 관계, 상호 간에 어떤 **주관적인** 관계를 도입하므로, 그리하 여 상대에 대한 객관적인 파악은 즉시 힘들어지게 된다. 게다가 누구든 상대 로부터 존경이나 우정을 얻으려고 노력하기 때문에 관찰되는 당사자도 즉시 사용 가능한 각종 위장술을 발휘하여, 다양한 표정을 지으며 위선적으로 행 동하고 아부하면서 환심을 사려고 할 것이므로, 우리는 첫눈에 우리에게 분 명히 보였던 부분을 이내 더 이상 보지 못하게 될 것이다. 따라서 '사람들 대 부분은 더욱 친분을 쌓을수록 이득을 얻는다'라고 말하지만, 실은 '우리를 우 롱한다'라고 하는 것이 맞는 말이다. 그러나 나중에 나쁜 상황이 벌어지면 대 체로 첫눈에 내렸던 판단이 정당성을 얻으며, 때로는 비웃듯이 그 정당성을 주장한다. 이와는 달리 '더욱 친분을 쌓는' 순간 적대 관계가 된다면 마찬가 지로 우리는 친분을 통해 무언가를 얻었음을 발견할 수 없을 것이다. 친분을 쌓을수록 소위 이득을 얻는다고 하는 또 다른 이유는 처음 보았을 때 경계심 을 불러일으켰던 그 사람이 대화를 나누다 보면 그 자신의 본성과 인격뿐만 아니라 자신의 교양도 보여 주기 때문이다. 즉 그 자신의 진정한 실제 모습뿐 만 아니라 전체 인류의 공유재산으로부터 그가 자신의 것으로 취한 것도 보 여 주기 때문이다. 그가 말하는 것의 4분의 3은 그에게 속하는 것이 아니라 외부에서 그에게 들어온 것이다. 그리하여 우리는 그러한 미노타우로스[198]가 그토록 인간적으로 말하는 것을 듣고 종종 놀라곤 한다. 그러나 단순히 '친분을 쌓는' 데 그치지 말고 더욱 가까운 사이가 되도록 해 보라. 그러면 상대의 얼굴에 잠복해 있던 '야수성'이 '그야말로 눈부시게 드러날'[199] 것이다.

따라서 관상을 보는 통찰력을 지닌 사람은 친분을 쌓기 전에 행한, 그러므로 그 사람의 왜곡되지 않은 모든 발언에 주의를 기울여야 한다. 왜냐하면 인간의 얼굴은 **그가 어떠한 존재인지** 단적으로 말해 주기 때문이다. 만약 그 관상이 우리를 속인다면 그것은 그의 잘못이 아니라 우리의 잘못이다. 이와는 반대로, 인간의 말은 단지 그가 생각하는 것만을 말하고, 더 많은 경우 그가 배운 것 또는 단순히 생각하는 척하는 것만을 말한다. 여기에 덧붙여야 할 점은, 우리가 그 사람과 대화를 나누거나, 그가 다른 사람에게 말하는 것을 들을 때, 우리는 그의 실제 관상으로부터 그것을 기초가 되는 밑바닥으로서, 완전히 주어진 것으로서 따로 떼어 놓으면서 추상화해서, 그 관상의 질병 징후학적인pathognomisch 측면, 즉 말할 때의 그의 표정 연기에만 주의를 기울인다는 것이다. 하지만 그는 좋은 면만을 겉으로 내세우는 방식으로 이 문제를 정리한다.

소크라테스는 자신의 능력을 검증해 달라며 소개받은 한 청년에게 "자네가 어떤 사람인지 보이도록 말해 보게!"라고 말했을 때, (이 경우 '보이다'라는 단어를 단순히 '듣다'라는 의미로만 이해하지 않았다는 가정하에서) 사실 그의 견해가 옳았다. 말할 때만 얼굴의 여러 특징, 특히 그 사람의 눈에 생기가 돌고 표정 연기에 그의 지적 수단과 능력이 각인되어 표현되므로, 그때 우리는 그의 지능의 정도와 능력을 일시적으로 평가할 수 있기 때문이다. 바로 이것이 소크라테스가 원하는 목표였다. 그러나 다른 한편 우리는 그것에 반대되는 주장을 할 수 있다. 첫째, 말을 들어서는 보다 깊은 곳에 자리하고 있는 인간의 **도덕적** 자질을 판단할 수 없다는 점이다. 둘째, 우리는 그 사람이 말

---

198 그리스 신화에 나오는 반은 사람이고 반은 소인 크레타의 전설적인 괴물. 포세이돈이 자신의 황소 선물을 거절한 미노스를 벌하기 위해 미노스의 부인 파시파에와 황소를 사랑에 빠지게 하여 탄생시켰다. 아테네의 영웅 테세우스가 아리아드네의 도움으로 미노타우로스를 죽인 이야기로 유명하다.

199 괴테의 『파우스트』 제1부 2297~2298행 참조. "자, 잠깐 주의해 보십시오, 저들의 야수성이 그야말로 눈부시게 드러날 테니까요."

미노타우로스

할 때 표정 연기를 통한 더욱 명료한 그의 표정 변화를 객관적으로 알 수 있다는 장점이 있지만, 개인적 관계를 통해 다시 주관적인 판단을 함으로써 손실을 본다. 그가 즉각 우리한테 다가와 은은한 매력을 풍김으로써, 앞서 상세하게 설명했듯이 우리는 공평무사한 판단을 내리지 못하게 된다. 이러한 두 번째 관점에서 말하자면, "자네가 어떤 사람인지 보이도록 말하지 말아 주게!"라고 말하는 편이 더 옳을지도 모른다.

왜냐하면 한 인간의 진정한 관상을 순수하고도 깊이 포착하기 위해서는 그가 홀로 자기 자신에게 내맡겨져 있을 때를 관찰해야 하기 때문이다. 그는 행동과 반응에 의해 움직이고, 그로 인해 의해 다른 사람들과의 어떠한 사교와 대화도 이미 타인의 모습을 그에게 반영하게 된다. 다른 한편으로 홀로 자기 자신에게 내맡겨진 채, 자신만의 생각과 감각의 액즙 속을 헤엄쳐 갈 때 그때만이 그는 온전히 **그 자신**이 된다. 이때 깊이 꿰뚫어 보는 골상학적 physiognomisch 시선이 그의 본질 전체를 일반적으로 **단번에** 포착할 수 있다. 그의 얼굴에는, 그 자체로, 그의 모든 생각과 노력의 근본적인 음조가 새겨져 있기 때문이다. 말하자면 그가 어떤 사람이 되어야 하는지, 또 그가 홀로 있을 때 자신을 어떤 존재로 온전히 느끼는가에 대한 돌이킬 수 없는 결의가 새겨져 있기 때문이다.

관상학Physiognomik이 인간을 알기 위한 주된 수단인 까닭은 좀 더 좁은 의미에서 관상Physiognomie은 위장술이 미치지 못하는 유일한 것으로, 이러한 위장술은 단순히 질병 징후학적인 것, 모방적인 것의 영역이기 때문이다. 그러한 관계로 나는 누구든 홀로 자기 자신에게 침잠해 있는 때에, 사람들이 그와 대화를 나누기 전에 그 사람을 파악하라고 추천하는 바이다. 부분적으로는 그럴 때만 자신의 골상학적인 면을 순수하고도 투명하게 드러내기 때문이다. 대화 중에는 곧장 질병 징후학적인 것이 끼어들어 자신에게 익숙해진 위장술을 응용하는 일이 벌어진다. 또 부분적으로는 모든 개인적 관계, 심지어 아주 잠깐의 관계도 우리가 편견을 갖게 하고, 그로 인해 우리의 판단을 주관적으로 오염시키기 때문이다.

또 한 가지 짚고 넘어가자면 관상학적인 방법에서는 일반적으로 그 사람의 도덕적 성격보다 지적인 능력을 발견하기가 훨씬 더 쉽다. 다시 말해 지적인 능력이 도덕적 성격보다 바깥으로 훨씬 더 많이 드러나는 법이다. 지적 능력은 얼굴과 그 표정 연기뿐만 아니라 걸음걸이, 그러니까 아무리 작은 움직임이는 상관없이 보는 몸 식임에서 표현되고 있다. 우리는 어쩌면 뒤에서도 멍청이나 바보를 지적인 사람과 구별할 수 있을 것이다. 멍청한 사람은 모든 움직임에 납덩이처럼 둔중한 모습을 보이고, 모든 몸짓에서 어리석음이라는 뚜렷한 특징이 나타난다. 이와 마찬가지로 지성과 사색도 같은 일을 한다. 라 브뤼예르의 이런 언급도 그 같은 사실에 근거한다. "아무리 교묘하고 단순하며 눈에 띄지 않는 행동이라 할지라도 거기에는 우리의 본모습을 드러내는 행동이 담겨 있다. 멍청한 자는 들어가거나 나갈 때, 앉거나 일어설 때, 침묵을 지키거나 두 다리로 자신의 몸을 지탱할 때도 지적인 사람처럼 하지 못한다."(『성격론』) 말이 나온 김에 말하자면, **엘베시우스**Claude-Adrien Helvétius(1715~1771)[200](『정신론』)에 따르면, 평범한 사람들이 지성인을 알아보고 달아나기 위해 갖고 있는 '확실하고 즉각적인 본능'은 이러한 사실로부터 설명할 수 있다. 하지만 이 문제 자체는 다음 사실에 근거한다. 뇌가 더 크고 발달할수록 그리고 뇌에 비례하여 척수와 신경이 가늘수록, 지성뿐만 아니라 팔다리의 운동성과 유연성도 더 커진다는 것이다. 이 경우 팔다리는 뇌에 의해 더 직접적이고 결정적으로 또 통제되고, 따라서 모든 것이 하나의 실로 당겨지므로, 그로 인해 모든 움직임에는 지성의 의도가 뚜렷이 나타나기 때문이다. 이 문제 전체는 어떤 동물이 생물의 발전의 모든 단계에서 위쪽에 위치할수록 한 부위에만 상처를 입혀도 좀 더 쉽게 죽일 수 있다는 사실과 유사하다, 아니 관련이 있다. 두꺼비들을 예로 들어 보자. 그들은 움직임이 둔중하고 굼뜨고 느린 것과 마찬가지로, 멍청한 동시에 지극히 끈질긴 생명력을 가지고 있다. 이 모든 것은 그들이 두뇌는 빈약하면서도 매우 두꺼운 척수와 신경을 가지고 있다는 사실로 설명될 수 있다. 그런데 일반적으로 말하자면 걸음걸이, 그리고 팔의 운동은 주로 뇌의 기능에 의한 것이다. 왜냐하면 팔과 다리는 척수 신경을 매개로 뇌에 의해 움직이고, 모든 움직임은 아무리 작은 움직임의 수정

---

200 프랑스의 철학자이자 논쟁가. 기념비적인 철학 저서 『정신론』(1758)은 종교에 근거한 모든 도덕 형태를 공격했기 때문에 엄청난 비판을 받았다. 특히 왕실의 특전에 힘입어 출간되었음에도 루이 15세의 황태자 루이까지 이 비판에 가세했다. 모든 사람에게는 배울 수 있는 능력이 똑같이 있다고 믿은 엘베시우스는 이러한 신념에서 루소의 교육서 『에밀』을 논박했고 『인간론』을 저술하여 교육을 통한 인간 문제의 해결 가능성은 무한하다고 주장했다.

이라 해도 뇌의 지시를 받기 때문이다. 수의적인 운동이 우리를 피곤하게 하는 것은 바로 이 때문이다. 이러한 피로감은 고통과 마찬가지로 뇌수 안에 자리를 잡고 있지, 우리가 잘못 생각하듯이 팔다리 안에 있는 것이 아니다. 그러므로 피로는 수면을 촉진한다. 반면에 뇌에 의해 자극받지 않는 것으로서 심장, 폐 등과 같은 유기적 생명체의 불수의적 운동은 피로를 모른 채 계속 이어진다. 그런데 같은 뇌가 사고와 팔다리의 조종을 담당하므로 개개인의 자질에 따라서 두뇌 활동의 특색은 양쪽에 다르게 나타난다. 즉 멍청한 자들은 마네킹처럼 움직이는 반면, 재기 넘치는 사람들의 경우에는 모든 관절이 다양한 자기표현을 한다.

그렇지만 정신적 특질은 몸짓과 움직임보다 얼굴에서, 말하자면 이마의 형태와 크기, 얼굴 표정의 긴장과 움직임, 무엇보다도 눈에서 훨씬 더 잘 인식된다. 눈에도 여러 가지가 있어서 돼지의 작고 흐릿하고 칙칙한 눈에서부터 온갖 중단 단계를 거쳐 빛나고 번쩍이는 천재의 눈에까지 올라간다. **영리한 눈빛**은 아무리 근사해 보인다 해도 의지에 봉사한다는 점에서 **천재성**을 띠는 눈빛과 다르다. 반면에 천재성을 띠는 눈빛은 의지로부터 자유롭다. 따라서 **스쿠아르차피치**Squarzaﬁchi가 그의 저서『**페트라르카** 전기』에서 페트라르카의 동시대인인 주세페 브리비오에게서 들은 이야기라고 전하는 일화는 전적으로 믿을 만하다. 즉 그의 말에 따르면 언젠가 페트라르카가 비스콘티 저택에서 수많은 신사와 귀족 사이에 섞여 있을 때, 갈레아초 비스콘티가 당시 아직 소년이었던 그의 아들, 훗날의 밀라노 대공에게 참석자들 가운데 가장 똑똑한 사람을 골라 보라고 시켰다. 소년은 주위의 사람들을 잠시 살펴보다가 페트라르카의 손을 잡고 아버지에게 데려가서 참석자들은 모두 경탄을 금치 못했다고 한다. 왜냐하면 자연은 인류의 뛰어난 인물에게 위엄의 인장을 너무 분명하게 찍어 놓아서 어린아이도 그것을 알아볼 수 있도록 했기 때문이다. 그러므로 나는 통찰력 있는 나의 동포들에게 충고하고 싶다. 즉 그들이 언젠가 다시 30년 동안 평범한 두뇌를 위대한 정신으로 떠들썩하게 퍼뜨리고 싶은 충동을 갖게 된다면, **헤겔**처럼 비어홀 주인 같은 관상을 지닌 사람을 선택하지 않도록 말이다. 자연은 그의 얼굴에 가장 읽기 쉬운 필체로 자신에게 너무나 친숙한 '평범한 인간'이라는 글자를 적어 놓지 않았던가.

하지만 도덕적인 면, 즉 인간의 품성은 지적인 면과 달라서, 이것은 관상으로 알아차리기가 훨씬 더 어렵다. 품성은 형이상학적인 것으로 지성과는 비교할 수 없을 만치 훨씬 깊은 곳에 위치하고 있으며, 체질이나 유기체와 사실 관련이 있지만 지성Intellekt만큼 직접적으로 결부되어 있지 않고, 유기체의 특정 부분이나 계통과도 아무 관련이 없기 때문이다. 이와 관련해 덧붙이자면 누구든 자신의 지력Verstand에는 크게 만족해 그것을 보란 듯이 과시하고, 틈만 나면 보여 주려 애쓰는 반면, 자신의 도덕적인 면은 아주 허심탄회하게 보여 주는 일이 드물고, 대체로 일부러 숨기려고 한다. 게다가 오랜 연습 덕분에 그런 면에 대단히 숙달된 모습을 보인다. 반면에 앞에서 자세히 설명한 바와 같이, 좋지 못한 생각과 보잘것없는 노력은 얼굴에, 특히 눈에 서서히 그 흔적을 남긴다. 따라서 관상학적으로 판단할 때, 우리는 어떤 사람이 결코 불후의 작품을 만들지 못할 것이라고 보증하기는 쉽지만, 그가 결코 큰 범죄를 저지르지 않을 것이라고는 아무래도 보증하기 어렵다.

제19장
소음과 잡음에 대하여

칸트는 「**생동하는 힘**에 대하여」라는 논문을 썼다. 하지만 나는 같은 힘에 대하여 조사弔辭와 만가挽歌를 쓰고 싶다. 두드리고, 망치로 치고, 달그락거리면서 생동하는 힘을 사용하는 바람에 평생에 걸쳐 매일 시달려왔기 때문이다. 물론 이런 말을 하면 미소 지을 사람이 있을 거고, 그것도 꽤 많이 있을 거다. 그 이유는 그들이 소음에 무감각하기 때문이다. 그렇지만 바로 이들이야말로 어떤 근거나 사상, 문학이나 예술 작품에 대해, 요컨대 온갖 종류의 정신적 감명에 대해 무감각한 자들이기도 하다. 이들 두뇌가 질긴 성질을 띠고 있고 단단한 조직으로 이루어져 있기 때문이다. 반면에 나는 소음이 사색하는 사람들에게 일으키는 고충에 대한 하소연을 거의 모든 위대한 문필가들의 전기나 그 밖의 개인적 보고문에서 발견한다. 예컨대 칸트, 괴테, 리히텐베르크, 장 파울이 그러한 고충을 토로하고 있다. 비록 그러한 **고충**을 찾아볼 수 없다 하더라도, 그것은 단지 앞뒤의 문맥이 거기에까지 이르지 않은 데 불과하다. 내가 이 문제를 보는 관점은 이렇다. 큰 다이아몬드 한 개를 잘게 조각내 버리면 값어치 조그만 다이아몬드가 많이 모인 것에 불과하고, 또 하나의 군대가 흩어져 조그만 무리로 해체되면 더 이상 아무런 힘을 발휘하지 못하듯, 위대한 정신도 사고가 중단되고 방해받고 산만해지고 주의가 흐트러지면 평범한 정신 이상이 되지 못한다. 왜냐하면 그 월등한 정신은 마치 오목 거울이 모든 광선을 **하나**의 점에 집중시키듯이 온 힘을 하나의 대상에 집중시키기 때문이다. 그런데 소음으로 사고가 중단되면 바로 이것이 방해받는다. 그러기에 뛰어난 정신은 늘 모든 방해, 중단, 정신 산란, 특히 소음을 통한 그런 강제적인 상황을 극도로 싫어해 왔다. 보통 사람들은 그런 것에 그다지 구애받지 않겠지만 말이다. 유럽에서 가장 분별 있고 재기 넘치는 국민은 '방해하지 말라'라는 규칙을 심지어 제11계명으로 불렀다. 그런데 소음은 우리 자신의 사고를 중단시키므로, 즉 파괴하므로 모든 중단 행위 가운데 가장 뻔뻔스러운 것이다. 그렇지만 중단시킬 대상이 아무것도 없을 경우에는 물론 그 소음이 특별하게 느껴지지 않을 것이다. 때때로 나는 그 정체를 분명히 의식하기 전에 약하지만 계속되는 잡음에 한동안 시달리고 방해받는다. 나는 그것이 무엇인지 알아챌 때까지 다리에 돌덩이를 얹은 것처럼 지속적으로 사색하기가 어려워짐을 느낀다.

그러나 이제 총론에서 각론으로 넘어가서, 나는 가장 무책임하고 파렴치한 소음으로서 도시의 골목들에서 울리는 정말이지 도저히 참기 어려운 채찍질 소리를 고발하지 않을 수 없다. 이것은 삶에서 온갖 정적과 심사숙고를 앗아가는 소리이다. 내 생각에 채찍질 소리가 허락되어 있다는 것이야말로 인간들의 둔감함과 사고 없음을 말해 주는 가장 명백한 개념이다. 이 찰싹하는 채찍질 소리는 느닷없이 날카롭게 울려 두뇌를 마비시키고, 온갖 사려를 무참히 토막 내고, 사고를 난도질하여 머릿속으로 사고와 유사한 행위를 하는 모든 이를 고통스럽게 느끼도록 한다. 이 때문에 그러한 소리는 아무리 저급한 종류의 것일지라도 수백 명의 정신 활동을 방해하는 것이 틀림없다. 하물며 사상가의 명상을 중단시키는 것은 목 베는 칼이 머리와 몸통을 가르듯이 고통스럽고 치명적이다. 어떤 소리도 이 망할 놈의 채찍질 소리만큼 예리하게 뇌수를 절단하지 못한다. 그야말로 우리는 채찍 끈의 뾰족한 끝을 뇌수에서 느끼는 셈이다. 그것이 뇌수에 미치는 작용은 건드리면 수줍음을 타는 미모사에 미치는 작용과 다르지 않으며, 오래 지속된다는 점에서도 마찬가지다. 나는 수레 한 대분의 모래나 분뇨를 치우는 한 남자가 하는 일의 신성한 유용성은 존중한다. 그렇다고 (반 시간 동안 도시의 골목을 지나가면서) 만 명의 머리에 연이어 떠오르는 사상의 싹을 질식시키는 특권을 그자에게 인정해야겠는가. 망치 치는 소리, 개 짖는 소리, 그리고 아이들 외치는 소리도 끔찍하기는 하다. 하지만 사상을 죽이는 소리는 모름지기 채찍질 소리밖에 없다. 이 소음의 사명은 가령 이곳저곳의 **누군가**가 호젓하게 상념에 젖는 순간을 말살하는 데에 있다. 수레를 끌고 가기 위해, 모든 음향 가운데 가장 혐오스러운

이 채찍질 소리 이외에 다른 수단이 없는 경우에만 그 소리는 용서받을 수 있으리라. 그러나 이와는 정반대로 이 망할 놈의 채찍질 소리는 불필요할 뿐만 아니라 무익하기까지 하다. 다시 말해 채찍을 휘둘러 말에게 심리적 영향을 끼치려고 한다고는 하지만 그런 방법을 쓸데없이 계속 남용하는 바람에 별다른 소기의 효과를 거두지 못하는 것이다. 즉 말은 채찍질을 가해도 속도를 높이지 않는다. 특히 매우 천천히 달리면서 승객을 찾아다니는 텅 빈 삯마차 마부가 끊임없이 채찍질하는 것을 봐도 그런 사실을 알 수 있다. 오히려 아주 가볍게 채찍질하는 것이 더 많은 효과가 있다. 그 소리로 말에게 채찍의 존재를 계속 기억시키는 것이 부득불 필요하다고 해도 그런 목적이라면 100분의 1 정도로 더 약한 소리로도 충분할 것이다. 알다시피 동물들은 청각 신호든 시각 신호든, 심지어 거의 알아차리기 힘든 아주 미미한 신호에도 반응한다. 훈련받은 개나 카나리아가 그에 관한 놀랄 만한 예를 보여 준다. 따라서 채찍질은 순전히 사악한 행위로, 그러니까 팔을 써서 일하는 사회 구성원이 두뇌 노동자에게 가하는 뻔뻔스러운 조롱으로 보인다. 도시에서 이런 파렴치한 일을 감수하고 있다는 것은 너무나 야만적이고 부당한 일이다. 경찰이 채찍 끈의 끝에 매듭을 지으라고 지시하면 간단히 해결될 문제라 더욱 그렇다. 프롤레타리아들한테 그들 위에 있는 계급의 두뇌 노동에 주의를 기울이도록 촉구하는 것은 해로운 일이 아닐 것이다. 왜냐하면 그들은 두뇌 노동이라 하면 잔뜩 겁을 집어먹기 때문이다. 그런데 빈 우편마차에 타거나 짐을 싣지 않은 짐수레에 탄 채 인구가 조밀한 도시의 좁은 골목을 통과하거나 동물들 옆을 걸어가면서 긴 채찍을 끊임없이 힘껏 휘두르는 녀석은 즉시 끌어내려 몽둥이로 다섯 대쯤 흠씬 두들겨 패주는 것이 좋겠다. 그에 대해 정당한 이유로 모든 체벌을 없애려 하는 합법적 단체와 아울러 세상의 온갖 박애주의자들도 나를 설득할 수 없을 것이다. 하지만 그보다 훨씬 더 심한 일도 종종 볼 수 있다. 다시 말해 말없이 혼자 거리를 걸어가면서 끊임없이 채찍을 휘두르는 마부를 말이다. 무책임하게 관대히 보아 넘기다 보니 이 사람에게는 채찍질이 습관처럼 된 것이다. 신체와 그것의 만족을 위해서는 그처럼 다들 인정스럽게 봐주면서도 사색하는 정신은 유일하게 존경은커녕 최소한의 보호와 배려도 받지 못해야겠는가? 마부나 짐꾼, 그리고 길모퉁이에서 하릴없이 빈둥거리는 사람 등은 인간 사회의 짐 나르는 동물들이다. 물론 그들을 인간적으로, 정의,

공정, 관대함과 배려로 대우해 줘야 마땅하다. 하지만 제멋대로 소음을 내서 인류의 더 높은 노력을 방해하는 것은 허용해서는 안 되겠다. 이 채찍질 소리가 얼마나 많은 위대하고 멋진 사상을 벌써 세상에서 내쫓아 버렸는지 알고 싶다. 만약 내게 어떤 권한 있다면 채찍질과 태형 사이에는 떼려야 뗄 수 없는 관련이 있다는 관념nexus idearum을 마부들 머릿속에 심어 주고 싶다.

독일 민족보다 지적이고 좀 더 우아하게 느끼는 민족이 이런 문제에서도 선수를 치고, 독일 민족도 그 사례를 따라 소음 방지에 나섰으면 하는 바람이다.[201] 그건 그렇고 이 독일인들에 관해 **토머스 후드**Thomas Hood(1799~1845)[202](『라인강 위로』)는 "그들은 음악적 민족치고는, 내가 지금까지 만난 가장 시끄러운 사람들이다"라고 말한다. 하지만 이러한 이유는 그들이 다른 민족보다 더 시끄러운 것을 좋아하는 성향이 있어서라기보다는 소음이 있어도 사색과 독서를 방해받지 않는 자들의 둔감함에서 비롯한 무감각 탓이리라. 사실이지 그들은 사색하지 않고 담배의 대용품으로 담배만 피워 대기 때문이다. 예컨대 극히 예의 없고 품위 없게 문을 쾅 닫는 행위와 같은 불필요한 소음에 다들 너그러운 것은 그들의 머리가 둔감하고 텅 비었다는 징표이기도 하다. 독일에서는 소음 때문에 아무도 제정신을 차리지 못하도록 되어 있는 모양이다. 예컨대 아무 의미 없이 북을 치는 행위 말이다.

마지막으로 이 장에서 논한 주제를 다룬 문헌으로 단 하나의 작품, 그러나 멋진 작품을 추천하고자 한다. 다시 말해 유명한 화가 **브론치노**Agnolo Bronzino(1503~1572)[203]의 테르치네[204]로 된 서간체 시로, 제목은 「소음과 관련하여 루카 마르티니에게De' romori, a Messer Luca Martini」다. 말하자면 여기에서는 이탈리아 어느 도시의 잡다한 소음을 견뎌야 하는 고통이 희비극식으로 상세하고도 아주 익살스럽게 그려진다. 이 서간체 시는 1771년 위트레흐트에서 간행된 것으로 추정되는 『베르니의 소극집笑劇集Opere burlesche del Berni』(아레티노 외, 제2권 258쪽)에 실려 있다.

---

201 • 『뮌헨의 동물애호협회의 회보』 1858년 12월 호에 따르면, 뉘른베르크에서는 쓸데없이 채찍질 소리를 내거나 굉음을 내는 행위가 엄격히 금지되어 있다.

202 영국의 시인, 작가, 해학가. 『한숨의 다리』, 『셔츠의 노래』가 잘 알려져 있다.

203 피렌체 출신의 화가로 매너리즘 양식을 대표하는 세련되고 우아한 초상화로 유명하다. 1539년부터 피렌체의 공작 코시모 1세의 궁정화가로 활동했다.

204 3개의 시행이 하나의 연을 이루는 이탈리아의 시형으로 단테의 『신곡』이 대표적이다.

제20장
비유, 파라벨, 우화

1

오목 거울은 다양한 비유로 이용할 수 있다. 예컨대 자신의 힘을 한곳에 집중시킨다는 점에서는 천재에 비유할 수 있다. 그리하여 천재는 오목 거울처럼 외부로 보이는 사물의 상을 왜곡시키거나 미화할 수 있고, 일반적으로 밝기와 온기를 더해 놀랄 만한 효과를 거둘 수 있다. 반면에 우아하고 박식한 사람은 볼록 거울과 같다. 볼록 거울은 표면에 모든 대상을 동시에 태양의 축소된 상으로 보이게 하며, 그런 대상을 모든 방향으로 누구에게나 보이게 한다. 반면에 오목 거울은 한 방향에만 작용해 관찰자의 특정한 위치를 요구한다.

두 번째로, 모든 진정한 예술 작품도 오목 거울에 비유할 수 있다. 그 작품이 원래 전달하려는 바가 자기 자신이 지각할 수 있는 자아나 경험적 내용이 아니라 자신의 바깥에 있는 한, 그리고 손으로 잡을 수 있는 것이 아니라 오히려 붙잡기 어려운 사물의 원래적 정신으로서 상상력에 의해서만 쫓아갈 수 있는 한 말이다. 이에 대해서는 나의 주저 II, 34장 '예술의 내적 본질에 대하여'를 참조하길 바란다.

마지막으로, 절망적으로 사랑에 빠진 자도 자신의 무정한 애인을 경구 식으로 표현하면 오목 거울에 비유할 수 있다. 오목 거울은 애인처럼 번쩍거리고 불붙이고 빨아들이지만 자신은 냉정한 자세를 유지한다.

스위스 산악 지대는 천재와 같다. 아름답고 숭고하지만, 영양이 풍부한 열매를 맺기에는 그다지 적합하지 않다. 반면에 포메른과 홀슈타인 습지는 비옥하고 기름지지만, 유익한 속물처럼 속되고 지루하다.

나는 곡식이 익어 가는 들판의 마구 밟아서 다져진 오목한 곳에 서 있었다. 그때 나는 같은 크기로 쭉쭉 솟은, 무거운 이삭이 잔뜩 달린 줄기들 사이에서 푸른색, 빨간색, 보라색과 같은 다양한 색의 꽃들을 보았다. 자연 그대로의 모습으로 잎사귀가 달린 그 꽃들은 매우 아름다워 보였다. 하지만 내게 그 꽃들은 무익하고 열매를 맺지 못해 단순히 잡초에 불과하다는 생각이 들었다. 사람들은 그것을 떼어 낼 수 없어 그냥 참고 있을 뿐이다. 그렇지만 눈앞의 이 광경에 아름다움과 매력을 선사하는 것은 그 꽃들뿐이다. 그러므로 어떤 점에서 보든지 꽃은 진지하고 유익하며 결실을 낳는 시민적 삶에서 문학과 예술이 담당하는 역할을 한다. 그 때문에 꽃은 문학과 예술의 상징으로 볼 수 있다.

건축학적인 무늬 장식, 기념 건축물, 오벨리스크, 아기자기한 분수 등과 아울러 흔히 그렇듯이 **포장도로가 형편없는** 독일 도시는 금과 보석으로 치장하고 있지만 더럽고 해진 옷을 입고 있는 여성과 같다. 도시를 이탈리아 도시처럼 장식하려거든 먼저 도로부터 이탈리아 도로처럼 만들라! 그리고 조각상을 집처럼 높은 받침대 위에 놓지 말고 이탈리아인처럼 하라!

파리를 가히 뻔뻔스러움과 만용의 상징으로 삼을 만하다. 다른 동물은 모두 인간을 무엇보다 꺼리고 이미 멀리서부터 인간을 피해 달아나는 반면, 파리는 인간의 코 위에 앉기 때문이다.

5

두 명의 중국인이 처음으로 극장 구경을 갔다. 한 사람은 무대의 기계 장치에 담긴 메커니즘을 파악하는 데 몰두해, 결국 알아내는 데 성공했다. 다른 사람은 언어를 모르나 연극 작품의 의미를 알아내려고 했다. 전자는 천문학자와 같고, 후자는 철학자와 같다.

6

나는 공기 압축 기구[205]가 있는 수은 욕조 옆에 서 있었다. 나는 숟가락으로 수은을 몇 방울 떠서 공중으로 던졌다가 다시 숟가락으로 그것을 받았다. 다시 말해 그것이 실패했다면 욕조에 다시 떨어졌을 것이다. 이때 단지 순간적인 형태가 바뀐 것 말고는 아무것도 사라진 것이 없었다. 그러니 실패하든 성공하든 내게는 아무래도 상관없었다. 개체의 삶과 죽음에 대한 '능산적 자연'[206]이나 모든 사물의 내적 본질의 관계도 이와 마찬가지다.

7

어떤 인간에게 실천되지 않고 다만 이론적으로만 존재하는 지혜는 색과 향기로 다른 식물을 흥겹게 하지만 열매를 맺지 않고 떨어지는 장미와 같다. 가시 없는 장미는 없지만, 장미 없는 가시는 많이 있다.

---

205 • 공기 압축 기구는 공기 형태의 물질을 나타내고 조사하는 데 쓰인다. 이때 물에 의해 흡수되는 기체를 만들 때 대기 중의 공기를 차단하기 위해 수은을 이용한다.

206 • 스피노자의 용어. 만물을 생산하는 근원적 힘이 되는 자연을 말한다.

개는 당연히 신의의 상징이다. 하지만 식물 중에서는 전나무가 그렇다고 할 수 있다. 전나무만이 좋은 때나 나쁠 때도 우리와 함께 견뎌 내기 때문이다. 전나무는 하늘에 태양이 다시 빛날 때 되돌아오기 위해 우리 곁을 떠나는 다른 모든 나무, 식물, 곤충, 새와 달리 태양의 총애를 받으며 우리 곁을 떠나지 않는다.

꽃이 만발하고 가지가 벌어진 사과나무 뒤에 곧게 자란 전나무가 뾰족하고 컴컴한 우듬지를 쳐들고 서 있었다. 사과나무가 전나무에 말했다. "나를 완전히 뒤덮고 있는 수천 개의 아름답고 싱싱한 나의 꽃들을 봐. 그런데 너는 내보일 게 뭐가 있느냐? 검푸른 침밖에 없지 않느냐." "하긴 맞는 말이야." 전나무가 대꾸했다. "하지만 겨울이 오면 너는 잎이 다 떨어지고 말겠지. 하지만 나는 그때도 지금 그대로의 모습으로 있을 거야."

내가 언젠가 참나무 아래에서 식물 채집을 하면서, 다른 풀들 사이에서 그것들과 같은 크기의 어떤 식물을 발견했다. 이파리가 오그라들고 줄기가 반듯하며 뻣뻣한 검은 식물이었다. 내가 그 식물을 건드리자 그것은 단호한 소리로 말했다. "나를 뽑지 마. 나는 다른 일년생 식물과 달리 표본실용 풀이 아니야. 나는 몇백 년이나 산단 말이야. 나는 조그만 참나무야." 이처럼 수백 년이나 산다는 그 나무는 아이이자 청소년으로, 때로는 성인으로 서 있다. 그러니까 겉보기는 다른 여느 식물들처럼 하찮은 모습으로 살아가는 식물로 서 있다. 그러나 세월이 흐르다 보면 전문가가 태어나는 법이다! 그 나무는 다른 식물과 달리 결코 죽지 않는다!

나는 어떤 들꽃을 발견하고 그것의 아름다움과 모든 부분의 완벽함에 놀라워하며 소리쳤다. "하지만 이 꽃 속의 모든 것이, 이와 같은 수많은 것이 아무런 주목도 받지 못하고, 때로는 누구의 눈에 띄지도 않은 채 화려하게 피어 있다가 시들어 버리지." 그러자 꽃이 이렇게 대답했다. "이 바보 같으니! 내가 남들에게 보이려고 꽃이 핀다고 생각하니? 다른 자를 위해서가 아니라 나를 위해 꽃이 피는 거야. 내 마음에 들기 때문에 꽃이 피는 거야. 나의 즐거움과 나의 기쁨은 꽃이 핀다는 데, 내가 존재한다는 데 있어."

지구 표면이 아직 같은 모양의 고른 화강암으로 이루어져 있고, 아직 생물이 생겨날 상태가 아니었던 시절에 어느 날 태양이 떠올랐다. 신의 사자 이리스가 주피터의 아내 주노의 부탁을 받고 급히 날아와 태양에 소리쳤다. "뭣 하러 떠오르는 수고를 하느냐? 자신을 지각하는 눈이 없고, 간직하는 기억도 없는 모양이구나." 그 대답은 이러했다. "하지만 난 태양이야. 그리고 난 태양이기 때문에 떠오르는 거야. 나를 볼 수 있는 자는 나를 봐라."[207]

꽃이 핀 아름답고 푸르러지는 오아시스가 주위를 둘러보았다. 그러나 주위에 사막 외에는 아무것도 보이지 않았다. 오아시스는 자기 자신과 같은 오아시스가 있는지 주위를 살피며 찾아보았지만 헛수고였다. 그래서 그는 크게 탄식하며 말했다. "나는 불행하고 외로운 오아시스야! 이렇게 혼자 있어야만 하다니! 나와 같은 오아시스는 어디에도 없어. 나를 발견할 눈, 나의 초원, 샘물과 야자수며 숲을 보고 기뻐할 눈이 사방에 단 하나도 없구나! 모래와 바위뿐인 생명 없는 처량한 사막만이 나를 에워싸고 있어. 내가 이렇게 버

---

207 •『독일 신학』에 나오는 내용과 매우 유사한 이야기다.

려져 있는데 나의 온갖 장점과 아름다움과 풍요로움이 내게 무슨 소용 있단 말인가!"

그러자 늙고 허연 어머니인 사막이 대답했다. "얘야, 만일 현재와 달리 내가 메마르고 처량한 사막이 아니라 꽃과 푸른 식물이며 생명으로 뒤덮여 있다면, 너는 멀리서 온 나그네가 칭찬하며 들려주는 오아시스, 혜택을 받은 지점이 될 수 없을 것이다. 오히려 너는 그 자체로 보잘것없고 눈에 띄지도 않는 극히 작은 일부분에 지나지 않을 것이다. 그러니 꾹 참고 견뎌라. 그런 인내심이 네가 영예와 명성을 얻는 조건이다."

13

기구氣球를 타고 하늘로 올라가는 자는 자신이 올라가지 않고 지구가 아래로 점점 내려가는 것으로 보인다. 이것은 무슨 말인가? 이 말에 동의하는 사람만이 이해하는 신비한 현상이다.

14

어느 인간의 위대함을 평가할 때 정신적인 위대함에는 물리적인 크기와 반대되는 법칙이 적용된다. 물리적인 크기는 멀리 있을수록 작아지지만, 정신적인 위대함은 그럴수록 더 커진다.

15

푸른 자두나무 위에 맺힌 영롱한 이슬처럼 자연은 모든 사물에 아름다움이라는 허식을 부여했다. 화가와 시인은 이런 허식을 벗겨 내려고 열심히 노력했다. 그런 다음 그 허식을 쌓아 올려 우리가 편히 즐기도록 하기 위해서다. 그렇게 되면 우리는 현실 생활로 들어가기도 전에 벌써 허식을 탐욕스럽게 빨아들인다. 하지만 우리가 나중에 현실 생활로 들어가면 이젠 자연이 부여한 아름다움이라는 허식이 우리 눈에 적나라하게 보이는 게 당연하다. 예술가가 허식을 완전히 소모해 버려 우리는 그것을 미리 맛보았기 때문이다. 그에 따라 우리에게 대체로 사물이 불친절하고 무미건조하게 생각되고, 때로는 혐오감을 일으키기도 한다. 그러므로 우리가 직접 발견하도록 허식을 그대로 놓아 두는 편이 어쩌면 더 나을지도 모른다. 사실 그러면 우리는 매우 큰 통으로 쌓아 올린 허식을 전체 그림이나 시의 형태로 한꺼번에 즐기지 못할 것이다. 그 반면에 모든 사물을 명랑하고 즐거운 시선으로 바라볼 것이다. 그런데 미적 즐거움과 삶의 매력을 미술에 의해 미리 맛보지 않은 자연인만 사물을 가끔 그런 식으로 볼 뿐이다.

16

마인츠 대성당은 주변 건물에 가려져 있어 어디서도 완전한 모습이 보이지 않는다. 내게는 그러한 사실이 세상의 모든 위대함과 아름다움의 상징으로 생각된다. 그런 것은 자기 자신을 위해서만 존재해야지만 그것에 기대고 의지하기 위해 사방에서 몰려드는 욕구로 인해 곧 남용된다. 그러다가 마침내 가려지고 망쳐진다. 물론 그런 사실은 곤궁과 욕구로 가득한 이 세계에서 낯설지 않은 과정이다. 어디서나 모든 것은 그런 곤궁과 욕구에 빠지게 마련이다. 그러므로 모든 것을 억지로 빼앗아 곤궁과 욕구를 해소하는 도구로 삼으려고 한다. 이런 점에서는 곤궁과 욕구가 순간적으로 없는 상태에서만 생겨날 수 있는 것, 다시 말해 아름다움과 자기 자신을 위해 추구되는 진리조차 예외가 아니다.

우리는 어떤 시대와 나라에 인간 지식, 일반적으로 우리 인류를 고상하게 하는 지적 노력의 유지와 진작을 위해 설립된, 크든 작든, 부유하든 빈곤하든 공공시설을 바라볼 때 특히 그런 사실이 해명되고 확인되는 것을 알 수 있다. 그런데 어디서나 오래지 않아 짐짓 그러한 목적에 도움을 주기 위해, 거기에서 생기는 수익을 차지하기 위해 거친 동물적 욕구가 슬며시 발생한다. 이것이 모든 분야에서 흔히 볼 수 있는 거짓의 기원이다. 형태는 모두 다를지라도, 그것의 본질은 사물 자체에는 신경 쓰지 않고 자기 자신의 개인적이고 이기적인 물질적 목적을 위해 단순히 사물의 외관만 추구하는 데 있다.

어느 어머니가 자식들의 교육과 발전을 위해 이솝 우화를 읽어 주었다. 하지만 아이들은 곧장 어머니가 읽고 있던 책을 빼앗았다. 그러면서 장남이 매우 조숙하게 이런 말을 했다. "이건 우리가 읽을 책이 아니에요. 너무 유치하고 말이 안 돼요! 물고기, 늑대, 까마귀가 말할 수 있다는 것을 우리는 도저히 믿을 수 없어요. 우린 진작 그런 유치한 이야기를 들을 나이가 지났단 말입니다!" 이 희망적인 소년에게서 생각이 트인 미래의 합리주의자 모습이 보이지 않는가?

어느 추운 겨울날, 고슴도치들은 얼어 죽지 않기 위해 서로 바싹 달라붙어 한 덩어리가 되어 있었다. 그러나 그들은 곧 그들의 가시가 서로를 찌르는 것을 느꼈다. 그리하여 그들은 다시 떨어졌다. 그러자 그들은 추위에 견딜 수 없어 다시 한 덩어리가 되었다. 그러자 가시가 서로를 찔러 그들은 다시 떨어졌다. 이처럼 그들은 두 악惡 사이를 오갔다. 그리하여 마침내 그들은 상대방의 가시를 견딜 수 있는 적당한 거리를 발견했다.

인간의 공허함과 단조로움으로부터 생겨나는 사교에 대한 욕구는 인간을 한 덩어리가 되게 한다. 그러나 그들은 불쾌감과 반발심으로 인해 다시 떨어진다. 그리하여 마침내 그들은 서로 견딜 수 있는 적당한 간격을 발견했다. 그 것이 바로 정중함과 예의다. 그러므로 그것을 지키지 않는 사람은 "당신의 거리를 유지하라!keep your distance!"라는 말을 듣게 된다. 그 결과 따뜻해지려는 서로의 욕망은 충족되지 않겠지만 가시에 찔리는 상황은 피할 수 있다.

그러나 내적인 따뜻함이 많은 사람은 다른 사람에게 고통과 괴로움을 주거나 다른 사람으로부터 고통과 괴로움을 받지 않으려고 사회에서 멀리 떨어져 있기를 좋아한다.

제21장
몇 편의 시

나는 시적인 가치를 요구할 필요가 없는 몇 편의 시를 대중에게 내보여 자기 부정을 하고 있지 않나 하는 생각이 든다. 시인인 동시에 철학자일 수는 없기 때문이다. 또한 이 시들을 선보이는 것은 일찍이 나의 철학에 점차 생생한 관심을 보여 그 철학의 창시자가 어떤 사람인지 개인적으로 알고 싶지만 더 이상 그럴 수 없는 사람들을 위해서다. 그런데 인간은 산문에서보다 운율과 운을 지닌 시에서 자신의 주관적 내면을 감히 좀 더 거리낌 없이 드러낸다. 그리고 일반적으로 철학의 가르침에서 좀 더 순수하게 인간적인, 좀 더 개인적인 방식으로, 아무튼 전적으로 다른 방식으로 전달해서, 바로 그 때문에 독자에게 더 친근하게 다가간다. 그러므로 나는 만년에 내게 관심을 보이는 독자에게 제물을 바치는 심정으로 대체로 젊은 시절에 쓴 나의 습작 시 몇 편을 여기에 내놓는다. 나는 독자가 고마워할 것으로 기대한다. 이와 동시에 다른 사람들에게는 이 시들을 어쩌다 여기에 공표하는 우리끼리의 사적인 일로 봐주기를 부탁드린다. 문학에서 시를 인쇄하는 것은, 사교 모임에서 개개인의 노래가 그렇듯이, 개인적 헌신의 행위다. 내가 그런 행위를 할 수 있게 된 것은 전적으로 앞서 말한 고려 때문일 뿐이다.

바이마르 1808

소네트

긴긴 겨울밤이 끝나지 않으려 한다.
밤이 다시 오지 않을 것처럼. 태양은 언제 뜨려나.
폭풍우가 올빼미와 내기하듯 울어 대고
무기들은 무른 벽에서 쩔그럭거린다.

열린 무덤들이 유령들을 내보낸다.
유령은 내 주위에 빙 둘러서서
결코 치유되지 않을 만치 내 영혼을 놀라게 한다.
하지만 난 유령에 시선을 보내려 하지 않는다.

낮, 낮, 나는 낮을 큰 소리로 알리려 한다!
밤과 유령은 낮을 피해 도망칠 것이다.
샛별이 벌써 아침을 알린다.

깊디깊은 골짜기도 이내 밝아진다.
세상은 광채와 색으로 뒤덮이고
무한히 먼 곳은 짙은 푸른색을 띠고 있다.

루돌슈타트 1813

구름 속으로 비치는 햇살, 폭풍우 속에서

오, 모든 것을 굴복시키고 흩트리는
폭풍우 속에서 그대는 조용히 있구나!
의연하고 흔들림 없이 차분히,

그대, 기분을 풀어 주는 햇살은!
그대처럼 미소 짓고, 그대처럼 부드럽게,
그대처럼 의연히 영원한 밝음 속에서,
비통하고 불안에 찬 인생의
폭풍우 속에서 현자는 조용히 있다.

하르츠[208]에서의 아침

뿌연 안개와 시커먼 구름,
하르츠가 온통 음울하게 보였다.
그리고 세계, 그것은 흐릿했다.
그때 햇빛이 얼굴을 내밀고
미소를 짓네.
온통 즐거움과 사랑으로 가득 찼구나.

햇빛이 산허리에 걸려
조용히 오래 쉬고 있다,
깊고 복된 희열 속에.
그러더니 햇빛이 산 정상으로 올라갔고
산봉우리를 온통 에워쌌다.
산이 해님을 얼마나 사랑하는지!

---

208 하르츠는 독일 니더작센 주와 작센안할트 주 사이에 있는 산지. 화강암으로 우뚝 솟은 브로켄 산과 아름다운 숲으로 유명하다.

시스티나 성당의 마돈나 상

그녀는 그를 세상으로 안고 간다.
그러자 그는 깜짝 놀라 바라본다,
그녀의 전율로 인한 무질서한 혼란을,
그녀의 광란이 사납게 미쳐 날뛰는 모습을,
그녀의 행위의 낮지 않은 바보짓을,
그녀의 고통의 결코 진정되지 않은 아픔을,
깜짝 놀란 상태지만 안심하고 확신에 차
승리의 기쁨에 이미 구원의 영원한 확신을 알리며
그의 눈이 환하게 빛난다.

1819

부끄러움을 모르는 시
(1819년 4월 나폴리에서 로마로 가는 여행길에 씀. 나의 주저는 1818년 11월
출간되었음)

오래 품어 깊이 느낀 고통에서
나의 가슴속에서 솟아 나왔지.
그것을 붙잡으려 오래도록 애썼지.
하지만 결국은 내가 성공할 것을 알지.
너희는 늘 마음먹은 대로 행동할지라도
작품의 생명은 해치지 못할 거야.
저지할 수는 있겠지만, 결코 없앨 수는 없을 거야.
후세는 내게 기념비를 세워 줄 것이다.

1820

칸트[209]에게

나는 그대가 있는 푸른 하늘을 쳐다보지만
그대는 푸른 하늘 저쪽으로 사라져 갔네.
나 홀로 여기 평범한 인간들 틈에 남아 있으나
그대의 말, 그대의 책만이 오직 나의 위안이네.
그대 말에 담긴 정신으로 가득 찬 울림으로
황량한 마음에 생명을 불어넣으려 했지.
내 주위엔 온통 낯선 사람들뿐
세상은 황량하고 삶은 길다.
(미완성)

1830

리디아의 돌

하나의 우화

검은 돌에 금을 문질러도
황금 조흔條痕은 남지 않았지.
다들 '이건 진짜 금이 아니야!'라고 외쳤어.
사람들은 금을 더 못한 금 속에 던져 버렸지.

---

209 ＊"칸트가 사망한 날은 맑고 구름 한 점 없었다. 우리 도시에 그런 경우는 극히 드물다. 조그맣고 가벼운 구름 한 점만이 푸른 하늘의 한가운데에 떠 있었다. 다리 위의 한 병사가 주위에 서 있던 사람들에게 이런 말을 하며 주의를 환기했다. '보세요, 저것이 하늘로 날아가는 칸트의 영혼입니다.'"(카를 프리드리히 로이쉬, 『칸트와 그의 식탁 동료들』)

그 돌이 비록 색은 검어도
시금석이 아님이 후에 밝혀졌지.
이제 그 금은 다시 명예를 되찾았어.
진짜 돌만이 진짜 금을 증명할 수 있지.

1831

꽃병

'보라, 우리는 단 몇 시간, 단 며칠만 꽃 피어 있음을'
한 무리의 화려한 색색의 꽃들이 내게 소리쳤다.
'그렇지만 음울한 오르쿠스 가까이 있어도 우린 두렵지 않아.
우린 언제나 존재하고, 영원히 살거든—그대처럼.'

프랑크푸르트 암 마인 1837

경매에서 우연히 손에 넣은 세르반테스의 비극 『누만시아』[210]에 이전 소유자
가 아우구스트 빌헬름 폰 슐레겔의 소네트를 적어 놓았다. 그 비극을 읽은 후,
이전 소유자가 「머리에서 나오는 소리」를 적어 두었듯이 나는 그 옆에 스탠
자 「가슴에서 나오는 소리」를 적어 놓았다.

머리에서 나오는 소리

오랜 전투에 지친 로마의 대군에

---

210 로마 공화국에 의해 누만시아가 점령당하지만 누만시아인의 강력한 저항으로 장기간 공격에도 성을 함락
     시키지 못하자, 총사령관 스키피오는 성을 완전히 포위하고 물자 출입을 막아 고사시키는 작전을 사용한다.
     성안의 사람들은 끝까지 항복을 거부하고 가진 것과 스스로를 불태워 로마인들에게 텅 빈 성에 들어오게
     해 누만시아인의 불굴의 기개를 보인다.

누만시아[211]는 거침없고 대담하게 맞섰다.
스키피오가 새로 전사의 훈련을 맡았을 때
피할 수 없는 숙명의 시간이 다가온다.

기아에 시달리며 요새를 쌓지만
무기는 용자들을 도와주지 못한다.
승리자의 노획물이 되지 않도록
부녀자들은 포화의 불꽃에 자신을 바친다.
이처럼 에스파냐는 패했으나 승리를 거둔 셈이다.
영웅적으로 피를 흘린 자들은
당당하고도 비장하게 지하 세계로 걸어간다.

리비아도 히르카니아도 아직 손에 넣지 못한 자가 눈물 흘린다.
마지막 로마인들이 어쩌면 눈물 흘렸을지도 모른다.
여기 마지막 누만시아인의 유골 단지 옆에서.
(아우구스트 빌헬름 폰 슐레겔)

가슴에서 나오는 소리

도시 전체의 집단 자살을
세르반테스가 여기에 묘사했지.
모든 것이 무너지면
우린 자연의 근원으로 돌아가는 수밖에

---

211 오늘날 스페인 중북부 소리아주에 해당하며, 스페인의 원류에 해당하는 지역이다.

1845

73번째 베네치아풍의 단시短詩에 대한 응답 시구
많은 사람이 개를 비방한다고 난 놀라지 않는다.
안타깝게도 개가 너무나 자주 인간을 부끄럽게 하기에.

1857

매력

그대는 추종자가 생기기를 바라며
생각과 기지를 허비하려는가?!
그들에게 먹고 마실 좋은 것을 주렴.
그러면 떼 지어 그대를 쫓아올 텐데.

1856

피날레[212]

나는 이제 여정의 목적지에 지쳐 서 있네.
지친 머리는 월계관을 쓰고 있기도 힘들구나.
그래도 내가 했던 일을 기쁘게 돌아보는 것은,
누가 뭐라 하든 흔들리지 않았기 때문이라.

---

212 위 시에 대한 니체의 응답 시(1888):

그가 가르친 것은 지나갔으나,
그가 살았던 것은 남으리라.
이 사람을 보라!
그는 누구에게도 굴복하지 않았노라!

참고 자료

색채론에 대하여

1

동시대 사람들의 무관심이 나의 색채 이론의 진리와 중요성에 대한 확신을 결코 흔들지 못했다. 그래서 나는 이 이론을 두 번 손을 봐서 1816년에는 독일어로, 1830년에는 유스투스 라디우스Justus Radius의 논문집 『안과학계 소수자들의 논문Scriptores ophthalmologici minores』의 제3권에 라틴어로 발간했다. 그럼에도 사람들의 관심이 전혀 없었고 이 글의 두 번째 판[1]이 나올 무렵 내가 지긋한 나이가 됐음에도 그럴 희망이 그다지 없어 보인다. 그래서 나는 여기에 이 주제에 아직 추가해야 할 몇 가지 아이디어를 적어 두려고 한다.

　　주어진 어떤 효과에 대한 원인을 발견하는 일을 맡은 사람은, 누구든 신중하게 자신의 작업에 접근하려면 그 효과 자체를 철저히 조사하는 것에서부터 시작해야 한다. 이는 원인 발견을 위한 자료는 그 효과로부터만 수집될 수 있고, 그것만으로도 원인 발견의 방향과 실마리를 제공하기 때문이다. 그렇지만 나 이전에 색채론을 내세운 사람들 중 아무도 이런 일을 하지 않았다. **뉴턴**은 설명해야 할 효과에 대한 정확한 지식도 없이 원인을 찾아 나섰을 뿐만 아니라 그의 이전 사람들 역시 그런 식으로 작업했다. 물론 효과와 주어진 현상, 그러므로 눈의 감각에 대해 남들보다 훨씬 더 많이 연구하고 진술한 **괴테**

1　『안과학계 소수자들의 논문』은 1854년에 제2판으로 발간됐으며, 여기에 실렸던 쇼펜하우어의 글은 『소품과 부록』 제1판의 후기에 수록되었다. 본서는 여기에 들어 있던 글을 그대로 실었다.

조차도 아직 그 점에 있어 충분히 멀리 나아가지 못했다. 왜냐하면 그렇게 하다간 그는 모든 색깔 이론의 근원이자 그 자신의 근거를 담고 있는 나의 진리에 도달해야 했을 것이기 때문이다. 그래서 나는 가장 오래된 시대부터 최근까지, 색을 보여 주기 위해, 즉 결코 정의될 수 없고 오직 감각적으로만 증명될 수 있는 아주 독특하고 특수한 감각을 우리 눈에 일으키기 위해, 물체의 구성요소 분석을 통해서든, 또는 탁함이나 그 밖의 어두움을 통해서든, 나 이전의 모든 사람이 물체의 표면이나 빛이 어떤 변화를 겪어야 하는지에 대한 연구에만 관심을 두었다는 것을 말한다면 그를 빼놓을 수 없다. 그런데 이제 그 대신, 분명히 체계적이고 올바른 방법은 이때 생리적으로 어떤 일이 일어나고 있는지, 그 감각의 더 가까운 성질과 그 현상의 법칙성으로부터 알아낼 수 있는지 보기 위해, 먼저 이 감각으로 눈을 돌리는 것이다. 왜냐하면 이러한 방식으로, 주어진 것으로서의 **효과**에 대한 철저하고 정확한 지식을 처음부터 가지게 되기 때문이다. 어쨌든 그 지식은 찾던 것으로서의 원인, 즉 우리의 눈에 작용하면서 저 생리적 과정을 일으키는 외부 자극으로서의 원인을 조사하기 위한 자료도 제공해야 한다. 다시 말해 주어진 효과의 가능한 각각의 수정에 대해, 그 효과에 정확히 상응하는 그 원인의 수정 능력이 입증 가능해야 한다. 더구나 효과의 수정이 서로 간에 뚜렷한 경계를 보여 주지 않는 경우에는 그와 같은 경계가 원인에서 표시되어서는 안 되고, 여기에서도 동일한 점진적 이행이 일어나야 한다. 결국 효과가 대비를 보이는 경우, 즉, 그 방법과 방식의 완전한 전환이 일어나는 경우, 이에 대한 조건은 가정된 원인의 성격 등에 있어야 한다. 이러한 일반 원리를 색채론에 적용하기란 쉬운 일이다. 그 사실에 친숙한 사람이라면, 색을 단지 그 자체로, 즉 주어진 특수한 눈의 감각으로 간주하는 내 이론이 이미 뉴턴과 괴테의 색채의 객관성에 관한 이론, 즉 눈에 그러한 감각을 일으키는 외부 원인에 관한 이론을 평가하기 위한 선험적 자료를 제공한다는 것을 즉시 인식할 것이다. 하지만 좀 더 자세히 조사해 보면 그는 내 이론의 관점에서는 모든 것이 괴테 이론에 찬성하고 뉴턴 이론에 반대하는 것을 알게 될 것이다.

여기서 전문가들을 위해 앞서 말한 것에 대한 단 **하나**의 증거를 제시하기 위해, 나는 괴테?가 말하는 물리적 근원 현상Urphänomen의 정확성이 어떻게 나의 생리적 이론으로부터 이미 선험적으로 비롯하고 있는지를 몇 마디 말로 설명하고자 한다. 색 그 자체가, 즉 눈에서 질적으로 반감半減되어, 그리하여 망막의 신경 활동을 단지 부분적으로 자극한다면, 망막의 외부 원인은 **감소한 빛**, 그렇지만 매우 특별한 방식으로 감소한 빛이어야만 한다. 그런데 그러한 방식은 생리학적 반대와 보완에 어둠만큼이나 많은 빛을 각각의 색에 전달하는 독특한 특성을 지녀야 한다. 그러나 이것은 주어진 색상의 **밝기**의 원인이 음영의 원인이나, 또는 그것의 보완 관계에 있는 **어둠**의 원인일 경우에만 확실한, 모든 경우에 적절한 방식으로 발생할 수 있다. 빛과 어둠 사이에 삽입된 흐릿한 칸막이가 이 요구 사항을 완전히 충족하는데, 그 칸막이는 반대쪽 조명 아래에서 항상 두 가지 생리적으로 상보적인 색상을 생성함으로써 그렇게 한다. 그 색상은 이러한 흐림의 두께와 밀도의 정도에 따라 다르게 나타나지만, 함께 그러나 항상 하얀색을, 즉 망막의 완전한 활동을 위해 서로를 보완하려고 한다. 따라서 탁도가 가장 얇으면 이러한 색상들은 노란색과 보라색이 될 것이다. 흐림의 밀도가 높아지면 주황색과 파란색으로 변하고, 마지막으로 밀도가 더 높아지면 빨간색과 녹색으로 변할 것이다. 비록 해가 질 무렵의 하늘이 이따금 그 변화를 희미하게 보이도록 만들기는 하지만, 이 마지막 변화가 아마도 이렇게 간단한 방식으로 일어나지는 않을 것이다. 만약 탁도가 마침내 완벽해지면, 즉 불투명한 정도까지 짙어지면 눈에 띄게 빛이 있을 경우 흰색이 발생하고, 그 뒤에 빛이 있을 경우 어둠이나 검은색이 된다. 그 문제를 고찰하는 방식에 대한 상세한 설명은 나의 색채론의 라틴어 버전에서 찾아볼 수 있다.

이것으로부터, 만약 **괴테**가 근본적이고 본질적인 **나의** 생리학적 색채론을 스스로 알아냈더라면, 그는 그런 점에서 그의 물리적 기본 관점에 대한 강한 지지를 받았을 것이고, 게다가 뉴턴의 이론의 의미에서가 결코 아니라, 항상

---

2 뉴턴은 프리즘으로 분리되는 무지개 색들을 주체와 무관하게 세상을 구성하는 근본적인 것으로 보았던 반면, 괴테는 색이란 주체와 대상이 만나 어우러지는 것이며 빛과 어둠의 상호 작용이라고 보았다. 뉴턴은 모든 색은 백색광에 혼합되어 있다고 주장하는 데에 반해, 괴테는 색채는 '빛과 어둠의 경계에서 만들어진다'라는 정반대의 생각에서 출발하고 있다. 뉴턴에 의하면 색채는 시각적인 작용에 의하여 외부로부터 인식되는 요소에 불과하지만, 괴테에 의하면 내부를 통해 외부에 투영되는 요소를 지니고 있다.

나의 이론의 의미에서만 그렇긴 할지라도, 경험이 그에 대해 증언해 주는 한에서, 색상들로부터 흰색이 나올 가능성을 전적으로 부정하는 오류에 빠지지 않았을 것이라는 사실이 밝혀진다. 그러나 비록 괴테가 더없이 완벽한 방법으로 생리적 색채론을 축적했음에도 불구하고, 그는 근본적인 것으로서 실질적인 주된 사항인 것 자체를 발견하는 데는 성공하지 못했다. 그렇지만 이 문제는 그의 정신의 본령으로부터 설명될 수 있다. 다시 말해 그는 그러기에는 너무 객관적이었다. **조르주 상드** 부인이 어딘가에서 이렇게 말했다고 한다. "각자 자신의 미덕에 상응하는 결점이 있다." 그의 글 어디에나 천재의 도장을 찍어 주는 그의 정신의 바로 그 놀라운 **객관성**은, 색계의 모든 현상이 바로 그곳에 달려 있는 마지막 실을 잡기 위해, **주제**(여기서는 보는 눈 자체)로 돌아가는 것이 중요한 곳에서 그에게 방해가 되었다. 한편 칸트 학파의 산물인 나는 이 도전에 가장 잘 대비되어 있었다. 따라서 나는 괴테의 개인적 영향에서 해방된 지 1년 후, 색에 대한 진실하고 근본적이며 반박할 수 없는 이론을 찾아낼 수 있었다. 괴테의 바람은 모든 것을 순수하게 **객관적으로** 파악하여 재현하는 것이었다. 하지만 그는 그것으로 자신의 역할을 다했다는 것을 스스로 의식하고 있었고, 그 이상은 전혀 볼 수 없었다. 이것이 그의 색채론에서 우리가 설명을 기대함에도 가끔 단순한 묘사밖에 발견하지 못하는 이유다. 그래서 여기서도 그가 마지막으로 도달 가능한 것은 문제의 객관적인 과정을 정확하고 완벽하게 설명하는 것이었다. 따라서 그의 전체 색채론의 가장 보편적이고 최고의 진리는 그 자신이 매우 적절하게도 **근원 현상**이라고 부르는 명백하고 객관적인 사실이다. 그는 그것으로 자신이 일을 다했다고 여겼다. 즉 '그래서 그건 그러하다'라는 표현은 어디서나 그에게 궁극적인 목표였다. 그는 '그건 그래야만 한다'를 갈망하지 않았을지도 모른다. 그래서 괴테는 심지어 이런 식으로 철학자를 조롱할 수 있었다.

철학자란 자가 강의실에 들어와
그건 그래야만 한다고 논증할 걸세.
(『파우스트』 제1부 1928~1929행)

그런데 물론 그는 시인이었지 철학자가 아니었다. 즉 사물의 궁극적인 근거와 가장 깊은 연관성을 찾으려고 노력함으로써 생기를 부여받은 것은 아니었다. 하지만 바로 이런 이유로 그는 이삭줍기로서 최고의 수확을 내게 남겨 줘야 했고, 그럼으로써 나는 색채의 본질에 대한 가장 중요한 해명, 최종적인 만족, 그리고 괴테가 가르치는 모든 것에 대한 가장 중요한 열쇠를 나 혼자 찾을 수 있었다. 따라서 위에서 간략히 논의했듯이, 내 이론으로부터 그 현상을 추론한 이후에 그의 근원 현상은 더 이상 이 이름을 가질 자격이 없다. 왜냐하면 그가 받아들인 것처럼, 그 현상은 단순히 주어진 것이 아니고, 더 이상의 어떤 설명도 불필요한 것이기 때문이다. 오히려, 내 이론에 따르면, 그러한 원인은 효과의 발생, 즉 망막 활동의 반감에 필요하므로, 그 현상은 단지 원인에 불과하다. 진정한 근원 현상은 신경의 활동을 질적으로 상반된 두 개의 절반으로, 때로는 같고 때로는 같지 않은 절반으로 만들고, 연속적으로 나타나게 하는 망막의 유기적인 능력일 뿐이다. 여기서 물론 우리는 멈추어 있어야 한다. 여기서부터는 기껏해야 생리학 전반에 걸쳐 우리가 보통 마주치는 종류의 최종적인 원인에 불과할 수 있기 때문이다. 그러므로 가령 색상을 통해 사물을 구별하고 인식할 수 있는 수단이 우리에게 하나 더 있다는 사실이다.

게다가 나의 색채 이론은 무엇보다 색을 망막의 전체 활동에 대해 플러스(+)나 마이너스(-) 쪽에 속하게 되는 특정한 분수分數의 형태로 알려 줌으로써, 각각의 색깔에 대한 **인상**의 특성을 설명해 준다는 큰 이점을 가지고 있다. 이런 식으로 우리는 색의 특수한 차이와 각각의 독특한 본질을 이해하는 법을 배우게 된다. 반면에 뉴턴의 이론에서는 색은 단순히 일곱 개의 균일한 빛들 중 숨겨진(색을 자극하는) 자질일 뿐이기 때문에 각각의 색의 차이와 독특한 효과는 전혀 설명되지 않는다. 따라서 이 이론은 이 일곱 가지 색에 각기 이름을 붙이고 그 이름을 남기는 반면, 괴테 쪽에서는 그 색을 따뜻한 색과 차가운 색으로 나누는 것에 만족했고, 나머지는 그의 미적 관찰에 맡겼다. 그러므로 오직 내 이론에서만 사람들은 지금까지 항상 놓쳐 왔던 각 색상의 본질과 그 색상이 감지되는 방식의 연관성을 얻는다.

마지막으로, 비록 외적인 이점이긴 하지만, 나의 색채 이론의 또 하나의 독특한 이점을 입증할 수 있다. 다시 말해 모든 새롭게 발견된 진리는(아마도 예외 없이), 그 진리와 매우 유사한 것이 이미 일찍이 언급되었고, 그 진리에 도달하기 위해서는 단지 한 걸음만 부족했다는 것이 곧 발견된다. 즉 그 진리가 가끔 정확하게 표현되었지만, 진리의 주장자가 그것의 가치를 인식하지 못하고 그 결과의 풍부함을 파악하지 못함으로써 그러한 일이 강조 없이 일어났기 때문에 눈에 띄지 않게 되었다. 이러한 사실이 주장자가 그 진리를 실제로 실행하는 것을 저지했다. 그러므로 그와 같은 경우 사람들은 식물이 아니더라도 최소한 씨앗은 가진 셈이었다. 이와 관련해 이제 나의 색채 이론은 행복한 예외가 된다. 색채, 그러므로 이러한 객관적인 현상을 망막의 반감된 활동으로 간주하고, 따라서 각각의 개별 색에 **특정한 분수**, 즉 다른 색의 분수와 함께 흰색을 나타내는 하나의 단위를 이루는 분수를 할당하려고 생각한 사람은 결코 어디에도 없었다. 그렇지만 이 분수들은 너무나도 명백해서 로자스 교수는 그것들을 자기 것으로 삼고 싶어 하면서, 그의 『안과 핸드북』에서 그 분수들을 서슴없이 자명한 것으로 도입했다.

그러나 물론 내가 제안한 분수의 이러한 명백한 정확성은 그 문제에 매우 유익하다. 왜냐하면 그 모든 확실성에도 불구하고, 이와 같은 것을 실제로 증명하는 것은 분명 어려울 것이기 때문이다. 이것은 기껏해야 다음과 같은 방식으로 입증될 수 있었다. 완벽한 검은색과 완벽한 흰색 모래를 조달하여 여섯 가지 비율로 섞는다. 각 모래는 여섯 가지 기본 색상 중 하나의 밝기와 정확히 일치한다. 그리하여 흰색 모래에 대한 검은색 모래의 비율은 각 색상에 대해 내가 제기한 분수와 일치한다는 사실이 밝혀져야 한다. 따라서 예컨대 노란색의 밝기와 일치하는 회색은 흰색 모래 세 부분과 검은색 모래 한 부분을 차지하게 될 것이다. 반면에 보라색과 일치하는 회색에는 정확히 역 비율의 모래 혼합물이 필요할 것이다. 한편 녹색과 빨간색에는 둘 다 같은 양의 모래가 필요할 것이다. 그러나 여기서 어떤 회색이 각각의 어두운 색과 어울리는지를 결정하는 것은 어려운 일이다. 이것은 프리즘을 통해 회색 바로 옆에 있는 색을 관찰함으로써 결정할 수 있다. 둘 중 어느 것이 굴절의 경우 어둠에 대한 밝기로서 관계하는지 보기 위해서 말이다. 만약 이것들이 이런 점에서 같다면, 굴절은 어떠한 색채 현상도 만들어 내지 않아야 한다.

주어진 색상의 **순도**에 대한 우리의 시험, 예를 들어 이 노란색이 정확히 그러한 색이거나 녹색 또는 주황색으로도 기울어지는가에 대한 시험은 그 색들에 의해 표현되는 부분의 엄격한 정확도에 기초한다. 그러나 우리가 단순히 느낌만으로 이 산술적인 비율을 판단할 수 있다는 것은 음악으로 확인되는 네, 이 음악에서 하모니는 가장 정확하게 듣기만 하면 음색을 판단할 수 있고 산술적으로도 판단할 수 있는 동시에 일어나는 진동의 훨씬 더 크고 복잡한 숫자 비율에 근거한다. 음계의 일곱 음색을 주파수의 합리성만으로 무수히 많은 다른 음계들과 구별할 수 있듯이, 동일한 방식으로, 색상들 속에서 나타나는 망막 활동의 부분의 합리성과 단순성에 의해서만 고유한 이름이 주어진 여섯 가지 색들과 그것들 사이에 놓인 무수히 많은 색을 구별할 수 있다. 이는 악기를 연주할 때 내가 다섯 번째 또는 옥타브를 치면서 음색의 정확성을 시험하는 것과 같다. 그래서 나는 색채 그 자체보다 종종 판단하기 쉬운 그것의 생리적 스펙트럼[3]을 환기함으로써 앞에 놓인 색상의 순도를 시험한다. 따라서 나는 예컨대, 그 스펙트럼의 빨간색이 뚜렷이 보라색 쪽으로 치우치는 경향이 있음을 봄으로써만 풀의 녹색이 뚜렷이 노란색으로 보이는 경향이 있음을 알아차렸다.

2

뷔퐁Buffon이 내 이론의 기초가 되는 생리학적 색상 현상을 발견한 후, 1765년 **쉐퍼**Scherffer 신부가 『우연히 발견한 색에 관한 논문』(빈, 1765)에서 뉴턴의 이론을 사용하여 설명하였다. 왜냐하면 사람들은 많은 책과 심지어 퀴비에Cuvier 의 『비교 해부학』(강론 12, 제1조)에서도 사실에 대한 이런 설명이 반복된다는 것을 발견하기 때문에, 여기서 나는 그것을 정확히 반박하고 싶다. 그러니까 그것의 불합리함을 논증하고 싶다ad absurdum. 그것은 다음과 같이 진행된다. 비교적 오래 어떤 색을 바라봄으로써 지친 눈은 이러한 종류의 균일한 광선에 대한 감수성을 잃게 된다. 따라서 그 눈은 즉각, 바로 그 균일한 색채 광선을 배제함으로써만 흰색을 경험한다. 그 이유는 그 눈은 더 이상 색채 광선을 흰색으로 보지 않고 대신, 이전의 색상과 함께 흰색으로 이루어진 남은 여섯 개의 균일 광선의 산물을 경험하기 때문이다. 따라서 이 산물은 이제 생리적 스펙트럼으로 나타나는 색이 되어야 한다. 그 문제에 대한 이런 설명은 그

---

3 '생리적 스펙트럼'은 이미지에서 차용한 것으로, 쇼펜하우어가 눈을 감고도 강한 자극 후에 발생하거나 남아 있는 이미지를 언급할 때 그것은 '잔상'으로 옮길 수 있다. 그러나 쇼펜하우어는 이러한 의미와 일반적인 의미 모두에서 프리즘을 통한 굴절로 만들어진 이미지를 지칭한다.

전제로부터 불합리한 것으로 인식될 수 있다. 왜냐하면 보라색을 바라본 후 눈은 하얀(회색 표면이면 더 낫다) 표면에서 노란색 스펙트럼을 보기 때문이다. 보라색이 분리된 후 이 노란색은 빨강, 주황, 노랑, 초록, 파랑, 그리고 남색의 조합으로 이루어진 나머지 여섯 개의 균일한 빛의 산물이 되어야 할 것이다—이는 **노란색**을 얻기 위한 멋진 혼합물인 것이다! 그 혼합물은 거리의 진흙 색을 줄 것이고, 그 외의 아무것도 주지 않을 것이다. 게다가 그 노란색 자체는 균일한 빛이다. 그런데 대체 어떻게 그것이 먼저 그 혼합물의 결과일 수 있겠는가? 그러나 **하나의** 균일한 빛은 그 자체로 완전히 다른 하나의 빛에 필요한 색이며, 생리학적으로 스펙트럼으로서 그 빛을 따른다는 단순한 사실은 (노란색은 보라색에, 파란색은 주황색에, 빨간색은 녹색에 필요한 색이고, 그 반대도 마찬가지다) 쉐퍼의 설명을 뒤집는다. 이는 어떤 색을 계속 바라본 후에 하얀 표면에서 눈이 보는 것은 결코 여섯 개의 남은 균일한 빛의 합일이 아니라 항상 그중 **하나**일 뿐이라는 사실을 보여주기 때문이다. 예컨대 보라색을 바라본 뒤 노란색이 보이는 현상 말이다.

게다가 쉐퍼의 설명과 배치되는 많은 사실이 있다. 그러므로 예컨대, 눈이 최초의 색을 비교적 오래 바라본 뒤 그 색에 둔감해진다는 것은, 그리고 그 후에는 그러한 색을 심지어 흰색으로도 더 이상 감지할 수 없는 정도까지 이른다는 것은 애당초부터 사실이 아니다. 왜냐하면 눈은 그것이 흰색으로 변하는 순간까지 이 첫 번째 색을 아주 뚜렷이 보기 때문이다. 더구나 우리가 아침에 일어난 즉시 생리적 색을 가장 선명하고 가장 쉽게 볼 수 있다는 것은 잘 알려진 경험이다. 이때는 눈이 오래 쉰 결과 가장 큰 힘을 갖게 되고, 따라서 어떤 색을 계속 바라봐도 지치는 경향이나, 그리고 그 색에 대해 무감각해질 때까지 둔감해지는 경향이 가장 적기 때문이다. 그러나 생리적 색을 보기 위해 흰 표면을 볼 필요가 전혀 없다는 것은 완전히 심각한 반대다. 무색의 어떤 표면도 이를 충족시키고, 회색 표면은 가장 적합하며, 검은 표면조차 그것을 달성한다. 심지어 우리는 눈을 감고도 생리적 색을 볼 수 있다! **뷔퐁**은 이미 이런 말을 했고, **쉐퍼** 자신도 앞서 언급한 저서의 17장에서 이 사실을 인정했다. 그런데 여기서 어떤 잘못된 이론이 특정 지점에 이르자마자 자연이 바로 그 길을 가로막고 거짓을 얼굴에 던져 버리는 사례가 있다. **쉐퍼** 역시 이런 사실에 매우 당황하게 되어, 여기에 그 문제의 가장 큰 난점이 있음을 인정한다.

하지만 이제부터 그로써 존속할 수 있는 자신의 이론에 대해 갈피를 못 잡게 되는 대신, 온갖 종류의 참담하고 불합리한 가설들을 움켜쥐고 애처롭게 꿈틀거리다가, 결국 그 문제를 자신의 탓으로 돌린다.

여기서 나는 거의 주목되지 않는 또 다른 사실을 언급하고자 한다. 부분적으로 그 사실 또한 쉐퍼의 이론에 반대되는 주장을 제공하지만, 이 이론에 따르면 그러한 사실은 전혀 납득할 수 없기 때문이다. 하지만 부분적으로는 또한 그 사실은 짧은 특별 논의를 통해 나의 이론과 일치할 수 있는 것으로 입증될 가치가 있기 때문이다. 다시 말해 만약 색이 있는 큰 표면에 색이 없는 더 작은 지점들이 있고, 나중에 색이 있는 반점들에 의해 요구되는 생리적 스펙트럼이 나타난다면, 이 반점들은 더 이상 색이 없는 상태로 남아 있지 않고, 처음에 전체 표면 자체에 있었던 색을 나타낼 것이다. 그것들이 색의 보완에 의해 결코 영향을 받지 않았음에도 불구하고 말이다. 예컨대 작은 회색 창문이 있는 집의 녹색 벽을 본 후에, 빨간색 벽의 스펙트럼이 회색 창문이 아니라 녹색 창문과 함께 따라온다. 나의 이론에 따르면, 우리는 다음 사실로 이것을 설명할 수 있다. 전체 망막 위에서 그 활동의 특정한 질적 절반이 색칠된 표면에 의해 생성된 후에, 그렇지만 몇몇 작은 지점들이 이러한 자극으로부터 배제된 채로 남아 있는 것이다. 그러다가 이제 외부 자극이 멈추면, 자극으로 흥분된 활동의 절반들의 보완이 스펙트럼으로 나타난다. 그런 다음 망막의 나머지 전체 부분이 했던 것을, 자극에서 배제되었던 그 지점들이 일치된 방식으로 그리고 이제 흡사 모방하는 것처럼 하면서, 그것들이 처음에 있었던 활동의 질적 절반에 들어간다. 반면에 그 지점들만 자극의 부재로 인해 배제되었으며, 따라서 이는 그것들이 나중에 실행된 것과 같다.

만약 내 이론에 따르면 우리가 매우 다채로운 표면을 볼 때, 망막의 활동은 동시에 매우 다른 비율로 100개의 장소로 나뉘게 될 거라는 점에서 결국 어떤 난점이 발견된다면, 다음 사실을 고려하도록 하라. 즉 거대한 오케스트라의 하모니에 귀 기울일 때나, 또는 어떤 거장이 빠르게 연주할 때, 고막과 청각 신경은 다양한 수치 비율에 따라 때로는 동시적으로 때로는 가장 빠른 속도로 진동으로 넘어간다. 이 모든 것을 지성이 이해하고, 산술적으로 평가하고, 그것의 미적 효과를 받아들이고, 어떤 음조의 수학적 정확성으로부터 모든 편차를 즉각 알아차린다. 그러면 내가 훨씬 더 완벽한 시각 감각을 그다지 신뢰하지 않았음을 사람들은 알게 될 것이다.

3

색채에 대한 감정은 '맛과 색에 대해서는 논쟁의 여지가 없다'라는 옛 속담에서 이미 표현되긴 했지만, 본질적으로 **주관적인** 색채의 본성은 내 이론에 의해 비로소 완전한 정당성을 부여받았다. 그러나 여기서 색에 적용되는 것은 **칸트**에 의해 미적 판단이나 취향 판단과 관련해 표현되었다. 다시 말해 그것은 사실 주관적인 판단일 뿐이긴 하지만, 객관적인 판단과 마찬가지로 모든 정상적인 성질을 지닌 사람들의 동의를 얻을 것을 요구한다는 것이다. 만약 우리가 선험적 규범을 제공하는 여섯 가지 주요 색상에 대한 **주관적인** 기대를 갖고 있지 않다면, 유행하는 많은 색상의 경우에 실제로 그렇듯이, 이때 고유한 이름으로 색을 지칭하는 것은 단순히 관습적일 뿐이므로, 우리는 주어진 색상의 순도를 판단할 수 없고, 그에 따라 많은 것을 전혀 이해할 수 없을 것이다. 예컨대 괴테가 **진짜** 붉은색이라고 말하는 것은 보통의 황적색이 아니라, 주황색인 암적색의 붉은색이다. 반면에 지금 이것은 우리에게 매우 잘 이해되고, 또한 명백하다.

궁극적으로 **화학적** 색상의 아주 쉬운 변경 가능성은 이러한 본질적으로 주관적인 색상에 기인한다. 때때로 그 색의 완전한 변화는 그것이 내재하는 물체의 특성에서 극히 미미한 또는 전혀 감지할 수 없는 변화와 일치하기도 한다. 따라서 예컨대, 수은과 유황의 혼합으로 얻은 진사辰砂[4]는 검은색이다(납과 유황의 유사한 조합과 마찬가지로). 진사는 승화된 후에야 잘 알려진 불타는 붉은색을 띠게 된다. 그렇지만 이러한 승화로 인한 화학적 변화는 증명할 수 없다. 적색 수은 산화물은 단순히 가열하면 거무스레한 갈색이 되고, 황색 질산 수은은 붉은색이 된다. 잘 알려진 중국 연지가 작은 판지 조각 위에 얹혀서 우리에게 왔다가 진한 녹색으로 변한다. 젖은 손가락으로 만지면, 이것은 곧바로 밝은 빨간색으로 변한다. 심지어 요리할 때 게가 빨갛게 되는 예도 이 경우에 속한다. 무서리가 내릴 때 많은 잎의 녹색이 빨갛게 변하고, 햇빛이 비

---

4 안료용으로도 쓰이는 적색 황화수은

치는 쪽에서 사과가 빨갛게 변하는 것도 같은 경우다. 이것은 아마도 그쪽의 더 강력한 탈산화 때문으로 간주된다. 이와 마찬가지로 몇몇 식물들은 줄기와 잎의 전체 혈관이 밝은 붉은색이다. 그러나 유연柔軟 조직[5]은 녹색이다. 일반적으로 많은 꽃잎의 다채로운 색상이 그러하다. 다른 경우에 우리는, 예컨대 리트머스 또는 제비꽃 추출물의 팅크[6]가 산화하는 또는 알칼리화하는 아주 약간의 흔적을 통해 색을 변화시킬 때 색으로 표시된 화학적 차이가 매우 미미하다는 것을 증명할 수 있다. 이 모든 사실에서 이제 우리는 화학적 의미에서 **눈이 가장 민감한 시약**임을 알아낼 수 있다. 눈은 탐지하기 어려운 가장 미미한 변화뿐만 아니라 심지어 다른 어떤 시약도 보여 주지 않는 혼합물의 변화도 즉각적으로 우리에게 인식시켜 주기 때문이다. 그 자체로는 여전히 전혀 설명되지 않는 **화학적** 색상의 가능성은 일반적으로 눈의 이 비할 바 없는 민감도에서 기인한다. 반면에 잘못된 뉴턴 이론으로 인해 이러한 통찰의 장려가 방해받고 있음에도 불구하고, 우리는 마침내 괴테를 통해 **물리적** 색상에 대한 올바른 통찰력을 얻었다. 갈바닉 기구에 의해 생성된 자력이 강철과 철광석의 영구 자력과 관련이 있듯이, 물리적 색상은 화학 색상과 정확히 관련이 있다. 전자는 단지 복합적인 조건을 통해서만 존재하는 일시적인 자성을 제공하며, 이것들이 더 이상 얻어지지 않는 순간 그 존재는 중단된다. 반면에 후자는 물체 내에 내재되어 있어 바꿀 수 없고, 지금까지 설명되지 않는다. 그 물체는 마법에 걸린 왕자처럼 사실 매혹되어 있다. 그런데 이와 같은 것이 어떤 물체의 화학적 색에도 적용된다.

4

나는 내 이론에서, 색채로부터 **흰색의 생성**도 한 쌍의 색상, 즉 망막의 반감 활동이 분리되었던 두 가지 색상이 다시 합쳐지는 것에 의해서만 발생한다는 점에서 오로지 **생리적** 근거에 의존한다고 설명하였다. 그러나 이것은 두 가지 외부 원인, 그것들 각각이 눈을 자극하는 외부 원인이 동시에 망막의 같은 부

5 　*얇은 벽의 세포로 이루어진 조직
6 　알코올에 혼합하여 약제로 쓰는 물질

위에 작용하는 것에 의해서만 발생할 수 있다. 나는 이것을 실행시키는 몇 가지 방법을 제시했다. 프리즘 스펙트럼의 보라색이 노란 종이 위에 떨어지도록 할 때 그것은 가장 쉽고 가장 간단하게 얻어진다. 그러나 우리가 단순히 프리즘 색에만 만족하지 않는 한, 그 일은 투명한 색과 반사되는 색을 결합하는 것, 즉 빛이 주황색 유리를 통해 푸른 유리로 된 거울에 떨어지게 하는 것에 의해 가장 잘 성공할 것이다. '보색'이라는 표현은 생리학적 의미에서 이해되는 한에만 진실과 의미를 가지며, 그 외에는 결코 그렇지 않다.

그러나 **괴테**는 부당하게도 일반적으로 색채들로부터 흰색의 생성 가능성을 부정했다. 하지만 이는 **뉴턴**이 잘못된 근거와 잘못된 의미로 그 가능성을 주장했기 때문이었다. 만약 그것이 뉴턴의 의미에서 참이거나 또는 뉴턴의 이론이 옳다면, 먼저 그가 원색으로 가정한 두 색의 조합은 그것들 중 각기 혼자일 때보다 즉시 더 밝은색을 만들어 내야 한다. 왜냐하면 그러한 분리된 백색광의 균일한 두 부분의 조합은 벌써 이 백색광을 만들어 내기 위한 뒷걸음이 될 것이기 때문이다. 하지만 단 한 번도 그런 경우는 없다. 다시 말해 우리가 나머지의 모든 색으로 구성된, **화학적** 의미에서 세 가지 기본색을 쌍으로 조합하면, 빨간색과 함께 파란색은 둘 중의 각기보다 어두운 보라색을 낸다. 노란색과 함께 파란색은 녹색을 내는데, 이것은 전자보다 조금 더 밝지만, 후자보다는 훨씬 더 어둡다. 빨간색과 함께 노란색은 주황색을 내는데, 이것은 후자보다 더 밝지만, 전자보다는 더 어둡다. 벌써 이런 점에 사실상 뉴턴 이론에 대한 충분한 반박이 담겨 있다.

하지만 뉴턴의 이론에 대한 올바르고 사실적이며, 설득력 있고, 피할 수 없는 반박은 무채색의 굴절체다. 그래서 **뉴턴**도 그러한 것을 매우 일관되게 불가능하다고 여겼다. 다시 말해 백색광은 각기 다른 색상을 가진 동시에 다른 굴절성을 지닌 일곱 가지 종류의 빛으로 구성된다면 각 빛의 굴절 정도와 색상은 필연적으로 불가분의 관계에 있다. 따라서 빛이 **굴절**되면 굴절이 아무리 다양하고 복잡하며, 이리저리 위아래로 이끌린다 해도, **색을 띠고** 나타나야 한다. 뉴턴의 이론에 따르면, 일곱 개의 광선이 모두 다시 한 덩어리로 모이지 않는 한, 흰색이 재결합되고 이와 동시에 굴절 효과가 모두 끝난다. 다시 말해 모든 것이 다시 제자리로 돌아오게 된다. 그러나 무색수차[7]의 발견이 이 결과의 정반대를 드러내자, 뉴턴주의자들은 낭황해서 하나의 실명에 메달렸는데, 우리는 괴테와 마찬가지로 그 설명을 무의미한 장광설로 간주하도록 유혹당했다고 느낀다. 왜냐하면 어떻게 하든, 또한 단지 어떤 이해 가능한 의미를, 즉 직관적으로 어느 정도 상상할 수 있는 어떤 것을 그 설명으로 납득시키는 것은 매우 어렵기 때문이다. 다시 말해 이때 색의 굴절과 함께 굴절과는 다른 **색의 분산**이 발생하는 것으로 여겨지는데, 스펙트럼의 연장의 가장 가까운 **원인**인 개별 색상의 빛이 서로 거리를 두고, 서로 분리되는 것은 이런 것으로 이해될 수 있다.

그러나 이 스펙트럼은 가설에 의해 이러한 색채 광선들의 상이한 굴절성의 **효과**다. 따라서 소위 이러한 분산, 즉 스펙트럼의 연장, 그러므로 굴절 후 태양의 스펙트럼은, 그 각각의 빛은 본성상 상이한 굴절성을 갖고, 다른 각도로 굴절되는데, 그 빛이 서로 다른 색채의 빛으로 구성된다는 사실에 기인한다면, 각각의 빛의 이러한 특정한 굴절성은 본질적인 특성으로서 항상 어디서나 그 빛 속에 내재하고 있음이 틀림없다. 그러므로 개별적인 균일한 빛은, 그 빛이 항상 이러한 방식으로 색칠되는 것과 꼭 마찬가지로, 항상 이러한 방식으로 굴절되는 것이 틀림없다. 왜냐하면 뉴턴의 균일한 광선과 그 색깔은 완전히 하나이고 동일한 것이기 때문이다. 즉 그것은 사실 유색 광선일 뿐, 그 밖의 아무것도 아니다. 그러므로 광선이 있는 곳에 그것의 색이 있고, 이 색이 있는 곳에 그것의 광선이 있다. 가설에 따르면, 만약 각각 다른 색채의 광선이 다른 각도로 굴절된다면, 그 색은 이 각도에서 굴절될 것이고, 따라서 각각의 굴절과 함께 다른 색이 나타나야 한다. 따라서 뉴턴주의자들이 선호하는 '두 종류의 서로 다른 굴절 매체가 동일한 강도로 빛을 굴절시킬 수 있지만, 색들을 다른 각도로 분산시킨다'라는 설명의 의미를 이해하기 위해서는 크라운 유리와 플린트 유리가 빛을 일반적으로, 그러므로 흰 빛을 동일한 강도로 굴절시킨다고 가정해야 한다. 그럼에도 바로 이 전체를 구성하는 부분들은 플린트 유리에 의해 크라운 유리와는 다르게 굴절되어, 그것들의 굴절성을 변화시킨다. 그것은 깨기 어려운 호두처럼 힘든 일이다! 게다가, 그것들은 플린트 유리

---

7 • 하나의 스펙트럼으로 분해되지 않고 광선들이 굴절하는 현상

를 적용했을 때, 가장 굴절성이 강한 광선이 더욱 강력한 굴절성을 얻도록 하는 식으로 굴절성을 변경해야 한다. 반면에 가장 굴절성이 약한 광선은 더욱 미약한 굴절성을 가정하는 식으로 변경해야 한다. 그래서 이 플린트 유리는 특정 광선의 굴절성을 증가시키는 동시에 다른 광선의 굴절성을 감소시키는 반면, 이 광선으로만 구성된 전체는 여전히 이전의 굴절성을 유지한다. 그럼에도 너무나 이해하기 어려운 이 도그마는 여전히 보편적인 신용과 존중으로 유지되고 있다. 그리고 굴절과 분산의 차이가 얼마나 진지하게 논의되는지를 오늘날까지 각국의 광학 관련 글들에서 알아챌 수 있다. 그렇지만 지금은 진리를 위해 힘쓸 때다!

크라운 유리로 만들어진 볼록 렌즈와 플린트 유리로 만들어진 오목 렌즈의 조합에 의해 만들어진 무색수차의 가장 가깝고 본질적인 원인은 의심할 여지없이 전적으로 **생리적** 원인이다. 특히, 이것은 물리적 색채의 영향을 받는 지점에서 망막의 **전체** 활동을 생산하는데, 거기서 사실 일곱 가지 색이 아니라 단지 두 가지 색, 즉 이 활동을 보완하는 두 가지 색이 서로 겹쳐져서 한 쌍의 색이 다시 결합된다. 이것은 다음과 같은 방식으로 객관적으로, 혹은 물리적으로 발생한다. (오목 렌즈와 볼록 렌즈에 의한) 반대쪽 감각의 이중 굴절을 통해 상반되는 의미에서 색채 현상이 발생한다. 즉, 한쪽은 주황색 테두리를 가진 황갈색 띠이고, 다른 한쪽은 보라색 테두리를 가진 파란색 띠이다. 그러나 상반되는 의미에서 이러한 이중 굴절은 두 가지 색채 테두리 현상을 중첩시켜 파란색 띠가 주황색 테두리를 덮게 하고, 보라색 띠가 노란색 테두리를 덮게 한다. 그리하여 이 두 가지 생리적 색채 쌍, 즉 전체 망막 활동의 1/3과 2/3 그리고 1/4과 3/4이 다시 결합되어, 따라서 무색성도 다시 원상회복된다. 그러므로 이것이 무색수차의 **가장 가까운** 원인이다.

하지만 이제 **더 먼** 원인은 무엇일까? 즉 요구되는 광선 굴절의 결과는—**무색**으로 남아 있는 굴절의 과잉은—상반되는 의미로 작용하는 플린트 유리가 이미 훨씬 더 미약한 굴절이 일어날 때 크라운 유리의 색채 현상을 이와 상반되는 같은 너비의 현상을 통해 중화시킬 수 있다는 사실에 의해 야기되기 때문이다. 크라운 유리의 색채 테두리와 띠는 이미 원래 크라운 유리의 색채 테두리와 띠보다 훨씬 더 넓기 때문에 다음과 같은 의문이 생긴다. 즉 동일한 굴절을 가진 서로 다른 종류의 두 가지 굴절 매체가 어떻게 그러한 매우 다른 너비의 색채 현상을 산출할 수 있는가? 괴테의 이론에 따르면, 이에 대한 매우 충분한 설명을 얻을 수 있다. 다시 말해 이 이론을 괴테 자신이 한 것 이상으로 좀 더 넓게, 그럼으로써 더 명료하게 실행한다면 말이다. 그가 근원 현상이라고 부르는 그의 최고 원리로부터 프리즘 색채 현상을 끌어낸 것은 완전히 옳다. 다만 그가 그 근원 현상을 충분히 세세한 부분까지 요약하지 않았을 뿐이다. 그렇지만 어떠한 정확성 없이는 그러한 일들에 만족이란 없다. 그는 굴절을 동반하는 색 테두리 현상을 굴절에 의해 옮겨진 주된 이미지Hauptbild에 수반되는 보조 이미지Nebenbild로부터 아주 올바로 설명한다. 하지만 그는 이 보조 이미지의 위치와 활동 방식을 아주 특수하게 규정하지 않았고, 스케치로 시각화하지도 않았다. 그러니까 그는 오로지 **하나**의 보조 이미지에 관해서만 말할 뿐이다. 따라서 이 문제가 미해결의 상태로 남았으므로, 우리는 단지 빛이나 빛나는 이미지뿐만 아니라 그것을 둘러싸는 어둠도 굴절을 겪는다는 사실을 가정해야 한다. 그러므로 나는 여기서, 사실 색 테두리 현상의 다른 너비가 어떻게 동일한 굴절이지만 다르게 굴절하는 물질을 발생시키는지 보여주기 위해, 그 문제를 보완해야 한다. 뉴턴주의자들은 굴절과 분산의 차이에 대해 무의미한 표현을 사용하여 그 현상을 설명한다.

먼저, 굴절에서 주된 이미지에 수반되는 보조 이미지의 기원에 대해 한마디 하도록 하겠다. '자연은 비약하지 않는다'라는 표현은 모든 변화의 **연속성**의 법칙을 일컫는 말이다. 이런 사실에 의해 자연에서, 공간 속에서든 시간 속에서든, 또는 어떤 특성의 정도에서든, 완전히 급작스럽게 이행이 일어나지 않는다. 그런데 프리즘에 들어갔다가 다시 나오면서, 그러므로 빛이 두 번 직선 경로에서 갑자기 굴절된다. 그런데 우리는 이것이 너무 갑작스럽고 날카롭게 일어나, 빛이 주변의 어둠과 조금도 혼합을 겪지 않고, 이 어둠을 뚫고 상당한 각도로 회전하면서, 그렇지만 더없이 날카롭게 빛의 경계를 보존한다고 가정할 수 있겠는가? 그리하여 빛이 전혀 섞이지 않은 순도로 통과하여, 전적으로 완벽한 상태를 내내 유지한다고 가정할 수 있겠는가? 오히려 첫 번째뿐만 아니라 두 번째 굴절에서도 이 빛의 질량의 아주 작은 부분이 새로운 방향을 충분히 빠르게 잡지 못한다고 가정하는 것이 더 자연스럽지 않은가? 이로써 이 작은 부분이 약간 분리되어, 흡사 방금 떠난 경로의 기억을 간직하고 있는 듯, 그 부분이 보조 이미지로서 주된 이미지를 동반하며, 첫 번째 굴절에서는 주된 이미지보다 약간 위에, 두 번째에서는 주된 이미지보다 약간 아래에 떠 있다고 가정하는 것이 더 자연스럽지 않은가? 그러니까 이러한 맥락에서 거울의 한 부분은 빛을 반사하고, 다른 부분은 빛을 통과시키는 어떤 거울에 의한 빛의 편광을 생각해 볼 수 있다.

첨부된 그림은 괴테의 기본 법칙에 따라, 프리즘 굴절에 의해 떨어져 나가는 두 개의 보조 이미지의 효과로부터, 실제로 존재하는 (일곱 개가 아닌) 네 가지 프리즘 색채가 어떻게 발생하는지를 보다 구체적으로 보여 준다.

이 그림은 3보 거리에서 프리즘을 통해 볼 수 있는 지름 4인치(약 10cm) 정도의 흰색 종이 원반을 무광택 검은색 종이에 붙인 것으로, 자연에서 그리고 뉴턴의 허구에서는 볼 수 없다. 여기서 지금 무슨 말을 하고 있는지 알고 싶은 사람은 부검을 통해 확인해야 한다. 프리즘을 눈앞에 두고, 좀 더 가까이 다가갔다가, 좀 더 멀리 물러났다가 하면, 두 개의 보조 이미지가 거의 동시에 그리고 즉시 인식되며, 그 움직임을 따라가다 보면 보조 이미지가 주된 이미지로부터 때로는 더 멀어지고, 때로는 덜 멀어지고 하면서 서로 겹쳐지게 된다. 프리즘 실험은 일반적으로 두 가지 방식으로 수행될 수 있다. 즉 반사가 일어나기 전에 굴절이 일어나도록 하거나 그 반대가 일어나도록 한다. 전자는 프리즘을 통해 태양의 스펙트럼이 벽에 떨어질 때 발생한다. 후자는 흰 이미지가 프리즘을 통해 관찰될 때 발생한다. 이 후자의 방식은 실행하기에 덜 번거로울 뿐만 아니라 실제 현상을 훨씬 더 명확하게 보여 준다. 이것은 굴절 효과가 눈에 곧바로 도달하기 때문이다. 이를 통해 사람들은 직접적으로 효과를 얻는다는 장점이 있는 반면, 다른 방식으로는 간접적으로, 즉 먼저 벽에 반사가 일어난 후 두 번째로 효과를 얻는다. 이 경우 두 번째 장점은 빛이 가깝고 선명하게 경계 지어지고 눈부시게 하지 않는 물체로부터 나온다는 점이다. 따라서 여기서 묘사된 흰색 원반은 그것에 동반하여, 그 원반을 위쪽으로 이동시키는 이중 굴절의 결과로 생긴 두 개의 보조 이미지를 아주 또렷이 보여 준다. 프리즘에 빛이 들어올 때 발생하는 첫 번째 굴절로부터 생기는 보조 이미지는 뒤에 처져 있다. 따라서 가장 바깥쪽 가장자리는 어둠에 가려진 채 여전히 어둠 속에 잠겨 있다. 반면에 두 번째 굴절에서 발생하는, 즉 프리즘으로부터 빛이 나갈 때 생기는 다른 이미지는 앞으로 돌진하여, 그 때문에 어둠 너머로 퍼진다. 그러나 두 이미지의 활동 방식은, 비록 더 약

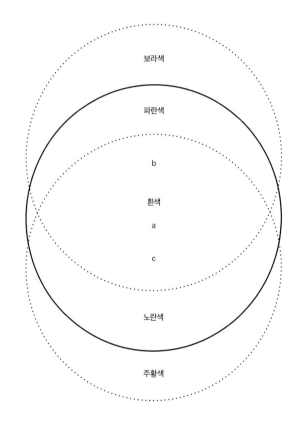

하긴 하지만, 두 이미지의 손실로 인해 약해진 주된 이미지의 그 부분 위로도 확장된다. 따라서 두 개의 보조 이미지에 의해 가려져, 완전한 빛을 유지하는 주된 이미지의 그 부분만 흰색으로 나타난다. 반면에, 하나의 보조 이미지가 홀로 어둠에 맞서 싸우거나 또는 이 보조 이미지의 이탈로 다소 약해진 주된 이미지가 이미 어둠에 의해 손상된 그곳에서 색채들이, 그것도 사실 괴테의 법칙에 따라서 생겨난다. 따라서 하나의 보조 이미지가 홀로 앞쪽으로 돌진하여 검은 표면 위로 퍼지는 위쪽 부분에서 우리는 보라색이 생기는 것을 볼 수 있다. 하지만 이 아래에, 주된 이미지가 손실로 인해 이미 약해진 경우, 우리는 파란색이 생성된 것을 볼 수 있다. 반면에, 주된 이미지의 아랫부분에서는, 개별적인 보조 이미지가 어둠 속에 주황색으로 남아 있는 것을 볼 수 있다. 하지만 그 위, 이미 약해진 주된 이미지가 두루 비치는 곳에서는 노란색을 볼 수 있다. 이는 떠오르는 태양이 처음에 짙고 낮게 깔린 대기에 가려졌을 때는 주황색으로 보이다가, 더 희박한 대기에 도달하면 단지 노란색으로 보이는 것과 마찬가지다.

그런데 우리가 이 문제를 제대로 파악하고 인식했다면, 빛의 동일한 굴절의 경우 왜 플린트 유리와 같은 몇몇 굴절 매체가 더 넓은 색상의 테두리 현상을 발생시키는 반면, 크라운 유리 같은 다른 매체는 더 좁은 색상의 테두리 현상을 발생시키는지 이해하는 것은 적어도 일반적으로 어렵지 않을 것이다. 또는 뉴턴주의자들의 언어로, 빛의 굴절과 색채의 분산이 균일하지 않을 가능성이 무엇에 기인하는지 이해하는 것은 어렵지 않을 것이다. 즉, 굴절은 입사선入射線으로부터 주된 이미지의 거리다. 이와는 달리 분산은 주된 이미지로부터 두 개의 보조 이미지가 동시에 발생하는 거리다. 하지만 이제 우리는 다양한 종류의 굴절 물질에 다양한 정도로 존재하는 이 우발성을 발견하게 된다. 따라서 두 개의 투명한 물체는 동일한 굴절력을 가질 수 있다. 즉, 그 물체들은 그것들을 통과하는 빛의 이미지를 그 입사선으로부터 같은 거리로 굴절시킨다. 그러나 이때 색채 현상을 일으키는 보조 이미지들은 다른 물체를 통한 굴절의 경우보다 한 물체를 통해 굴절될 때 주된 이미지로부터 거리를 둘 수 있다.

이제 이 주제에 대한 설명을, 위에서 분석한 현상에 대한 너무나 자주 되풀이된 뉴턴주의적 설명과 비교하기 위해, 나는 1836년 10월 27일 런던 왕립 학회의 '철학적 거래'에 따라 『뮌헨 학술 리뷰』에서 다음과 같은 말로 주어진 후자의 표현을 선택한다. "다양한 투명 물질들이 다양한 균일한 빛을 매우 불균등한 비율로 굴절시킨다.[8] 그래서 다른 굴절 매체를 통해 생성되는 스펙트럼이 게다가 동일한 환경에서 매우 다른 확장Ausdehnung을 이룰 수 있다." 스펙트럼의 연장Verlängerung이 일반적으로 균일한 빛 자체의 불균등한 굴절률에서 비롯되었다면, 이러한 연장은 어디서나 굴절 정도에 따라 발생해야 하며, 따라서 그 이미지의 더 큰 연장은 매체의 더 큰 굴절력에 의해서만 발생할 수 있다. 그런데 만약 그렇지 않고, 동일한 굴절 강도를 가진 두 매체 중 하나가 더 긴 스펙트럼을 생성하고 다른 하나는 더 짧은 스펙트럼을 생성한다면, 이는 스펙트럼의 연장이 굴절의 직접적인 효과가 아니라 굴절에 수반되는 **우발적인 성질**의 효과임을 증명한다. 이로부터 발생하는 보조 이미지는 그러한 **우연한 성질**이다. 이 보조 이미지들은 동일한 굴절의 경우 굴절 물질의 성질에 따라 주된 이미지로부터 손쉽게 다소 멀리 떨어질 수 있다.

이런 종류의 성찰이 뉴턴주의자들의 눈을 뜨게 할 것이라고 생각하지 말아야 할까? 그야 물론 그럴지도 모른다. 사람들이 만약 **의지**가 과학에, 그러니까 모든 지적 성취에, 즉 성향에 행사하는 영향력이 얼마나 크고 섬뜩한지 아직 모른다면 말이다. 더욱 엄밀히 말하자면 나쁜 성향인 편견 말이다. 1840년 영국의 화가이자 갤러리 감독인 **이스트레이크**Eastlake는 괴테의 색채 이론을 완벽히 반영하고, 그럼으로써 원문보다 더 읽기 쉬운 완전히 훌륭한 영어 번역본을 제공했다. 『에든버러 리뷰』(1840, 10, No. 145)에서 그것을 검토한 **브루스터**Brewster가 그에 대해 어떤 행동을 취했는지 살펴봐야 한다. 다시 말해 마치 그는 자신의 동굴에 들어온 강탈자로부터 자기 새끼를 빼앗기지 않으려는 암호랑이처럼 행동했다. 가령 이것이 어떤 위대한 남자의 오류에 맞서는 침착하고 확신에 찬 어조인가? 오히려 이것은 두려움에 휩싸여 상대편이 옳다는 냄새를 풍기는 지식인, 그리고 아무런 검증도 없이 무턱대고 받아들인 사이비 과학을 고수함으로써 이미 타협해서, 이제 그것을 온 힘을 다해 국보로 옹호하는 데 단호한 나쁜 양심을 지닌 지식인의 어조다. 그러므로 만약 뉴턴의 색채 이론이 영국인들 사이에서 국보로 받아들여진다면, 괴테의 작품을

---

8 • 그렇지만 이 비율의 합인, 흰 빛은 동일한 비율로! 라는 말을 나는 보충해서 덧붙인다.

프랑스어로 훌륭하게 번역하는 것은 극히 바람직한 일이 될지도 모른다. 중립적인 성격을 띠는 한에서, 프랑스 학계에 대해서는 물론 정의를 기대할 수 있기 때문이다. 비록 뉴턴의 색채 이론에 품고 있는 **그들의** 편견에 대한 흥미로운 표본들이 가끔 발생하기도 하지만 말이다. 그래서 예컨대 (1836년 4월) **비오**Biot는 『지식인 저널 _Journal des savants_』에서, 가령 일곱 개의 균일한 빛의 전파 속도가 같지 않은지 규명하기 위해, **아라고**Arago가 어떻게 꽤 영리한 실험을 수행했는지에 대해 진심 어린 인정을 하며 들려주고 있다. 그래서 때로는 더 가깝고, 때로는 더 멀리 있는 변화하는 항성으로부터 아마도 빨간색 또는 보라색 빛이 먼저 도달해서, 그 별이 연이어 다른 색으로 나타날지도 모른다. 하지만 다행히도 그는 그렇지 않다는 것을 이해했다. 신성한 단순성이여!Sancta simplicitas!

베크렐Becquerel 씨는 1842년 6월 13일 과학아카데미에 제출한 어떤 논문에서, 태양광선 한 줄기를 프리즘을 통해 굴절시킨다면 빨강, 주황, 노랑, 초록, 파랑, 남색 그리고 보라색의 일곱 가지 색을 꽤 명확하게 구별할 수 있다며, 옛날 곡조를 새것처럼 제법 멋들어지게 바꿔서 말하고 있다. **베크렐 씨**가 뉴턴의 크레도에 나오는 이 대목을 괴테의 색채 이론이 나온 지 32년이 지난 지금 태연하고도 대담하게 읊조리는 것을 꺼리지 않으므로, 사람들은 '당신은 눈이 멀었거나, 거짓말하고 있다'라고 그에게 '꽤 분명하게' 말해 주고 싶은 유혹을 느낄지도 모른다. 하지만 우리는 그에게 부당한 일을 하는지도 모른다. 이 경우는 베크렐 씨가 자신의 열린 두 눈보다 뉴턴을 더 신뢰해서 벌어진 일에 불과하기 때문이다. 그러한 것이 뉴턴 미신의 효과다. 그러나 독일인들과 관련해 말하자면, 괴테의 '색채론'에 대한 그들의 판단은 헤겔과 같이 재치가 없고, 공로가 없으며, 쓸데없는 것을 늘어놓는, 전적으로 공허한 철학자를 모든 사상가와 현인들 중 가장 위대한 사람으로 30년 동안 널리 찬양할 수 있는 어떤 국가에 대한 기대와 같다. 게다가 전 유럽이 그것에 반향을 일으킬 정도로 온갖 목소리의 합창이 울려 퍼졌다. 나는 '이해할 수 없는 인간의 권리', 즉 모든 사람에게 자신이 이해하고 원하는 대로 판단할 권리가 있다는 것을 잘 알고 있다. 하지만 그 때문에 그는 또한 그의 **후세대**, 그리고 그전에 그의 **이웃**에 사는 사람들에 의해 그의 판단에 따라 평가받는 것을 감수해야 할 것이다. 왜냐하면 거기에도 또 한 명의 복수의 여신이 있기 때문이다.

이 색채론 보충물의 결론에서 나는 괴테가 내세운 물리적 색채의 기본 원리를 확인하는 데 도움이 되는 몇 가지 중요한 사실들을 알려 주고자 한다. 그러나 괴테 그 자신은 이에 대해 언급하지 않았다.

만약 어두운 방에서 도체의 전기가 유리 진공관을 통해 흐르게 된다면, 이 전깃불은 매우 아름다운 **보라색**으로 나타난다. 여기서 푸른 불꽃과 마찬가지로 빛은 단순히 흐릿한 매체일 뿐이다. 왜냐하면 어둠 속에서 비치는 흐린 빛과 눈에 반사되는 빛 사이에는 본질적인 차이가 없기 때문이다. 그러나 여기서 이 전기의 빛은 극히 흐릿하고 약하기 때문에, 그것은 괴테의 이론을 따르면 보라색을 발생시킨다. 그 대신 영혼, 유황 등의 불꽃처럼 가장 약한 불꽃도 이미 파란색을 발생시킨다.

괴테의 이론에 대한 일상적이고 흔한 증거, 그러나 그가 간과했던 증거는 오랜 시간 지하실에 보관된 적포도주나 흑맥주로 가득 찬 병이 내부의 침전물 때문에 눈에 띄게 혼탁해진다는 것이다. 그 결과 빛이 비칠 때 그 병들은 담청색으로 보이고, 마찬가지로 포도주가 비워진 후 무언가 검은 것이 뒤에 있을 때도 담청색으로 보인다. 이와는 달리 빛이 병들을 통과해 비칠 때, 그것들은 액체의 색을 보여 주고, 또는 비어 있을 때는 유리의 색을 보여 준다.

광택 나는 두 개의 판유리이나 두 개의 볼록 렌즈를 손가락으로 단단히 눌렀을 때 보이는 유색 고리를 나는 다음과 같은 식으로 설명한다. 유리에 탄성이 없는 것은 아니다. 따라서 이러한 강한 압축으로 표면이 약간 눌리고 밀려들어 가, 일시적으로 완전한 매끈함과 평탄성을 잃기 때문에 점차적으로 탁도가 증가하는 일이 일어난다. 따라서 우리는 여기서도 흐릿한 매질을 갖는다. 혼탁도의 다양한 등급은 부분적으로는 입사광, 부분적으로는 투과광 때문에 유색 고리를 발생시킨다. 유리에서 손을 떼면 탄성은 유리를 즉시 원래 상태로 되돌리고, 고리는 사라진다. 뉴턴이 판유리 위에 렌즈를 놓았는데, 그 때문에 그 고리는 뉴턴의 고리라고 불린다. 오늘날의 파동 이론은 렌즈의 곡률 및 렌즈와 접선 사이의 공간을 근거로 색의 진동수를 계산한다. 이 경우그 이론은 중간 공간의 공기는 유리와 다른 매질로 가정하고, 따라서 굴절과 **균일한 빛**을 가정한다—모든 것은 참으로 믿을 수 없을 정도다(**올레**, 『자연』,

1859년 6월 30일 제26호 참조). 그러기 위해 렌즈는 전혀 필요하지 않다. 손가락으로 눌린 두 개의 판유리가 이 일을 가장 잘 수행하며, 그리고 때로는 여기를, 때로는 저기를 오래 누를수록 더욱 좋다. 그러면 공기층과 아울러 중간 공간도 남지 않는다. 공기층이 **압축으로 서로 붙어 있기** 때문이다. (그 전에 먼저 입김을 불어넣어야 한다) 비눗방울의 색상들 역시 이 반투명 물질의 변화하는 국소 혼탁의 효과이며, 테레빈 층의 색상이나 오래된 흐린 창유리 등의 색상도 이와 마찬가지다.

괴테는 사물의 본성에 대한 진실하고 헌신적이며 객관적인 통찰력을 가지고 있었다. **뉴턴**은 단순히 수학자로서 항상 서둘렀고, 단지 측정하고 계산할 뿐이었으며, 그 목적을 위해 피상적으로 파악된 현상으로부터 기워 맞춘 이론을 근거로 삼았다. 이것이 진실이다―여러분이 원하면 어떤 얼굴 표정을 지어도 좋다!

여기서 한 편의 에세이를 더 많은 대중과 공유하고자 한다. 1849년 괴테 탄생 100주년을 맞아 프랑크푸르트시에 의해 공개되고, 시립 도서관에 보관된 앨범의 양쪽에 내 글의 전문이 실려 있다. 그것의 서문은 그곳에서 공개적으로 기념되었던 그날의 극히 인상적인 의식儀式을 서술하고 있다.

프랑크푸르트의 괴테 앨범 속으로

괴테가 그의 『색채론』과 관련하여 당한 힘들고 분노하게 하는 부당한 일을 속죄하기에는, 연회나 연설은 말할 것도 없이 화환으로 장식된 어떤 기념품도, 축포도, 울리는 종소리도 충분하지 않다. 왜냐하면 그 이론의 완전한 진실과 높은 탁월성이 정당한 인정을 받는 대신에, 최근에 실제로 한 잡지가 표현한 것처럼 그것은 일반적으로 실패한 시도로, 전문가들은 그저 빙그레 미소를 짓고 마는, 즉 관대함과 망각으로 덮어야 하는 한 위대한 남자의 약점으로 여겨지기 때문이다.

모든 진실에 대한 전례가 없는 이 불공정, 이 미증유의 왜곡은 오직 둔감하고 게으르고 무관심하며 판단력이 없는, 따라서 쉽게 속아 넘어가는 대중이 이 문제에 대한 모든 자체적인 조사와 검증을 포기했기 때문에 가능해졌다—심지어 사전 지식이 없었기에 그렇게 쉬웠을지도 모른다. 그 바람에 '전문가들', 즉 그 자신의 목적이 아니라 보수를 위해 학문에 종사하는 사람들이 그 일을 맡게 되었다. 그리고 이제 대중은 권위자로서의 그들의 명령과 찡그린 얼굴에 깊은 감명을 받게 된다. 만약 이 대중이 자신의 수단으로 판단하려고 하지 않고, 대신 미성년인 아이들처럼 권위에 의해 인도받으려고 한다면, 확실히 칸트와 함께 국가가 내보여야 하는 가장 위대한 그 남자의 권위는, 더구나 그가 평생에 걸쳐 주요 관심사로 추구했던 문제에서, 수천 명의 상인[9]을 합친 것보다 더 큰 비중을 차지해야 한다. 그런데 이 전문가들의 판정에 관해 말하자면, 그들은 명백히 잘못된 것을 떠맡았을 뿐만 아니라, 심지어 백 년에 걸쳐 그들 자신의 조사와 검증 없이 맹목적인 신앙과 경건한 감탄으로 그것을 숭배하고 가르치며 전파했다는 사실이 드러났을 때 가련하게 부끄러워했던 것은 솔직한 진실이다. 마침내 나이 든 한 시인이 나타나 그들을 더 잘 가르쳤을 때까지 말이다.

참을 수 없는 이런 굴욕을 겪은 후에 그들은 죄인들이 그러는 것처럼, 완고해져서 뒤늦은 가르침을 반항적으로 내던졌다. 그리고 지금 벌써 40년 동안이나 밝혀지고 입증 가능한 노골적인 거짓, 즉 허무맹랑한 것에 완강하게 매달림으로써 사실 시간을 벌긴 했지만, 그럼으로써 또한 그들의 죄를 100배로 늘리기도 했다. "진실은 너무 자주 고난을 겪지만, 결코 파괴될 수 없다"라고 리비우스가 이미 말했기 때문이다. 실망의 날이 올 것이고, 반드시 오고야 말 것이다. 그런 다음에—이제 그런 다음에는?—"우리는 할 수 있는 대로 행동하고 싶다."(괴테, 『에그몬트』, 제3막, 2장)

학술원을 소유하고 있는 독일의 주들에서 공공 교육 담당 장관들은 그들이 확고한 마감일을 정해, 뉴턴의 색채 이론에 반대하는 결정과 아울러 괴테의 색채 이론에 대한 철저하고도 상세한 연구와 비판을 제공하는 과제를 학술원에 제시했을 때 이상으로, 괴테에 대한 존경을 의심할 여지없이 더 고상하고 솔직히 드러낼 수 없었다. 그렇지만 저 고위직 인사들이 내 목소리를 듣고, 그것이 우리의 위대한 망자를 위해 정의를 호소하기 때문에, 그들의 부당한 침묵을 통해 죄를 공유하는 사람들의 조언을 구하지 말고, 내 목소리에 응하는 게 좋겠다. 이것이야말로 괴테의 이름으로부터 그 부당한 치욕을 없애는 가장 확실한 방법이다. 그렇다면 확실히 이 문제는 더 이상 권위자의 명령과 찡그리는 얼굴로 묵살될 수 없으며, 여기서 중요한 것은 판단이 아니라 계산이라는 뻔뻔스러운 오리발에 더 이상 귀 기울일 필요도 없을 것이다. 이와 반대로 길드 조합장들은 진실을 존중하는 대안이나, 또는 아주 미심쩍은 방식으로 자신이 웃음거리가 되는 대안에 직면해 있음을 보게 될지도 모른다. 따라서 그렇게 몰아세운 영향으로 그것들 중 어떤 것을 기대할 수 있지만, 반면에 조금도 두려워할 필요는 없다. 뉴턴의 키메라, 즉 이 꾸며낸 이야기는 분명히 존재하지도 않지만, 단순히 음계를 모방하기 위해 발명된 일곱 가지 프리즘 색이라는 점에서 진지하고 정직한 검사를 받으면서 어떻게 계속 존재할 수 있겠는가!

붉지 않은 빨강, 그리고 우리 눈앞에서 파란색과 노란색으로부터 아주 순수하고 숨김없이 가장 선명하게 섞이는 단순한 원초적 녹색, 하지만 특히 순수하고 맑은 태양 빛에 가려져 은폐된, 어둡고 심지어 균일한 남색 빛들의 기괴함, 게다가 모든 무채색 오페라 안경의 거짓을 입증하는 그 빛들의 상이한 굴절도—어떻게 이 동화들이, 말하자면, 괴테의 명백하고 단순한 진실에 맞서, 모든 물리적 색채 현상에 대한 **하나**의 위대한 자연법칙으로 환원되는 그의 설명에 맞서 옳음을 견지할 수 있겠는가! 자연은 어디서든 또 어떤 상황에서든 그에 대한 반박할 수 없는 증거를 내놓는데 말이다. 마찬가지로 우리는 한 번쯤은 반박될까 봐 두려워할 수 있을지도 모른다.

숨김없이 진리를 신봉하지 않는 사람은 진리에 대한 배신자다.

비관주의자 쇼펜하우어의
인생을 즐기라는 현실주의적 행복론

홍성광

유복한 어린 시절

20세기 서양 사상사를 뒤흔든 세 명의 위대한 반항아가 있다. 바로 마르크스
와 니체, 프로이트다. 그런데 쇼펜하우어는 헤겔의 관념론을 뒤엎음으로써
마르크스에게 새로운 길을 터 주었고, 니체에게는 망치를 쥐어 주어서 소크
라테스 이래 서양 철학 전체를 때려 부수게 했으며, 프로이트에게는 무의식
을 안겨 주어 인간의 내부를 심층 탐사하게 했다.

21세의 대학생 니체는 1865년 10월 라이프치히의 한 고서점에서 『의지와
표상으로서의 세계』를 발견하고, 어떤 악마가 그의 귀에 대고 '이 책을 사 가
지고 돌아가라'라고 속삭였는지 무언가에 홀린 듯 그 책을 선뜻 사서 2주일
동안 그 책에 완전히 푹 빠져 지낸다. 새벽 여섯 시에 일어나 밤 두 시까지 읽
으면서 한동안 이 책에 열광한다. 그리하여 1866년에서 1868년 초까지 계
속된 라이프치히 시절의 편지나 글에는 거의 종교적 귀의라고 할 정도로 그
가 쇼펜하우어 철학에 몰두하는 것을 볼 수 있다. 니체가 영화계의 제임스 딘
이라면, 쇼펜하우어는 말론 브란도에 비유되기도 한다. 정신분석학의 기초
에 해당하는 '억압'에 대해 자신보다 먼저 쇼펜하우어가 잘 설명했다는 것을
인정한 프로이트는 맹목적인 쾌락과 욕망 충족적 성격을 지닌 '또 다른 나'
의 존재를 '무의식'이라고 명명했다. 토마스 만은 에세이 「프로이트와 미래」

(1936)에서 '수천 년간의 믿음을 뒤엎고 정신과 이성에 대한 자연적 본능의 우월권'을 관철한 '어두운 혁명'의 공로자로 프로이트에 앞서 쇼펜하우어를 지목했다.

아르투어 쇼펜하우어Arthur Schopenhauer(1788~1860)는 근대부터 본격적으로 전개된 로고스 중심주의, 이성 중심주의 철학에 정면으로 도전한 사상가다. 쇼펜하우어는 주저 『의지와 표상으로서의 세계』(1819)에서 프로이센의 국가 철학자였던 헤겔로 대표되는 관념론과 이성 철학에 반기를 들고 세계를 이성Vernunft이 아니라 의지Wille[1]로 파악하면서 독특한 의지 철학을 주장한다. 또한 그는 이러한 의지의 형이상학에 입각하여 독자적인 미학을 전개하고 있다. 그는 의지와 욕망에 예속된 상태에서 벗어나 순수 관조의 상태에서 사물을 볼 때 사물의 아름다움이 드러난다고 본다. 반면에 헤겔은 이 세상이 지극히 이성적으로 흘러가고 있으며, '정-반-합'에 의해 악은 선에 의해 서서히 사라질 것이라 주장한다. 어찌 보면 보편적 이성을 맹목적으로 신뢰하는 순진한 낙관주의적 사고다. 그러나 인간은 어디까지나 이성적 동물에 불과할 뿐 사물을 항상 이성적으로 바라보고 일을 이성적으로 처리하는 동물은 아니다. 그렇다고 해서 쇼펜하우어가 이성의 역할을 부정하는 것은 아니다. 그는 우리가 쾌락의 욕구나 분노의 폭발, 또는 탐욕이 우리가 후회할 일을 하도록 잘못 이끌려고 할 때 이성이 우리를 제어하기에 적합하다고 말하기 때문이다.

헤겔의 이성과 쇼펜하우어의 의지의 대립은 동양 철학에 나타난 이理와 기氣의 대립을 떠올리게 한다. 쇼펜하우어는 피히테, 셸링, 헤겔에 대해 기독교를 정당화하고 국가와 종교 권력에 아부하는 사기꾼이자 협잡꾼이라고 맹비난한다. 그런 의미에서 그는 큰소리치는 사람이 아니라 현명한 주장을 하는 사람의 말을 들을 것을 주문한다. 그러면서 아무도 이해할 수 없도록 글을 쓰는 것만큼 쉬운 일은 없으며, 의미심장한 생각을 누구나 이해할 수 있도록 쓰는 것이야말로 가장 어려운 일이라고 주장한다. 그의 철학은 나중에 생철학, 실존철학과 수많은 작가와 예술가들, 아인슈타인을 비롯한 과학

---

1 쇼펜하우어 철학에서 '의지'는 이전 철학자들의 일반적 견해와는 달리 지성이나 이성의 힘이 아니라 삶에의 맹목적 충동, 본능, 욕망 등을 가리킨다.

자들, 프로이트와 융의 정신분석학, 그리고 푸코, 데리다, 들뢰즈와 같은 해체주의자들에게 큰 영향을 끼쳤다. 전통적이고 이성적이며 정형화된 형식에서 벗어나고자 하는 해체주의는 로고스 중심주의, 이성 중심주의를 해체하자는 말이다. 그런데 니체가 망치를 들고 서양 철학을 부수려고 했다면 해체주의자들은 해체했다가 다시 조립하자는 것이다. 하이데거는 현존재를 분석함으로써 이성에서 벗어나려고 했다. 토마스 만은 쇼펜하우어를 '비합리적인 것을 가장 합리적으로 사유한 철학자'라고 평했다. 쇼펜하우어의 의지는 플라톤 철학의 '이데아', 칸트 철학의 '사물 자체', 우파니샤드[2] 철학의 '브라흐마', 정신분석학에서는 '무의식'에 해당한다고 볼 수 있다. 그는 비합리주의에 주목한 점에서 니체에 앞선 포스트모더니즘의 선구적 사상가로 평가받을 수 있다. 그의 철학은 처음에 무시당하고 조롱받으며 반대에 부딪혔으나 19세기 중반부터 귀담아들을 만한 진실로 받아들여지기 시작했다.

쇼펜하우어는 근대 서구 지성사에서 가장 뛰어나고 독창적인 천재 중의 한 명으로 간주되기도 한다. 주변 사람들에게 그는 이해하기 힘든 독특하고 괴팍한 인물로 비치기도 했다. 칸트의 계승자임을 자처한 그는 서재에 청동 불상과 칸트의 반신 초상을 모셔 놓았고, 오후에는 애완견을 데리고 칸트처럼 규칙적으로 산책했다. 처음에는 개를 '헤겔'로 불렀다가 나중에 인도 철학에서 개체의 불멸의 영혼을 뜻하는 '아트마'로 이름을 바꾸었다. 쇼펜하우어는 『바가바드 기타Bhagavad Gītā』와 불교를 통해 처음 인도 문명을 접했다. 그에게 인도의 고대를 안내해 준 사람은 동양 종교 연구가 겸 민속학자로 헤르더의 제자인 프리드리히 마예르Friedrich Majer(1772~1818)였다. 그의 일과는 매일 똑같았다. 음악에 대해 감동적으로 사유하고 조예가 깊은 그는 식사를 마치고 플루트를 불었고, 밤마다 잠자리에 들기 전에 고대 인도의 철학서인 『우프넥하트』[3]를 읽었다. 또한 그는 침대의 베개 밑에는 장전한 권총을 두고 밤손님을 대비하기도 했던 괴팍한 성격의 소유자였다.

아르투어 쇼펜하우어는 1788년 2월 22일 북독일 항구 도시 단치히(지금의 그단스크)에서 부유한 상인의 아들로 태어났다. '아르투어'는 영국에서는 '아

---

2 '우파니샤드Upanishad'의 글자 그대로의 뜻은 '가까이 앉는다'는 의미이다. 곧 '스승의 발밑에 앉아 전수받은 가르침'을 가리킨다.

3 『우파니샤드Upanishad』의 페르시아 번역본을 라틴어로 다시 번역한 것을 『우프넥하트Oupnek'hat』라고 한다.

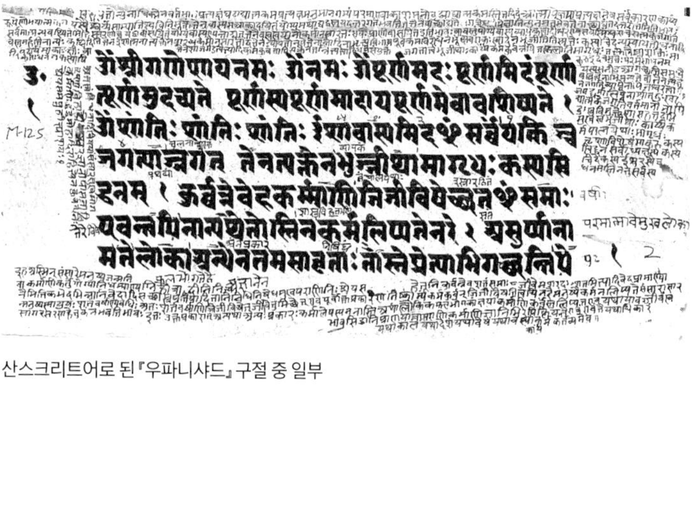

산스크리트어로 된 『우파니샤드』 구절 중 일부

서', 프랑스에서는 '아르튀르', 이탈리아에서는 '아르투로'로 불렸으므로 그 이름은 유럽에서 두루 통용되는 이름이었다. 특히 그 이름은 영국인에게 친숙한 영국 친화적인 이름이었다. 이 때문에 그의 영국식 이름이 영국에서 화제가 되기도 했다. 그래서인지 프로이센을 싫어한 쇼펜하우어도 아버지와 마찬가지로 영국에 호의적이었다. 그는 독일의 작가들을 잘 알았던 만큼이나 영국과 프랑스의 작가들에 대해서도 정통했다. 영국 철학자 버트런드 러셀은 쇼펜하우어가 '이례적으로 국가주의에 얽매이지 않았다'라고 평가했다. 유럽의 예술가와 문학가들에게 쇼펜하우어가 끼친 영향은 막대했다. 또한 근대문명을 비판하고 고독한 생활을 추구한 랠프 월도 에머슨이나 헨리 데이비드 소로는 자신의 저서들에서 쇼펜하우어의 글을 인용했고, 인간에게는 틀에 박힌 것을 거부하는 개성이 중요하다고 말했다. 에머슨은 쇼펜하우어처럼 불교와 『우파니샤드』에 관심을 보이기도 했다. 한편 20세기 초기에 철학자 비트겐슈타인은 쇼펜하우어의 의지 철학을 바탕으로 자신의 철학을 시작했다. 제1차 세계대전에 참전한 아돌프 히틀러는 동료들의 성향이나 생각, 농담과 여자 이야기 등이 마음에 들지 않아서, 그들과 잘 어울리지 못했다. 후일 그는 이런 쓰레기 같은 동료들의 행태보다 더 싫은 것은 없다고 회고했다. 오히려 그는 방공호에서 쇼펜하우어의 책을 열심히 읽고 인생의 중요한 문제들을 고민했다고 한다.

쇼펜하우어의 아버지는 1793년 3월 자유 도시 단치히가 프로이센군에 점령되자 가족을 데리고 또 다른 자유 도시 함부르크로 야반도주했다. 그의 집에는 프랑스어로 '자유 없는 곳에는 행복도 없다'라는 글이 걸려 있었다. 쇼펜하우어가 5세 때였다. 이때의 불안한 경험 때문인지 그는 안전에 지나치게 집착하는 과민한 성향을 보였다. 그는 특히 귀가 예민해 소음과 잡음이라면 질색하고 싫어했다. 그는 소음은 사고를 중단시키고 파괴하므로 모든 중단 행위 가운데 가장 뻔뻔스러운 것이라면서, 문을 쾅 닫는 행위와 같은 소음에 다들 너그러운 것은 그들의 머리가 둔감하고 텅 비었다는 징표라고 비난한다. 어린 시절 그는 부모가 집에 안 보이면 극도의 두려움에 사로잡히곤 했다. 그가 6세이던 시절 산책에서 돌아온 부모는 '닭똥 같은 눈물을 흘리며 서럽게 우는' 아들을 발견했다. 부모가 자신을 버리고 집을 떠났다고 확신했기 때문이었다. 성인이 되어서는 잠을 자다 조그만 잡음만 들려도 벌떡 일어나

「스피노자 초상」 1665년경

권총을 손에 집어 들었다. 쇼펜하우어는 이발사도 신뢰하지 않아 그에게 턱수염 면도를 맡기지 않았다. 그는 군사적인 것을 싫어했고, 전염병에도 민감하여 베를린에 전염병이 창궐하자 그곳에서 도망치기도 했다. 또한 결벽증이 있어서 외식하러 갈 때도 다른 사람들이 사용한 잔을 사용하지 않으려고 자신이 직접 준비한 잔을 가져가서 사용했다. 한편 그는 자신의 재산 관련 계산서나 수표에도 결코 독일어를 쓰지 않았다. 자신의 지출 내역 관련 기록은 영어로 기록했고, 사업 서류들을 그리스어나 라틴어로 쓰기도 했다.

쇼펜하우어는 네덜란드 출신의 철학자 스피노자가 태어난 지 111년 하고 하루 지난 시점에 자신이 태어났다며 자신의 생일에 특별한 의미를 부여했다. 그는 스피노자를 자신의 위대한 정신적 형제로 간주했다. 그러나 두 사람의 성격은 달랐다. 스피노자는 자의식을 드러내지 않았지만, 쇼펜하우어는 끊임없이 자의식, 구체적으로 말해 자부심을 드러냈다. 광학렌즈 가는 일로 생계를 꾸렸던 스피노자는 어떤 명성도 거부하고 자신의 저술을 익명으로 출판한 반면, 쇼펜하우어는 겸손한 태도를 보이지 않고 자신의 가치를 확신했다. 쇼펜하우어는 명성보다 업적이 중요하고, 진정한 기쁨은 불멸의 작품을 낳는 일이라고 글에서 주장했지만 속마음은 그렇지 않은 것으로 보인다. 그는 '사기꾼들이나 겸손하다'는 괴테의 말을 신봉했다. 사업가인 그의 아버지 하인리히 플로리스 쇼펜하우어(1747~1805)는 '자유롭지 못하면 결코 행복할 수 없다'라고 외치며 볼테르를 신봉한 공화주의자였다. 쾌활하고 사교적인 성격이었던 어머니 요한나 헨리에테(1766~1838)는 단치히의 명문 트로지나 가문의 딸이었다. 그녀는 남편보다 열아홉 살이나 어려 나이 많은 그에게 별로 애정이 없었다. 그녀는 생전엔 괴테와도 교류를 가진 유명한 문필가였지만 오늘날에는 아들과의 불화를 통해 악명을 남기게 되었다. 어머니는 소설과 여행기 등을 써서 당시 인세로 생활한 독일 최초의 여성 작가였다. 쇼펜하우어는 아버지로부터는 의지와 우울함을, 어머니로부터는 지성과 문학 재능을 물려받았다.

쇼펜하우어에게는 아홉 살 어린 여동생 아델레(1797~1849)가 있었다. 그녀는 아들과 사이가 나빴던 어머니 요한나와는 달리 조용히 오빠를 후원해 주었다. 그래서 오빠처럼 평생 독신으로 지낸 여동생이 본에서 사망했을 때 쇼펜하우어의 상심과 비통함은 말할 수 없었다. 괴테처럼 언어에 뛰어난 재

아버지, 하인리히 플로리스(왼쪽)
어머니, 요한나 헨리에테(오른쪽)

능을 타고난 그는 청소년 시절 프랑스(2년)와 영국(12주)에 살면서 프랑스어와 영어를 익혔고, 김나지움에 진학하기 위해 라틴어와 그리스어를 배웠으며, 독학으로 에스파냐어를 공부해 발타사르 그라시안Baltasar Gracián(1601~1658)의『신탁과 처세술Handorakel und Kunst der Weltklugheit』을 독일어로 번역하기도 했다. 그라시안은 이 세계를 위선과 기만으로 가득 찬 곳으로 보지만, 세상의 모순에 맞서 섣불리 자신의 생각을 말하지 말고 남의 생각을 귀담아 듣되 신중하게 행동할 것을 권한다. 그는 볼테르나 라 로슈푸코를 비롯해 쇼펜하우어, 니체와 같은 많은 사상가와 작가들에게 큰 영향을 미쳤다.

쇼펜하우어는 1797년 7월 프랑스 르아브르에 있는 아버지의 사업 협력자 그레고아르 드 블레지메르의 집에서 2년간 지내면서 그의 아들 앙티메와 친하게 지내며 프랑스어를 배운다. 12세가 끝나갈 무렵에 그는 혼자서 뱃길로 함부르크에 돌아왔다. 그의 부친은 아들이 마치 프랑스인처럼 프랑스어를 능숙하게 말하는 것을 듣고 만면에 미소를 띠었다. 대신 독일어를 깡그리 잊어버린 그는 독일에 돌아와 가정교사에게서 교육받았고, 룽게 박사의 사립 상업 학교에 들어가 상인 수업을 받았다. 룽게 박사의 도덕 교육은 쇼펜하우어의 마음에 들지 않았다. 때로는 학생들끼리 주먹다짐이 벌어지기도 했는데 아르투어 쇼펜하우어는 완력에서도 그들에게 밀리지 않았다. 하지만 상업학교에서 배울 수 있는 것을 금방 익힌 쇼펜하우어는 아버지에게 김나지움에 보내 달라고 요구했다. 아들은 일찍부터 철학에 관심이 많았지만 아버지는 '자고로 뮤즈에 심취한 사람은 가난에 시달리기 일쑤'라면서 아들의 철학 공부에 반대했다.

쇼펜하우어는 '김나지움'에 입학하는 대신 아버지가 바라는 대로 할 수 없이 '상인'이 되기로 한다. 아버지는 아르투어가 자신의 가업을 물려받는다는 조건으로 아들에게 호화 유럽 여행을 시켜 주겠다고 유혹한다. 인간의 자유를 높이 평가하고 존중하는 그의 아버지는 억지로 우겨서 자신의 의견을 관철할 의향은 없었다. 그러나 책략을 써서 아들의 심경을 시험하려고 했다. 세상을 널리 구경하고 싶어 하는 십 대 소년 쇼펜하우어에게는 혹할 만한 악마의 유혹이었다. 그래서 쇼펜하우어 가족은 1803년에서 1804년까지 네덜란드, 영국, 스위스, 마르세유, 툴롱, 빈, 드레스덴, 베를린 그리고 고향인 단치히 등지를 두루 돌아다녔다. 그 덕분에 그는 사물에 대하여 단지 그 이름만을 아는 데 만족하지 않고, 관찰하고 탐구하여 사물을 직접 확인하며 이를 인식하는 것이 말만 듣고 짐작하는 것보다 훨씬 바람직하다고 생각하는 버릇을 가지게 되었다. 쇼펜하우어 어머니의 여행 일기에는 아름다운 건축물과 색다른 문화, 낭만적인 장면들로 가득 차 있었던 반면, 쇼펜하우어의 일기에는 구걸하는 프랑스 빈민들, 채찍으로 맞는 병사들, 강제 노동을 당하는 흑인 노예 등과 같은 사회의 어두운 모습들이 기록되어 있었다. 이처럼 어머니와 아들의 세상을 보는 눈과 성격은 확연히 달랐다. 쇼펜하우어는 1804년 4월 8일의 여행 일지에 갤리선 노예의 숙소인 프랑스 툴롱의 대형 병기 창고 안에서 엄청나게 많은 흑인이 쇠사슬에 묶여 힘든 노동을 하는 것을 목격하고 큰 충격을 받았다고 적는다. 그는 마음대로 죽을 수도 없는 그들을 보고 차라리 사형 선고를 당하는 것이 낫지 않을까 생각할 정도였다. 여기서 아르투어의 평생에 걸치는 철학적 사유가 시작되었다.

쇼펜하우어는 17세 때 이미 이 세상은 선한 존재자의 작품일 수 없다고 생각했고, 18세의 청년 쇼펜하우어는 일기에 '하느님이 이 세상을 만들었다고? 천만에, 이 세상은 악마가 만들었어'라고 적기도 했다. 20대 초반에는 삶은 어렵고 불쾌한 것이라면서, '이러한 인생에 대해 평생 사색하며 보내기로 마음먹었다'라고 고백한다. 그는 세계 안에 존재하는 고통과 악을 보는 데서 철학을 하는 경이로움을 느낀다. 소년은 인간 존재와 이성이 의지라는 갤리선에 갇힌 노예라고 생각한다. 인간은 이성을 갖추었어도 자기를 주장하는 맹목적 욕구에 매여 있다. 어둠침침한 감옥 속에 묶여 있는 슬픈 모습의 노예가 바로 욕망의 노예가 된 인간 자신의 슬픈 자화상인 셈이다. 파리에서는 사람의 목을 자르는 단두대를 보았고, 런던에서 몇 달 지내는 동안에도 사람이 공개 처형당하는 모습, 채찍으로 폭행당하는 병사들의 모습, 그리고 전쟁이 터진다며 날뛰는 사람들을 보았다. 그래서인지 쇼펜하우어는 마부의 채찍 휘두르는 소리에도 민감하게 반응했다. 소년은 가난한 사람들이 잔뜩 몰려 있는 런던의 빈민가를 혼자 걸어 다니다가, 걸인들이 경찰에게 끌려 다니는 모습도 목격했다. 그렇지 않아도 우울하고 예민했던 소년은 이런 광경을 보고 경악했고, 인생이 참으로 비루하다고 생각했다. 소년의 이러한 체험은 그 옛날 석가모니가 궁궐 밖에서 병자들과 노인들, 시체를 처음 보고 받은 충격과 비슷한 근원 체험이라고 할 수 있다.

이처럼 쇼펜하우어는 청소년 시절의 여행으로 프랑스 대혁명 이후의 참혹한 현장을 경험했고, 노예들의 비참한 삶을 보았다. 그러한 고통의 현장을 목격하면서 그는 삶이 무엇인지에 대한 강한 의문을 품었고, 결국 이것이 그의 의지 철학의 근원이 되었다. 한편 삶이란 고통스럽다고 말한 쇼펜하우어가 고통에 대한 인식을 강조했다면, 니체는 고통에 맞서 싸우는 힘을 길러 주었고, 실존주의는 권태로운 현실을 감당하게 했다.

상인 수습 생활과 부친의 석연치 않은 죽음

1805년 여행을 끝내고 함부르크에 돌아온 쇼펜하우어는 아버지 뜻에 따라 무역상 카브룬과 이어서 거상 예니쉬의 사무실에서 기질에 맞지 않는 상인 수습을 받기 시작했다. 그러나 여행과는 딴판으로 일 년 내내 싫증 나는 일을 하거나 굴종을 참아 내야만 했다. 그는 자신이 그릇된 인생 항로를 걷고 있다는 것을 날이 갈수록 통감하면서 스스로 저지른 잘못을 시정할 수 없다는 생각으로 절망에 빠져 지냈다. 그러다가 같은 해 4월 20일 존경하는 아버지가 상점 창고 통풍창에서 떨어져 사망하는 사건이 발생한다. 쇼펜하우어가 17세였을 때였다. 우울증으로 인한 자살로 추정되는 사고였다. 쇼펜하우어는 아버지의 석연치 않은 죽음으로 큰 타격을 받고 우울증에 가까운 증세를 보이기에 이른다. 아버지는 과잉 불안감에서 비롯된 공격적 발작증과 우울증, 그리고 점점 악화하는 청각 장애 증세로 고통받았을 뿐 아니라 부부 갈등으로 괴로워하고 있었기 때문이다. 아버지의 우울증은 외할머니에게서 물려받은 것으로 추정된다. 강력한 정신력을 타고난 쇼펜하우어 역시 안전 과민증, 청각 장애와 우울증으로 고통을 겪었는데 이 우울증은 아버지한테서 물려받은 것으로 보인다. 아버지의 죽음으로 인해 쇼펜하우어는 깊은 죄책감으로 고통을 받는다. 그리고 그러한 죄책감은 어머니에 대한 원망으로 이어진다. 안 그래도 아들은 어머니의 경박성, 낙천주의, 쾌락주의를 못마땅하게 생각한 터였다.

사실 쇼펜하우어의 어머니는 결혼 전에 사랑하는 남자가 있었으나 부모의 강권에 못 이겨 재력가 남편과 결혼했다. 열아홉 살의 나이 차가 나는 남편과의 애정 없는 결혼이었다. 쇼펜하우어의 아버지는 사교적이고 자유분방한 아내가 뭇 남자들의 관심과 인기를 끄는 것을 힘들어 했다. 결혼하고 몇 년 지난 후 요한나는 '돈과 명성, 지위 때문에 결혼하면 혹독한 대가를 치른다'라고 젊은 여자들에게 얘기했다. 남편이 죽은 후에야 이 결혼은 요한나에게 행운이 되었다. 남편으로부터 물려받은 유산으로 그녀는 바이마르에서 돈 걱정 없이 살아갈 수 있었고, 그곳에서 자신의 숨은 재능을 마음껏 펼칠 수 있었기 때문이다. 한편 쇼펜하우어는 '아버지가 고독하게 지내는 동안 어머니는 연회를 베풀었고, 아버지가 극심한 고통으로 괴로워하는 동안 어머니는 즐겁게 지냈다'라며 아버지에 대한 어머니의 태도를 신랄하게 비판했다.

쇼펜하우어는 프랑스인 친구 앙티메에게 비탄을 토로하는 편지를 보낸다. 앙티메는 1805년 5월 자신도 1년 전에 아버지를 잃었다며 위로하고 용기를 북돋우며 조심스럽게 자제를 권한다. 어머니는 어머니대로 '멍청한 세상과 인간의 고통에 대해 끊임없이 한탄해 대는' 아들 쇼펜하우어를 견디기 어려워했다. 어머니 요한나는 남편이 사망하자 1806년 9월 아버지의 상점을 해체한 뒤 딸 아델레를 데리고 함부르크를 떠나 바이마르로 갔고, 쇼펜하우어는 혼자 함부르크에 남아 상인 수습을 계속했다. 그러나 쇼펜하우어는 근무지를 이탈하여 골상학으로 유명한 프란츠 요제프 갈의 공개 강연을 들으러 가기도 하는 등 아버지의 희망대로 상인이 될 생각은 없었다.

1806년 10월, 바이마르에서 문학 살롱을 연 요한나 쇼펜하우어는 괴테를 비롯하여 빌란트, 슐레겔 형제, 그림 형제와 같은 저명인사들과 친교를 맺고 우정을 나눈다. 특히 그녀는 그동안 동거 생활을 하다가 나폴레옹의 침공 이후 뒤늦게 괴테와 정식 결혼한 크리스티아네 불피우스를 맨 처음 인정해 줌으로써 괴테와 밀접한 교분을 유지하게 되었다. 그렇지만 다른 사람들은 괴테가 크리스티아네와 정식 결혼했다고 하더라도 그녀를 계속 초대하지 말자고 서로 암묵적으로 합의하고 있었다. 그러자 요한나 부인은 '괴테와 결혼했다면 그녀를 우리 사교 모임에 초대해도 이상할 게 없다'라며 명쾌한 결론을 내렸다. 괴테로서는 고마운 일이었다. 이때 예나 전쟁이 일어나 프로이센이 영국과 러시아 등의 도움을 얻어 선전하였으나 결국 나폴레옹 군에게 패배했다. 요한나 부인은 전쟁으로 어려움을 겪는 사람들을 물심양면으로 도와줌으로써 그곳에서 좋은 평판을 얻는 계기가 되었다. 쇼펜하우어는 예나 전쟁의 인상을 적은 어머니의 편지를 받고 말할 수 없는 비탄에 잠겼다. 그는 인간을 위로하고 아픔을 진정시켜 주는 예술의 기능을 직감했다. 그중에서도 특히 영원의 울림이 있는 음악의 기능을 높이 평가하게 되었다.

쇼펜하우어는 1년 남짓 함부르크에 그대로 남아 계속 상인 수업을 받을 것인가, 아니면 자신의 성향에 맞는 학문을 할 것인가를 두고 고민했다. 그렇지만 상점 수습생으로서의 경험과 실용적 지식은 그에게 현실을 중시하는 태도를 지니게 했고, 그의 철학에 인간과 세상에 대한 구체적인 지식이 스며들게 했다. 그가 보기에 지성은 상점 주인인 '의지'가 시키는 대로 달려가는 수습 직원이었다. 말하자면 쇠망치가 대장장이의 도구이듯 지성은 의지의 도구이고, 두뇌는 의지가 두개골 속에 배치한 파수꾼인 셈이다. 문학 작품과 번역의 관계에서 보자면 문학이 귀족이라면 번역은 문학에 봉사하는 시종이다. 그는 아버지가 정해 준 운명에서 자력으로 벗어날 수 없었다. 나이도 나이인 만큼 일단 선택한 인생 코스를 버리고 새로운 길을 찾을 수도 없게 되었다. 그는 어머니에게 자신의 답답한 사정을 하소연했다. 어머니는 잘 알고 지냈던 유명한 학자 페르노프에게 도움을 청했다. 페르노프는 쇼펜하우어에게 보낸 편지에서 그가 지금까지 헛되이 보낸 것으로 생각하고 있는 세월도 결코 낭비한 것이 아니며, 자기뿐만 아니라 늦은 나이에 공부를 시작하여 학자의 생활에 들어간 다른 유명한 학자의 예를 들면서, 모든 것을 버리고 우선 고전어부터 공부하라고 충고한다. 쇼펜하우어는 이 편지를 받고 너무나 감격하여 울음을 터뜨리고 말았다.

사실 그는 자신을 아버지의 세계에서 꺼내 준 어머니에게 무한히 감사해야 했다. 아들은 아버지에게 한 약속을 지켜야 한다는 고정관념에 사로잡혀 있었지만, 어머니는 그렇게 생각하지 않았다. 그녀는 남편이 독단적으로 결정한 것에 뒤늦게나마 비판을 아끼지 않는다. 하지만 쇼펜하우어는 자신이 번번이 육체의 욕망에 무너졌기 때문에 여성을 용서할 수 없었듯, 어머니에게 빚을 졌다는 사실 때문에 어머니를 용서할 수 없었을지도 모른다. 쇼펜하우어는 어머니의 허락을 받아 1807년 5월 평소에 원하던 고타의 김나지움에 입학한다. 지금은 카를 마르크스의 『고타 강령 비판』으로 알려진 도시다. 결국 그는 우아하고 세련된 돈의 세계와 소박하고 넉넉하지 못하나 마음의 행복, 즉 소유와 존재 사이에서 갈등하다가 결국 존재를 선택한 셈이다. 그러나 어머니는 세상에 대해 늘 불평불만을 일삼는 쇼펜하우어가 바이마르로 오는 것을 반기지 않았다. 그가 어떤 견해를 표현하거나 함부로 판단을 내리는 버릇이 어머니의 마음에 들지 않았다. 그래서 따로 지내도록 하고 사교 모임이 있는 날에 손님으로 오는 것은 허락한다고 했다.

평생 가난에 시달렸던 칸트와는 달리 쇼펜하우어는 일찍 세상을 두루 구경하고 아버지의 유산으로 큰 어려움 없이 공부하고 직업을 갖지 않고도 홀로 저술 활동을 하며 안락하게 살아갈 수 있었다. 쇼펜하우어의 비관주의는 반대자들의 주장처럼 삶에 상처받고 낙심해서 삶을 염세적으로 본 데서 나온 것이 아니었다. 그것은 세상의 근원을 들여다보는 형이상학적 원리였다. 쇼펜하우어는 천재로서 자신이 세계에 이바지할 사명을 타고났다고 생각했다. 그는 풍족한 환경에서 성장하고 독립하여 자신이 바라는 인생을 속 편하게 영위하는 금수저 청년이었다. 그래서 자신에게 그런 유복한 환경을 만들어 준 아버지에게 늘 감사하는 마음을 지니고 이렇게 회고한다. "아버님께 모든 것을 빚진 저는 아버지의 보호와 배려 덕에 무기력한 유년기와 무분별한 청소년기를 지나고 성년기를 거쳐 지금까지 무사히 살아 왔습니다."

세계의 실제 모습은 어떠한가?

단테는 『신곡』에서 지옥의 모습은 그럴싸하게 그렸으나 천국의 즐거움과 행복을 묘사하려는 순간 난관에 봉착하고 말았다. 인간 세계는 천국과 닮은 점이 전혀 없었기 때문이었다. 이 세계의 수많은 동식물을 살펴보면 동기 없는 욕망, 끊임없는 고뇌와 투쟁, 그리고 죽음으로 점철되어 있다. 불안과 고통에 시달리는 동물들이 서로를 물어뜯고 있고, 맹수는 무수히 많은 약한 동물을 잡아먹으며 살아가고 있다. 그리고 이성과 지혜가 발달한 동물일수록 고통 감각이 예민하다.

인간 세계 전체를 되돌아보면 숨 돌릴 틈 없는 생존 경쟁의 모습을 보게 된다. 인간은 인간에 대한 늑대가 된다. 자연에서도 어디서나 투쟁, 싸움, 승리의 교체를 보게 된다. 물질은 서로에 맞서는 여러 힘의 투쟁 속에서만 자신의 현존을 갖게 된다. 악전고투 뒤에는 잠시 고통이 사라진 순간이 찾아오기도 하지만, 권태의 습격을 받고 다시 곤궁에 빠진다. 그래서 쇼펜하우어는 '인생은 고통과 권태 사이를 오가는 시계추와 같다'라고 말한다. 이 권태 다음에는 생존 자체에 대한 따분함과 공허가 모습을 드러낸다. 인간에게 빵과 서커스가 필요한 것은 허기와 지루함 때문으로 볼 수 있다. 뷔히너의 드라마 『보이체크』에서 보듯이 결핍이 서민에게 가해지는 채찍이라면, 권태나 지루함은 상류층에 가해지는 형벌이다. 모든 인간의 삶은 욕망과 욕망의 충족 사이를 오갈 뿐이다. 욕망이 충족되고 나면 새로운 종류의 욕망이 생긴다. 고통은 사라지지 않고 모양만 바꿀 뿐이다.

"대다수 사람들의 삶은 이 생존 자체를 위한 끊임없는 투쟁에 불과하며, 결국 그 투쟁에서 패배하는 것이 확실하다. 그런데 대다수 사람들이 이 힘겨운 투쟁을 견디는 것은 삶에 대한 사랑이기보다는 오히려 죽음에 대한 공포 때문이다. 이 죽음은 배후에 버티고 있어 피하려 해도 피할 수 없고, 어느 때라도 다가올 수 있다. 삶 자체는 암초와 소용돌이로 가득 찬 바다며, 인간은 최대한 신중하고 조심스럽게 이를 피하려 하지만, 안간힘을 쓰고 재주를 부려 뚫고 나가는 데 성공한다 해도, 사실 그럼으로써 한 발짝씩 전면적이고 피할 수 없으며 재기 불가능한 최악의 난파에 보다 가까이 다가간다. 아니 바로 난파를 향해, 즉 죽음을 향해 나아가고 있다는 것을 알고 있다. 이 죽음이야말로 힘겨운 항해의 최종 목표며, 인간에게는 그가 피해 온 어떤 암초보다도 나쁜 것이다."[4]

모든 존재의 삶은 고통이고, 적어도 이 세상에 살아 있는 한 그 고통에서 완전히 벗어날 수는 없다. 개미나 두더쥐, 새나 벌레는 무엇을 얻으려고 그리 힘들게 살아가는가? 이들은 먹고 짝짓기하는 데에 온통 시간을 보낼 뿐 힘든 삶에 비해 참으로 빈약한 목적을 가지고 살아간다. 동물들은 모두 먹이를 쫓는 동시에 포식자에게 쫓기는 먹이이기도 하다. 따라서 동물의 삶은 결핍, 곤궁, 불안과 울부짖음으로 설명될 수 있다. 인간은 하늘을 훨훨 날아다녀야 하는 조그만 새를 새장 안에 가두어 키운다. 새는 그 안에서 죽음을 그리워하며 이렇게 외친다. '새장 안의 새는 기분이 좋지 않아, 새가 노래하는 것은 기뻐서가 아니라 분노해서야.' 인간은 충직한 친구이자 영리한 개를 쇠줄에 묶어

---

4   아르투어 쇼펜하우어, 『의지와 표상으로서의 세계』, 홍성광 옮김, 을유문화사, 2019, 427쪽

키운다. 개의 입장에서 보면 야만적인 만행이나 다름없다. 인간 역시 몸과 마음을 다해 끊임없이 일하고, 재난과 맞닥뜨리며, 쫓김을 당하고, 경쟁과 투쟁으로 지새우며, 하기 싫은 일을 계속해야 한다. 이것이 실제 세계의 본 모습이라 할 수 있다.

일, 고역, 노고, 고난은 거의 모든 인간이 평생에 걸쳐 짊어지고 가야 하는 운명이라고 할 수 있다. 하지만 모든 소망이 생기자마자 성취된다면 인생을 무엇으로 채울 것이며, 무엇으로 시간을 보낸단 말인가? 모든 것이 저절로 자라고, 비둘기가 구워진 채 날아다니며, 또한 누구든 열렬히 사랑하는 여자를 만나서 어려움 없이 손에 넣을 수 있는 게으름뱅이의 천국에 인류를 옮겨 놓는다고 치자. 그렇게 되면 사람들은 일부는 무료한 나머지 죽어 버리거나 목매어 죽든가, 일부는 서로를 공격하고 교살하며 살해해서, 지금 자연이 우리에게 가하는 것보다 더 많은 고통을 맛볼지도 모른다. 우리는 고통이 있는 것은 느끼지만 고통이 없는 것은 느끼지 못하고, 걱정은 느끼지만 걱정이 없는 것은 느끼지 못한다. 행복한 나날을 보낼 때는 행복을 의식하지 못하다가, 불행이 찾아오면 그제야 과거의 행복을 상기하게 된다. 그러니 쇼펜하우어는 행복을 늘리려고 하기보다는 고통을 줄이려 노력하는 것이 더 중요하다고 말한다.

의지란 무엇인가?

철학을 잘 모르는 사람에게든 잘 아는 사람들에게든 쇼펜하우어는 염세주의 또는 비관주의 철학자의 대명사처럼 여겨지기도 한다. 하지만 정작 그의 사상을 정확히 알고 이해하는 사람이나 그가 무엇을 가르치려고 했는지 제대로 아는 사람은 의외로 많지 않다. 그러하기에 쇼펜하우어는 흔히 자살을 옹호하고 촉구한 철학자로 잘못 오해받기도 한다. 그런 말을 하는 사람들은 쇼펜하우어의 책을 제대로 읽지 않았거나 기존의 선입관에 매몰되어 있다고 할 수 있다. 쇼펜하우어의 책을 읽고 자살했다는 사람이 있기라도 하단 말인가? 늘 죽음을 꿈꾸고 여러 번씩이나 자살 시도를 한 헤르만 헤세가 훨씬 더 비관적인 작가였다. 선입견을 버리고 쇼펜하우어의 재기 있는 글을 읽으면 우울해지는 것이 아니라 오히려 유쾌해지고 명랑해진다. 그의 음울하고 고뇌에 찬 글을 읽으면 처음엔 암울해질지 모르지만 읽고 나서 곰곰 생각해 보면 잔잔한 웃음이 피어 나온다. 그의 가르침은 삶의 위안이자 진정제가 된다. 이 진정제의 역할을 하는 것이 바로 욕망의 불을 끄는 인식이다.

쇼펜하우어의 '의지'라는 용어는 끝없는 오해를 불러일으킨 주범이었다. 그는 이 용어를 마땅찮게 생각하면서도 어쩔 수 없이 사용했으며, 오해를 예견하고 그에 대해 경고하기도 했다. 쇼펜하우어가 말하는 '의지'는 그 이전의 철학자들이 말하는 의지와 그 뜻이 다르다. 그들은 의지를 욕망으로 보지 않고 지성과 가깝거나 동일한 것으로 보았다. 의지는 무엇을 하려고 하는 마음으로, 지성은 지각된 것을 토대로 새로운 정신을 낳게 하는 능력으로 보았기 때문이다. 반면에 쇼펜하우어가 말하는 '의지'란 의식적인 행위, 삶, 인격 등과 전혀 관계가 없고 목표나 목적과도 무관하다. 쇼펜하우어의 의지란 삶의 목표에 따른 의도적인 행위와는 무관한 것으로, 인간의 다른 맹목적인 감성인 '욕망', '욕구', '갈망', '추구', '노력', '고집'까지 포괄하는 개념이다. 의지란 표현보다 '욕망'이나 '힘' 또는 '에너지'가 더 나은 표현일지도 모른다. '다른 사람들이 의지의 자유를 주장해 왔다면 나는 의지의 전능성을 증명한다'라고 그는 말한다. 쇼펜하우어는 사물 자체로서의 의지는 자유지만, 현상으로서의 의지는 자유가 아니라고 생각한다. 이 의지는 일정한 목표가 없는 무의식적이고 맹목적인 충동에 따라 움직인다. 이런 맹목적인 의지를 현세의 모든 것의 숨은 원동력으로 보는 생각은 고대 인도 철학에도 있었다. 이 의지의 활동은 결코 쉬지 않고 만족할 줄 모른다. 그것은 어디까지나 살려고 부단히 애쓸 뿐이다. 쇼펜하우어가 볼 때 의지는 노력하고, 욕망하고, 상승하고, 희망하고, 두려워하고, 사랑하고, 증오하려는 성향을 지니고 있다.

쇼펜하우어는 『의지와 표상으로서의 세계』에서 지성과 인식, 이성이 의지에 봉사한다고 주장한다. 이성은 욕망 충족을 위해 동원되는 도구에 불과하며, 욕망이 삶에 목표를 부여한다면 이성은 목표 실현을 위한 구체적인 방법을 모색한다. 우리의 지성은 감퇴해도 의지는 거의 퇴화하지 않는다. 지성은 지쳐서 피곤해지나 의지는 결코 지칠 줄 모른다. 그에 따르면 이성은 두뇌 현상일 뿐이고 의지의 제약을 받으며, 의지의 부산물에 불과하다. 그는 인간의 행위뿐 아니라 돌의 낙하에도 의지가 있다고 보며, 그에게 비유기적인 전체

우주는 의지의 현시이다. 물리학자들의 일은 이런 현시의 규칙과 법칙에 가까운 운동을 발견하는 것이다. 즉 태양의 대폭발은 의지고, 태양 주위를 도는 지구의 운동도 의지며, 조수의 운동도 의지다. 식물의 성장하는 힘과 번식력도 의지의 표현이고, 나침반이 북극을 가리키게 하는 힘이나 중력도 나타나는 방식만 다를 뿐 그것의 궁극적인 본질은 의지다. 삼라만상의 어디에나 있는 모든 생기와 충동이 의지인 셈이다. 이처럼 의지는 자연 속에 있는 모든 힘이고, 모든 인간의 가장 깊은 충동은 '삶에의 맹목적인 의지Der blinde Wille zum Leben'다. 쇼펜하우어가 오해를 초래하는 의지라는 용어를 선택했던 이유는 행위자인 우리의 능력 내에서, 다시 말해 이른바 의도된 활동 속에서 우리 인간 존재가 충동이라는 직접적이고 매개 없는 경험을 하기 때문이다. 그리고 모든 인간의 가장 깊은 충동은 바로 생존 의지기 때문이다.

그러면 우리의 삶을 지배하는 것이 합리적 이성인가 또는 맹목적 의지인가? 쇼펜하우어는 이성이 아니라 의지라고 본다. 그는 우리가 타고난 성격의 지배를 받지 않고 순전히 우리의 이성적인 결단에 의해서만 자유롭게 행동할 수 있다는 사실을 부정한다. 그에 의하면 의지는 이성보다 더 강할 뿐 아니라 더 본원적이고 더 본질적이다. 이처럼 종래의 개념과 달리 지성이 약하고 의지가 우월하다는 것이 지성과 의지의 전도 현상이다. 쇼펜하우어의 의지론은 아리스토텔레스의 목적론이나 데카르트의 기계론과는 다른 것이다.[5] 쇼펜하우어는 이러한 주장으로 현대 사상에 커다란 영향을 미쳤다. 니체, 프로이트는 이런 의미에서 쇼펜하우어의 충실한 제자인 셈이다. 쇼펜하우어는 이미 프로이트 이전에 성적인 동기 때문에 인간 존재가 생기기 때문에 거의 모든 것에 그런 동기가 들어 있다고 주장한다. "키가 작고 어깨는 좁으며, 엉덩이가 넓고 다리는 짧은 이 여성이라는 족속을 아름다운 성이라고 일컬을 수 있는 것"은 단지 성적 충동으로 남성의 지성이 흐려졌기 때문이라는 것이다.

이처럼 신체와 성에 주목하고 있는 쇼펜하우어의 의지 철학은 당대 생물학 연구의 성과를 철학적으로 반영하고 있다. 그의 생존 투쟁 이론은 다윈의 자연 선택 이론에 영향을 끼친다. 쇼펜하우어의 형이상학은 당대의 자연 과학

---

5 아리스토텔레스의 목적론은 '황소는 들이받기 위하여 뿔이 있는 것'이고, 데카르트의 기계론은 '황소는 뿔이 있기 때문에 들이받는 것'이며, 쇼펜하우어의 의지론은 '황소는 뿔이 있어 들이받는 것이 아니라 들이받고 싶어서 뿔이 있는 것'이다.

적 발전에 대한 철학적 응답이었고, 자연 과학 및 실증주의 시대의 형이상학이었다. 그리고 그의 의지 철학은 서구 철학의 역사에서 그동안 주목받지 못했던 신체와 성, 성애가 본격적인 철학 담론의 주제로 떠오르는 계기를 제공하며, 이후 니체와 생철학을 거쳐 반합리주의 노선의 출발점이 된다. 또한 쇼펜하우어의 의지 개념은 욕망의 범주와도 직접적으로 연결된다. 무의식 세계인 의지의 세계가 의식 세계인 표상의 세계를 지배한다는 쇼펜하우어의 의지 철학은 프로이트와 융의 정신분석 이론을 철학적으로 선취하고 있는 셈이다. 또한 융의 집단 무의식은 쇼펜하우어가 말하는 종의 욕망과 비슷하다.

비트겐슈타인도 초기에 쇼펜하우어의 영향을 강하게 받았다. 그의 『논리철학 논고』에서 주관과 객관 사이, 즉 인식적 주관으로서의 '나'와 그것의 세계와의 상호 관계에 관한 생각이 그것이다. 비트겐슈타인에 의하면 현상계 너머에는 침묵만이 놓여 있다. 그뿐만 아니라 쇼펜하우어의 웃음론은 채플린의 코미디에 큰 영향을 미쳤다. 그래서 그의 영화를 보면 슬프면서도 빙그레 웃음이 나온다. 그런데 의식이 존재를 결정하는 것이 아니고, 존재가 의식을 결정한다는 기본 명제에서 마르크스도 쇼펜하우어와 같은 견해다. 다만 하부 구조로서의 존재가 무엇이냐는 문제에 대해 쇼펜하우어는 개인적·심리적으로 관찰했고, 마르크스는 사회적·역사적으로 관찰했을 뿐이다. 마르크스에 의하면 이성이 하부 구조에 의해서 지배되는 것은 잘못된 사회 구조의 억압된 상태 때문이다. 본래 모습대로의 이성은 자율적으로 진리를 추구한다는 것이다. 쇼펜하우어에 의하면 기본적으로 이성은 의지에 봉사하는 기관이다. 그런데 천재나 성인聖人의 경우에는 이와 달리 이성이 의지로부터 해방되어 참다운 진리를 추구한다. 이처럼 사회와 사회 구조를 이해하기 위해 마르크스가 중요한 것처럼, 인간과 인간의 심리를 이해하기 위해서는 쇼펜하우어를 읽는 게 필요하다.

칸트를 넘어서, 그를 비판하다

쇼펜하우어는 페르노프의 충고에 따라 마침내 1807년 5월 함부르크를 떠나 고타의 김나지움에 입학한다. 그는 소포클레스의 비극을 관람하다가 불행을 플라톤 철학으로 들여다보자는 착상을 한다. 그는 현실의 불행을 실제 현실이 아니라 현실의 이미지에 불과하다고 생각하기 시작한다. 그는 교장 되링에게서 라틴어를 배웠고, 아우구스트 대공의 애첩인 배우 겸 가수 카롤리네 야게만과의 열정적인 사랑에 사로잡혀 정신적 위기를 맞기도 했다. 그는 고타의 학교에서 교사 슐체를 풍자하는 시를 썼다가 질책을 들었다. 슐체가 쇼펜하우어를 빈정대듯이 언급하며 분노를 표출하고, 교장 되링도 슐체의 편에 서서 개인 교습을 해 줄 수 없다고 하자 쇼펜하우어는 자신의 명예를 유지할 수 없다고 생각해 과감히 고타를 떠난다. 그는 이제 바이마르에 가서 파소우로부터 라틴어, 희랍어 개인 수업을 받았고, 바이마르 김나지움의 교장 렌츠에게서 라틴어 회화를 배웠다. 그리하여 그는 고전어에 누구보다 뛰어난 실력을 갖추게 되었다. 쇼펜하우어는 매일 밤늦게까지 혼자 고전 문학을 공부하면서 역사에도 관심을 기울였다. 『영감의 힘』을 쓴 낭만주의 극작가 베르너와의 교류가 그에게 좋은 추억이 되었다. 쇼펜하우어는 이미 그 작품을 읽고 깊이 빠져 있어서 그를 만나자 무척 기뻐했다. 두 사람은 진지하게 철학적인 대화를 자주 나누었다.

바이마르에서 쇼펜하우어는 어머니와 같이 살지 않고 혼자 하숙 생활을 했다. 어머니가 아들에게 보낸 당시의 편지를 보면 둘 사이가 이미 틀어졌음을 알 수 있다. 아들은 아버지가 돌아가신 지 얼마 되지 않았는데도 어머니가 한참 연하의 남자 친구 게르스텐베르크Müller von Gerstenbergk와 사귀는 등 경조부박하게 생활하자 남편을 생각했으면 지켰어야 할 정절을 망각했다고 여겼다. 이 시기에 쇼펜하우어가 가장 친근하게 느낀 사람은 페르노프였다. 그러나 1808년 12월 그가 불치병으로 세상을 떠나는 바람에 둘의 교류는 오래가지 못하고 중단되어 버렸다. 만년에도 쇼펜하우어는 그와의 추억을 괴테만큼이나 소중하게 기억에 아로새기고 있었다. 어머니 요한나도 페르노프와의 만남을 추억하며 『카를 루트비히 페르노프의 생애Carl Ludwig Fernow's Leben』라는 그의 전기를 출간했다. 이즈음 쇼펜하우어는 나폴레옹을 에르푸르트에서 우연히 보기도 했다. 피히테의 『독일 국민에게 고함』도 이 무렵 나온 것이었다. 피히테는 나폴레옹 점령 시 외국 숭배 풍조와 도덕의 타락을 비판하고, 순수한 도덕 정신을 함양하도록 설득하면서 새로운 국민 교육의 필요성을 역설했다. 1809년 말에 쇼펜하우어는 성년이 되자 어머니로부터 유산을, 즉 부친이 남긴 유산 중에서 이미 소비한 부분을 제외한 3분의 1을 받게 되었다. 게다가 고향 단치히 근교의 논밭 관리권을 넘겨받아 고정 수입이 그의 수중에 들어오게 되었다. 이것으로 그는 생계를 어느 정도 유지해 나갈 수 있었다.

쇼펜하우어는 1810년 괴팅겐대학에서 한 학기 동안 의학을 공부하다가 슐체Gottlob Ernst Schulze 교수의 조언을 듣고 방향을 바꾸어 플라톤과 칸트 철학을 공부하며 그들의 저작을 탐독하기 시작한다. 플라톤은 인간의 영혼을 세 영역, 머리로 대표되는 이성의 영역, 심장으로 대표되는 의지의 영역, 위장으로 대표되는 욕망의 영역으로 구분했다. 이것들의 결정체가 학문, 종교, 예술, 진선미다. 플라톤은 훌륭한 인간이란 이성이 의지를 통해서 자신의 욕망을 통제하는 인간이라고 생각했다. 근대까지 서양 철학 전체는 이러한 구도 속에 있다고 볼 수 있다. 칸트는 내가 보고 있는 어떤 사물은 단지 나의 두뇌가 감각 정보를 처리해서 나타난 것에 불과한 것으로 파악하고 그것을 현상계라고 부른다. 우리가 보는 이 세계는 우리의 두뇌가 해석한 현상의 세계일 수밖에 없다는 것이다. 그리고 우리가 알 수 없는 이것의 진짜 모습을 칸트는 사물 자체라고 했다. 헤겔은 이러한 전통을 받아들여 이성을 통해 사물 자체와 현상계를 하나로 통합하려고 했다. 그리고 이러한 이성이 변증법적 과정을 거쳐 절대정신이 된다고 했다.

쇼펜하우어는 대학 시절 하루에 두 시간씩 그리스와 로마 작가들의 작품을 맹렬히 읽었다. 또한 그는 상당히 나이를 먹어 경험이 풍부했으며, 게다가 남들과는 동떨어진 성격을 타고났으므로 늘 그들과 떨어져 고독하게 보내는 경향이 있었다. 그는 유고 수기에서 철학을 돌멩이와 가시나무가 가득한 알프스의 가파른 산길에 비유한다. 그는 그 산길을 더 높이 올라갈수록 등정자는 더 고독해지고 더 쓸쓸해지며, 저 아래의 모든 것은 아직 밤의 어둠에 잠겼어도 신선한 공기 속에 우뚝 서서 태양을 바라볼 수 있다며 자신의 심정을 토로한다. 플라톤의 동굴 이론에 의하면 경험적 현실 세계는 비본래적이고 비본질적인 존재로 이해되며 그 배후에 본래의 본질적인 존재가 숨어 있다. 경험적 사물들은 변화하며 무상한 반면 그 개념들인 이념은 불변하며 영원하다. 감각적으로 지각할 수 있는 경험적 사물 세계의 존재는 다만 가상에 지나지 않고, 본래의 본질적인 존재는 이데아의 존재다. 이데아 그 자체는 영원한 것이며 모든 존재의 진리인 반면, 사물의 현상들은 다만 가상에 지나지 않으며 영원한 이데아가 일시적으로 구현된 것에 지나지 않는다. 플라톤에 의하면 현실은 이데아의 그림자에 불과하고, 예술은 현실의 모사에 불과하다. 플라톤을 통해 쇼펜하우어는 진정한 진리를 알기 위해서는 우리가 보고 접하는 세계를 넘어서 세상의 본질을 추구해야 함을 배운다.

쇼펜하우어는 칸트의 가르침으로부터 경험적 세계의 본성에 관한 견해를 개발했다. 쇼펜하우어는 자신이 칸트의 진정한 후계자라고 생각했다. 그는 칸트와 자신 사이의 시기에는 어떤 철학도 없었고 다만 대학에서 이루어진 야바위가 있었을 뿐이라고 말한다. 그는 칸트를 이렇게 이해한다. "칸트는 우리의 선험적 인식이 경험의 대상에만 타당하고, 경험의 대상을 넘어서 나아갈 수 없다는 점을 확실히 보여 주었다." 칸트는 우리가 경험할 수 있는 부분의 현실, 즉 실질적이고 가능한 부분의 세계를 현상이라 하고, 경험할 수 없는 부분을 실재라고 했다. 그러므로 실재는 정신의 산물이 아니며, 우리의 경험과는 무관하게 존재하는 것이다. 칸트의 불가지론에 의하면 우리는 신이나 영혼 같은 것이 존재하는지도 절대로 확실하게 알 수 없고, 그것들이 존재하더라도 직접 인식하거나 결정적인 지식을 얻을 방법이 없다.

우리는 사물을 지각하고 나서야 인식이 생긴다고 생각한다. 그런데 칸트는 경험적 인식이 가능하려면 그 이전에 특별한 인식, 즉 선험적 인식이 있어야 한다고 주장한다. 선험적 인식이 경험적 인식보다 먼저 있어야 한다는 주장은 서양 철학사에서 처음으로 등장했다. 서양 근대 철학자들은 인간의 인식이 지각과 이해력이라는 두 종류의 서로 다른 기관을 통해 이루어진다고 믿었다. 칸트는 근대 철학보다 한 걸음 더 나아가 지각과 이해력뿐 아니라 선험적 인식이 필요하다는 점을 발견한다. 존재하는 모든 것은 선험적 인식 적용 가능성에 따라 두 부류로 나눌 수 있다. 하나는 선험적 인식이 적용되는 영역이고, 이것은 지각으로 확인할 수 있는 세계다. 칸트는 이 영역을 현상계라고 부른다. 다른 하나는 지각으로 확인할 수 없는 세계로 선험적 인식이 적용되지 않는 영역이다. 이것을 칸트는 초월계라고 부른다. 쇼펜하우어에게 칸트 철학은 코페르니쿠스적인 전환이었다. 칸트는 니체에 앞서 망치를 들고 기존의 체계를 부수어 버렸다. 쇼펜하우어는 칸트 철학을 통한 깨우침을 백내장을 앓던 자가 수술로 눈을 뜨는 경험에 비유한다. 쇼펜하우어는 1820년 베를린대학에서 가르치던 시절 칸트를 기리며 「칸트에게」라는 미완성 시를 남긴다.

"나는 그대가 있는 푸른 하늘을 쳐다보지만
그대는 푸른 하늘 저편으로 사라져 갔네.
나 홀로 여기 평범한 인간들 틈에 남아 있으나
그대의 말, 그대의 책만이 오직 나의 위안이네.
그대 말에 담긴 정신으로 가득 찬 울림으로
황량한 마음에 생명을 불어넣으려 했지.
내 주위엔 온통 낯선 사람들뿐
세상은 황량하고 삶은 길다."

쇼펜하우어에게 철학의 출발점은 세계의 표상이다. 표상이란 우리의 의식 앞에 놓인 사물의 그림이다. 우리가 직접 선명하게 경험하는 것은 마음속의 표상이다. 우리가 확실히 알고 있는 것은 표상뿐이다. 그래서 철학은 표상에서 출발해야 한다고 쇼펜하우어는 주장하며 '의식 속에 세계가 존재한다'라고 말한다. 그에 의하면 주체가 없다면 세계의 표상은 존재하지 않는다. 그런데 쇼펜하우어는 칸트를 그대로 수용하지 않고 비판적으로 받아들인다. 쇼펜하우어는 경험 세계의 바깥에 다수의 사물이 존재할 수 있다는 칸트의 추정을 잘못이라고 본다. 시간이나 공간 속에서만 어떤 것이 다른 것과 다를 수 있기 때문이다. 쇼펜하우어는 시간과 공간의 바깥에서는 모든 것은 단일하며 무차별일 수밖에 없다고 주장한다. 칸트는 초월계와 현상계의 관계가 인과론적인 관계라고 생각했지만 쇼펜하우어는 그럴 수 없다고 주장한다. 인과 법칙이란 현상 영역 안에서만 쓸모 있기 때문이다.

1811년, 쇼펜하우어는 신생 베를린대학으로 학교를 옮겨 당대의 거장이었던 피히테와 슐라이어마허의 강의를 들었다. 하지만 그는 그들의 강의에 그다지 감동을 받은 것 같지는 않다. 한번은 피히테가 청강생 일동을 위해 개최한 토론회에 그는 참석하여 장시간 그와 논쟁을 벌였다. 1813년에는 바이마르에서 괴테와 친교를 나누며 색채론에 대해 대화를 나누기도 했다. 이 무렵 쇼펜하우어는 뒤페롱Anquetil Duperron이 1802년 라틴어로 번역한 『우프넥하트』[6]를 읽고 고대 인도 철학을 접한다. 쇼펜하우어는 평생 이 책을 읽고 연구했으며, 이것은 그의 세계관의 굳건한 토대의 한 부분이 됐다. 그는 이 책을 가장 값지고, 수준 높은 것이라며 높이 평가했다. 그는 인도를 '가장 고대적이고 원시적인 지혜의 땅'이라고 보면서 기독교가 브라만교와 불교에 의해 채색되었다고 생각했다. 그는 유대교는 페르시아에서 유래했고, 구약 성경은 이집트의 영향을 받았으며, 신약 성경은 인도의 영향을 받았다고 주장한다.

해방 전쟁(1813~1815)이 발발하자 쇼펜하우어는 징집 불안증에 시달린다. 그는 군사적인 것을 무엇보다도 싫어했다. 베를린대학에서 박사 학위를 받으려고 했으나 뤼첸 전투로 베를린시도 위협을 받게 되자 그는 드레스덴으로 갔다가 거기도 위험할 것 같아 다시 바이마르로 가서 모친의 집에 일단 머물러 있었다. 하지만 어머니와의 불화로 튀링겐의 삼림 지대에 있는 소도시 루돌슈타트의 춤 리터Zum Ritter 여관에서 그 해의 나머지를 보내며 다시 정신적으로 깊은 고뇌에 사로잡혀 낙심해 있었다. 루돌슈타트에 머물면서 「충분근거율의 네 겹의 뿌리에 대하여」라는 논문을 완성하고, 박사 학위를 취득하기 위해 베를린으로 돌아가려고 했으나, 베를린에 이르는 길은 휴전 중에도 그 후 전투가 재개된 뒤에도 폐쇄된 채였다. 그래서 그는 할 수 없이 가장 가까운 예나대학 철학과에 논문을 보내 철학박사 학위를 받을 수 있었다. 겨울에 그가 몸담고 있던 한적한 전원에도 군대가 침입해서 주위가 온통 쑥밭이 되었으므로 그는 다시 바이마르로 돌아가 그곳에서 겨울을 지냈다.

쇼펜하우어는 학위를 받은 뒤 드레스덴으로 가 4년 동안 연구에 매진하면서 『의지와 표상으로서의 세계』의 집필을 시작해 완성한다. 그는 이때가 자신의 삶에서 가장 생산적인 시기였다고 회고한다. 그는 인생에서 적당한 체념이 필요하며, 뛰어난 지성인이나 천재는 친구를 얻기가 어렵다고 깨닫는다. 그는 자신의 자아와의 완벽한 일치를 어렵다고 인정하고, 내면적 불일치를 평생 짊어져야 할 운명이라고 본다. 천재임을 자각한 그는 범인의 저열한 상태를 향상시키려는 노력을 의무로 삼아야 한다고 생각한다. "천재성을 타고난 개인은 그냥 존재하면서 작업하기만 해도 인류 전체를 위해 스스로를

6 쇼펜하우어는 그 책에 대해 이렇게 말했다. "『우파니샤드』는 세상의 모든 책 중 가장 가치 있고 숭고한 책이다. 이 책은 지금까지 내 인생에 위로가 되었다. 그리고 나의 임종 자리에서도 위안이 될 것이다."

희생하는 개인이다."

　그러면 세계의 본질이 삶에의 맹목적인 비합리적 의지라는 사실은 어떻게 파악되는가? 쇼펜하우어는 우리의 세계가 시간과 공간, 인과율에 의해 규정되는 것으로 본다. 시간과 공간은 칸트의 경우와 마찬가지로 선천적 직관 형식이고, 인과율은 지성 범주다. 그러므로 시간과 공간, 인과율을 통하여 우리 앞에 나타나는 경험적 세계는 한낱 표상Vorstellung의 세계일 따름이지, 사물 자체Ding an sich의 세계는 아니다. 이 점은 칸트와 견해를 같이 하지만 범주가 인과율 하나뿐이라고 보는 점이 그와 다르다.

쇼펜하우어의 색채론

쇼펜하우어의 박사 논문을 제일 먼저 읽은 사람은 괴테였다. 그는 '쇼펜하우어 박사는 굉장한 두뇌의 소유자'라며 논문을 높이 평가한다. 괴테는 바이마르에서 문학 살롱을 운영하던 쇼펜하우어의 어머니 덕택으로 이미 쇼펜하우어에게 관심을 기울이고 있었다. 논문을 어머니에게 선물하자 어머니는 '네 겹의 뿌리라니. 난 약제사용 책인 줄 알았다'라고 빈정댔다. 아들이 '어머니, 책들이 매진되어 헌책방에서 구할 수 없어져도 제 책은 읽힐 겁니다'라고 반박하자, 어머니는 '그때에도 네 책은 매진되지 않을 거야'라고 응수한다. 쇼펜하우어는 1814년 4월 어머니와 그 남자친구 게르스텐베르크와 심각한 갈등을 겪었고, 5월에 드레스덴으로 이사를 간 다음에는 가끔 편지만 주고받을 뿐 다시는 어머니를 만나지 않는다. 쇼펜하우어는 어린 시절 프랑스에 살면서 처음으로 사랑받는다는 느낌을 받는다. 2년 동안 프랑스의 앙티메 집에서 살 때 그는 사랑받고 있다고 부모님께 신나서 편지를 쓴다. 어머니와의 갈등도 사랑의 갈구, 즉 제대로 사랑받지 못한 아이의 느낌에서 나온 것으로 보인다. 괴테한테는 아버지 같은 사랑을 갈구했으나 괴테 역시 쇼펜하우어를 인정하는 데 소홀히 했다.

　1813년 오랜 세월 동안 심혈을 기울여 괴테는 자신의 『색채론Zur Farbenlehre』을 완성했고 쇼펜하우어는 그와 우정을 나누며 빈번하게 접촉했다. 괴테는 가끔 쇼펜하우어를 자기 집에 초대해 다양한 주제를 놓고 대화를 나누었다.

쇼펜하우어는 수개월 동안 괴테와 교류하며 색채론에 관해 연구하며 토론했고, 괴테는 연구에 필요한 많은 지원을 해 주었다. 그때까지 그 세기의 참된 영광이자 영예이며 독일 국민의 자랑이고, 그 이름이 모든 시대 사람의 입에 오르게 된 위대한 괴테를 쇼펜하우어는 먼발치에서 바라보기만 했고, 그도 쇼펜하우어에게 친밀하게 말을 걸어오는 일이 없었다. 그러나 쇼펜하우어의 논문을 읽고 난 괴테는 쇼펜하우어에게 자기의 색채론 연구를 해 줄 의향이 없느냐고 물었다. 그럴 경우 그는 그에 필요한 도구를 빌려주고 설명해 주겠다고 약속했다. 이 문제, 즉 '색채론'에 대해서 쇼펜하우어는 그의 견해에 동의한 적도 있고 반대한 적도 있었지만, 아무튼 그것이 그해 겨울에 두 사람이 때때로 주고받은 대화 주제가 되었다. 처음으로 이야기를 시작한 지 몇 주일이 지나 괴테는 색채 현상을 재현하는 데 필요한 기계와 기구를 쇼펜하우어에게 보내 주었다. 그 후 그는 손수 시도한 실험을 쇼펜하우어 앞에서 보여 주었다. 괴테는 쇼펜하우어가 선입관에 매몰되지 않고 그의 주장의 정당성을 인정한 것을 기쁘게 생각하였다. 그때까지 그의 색채론은 많은 사람에게서 마땅히 받아야 할 동의와 승인을 받지 못하고 있었다.

괴테는 1810년에 『색채론』을 출간하며, 이 책을 통해 색채론의 관점을 피력하고 있다. 데카르트, 갈릴레이, 그리고 뉴턴에서 출발한 자연 과학의 기계론적·환원주의적 사고방식이 초래할 위험성을 일찍이 예견했던 괴테는 인간의 감각과 대상의 유기적 관계에 주목하는 독창적인 이론을 펼친다. 괴테의 자연과 감각에 대한 연구는 세계의 근원적인 아름다움과 풍요로움에 대한 본능적인 인식을 바탕으로 한다. 스스로 자신의 문학 작품들을 능가하는 불멸의 업적이라 호언장담했건만 자연 과학계의 주류로부터 배척당했고, 괴테의 문화적인 명성에 가려 주목받지 못했던 '색채론'과 '자연 과학론'은 20세기 중반에 이르러 비로소 새롭게 조명되었다. 산업사회의 모순이 심화되고, 도구적 사고방식과 무한 성장에 의한 문명의 파괴적인 결과가 드러나면서 괴테의 이론이 하나의 대안으로 부상한 것이다.

뉴턴은 프리즘으로 분리되는 무지개색들을 주체와 무관하게 세상을 구성하는 근본적인 것으로 보았던 반면, 괴테는 색이란 주체와 대상이 만나 어우러지는 것이며 빛과 어둠의 상호 작용이라고 보았다. 뉴턴은 모든 색은 백색광에 혼합되어 있다고 주장하는 데에 반해, 괴테는 색채는 '빛과 어둠의 경계에서 만들어진다'라는 정반대의 생각에서 출발하고 있다. 뉴턴에 의하면 색채는 시각 작용으로 외부로부터 인식되는 요소에 불과하지만, 괴테에 의하면 내부를 통해 외부에 투영되는 요소를 지니고 있다.

괴테는 『색채론』의 서문에서 '우리들 속에 신 자신의 힘이 살아 있지 않다면, 신성이 우리를 어떻게 매혹하겠는가?'라는 말을 인용하여 "눈이 태양과 같지 않다면 우리는 빛을 어떻게 볼 수 있겠는가?"[7]라고 이야기하며, 색은 뉴턴의 주장처럼 물리적인 범위에 국한된 것이 아니라 화학적·생리적인 부문도 포함되어 있음을 주장하고 있다. 즉, 우리가 색을 인식할 수 있는 것은 빛이 다양한 색채를 혼합하고 있는 것뿐만 아니라 우리 신체도 색을 내재하고 있기 때문에 가능하다는 것이다. 그뿐만 아니라 괴테의 색채론은 물리적, 화학적, 생리적 색채론에서 한 걸음 더 나아가 미적, 윤리적, 상징적 색채를 포함하고 있다. 다시 말해 괴테의 색채론에 의하면 색은 물리적 요소뿐 아니라 감성적이고, 정신적인 요소를 띠고 있음을 의미한다.

1814년 초, 전란이 끝나 세상이 평온해지자 쇼펜하우어는 학문을 계속 연구하기 위해, 특히 머릿속에서 이미 완성된 철학 체계의 기초를 다지려고 드레스덴으로 향했다. 그곳에서 그는 4년 반 동안 별다른 걱정 없이 연구 생활을 계속하며 자기 생각을 정리해 갔다. 그러면서 틈틈이 시간을 내어 새로운 색채론을 정립하였다. 쇼펜하우어는 괴테 역시 단지 물리적인 색채의 발생 과정을 발견했을 뿐 일반적인 색채론을 전개한 것은 아니었다고 보았다. 그의 생각에 일반적인 색채론은 물리적인 것도 화학적인 것도 아니고 오직 생리적인 것이었다. 쇼펜하우어는 자신의 색채론 초고를 괴테에게 보냈고, 그후 1년 동안 이 문제에 관해 그와 서신 교환을 계속했다. 하지만 그 위대한 남자는 이유를 분명히 밝히지 않은 채 끝까지 쇼펜하우어의 견해에 찬동하기를 거부했다. 쇼펜하우어의 이론은 뉴턴의 그것과는 모든 면에서 정반대일 뿐 아니라 더욱 세밀한 부분에서는 괴테의 이론과도 일치되지 않는 면이 있었기 때문이다. 쇼펜하우어는 자신의 논문에서 전개한 이론만이 정당하고 그 견해만이 옳다는 확신을 더욱 굳히게 된다. 그는 진리란 때로는 완강한 저항을 받곤 되지만 진리를 절멸시킬 수는 없다는 완강한 입장이었다.

---

7 괴테, 『색채론』, 장희창 옮김, 민음사, 2004, 40쪽

이처럼 쇼펜하우어는 괴테에게 경탄했지만, 그의 색채론에 곧 의구심을 피력함으로써 둘 사이의 좋았던 관계가 점차 소원해졌다. 괴테는 쇼펜하우어가 자신을 도우며 비서 역할을 하기를 바랐지만 색채론에 관해 논쟁을 벌이며 그러지 않았기 때문에 쇼펜하우어가 그의 눈 밖에 났다고도 할 수 있다. 괴테는 '학생이 금세 선생이 되는 것이 아니라면 아직은 선생이 지우는 짐을 달게 지고 있으라'는 경구로 따끔한 일침을 가한다. 1815년 9월 쇼펜하우어는 괴테에게 편지를 보내 문학 활동을 부차적으로 여기고, 실제 삶을 더 중요한 것으로 여기는 괴테의 태도를 비판한다. 그는 자신의 생각과 글을 가치 있고 중요하게 여기고, 개인적으로 경험하는 일은 부차적으로 여긴다는 것이다. 점차 삶의 분노는 자신을 향하게 되고 큰 아픔 속에서 '의지에 관한 더 나은 인식'이 생겨나게 된다. 1816년에는 뉴턴에 반대하고 괴테의 색채론에 자극받아 「시각과 색채에 대하여Über das Sehn und die Farben」를 완성했지만, 이 논문에서 쇼펜하우어는 자신의 실험을 토대로 괴테의 색채론을 비판하는 입장을 취한다.

"이것으로부터, 만약 괴테가 근본적이고 본질적인 나의 생리학적 색채론을 스스로 알아냈더라면, 그는 그런 점에서 그의 물리적 기본 관점에 대한 강한 지지를 받았을 것이고, 게다가 뉴턴의 이론의 의미에서가 결코 아니라, 항상 나의 이론의 의미에서만 그렇긴 할지라도, 경험이 그에 대해 증언해 주는 한에서, 색상들로부터 흰색이 나올 가능성을 전적으로 부정하는 오류에 빠지지 않았을 것이라는 사실이 밝혀진다."

쇼펜하우어는 자신의 이론의 관점에서는 괴테 이론에 찬성하고 뉴턴 이론에 반대한다고 표명한다. 그러나 색채들로부터 흰색의 생성 가능성을 부정했던 괴테의 이론을 반박한다. 쇼펜하우어는 물리적 현상이 아니라 생리적인 색채 현상을 출발점으로 삼고 색채의 본질과 색채 감각과의 연관성을 탐구하는 과정에서 새로운 색채론을 쓰게 되었다고 피력한다. 괴테는 제자에게 비판받은 이 일을 베를린의 친구 슐츠에게 편지로 알렸고, 겉으로는 쇼펜하우어를 대견스럽게 생각했으나 속으로는 약간 언짢아했다. 게다가 괴테가 20년 이상 걸려 완성한 이론을 쇼펜하우어는 몇 달 동안 가볍게 해결했다고 하자 기분이 상한 것이다. 한편 쇼펜하우어는 뉴턴과 괴테의 이론을 뛰어넘는 자신의 새로운 이론으로 색채론 연구에 한 획을 긋게 되었다고 자부한다.

쇼펜하우어의 욕망관

욕망과 행복은 밀접한 관계가 있다. 인간에게 욕망이 준동하는 한 인생은 고통이다. 모든 고통의 원인이 욕망 때문이므로, 욕망의 사슬에서 벗어날 수만 있다면 고통스러운 삶에서 벗어날 수 있다. 행복의 비결은 헛된 욕망과 기대를 줄이고 소유와 성취를 높이는 것이다. 쇼펜하우어는 우리의 의식적인 사고가 우리의 무의식적인 의지 내지는 욕망의 지배를 받는다고 이해한다. 그는 인간뿐 아니라 모든 존재자가 끝없는 욕망에 의해 규정되어 있다고 본다. 그는 삶에의 맹목적인 의지인 욕망을 자기 보존 욕망과 종족 보존 욕망으로 나눈다. 쇼펜하우어는 무한한 욕망을 충족시키기 위해 각 개체가 끝없이 갈등하고 투쟁하는 이 세계를 생각 가능한 세계 중에서 최악의 세계라고 보았다. 이는 신은 생각할 수 있는 모든 세계 중에서 최선의 세계를 창조했다고 말하는 라이프니츠의 관점과 배치되는 생각이다. 그런데 볼테르는 『캉디드』에서 1755년에 일어난 가장 처참했던 리스본 지진을 보면서 이것이 라이프니츠가 말하는 최선의 세계냐고 비꼬기도 했다. 라이프니츠의 근거율과 예정조화설에 의하면 부시의 아프가니스탄 침공과 푸틴의 우크라이나 침공도 충분한 근거가 있는 것이고 미리 예정된 것이며 가능한 최선이라는 것이 된다. 쇼펜하우어는 상대방을 설득하려면 그 사람의 보편적인 이성이 아니라 그 사람의 이익이나 욕망, 의지에 호소해야 한다고 말한다. 이성은 인간이 자신의 이익을 정당화하기 위해 사용하는 도구에 지나지 않다고 보기 때문이다. 쇼펜하우어는 사물 자체로서의 우주적 의지를 우리가 내적으로 경험하는 의지나 욕망과는 구별하고 있다. 쇼펜하우어는 우리의 경험적인 의지의 본질을 자기 보존과 종족 보존을 향한 맹목적인 욕망으로 규정한다는 점에서 의지와 욕망이라는 개념을 거의 동일한 개념으로 사용하고 있다. 쇼펜하우어에게 성욕은 삶의 가장 강한 충동의 표현이며, 인간의 본질을 이루는 원망이자, 인간 삶의 동력이라 할 수 있다. 그에게 성욕은 그 자체로 성애의 형이상학으로, 인간의 무의식이나 성 충동은 의지와 동일시될 수 있다. 그는 성욕의 본질은 결국 종족 보존에의 욕구라고 본다. 이러한 종족 보존에의 욕구에 현혹되어 여성을 아름답게 보는 남성은 여성과 결혼할 생각을 품고 여성과 2세를 위해서 헌신하게 한다는 것이다.

"자연은 연극에서 말하는 극적 무대 효과라고 불리는 것을 소녀에게서 노린다. 자연은 소녀의 나머지 일생을 희생한 대가로 그녀에게 짧은 기간 동안 넘칠 듯한 아름다움과 매력, 풍만함을 부여하는 것이다. 다시 말해 소녀는 그 기간에 어떤 남성의 환상을 완전히 사로잡아 그가 어떤 형태로든지 성실하게 여자의 일생을 돌볼 수 있게 해준다."

또한 인간은 종족 보존의 욕망 때문에 자신의 2세를 더없이 소중한 존재로 여기고 2세의 생존과 번성을 위해 헌신과 희생을 아끼지 않는다. 자연이 인간에게 상대 이성이나 2세에 대한 환상을 심어 준 까닭이다. 자연은 인간에게 자기 보존 욕망과 종족 보존 본능을 부여함으로써 자신의 의지를 관철하는데, 이는 이성의 간지奸智에 의해 절대정신이 자신의 의도를 관철한다는 헤겔의 생각과도 상통하는 측면이 있다. 실은 인간에게도 종족 보존의 본능이 동물 못지않게 강하다. 인간은 성욕을 채우고 자신의 욕망을 채웠다고 생각하지만 실은 은밀한 의미에서 종족이 득을 보고 있는 셈이다. 이런 의미에서 개체는 종족에게 봉사하는 존재가 된다. 그런 점에서 본능대로 사는 동물의 경우에도 결국 종족 보존에의 의지가 결국 자신의 뜻을 관철하는 셈이다.

그런데 쇼펜하우어는 종족 보존에의 욕망의 근저에 사물 자체로서의 우주적인 의지가 존재한다고 파악한다. 그는 맹목적인 의지가 현상계에 자신을 발현하고 싶어 하는 의지, 즉 우주적인 의지로 나타난다고 본다. 그에 의하면 자기 보존에의 욕망이나 종족 보존의 욕망 그리고 개체들의 신체나 지성 등은 모두 진정한 실체인 우주적 의지의 직간접적 발현에 지나지 않는다. 이 때 종족은 사물 자체의 직접적인 표현인 반면, 개체는 사물 자체의 간접적인 표현인 셈이다. 즉 종족 보존 욕망은 의지의 직접적 표현이고, 개체의 자기 보존 욕망은 의지의 간접적 표현이라고 볼 수 있을 것이다. 이러한 관점은 사물 자체와 현상계를 구별하는 칸트 철학의 영향으로 보인다.

칸트는 우리가 지각하는 세계는 실재 자체가 아니라 그것이 공간과 시간이라는 형식 아래에서 나타난 현상계에 지나지 않는다고 파악한다. 칸트에 의하면 인간의 지성은 현상계 배후의 실재인 사물 자체를 경험적으로 파악할 수 없다. 물론 사물 자체로서의 이러한 의지는 우리가 개별자로서 현상계에서 경험하는 의지와는 본질적으로 다른 것이다. 우리가 경험하는 의지는 이러한 사물 자체로서의 의지가 시간과 공간이라는 형식 아래에서 나타난 것에 불과하다.

쇼펜하우어는 시간과 공간을 주관적인 직관 형식으로 보는 칸트와는 달리 생리적인 조건으로서, 즉 유기체적인 기능으로서 간주한다. 그는 시간과 공간도 뇌에서 작용하는 생리적인 조건에 지나지 않는다고 보았다. 쇼펜하우어에 따르면 우리는 자신의 내면에서 느끼는 감정이나 열망, 의욕 등을 '자신의' 감정이나 열망, 의욕으로 경험한다. 사물 자체로서의 의지는 다양한 단계의 의지로 나타나고 이러한 의지가 다시 신체로 자신을 표현한다. 신체의 각 부분은 의지를 발현시키는 주된 욕구와 완전히 상응해야 하며, 그러한 욕구의 가시적 표현이어야 한다. 즉 치아, 목구멍, 장기는 객관화된 배고픔이고, 생식기는 객관화된 성욕이며, 물건을 집는 손이나 재빠른 발은 그것들로 표현되는 이미 보다 간접적으로 된 의지의 노력과 상응한다. 예를 들어 걸으려는 의지가 다리를 형성하고 움켜쥐려는 의지가 손을 형성하며 먹으려는 의지가 치아와 소화기관을 발달시키고 종족을 유지하려는 의지가 생식기를 형성하며 인식하려는 의지가 뇌를 형성한다는 것이다. 이들 중에서 생식기가 의지의 초점으로서 욕망의 대표 기관이고, 두뇌는 지성, 즉 인식의 대표 기관인 셈이다. 인식이나 사유의 영향을 받는 다른 기관들과는 달리 생식기는 단순히 자극에만 의존한다는 점에서 그것은 사물 자체로서의 본질과 가장 가까운 기관이라고 할 수 있다. 사물 자체를 경험적으로 파악할 수 없다고 보는 칸트와 달리 쇼펜하우어는 우리의 신체를 통해 사물 자체를 파악하는 길을 열었다.

신체에서 사물 자체, 즉 의지를 발견하다

우리의 신체는 물론 하나의 표상에 불과하고 인과 법칙에 의해 규정되는 하나의 객체에 불과하다. 그러나 신체는 동시에 우리 자신 속에 의지가 있음을 직접 알려 주고 있다. 쇼펜하우어에 의하면 우리는 인식 주체일 뿐만 아니라 우리 자신도 인식 대상, 즉 사물 자체다. 그러므로 외부로부터는 이를 수 없는 대상 본연의 내적 본질에 이르는 길이 안으로부터 우리에게 열려 있다. 이것은 마치 우리가 외부에서 공격해서는 점령할 수 없었던 성을 적군 내부의 배신 덕분에 비밀 통로를 통해 안으로 단번에 들어오게 된 것과 같다. 카프카의 소설 『성』의 주인공처럼 외부에서는 이 성 안으로 들어갈 수 없고 그저 바깥의 스케치만 그릴 수 있을 뿐이다.

"벌써 여기서 우리는 외부로부터는 사물의 본질에 결코 도달할 수 없음을 알았다. 외부로부터는 아무리 탐구한다 해도 형상이나 명칭을 얻는 데 불과하다. 이것은 마치 성의 주위를 돌면서도 입구를 찾지 못해 우선 그 정면을 스케치해 두는 것과 같다. 그런데나 이전의 모든 철학자들은 바로 그런 길을 걸어 왔다."[8]

우리 안의 이 '사물 자체'를 쇼펜하우어는 '의지'라고 부른다. 이 의지는 신체와 밀접하게 결부된 삶에의 맹목적 의지다. 그것은 우리의 신체 운동과 동시에 움직이는 무의식적 의지다. 그것은 도킨스가 말하는 '이기적 유전자'와 비슷한 개념이다. 도킨스에 의하면 인간은 이기적 유전자를 보존하기 위해 맹목적으로 프로그램을 짜 넣은 로봇 기계로, 이 유전자의 세계는 비정한 경쟁, 끊임없는 이기적 이용, 속임수로 가득 차 있다는 것이다. 즉 인간은 유전자를 실어 나르는 기계에 불과하다. 따라서 나라는 존재의 주인은 나의 몸도 마음도 아닌 내 몸 안에 있는 유전자라는 것이다. 내가 나의 욕망에 따라 어떤 행위를 하는 것 같지만 사실은 나는 유전자의 욕망에 따라 행위를 하고 있더라는 것이다.

그런데 우리는 이성을 통해 욕망을 통제하고 있는가? 물론 그런 사람도 있을 수 있겠지만 사람들 대다수는 날뛰는 욕망을 이성을 통해 제어하지 못한다. 이 욕망, 즉 의지는 일정한 목표가 없는 무의식적이고 맹목적인 충동으로 움직인다. 이성이 욕망을 통제하기는커녕 욕망을 따라가기에 바쁘다. 이성은 욕망이 사고 친 걸 뒤따라가면서 사고가 아닌 것처럼 포장하거나 변명해 주

---

8 아르투어 쇼펜하우어, 『의지와 표상으로서의 세계』, 같은 책, 157~158쪽

는 기능을 한다. 이성이라는 마부가 의지를 통해 욕망이라는 야생마를 통제하는 것이 아니라 욕망은 제멋대로 날뛰고 이성은 욕망에 매달려 끌려가고 있을 뿐이다. 쇼펜하우어는 인간은 원래 그런 존재라고 본다. 야생마를 제어하려면 훌륭한 조련사가 되어야 하는데 그러기 위해서는 뛰어난 지성의 소유자라야 욕망을 다스릴 수 있다. 이런 맹목적인 의지를 현세의 모든 것의 숨은 원동력으로 보는 생각은 고대 인도 철학에도 있었다. 『리그베다』에서는 '비존재에 뿌리를 박고 있는 존재의 모습'을 성욕과 동일시하고, 아리스토텔레스 등의 그리스 철학자들도 '삶의 의지'에 비상한 관심을 보였다. 그런데 이 의지의 활동은 쉴 없이 살려고 부단히 애쓴다. 삶에의 의지는 끊임없이 무언가를 욕구하는데, 그것을 얻자마자 다시 또 다른 무언가를 욕구한다. 이 끝없는 의지는 본질적으로 충족될 수 없는 것이다. 그러므로 이 세계는 비극적인 고뇌의 세계가 아닐 수 없다. 쇼펜하우어의 비유에 의하면 의지는 악기의 줄이고, 그것의 차단이나 방해는 줄의 진동이고, 인식은 공명판이고, 고통은 음이다. 끊임없는 욕망의 연속으로 세계는 필연적으로 고해苦海가 된다. 이처럼 개체들의 삶이란 한없는 결핍감과 무한한 노고의 연속이다. 더 나아가 개체들은 자신들의 욕망 충족을 위해 서로 끝없이 갈등하고 투쟁한다.

그래서 쇼펜하우어는 존재 자체가 고통스럽고 비참한 것이므로 우리가 차라리 태어나지 않았던 편이 나았을 것이라고 주장한다. 계몽주의 철학자 볼테르도 '행복은 꿈에 불과하지만, 고통은 현실이다'라고 말한다. 모든 존재자가 충족되지 않은 욕망과 서로 간의 투쟁으로 많은 고통을 받고 있지만 그중 인간은 특유의 인식 능력 때문에 가장 많은 고통을 받는다. 짐승은 추상적인 인식 능력이 없기에 현실적인 감각이나 눈앞의 쾌락이나 고통에 따라 행동하는 반면, 추상적인 인식 능력을 갖춘 인간은 이미 지난 과거와 아직 오지 않은 미래를 생각하면서 행동한다. 예를 들어 인간들은 미래의 희망을 생각하면서 현재의 결핍을 감수할 수 있다. 인간은 미래는 더 나아질 것이라고 기대하기 때문에 기쁨은 기대한 것에 항상 못 미치고 고통은 예상보다 더 큰 고통을 준다. 아울러 인간은 남과 자신을 비교하게 되어 자신의 고통을 더욱 크게 한다. 다른 사람이 잘 되는 것은 자신의 결핍 의식을 더하게 하고 타인의 결핍과 곤궁은 나의 불만감을 덜고 만족감을 더해 준다. 인간의 욕망은 한이 없기에 결핍감과 불만은 잦아들지 않는다. 그리고 일시적으로 욕망이 충족되어도 인간은 곧 권태를 느껴 새로운 욕망에 시달린다. 물질이 풍족하지 않으면 궁핍해서, 풍족하면 권태로워서, 욕망이 있으면 그 욕망을 채우지 못해서 시달리게 되는 것이 인간이다. 또한 사람들은 남의 불행을 보고 적이 안도하며 자신의 상대적인 행복의 소재로 삼는다.

행복론이라는 명칭 그 자체가 미화된 표현이고, '행복하게 산다'는 말은 '덜 불행하게', 즉 그럭저럭 견디며 산다는 의미일 뿐이다. 인생이란 향락을 즐기기 위해서가 아니라 고통을 이겨 내고 처리하기 위한 것이다. 라틴어로는 '그럭저럭 살아가며, 삶을 견뎌 낸다'고, 이탈리아어로는 '그럭저럭 헤쳐 나가라!'고, 독일어로는 '헤쳐 나갈 방도를 모색해야 한다'이거나 '그는 어떻게든 세상을 헤쳐 나갈 것'이다. 괴테는 『친화력』에서 언제나 남의 행복을 위해 힘쓰는 미틀러의 입을 빌려 말한다. "재앙을 당하지 않으려고 하는 자는 언제나 자신이 원하는 것을 알고 있다. 자신이 가진 것보다 더 나은 것을 원하는 자는 완전히 눈뜬장님이다." 괴테의 친구 메르크도 이렇게 말한다. "행복, 그것도 우리가 꿈꾸는 만큼의 행복을 얻으려는 역겨운 욕망이 세상의 모든 것을 망쳐 버린다. 이러한 욕망에서 벗어나 자신이 현재 가지고 있는 것 외에는 아무것도 바라지 않는 자는 헤치고 나아갈 수 있다." 요컨대 '과도한 헛된 기대를 버리면 덜 불행해진다'로 요약되는 쇼펜하우어의 철학은 자신의 삶에 적용하기 위한 방어적 심리 기제였다. 그것은 현실적이고 구체적인 진실이다. 그처럼 근본적인 비관에 바탕을 둔 실천적 행복론은 낙관과 막연한 희망의 토대 위에 실제 일상을 채워 가는 불안과 비관을 효과적으로 해체한다.

1799년, 쇼펜하우어의 소년 시절 친구가 죽게 되었는데 이 일은 그 후 30여 년 동안 꿈속에서 그를 계속 괴롭혔다. 1805년에는 아버지가 자살로 추정되는 불의의 사고로 죽고 말았고, 그 후 어머니와의 불화는 평생 계속되었으며, 베를린대학에서의 강사 생활, 여러 여성과의 사귐도 결국 실패로 돌아갔다. 행복에 대한 우리의 위腸는 사실 바닥이 안 보이지만, 그 입구는 좁다. 이처럼 욕망이라는 전차의 종착역은 행복이 아니라 결국 고통이다. 그러면 이러한 고통에서 벗어나려면 어떻게 해야 할까? 쇼펜하우어에 의하면 이 길은 우선 예술적 관조나 의지 자체의 발현인 음악과 해탈로 달성된다. 베토벤의 음악처럼 열정적 음악이 아니라 바흐의 음악처럼 수학적 형식미를 가지고 있는 음악이다. 그러나 음악으로부터는 고통에서 일시적으로 벗어나는 것에 불과하다. 영원히 벗어나려면 삶에의 의지에서 탈피해 해탈과 열반을 해야 한다. 일체의 욕망을 끊고 금욕을 통해 열반에 들면 인생의 근본 고통에서 벗어날 수 있다는 것이다.

비관주의자가 행복론을 말하다

그러면 어떻게 하면 영속적 해탈에 이를 수 있을까? 그것은 윤리의 토대를 파악함으로써 가능하다. 쇼펜하우어에 의하면 도덕은 타인의 고통을 자신의 고통으로 보는 동고同苦Mitleid에서 성립한다. 쇼펜하우어는 이것이 바로 도덕과 윤리의 토대라고 주장한다. 그에게 윤리는 실용적이고 응용된 형이상학이다. 그것은 시간과 공간, 그리고 물질적 대상의 덧없는 세계 밖으로 나가면 의지 현상에 의해 우리는 모두 하나가 된다는 사실에 기초하고 있다. 그의 철학에 따르면 초월계와 현상계가 다른 방식으로 보이는 동일한 실재이기 때문에 초월계도 무언가 끔찍한 세계라는 결론이 나온다. 일반적으로 다양한 신앙을 가진 종교인들이 대개 이 세계를 비참한 눈물의 골짜기로 보지만, 그들은 시공간의 세계 바깥에 존재한다고 믿는 어떤 것에 대해서는 도덕적으로 긍정적으로 보고 자비로운 것이라 말한다. 하지만 쇼펜하우어는 그렇게 생각하지 않았다. 그는 초월계를 맹목적이고 목적도 없으며 도덕과 무관한 힘이나 충동으로 보았다. 그것이 현상계에 나타날 때는 맹목적인 충동으로 나타나며, 현존하는 실체나 각 대상물은 그 충동이 구현된 모습이라는 것이다. 이렇게 주장하면서 쇼펜하우어는 인간을 통합하는 주된 열쇠가 이성이며, 윤리의 기초는 합리성이라는 칸트의 견해를 반박한다. 칸트는 이성적 동물인 인간의 존엄성만 인정하지만, 쇼펜하우어는 심지어 이성이 없는 동물에게도 모든 존재의 동일성을 말하는 힌두교의 '타트 트밤 아시tat twam asi'(네가 바로 그것이다) 정신을 발휘하여 동정심을 가져야 한다고 주장한다. 그가 동물, 특히 개를 벗 삼으며 아끼는 것은 그 때문이다.

그러나 이 동고와 동정의 도덕에 의해서도 인간은 결국 궁극적 해탈을 얻지는 못한다. 자기의 개성을 버리고 인간 상호 간에 공통적인 고통을 동감하는 데서 동정이 인간의 고뇌를 덜어 주기는 하나, 삶에의 맹목적 의지를 긍정하고 있는 이상 그것이 고뇌로부터의 완전한 해탈일 수는 없다. 우리의 동정심이 형이상학적인 진리에 기초하고 있지만 결국 실천할 때가 되면 우리는 모두 도살장에 모인 동물처럼 행동하는 것이다. 고해의 근원이 의지에 있는 것이라면, 우리는 차라리 이 의지 자체를 근절해야 한다. 이때 의지의 초점은 생식기에 의해 구현되는 성욕에 있다. 인간의 이러한 죄지을 본성 때문에 쇼펜하우어의 원죄설이 생겨난다.

우리가 삶과 세계에서 완전히 해방되려면 이 삶에의 의지, 존재하려는 의지를 극복해야 하는데, 그러기 위해서는 의지를 놓아 버리는 것이 필요하다. 쇼펜하우어는 유일한 행운은 태어나지 않는 것이라고 했지만, 자살은 오히려 적극적이고 격렬한 의지의 표명이므로 자살을 결코 옹호하지 않았다. 자살하는 자는 삶을 격렬하게 의욕하지만 자신이 처한 삶의 조건에 만족하지 못할 뿐이다. 또한 세계의 비극과 타인의 고통의 양을 줄여야 하는 상황에서 자살은 오히려 그것을 늘리는 행위이기도 하다. 쇼펜하우어가 자살에 반대하는 근거는 자살이란 비참한 이 세상에서 실제적인 구원을 받는 것이 아니라 단지 엉터리 구원만을 받는 것에 지나지 않으므로, 최고의 도덕적 목표에 도달하는 것에 배치되기 때문이다. 이처럼 그가 자살을 도덕적 견지에서의 잘못이라고 반대하는 것과 기독교 사제가 그것을 부정하는 것 사이에는 큰 차이가 있다. 사제는 자살을 '모든 것이 보기 좋았노라'라고 말한 신의 비위에 거슬리는 행위로 본다. 또한 사제가 자살을 범죄라고 낙인찍는 것은 고난(십자가)이 바로 삶의 진정한 목적인데, 자살은 그런 진리에 반하기 때문이다. 그러나 쇼펜하우어는 누구든 자신의 몸이나 목숨에 대해 확실한 권리를 갖고 있다는 것은 인정한다.

그래서 쇼펜하우어는 궁극적으로 의지에서 벗어나는 상태인 해탈을 주장하는데, 그는 금욕과 무의지에 의해 비로소 진정한 해탈이 가능하다고 본다. 삶에의 의지의 부정이란 흔히 알고 있듯 자살이 아니라 해탈, 즉 범아일여梵我一如인 것이다. 말하자면 삶에의 의지의 부정이란 어떤 실체를 없애 버리겠다는 말이 아니라 단순히 의욕하지 않는 행위, 다시 말해 지금까지 의욕해 온 것을 더 이상 의욕하지 않는 것을 뜻한다. 따라서 진정한 해탈을 구하는 자는 공허한 무로 몰입해야 한다. 이처럼 해탈한 자의 눈에는 세계란 본래 무의미하고 무가치한 것이다. 이리하여 쇼펜하우어는 고대 인도와 불교의 요소로 채

쇼펜하우어와 푸들 아트만 조각상
(게나디 예르쇼프, 2014)

색된 염세적 허무주의에 도달하게 된다.

그러면 이처럼 인생이란 어차피 불행하고 고통스러울 수밖에 없다고 보는 염세적 허무주의자가 행복을 논하는 것이 난센스가 아닌가? 하지만 또한 바로 그렇기 때문에 오히려 현재를 즐기고 인생의 향유를 삶의 목적으로 삼는 것이 위대한 지혜가 아닐까? 다시 말해 오직 현실만이 실재하며, 다른 모든 것은 단지 사고의 유희에 불과하기 때문이다. 하지만 이와 마찬가지로 행복의 추구를 가장 위대한 어리석음이라 칭할 수 있을지도 모른다. 다음 순간 더이상 존재하지 않는 것, 꿈처럼 완전히 사라져 버리는 것은 결코 진지하게 추구할 가치가 없기 때문이다. 중요한 것은 어쩔 수 없는 외부 요인에 의한 불행인지, 아니면 자기 자신으로 인한 불행인지 분별하는 일이다. 불행한 중에도 남아 있는 긍정적인 가치를 인식하여 현재의 행복으로 누릴 줄 아는 지혜가 필요하다. 또 쇼펜하우어는 중요한 것은 현재라고 말하는 데 그치지 않고 미래에 대한 근심은 종종 무익하고 과거에 대한 미련은 항상 무익하다고 설명한다.

쇼펜하우어의 철학 체계를 보면 고통으로부터의 구원은 불가능하다고 생각된다. 그러나 쇼펜하우어는 인간의 이성은 의지의 지배를 받기도 하지만 이성을 통해 의지를 통제하고 더 나아가 의지를 부정할 수 있다고도 말한다. 인간은 욕망에 사로잡힌 존재이기도 하지만 순수한 인식의 주체가 될 수도 있다는 것이다. 이성은 때때로 욕망의 명령에 맞서 냉담한 반응을 보이기도 한다. 특히 뛰어난 지성의 소유자는 의지의 명령에 무조건적으로 복종하는 것이 아니라 의지를 제압해서 지배하기도 한다. 인간에게는 부와 향락에의 욕망이 강하게 존재하지만 그러한 욕망을 다스릴 수 있는 이성적인 지혜도 존재하는 것이다. 삶 자체가 고통이긴 하지만 삶에 대해 우리가 어떤 태도를 지니느냐에 따라서 우리의 삶이 더 고통스러워질 수도 있고 덜 고통스러울 수 있다. 감각적 욕망의 노예 상태에서 벗어남으로써 덜 고통스러울 수 있는 것이다. 쇼펜하우어는 개체 보존 욕구, 종족 번식 욕구, 이기심으로 나타나는 삶에의 의지를 부정함으로써 그것의 속박에서 벗어난 상태가 바로 진정한 자유라고 본다. 그러한 상태는 소박한 식사, 정결, 청빈의 형태로 나타난다. 고통의 긍정, 동정, 금욕을 강조하는 쇼펜하우어의 철학은 단지 삶의 포기나 삶으로부터의 도피가 아니라 삶에의 맹목적인 의지를 극복하려는 적극적인 시도다. 삶 자체가 고통이라는 자신의 의지 철학과 모순되는 그의 행복론은 이런 관점과 노력에서 비롯된다. 그는 철학의 궁극 목표는 '초월'에 두면서도 동시에 실제 삶에서는 '현세의 사람'으로 남아 현실적인 향유를 중시했다.

어머니와의 불화와 거듭되는 사랑의 실패

쇼펜하우어의 어머니 요한나는 결혼해서 유복한 생활에 젖어 지냈지만, 차츰 평범한 남편과의 결혼 생활에 싫증을 내게 되었다. 그러다가 남편이 불의의 사고로 사망하자 모자간의 불화가 서서히 수면 위로 드러나기 시작했다. 남편이 죽은 다음 해인 1806년, 그녀는 아들을 함부르크에 남겨 두고 딸 아델레와 함께 바이마르로 이사를 떠났다. 헤겔이 대표작 『정신현상학』을 완성한 시점이었다. 바이마르를 선택한 것은 무미건조한 남편과 행복을 누리지 못했으므로 자유분방한 생활을 하기에 좋은 그곳에서 마음껏 사교 생활과 연애를 즐기기 위해서였다. 아버지를 존경하고 그에게 애착을 지닌 쇼펜하우어는 그런 어머니에게 햄릿이 재혼한 어머니에게 품었던 것과 같은 반감을 품게 되었다. 문학적 재능이 있었던 그의 어머니는 재주를 발휘해 바이마르 궁정을 드나들었고, 사교계에서도 큰 활약을 했다.

그러나 어머니는 비판적이고 사사건건 따지며 언쟁을 벌이는 집요한 성격의 아들을 성가시게 생각했다. 쇼펜하우어가 여성의 허영심을 탓하고 여성에게 유산을 물려주어서는 안 된다고 말하는 것은 부분적으로 어머니 탓으로 보이기도 한다. 어머니가 아버지의 유산을 탕진해 둘 사이가 더욱 나빠지기도 했기 때문이다. 어머니에 대한 앙금 때문인지 쇼펜하우어는 『소품과 부록』에서 일부다처제를 주장하고 여성을 열등한 성이라고 폄하하기도 한다. 그렇지만 당시 여성 사교계에서는 오히려 쇼펜하우어의 여성에 관한 직설적인 표현을 흥미로워하며 그의 책을 읽는 게 유행이었다고 한다. 그는 괴테처럼 백인 우월주의 성향을 보이기는 하지만 인류의 진짜 색은 검은색이거나 어두운 갈색이라며 인종차별주의를 단호하게 반박한다. 또한 쇼펜하우어의 반유대적 공격들로 유대인 배척주의라는 비난을 받기도 했지만 이는 그가 종종 '유대적 유신론'이라고 불렀던 유신론에 대한 반감에서 비롯되었다. 오히려 대학 시절의 유대인 친구 간스Josef Gans를 다른 사람들의 온갖 적대감에도 불구하고 자기 어머니의 문학 모임에 데려왔을 뿐만 아니라 열광적인 쇼펜하우어 추종자들은 모두 유대인들이었다. 쇼펜하우어는 독일인을 어리석은 민족이라며 가장 혹독하게 비판한다. 사실 그는 염세厭世적이라기보다는 염인厭人주의적이다. 니체도 쇼펜하우어의 염인주의를 이어받아 인간은 자기 자신의 장애물이자 한계라고 말한다. 쇼펜하우어는 두 발로 멀쩡히 걷는다는 사실만으로 자신과 대등하다고 여기는 인간들과 상종하지 않겠다고 말한다. 그래서 어떻게 관찰하든, 옷을 입었든 안 입었든 상관없이 인간에 대해 좋은 평가를 하지 않는다. 그의 견해에 의하면 인간은 자연에서 하나의 오점으로서 존재하고 있다. 그의 동정 도덕은 인간이 아니라 오히려 동물들, 특히 개와 말한테 적용된다. 그는 개를 쇠사슬에 묶어 키우는 것에 대해 분노를 금치 못한다. 특기할 만한 것은 그가 무산자들의 운명보다는 마차를 끄는 말들의 운명에 더 마음을 쓴다는 사실이다. 그는 철도가 개통된 덕택으로 수백만 마리의 마차 끄는 말들이 비참한 운명을 면하게 된 것을 다행스럽게 생각한다.

1811년 봄에 쇼펜하우어는 바이마르에 가서 문학계의 거장 빌란트와 만났다. 레싱이나 클롭슈토크와 맞먹는 그는 『아가톤의 이야기』를 쓴 노작가였다. 그는 괴테보다 3년 앞서 아말리에 공작부인의 초대로 바이마르에 가서 궁정고문관으로 일하면서 왕자들의 교육을 맡았다. 이때 빌란트의 나이는 78세였고, 쇼펜하우어의 나이는 23세였다. 어머니 요한나는 빌란트에게 아들이 철학을 포기하고 다른 실용적인 길을 걷도록 설득해 달라고 부탁했다. 철학이란 현실과 거리가 먼 학문이니 다른 길을 모색해 보라고 하자, 쇼펜하우어는 인생이란 즐겁지 않고 힘든 문제지만, 자신은 죽을 때까지 인생에 대해 깊이 생각하면서 살기로 결정했다고 자신의 포부를 밝힌다. 그러자 빌란트는 아버지처럼 인자하게 "과연 옳은 선택을 한 것 같으니, 계속 철학에 정진해 주게"라고 말하며 그를 격려했다. 그런 뒤 얼마 후 그는 요한나를 만나 아드님이 큰 인물이 될 것이라고 덕담을 건넸다. 괴테도 그 자리에 있었는데, 그 말을 듣고 얼굴을 조금 찌푸렸다. 빌란트의 말이 자신의 생각과 달랐기 때문이었다. 빌란트는 그로부터 2년 후 세상을 뜨고 말았다.

그러나 쇼펜하우어의 학위 논문을 보고는 괴테의 생각도 달라졌다. 빌란트와 마찬가지로 괴테도 요한나에게 '부인의 아들은 장래 반드시 유명한 인

「빌란트 초상」 19세기

물이 될 것입니다'라고 말했다. 하지만 그녀는 한 집안에서 두 명의 천재가 나올 수 없다고 생각했다. 사실 어머니가 허영과 사치의 천재라면 아들은 천재병에 걸린 우울과 오만의 천재였다. 1814년 5월, 어머니가 쇼펜하우어와 다투다가 아들을 계단 밑으로 밀쳐 버렸을 때 그는 "어머니는 이 일로 후세에 철학사에 남을 것입니다"라는 유명한 말을 남기며 드레스덴으로 떠나 버렸다. 이후 24년 동안 모자는 다시는 만나지 않았고, 두 사람의 불화는 끝내 풀리지 않았다. 요한나는 죽은 후 아들에게 유산을 상속하지 않겠다고 거듭 말했다고 한다. 괴테는 1814년 5월 8일, 쇼펜하우어의 성격을 정확히 파악하고 이런 글을 써 주었다.

"만일 자네가 자신의 가치를 즐기고 싶다면 이 세계가 가치 있음을 인정해야 하네. 우리가 나눈 수많은 대화의 결실과 추억들을 위해."

우리는 근엄한 얼굴의 쇼펜하우어가 여성은 거들떠보지도 사귀지도 않았을 것이라고 지레짐작하기 쉽다. 하지만 그는 우리 생각과는 달리 재기가 넘치고 유머러스한 사람이었고, 여성과도 여러 번 교제했다. 1809년 쇼펜하우어가 바이마르에 머물 때의 일이었다. 21세의 그는 배우이자 오페라 가수인 카롤리네 야게만과 사랑에 빠지지만 그녀가 32세의 유부녀라서 뜻을 이루지 못했다.

1819년 4월, 쇼펜하우어는 베네치아에서 석 달 정도 지내면서 부유하고 지위 높은 집안의 여성과 사귀게 되었다. 당시 영국 시인 바이런이 1816년부터 마침 그곳에서 살고 있었다. 쇼펜하우어와 같은 해에 태어난 그 염세적 시인도 어머니와 사이가 좋지 않은 불행한 과거가 있었다. 쇼펜하우어는 괴테가 바이런 앞으로 써 준 소개장도 가지고 있었지만 우연한 일로 결국 바이런을 찾아가지는 않았다. 쇼펜하우어가 연인과 거리를 산책하고 있을 때 바이런이 말을 타고 옆을 지나가는 것을 본 그녀가 흥분해서 "어머, 저길 좀 보세요. 저분이 바로 영국 시인이에요"라며 소리를 쳤다. 그녀가 온종일 바이런의 인상에서 헤어 나오지 못하자 그는 바이런을 찾아가지 않기로 마음먹었다. 그녀의 마음이 바이런에게 기울까 봐 그는 대시인을 알게 될 기회를 놓치고 말았던 것이다. 그는 그 일을 내내 후회했다고 한다.

쇼펜하우어는 베를린대학에서 가르치던 1821년부터 오페라 여가수였던 카롤리네 리히터(일명 메돈)와 몇 년간 교제를 한다. 그런데 1821년 8월 12일 그가 메돈을 기다리는 상황에서 언짢은 일이 발생한다. 그의 베를린 셋집의 작은 방에 세 들어 살던 47세의 여재봉사 카롤리네 마르케와 다툼이 생겼던 것이다. 마르케는 두 소녀와 같이 방에서 시끄럽게 떠들다가 쇼펜하우어에 의해 방에서 내쫓겼는데, 이 와중에 몸에 몇 군데 멍이 든 것으로 소송을 제기해 소송 비용의 5/6와 매달 5탈러씩 평생 생계비를 지급받게 된다. 20년 후 마르케의 사망진단서를 받은 쇼펜하우어는 거기에다 라틴어로 '노파가 죽고, 짐은 사라졌다obit anus, abit onus'라고 유머러스하게 운을 맞춰 말장난을 적어 놓는다. 이처럼 쇼펜하우어는 아무것도 아닌 일로 운명의 시련을 겪었지만 재기 있게 태연히 극복한다.

하지만 그가 그 후 병으로 베를린을 떠나 뮌헨, 바트 가슈타인, 드레스덴에 요양 체류하는 중에 메돈과의 관계가 흐지부지되고 말았다. 쇼펜하우어는 프랑크푸르트로 떠날 때 그녀를 함께 데려가려 했지만 그녀가 다른 남자와의 사이에 낳은 아이 때문에 일이 꼬이게 된다. 프랑크푸르트에 가서도 친구에게 메돈을 지켜보라고 당부하지만 친구는 그가 상대를 믿지 못하기에 둘의 관계가 망가졌다고 설교를 한다. 그녀는 당시 자신이 사귀는 까다로운 남자가 좀 색다르다는 것은 알았지만 훗날 대철학자가 될 줄은 꿈에도 생각하지 못했다. 그로부터 26년이 지난 1860년 2월, 메돈은 신문에서 쇼펜하우어의 70회 생일을 알리는 기사를 보고, 지난날 함께 보냈던 그리운 시절을 회상하는 편지를 쇼펜하우어에게 보냈다. 유명한 철학자의 마음에도 젊은 시절 '귀여운 공주'의 인상이 강하게 남아 있었는지, 그는 재산의 일부를 그녀에게 연금의 형태로 남겨 주겠다고 유언장에 적었다. 그래서 1860년 쇼펜하우어가 사망한 뒤 그녀는 1882년 죽을 때까지 22년 동안 그의 자비로운 혜택을 받았다. 소위 그의 연민 철학이 현실에서 옛 연인에게 실현된 것이다.

1831년 43세의 나이에 쇼펜하우어는 또 한 번 17세의 소녀 플로라 바이스에게 애정 어린 관심을 보이지만 그녀는 나이 많은 숭배자를 매몰차게 거절하고 말았다. 이로써 쇼펜하우어는 결국 독신으로 일생을 마치게 된다. 그 후 만년의 쇼펜하우어는 자신의 흉상을 제작해 준 조각가 엘리자베스 네이에게 호의적인 감정을 품기도 했다. 1859년 가을, 26세의 네이는 프랑크푸르트에서 흉상을 뜨기 위해 71세인 백발의 괴팍한 거장과 대화를 나누었다. 노철학자는 석고 마스크가 눈에 나쁘지 않을까 하는 불안감 때문에 얼굴 모형 제작을 허락하지 않았다. 하지만 석고 마스크 없이는 쉽게 얼굴의 비율을 점토 흉상에 옮겨 놓을 수 없었다. 두 사람의 협동 작업은 기분 좋게 이루어졌고, 그녀는 모델이 정지 상태로 있어야 하는 고통을 가능한 한 견딜 수 있게 도와주었다. 그래서인지 그의 흉상은 후덕하고 온화한 인상을 주고 있다. 노년의 철학자는 네이와 함께 커피를 마시거나 산책을 하면서 새로운 생명력을 얻었다. 쇼펜하우어는 한 지인에게 이런 편지를 썼다. "아마도 당신은 조각가 엘리자베스 양을 아실 겁니다. 그렇지 않다면 당신은 많은 것을 잃는 셈이지요. 나는 그렇게 사랑스러운 여성이 있으리라고는 생각하지 못했답니다."

쇼펜하우어는 만년에도 재기를 잃지 않고 유머를 보인다. 네이가 흉상을 만드는 작업을 하다가 쇼펜하우어에게 "왜 그렇게 저를 뚫어지게 쳐다보세요?"라고 묻자, 그는 "나는 그대에게 혹시 조금이라도 콧수염이 있지 않을까 찾아보려고 온갖 애를 쓰고 있어요. 날이 갈수록 그대가 여자라는 것이 믿기지 않거든요!"라고 답했다고 한다.

실패와 좌절, 그리고 은둔 생활

사람들은 1818년 말에 나온 쇼펜하우어의 주저 『의지와 표상으로서의 세계』를 거들떠보지도 않았다. '새벽별'로서 '유령들'을 몰아내고 '대낮'을 알리고자 했던 쇼펜하우어의 염원은 곧바로 이루어지지는 못했다. 그의 철학은 기존의 학계에서 환영받지 못했다. 헤겔의 낙관주의 철학이 지배하던 당시 철학계에서 그의 철학은 비주류였다. 그래서 그 후 초판이 발행된 지 26년이 지난 1844년에야 제2판이 나왔다. 애당초 쇼펜하우어는 자신의 책에 대한 자부심이 대단하여 그 책으로 자신이 곧 철학계의 기린아로 등장할 것이라고 생각했다. 하지만 그의 책은 몇 년 동안 거의 팔리지 않아 1835년 브로크하우스 출판사에서는 결국 50여 권만 남기고 나머지는 전량 폐기 처분하고 말았다.

쇼펜하우어는 『의지와 표상으로서의 세계』를 끝내고 원고를 출판사에 넘겨준 뒤 1818년 9월 장기간에 걸친 이탈리아 여행을 떠났다. 그는 빈을 거쳐 베네치아로 기서 11월 중순까지 그곳에 머물렀다. 그런 뒤 피렌체를 거쳐 볼로냐를 지나 로마로 갔다. 그는 이탈리아에서 여동생으로부터 괴테가 『의지와 표상으로서의 세계』를 열심히 읽고 있다는 편지를 받았다. 문체와 표현의 명료함은 마음에 들지만 세련되지 못한 형식에 애를 먹었다는 내용이었다. 괴테에게서 전폭적인 지지와 직접적인 칭찬을 받기를 기대했지만 그가 보기에 뜨뜻미지근한 평가였다. 결국 이 저서가 실패로 끝나자 쇼펜하우어는 크게 낙심했다. 그런데 1819년 6월에 밀라노에 도착했을 때 자기 재산의 일부를 맡긴 단치히의 물Muhl 은행이 파산했다는 소식을 듣고, 문제를 해결하기 위해 곧장 여행을 중단하고 독일로 돌아갔다. 마찬가지로 거기에 투자한 쇼펜하우어의 어머니는 거의 전 재산을 잃게 되었지만, 쇼펜하우어는 어머니를 돕는 것을 거부함으로써 모자간의 관계가 다시 나빠졌다. 쇼펜하우어는 베를린대학에 강사직을 얻기로 마음먹었다. 지금까지는 오직 배우고 싶은 욕구에만 사로잡혀 있던 그의 심경에도 변화가 생겨 앞으로는 남을 가르치고 싶은 욕구를 지니게 되었다. 그것 말고도 자신이 투자한 은행의 도산으로 미래에 대한 불안을 느꼈기 때문이다. 그는 이력서 격인 「나의 반생」을 대학에 제출한다. 거기서도 그는 아버지에 대한 존경심을 표출한다. "부친은 엄격하고 성급한 성격의 소유자였지만, 한편 품행이 방정하고 정의감이 강하여 남에 대한 신의를 반드시 지키면서도 사업에 대해서는 뛰어난 통찰력을 갖고 있었다. 내가 부친의 신세를 얼마나 많이 졌는지 이루 말할 수 없을 정도다." 쇼펜하우어는 돈벌이와는 무관한 학문 연구나 매우 어려운 탐구와 명상으로 시간을 보낼 수 있었던 것을 아버지 덕분으로 돌린다.

쇼펜하우어는 베를린대학 강당에서 '다른 종류의 네 가지 근원에 대하여'라는 주제로 시험 강의를 했다. 강의가 끝나자 헤겔은 '말이 길 위에서 드러 눕는다면 그 이유는 뭐겠는가?'라는 질문을 던졌다. 쇼펜하우어는 그 자리에 참석한 옛 스승 리히텐슈타인 교수의 도움으로 위기에서 무사히 벗어날 수 있었다. 이 일은 모든 면에서 너무나 다른 두 사람 쇼펜하우어와 헤겔과의 관계가 일그러지는 상징적 사건이 되었다. 그때가 헤겔은 쉰 살, 쇼펜하우어는 서른두 살이었다. 이후 쇼펜하우어가 계속 싸움을 걸었으나 헤겔을 비롯해 철학 교수들은 그를 본체만체하며 계속 무시하는 태도를 취했다. 이 갈등은 19세기 전반기의 충돌이었으나 오늘날까지 계속 이어지는 싸움이라고 할 수 있다. 쇼펜하우어는 칸트가 사물 자체와 현상계로 나눈 것을 그대로 받아들여야 한다고 생각했지만, 그가 볼 때 사기꾼들이 나타나서 사물 자체와 현상계를 합치려고 한다. 피히테는 이것을 자아 속에, 셸링은 자연 속에, 헤겔은 절대정신 속에 집어넣으려고 한다. 피히테는 절대 자아란 인간의 배후에서 도덕 질서를 실현하기 위한 신적 질서라는 것이다. 이에 대해 쇼펜하우어는 단어들을 애매하게 사용하고 이해할 수 없는 논의와 궤변을 떠벌려서 배우려고 열망하는 사람들을 바보로 만들어 버리는 사기꾼이라고 비난한다. 쇼펜하우어가 보기에 이건 어이없는 일이다. 사물 자체와 현상, 이 두 개를 합치는 것은 '세계는 나의 표상이다'라는 명제를 부정하는 거나 다름없다는 것이다. 그러기에 이 세 사람은 헛소리나 늘어놓는 사기꾼이나 협잡꾼에 다름없으며, 이들의 관념론은 사람들을 속이는 거대한 사기극에 지나지 않는다. 그는 헤겔에 대해 '몽상적인 이론을 퍼뜨려 대중을 속여먹는 비열한 사기꾼, 종이를 허비하고 시간을 낭비하고 머리를 망치는 인물'이라고 악담을 퍼붓는다. 그는 이런 사실을 학생들에게 보여 주기 위해 헤겔과 같은 시간대에 강의를 개설하고자 했다. 헤겔의 수강생들이 다 자기한테 몰려올 것으로 생각했었다. 그러나 강의 결과는 그의 참담한 패배로 끝나고 말았다. 그는 한 학기 만에 강의를 접을 수밖에 없었다.

쇼펜하우어는 1822년 봄 울적한 마음을 달랠 겸 두 번째로 이탈리아 여행을 가기 위해 스위스를 거쳐, 베네치아를 지난 다음 피렌체에 도착해 그곳에서 겨울을 보냈다. 그는 피렌체의 미술품들을 찬찬히 들여다본다. 그는 이번 이탈리아 여행에서 중요한 경험을 하게 된다. 알고 보니 상류층 사람들이 권태로 인해 고통스러운 생활을 하더라는 것이다. 그는 1823년 5월 독일에 돌아왔으나 오른쪽 귀의 청력을 거의 잃는 등 여러 가지 질병에 걸리는 바람에 뮌헨에 거의 1년 동안 머물러야 했다. 이때가 그의 생애에서 가장 우울한 시기로 보인다. 게다가 바이에른의 고산 기후가 그의 피부에 문제를 일으켜 결국 1824년 5월 말 바트가슈타인의 온천으로 갔다. 그곳에서 다소 건강을 회복한 쇼펜하우어는 9월 다시 드레스덴으로 가서 8개월 동안 지냈다. 옛날과는 다르게 변한 그를 보고 그의 지인들은 의외라는 반응을 보였다. 그는 점점 고독에 빠져들었고 비사교적으로 되어 갔다. 그는 이제 자신을 위해 인생을 바치기로 다짐한다. 겨울에는 흄과 브루노의 저서를 번역할 계획을 세웠지만 마땅한 출판사를 찾지 못해 그 생각은 물거품이 되고 말았다. 쇼펜하우어가 요양을 마치고 베를린으로 다시 돌아온 1825년 무렵에도 낭만파 작가 장 파울 말고는 그의 책에 관심을 보이는 사람은 아무도 없었다. 그는 실의와 좌절 속에서 에스파냐어를 독학하며 그라시안의 『신탁과 처세술』을 독일어로 옮기기 시작해 1832년에 완성했는데, 이 책은 그가 죽고 2년 후인 1862년에야 발간되었다. 또한 칸트 철학에 정통하고 영어 실력이 출중한 그는 칸트 저작을 번역하려고 했으나 투자자와 출판인이 나타나지 않아 뜻을 접어야 했다.

그는 베를린에서는 되는 게 아무것도 없었다. 게다가 두 번이나 도둑을 맞는 등 마음에 들지 않는 그곳을 어떻게든 떠나려고 궁리하고 있는데, 1831년에 마침 베를린에 콜레라가 창궐했다. 그는 베를린이 도덕적으로뿐만 아니라 물질적으로도 오염되기 시작한다고 생각했다. 헤겔은 이때 역병을 피하지 않고 베를린에 그대로 남았다가 허무하게 세상을 뜨게 되었지만 죽음을 두려워한 쇼펜하우어는 프랑크푸르트로 재빨리 몸을 피해 목숨을 부지할 수 있었다. 소위 낙관주의 철학자 헤겔은 죽음을 겁내지 않고 의연히 견디다가 죽음을 맞았는데, 이에 대해 사람들은 비관주의 철학자 쇼펜하우어가 죽음을 겁내 도망쳤다며 조롱하기도 한다. 하지만 이러한 견해도 그의 철학과 그를 잘못 이해한 때문이다. 쇼펜하우어 역시 다른 모든 사람처럼 불행을 이기고 건강과 행복을 바라는 사람이다. 그는 토마스 만의 『베네치아에서의 죽음』의 주인공 아셴바흐처럼 콜레라가 창궐한 베네치아를 떠나지 않다가 죽음을 맞이하겠다는 사람이 아닌 것이다. 그는 세상의 본질이 공허하다고 보았지 자신의 개인적 삶의 불행을 원한 것은 아니었다. 그것은 다른 문제다. 사실 그는 비관론자가 아니라 오히려 인생을 즐기는 현실론자라고 할 수 있다.

그 후 쇼펜하우어는 다시 건강이 악화해 1832년 7월부터 이듬해 6월까지 꼬박 1년 동안 남쪽의 만하임에 머물다가 프랑크푸르트로 돌아왔다. 그런 다음에는 1860년 사망할 때까지 27년 동안 평생 프랑크푸르트에서 세상과 담쌓고 고독한 은둔 생활을 했다. 그가 그 도시를 최종 정착지로 선택한 것은 그곳이 존경하는 괴테가 태어난 도시인 데다가 물가가 싸고 기후가 좋아 건강에 도움이 된다고 생각해서였다. 프랑크푸르트에 영국인이 많이 산다는 것도 그의 마음에 들었다. 이 무렵 그는 본에 살고 있던 여동생, 그리고 어머니와 연락이 닿아 서로 편지 교환을 했다. 쇼펜하우어가 여동생에게 콜레라를 두려워한다는 편지를 보내자 그녀는 불행한 인생을 한탄하며 인생과 결별하고 싶어 하는 사람이 콜레라를 두려워하고 있다는 게 의외라는 듯이 편지를 보냈다. 그녀 역시 하루하루 마지못해 고독하게 살아가고 있었다. 모처럼 마음에 드는 사람이 있었지만 그는 이미 결혼한 몸이었다. 어머니는 그즈음 자신이 쓴 작품들의 전집 준비로 바쁜 나날을 보내고 있었다. 비록 모자간의 사이는 좋지 않았지만 아들이 교제를 꺼리며 우울하게 살아간다는 말을 듣고 걱정이 되었는지 하느님이 굽어살펴 아들의 마음에 빛과 용기를 내려 주기를 바란다는 편지를 보냈다.

1833년 7월부터 평생 쇼펜하우어는 프랑크푸르트를 고수하며 살았다. 그곳의 기후가 좋고 경치가 아름다우며 박물관, 극장, 오페라하우스, 연주회 같은 문화적 편의 시설이 많았기 때문이었다. 그는 몇 번의 소풍과 코블렌츠에 4일간 머문 것 외에는 그 도시를 떠나지 않았다. 결국 그는 대학에서 가르치는 것을 포기하고, 연구(특히 자연 과학)와 집필에 몰두한 채 은둔 생활을 했다. 그는 자신과 동류인 다른 거인 한 명을 소리쳐 부르다 지쳐 버린다. 그는 유행이 지난 소매 긴 외투지만 기품 있는 옷차림을 하고 칸트를 모범으로 매일 똑같이 정해진 틀에 따른 규칙적인 생활을 했다. 그는 프랑크푸르트의 괴짜, 고행 수도사, 염인주의자, 현자라는 별명을 얻는다. 철학을 위해 살아가면서 빈곤한 친척과 가난한 자들 돕기도 한다. 그는 '도덕심의 근본 바탕은 이웃 사랑이고 모든 덕목은 이웃 사랑에서 유래한다'라는 기독교 윤리를 지지했다.

그는 아침 일곱 시에 일어나 냉수 스펀지 목욕을 하고 커피 한 잔을 마신 후 여덟 시부터 집필 활동을 하고 손님을 접견했다. 식사 전에 30분간 플루트를 연주하고, 당글러테르 호텔이나 영국 호프Englischer Hof에서 점심 식사를 하고 집으로 돌아와 두 시부터 플라톤, 아리스토텔레스, 세네카, 셰익스피어, 괴테, 바이런, 페트라르카 등의 독서를 시작해 네 시에는 푸들 아트만을 데리고 마인강가에서 속보 산책을 했다. 저녁에는 연극이나 음악회 구경을 갔다가 레스토랑에서 저녁 식사를 한 뒤 밤 열 시에 잠자리에 들었다. 저녁으로는 적당량의 냉육과 포도주 반병을 마셨고 맥주는 좋아하지 않았다. 취침 전에는『우프넥하트』독서를 했다. 쇼펜하우어에게 죽음의 문제는 삶을 재조명하기 위한 조건이었다.

슈펜하우어의 삶은 오로지 철학을 위해 살아가는 생활이었다. 쇼펜하우어는 완벽한 금욕주의를 높이 평가했으나 그것에 자신의 본성을 화합시킬 수 없었다. 그는 빈곤한 친척과 가난한 자들 도왔고, 탐욕보다 사치를 더 큰 죄악으로 여겼으나 고약한 수전노는 아니었다. 그는 동물도 외부의 대상 세계를 인지한다는 점에서 지성을 갖는다고 보고 칸트나 기독교와는 달리 측은지심을 발휘해 동물을 동정하며 동물 학대에도 반대했다. 거의 언제나 가구 딸린 방에 세 들어 살던 그 철학자는 55세가 되던 해에 새집으로 이사해 후 그곳에서 16년간 살았다. 그는 『햄릿』에서 덴마크 재상 폴로니어스가 프랑스로 떠나는 아들 레어티즈에게 해 주는 말을 인생 지침으로 삼았다. "생각을 함부로 발설하지 말고, 친구를 가려서 사귀고, 싸움에 휘말리지 않도록 조심해라. 모든 사람의 말을 경청하되 너의 말을 아끼고 섣부른 판단을 삼가라. 되도록 비싸지만 화려하지 않은 옷, 고급스럽되 현란하지 않은 옷을 입어라. 돈은 빌리지도 빌려주지도 말아라. 무엇보다도 너 자신에게 진실해라."

그는 결혼 포기 이유로 두 가지를 들었다. 첫째, 가정을 꾸리는 데 필요한 수단을 충분히 보유했다고 생각하지 못했고, 둘째, 고독을 요구하는 천직이 결혼과 어울리지 않을 것 같아서였다. 그는 결혼을 전쟁과 곤경으로 보았다. 빵과 버터에만 관심을 쏟는 사람은 창조적 개인이 될 수 없고, 결혼하면 성가신 가정사에 얽매여 생업 종사자로 전락하고, 여가 시간은 아내에게 쓰느라 소진한다고 생각했다. 쇼펜하우어는 철저하게 고독했고 친구가 없었다. 또한 쇼펜하우어를 비판한 니체는 자신의 『유고집』에서 이렇게 고백한다. "매일 아침 쇼펜하우어를 뿌리치고 나왔다가는 저녁이 되면 말짱 도루묵이 되고 만다. 그 모든 단점에도 불구하고 쇼펜하우어는 나보다 더 완전하고 순수하며 이해심이 있었다. 광기도 나보다 약간 심했다."

하지만 쇼펜하우어는 은둔 생활을 하는 중에도 인위적 자족감을 느끼면서 겉보기에는 규칙적이고 단조로운 삶을 영위했지만, 그의 명상과 경험은 그의 내면세계를 성숙시켰다. 1836년에는 17년에 걸친 '말 없는 분노' 끝에 『자연에서의 의지에 대하여』라는 소책자를 출간했다. 이 책에서 그는 빠른 속도로 발전하는 자연 과학의 의문점과 발견을 자신의 의지 이론의 지지 근거로 사용했다. 이 책의 머리말에는 '야바위꾼이자 협잡꾼' 헤겔과 그 일파에 대한 신랄한 독설이 노골적으로 드러나 있다. 이 책은 무기적 자연에서 시작하여 식물계·동물계·인간계 순서로 실증 작업을 진행해 '형이상학의 본질'은 '의지'임을 확인한다. '중국학' 장에서는 도교, 유교, 불교에 대해 고찰하며 이 세 종교가 일신교나 다신교가 아님을 밝히고 있다. 그는 '하늘의 정신은 인류의 의지에서 나온다'라는 주자의 말을 인용하며 자신의 의지 철학의 정당성을 증명하는 근거로 삼는다. 그리고 '언어학' 장에서는 언어에서도 인간의 욕망과 의욕을 표현하는 예로 영어의 'want'와 독일어의 'wollen'을 들고 있다. 'The water wants to get out. Das Wasser will herauskommen(물이 넘치려고 한다).' 이처럼 인식 능력이 없는 '물'도 욕망, 즉 의지를 표현한다는 것이다. 그 외에 에세이도 몇 편 발표했다. 1837년에 쇼펜하우어는 칸트의 『순수이성비판』 2판 대신 1판을 옹호하여 그의 전집 발간에 개입했다.

1838년에는 그의 어머니가 어렵게 생활하다가 사망했고, 다음 해에는 그의 현상 논문 「의지의 자유에 대하여」가 노르웨이 왕립학술원에서 주는 상을 받았다. 그 논문은 질문의 논지를 벗어났다는 이유로 덴마크 왕립학술원에서 주는 상을 받지 못한 다른 논문인 「도덕의 기초에 대하여」와 함께 1841년에 『윤리학의 두 가지 근본 문제』라는 제목으로 발간되었다. 특히 「도덕의 기초에 대하여」의 표제 바로 밑에 그는 '낙선 논문'이라고 당당하게 밝힘으로써 덴마크 왕립학술원을 비아냥거리며 자신의 자긍심을 내보였다. 이 책에서 쇼펜하우어는 칸트가 도덕 의무 근거로 내세운 정언 명령 이론을 타파하고 새로운 이론을 세우려고 노력한다. 쇼펜하우어는 '오직 완벽하게 공평무사한 행위만이 가치 있는 행위로 간주될 수 있다'라고 주장한다. 그는 '순수한 연민에서 비롯되지 않는 어떤 행위도 도덕 가치를 지닐 수 없다'라고 본다.

1844년에 나온 주저의 제2판 서문에서 쇼펜하우어는 피히테, 셸링, 헤겔을 사기꾼이자 협잡꾼이라며 맹비난한다. 강단 철학으로 밥벌이를 하며 무슨 말인지 알기 어려운 난삽한 용어로 대중을 현혹한다는 것이다. 헤겔 철학을 이해하지 못하겠다는 점에서는 괴테도 마찬가지였다. 괴테는 에커만의 『괴테와의 대화』에서 독일인 자신도 헤겔 철학을 이해하지 못하겠는데, 외국인인 영국인이 어떻게 헤겔 철학을 이해하겠느냐고 말한 적이 있었다. 그리고 젊은 시절 진보적인 혁명 사상을 지녔던 바그너도 헤겔의 『정신현상학』을 몇 페이지 읽다가 도무지 무슨 말인지 알 수 없어 책을 덮어 버렸다는 것을 보면 헤겔 철학은 난해주의라는 비난을 들을 만하다고도 할 수 있겠다.

주저의 제2판 서문에서 쇼펜하우어는 '철학, 너는 헐벗은 채 다닌다'라는 페트라르카의 글을 인용하며, 두둑한 급료를 받는 강단 철학자들을 공격하고 있다. 그런데 1854년 무렵부터 세상에 이름이 알려지기 시작한 쇼펜하우어는 1858년 제3판이 나왔을 때는 서문에서 '온종일 달린 자가 저녁이 되어 목적지에 이르면 그것으로 충분하지 않은가'라는 페트라르카의 글귀를 인용하며 나름대로 위안받는다.

　쇼펜하우어는 뒤늦게 자신의 책의 효력이 나타나기 시작하는 것에 만족을 느끼며, 그런 만큼 그런 현상이 오래 지속되리란 희망을 품는다. 쇼펜하우어의 명성이 세기를 두 번 넘어 지속되는 것을 보면 그의 희망이 그런대로 실현된 것으로 볼 수 있다. 제2판이 나온 후 6년간 작업해 완성된 『소품과 부록』도 원래는 『의지와 표상으로서의 세계』에 덧붙여서 실으려고 했지만, 사정상 부득이하게 1851년에 『소품과 부록』으로 발간하게 되었다.

『소품과 부록』의 성공과 지속적인 명성

1833년 가을, 쇼펜하우어는 『의지와 표상으로서의 세계』의 증보판을 내려고 하다가 이듬해 초에 계획을 바꾸어 『소품과 부록』을 출판하기로 계획을 세웠다. '머리말'과 아버지에게 바치는 감사의 글 초고를 작성했다. 1835년 5월, 쇼펜하우어는 브로크하우스 출판사에 다시 한 번 『의지와 표상으로서의 세계』의 판매 상황을 문의했다. 몇 해 동안 구매 요청이 없어 50부만 남기고 전량 폐기 처분했다는 답장이 돌아왔다. 그러자 그동안 계획해 온 『소품과 부록』 발간을 포기했다. 그렇지만 일시적인 포기였을 뿐 10년 후에 다시 집필을 시작하여 6년의 노력 끝에 완성한다. 그는 좌절을 경험한 사람은 자신만의 역사를 갖게 되어 인생을 통찰할 수 있는 지혜의 길로 들어선다고 말한다.

　이 책 『쇼펜하우어의 행복론과 인생론』은 1851년에 나온 바로 이 『소품과 부록』을 우리말로 옮긴 것으로, '소품Parerga'에서 '삶의 지혜를 위한 아포리즘 Aphorismen zur Lebensweisheit'을, '부록Paralipomena'에서는 주로 인생과 관련되는 심오하고 유익한 글들을 추려서 실었다. 그래서 두 부분을 편의상 '행복론'과 '인생론'이라고 이름 붙였다. 특히 '삶의 지혜를 위한 아포리즘'은 순식간에 독일 교양 시민들의 필독서가 되었다. 쇼펜하우어는 지혜를 이론적인 완전 성뿐만 아니라 실천적인 완전성도 나타내는 말로 보고, 사물 전반에 대한 완전하고 올바른 인식, 즉 사람에게 완전히 스며들어 어디서나 그의 행동을 이끌므로 이제 행동에서도 드러나는 인식이라고 정의한다. 그의 가르침은 최악의 경우를 예측하는 까닭에 매번 차악을 찾아내는 지혜를 담고 있다. 원본은 주어캄프 출판사에서 1986년에 나온 쇼펜하우어 전집 제4권과 제5권을 사용했다.

『의지와 표상으로서의 세계』 제1판, 제2판이 세상에 나오는 게 어려웠듯이 『소품과 부록』이 나오는 것도 쉽지 않았다. 출판업자 브로크하우스와 수많은 편지를 교환하며 문제점과 갈등을 조정해야 했다. 오랜 기간의 작업 끝에 완성한 그의 이 에세이집을 출판해 주겠다는 곳은 어디에도 없었다. 방대한 분량의 책이 팔릴 희망이 없었기 때문이었다. 하는 수 없이 그는 여러 서점에 원고료 없이 넘기겠다고 제안했다. 이 제안에도 응하는 곳이 없었다. 그는 그래도 기분 나쁘기는 하지만 수치스럽지는 않다고 말한다. 그때 무희 롤라 몬테츠Lola Montez가 자신의 회고록을 쓰겠다고 하자 영국의 출판업자들이 즉시 그녀에게 거액을 내놓겠다고 했기 때문이다. 당시에는 무희의 책이 철학자 쇼펜하우어의 책과 경합을 벌인다는 것이 세인들의 주목을 끌 수 있는 일이었다. 그런 세태에 대해 그는 기분이 언짢다고 한 것이다. 이런 우여곡절을 겪은 끝에 겨우 책이 나올 수 있었다.

『소품과 부록』이 나온 것은 『의지와 표상으로서의 세계』 제2판이 나왔기 때문이고, 제2판이 나온 것은 다행히도 제1판이 대부분 폐기 처분되었기 때문이다. 그러나 제2판도 일 년에 겨우 40~50부밖에 판매되지 않았다. 그래도 쇼펜하우어는 좌절하지 않고 '세상의 무시를 받은 덕분에 남의 방해를 받지 않고 살 수 있었다'며 의연하고 재기 있게 말한다. 그런데 1840년대부터 열렬한 추종자 프라우엔슈테트Julius Frauenstädt를 필두로 그의 철학에 관심을 갖는 사람들이 하나둘 생겨나기 시작했다. 그들은 철학자가 아니라 주로 철학을 애호하는 법률가들이었다. 그러다가 주저의 부록에 불과한 『소품과 부록』이 뜻하지 않게 세속적 성공을 거두면서 쇼펜하우어의 명성이 점차 높아져 갔다. 그리하여 이 에세이집은 출판사의 예상과는 달리 시대를 뛰어넘어 오늘날까지 널리 대중의 사랑을 받는 작품이 되었다. 이는 30년이 넘는 세월 동안 무명의 시간을 보낸 쇼펜하우어가 좌절과 시련을 겪고 은둔 생활을 하면서 갖게 된 삶의 지혜가 문장 속에 고스란히 녹아 들어가 있기 때문일 것이다. 1848년의 독일 혁명이 실패로 돌아가고 민주화가 좌절된 것도 책의 성공에 도움을 주었다. 베를린의 신문 편집인 린트나가 이 책을 칭찬했으며, 함부르크의 잡지 『계절Jahreszeit』에서 처음으로 이 책의 비평문을 실었다. 1853년에는 영국의 번역가 옥슨포드가 무기명으로 급진파 신문인 「웨스트민스터 리뷰」에 「독일 철학에서의 우상 파괴」라는 글을 소개함으로써 그의 철학이 영국에 소개되는 계기가 되었다. 주요 목적은 당시 독일 철학을 4반세기 동안 지배하고 있던 헤겔주의를 공격하는 것이었다. 옥슨포드는 에커만의 『괴테와의 대화』를 영역한 사람이었다. 린트나 부인이 이 글을 베를린의 「포시세 차이퉁」에 「외국에서의 독일 철학」이라는 제목으로 옮겨 실으면서, 이후 영국에 쇼펜하우어가 알려졌고, 영국의 토마스 칼라일, 찰스 다윈 같은 영어권 지식인들이 쇼펜하우어를 탐구하게 되었다.

쇼펜하우어는 노년기에 『종의 기원』을 읽고 「더 타임스」에 그에 관한 서평을 썼다. 독일의 철학자 다비트 아셔는 쇼펜하우어에 대한 글을 써서 그를 감동시켰다. 쇼펜하우어와 자주 편지 교환을 했던 아셔는 쇼펜하우어로부터 30여 통의 편지를 받았다. 아셔는 「쇼펜하우어와 다윈주의」라는 논고도 발표했는데, 찰스 다윈은 이 글을 읽고 아셔가 인용한 쇼펜하우어의 글들을 자신의 저서 『인간의 유래와 성 선택』에 재인용하기도 했다. 다비트 아셔는 쇼펜하우어의 '의지' 이론과 유사한 다윈의 '자연 선택' 등의 개념이 결국엔 세상 사람들에게 널리 받아들여질 것으로 생각했다.

그러자 사람들은 이제 뒤늦게 쇼펜하우어의 주저에 관심을 가졌다. 마치 눈사태가 난 것처럼 사람들은 쇼펜하우어에게 새삼 열광했다. 그전에 36년 동안 극단적인 냉대를 당하던 것과는 정반대 현상이 벌어진 것이다. 덴마크의 키르케고르는 1854년 '문학 잡담꾼이나 기자, 작가들이 쇼펜하우어 때문에 바빠졌다'라고 썼다. 그는 그 전해에 쇼펜하우어의 책을 읽고 마음을 송두리째 빼앗겼다. 마침내 쇼펜하우어 철학이 1856년에는 프랑스를, 1858년에는 이탈리아를 정신적으로 침공하는 데 성공했다. 이처럼 쇼펜하우어 철학이 마침내 19세기 중반부터 유럽을 석권하게 되었고, 특히 오스트리아 헝가리 제국의 수도였던 빈이 그 중심지였다.

그리하여 쇼펜하우어는 평생을 무시당하다가 72세의 나이로 사망하기 6, 7년 전부터 일약 국제적인 유명인사가 되었다. 쇼펜하우어의 자택에는 곳곳에서 찾아오는 손님이 끊이지 않았다. 독일의 극작가 프리드리히 헤벨도 이 시기에 쇼펜하우어를 방문했다. 이름을 밝히지 않고 존경과 칭찬의 편지를 쇼펜하우어에게 보낸 사람도 제법 있었다. 1858년에는 쇼펜하우어의 70세 생일 파티가 열렸고 이때 쇼펜하우어의 명성은 절정에 달했다. 쇼펜하우어에게 손가락질하던 이웃들은 이제 도시의 명물인 그를 자랑스러워했고, 세상을 배척하고 미워하면서도 사랑받고자 한 쇼펜하우어의 소망이 드디어 이루어지게 되었다. 작가 폰타네의 친구였던 빈케는 '진리만이 온갖 고통 속에서도 살아남는다. 진리는 영원불멸의 다이아몬드다'라는 글이 새겨진 은잔을 쇼펜하우어에게 선물했다. 쇼펜하우어는 세상의 인정을 받지 못한 자신의 힘든 과거를 되돌아보며 그 글에 감격했다고 한다.

또한 '베를린 왕립학술원'의 회원 권유도 받았지만 나이가 많다는 이유로 점잖게 거부 의사를 밝혔다. 괴테의 며느리였던 오틸리에 괴테는 쇼펜하우어에게 책 출판에 대해 축하 편지를 썼다. 쇼펜하우어의 여동생과도 친했던 그녀는 쇼펜하우어의 젊은 시절부터 그를 응원해 준 몇 안 되는 사람 중 하나였다. 쇼펜하우어는 그 편지를 받고 오틸리에 괴테에게 감격에 찬 답장을 보내기도 했다. 그리하여 1858년에 나온 『의지와 표상으로서의 세계』의 제3판 서문에는 자부심이 배어 있다. 쇼펜하우어는 "이제 내 생애의 막바지에 효력이 나타나기 시작하는 것을 보고 만족감을 느끼며, 옛날의 통례에 비추어 볼 때 뒤늦게 시작된 만큼 오랫동안 지속되리란 희망을 품는다."[9] 그러면서 『소품과 부록』은 자신의 철학의 체계적 서술을 보충한다는 의미이므로 『의지와 표상으로서의 세계』에 싣는 것이 온당할지도 모르지만, 당시에 살아생전에 제3판을 낼 수 있을지 자못 의심스러웠기 때문이라고 밝힌다.

혁명적인 작곡가 리하르트 바그너도 쇼펜하우어에게 열광하게 되었다. 그는 1854년 후반부에 망명 중인 청년 독일파 시인 헤르베그의 소개로 『의지와 표상으로서의 세계』를 읽으면서 그 책에 완전히 빠져들었다. 1850년대 중반 바그너는 자신이 숭배하던 쇼펜하우어에게 자신의 오페라 「니벨룽의 반지」

---

9 아르투어 쇼펜하우어, 『의지와 표상으로서의 세계』, 같은 책, 27쪽

를 헌정해 한없는 존경을 표했다. 하지만 쇼펜하우어는 화성을 중시한 바그너의 현대적 음악을 인정하지 않고, 로시니와 모차르트의 고전 음악을 최고로 치켜세웠다. 쇼펜하우어는 선율과 화성을 고기와 소스에 비유하며 화성을 부차적인 것으로 취급했다. 그는 바그너에게 문학에 더 재능이 있으니 음악을 그만두는 게 좋겠다고까지 말했다. 바그너는 1860년에 프랑크푸르트를 방문한 적이 있었으나 감히 쇼펜하우어를 찾아가지는 못했다. 누구에게든 거칠 것이 없고 기고만장하던 바그너도 쇼펜하우어 앞에서는 자신의 부족함에 기가 꺾였던 모양이다. 이후 쇼펜하우어를 향한 바그너의 일편단심은 평생 변하지 않았다. 쇼펜하우어 철학을 토대로 한 바그너의 후기 음악이 비록 그의 인정을 받지는 못했으나 바그너는 '쇼펜하우어에게 얼마나 감사해야 하는지 모른다'라고 쓰고 있다. 두 사람 다 사실 유달리 의지가 강하고 의욕이 넘치며 호전적인 점에서는 비슷하다고 할 수 있다. 그런데 바그너는 마흔한 살에 쇼펜하우어를 접하면서 자신의 격렬한 의지와 의욕 과잉에서 벗어나는 법을 배우게 된 것이다.

쇼펜하우어가 차츰 유명세를 타기 시작한 1854년은 공교롭게도 쇼펜하우어가 하찮게 평가하고 싫어한 셸링이 세상을 떠난 해이기도 하다. 1860년대 후반에 와서 톨스토이는 친구 페트 센신에게 쇼펜하우어를 극찬하는 편지를 쓴다. "나는 지금 쇼펜하우어가 인류 중에서 가장 천재적인 인물이라고 생각하네. 나는 쇼펜하우어의 글을 읽으면서 왜 그의 이름이 세상에 알려지지 않았는지 이해할 수 없어. 아마 사람들이 흔히 말하듯 세상에는 바보들만 있기 때문일 거야." 쇼펜하우어의 정신과 유사한 점이 많은 푸시킨을 계승한 톨스토이의 서재에는 실제로 쇼펜하우어의 초상화만 걸려 있었다고 한다. 니체는 장차 쇼펜하우어가 헤겔보다 더 유명해질 것이라고 말하기도 했다. 또한 일찍부터 쇼펜하우어 철학을 정확히 이해한 알베르트 아인슈타인은 그의 책에 영감을 받아 상대성이론을 구상했다고 하는데 아인슈타인도 자신의 연구실에 쇼펜하우어의 초상화를 걸어놓았다. 한편 작가 보르헤스는 자서전에서 "오늘날 내가 단 하나의 철학자만을 선택해야 한다면, 쇼펜하우어를 택할 것이다"라고 말했다. 그러면 쇼펜하우어의 삶의 지혜, 즉 행복론에 대해 알아보기로 하자.

행복은 자기 마음에서 비롯된다!

쇼펜하우어는 이 책의 1부에서 샹포르의 『성격과 일화』에 나오는 글귀를 인용하고 있다. "행복을 얻기란 쉽지 않다. 우리 자신의 내부에서 행복을 얻기란 매우 어려우며, 다른 곳에서 얻기란 불가능하다." 그는 외부에서 의지로 가는 길을 구할 수 없듯이 행복도 외부에서가 아닌 자신에게서 구할 것을 권한다.

괴테도 '누구든 할 것 없이 으뜸가는 행복은 마음속에서 우러나게 마련'이라고 읊고 있다. 평화나 행복은 우연히 얻은 잠시 동안의 휴식에 불과하다. 과거는 망각의 손에 맡기고 회한과 괴로움은 곧바로 없애고, 미래는 신의 손에 맡겨 두는 것이 좋다. 현재 육체적, 정신적 고통이 없다면 그것으로 행복하다. 일상의 평범함에 행복을 느끼고, 쾌락 대신 지혜를, 과도한 행복 대신 깨달음, 인식을 추구해야 한다. 다양한 인격, 개성을 포용하는 것이 필요하다. 어차피 내가 그들을 바꿀 수 없을 바에는 굳이 비난할 필요가 없다.

고통은 삶의 본질적 요소다. 누구나 고갈되지 않는 고통의 원천을 내부에 지니고 있다. 고통의 원인을 밖에서 찾으려는 것은 자유인이 우상의 노예가 되고자 하는 것과 같다. 우리는 끊임없이 새로운 소망을 이루기 위해 애쓴다. 그러나 다나오스의 딸들처럼 구멍 난 물통에 물을 붓고 있다는 사실을 깨닫지 못하고 곧 새로운 소망을 향해 달려나간다. 루크레티우스는 『사물의 본성에 대하여』에서 이렇게 말한다. "우리에게 소망이 이루어지면 곧 새로운 소망이 나타난다. 애타게 삶을 갈망하는 우리, 그 우리를 사로잡고 있는 것은 언제나 변함없는 갈증이다."

고통이 삶의 본질적 요소임을 망각하고 참된 행복을 추구하면 정서적 우울증에 빠질 수 있다. 어두운 면을 보고 늘 최악의 사태를 우려하는 사람은 매사를 밝게 보는 사람보다 예상이 빗나갈 때가 적다. 그러니 수심에 찬 사람들은 상상 속의 고통을 겪긴 하지만 밝은 사람들보다 고통에 시달릴 확률이 희박하다. 몹시 불행해지기 위한 가장 확실한 방법은 대단히 행복해지기를 갈망하는 것이다. 대단히 행복해지기란 아예 불가능하기 때문이다. 행복에 대한 요구 수준을 낮게 설정해야 큰 불행을 피할 수 있다. 행복은 허상이지만 고통은 현실이기 때문이다. 인간의 행복, 나아가 인간의 모든 생활에서 가장 중

「다나오스의 딸들」 존 윌리엄 워터하우스, 1903

요한 것은 자기 자신 속에 깃들어 있으며 또한 거기에서 비롯된다. 따라서 우울한 사람은 곳곳에서 비극만을, 명랑한 사람은 희극만을, 무관심한 사람은 무미건조한 광경만을 볼 뿐이다.

쇼펜하우어는 이 책의 머리말에서 삶의 지혜라는 개념을 즐겁고 행복한 생활을 위한 기술이라는 개념으로 받아들이면서 이러한 기술을 가르치는 지침을 '행복론'이라고 일컫는다. 그러면서 그는 행복한 생활에 집착하는 것은 행복한 생활 자체 때문이지 단순히 죽음에 대한 공포 때문만은 아니라며, 그렇기 때문에 행복한 생활이 지속되기를 바란다는 견해를 피력한다. 그는 자신의 철학이 그러한 생활의 개념에 부합하지 않음을 인정하면서 행복론을 피력하고 있다. 즉 그는 행복론을 완성하기 위해 보다 높은 형이상학적이고 윤리적인 관점을 탈피해 평범한 경험적 관점에 머무르고 있다.

행복에 가장 중요한 것은 인격과 건강이다!

행복론이란 행복을 위한 비결이니 삶의 지혜와 비슷하다고 할 수 있다. 삶의 지혜는 가능한 한 행복하게 사는 법을 제시해야 한다. 그러려면 스토아주의와 마키아벨리즘을 배제해야 한다. 평범한 인간은 체념과 결핍을 견디기 어렵고, 평범한 사람이 적절한 이성을 갖추고 있다고 기대해서는 안 된다. 그러므로 행복은 양극단의 중도에 있다. 행복론의 입장에서 보면 양극단은 목표지점에 좀 더 빨리 접근하지만 끝내 다다르지 못하고 끝나는 길과 같다. 행복론은 인간이 깊이 체념하거나 힘겹게 자기 자신을 극복하는 일 없이, 또한 타인을 자기의 목적 달성을 위한 수단으로 간주하지 않고도 되도록 행복하게 사는 방법을 가르쳐 준다. 보다 중요한 것은 우리에게 적극적이고 완벽한 행복은 불가능하며 비교적 덜 고통스러운 상태만 기대할 수 있다는 사실이다. 일찍이 플라톤이 행복의 조건을 제시했다. 그가 생각하는 행복의 조건들은 완벽하고 만족할 만한 것들이 아니다. 조금은 부족하고, 모자란 상태다. 재산이든, 외모든, 명예든, 모자람이 없는 완벽한 상태에 있으면 바로 그것 때문에 근심과 불안과 긴장과 불행이 교차하는 생활을 하게 될 것이다. 우리는 이미 가지고 있는 것은 당연하게 생각하고 언제나 없는 것을 욕망한다. 그런데 적당히 모자란 가운데 그 부족한 부분을 채우기 위해 노력하는 나날의 삶 속에 행복이 있다. 플라톤은 행복에 필요한 다섯 가지 조건을 제시한다.

첫째 : 먹고, 입고, 살고 싶은 수준에서 조금 부족한 듯한 '재산'
둘째 : 모든 사람이 칭찬하기에 약간 부족한 '용모'
셋째 : 자신이 자만하고 있는 것에서 사람들이 절반 정도밖에 알아주지 않는 '명예'
넷째 : 겨루어서 한 사람에게 이기고 두 사람에게 질 정도의 '체력'
다섯째 : 연설을 듣고서 청중의 절반은 손뼉을 치지 않는 '말솜씨'

쇼펜하우어는 이 책에서 행복론을 피력하며 행복의 조건을 세 가지로 나누어 제시한다. 첫째 인간을 이루는 것, 즉 가장 넓은 의미에서의 인격을 말하는 것으로 여기에는 건강, 힘, 아름다움, 기질, 도덕성, 예지, 의식의 상태가 포함된다. 둘째 인간이 가지고 있는 것, 즉 재산과 소유물을 의미한다. 셋째 인간이 남에게 드러내 보이는 것, 즉 타인의 견해를 말하는 것으로, 그것은 명예, 지위, 명성으로 나누어진다. 이 세 가지 중에서 쇼펜하우어는 첫 번째의 것을 가장 중요하게 생각한다. 행복의 가장 큰 적인 고통과 권태에 맞설 수 있는 것이 인격이다. 아리스토텔레스도 이렇게 말한다. "누구나 행복을 원한다. 그러자면 인격이 최고의 행복을 가져다준다. 그 인격이란 나에게 성실하게 사는 것, 그리고 이웃을 사랑하는 것이다." 사실 인간의 행복은 거의 건강에 의하여 좌우되는 것이 보통이며, 건강하기만 하다면 모든 일은 즐거움과 기쁨의 원천이 되는 것이다. 반대로 건강하지 못하면, 외면적 행복도 아무런 즐거움이 되지 않는다. 또한 쇼펜하우어는 명랑한 정서를 최고의 자산으로 친다. 그런데 명랑함에 가장 큰 도움을 주는 것은 부가 아니라 건강이므로 건강이 가장 중요한 것이다. 그러기 위해서는 무절제와 방탕, 격하고 불쾌한 감정의 동요, 또한 과도하거나 지속적인 정신적 긴장을 일체 피하고 섭생을 통해 건강관리에 힘써야 한다.

사람들은 어떤 재화를 갖고 싶은 마음이 없으면 고통스럽지 않고 만족스럽게 살지만, 백 가지 소유물이 있다 해도 자신이 갖고 싶은 한 가지 재화가 없으면 불행하다고 생각한다. 그래서 괴테도 "부유한 가운데 느끼는 결핍은 우리가 받는 고통 중에서 가장 혹독한 것"(『파우스트』 제2부 11251~11252행)이라고 탄식한다. 한 인간의 고락은 재산이나 지위 같은 외적 조건에 의해 결정되지 않는다. 즐거움과 슬픔의 정도가 때에 따라 달라지는 것도 내적 상태의 변화 때문이다. 자산에는 세 가지 종류가 있다. 당연히 필요한 동시에 꼭 필요한 자산, 당연히 필요하지만 꼭 필요하지는 않은 자산, 당연히 필요하지도 꼭 필요하지도 않은 자산이 그것이다. 우리는 꼭 필요하지도 않은 자산을 얻으려 혈안이 되어 있지나 않은지 생각해 볼 일이다. 자산이 풍족해야 남의 대접을 받는다는 것은 어느 정도 사실이다.

하지만 쇼펜하우어는 부富란 바닷물과 같아서, 마시면 마실수록 갈증을 느끼게 되므로 재산은 진정한 행복의 원천이 되지 않는다고 말한다. 심지어 세네카는 "만일 당신이 현재 가진 것으로 만족하지 못한다면, 온 세계를 차지해도 만족하지 못할 것"이라고 말한다. 우리가 욕구를 극대화하려는 끊임없는 시도가 바로 불만의 원천이다. 명성과 지위도 이와 마찬가지라는 것이다. 쇼펜하우어는 명예와 명성도 구분한다. 명성을 잃는 것은 이름을 잃는 소극적인 것이지만, 명예를 잃는 것은 치욕이며 적극적인 것이다. 명예와 명성은 카스토르와 폴룩스처럼 쌍둥이 개념인데 제우스의 자식인 디오스쿠로이 중에서 카스토르는 사멸할 몸이고 폴룩스는 불사신이다. 그래서 명예는 생전에 얻지만 명성은 주로 사후에 얻는 경우가 많다. 명성은 행위와 업적으로 얻을 수 있는데 행위는 세월이 흐름에 따라 잊히기 쉽지만 작품은 그 자체로 불멸의 존재고, 특히 글로 된 것은 모든 시대에 걸쳐 살아남을 수 있다. 쇼펜하우어는 자신의 작품이 인정받지 못하고 알려지지 않은 것을 시샘과 의도적인 무관심, 시대의 천박함 탓으로 돌리고 고대의 전설적인 인물인 에피카르모스의 글을 들며 자신을 위로한다.

"하등 이상할 게 없다,
나는 내 생각을 말하는 것이,
저들은 제 마음대로 망상에 빠져 있는 것이.
그들은 칭찬받을 만할지도 모른다,
개에게는 개가, 황소에게는 황소가
나귀에게는 나귀가, 돼지에게는 돼지가
가장 멋져 보이는 법이니."

형편없는 자가 명예를 얻으면 우리는 자신의 품위가 떨어졌다고 생각한다. 이때 괴테의 글이 우리를 위로해 준다.

"애쓴 보람도 없이
다들 아무 반응이 없다고,
슬퍼하지 마라!
늪에 돌을 던진다고
파문을 일으키지 않으니."

또한 괴테는 시에서 '나는 내 일을 어디에도 의지하지 않았노라'라고 말한다. 이 시구가 말하려는 바는, 인간이란 있을 수 있는 온갖 요구에서 벗어나 꾸밈이 없는 벌거숭이 상태로 돌아와야 비로소 행복의 토대가 되는 마음의 안정을 누릴 수 있다는 뜻이다. 또한 키케로는 "전적으로 자기 자신에게 의존하고, 자신에게만 모든 것을 거는 사람이 완전히 행복하지 않을 리가 없다"(『패러독스』)라고 말한다. 노인은 고독이 삶의 본래적 요소임을 잘 알고 있다. 이 모든 사실로 미루어 볼 때 자기 자신에게만 의지할 수 있는 사람, 자기 자신이 전부일 수 있는 사람이 가장 행복하다는 결론을 내릴 수 있을 것이다. 그러나 형편없는 무리와도 어울려 살라는 메피스토펠레스적인 속삭임의 반격도 있다.

"시름에 잠겨 있지 마시오,
독수리처럼 그대의 생명만 쪼아 먹을 테니,
아무리 형편없는 무리와 어울린다 해도
그대도 인간들과 더불어 살아야 하는 인간임을 느낄 것이니."
(『파우스트』 제1부 1635~1638행)

또한 인간의 행복을 가로막는 두 가지 적수가 고통과 권태인데, 우리의 인생이란 이 두 가지 사이를 시계추처럼 오가는 것이라고 할 수 있다. 외적으로는 궁핍과 결핍이 고통을 낳지만, 안전과 과잉은 권태와 무료함을 낳는다. 따라서 하층 계급 사람들은 궁핍, 즉 고통과 끊임없이 싸우는 반면, 부유하고 고상한 세계의 사람들은 무료함을 상대로 싸움을 벌인다. 이러한 무료함을 막아 주는 것이 내면의 풍요, 즉 정신의 풍요다. 정신이 풍요로워질수록 내면의 공허가 들어찰 공간이 줄어들기 때문이다. 원래 지닌 것이 많을수록 외부로부터 필요한 것이 더 적어지고, 타인은 그에게 덜 필요하게 된다. 그래서 뛰어난 정신의 소유자는 비사교적인 인간이 된다는 것이다. 사교는 모닥불에 비교할 수 있다. 즉 지혜로운 사람은 모닥불에서 어느 정도 떨어져서 불을 쬐지만 지각없는 사람은 너무 가까이서 불을 쬐다가 손을 데고는 한파의 위험성만을 탓한다. 고슴도치 우화도 이와 비슷한 것을 지적하고 있다.

그러므로 내면의 부를 충분히 가지고 있어서 자신을 지탱하기 위해 외부의 도움이 별로 필요 없거나, 전혀 없는 사람이 가장 행복하다. 따라서 탁월하고 풍부한 개성, 특히 뛰어난 정신을 지닌 자는 의심할 여지없이 지상에서 가장 행복한 혜택을 누리는 자인 셈이다. 그런데 그러기 위해서는 독립과 여가가 필요하다. 그렇지만 부단히 노력하고 애를 써야지 여가에 안주하는 것은 위험한 일이다. 쇼펜하우어는 대외적인 이득을 얻기 위해 대내적인 손실을 자초하는 것을 어리석은 행위로 본다. 즉 부귀영화, 지위, 사치, 칭호와 명예를 위해 자신의 안정, 여가, 독립을 희생하는 것 말이다. 그런데 괴테와 달리 쇼펜하우어 자신은 그렇게 살지 않았다며 스스로를 위로한다.

인생에서 무슨 일이 일어나는지보다 더 중요한 것은 그 일을 어떻게 느끼는가, 그리고 어떤 식으로 또 어느 정도로 받아들이는가다. 사람마다 재미를 느끼는 대상과 정도가 다르다. 천재에게는 너무 재미있는 일이 둔재에게는 지루하고 공허하게 느껴질 수 있다. 슬픔의 정도도 사람마다 다를 수 있다. 그러므로 외부의 재물을 소유하는 일보다 명랑하고 낙천적인 기질과 건전한 감각을 유지하는 데에 힘써야 한다.

따라서 지성이 의지보다 우세해야 하므로 지성을 키우도록 힘써야 한다. 의지는 지속적으로 심한 고통을 불러오는 데 비해 진정한 기쁨을 안겨 주지 못하기 때문이다. 높은 지성은 권태를 제압하고 인간을 내적으로 풍부하게 만든다. 행복의 관점에서 보면 의식의 상태가 가장 중요하다. 의식만이 행복과 직결되며 다른 모든 것은 간접적으로만 연관되어 있기 때문이다. 그러므로 의식의 상태나 완성도는 삶의 즐거움 여부를 판가름하는 가장 본질적인 요소다.

인생을 향유하며 현재를 즐겨라!

쇼펜하우어는 인간이 누리는 향유도 세 가지 종류로 나눈다. 인간은 그것들 중 각자 자신에게 적합한 것을 선택하는 것이다. 첫 번째는 재생력과 관련된 향유로, 먹고 마시기, 소화, 휴식, 수면 욕구가 이에 속한다. 두 번째는 육체적 자극과 관련된 향유로, 산책, 뜀박질, 레슬링, 무용, 검도, 승마 및 각종 운동 경기와 심지어는 사냥이나 전투와 전쟁이 이에 속한다. 세 번째는 정신적 감수성과 관련된 향유다. 탐구, 사유, 감상, 시작詩作, 조각, 음악, 학습, 독서, 명상, 발명, 철학적 사고 등이 이에 속한다. 이 세 가지 종류의 향유가 지닌 가치, 등급, 지속성에 대해 그는 독자의 몫으로 남겨 놓는다. 어쨌든 향유는 자신의 힘을 이용해서야 얻어지는 것이며, 따라서 자주 향유를 누려야 행복하기 때문에 향유를 맛보게 해 주는 힘이 고상한 종류의 것일수록 더욱 행복해진다고 할 수 있다. 쇼펜하우어는 이 세 가지 향유를 고루 누리며 살았다는 점에서 흔히 말하듯 진정한 비관주의자라기보다는 현실주의자 또는 비관적 낙관주의자라고 할 수 있다. 그는 먹고 마시는 것과 여성에 대한 욕구가 강했고, 매일 산책과 독서를 했고, 모차르트와 로시니의 음악을 즐겼으며, 무엇보다도 행복에 중요한 명상과 철학적 사고를 했다는 점에서 실제로는 누구보다도 인생을 즐기는 생활을 한 셈이다.

쇼펜하우어의 견해에 의하면 평범한 사람은 인생의 향유와 관련하여 자신의 바깥에 있는 사물, 즉 소유물이나 지위, 여자와 자식, 친구나 사교계 등에 의존한다. 이런 사람은 무게 중심이 그의 바깥에 있고 어디에서든 외부에서 만족을 구한다. 정신력이 평범한 수준을 약간 넘어서는 사람은 취미로 그림 연습을 하거나, 식물학, 광물학, 물리학, 천문학, 역사학 같은 실용 학문을 추구하여 자신이 향유하는 것의 대부분을 거기서 발견하고, 그런 것으로 더는 만족할 수 없게 되면 미술이나 실제 학문에서 원기를 되찾는다. 그런 점에서 그의 무게 중심이 부분적으로는 그 자신의 내부에 있다.

그렇지만 지적으로 탁월한 사람의 경우에만 자신의 무게 중심이 완전히 자신의 내부에 있다고 할 수 있다. 그런 자는 사물의 존재와 본질을 전적이고 절대적으로 자신의 테마로 취하고, 그 후에 개인적 성향에 따라 예술, 문학, 철학을 통해 그런 것에 대한 심오한 견해를 피력하려고 노력하기 때문이다. 그 때문에 이런 종류의 천재만이 고독을 환영하고 자유로운 여가를 최고의 재산으로 여기며, 다른 모든 것은 없어도 되는 것으로 여기기도 한다. 니체도 '고독이 멈추는 곳에서 시장이 열린다'라고 말하면서 고독을 중시한다. 쇼펜하우어는 귀족을 세 가지 부류로 나눈다. 문벌과 지체가 높은 귀족, 재산이 많은 귀족, 그리고 정신적 귀족, 이 가운데 그는 세 번째인 정신적 귀족을 가장 우월하다고 본다. 따라서 정신적 욕구가 없는 속물Philister은 정신적 향유를 누리지 못한다고 볼 수 있다. 속물은 무릇 이상적인 것에서 즐거움을 얻지 못하고, 무료함에서 벗어나기 위해서는 항시 현실적인 것을 필요로 하는 것이다. 그런데 현실적인 것은 곧 고갈되어 즐거움 대신 피곤을 안겨 주는 반면, 이상적인 것은 고갈되지 않고 그 자체로 무구無垢하고 무해하다. 이처럼 우리의 행복에는 육체적인 특성과 지적인 특성이 중요하며, 이것 말고도 도덕적 탁월함도 인간을 행복하게 하는 데 기여한다.

삶의 지혜는 대부분 현재와 미래에 대한 주의와 관심의 적절한 균형 속에서 얻을 수 있다. 경박한 사람들은 지나치게 현재 속에 파묻혀 지내고, 불안과 근심에 시달리는 사람들은 지나치게 미래에 매달려 살아간다. 그 사이에서 균형을 유지하는 사람들은 드물다. 늘 앞만 바라보며 미래 속에 사는 사람들은 현재를 즐기지 못한다. 이는 눈앞의 건초 다발을 보고 내달리는 이탈리아 당나귀와 같다. 그들은 죽을 때까지 줄곧 잠정적인 상태로 살아간다. 죽음은 피할 수 없지만 그것도 언제 일어날지 불확실하다. 그러니 발생 자체가 불확실하거나 발생 시점이 불분명한 일 때문에 마음의 평화를 잃지 말아야 한다. 온갖 풍상을 겪으면서도 초연함을 잃지 않는 사람은 현재의 불행이 전체 재앙 중 아주 작은 일부분이라고 생각한다. 이 사실을 깊이 헤아리는 사람은 언제나 초연할 수 있다.

그러므로 어떤 일이든 소리 높여 환호하거나 깊게 한탄하며 맞이할 일이 아니다. 모든 것은 무상하며 상황은 매 순간 전혀 다른 방향으로 흐를 수 있기 때문이다. 언제나 되도록 명랑한 마음으로 '현재를 즐기는 것karpe diem'이 좋다. 현재를 즐기는 것, 그리고 이것을 인생의 목적으로 설정하는 것이 최고의 지혜. 현재만이 실재며 다른 모든 것은 사고 유희에 불과하니까 말이다. 하지만 이런 생각이야말로 가장 어리석을지도 모른다. 왜냐하면 이미 존재하지 않는 그러한 것, 마치 꿈처럼 흔적도 없이 사라지는 것은 결코 노력할 값어치가 없기 때문이다.

그런데도 우리는 미래에 대한 계획과 근심, 또는 과거를 향한 그리움이나 미련에 끝없이 사로잡힌다. 그래서 현재는 대체로 주목받지 못한 채 경시된다. 미래를 위한 근심은 종종 무익하고, 과거를 향한 그리움은 항상 무익하다. 행복의 현장은 오직 현재뿐이다. 그럼에도 현재는 매 순간 과거가 되고 마치 아무 일도 없었던 것처럼 무의미해진다. 과거나 미래가 아니라 현재만이 진실하고 현실적이다. 현실은 현실적으로 충만한 시간이고, 우리의 생활은 오로지 현실 속에서만 존재한다. 그 때문에 우리는 현재를 항시 명랑한 기분으로 받아들여야 한다. 따라서 직접적인 불쾌감이나 고통이 없는 그런대로 견딜 만한 자유로운 시간은 일부러 그 자체로 즐기는 것이 좋다.

어차피 비열한 자가 출세한다!

쇼펜하우어는 프랑크푸르트에서 홀로 은자로 살면서 점차 고독한 생활을 한다. 반려견을 데리고 규칙적으로 산책을 하면서 손짓을 해 가며 혼잣말을 하는 그를 향토 시인 슈톨체가 조롱하기도 한다. 그는 주위 사람과의 사교를 피하며, 지적 능력이 떨어지는 사람일수록 사교적이라고 본다. 그는 매우 비사교적인 사람을 위대한 특성을 지닌 사람과 같이 본다. 고독은 뛰어난 정신을 지닌 사람들의 어찌할 수 없는 숙명과 같은 것이다. 극심한 추위 때 사람들이 서로 모여들어 몸을 따뜻하게 하는 것처럼, 사교성이란 사람들이 서로의 정신을 따뜻하게 하는 것이라서, 스스로 정신적 온기를 충분히 지닌 사람은 굳이 무리를 지어 모일 필요가 없다는 것이다.

쇼펜하우어는 우리가 얽매여 있는 사회로부터 어떻게 작은 행복이나마 얻을 수 있는지 알려 준다. 사회는 모닥불에 비유할 수 있다. 영리한 자는 적절한 거리에서 불을 쬐지만 어리석은 자는 불을 거머쥐려고 한다. 그러다가 그는 불에 덴 후 춥고 외로운 곳으로 도망가서는 불이 뜨겁다고 징징거린다. 유명한 고슴도치의 비유에도 같은 가르침이 담겨 있다. 쇼펜하우어는 자신이 예전에 사모한 카롤리네 야게만을 만나 이 비유를 처음 들려준다. 그는 사람과의 적당한 거리를 두는 것이 필요하다고 보고 이 고슴도치의 우화를 『소품과 부록』에 수록한다. "어느 추운 겨울날 고슴도치들이 몸이 어는 것을 막으려고 서로의 몸을 밀착했다. 그러나 즉시 서로의 몸에 있는 가시 때문에 아픔을 느낀 고슴도치들은 다시 몸을 떨어뜨렸다. 그러나 추운 나머지 다시 서로의 몸을 붙인 고슴도치들은 다시 아픔을 느꼈다. 이처럼 추위와 가시라는 두 가지 고통을 거듭 맛본 끝에 그들은 그런대로 견딜 만한 적당한 거리를 찾아냈다."

건강 다음으로 행복에 중요한 요소는 마음의 평정이다. 그런데 사교로 인해 마음의 평정이 흐트러지기 쉬우므로 고독에 의해서만 그것을 유지할 수 있다. 즉 음식을 절제하면 몸이 건강해지고, 사람과의 교제를 절제하면 마음의 평정을 얻을 수 있다. 볼테르가 말했듯이 이 지상에는 같이 대화를 나눌 가치가 없는 사람들로 득실거리고 있다는 것이다. 그런데 오랫동안 은둔하며 고독하게 지내다 보면 우리 마음이 민감해져서 별 것 아닌 일이나 말, 단순한 표정에도 불안해지고 모욕을 느끼거나 또는 마음이 상하는 일이 생길 수 있다.

쇼펜하우어는 출세하려면 호의, 친구, 연줄을 얻어야만 한다고 말한다. 아무것도 지닌 게 없는 빈털터리는 자신이 열등하고 무의미하며 무가치하다는 것을 확신하므로 출세에는 그런 것이 필요하다고 생각한다. 그런 자는 예의의 탈을 쓰고 뻔질나게 머리를 숙이며 허리를 90도로 굽힌다. 그런 자만이 자신의 윗사람이 쓴 졸작을 걸작이라며 큰소리로 공공연하게 찬양한다. 그런 자만이 구걸하는 요령을 터득하고 있다. 동서고금을 막론하고 결국 철저히 비열해야 출세할 수 있는 것이다. 괴테도 이미 『서동시집』에 나오는 「나그네의 마음 평정」에서 같은 취지의 말을 한다.

"비열함을
불평해 보아야 아무 소용없다.
누가 뭐라든
그런 자가 세상을 지배하니."

또한 행복과 마음 평정의 원천은 고독이기 때문에 젊은이는 고독을 견디는 법을 배우는 것을 주된 연구 과제로 삼아야 할 것이다. 볼테르가 "이 세상에는 이야기를 나눌 가치가 없는 사람들로 가득하다"라고 말하듯이 이 세상과의 교섭을 끊을 때 마음의 평정 상태가 오래갈 수 있다. 이런 경지에 들어섰을 때 우리는 가장 큰 행복을 누릴 수 있다.

자기 자신에게서 가치의 기준을 구하라!

쇼펜하우어는 가치 기준을 타인에게서 구하지 말고 자신에게서 가져와야 한다고 역설한다. 자신의 행복을 타인의 눈에 비친 자신의 모습에서 찾는 자는 진정한 행복을 얻기 어렵다. 타인의 견해와 생각의 노예가 되어 칭찬을 갈구하는 사람은 하찮은 말에도 기가 꺾이기도 한다. 명예가 목숨보다 더 중요하다는 말은 생존과 행복은 무가치하고, 우리에 대한 타인의 견해가 중요함을 의미한다. 걸핏하면 상처를 받는 병적으로 민감한 자존심의 밑바닥에는, 또한 뻐기는 태도뿐만 아니라 우리의 모든 허영과 허세의 밑바닥에도 남이 나를 어떻게 생각할까 하는 우려가 자리하고 있는 것이다. 우리의 행복은 마음의 안정과 만족에 바탕을 두고 있으므로 이러한 행복을 증진하기 위해서는 명예욕이라는 동기를 합리적인 한도로 억제하는 것이 필요하다.

한편 자신을 자기 내부에서 높이 평가할 때 자긍심이 생기고, 남에게서 높은 평가를 받으려 할 때 허영심이 생긴다. 또한 쇼펜하우어는 인간이 타인과 맺을 수 있는 상이한 관계에서 생겨날 수 있는 명예를 시민적 명예, 직무상의 명예, 성적인 명예로 나눈다. 그러면서 결투를 초래하는 기사적인 명예는 유럽의 기독교 문화권에 특유한 것으로 간주하고 단호히 부정한다. 자신이 비난받을 이유가 없다고 진정으로 느끼는 사람은 비난을 받아도 의연히 무시할 것이며 그래야 마땅할 것이기 때문이다. 명예훼손을 당해도 진정으로 자신의 가치를 인정하면 아무렇지도 않을 것이다. 그래서 쇼펜하우어는 기사적인 명예와 성병을 당시에 퇴치해야 할 두 가지로 본다. 반면 루소는 모욕에 대해 결투가 아닌 암살로 복수해야 한다는 견해였다. 쇼펜하우어는 민족적 명예에 대해 시민적인 명예의 체면 문제가 기사적인 명예의 체면 문제와 결합한 것으로 여긴다. 또한 쇼펜하우어는 가벼운 범죄를 저질렀을 때 태형을 가할 것을 제안한다. 그는 군에서도 태형 대신에 영창형으로 대체된 것에 불만스럽게 생각한다.

쇼펜하우어에 의하면 행복은 꿈에 불과하지만, 고통은 현실이므로 덜 불행하게 사는 것, 즉 그럭저럭 견디며 사는 것이 필요하다. 인생이란 향락을 즐기기 위해서가 아니라 고통을 이겨 내고 처리하기 위한 것이다. 그런 의미에서 보면 가장 행복한 운명을 타고난 사람은 정신적으로뿐만 아니라 육체적으로도 그다지 큰 고통을 겪지 않고 살아온 사람이지, 대단히 큰 기쁨이나 엄청난 쾌락을 맛본 사람이 아니다. 고통이 없다는 것은 삶의 행복을 재는 잣대이다. 무료함이 없어 고통 없는 상태에 이르렀다면 사실상 지상의 행복에 도달했다고 할 수 있다. 견유학파가 모든 향락을 배척한 이유도 향락에는 다소간 고통이 따른다는 사실을 감안하고, 향락을 얻기보다는 고통을 피하는 편이 훨씬 중요한 것 같다고 여겼기 때문이다. 사실 너무 불행해지지 않으려면 너무 행복해지려는 요구를 하지 않는 것이 가장 확실한 방법이다. 따라서 쇼펜하우어는 삶의 지혜를 가르치는 시인 호라티우스처럼 중용을 지킬 것을 권장한다.

"중용의 미덕을 지키는 자는
의당 쓰러져 가는 오두막의 더러움을 멀리하고
분수를 알아 사람들이 부러워하는 궁전의 화려함을 멀리한다.
키 큰 소나무일수록 폭풍에 흔들리는 일이 잦고
우뚝 솟은 탑일수록 더욱 힘차게 무너지며
벼락을 맞는 것은 산봉우리다."

하지만 쇼펜하우어는 자신의 철학의 가르침을 완전히 체득하여, 우리의 모든 존재가 차라리 없는 것이 나은 것이기에 그것을 부인하고 거부하는 것이 최고의 지혜라고 말한다. 그런 사실을 알게 된 사람은 어떤 일이나 상태에도 큰 기대를 걸지 않을 것이기 때문이다. 그러면 이 세상의 어떤 것도 얻고자 열렬히 애쓰지 않을 것이고, 어떤 일을 그르친다 해서 크게 탄식하지 않을 것이다. 세상은 고약한 상태에 있다. 사나운 것들은 서로를 잡아먹고, 순한 것들은 서로를 속인다. 샹포르는 『격언과 금언』에서 "학술원이나 철학 강단 역시 지혜의 간판이자 겉모습에 불과하며, 사교 모임, 클럽, 살롱, 즉 흔히 상류

사회라 불리는 것도 알고 보면 빈약한 각본이나, 기계 장치, 의상과 장식 때문에 조금 그럴듯하게 보일 뿐 아무 재미도 없는 시시한 오페라 같은 것이다"라고 말한다. 지혜도 학술원이나 철학 강단 같은 곳에서 나타나기를 거부하며, 사제의 복장, 경건한 몸가짐, 근엄한 동작 등은 경건함의 간판이며 거짓 겉모습에 불과하다는 것이다. 그러므로 이 세상의 거의 모든 것은 속 빈 호두와 같다. 알맹이 자체는 드물며, 그것이 껍데기에 들어 있기는 더욱 드물다. 그리고 어떤 사람이 얼마나 행복한지 대충 알아보려면 그가 어떤 일에 즐거워하는지가 아니라 어떤 일에 슬퍼하는지 물어보아야 한다는 것이다. 차라리 세상에서 교훈은 얻을 수 있을지 몰라도 행복은 얻을 수 없으므로 배움에서 행복을 느끼는 것이 필요하다.

담담하고 당당하게 살아라!

많은 경우 우리는 인간의 자연스러운 감정인 질투심 때문에 괴로워한다. 그래서인지 쇼펜하우어도 피히테, 셸링, 헤겔을 싸잡아 사이비 철학자라며 끊임없이 비판하고 공격한다. 그렇지만 우리는 질투를 행복의 적이라 간주하고 악마로 보아 없애도록 노력해야 한다. 세네카는 멋진 말로 우리에게 지침을 주고 있다. "우리는 자신의 것을 남의 것과 비교하지 말고 즐기도록 하자. 다른 사람이 행복하다고 괴로워하는 자는 결코 행복하지 못할 것이다.", "많은 사람이 너보다 앞서 있다고 생각하지 말고 많은 사람이 너보다 뒤처져 있다고 생각하라." 그러므로 우리는 우리보다 형편이 나아 보이는 사람보다 우리보다 형편이 나쁜 사람을 자주 살펴보는 것이 좋다. 재앙이 닥쳤을 경우에도 우리의 고통보다 더 큰 고통을 바라보는 일이 가장 효과적인 위안이 된다.

또한 행복이나 불행과 관련한 모든 일에 우리의 상상력을 억제하여 예전에 우리가 당한 불의, 손해, 손실, 명예훼손, 냉대, 모욕 등을 다시 생생히 떠올리거나 마음속에 그리지 않는 것이 필요하다. 무엇보다 공중누각을 쌓아서는 안 된다. 그것을 쌓아 올리자마자 한숨을 쉬면서 다시 허물어뜨려야 하므로 그 대가가 너무 크기 때문이다. 하지만 그보다는 단순히 일어날지도 모르는 재난을 눈앞에 떠올리며 미리 불안해하지 않도록 해야 한다. 그러므로 모든 불쾌한 일은 오히려 될 수 있는 한 가볍게 넘겨 버릴 수 있도록 극히 담담하고 냉정한 시선으로 바라보는 것이 좋다. 개개인은 자신이 소망하는 모든 것 중에서 극히 작은 일부분밖에 손에 넣지 못하므로 우리의 소망에 하나의 목표를 세워 욕구는 억제하고 분노는 제어해야 한다. 그런 원칙을 지키지 않는다면 부와 권력이 있다 해도 자신이 초라하다고 느낄 수밖에 없을 것이다. 이와 관련해 호라티우스의 『서간집』에 수록된 다음 글은 마치 논어를 생각나게 한다.

"일하는 틈틈이
항시 글을 읽고 성현에게 물으라.
영원히 꺼지지 않는 욕구에 시달리지 않고,
득 될 게 없는 두려움과 희망에도 사로잡히지 않고
가벼운 마음으로 살아가기 위해서는
어떻게 하면 좋을지를."

아리스토텔레스가 '생명의 본질은 운동에 있다'(『영혼론』)라고 했듯이, 우리의 신체적 생명은 오직 끊임없는 운동을 본질로 하고, 그것에 의해서만 존립할 수 있다. 이처럼 우리의 내적인 정신적 생명도 계속 일에 종사하기를, 행위와 사유를 통해 무언가에 종사하기를 요구한다. 당장 할 일이 없어 멍하니 있는 사람들이 손이나 어떤 도구로 쿵쿵 두드리는 동작을 하는 것이 그런 증거라 할 수 있다. 그러므로 아무런 활동도 하지 않으면 금세 무료함에 시달리며 견딜 수 없는 상황에 빠지게 된다. 이런 점에서 가장 큰 만족을 주는 경우는 무언가를 만드는 것, 바구니든 책이든 만들어 내는 것이다. 어떤 작품이 매일 자신의 손으로 조금씩 만들어져 결국 완성되는 것을 볼 때 인간은 직접 행복감을 느낀다. 예술품이나 저작이 그런 작용을 하는데, 심지어 단순한 수공예품조차도 그러하다. 물론 좀 더 우수한 종류의 작품일수록 향유도 더욱 고상해진다. 이러한 점을 볼 때 중요하고 위대하며 짜임새 있는 작품을 만들어 낼 능력을 자각하고 있는 재능이 뛰어난 사람이 가장 행복하다고 할 수 있다.

우리가 사회생활을 하면서 보기 싫은 사람과 같이 지내야 하는 것은 참으로 큰 고역이다. 쇼펜하우어는 이에 대해 세상에서 살아가려면 조심해서 행동하고 아량을 발휘하는 것이 필요하다고 말한다. 조심함으로써 손해와 손실을 막을 수 있고, 아량에 의해 다툼과 싸움을 피할 수 있다는 것이다. 성격이 비열하고 고약한 경우에는 '그런 괴상한 녀석도 있어야겠지'라고 생각하라고 하지만 그것이 어디 말처럼 쉬운 일인가. 그럴듯한 말이긴 하지만 이를 실행하기는 그리 쉽지 않다. 어쨌든 고약한 개성을 지닌 사람들을 언제까지나 피할 수 있는 자는 행복하다고 할 수 있겠다. 그런데 정도가 좀 심한 경우로는 대화 중에 상대가 지력과 분별력을 드러내거나 충분히 은폐하지 못하면 곧바로 모욕을 느끼는 사람들도 더러 있다. 그와 같은 주관성 덕분에 그런 자들은 비위를 맞추기도 마음을 얻기도 쉽다. 줄기차게 아부만 하면 되기 때문이다. 그런 자들은 의지가 인식을 훨씬 압도해서, 미약한 지성이 한순간도 의지에서 벗어나지 못할 정도로 의지에 완전히 봉사하고 있다고 할 수 있다. 올바른 식견을 가진 사람은 도시의 시계탑이 모두 잘못된 시간을 가리키고 있는데 혼자 시간이 맞는 시계를 가진 것과 같다. 그 사람만이 올바른 시간을 알고 있지만 그게 무슨 소용이 있겠는가? 모든 세상 사람들뿐만 아니라 자신의 시계만이 올바른 시각을 가리키고 있다는 것을 알고 있는 사람조차도 잘못된 시계에 맞춰 생활하는 것이다.

'빈 수레가 요란하다'라는 말이 있듯이, 스페인에는 '못이 빠진 편자는 덜커덩거리는 소리를 낸다'라는 속담이 있다. 허세는 언제나 경멸을 불러일으킨다. 첫째 허세는 기만인데, 기만은 공포 때문에 생기므로 그 자체로서 비겁하다고 할 수 있다. 둘째 허세는 자신이 아닌 모습으로 꾸미려고 하는 것이고, 따라서 자신의 실제 모습보다 더 낫게 돋보이려고 하는 것이니 자신이 스스로에게 내리는 유죄 선고다. 어떤 특질을 지닌 듯 허세를 부리고, 그것으로 뻐기는 것은 그런 것을 지니고 있지 않다는 자기 고백이나 마찬가지다. 용기든 학식이든, 정신이든 기지든, 여자들 사이의 인기든, 부유함이든 고상한 신분이든, 그 밖의 무엇이든 간에 어떤 사람이 무언가를 가지고 뻐기는 것은 바로 그러한 점에 뭔가 부족한 면이 있음을 실토하는 셈이다. 정말로 어떤 특질을 완벽하게 지닌 사람이라면 그것을 겉으로 드러내며 허세를 부리려 하지 않고 그런 특질을 지닌 것에 완전히 담담한 태도를 취할 것이다.

고대 로마의 희극 시인 테렌티우스는 이렇게 말했다. "인생은 주사위 놀이와 같다. 던진 결과가 자신이 가장 바라던 결과와 다를 경우 우연에 의해 주어진 것을 솜씨에 의해 개선해야 한다."(『아델피』) 그러니 어떤 돌발 사건이 일어나더라도 크게 기뻐하거나 크게 슬퍼하지 않는 것이 좋다. 이에 대해 셰익스피어는 다음과 같은 멋진 말로 표현했다.

> "급작스러운 기쁨이나 슬픔을 숱하게 맛보았으니,
> 이젠 그런 일을 당한다 해도
> 처음부터 담담하게 대한다."
> (『끝이 좋으면 모든 것이 좋다』)

시각과 관점을 바꾸어라!

우리는 늘 시간의 작용과 변모하는 사물에 유의하면서 현재 눈앞에 일어나는 사태와 정반대 경우를 생각해야 한다. 즉 행복할 때는 불행을, 맑은 날에는 흐린 날을, 우애에는 반목을, 사랑할 때는 증오를, 신뢰에는 배신을 분명히 머릿속에 그려야 한다. 모든 사람은 그 자신의 이해 정도와 인식의 한계 내에서만 세상을 바라볼 뿐이지만 고정된 시각에서 벗어나기 위해서는 시각과 관점을 바꾸는 것이 필요하다.

나에게 피해를 준 사람에게 분노하기보단 그 역시 고통을 겪는 불행한 사람이라 생각해 보자. 그러면 분노가 어느 정도 누그러진다. 불에는 물, 분노에는 연민을 발휘하자. 그 사람에게 보복했다고 간주하고 상대방이 고통과 불행에 시달리는 모습을 머릿속에 그리며 '이게 나의 보복이다'라고 중얼거리자. 그러면 실제로 보복할 마음이 사그라질지도 모른다. 세상에서 분노의 불길을 끄는 방법은 이 길밖에 없다.

우리가 어떤 일을 수습할 수 없을 때는 후회해 봤자 소용없다. 다윗 왕처럼 하라. 왕은 자식이 아플 때는 하느님한테 끊임없이 간구하며 기도했으나 막상 아들이 죽고 나서는 이를 수긍하고 조금도 회한에 잠기지 않았다. 인간에 대한 인내를 배우도록 하자. 다른 사람의 행위에 분노를 느끼는 것은 마치 발끝에 돌이 굴러왔다고 화내는 것과 같다. 그가 새사람이 되길 바라기보다 차라리 그의 개성을 이용하는 것이 현명한 태도다.

견해 차이로 굳이 다툴 필요가 없다. 남을 설득하거나 교화시키는 일은 무척 어렵다. 상대방이 하는 말이 너무 어리석어서 화가 난다면 그것을 희극의 한 장면이라 생각하라. 이것이 가장 합리적이고 적절한 대응책이다. 우리는 적의 비난을 쓴 약이라고 생각하고, 그로부터 자기 자신에 대한 정당한 지식을 얻도록 해야 한다. 참으로 성실한 것은 친구가 아니라 적이기 때문이다.

타인 중심의 심리는 병적인 신경과민과 희박한 자부심을 낳고, 허영과 겉치레의 원천이 되며, 사치와 교만의 바탕이 된다. 폭언이 명예를 훼손시키지 못한다. 명예를 목숨보다 소중히 여기는 것은 어리석은 일이다. 소크라테스는 매일 논쟁을 일삼았으므로 수없이 폭언을 들어야 했지만 결코 냉철함을 잃지 않았다. 그의 인내심에 놀라는 사람에게 '노새의 발에 차였다고 그 녀석을 고소할 수 있나?'라고 반문했다. 어떤 사람이 소크라테스에게 '이런 비난과 비웃음, 모욕을 당하고도 수치스럽지 않습니까?'라고 물으니 그는 '그것은 나에게 해당하는 얘기가 아니라네'라며 아무렇지 않게 대답했다. 이와 관련되는 괴테의 다음 시는 『논어』에 나오는 "남이 나를 알아주지 않아도 화내지 않으면 어찌 군자가 아니겠는가(人不知而不慍, 不亦君子呼)"라는 구절을 상기시킨다.

"내가 명성을 떨치더라도
세상에서 나를 알아주기는 어려울 것이다.
그대도 알다시피 세상 사람들은
조그마한 '자기'를 지키기 위해
나 같은 건 알아주지도 않는다."

주체적 사고를 하라!

인간의 삶은 두 가지 중요한 측면, 즉 주관적, 내적 측면과 객관적, 외적 측면을 갖고 있다. 행복과 고통, 기쁨과 슬픔은 전자에 해당하고, 미덕과 영웅성, 정신적 성취는 후자에 해당한다. 그리스인들은 밖으로 표출되는 미덕을 멋있게 보았다. 사람들 간의 차이는 이 객관적 측면에서만 두드러지게 나타난다.

그러나 객관적 측면에서 보았을 때 으뜸가는 사람일지라도 주관적 측면에서 보았을 때는 다른 사람들과 별반 다르지 않다. 그에게도 행복이란 없으며 고통만이 있기 때문이다. 그러기에 괴테도 드라마 『토르콰토 타소』에서 "그대가 바라보고 있는 월계관은 행복의 표식이라기보다 고통의 표식이다"라고 말한다.

인간은 다른 사람처럼 되려고 하다가 자신이 지닌 잠재력의 대부분을 상실하고 만다. 우리는 스스로 자신의 주인이 되기 위해서는 스스로 생각하기, 즉 주체적인 사고가 필요하다. 칸트는 '철학함이란 누군가의 사상을 모방하는 것이 아니라 스스로 생각해야만 하는 것이다'라고 말한다. 그것은 내 삶의 주인공이 되는 것이다. '주인공'은 불교에서 '득도'한 인물을 뜻하는 용어로, 외부 환경에 흔들리지 않는 '참된 자아'를 뜻한다.

쇼펜하우어는 진정으로 주체적인 사고를 하는 자는 군주와 흡사하다고 말한다. 군주는 모든 일을 자신이 직접 결정하며, 자신을 넘어서는 아무도 인정하지 않는다. 그의 판단은 군주의 결정처럼 자신의 절대적 권력에서 유래하며, 자기 자신에게서 직접 출발한다. 왜냐하면 군주가 타인의 명령을 인정하지 않는 것처럼 주체적인 사고를 하는 자는 권위를 인정하지 않으며, 그 자신이 재가한 것 말고는 아무것도 효력을 인정하지 않기 때문이다. 반면에 온갖 종류의 지배적인 견해, 권위, 편견에 사로잡힌 속된 두뇌의 소유자는 법이나 명령에 묵묵히 복종하는 민중과 같다. 스스로를 자신의 사고의 군주로 여기는 도덕이 곧 주인 도덕이다. 쇼펜하우어의 이러한 생각은 가치의 기준을 자기에게서 구하고 주체적인 사고를 하는 니체의 차라투스트라를 선취하고 있다. 니체는 쇼펜하우어의 발자취를 따라갔다. 쇼펜하우어가 자명하다는 듯이 신을 매장한 데 비해 니체는 요란하게 나팔을 불며 신의 죽음을 알린다. 신을 잃은 고통에는 새로운 신을 낳기 위한 진통이 끼어든다. 그 신의 이름은 차라투스트라다. 그는 완결된 내재성의 신이며 항상 동일한 것의 신이자 영원회귀의 신이다. 니체는 『선악의 저편』에서 이 신에게 '악순환의 신'이라고 이름 붙인다. 니체의 힘에의 의지, 영원회귀, 노예 도덕, 주인 도덕, 운명애, 초인(위버멘쉬)의 개념도 사실 알고 보면 쇼펜하우어에게서 비롯한 것이다. 그러므로 니체를 제대로 알고 이해하기 위해서는 먼저 쇼펜하우어를 읽는 것이 필요하다. 쇼펜하우어는 인생의 종착지에서 「피날레」(1856)라는 시를 쓰며 자신의 오롯한 인생을 결산하고 있다.

> "나는 이제 여정의 목적지에 지쳐 서 있네.
> 지친 머리는 월계관을 쓰고 있기도 힘들구나.
> 그래도 내가 했던 일을 기쁘게 돌아보는 것은,
> 누가 뭐라 하든 흔들리지 않았기 때문이리라."

쇼펜하우어의 불충한 제자 니체는 정신착란에 빠지기 전해인 1888년 다음과 같은 시를 남기며 천재인 스승을 기리고 있다.

> "그가 가르친 것은 지나갔으나,
> 그가 살았던 것은 남으리라.
> 이 사람을 보라!
> 그는 누구에게도 굴복하지 않았노라!"

유머와 재치, 독설이 넘치는 쇼펜하우어의 글

인간은 웃을 수 있는 유일한 동물이다. 그러나 고대 이래로 웃음은 우아함과 반대되는 걸로 여겨져 부정적인 평가를 받아왔다. 우아함을 망쳐 놓으면, 몸은 뻣뻣해져 희극적 효과를 얻게 된다는 것이다. 『장미의 이름』의 호르헤 수도사는 "어리석은 자만이 웃음소리를 높인다"라고 말한다. 웃음은 악마의 바람으로 얼굴을 일그러뜨리는 것이므로, 즉 웃음과 풍자는 해악이자 죄악이라고 여긴 것이다. 그러나 아리스토텔레스는 『시학』에서 희극과 웃음을 긍정적으로 서술하고 있다. 그는 웃음이 인간의 본성으로 동물과 달리 인간을 돋보이게 하는 것이므로 결코 하찮거나 무의미하지 않다고 주장했다. 반면 성경에서는 웃음을 긍정적으로 평가하지 않는다. 예수는 한 번도 웃지 않았고 미소도 짓지 않은 것으로 알려져 있다. 그 당시 웃는 사람은 바보이거나 현명치 못한 자들, 비신앙인이거나 이교도들이다. 그러나 웃음은 사교나 사업상의 거래, 또는 이성을 유혹할 때 중요한 무기가 된다.

쇼펜하우어는 흔히 근엄하게 찡그린 얼굴의 소유자로 각인되어 있다. 하지만 그에게는 이와 다른 면모도 보인다. 쇼펜하우어의 글에서 우리는 재기 있고 때로는 신랄하며 심지어는 노기 띤 유머, 정곡을 찌르는 풍자와 밉지 않은 오만함을 볼 수 있다. 우리가 미소를 짓게 만드는 그의 말은 수없이 많다. 정곡을 찌르는 익살, 이따금 나타나는 조소적인 비유와 노골적인 풍자, 이 모든 것은 세간에서 말하는 염세주의자와는 전혀 다른 그의 면모다. 그는 마치 피아노 건반을 두드리듯 언어를 능숙하게 사용한다. 그가 우리에게 가장 큰 인상을 남긴 것은 이상하게 들릴지 모르겠지만 그의 언어, 특히 그의 재치다. 또한 쾌활하고 의연하게 인생을 대하는 것, 그것은 그의 가장 중요한 신조 중 하나였다. 『의지와 표상으로서의 세계』 제1판 서문의 한 구절이 웅변적으로 증명하듯 쇼펜하우어는 인생을 유쾌하게 보려는 성향을 갖고 있다. 그는 현금을 주고 자신의 두꺼운 저서 『의지와 표상으로서의 세계』를 구매한 독자들을 위해 그 책의 장점을 유머 있게 이야기한다.

"장서의 빈 곳을 메워 줄 것이고, 장정이 훌륭하면 확실히 보기에도 좋을 것이다. 또는 박식한 여자 친구가 있는 자라면 그녀의 화장대 위나 차 마시는 탁자 위에 놓아두어도 좋을 것이다. 또는 마지막으로 분명 가장 좋은 용도로 특히 권하는 것은 이 책을 비평할 수 있다는 점이다."[10]

인생은 짧지만, 진리는 멀리까지 영향을 미치며 오래 살아남는다며 자신의 책에 대해 자부심이 대단했으나 그 결과는 참담했다. 어려움 끝에 제2판을 내면서도 그는 기가 꺾이지 않고 밝은 면을 보려고 한다. 그는 이제 완성된 저서를 "동시대인이나 동포가 아닌 인류에게 내놓으며 그들에게 아무 가치가 없지는 않을 것이라 확신한다"라고 쓴다. 쇼펜하우어는 죽음을 조금 앞두고 인류가 자신에게서 몇 가지를 배웠고 그걸 잊어버리지 않을 것이라고 했지만, 사람들은 그에게서 배웠지만 그런 사실을 잊어버렸다. 그는 가장 진지한 고찰을 하는 중에도 유머러스한 시각을 잃지 않았다. 이 점에서 그는 철학자들 가운데 독보적인 존재였다. 그는 웃음에 대해 어떤 개념과 그것에 의해 어떤

10   아르투어 쇼펜하우어, 『의지와 표상으로서의 세계』, 같은 책, 13쪽

관계 속에서 생각된 실재적 객관 사이의 불일치를 갑자기 알아차린 데서 생기는 것이라고 정의한다. 웃음이라는 현상은 언제나 개념과 그 개념과 결부된 실제 대상 사이의, 즉 추상적인 것과 구체적인 것 사이의 불일치를 갑자기 깨닫는 것을 의미한다. 웃는 사람이 이 불일치를 더 크게, 더 뜻밖으로 느끼면 느낄수록 그는 더 심하게 웃을 것이다. 이러한 그의 웃음론은 특히 웃음 전도사 찰리 채플린에게 큰 영향을 끼쳤다. 무오류를 주장하는 사람이 실수를 연발하면 우리를 웃음 짓게 만든다. 동물은 이성이 없어서 언어를 구사하지 못하듯 웃지도 못한다. 인간은 고통을 가장 예민하게 느끼는 존재인 동시에 웃을 수 있는 유일한 존재인 것이다.

웃음 또는 농담의 반대는 진지함이다. 따라서 진지함의 본질은 개념 또는 생각, 직관 또는 현실이 완벽하게 합치 혹은 일치한다는 의식이다. 진지한 사람은 자신이 사물을 있는 그대로 생각하며 사물은 자신이 그것을 생각하는 대로라고 확신한다. 그렇다고 특히 현재를 너무 심각하게 받아들여서는 안 된다. 그러면 그는 우스운 사람이 되기 쉽다. 우스운 사람이 아닌 웃는 사람이 되는 게 필요하다. 그의 모토는 '온전히 진지해질 수 있는 사람일수록 더 유쾌하게 웃을 수 있다'였다. 쇼펜하우어의 오만한 독설은 매우 절묘한 유머와 신랄하고 전투적인 재치에서 솟아난다. 그의 도발적인 공격은 두려움의 대상이며 아무것도, 아무도 가리지 않는다. 심지어 그는 가장 심오한 철학적 문제들까지도 흉내 낼 수 없는 방식으로 인간의 일상사와 연관 지어 설명한다.

19세기 후반 테오도르 폰타네와 빌헬름 라베와 같은 독일 사실주의 작가들의 유머와 토마스 만의 아이러니는 쇼펜하우어에게 의존하고 있다. 쇼펜하우어 철학에 담긴 중의성은 삶의 진지함과 공허함을 토대로 한다. 누구나 삶이라는 거대한 인형극에서 함께 연기해야만 하고, 자신을 인형극에 끼워 넣고 조종하는 철사 줄의 존재를 느끼지 않을 수 없다. 하지만 연기를 하던 자가 철학을 하게 되면 극장 전체를 볼 수 있게 된다. 그 순간 그는 배우이기를 그만두고 관중이 된다. 이것은 철학적 순간이면서 동시에 심미적 순간이기도 하다. 이러한 사실을 알고 있었던 토마스 만은 세계를 '마치 있을 수 있는 상태인 것처럼' 보게 해 준 쇼펜하우어를 고맙게 생각했다.

쇼펜하우어는 괴팅겐대학을 다니다가 피히테와 슐라이어마허의 명성에 이끌려 신생 베를린대학으로 옮긴다. 그러나 두 사람의 강의는 쇼펜하우어의 기대에 미치지 못했다. 피히테의 강의에서 철학의 진수를 발견하리라고 기대했지만, 미리 김칫국을 마신 것 같은 존경심은 금세 경멸감과 비웃음으로 바뀌었다. 피히테가 빠져든 신비주의적인 궤변 습관과 거만하고 상투적인 강의 습관은 명쾌하고 논리적인 것을 애호하는 쇼펜하우어의 반발심을 초래했던 것이다. 그래도 피히테의 철학 강의를 올바로 평가하기 위해 열심히 듣기로 한다. 그는 토론 시간에 피히테의 공식 견해들을 신랄하게 논박하기까지 했다. 쇼펜하우어는 토론에서 신랄하게 비꼬는 식으로 논박해서 무례한 자라는 오명을 받자, '물질 가치와 예절 가치는 반비례한다'라고 주장하기도 한다. 그는 피히테의 강의에 대해 이런 말장난을 한 적이 있었다. 그는 자신이 기록한 강의 노트에 '의식에 관한 사실들과 지식학Wissenschaftslehre'이라는 제목을 썼고, 그 여백에는 "'지식학이 아니라 지식 공백Wissenschaftsleere'이란 말이 더 정확하겠지"라고 썼다. 이처럼 '레레Lehre, Leere'라는 동음이의어를 사용해 피히테의 지식학(학문론)이 '지식 공백'이라고 조롱한 것이다.

쇼펜하우어는 생애의 대부분을 책에 파묻혀 외계로부터 고립된 채 삶의 비밀의 탐구자로서 아주 단조롭게 살았다. 그러나 학위를 마치고 연구를 더 계속하기 위해 드레스덴에서 생활할 때 단순하고 고립된 생활로 쌓은 요새에서 쇼펜하우어에게는 엄청난 내적 모험이 일어나고 있었다. 다름 아닌 구상을 한다는 쾌락과 위대한 작품을 마침내 완성한다는 모험이었다. 이런 내면의 삶에서 몇몇 순간은 거의 무아지경의 기쁨으로 모습을 드러냈는데 그걸 가장 뚜렷이 경험한 사람은 아마 하숙집 여주인일 것이다. 한 번은 쇼펜하우어가 드레스덴의 츠빙거 궁전에 있는 오렌지 온실을 들른 후 귀가했는데 상의에는 꽃 한 송이가 꽂혀 있었다. 하숙집 여주인이 그것을 보고 이렇게 말한다. "꽃을 피우셨네요. 박사님." 그러자 쇼펜하우어가 재치 있게 답한다. "네, 나무가 꽃을 피우지 않으면 열매를 맺을 수 없을 테니까요!"

극장 운영자이자 작가인 폰 비덴펠트 남작Freiherr von Biedenfeld(1788~1862)은 후일 출판업자 브로크하우스가 쇼펜하우어의 주저를 출판하도록 도와준 인물인데, 드레스덴 시절 알게 된 쇼펜하우어를 '숨기는 거라곤 없이 너무도 솔직한 사람'이었다며 이렇게 묘사한다. 그는 "노골적으로 자기 생각을 신랄하고 거칠게 말했다. 학문과 문학에 관한 물음에는 대단히 단호했으며 친구에게건 적에게건 모든 것을 있는 그대로 지적해야 직성이 풀렸다. 그는 위트를 즐

브로크하우스, 19세기

겼고 어떨 때는 정말이지 유머가 넘치는 무뢰한이었다."

쇼펜하우어는 1818년 3월 책을 출판하기 위해 브로크하우스에게 보내는 편지에서 자신의 당당함과 자부심을 숨기지 않는다. "그러므로 만일 제가 생각하는 저의 작품의 가치에 따라 그것의 값을 요구한다면 아마 매우 비싸서 당신이 구입할 수 없을 정도의 가격이 될 것입니다……. 저에게 인쇄 전지 한 장당 1두카텐씩(약 15만 원)의 원고료만 지불하십시오. 대신 지불은 원고를 넘기는 즉시 이루어져야 합니다. 왜냐하면 저는 원고를 넘기자마자 이탈리아로 여행을 떠날 것이기 때문입니다."

같은 해 8월의 편지에서도 그는 큰소리를 친다. "이는 당신이 나를 마치 당신의 백과사전 저자들이나 또는 그들과 비슷한 삼류 문사들처럼 여기고 대접해서는 안 된다는 것을 의미합니다. 나는 가끔 잉크와 펜을 사용하는 것 외에는 그들과 아무 공통점이 없습니다."

쇼펜하우어는 새로 발견되었다는 60여 개의 소행성들에 대해서는 알고 싶지 않다며 유머러스한 논평을 한다. "나는 철학 교수들이 나를 대하듯 그 소행성들을 대할 작정이다. 즉 나는 그것들을 무시할 것이다. 그것들은 내 틀에 맞지 않기 때문이다." 그러나 주요 행성들은 인생을 보는 그의 틀에서 각각 중요한 위치를 차지한다. 그는 '대체로 교수직으로 살아가는 사람은 축사에서 되새김질하기에 적합하다'라며 교수들한테 더 심한 악담을 퍼붓기도 한다. 어떤 일화에 의하면 그는 엄청 대식가라서 사람들의 이목을 끌었다고 하는데, 한번은 옆 식탁에 앉은 사람이 "박사님, 정말 십 인분을 드시는군요"라고 하니 쇼펜하우어는 "네, 물론이지요, 하지만 열 사람을 위해 생각하기도 합니다"라고 재기 있게 대꾸했다고 한다.

쇼펜하우어는 사후 불멸에 대해서도 재기 있는 답을 내놓는다. "죽은 후 너는 네가 태어나기 전처럼 될 것이다." 그는 '이념'뿐 아니라 '영혼'이란 것에 아무 의미도 없다고 주장한다. 그에게 시작과 끝은 절대적인 개념이 아니라 단순한 외견일 뿐이다. 즉 그에게 시간과 공간은 지성의 직관 형식에 불과하다. 그는 있는 것 외에는 아무것도 있을 수 없다는 명제를 수용한다. 인간이 무에서 창조되었다고 생각할 경우 죽음은 인간의 절대적 종말이 된다고 하는 구약 성경은 처음부터 끝까지 논리적이라고 본다. 무에서의 창조라는 개념은 영생의 가르침과 서로 조화될 수 없기 때문이다. 그러나 영생을 가르치는 신약 성경은 이런 점에서 구약 성경과 모순된다. 이에 대해 쇼펜하우어는 기독교가 이집트를 거친 것이기는 하지만 거의 틀림없이 인도에서 온 인도의 사상이기 때문으로 본다. 그리고 사람이 죽은 후에도 그의 지성은 계속 존재한다는 신비주의자들이나 종교적 몽상가들의 주장을 그는 비웃는다. 죽음과 함께 지성도 같이 사라지는 것이 아니라면 이 세상에서 배운 그리스어를 고스란히 다른 세상으로 가져갈 수 있을 것이니 좋기는 하겠다면서 말이다. 그는 '신'이라는 말 자체를 싫어한다. 왜냐하면 그것은 안에 있는 것을 항상 바깥으로 옮겨 놓기 때문이다.

그는 동시대인의 부당한 비판을 들으면 괴테의 시에서 위안을 얻는다.

"이렇게 우리 마구간의 스피츠는
 우리를 계속 따라다니려 한다네.
 그러나 그 개가 짖는 큰 소리는
 우리가 말 타고 떠나감을 증명할 뿐이라네."

또한 자신을 무시하는 철학 교수들에 대한 반감이 큰 쇼펜하우어는 자기가 죽고 난 후의 미래를 상상하며 몸서리를 친다. "머지않아 구더기들이 내 육신을 갉아먹게 되리라는 생각은 참을 수 있다. 그러나 철학 교수들이 내 철학을 갉아먹게 되리라는 생각을 하면 몸서리가 쳐진다." 철학 교수들의 권모술수는 진리를 추구하는 사람들에게 방해만 되지 결코 도움이 되지는 않는다. 독일 교수는 공무원으로서 정부의 각 해당 부처에 소속되어 있기 때문에 쇼펜하우어는 그들이 대학교에서 철학을 가르치는 것을 몹시 못마땅하게 생각했다. 그는 철학을 위해 일어날 수 있는 가장 좋은 일은 철학과 관련된 모든 교수직이 폐지되는 것이라고까지 말한다. 그렇게 되면 모든 폐단 중 가장 큰 것, 즉 진리를 추구하는 사람들이 한 조각의 빵만을 추구하는 사람들과 충돌하는 일이 사라지리라는 것이다. 그렇지만 그는 자신의 철학적 인식들을 사람들에게 매물로 내놓는 것이 과연 적절한 일인지 때로 자문하기도 한다. "만일 방울 장수가 남자에게는 머리핀을, 여자에게는 파이프 대통을 내놓는다면 사람들은 그의 어리석음을 비웃을 것이다. 하물며 진리를 시장에 내놓고 사람들이 사가기를 바라는 철학자의 발상은 얼마나 터무니없는가? 인간들에게 진리라니 가당키나 한 일인가!"

그러나 쇼펜하우어의 이러한 독설도 하나님의 무서운 축복에 비하면 오히려 약과로 보이기도 한다. "너를 축복하는 자에게는 내가 복을 내리고 너를 저주하는 자에게는 내가 저주하리니 땅의 모든 족속이 너로 말미암아 복을 얻을 것이라 하신지라."(「창세기」12장 3절)

행복한 말년

1830년대 말부터 쇼펜하우어를 추종하는 무리가 하나둘 생겨나기 시작했다. 지방법원 판사 도르구트Friedrich Dorguth가 제일 먼저 쇼펜하우어를 발견하여, 자신의 저서 『관념적 실재론의 그릇된 뿌리』에서 쇼펜하우어를 '체계적으로 사유하는 최초의 철학자'라며 그를 세계사적으로 중요한 사상가로 추켜세웠으며, 쇼펜하우어에게 '철학 교수 세계의 카스퍼 하우저Kaspar Hauser[11]'라는 별명을 붙여 준 책 『변증법과 동일체계의 근본적 비판』 등을 남겼다. 도르구트는 팸플릿, 논문과 저서 등 온갖 수단을 통해 쇼펜하우어의 철학을 세상에 알리려고 노력했다. 하지만 그의 찬가에 반응하는 이는 아무도 없었다. 그런 다음 재야학자 겸 철학자 프라우엔슈테트가 쇼펜하우어의 사도이자 복음 전도자를 표방하고 등장했다. 그는 '쇼펜하우어만큼 순수하고 심오하며 예리한 철학을 제공하는 이는 없다'라고 단언한다. 쇼펜하우어는 그가 호기심은 많지만 덤벙거리고 이해력이 부족하다며 한때 관계를 끊기도 했으나, 다시 우정을 회복해 1859년 그를 자신의 유작의 상속인으로 지정한다. 프라우엔슈테트는 쇼펜하우어 사후에 유고를 정리하여 『논쟁에서 이기는 기술』이라는 책을 펴냈고, 쇼펜하우어 전집을 출판했다.

1844년 우여곡절 끝에 『의지와 표상으로서의 세계』 제2판이 출간된 후에는 베커와 도스라는 두 명의 신봉자가 새로 생긴다. 쇼펜하우어는 베커와 서신 교환을 하고 가치 있는 토론이라고 평가한다. 쇼펜하우어는 베커가 누구

---

11 부모로부터 버림받고 동물들에 의해 키워지다가 발견되었으나 결국 사람들에게 냉대받고 죽음을 맞이한 인물

보다 자신의 철학을 잘 이해하고 있지만 그것을 글로 쓰지 않았다고 아쉬워했다. 도스는 그때 스무 실의 젊은 나이였지만 쇼펜하우어의 기대를 받았다. 쇼펜하우어는 '쇼펜하우어를 읽으라'라고 권하며 돌아다니는 도스가 자신에게 열광하는 것에 감동되어 그를 '사도 요한'이라고 부른다. 쇼펜하우어는 변호사 그비너Wilhelm Gwinner와 의형제처럼 친하게 지냈다. 쇼펜하우어의 책을 읽고 감격한 그는 쇼펜하우어를 직접 찾아와서 진지한 이야기를 나눈 뒤 서로 친해진 사람이었다. 그비너는 쇼펜하우어의 유언을 집행했고 쇼펜하우어 집안의 유산을 유언에 따라 잘 처리하기도 했다. 쇼펜하우어는 자신의 묘비석에 아무런 설명도 새겨지지 않기를 바랐다. 그는 자신의 저작들 속에서 자신이 기억되기를 소망했다. 그래서 그비너 박사가 그에게 "선생님께서는 죽으면 어디에 묻히고 싶으십니까?"라고 묻자 그는 "어디에 묻혀도 상관없네. 후세인들이 어차피 나를 찾아낼 테니까 말이야"라고 대답했다. 이후에 그비너는 쇼펜하우어에 대한 전기를 최초로 쓰기도 했다.

생애 말년에 쇼펜하우어는 자신의 저작 대부분에 마무리 손질을 했다. 그리하여 1859년에 『의지와 표상으로서의 세계』 제3판이 자신만만한 서문을 달고 나왔고, 1860년에는 『윤리학의 두 가지 근본 문제』 재판이 나왔다. 1859년은 다윈의 『종의 기원』이 나온 해였다. 이제 헤겔의 시대는 지나갔다. 그는 완전히 한물간 존재였기에 사람들은 그가 구축한 구조를 해체하지도 않은 채 그의 저술을 내던져 버린다. 사람들은 철저한 유물론과 자연주의로 변질되지 않은 사유를 쇼펜하우어의 형이상학에서 발견한다. 차츰 쇼펜하우어와 그의 철학에 관심을 기울이는 사람들이 하나둘 생겨난다. 조용한 추종자인 킬처는 주저의 초판과 2판을 검토하는 작업에 나서고, 어떤 추종자는 쇼펜하우어가 1813년 루돌슈타트에 묵었던 방의 벽에 새겨 넣은 문구를 찾아낸다. 영주 비지케는 쇼펜하우어의 첫 번째 초상화를 사서 그것을 보관할 집을 짓고, 어떤 목사는 그에게 경의를 표하는 2행시를 지어 보낸다. "먹물 속에 곧잘 몸을 숨기는 오징어처럼 여자는 걸핏하면 위장술을 쓰며 거짓말 속을 헤엄치고 다닌다"라며 여자들한테 악담을 퍼부었는데도 여자들이 자신의 작품을 좋아한다는 사실에 쇼펜하우어는 신기해한다. 슐레지엔 출신의 한 아가씨는 「조국의 이방인」이라는 시를 써서 그에게 헌정한다. 사관후보생들은 쇼펜하우어의 '성애의 형이상학' 부분을 몰래 읽으며 밤을 지새우고, 철학자들은 모임을 결성해 쇼펜하우어가 점심 식사를 하는 식당에서 사람들과 나누는 대화에 참여한다. 한 철학 교수가 용기를 내어 대화에 끼자 쇼펜하우어는 전갈 이야기를 들려준다. 전갈은 빛을 본 뒤 어둠으로 빠져나갈 길을 찾지 못하면 자신의 독 가시로 머리를 찔러 죽음을 맞이한다는 것이다. 쇼펜하우어는 자신의 철학을 타오르는 촛불에 비유한다. 그러니 자신을 오랫동안 성가시게 괴롭히던 전갈, 즉 철학 교수들은 이제 불빛을 봤으니 알아서 스스로를 소멸시키라는 말이다.

1857년 겨울, 쇼펜하우어가 산책하다가 넘어져 작지 않은 상처를 입자 프랑크푸르트 신문들은 이 사건을 뉴스로 다룬다. 1860년 4월 말의 어느 날, 쇼펜하우어는 점심 식사 후 귀가하던 중 가슴이 뛰는 증상과 호흡 곤란을 겪는데 그런 일이 몇 달 동안 반복된다. 그럼에도 속보 산책과 마인강 냉수욕을 그치지 않았다. 8월에 쇼펜하우어는 호흡 곤란과 가슴 뛰는 현상을 또다시 겪었고, 9월 9일에는 노인성 폐렴에 걸렸다. 하지만 일주일 뒤 그는 방문객을 받을 만큼 건강이 회복되었다. 9월 18일 쇼펜하우어는 심한 질식성 발작을 일으켰고, 그날 저녁 유언집행인 그비너가 그와 마지막으로 대화를 나눈 사람이었다. 쇼펜하우어는 이때『소품과 부록』에 덧붙일 중요한 부분이 있으니 지금 죽는다면 너무 가슴이 아플 거라고 말했다. 그러나 눈빛이 맑고 총명하며 병색은 보이지 않았다. 그래서 70대 초만 무사히 넘기면 10년은 더 살 수 있을 거라고 말하기도 했다. 예전에는 적들과 싸우기 위해 오래 살아야 한다고 생각했지만, 지금은 사방에서 쏟아지는 찬사를 받으며 살아간다고 했다.

그비너는 쇼펜하우어가 행복한 회상에 젖어 있는 동안 이제껏 한 번도 본적이 없는 온화한 인상을 받았다고 한다. 9월 21일 쇼펜하우어는 폐렴 증세가 있었으나 평소대로 일찍 기상하여 활기차게 아침 식사를 했다. 가정부는 항상 그랬듯이 집안을 환기하느라 창문을 열어 놓고 집 밖으로 나갔다. 그리고 몇 분쯤 지나서 거실로 들어온 주치의는 소파에 등을 기대앉아 차분한 표정으로 죽어있는 쇼펜하우어를 발견했다. 아무런 고통의 흔적이 없는 평안한 얼굴이었다. 9월 26일 쇼펜하우어의 시신이 안장된 무덤 앞에서 거행된 장례식에 그의 추종자들이 모였다. 어느 개신교 목사가 장례식을 주관하며 추도문을 낭독했고, 이어서 쇼펜하우어의 절친한 친구 빌헬름 그비너가 준비한 추도문을 낭독했다.

쇼펜하우어는 유언에서 베를린의 재단법인을 상속인으로 정해 두었다. 그는 베를린 시절 사랑에 빠졌던 오페라 가수 메돈과 그의 제자들, 그리고 1848년 독일 민주화 운동 때 법질서를 지키려다가 부상당한 병사들과 전사자들 유족을 위해 그의 전 재산을 기부했다. 그리고 오랜 세월 그를 위해 일한 가정부 슈네프에게 종신연금과 가구나 은제품을 남겨 주었다. 유언집행인인 그비너는 쇼펜하우어의 모든 장서를 물려받았다. 다른 제자들과 친구들에게는 금시계, 금테 안경 등의 유품을 남겨 주었다.

쇼펜하우어의 논쟁적 변증술

1860년 쇼펜하우어가 사망한 뒤 그의 유고에서 거의 완성된 원고가 제목 없이 발견되었다. 그 글은 1830년경에 작성된 것으로 추정되었다. 쇼펜하우어는 그 유고에서 아리스토텔레스의 『변증론』과 『소피스트적 논박』을 많이 참고하여 말싸움이나 논쟁에서 이기는 서른여덟 가지 요령 또는 술수를 다루고 있다. 흔히 '논쟁에서 이기는 요령이나 기술'로 불리는 이 원고는 『소품과 부록』에 「논리학과 변증술에 대하여Zur Logik und Dialektik」라는 항목으로 그 일부가 수록되어 있다.[12] 거기에서 쇼펜하우어는 말싸움이나 논쟁에서 이기는 서른여덟 가지 전체 요령을 밝히는 대신 몇 가지만 표본으로 소개한다고 말하면서 그 이유를 다음과 같이 들고 있다.

"그렇지만 지금 이전에 쓴 글의 수정 작업을 하면서, 나는 비열한 인간 본성이 그 부족함을 은폐하기 위해 이용하는 그러한 부정한 수단과 술수의 면밀하고 상세한 고찰이 더 이상 나의 기질에 맞지 않음을 발견하고, 그 같은 고찰을 그만두기로 한다."

쇼펜하우어가 60대 초가 되어 생각해 보니 40대 초에 쓴 '부정한 수단과 술수의 면밀하고 상세한 고찰'이 자신의 기질에 맞지 않는다는 것이다. 사실 그가 기록한 논쟁에 이기는 술수들은 지금은 논리학에서 대체로 오류로 취급

---

12 이 책의 2부 제13장(402쪽) 참조

받는 것들이다. 그러니 쇼펜하우어도 이제 나이가 들고 보니 그런 비열한 술수를 세상 사람들에게 보이고 싶지 않았을 것이다. 그러면서 그는 앞으로 자신과 같은 종류의 일을 시도할 생각이 들지도 모르는 사람들에게 그 사안을 다루는 자신의 방식을 보다 자세히 설명하기 위해, 몇 가지 전략Strategem을 표본으로서 소개한다고 밝힌다. 그리고 논쟁의 일목요연함과 명료성 때문에 그 글에서 그 전략의 개요를 기록해 둘 가치가 있으리라 생각된다는 것이다.

쇼펜하우어는 「논리학과 변증술에 대하여」에서 "확대하기", "억지 결론을 이끄는 '그릇된 삼단논법'을 적용하라", "화제를 다른 데로 돌려라"라는 세 가지 전략을 견본으로 제시하고 있다. 이것들은 우리가 논리학 개념을 모르더라도 일상생활에서 흔히 쓰고 있는 술수들이다. 특히 말싸움에서 불리한 경우 화제를 다른 데로 넘김으로써 위기에서 빠져나오려고 하는 경우가 허다하다. 그러면 상대방은 예상되는 승리를 눈앞에 두고 그쪽으로 관심을 돌릴 수밖에 없게 된다. 이처럼 화제의 전환은 정직하지 않은 논쟁자들이 대체로 본능적으로 이용하는 요령 중 가장 많이 사용하는 기술이다. 그리고 그들이 난관에 봉착하자마자 거의 불가피하게 선택하는 수단이기도 하다.

그러면서 쇼펜하우어는 논쟁에서 이기기가 아니라 오히려 말싸움을 피하기 위해 이런 기술을 참조할 것을 충고한다. 그렇지만 상대방의 논거가 옳아 보이더라도 논쟁을 즉시 포기하지 말 것을 부탁한다. 나중에 가서 우리의 견해가 옳았음이 밝혀질지도 모르기 때문이라는 것이다. 그러니 약점과 사안에 대한 신뢰의 부족 때문에 그 순간의 인상에 굴복하지 말 것을 충고한다. 어쨌든 논쟁의 순간에는 진리를 위해서라기보다는 우리의 명제를 위해 싸워야 하기 때문이라는 것이다.

인간은 본성상 항상 자신이 옳다고 주장하는 법이다. 변증술Dialektik은 논쟁하는 상대방이 무언가를 반박하거나 무언가를 증명하여 주장할 때 사용하는 말하기 기술로, 그 목적은 '오로지 자신의 주장이 옳다는 것'을 견지하는 것이다. 반면에 논쟁술Eristik은 '정당한 수단을 쓰든 정당치 못한 수단을 쓰든' 자신의 주장을 방어하고 상대방의 주장을 무너뜨리는 데 사용하는 기술이다. 그러므로 쇼펜하우어는 논쟁술을 변증술보다 좀 더 가혹한 표현으로 본다. 그래서 쇼펜하우어는 자신의 원고 제목을 변증술이라 부르고 싶지만, 오해를 피하기 위해 '논쟁적 변증술'이라는 제목을 단다고 밝힌다.

쇼펜하우어는 변증술을 정신적인 검술이라고 지칭한다. 변증술은 진리와 아무런 관련이 없다는 것이다. 이는 논쟁으로 인해 결투가 벌어질 때 검도 사범이 누가 옳은지에 신경 쓰지 않는 것과 마찬가지다. 일단 말다툼이 벌어지면 사람들은 제가끔 대체로 진리가 자기 쪽에 있다고 생각한다. 이때 '찌르고 막는 것, 그것만이 중요할 뿐이다.' 쇼펜하우어는 자신이 수집해 모은 요령이나 전략을 검술에서의 정식 찌르기가 아닌 검술의 거짓 동작에 비유한다. 그런데 『노자』 제22장에 "오직 다투지 않으므로, 천하에 그와 다툴 자가 없다"라는 구절이 있듯이 다투지 않는 것이 제일 상책일지도 모른다. 하지만 부득이하게 일단 말싸움이 벌어지면 논리를 가장한 상대방의 교묘한 술수와 속임수에 넘어가서는 안 될 것이다. 게다가 방어에만 급급하지 않고 예리한 공격으로 상대방의 궤변에 적절하게 대응하는 것이 중요하다. 그러기 위해서는 논쟁술을 익혀 미리 자신의 관점을 정립하고 충분히 대비해 두는 것이 필요할 것이다.

쇼펜하우어 철학과 불교, 힌두교의 관계

쇼펜하우어는 자신이 생각해 낸 이념들이 인도의 힌두교와 불교의 중심 이념임을 나중에 발견한다. 1813년에 처음 힌두교와 불교를 접한 쇼펜하우어는 1825년부터 불교에 관해 새로 연구를 시작한다. 당시 중요한 동아시아 불교 연구자로는 레무사Rémusat, 데쇼테레이Deshauterayes, 슈미트Isac Jakob Schmidt가 있다. 쇼펜하우어는 『아시아 저널』에 실린 데쇼테레이의 논문 「불교 연구」에 관심을 갖고 1826년에 읽는다. 이 논문을 통해 쇼펜하우어는 불교에 표상과 비슷한 개념이 있음을 발견한다. 데쇼테레이는 불교에서 삶이 정욕에서 일어나므로 정욕이 삶의 원인이라는 다음과 같은 견해를 찾아낸다. "아주 오래전부터 인간의 행복에 대한 애착은 성적 사랑 및 욕망과 함께 탄생하는 모든 생물에게 있다. 태어나는 모든 것은 성적 사랑, 즉 정욕으로부터 생명을 끌어온다."

1856년의 한 편지에서 쇼펜하우어는 자신의 이론과 불교 사이의 일치가 경이롭다고 말한다. 쇼펜하우어는 불교로부터 새로운 이념을 배우지는 않았지만, 거기에서 자신의 견해와 비슷한 입장을 발견하고 자신의 견해를 더욱 확신하게 된다. 그는 자신의 방 한구석에 놓인 30cm쯤 되는 높이의 티베트의 부처상을 바라보며 그것이 자신에게 자비를 열어 준다며 행복해한다. 힌두교는 경전 『우파니샤드』에서 영속적인 실재는 비물질적이고 공간도 시간도 없는 초월적인 단일자라고 가르치며, 비개인적이고 인식할 수 없으며 설명이 불가능한 것인데 비해, 우리의 신체 감각을 통해 알려지는 세계는 일시적인 현상의 스쳐 가는 쇼나 그림자놀이 같은 것, 마야(환각)의 베일이라고 말한다.

『우파니샤드』를 읽음으로써 인도 철학의 세례를 받게 된 쇼펜하우어는 인도를 '가장 고대적이고 원시적인 지혜의 땅'이라고 보면서 브라만주의와 불교가 유럽에 들어와 기독교로 각색되었다고 생각했다. 그는 고대 인도의 가르침인 베단타 철학과 베다의 신비주의에 관해 알게 되었고, 베다 경전인 『우파니샤드』가 플라톤, 칸트와 더불어 쇼펜하우어의 철학 체계의 근간을 형성하게 된다. 그는 평생 『우파니샤드』를 읽고 연구했으며, 이것은 그의 세계관의 굳건한 토대가 됐다. 쇼펜하우어는 『의지와 표상으로서의 세계』 제4권 맨 앞에 "인식이 생기자마자 욕망은 사라져버렸다"라는 『우프넥하트』의 인용구를 싣고 있다. 어떤 욕망도 존재를 그만두고 사라졌을 때, 즉 욕망의 불이 꺼졌을 때 진정한 깨달음을 얻는다는 것이다. 1851년 그는 "이 책은 더없이 값지고 수준 높다. 지구상에서 내 삶의 위안이었고 내 죽음의 그것이 될 수 있을 것이다"라며 그 책을 극찬했다. 그는 자신의 고유 사상이 유럽이 아닌 미지의 땅에서 이미 확립되어 있다는 사실에 놀란다.

쇼펜하우어가 불교 사상을 바탕으로 자신의 철학을 수립했는지, 아니면 불교를 알지 못한 상태에서 독창적으로 불교와 비슷한 사유 체계에 이르렀는지에 대해서는 의견이 분분하다. 쇼펜하우어는 『의지와 표상으로서의 세계』 초판 서문에서 자신의 '고유 사상'이 칸트, 플라톤, 우파니샤드 사상이라는 세 축에 기반을 두고 있다고 밝히면서, '베다', 『우파니샤드』, '산스크리트 문헌', '고대 인도의 지혜' 등을 언급하지만, 불교에 대해서는 구체적으로 적시하지 않고 있다. 그럼에도 이때 이미 불교와 유사한 세계관을 지닌 쇼펜하우어는 『소품과 부록』을 집필하기 시작할 무렵인 1845년경부터 자신을 '불교도'로 여기고 있었다. 그때부터 그는 친구들과 있을 때 자신을 불교도로 칭했다. 어떤 학자는 쇼펜하우어만큼 불교에 감동한 사람은 없다고 한다. 그러나 어떤 학자는 쇼펜하우어가 불교도일 수가 없다고 말하기도 한다. 그는 쇼펜하우어의 철학과 불교의 중요 측면이 충돌한다고 이해한다. 반면 어떤 학자는 두 사상이 조화롭다고 보기도 한다.

이 시기의 유럽에서는 불교 소개서가 극소수였고 단편적인 것들뿐이었다. 쇼펜하우어의 저서로 인해 당시의 지식인들이 인도에 열광하게 되었고, 아시아의 불교 서적들이 처음으로 유럽에 번역되기도 했다. 따라서 독일에 불교가 대중적으로 전파된 것은 쇼펜하우어의 영향으로 보는 데 무리가 없다. 『의지와 표상으로서의 세계』제2판(1844년)이 간행될 무렵이 되자 불교가 유럽에 활발하게 소개되기 시작하였다. 제3판(1859년)에서는 불교에 대한 해박한 이해가 개진되고 있는 점으로 보아 제2판과 제3판 사이에 비로소 불교의 영향이 체계적으로 반영된 것으로 보인다. 쇼펜하우어는 제3판에서 불교를 다른 종교보다 훨씬 출중하다고 평가하였으며, 불교 교리가 자신의 핵심 명제들을 확립하는 데 큰 도움이 되었다고 밝혔다. 그는 불교를 서양의 형이상학에 대응하는 복안으로 보았고, 불교의 인식 노력을 개체의 정신적 고립을 돌파하기 위한 수단으로 해석했으며, 자신의 철학과 불교의 가르침이 서로 연결되는 것을 발견했다. 쇼펜하우어는 유신론을 비판하면서도 종교 자체는 민중을 위해 꼭 필요하고 유익하다고 말한다. 그러나 종교가 진리 인식이라는 점에서 인류의 진보를 저해하려 한다면 되도록 손상되지 않도록 유의하면서 그것을 옆으로 밀어 놓아야 한다고 밝힌다.

자신의 철학 사상이 불교와 근본적으로 동일하다고 본 쇼펜하우어는 자신이 설파하려고 한 사상이 이미 2천 4백여 년 전에 동양에서 존재했다는 것에 대해 경탄을 금치 못했다. 이와 함께 쇼펜하우어는 인도 불교에 대한 문헌이 유럽에 본격적으로 소개되면 서양인들의 인식과 사유에 근본적인 변화가 있을 것으로 예견했다. 이런 생각은 헤겔을 비롯한 서양 철학자들 대부분이 인도 철학을 부정적으로 평가하는 것과 좋은 대조를 이루고 있다. 특히 헤겔은 '인도에는 참된 종교나 윤리, 법이나 정의가 존재하지 않는다'라고 말한다. 서양의 유명한 철학자들 중 불교를 긍정적으로 평가한 사람은 쇼펜하우어와 에리히 프롬 정도가 있을 뿐이다. 쇼펜하우어의 철학을 신랄하게 비판하게 되는 니체도 쇼펜하우어의 눈을 통해 불교를 이해하고 있다. 그러므로 불교에 대한 니체의 비판은 쇼펜하우어에 대한 그의 비판이기도 하다. 연구자들은 대체로 쇼펜하우어가 불교의 핵심 사상을 제대로 파악하고 있으며, 양자 사이에 근본적인 동일성 내지 유사성이 존재한다고 보고 있다. 쇼펜하우어는 모든 고통의 원인이 욕망에서 비롯되는 것으로 보고, 고통에서 벗어날 수 있는 궁극적인 길을 욕망을 부정하는 금욕주의에서 찾고 있으며, 이러한 금욕주의는 욕망을 없애려는 욕망조차도 버리는 것에서 완성된다고 보고 있다. 또한 그는 이렇게 모든 종류의 욕망을 극복한 상태가 바로 불교가 말하는 '열반'이라고 보았다. 그러나 개별 인간의 성격은 사물 자체의 영역에서 결정되기 때문에 개개인의 성격은 결코 고칠 수 없고, 인간의 생각이나 행동도 결국 우리의 타고난 성격에 의해 규정되므로 자유 의지도 없다고 보는 쇼펜하우어의 이러한 생각은 인간이 이성을 통해 욕망으로부터 해탈을 이룰 수 있다는 그의 생각과 모순된다고 지적되기도 한다.

불교는 삶이란 본질적으로 무거운 짐이며, 쾌락과 만족보다 훨씬 더 많은 고통과 고뇌가 있다고 말한다. 모든 것이 덧없고 파괴될 운명에 처해 있는 세계에서 실제로는 영원한 만족이란 없는 것이다. 이처럼 불교와 쇼펜하우어의 유사한 점은 삶이 끝없는 의지, 노력, 희망, 추구, 집착, 갈망으로 이루어진다는 생각이다. 우리는 갓난아이일 때부터 항상 무언가를 원하고 무언가를 가지려고 손을 뻗어 왔다. 그렇지만 한 가지 소원이 충족되면 또 다른 소원이 그 자리를 차지하므로 이 끝없는 의지는 본질적으로 충족될 수 없는 것이다. 이런 점에서 그는 '의지의 윤회'를 주장한 서양 최초의 불교 사상가로 꼽히기도 한다. 힌두교에서 발전해 나온 불교는 무시간적인 실재에서는 별개의 자아가 없고, 모든 존재가 통합되어 있으며, 각 개인의 고통처럼 보이는 것은 사실은 모두의 고통이고, 잘못된 행동은 그 행위자에게 고통을 입힌다고 말한다.

모든 사물의 기본 성격을 무상함으로 보는 쇼펜하우어는 이 세상에서 유일하고 영원한 현상은 오직 '변화'뿐이라고 말한다. 따라서 진정으로 현명한 사람은 외관에 미혹되지 않고 변화가 일어날 시간과 장소를 재빨리 예측할 수 있다. 사람들이 일시적 상태나 과정을 영원한 것으로 간주하는 이유는 결과만을 보고 원인을 간파할 능력이 없기 때문이다. 이 말은 불교의 제행무상諸行無常과 상통하는 바가 있다. 제행무상이란 '모든 것은 생멸 변화하여 변천해 가며 잠시도 같은 상태에 머무르지 않고 마치 꿈이나 환영이나 허깨비처럼 실체가 없는 것'을 말한다. 즉, 이 현실 세계의 모든 것은 매 순간 생멸 변화하고 있으며, 거기에는 항상 불변한 것은 하나도 존재할 수 없다는 것이 현실의 실상임을 뜻한다. 그러나 일체는 무상한데 사람은 상常을 바란다. 거기에 모순이 있고 고苦가 있다. 불교 경전에 '무상한 까닭에 고인 것이다'라고 설명된 것처럼 무상은 고의 전제다.

현실을 그렇게 인식하는 것이 무상관에, 무상의 덧없음은 몽환포영로전夢幻泡影露電(꿈·환상·물거품·그림자·이슬·번개)에 비유되어 불교적 인생관의 특색으로 알려졌다. 그러나 무상관은 단순히 비관적인 덧없음을 말하는 것이 아니다. 어떤 상에 대하여 비관하거나 기뻐하는 것 자체가 상이며, 그것 자체가 존재하지 않는 것임을 뜻하는 것이다. 무상하기 때문에 인간은 지위나 명예에 집착하는 탐욕을 버리고, 오늘 하루의 소중한 생명을 방일放逸함이 없이 정진 노력하려는 정신적인 결의가 생겨나게 되며, 이러한 것이 무상관의 참된 뜻이다. 다음과 같은 카프카의 말도 같은 의미다. "이 세상의 결정적인 특성은 덧없음이다. 이런 의미에서 수 세기라는 것도 찰나보다 더 나을 것이 없다."(1918. 2. 11)

많은 사람이 불교에서 말하는 색즉시공色卽是空의 의미를 오해한다. 「반야심경」의 한역에서 모든 사물의 공허함을 색즉시공이라고 표현한다. 색즉시공의 교훈은 세상이 아무 가치가 없다는 의미가 아니다. 공허성에 대한 중관학파[13]의 실천적 지혜는 모든 것이 다른 것에 의존하므로 절대화하지 말라는 교훈이다. 인기도 권력도 재물도 다른 것에 의존하므로 영원하지 않고 변화한다. 그러므로 그런 것에 너무 얽매여 살면 안 된다는 것이 중관학파의 가르침이라고 할 수 있다. 쇼펜하우어는 중관학파의 사상을 공부하며 놀란다. 그 학파가 파악하는 사물의 본질이 자신이 칸트로부터 배워서 발전시킨 견해와 비슷했기 때문이다. 양자 모두 사물의 독립성을 부정하고 사물이 다른 것에 의존하고 있다고 본다. 그런데 의존의 방식은 서로 다르다. 중관학파는 사물이 외부의 다른 사물에게 의존하고 있다고 파악한다. 이것을 존재론적 의존성이라고 부를 수 있다. 부처의 12연기설에 의하면 모든 것은 다른 것들에게 의존한다. 그래서 공허하다. 사물은 진실로 존재하는 것도 비존재하는 것

---

13 인도 대승 불교의 2대 학파 중 하나. '공空'을 교의의 중심으로 한다.

도 아니고 공허하다. 색즉시공은 사물의 의존성을 말하는 것이지 세속의 사건이 무가치하다는 의미는 아니다. 반면에 칸트와 쇼펜하우어에게 세계는 인간의 의식 즉 주체와 독립된 실체가 아니라, 인간의 의식 앞에 서 있는 현상이다. 그들은 사물이 주체의 의식에 의존하고 있다는 점을 지적한다. 이것을 인식론적 의존성이라고 부를 수 있다. 중관학파와 쇼펜하우어는 사물의 의존성을 주장하는데, 그 이유는 다르다. 중관학파는 존재론적 관점에서 의존성이며, 쇼펜하우어는 인식론적 관점에서 의존성인 것이다.

이처럼 유럽에서 최초로 불교를 철학적으로 심오하게 이해한 쇼펜하우어는 불교 철학을 유럽 지성계에 소개한 공로를 인정받고 있다. 또한 많은 유럽인이 쇼펜하우어의 저서를 통해 부처님의 가르침을 알게 되었다. 그런데 쇼펜하우어는 불교를 인도에서 기원한 것으로 파악하고, 바로 이 때문에 불교가 의미를 지닌다고 생각했다. 그리고 이런 불교가 서양 문화의 당면 과제인 기독교 개혁에 긴요하다고 생각했다. 그의 견해에 따르면 원래 기독교는 아리아적 기원을 가진 것이었으나 유대인들의 영향으로 타락한 것이었다. 따라서 그들은 기독교를 정화하는 데 불교가 긍정적인 역할을 할 수 있으리라 생각했다. 이처럼 유럽 불교를 얘기할 때 쇼펜하우어가 미친 영향은 지대하며, 따라서 그는 유럽에 불교를 학문적으로 정리해 소개한 선구자임이 분명하다고 할 수 있겠다.

쇼펜하우어는 왜 니체의 비판을 받는가?

쇼펜하우어는 염세주의와 금욕주의, 동정의 문제로 제자인 니체의 호된 비판을 받는다. 니체의 동정 비판은 보통 사람으로서 얼핏 납득하기 어려운 점이 있다. 타인의 고통을 함께 느끼겠다는데 뭐가 문제란 말인가. 하지만 그런 니체도 토리노에서 마부에게 채찍질 당하는 말을 보고 동정심에 끌어안으면서 쓰러져 11년 동안 어둠의 세계로 빠져든 것을 보면 그로서도 타자의 아픔을 외면하기 쉽지 않았던 모양이다. 세계 속의 생명체들은 불가피하게 고통을 겪을 수밖에 없다. 그들은 욕망으로 고통을 겪는 의지의 표현이기 때문이다. 미적 경험은 고통을 막아 주지만 그것도 일시적일 뿐이다. 궁극적으로는 고통을 끝내려면 의지를 부정하는 수밖에 없다. 그러나 체념을 통해 의지를 잠재우는 사람은 성인들 외에는 그리 많지 않다. 사실 쇼펜하우어도 성인은 아니었다. 그는 강한 열정과 혐오를 지닌 활력 넘치는 사람이었다. 쇼펜하우어와 니체는 이론과 실제 모습이 서로 달랐다. 쇼펜하우어는 금욕주의를 가르치지만 실제로는 삶의 향유를 즐겼고, 니체는 이론적으로는 힘에의 의지를 주장했지만 실제로는 병약했고 금욕주의적이었다. 두 사람 모두 자신의 본질과 다른 것을 주장했다. 힘이 넘치는 쇼펜하우어는 그것을 억제해야 했던 반면, 힘과 활력이 부족한 니체는 힘에의 의지를 강조해야 했다. 니체는 쇼펜하우어의 호전적인 측면과 사유의 자율성, 독일 관념론에 기꺼이 맞서려고 했던 점을 존경하였다. 그는 쇼펜하우어의 무신론을 좋아하였다. 쇼펜하우어는 자비의 신이 아니라 맹목적인 충동이 세계의 원인이라는 세계관을 세우려고 했다.

그런데 두 사람은 고통을 세계의 본질이라고 보면서도 고통을 대하는 태도는 사뭇 다르다. 쇼펜하우어는 고통에서 벗어날 것을 주장하는 데 반해 니체는 삶을 긍정해서 고통을 감내하고 운명을 받아들일 것을 주문한다. 그리고 쇼펜하우어는 금욕과 고행을 삶에의 의지의 부정의 대안으로 내세우는 반면 니체는 삶의 긍정과 힘에의 의지를 주장한다. 그러나 쇼펜하우어가 말하는 삶에의 의지의 부정은 니체나 일반 사람들이 생각하는 것과는 달리 단지 삶의 포기나 삶으로부터의 도피가 아니다. 그것은 삶에의 맹목적인 의지를 극복하려는 적극적인 시도이며 가치 있는 삶을 위한 노력이다. 그런 점에서 그것은 니체가 말하는 고귀한 인간, 초인의 삶과도 연결되고 있다.

니체는 초기에 『비극의 탄생』과 『반시대적 고찰』의 「교육자로서의 쇼펜하우어」에서 쇼펜하우어가 구체적 삶을 통해 모범을 보였다고 높이 평가한다. 니체는 쇼펜하우어가 관변 철학 교수가 아니므로 국가로부터 독립해 있다는 점에서 대학을 고집하며 정부에 복종한 칸트의 삶과 대비했다. 종교적 신앙의 위선 속에 동료와 학생들 사이에서 견뎌낸 칸트와는 달리 쇼펜하우어는 학자들과 교류하지 않고 따로 떨어져 국가와 사회로부터 독립을 추구했다는 것이다. 그리하여 쇼펜하우어를 '교육자로서의 쇼펜하우어'라고 평가하면서 그의 열렬한 독자임을 밝히고 있다. 쇼펜하우어는 시대 흐름에 맞서 삶의 심판관으로서 삶을 변화시키려고 했다. 인간이 지고 있는 고통은 그가 자기 의지를 억압하고 자기 본질의 완전한 변혁과 전도를 준비하도록 도움을 준다는 것이다. 그러면서 니체는 정직성, 명랑함, 변함없음을 쇼펜하우어 철학의 특징으로 평가한다. 니체는 독일 교양과 문화에 대한 비판자로서의 쇼펜하우어의 모습과 인간 현존재에 대한 염세주의적인 분석에 초점을 맞춰 그의 입장에 동조한다. 니체는 무서운 병고에 시달리면서 오히려 염세적 세계관을 버린다. 낙담과 비참의 철학을 금지한 것은 그의 재건 본능이었다. 그런데 인간의 삶과 세계에 대한 체념에 대해서는 니체의 입장이 바뀐다. 니체는 처음에는 쇼펜하우어가 말하는 체념을 부정적인 것으로 파악한다. 그러나 이후에 『비극의 탄생』의 「자기 비판의 시도」에서는 쇼펜하우어의 비극이 제시하는 체념주의Resignation를 긍정적으로 평가한다. 쇼펜하우어가 말하는 체념을 수동적이고 소극적인 행위가 아니라 디오니소스적인 것을 구현하는 능동적인 행위로 평가하기 때문이다.

하지만 만년의 니체는 『도덕의 계보학』과 「자기 비판의 시도」에서 바그너와 함께 쇼펜하우어를 금욕주의자, 염세주의자라고 비판하고 있다. 삶에 지치고 병든 자들의 구원에 대한 희구가 담긴 바그너 음악에서 니체는 구원을 향한 집단적 도취와 마비, 경련, 광기 같은 것이 표현되어 있다고 본다. 그런데 니체가 염세주의를 '강함의 염세주의'와 '약함의 염세주의'로 구분하면서 '강함의 염세주의'는 긍정적으로 본다는 점에서 그 역시 일종의 염세주의자라고 볼 수 있다. 쇼펜하우어가 말하는 삶에의 의지의 부정도 개체화 원리[14]에 사로잡히지 않는 한 삶이 긍정되어야 한다는 점에서 실제로는 삶에 대한 적극적인 긍정으로 볼 수도 있다. 또한 니체가 말하는 힘에의 의지는 삶에 대한 단순한 긍정이 아니라, 비극 정신에서 드러나듯이 고통스러운 삶에 대한 긍정을 통해 수행된다.

니체는 선악의 개념이나 양심이 아니라 인간의 내면에 깃든 근원적인 원한 감정이 도덕의 토대를 제공한다고 본다. 그러면서 쇼펜하우어의 동정의 윤리학이 인간 존재에 대한 낙관주의적 해석에 사로잡혀 있다고 평가한다. 그는 동정에 근거한 도덕이 유럽 문화를 파국의 상태로 이끌어 가고 궁극에는 허무주의를 초래할 것이라고 비판한다. 니체는 철학자, 사제, 예술가들이 도덕,

---

14 '개체화 원리'는 '개별화 원리'로 통용되기도 한다.

종교에 사로잡혀 금욕주의적 이상을 추구하였다고 지적한다. 그러면서 쇼펜하우어에 대한 바그너의 의존과 종속을 금욕주의적 이상에 사로잡힌 예술가의 전형으로 비판한다. 비극 정신에서 출발하는 고대 그리스의 예술가들과는 달리 금욕주의적 이상에 사로잡힌 예술가들은 예술가-형이상학을 구현하지 못한다는 것이다. 그렇지만 쇼펜하우어의 예술에 대한 평가가 전적으로 금욕주의의 이상을 실현하기 위한 것은 아니다. 오히려 니체는 철학자들의 금욕 강조를 본능적인 자연스러운 삶을 억압함으로써 자신들의 힘의 감정, 힘의 욕구를 충족시키기 위한 것이라고 본다. 여기에 금욕의 역설이 존재한다. 금욕을 강조하면서 그들 자신의 존재 의미를 부여하기 때문이다. 그리고 청빈, 겸손, 순결과 같은 금욕주의의 주요 가치들은 금욕주의자들의 권한과 생산성을 극대화하기 위한 도구일 뿐이라는 것이다.

니체는 후일 추가한 「자기 비판의 시도」에서 삶이 비극을 통해 이해되어야 함을 강조한다. 그리스의 비극은 생성하는 모든 것이 고통스러운 몰락을 준비해야 한다는 점을 알려준다. 유한한 개체들은 생성의 세계 속에서 반드시 소멸을 경험해야만 한다는 것이다. 니체는 이러한 유한성의 경험과 인식이 비극의 본질을 잘 드러내 준다고 본다. 니체에 따르면 그리스 비극, 즉 디오니소스적 예술은 "개체화의 원리의 배후에서 전능한 의지를 표현하는 예술, 모든 파멸에도 불구하고 모든 현상의 저편에 존재하는 영원한 생명"[15]을 표현한다. 이처럼 비극 정신에 사로잡혀 있는 그리스인들의 염세주의는 유한한 인간에게 삶의 근원적인 의미를 드러내 준다. 그리스 비극을 염세주의로 해석하는 니체의 이러한 입장은 인간 존재의 유한성을 강조하는 쇼펜하우어의 입장과 연결된다. 쇼펜하우어가 『의지와 표상으로서의 세계』에서, 니체가 『비극의 탄생』에서 각기 인용하는 괴테의 대담한 시 「프로메테우스」는 둘의 연관성을 잘 보여 준다.

"나 여기 앉아 인간을 빚노라
　내 모습을 따라,
　나와 같아지려는 한 종족을,

15　프리드리히 니체, 『비극의 탄생』, 홍성광 옮김, 연암서가 2021, 214쪽

고통스러워하고 울고, 즐기고 기뻐하며,

그리고 나처럼, 그대[16]를 존경하지 않는 종족을!"

거인의 경지로 올라간 인간은 자신의 문화를 쟁취하며 자신의 지혜로 신들의 실존과 한계를 좌지우지할 수 있기 때문에 신들을 자신과 결속하도록 강요한다. 그러나 본디 불경의 찬가인 프로메테우스 시에서 놀라운 점은 정의에 대한 갈망이다. 한편으로는 대담한 '개개인'의 크나큰 고통이 있고, 다른한편으로는 신석인 고난, 즉 신들의 황혼[17]에 대한 예감이 있다. 쇼펜하우어는 개체화의 원리의 지배를 받는 삶이 고통스러운 것은 당연하고 자연스러운 현상이라는 점을 부각한다. 니체 또한 프로메테우스를 통해 개체화의 원리가 초래하는 개별자의 고통을 묘사하지만, 이와 함께 고통을 견뎌 내는 디오니소스적인 인간, 즉 거인의 존재를 부각한다. 니체가 프로메테우스의 고통을 통해 제시하는 것은 삶의 고통을 두려워하지 않는 '거인적 충동'이다.

맹목적 의지에 지배되는 삶이 고통스럽다는 입장은 맹목적 의지를 부정하는 금욕을 요구한다. 쇼펜하우어가 말하는 금욕은 더 나은 세계에 대한 동경이나 갈망이 아니라 개체화의 과정에서 드러나는 삶에의 맹목적인 의지에 대한 종속에서 벗어나기 위한 것이다. 그런데 이것은 삶에의 의지에 대한 집착에서 생겨나는 저편의 세계에 대한 갈망과는 다르다. 쇼펜하우어는 삶 자체를 부정하는 것이 아니라 주어진 삶, 삶에의 의지를 극복하고 '개체화의 원리에 사로잡힌 삶'을 부정하려는 것이다. 니체에 따르면 금욕주의적 이상을 각인하는 근본적인 특징은 인간적인 것, 유한한 것에 대한 부정이다.

삶에 대한 염세주의적 해석뿐 아니라 동정도 니체를 쇼펜하우어와 연결하면서 서로를 구분하게 해 주는 주요 개념이다. 니체는 동정이 이웃 사랑과 함께 기독교뿐만 아니라 모든 형태의 민주주의와 사회주의 운동의 토대로 작용한다고 본다. 그는 연민과 동정을 세련된 경멸이라고 보면서 그 자체가 삶에 대한 폭력이라고 말한다. 동정 대상은 포기된 삶을 항구화하면서 더욱 예속되기 때문이다. 니체는 『도덕의 계보학』에서 성직자를 '이상한 의사'에 비

16 여기서 그대는 제우스 신을 가리킨다.

17 '신들의 황혼'은 바그너의 악극 「니벨룽의 반지」의 마지막 네 번째 부분으로, 신들마저 모두 파멸을 맞는 세상의 종말을 상징한다.

프리드리히 니체, 1869

유한다. 이들은 '고통을 가라앉히면서 동시에 상처에 독을 뿌린다'라는 것이다. 쇼펜하우어의 경우 타인과의 차이가 무상한 기만적인 현상에 불과하다는 것을 인식할 때 동정이 생긴다. 쇼펜하우어는 인간의 존재 특성을 이중적으로 바라본다. "인간은 의욕의 격하고 어두운 충동인 동시에 순수한 인식 작용의 영원하고 자유로우며 명랑한 주관"[18]이다. 인간은 한편으로는 의지에 완전히 사로잡혀 있으면서, 다른 한편으로 개체화 원리에서 벗어나 순수한 인식 주관이 될 수 있는 존재이기도 하다. 물론 그것이 쉬운 일이 아니지만, 그렇다고 아주 불가능한 것도 아니다. 쇼펜하우어는 타인에 대한 동정을 통해 이러한 벗어남이 가능하다고 주장한다.

쇼펜하우어의 동정은 개개인을 넘어 인류 전체의 운명에 대한 동정이다. 너와 나, 모두가 삶에의 의지에 매인 같은 운명이라는 것이다. 이것은 힌두교에서는 '네가 바로 그것이다'라는 표현으로 통용된다. 쇼펜하우어는 동정의 생성 원리를 다음과 같이 형이상학적으로 말한다. "이처럼 개체화의 원리를 간파하고, 의지가 모든 현상에서 동일하다는 것을 아주 분명히 직접 인식하게 되면 그 인식은 즉각 의지에 계속적인 영향을 미칠 것이다. 말하자면 어떤 사람의 눈앞에 마야의 베일, 즉 개체화의 원리가 확연히 드러나서, 그가 자신과 남을 더 이상 이기적으로 구별하지 않고, 다른 개체의 고뇌에 자신의 고뇌처럼 커다란 관심을 가지며, 그럼으로써 언제라도 남을 도울 마음을 가질 뿐 아니라 자신을 희생하여 남을 구할 수 있을 때 기꺼이 그 자신을 희생할 용의가 있다면, 그 결과 자연히 모든 존재 중 자신을, 자신의 가장 내적이고 참된 자기를 인식하는 사람은 모든 생물의 무한한 고뇌도 자신의 것으로 간주하고, 전 세계의 고통도 분명 자신의 것으로 받아들일 것이다. 그에게는 이제 어떤 고뇌도 자신과 무관하지 않다."[19]

쇼펜하우어는 고행을 자기 부정으로서가 아니라 진정한 자기 긍정의 형식으로 간주한다. 고행의 이러한 자기 긍정적인 특성은 니체가 금욕주의의 이상이라고 비판하는 것과 구분되어야 한다. 동정에 대한 니체의 부정적인 평가는 『차라투스트라는 이렇게 말했다』와 『반그리스도』에서 잘 드러난다. 니

---

18 아르투어 쇼펜하우어, 『의지와 표상으로서의 세계』, 같은 책, 288쪽
19 앞의 책, 505쪽

「결박된 프로메테우스」 니콜라 세바스티앵 아담, 1762

체에게 동정은 자신의 건강을 해치는 것, 생리적으로 털어냈어야 할 것에 대한 애착과 같다. 타인의 비참과 고통을 자신의 고통처럼 느끼는 사람은 비탄에 빠지고 우울해지기 쉽다. 그러므로 동정은 삶의 감정을 고양하는 것이 아니라 쇠퇴시키고 삶을 부정하며 결국 '니힐리즘의 실천'일뿐이다. 니체가 동정을 비판하는 것은 고귀한 것이 몰락하고 평균적이고 비속한 것이 승리할 때 일어나는 인간의 '자기 왜소화' 현상을 비판하기 위함이다. 니체에게 진정한 동정, 즉 위대한 동정은 이웃 사랑, 약자에 대한 동정과 같은 단순한 이타적 감정이 아니라 위대한 자기 긍정의 장치이며 힘에의 의지의 표현이다. 그러하므로 그의 동정 비판은 소극적인 또는 왜소한 동정에만 적용되어야 한다. 이러한 동정은 단순히 비이기적인 것의 가치를 대변하는 것이 아니다. 니체는 인간의 '자기 긍정'을 가능하게 하는 경우에는 동정을 수용하지만 그렇지 않을 경우에는 부정한다. 니체는 삶의 가치를 회피하고 훼손하는 데카당스적인 동정이 아니라, 고통의 긍정을 통해 삶을 고양하는 동정에 관심을 가진다.

비극의 정신은 개체화 원리를 부정하도록 하지만 그 부정은 고통의 제거나 고통으로부터의 회피를 의미하는 것이 아니다. 오히려 비극은 주어진 삶의 고통을 의연히 받아들일 것을 요구하며, 비극적 인간은 쓰디쓴 고통도 감내하며 긍정한다. 니체는 그리스 비극이 고통의 긍정을 통해 삶의 본래 모습을 바라보게 해 준다고 파악한다. 십자가에 매달린 자의 고통과 죽음은 인류에게 죄의식을 심어 주지만, 디오니소스의 고통과 죽음은 세계와 삶의 무구함을 긍정하는 데 필요한 단련이자 파괴다. 이처럼 니체의 동정은 삶의 본질이 비극이라는 점을 인식하는 데서, 즉 삶이 고통이라는 점을 승인하는 데서 생겨난다. 이러한 삶의 고통의 긍정은 동정을 강조하는 쇼펜하우어의 입장과 멀리 떨어져 있지 않다.

니체는 쇼펜하우어의 존재론과 의지의 형이상학을 받아들여 서양 철학을 특징짓던 이성의 역할에 반기를 든다. 그러나 그는 쇼펜하우어의 철학을 그대로 받아들이지는 않는다. 심지어 니체는 얼핏 지나가는 투로 모든 점에서 쇼펜하우어가 틀렸다고 주장하기도 했다. 니체는 처음에 의지 개념에 이끌렸지만, 점차 우리 모두는 하나라는 쇼펜하우어의 동정 도덕을 거북해하기 시작했다. 또한 니체는 모두가 하나라는 관념이 개별적인 것을 하찮은 것으로 만들 수 있다고 보았다. 니체는 개별적인 것들의 중요성, 아주 특이한 것들로 서 그것들이 갖는 중요성을 옹호했다. 니체는 전통 철학이 제시하는 목표를 금욕주의적 이상으로 규정하면서 쇼펜하우어의 철학과도 거리를 둔다. 이러 한 거리두기는 쇼펜하우어 철학을 의지 부정의 철학으로, 그리고 니체 철학 을 의지 긍정의 철학으로 규정할 때 더욱 두드러지게 나타난다. 니체가 동정 의 윤리를 거부한 것은 동정이나 이웃 사랑을 무가치한 것으로 생각했기 때 문이다. 그는 동정의 감정적 기초가 이웃에 대한 두려움에서 만들어질 수 있 다고 지적하면서, 이웃 사랑도 이웃에 대한 두려움이라는 토양에서 자라난다 고 말한다.

니체의 기독교 비판은 예수가 아니라 그를 특권화한 바울에게 향한다. 바 울에 의해 예수처럼 행동하고 사는 것보다 그를 믿는 것, 무엇보다 그의 죽음 과 부활, 심판, 영생을 믿는 것이 중요해졌다. 니체는 금욕주의와 의지의 단념 을 부추기는 쇼펜하우어의 사상이 기독교와 마찬가지로 삶에 적대적이라고 생각했다. 그러나 이러한 관점은 단편적이고 일면적인 것에 불과하다. 니체 가 쇼펜하우어의 영향력이나 그의 염세적 세계관으로부터 완전히 벗어난 것 은 아니다. 그래서 마지막 작품인 『이 사람을 보라』에서 자신의 몇몇 공식들 에서는 쇼펜하우어의 역겨운 냄새가 난다고 자조하고 있다. 두 사람의 철학 의 내적 의미를 살펴보면 서로의 연관성이 드러나기 때문이다. 쇼펜하우어와 니체 철학을 관통하는 염세주의는 유한한 인간의 현존재를 드러내 준다는 점에서 서로 긴밀하게 연결된다. 또한 쇼펜하우어가 동정에서 이끌어 내는 금욕은 니체가 비판하는 사제의 금욕주의적 이상과는 다르다. 쇼펜하우어가 말하는 금욕은 삶 자체의 부정을 의미하지 않으며 오히려 개체화 원리를 극 복하는 삶을 의미한다. 특히 쇼펜하우어의 금욕은 고행으로 이어지며 이때의 고행은 단순히 개체의 삶의 부정이 아니라 개체화 원리가 가져오는 마야의 베일을 극복하려는 능동적인 행위인 것이다.

이런 점에서 동정에 대한 평가로 쇼펜하우어와 니체 철학을 구분하던 종래 의 기준이 난관에 봉착한다. 쇼펜하우어가 말하는 동정은 단순한 윤리 의식 이 아니라 고통을 극복하고 삶 자체를 긍정하기 위한 형이상학적인 원리다. 그의 행복론은 이런 관점에서 출발한다. 니체도 그러한 동정을 인간을 왜소 하게 만드는 일상적인 의미에서의 동정과 구분하면서 인간의 자기 극복의 가능성을 언급한다. 이렇게 보면 두 사람의 거리가 훨씬 좁혀진다. 개체화 원리에서 비롯하는 동정은 고통스러운 삶으로부터 도피하지 않고 그 삶을 적극적으로 긍정하려는 태도인데, 이러한 삶의 방식은 니체가 그리스 비극을 통해 드러내려는 고귀한 인간의 삶과 다르지 않기 때문이다. 쇼펜하우어가 제시하듯이 금욕과 고행으로 이어지는 동정을 통해, 시련과 고통, 파괴까지도 긍정하는 삶의 방식이야말로 니체가 비극을 통해 그려 내는 디오니소스적 인간, 즉 초인의 삶인 것이다. 이렇게 보면 니체는 후기에 쇼펜하우어를 가혹하게 비판하고 있지만 따지고 보면 그의 의지 철학을 충실히 따르는 제자인 셈이다.

욕망은 과연 나쁜 것인가?

우리는 누구나 욕망하며 살아가는 욕망의 포로다. 매일 매 순간 욕망하며 살고 있기 때문이다. 심지어 밤에 잠자며 꿈꾸면서도 욕망하고 있지 않은가? 우리의 욕망은 꿈을 통해 분출되고 안정화되기도 하며 꿈의 체험을 통해 더 자극되기도 한다. 그럼에도 우리는 우리 자신의 본모습이기도 한 욕망을 잘 알지 못하고 어떻게 할 수도 없는 것 같다. 프로이트와 라캉은 인간의 무의식에 원초적이고 성적인 욕망의 덩어리가 있다고 말한다. 이 욕망은 결코 채워지지 않기 때문에 인간의 욕망은 끝이 없다. 그런데 욕망을 끊임없이 운동하면서 무언가를 생산하는 우주의 근본 원리로 보는 관점도 새로 등장하고 있다. '욕망'은 '욕구'와 더불어 많이 사용되는 용어다. 이 둘은 동북아시아에서는 원래 사용되지 않았던 용어다. 그 대신 조선과 중국에서는 욕심, 탐욕, 인욕人慾, 갈애渴愛 등의 용어가 사용되었다. 근대에 들어와 영어의 'desire'와 'need'를 '욕망'과 '욕구'로 번역해서 그런 용어가 만들어진 듯하다. 그런데 일상생활에서는 욕망과 욕구가 흔히 혼용되고 있다. 욕구를 생리적인 차원, 욕망은 정신적인 차원이라고 보는 사람들도 있는 반면, 거꾸로 욕구를 정신적인 차원, 욕망은 생리적인 차원이라고 보는 사람들도 있다. 헤겔은 욕망Begierde과 욕구Bedürfnis를 자기의식의 차원에서 처음으로 확실히 구분한 철학자다. 그에 의하면 욕구란 자기의식의 주체인 인간이 바라는 대상이 그에게 결핍되어 있을 때 느끼는 정념이다. 그러므로 욕구는 자신과 이 대상의 괴리에서 생겨난다. 하지만 욕망은 자신이 바라는 대상의 결핍을 느끼고 이 타자를 자기화해서 그것과 하나가 되려고 할 때 느끼는 정념이다. 그래서 욕망은 자신과 이 대상의 괴리를 뛰어넘으려 한다.

20세기에 들어와서 라캉, 들뢰즈, 지라르 같은 사상가들은 헤겔처럼 욕망과 욕구를 확실히 구분하고 욕망을 욕구에 비해 더 고차원적인 개념으로 간주하였다. 라캉은 욕망을 생리적 욕구와 구분하여 언어적 차원에서 파악하였다. 그에 의하면 인간의 욕망이 언어적 차원에 있으므로 인간은 욕망의 실재에 도달하지 못하고 욕망의 대상만이 끝없이 치환된다. 들뢰즈는 욕망을 어떠한 부정과 금지도 무시하고 자유롭게 떠돌아다니는 리비도와 같은 순수한 에너지로 본 반면, 욕구는 욕망에서 비롯한 사회적으로 조작된 결핍으로 간주하였다. 그에게 욕망은 현실적인 것을 생산하는 혁명적인 힘으로 간주된다. 지라르 역시 욕망을 욕구와 구분하여 욕구를 식욕이나 성욕처럼 보아 본능적이고 자연적인 차원에 둔 반면, 욕망은 인간적인 차원에 두었다.

동서양을 통틀어 욕망에 대해 개괄적으로 살펴보면 욕망 개념은 크게 네가지의 흐름으로 나누어 살펴볼 수 있다. 즉, 결핍으로 파악하는 흐름, 생산적 활동성으로 파악하는 흐름, 모방적 경쟁에 근거하는 정념으로 파악하는 흐름, 금기를 위반하려는 정념으로 파악하는 흐름이 그것이다.

첫째, 욕망을 결핍으로 파악하는 흐름이 있다. 이 흐름은 서양 사상사에서 철학과 문화 전반에 엄청난 영향을 주었던 플라톤으로부터 비롯된다. 플라톤은 욕망을 '자신에게 결여된 대상에 대한 사랑'이라고 정의했다. 반면에 에로스는 자신에게 결핍된 아름다움을 제 것으로 만들려는 열정이라고 할 수 있다. 『향연』, 『파이돈』, 『파이드로스』, 『국가』 등에 주로 나오는 플라톤의 욕망 개념은 서양 철학에 큰 영향을 끼쳤다. 이 작품들에서 플라톤은 소크라테스의 사상은 물론 자신의 사상도 펼쳐 놓았다. 특히 그는 영혼의 정화를 위해 욕망에서 벗어날 것을 강조하였다. 그러하므로 이 작품들에서 주된 역할을 하는 것은 욕망이 아니라 이성logos이나 지성nous이다. 이성이 욕망을 제어해야 천상의 아름다움, 즉 이데아에 다가갈 수 있다는 것이다. 플라톤의 이성 중심적 금욕주의는 서양에서 에픽테토스, 데카르트, 칸트 등으로 이어지고 발전한다. 경험론자인 로크, 합리론자인 데카르트도 이런 입장을 따랐으며 헤겔 역시 욕망을 결핍으로 파악했다. 데카르트는 이성으로 욕망을 부단히 지도하고 훈련한다면 인간은 결국 욕망과 싸워 이길 수 있다고 본다. 칸트는 이성 중심적 금욕주의를 도덕 법칙에 대한 존경과 복종을 통해 충실히 계승했다. 쇼펜하우어 역시 이러한 전통적 흐름에 따라 지성의 힘으로 욕망, 즉 의지를 줄이거나 끊을 것을 주문한다.

20세기에 들어와서는 정신분석학자 라캉과 사르트르도 이 견해를 이어받았다. 라캉에 따르면 인간의 욕망은 타자의 욕망이다. 여기서 타자의 욕망이란 타자를 욕망함을 뜻하는 동시에 타자의 욕망을 욕망함도 뜻한다. 양쪽 모두 타자의 욕망은 결핍과 관련되어 있다. 사르트르에 따르면 인간의 욕망은 충족 불가능한 욕망이다. 인간은 의식적 존재(대자)이면서 사물적 존재(즉자)이기를 욕망한다. 하지만 인간은 살아 있을 동안 결코 의식적 존재이면서 사물적 존재일 수는 없다. 그는 의식적 존재일 뿐이므로 즉자가 결핍되어 있기 때문이다. 따라서 인간은 그 자신에게 결핍된 것을 헛되이 욕망할 뿐이다.

동양에서는 욕망을 결핍으로 해석하는 흐름이 확연히 드러나지는 않는다. 그러나 공자 역시 욕망을 부정적으로 보고 제어하려 했으며, 군자와 소인을 구별하는 그의 사상에서는 금욕주의의 근엄한 태도가 보인다. 맹자는 재물과 색을 좇는 욕망은 물론 욕망의 불가피성을 인정했지만, 악에 빠지지 않기 위해서는 마음을 수양하여 욕망을 제어해야 한다고 말한다. 인간의 본성을 악으로 본 순자는 "보기 흉하면 아름다워지기를 바라고, 좁으면 넓어지기를 바라고, 가난하면 부유해지기를 바라며, 천하면 귀해지기를 바라는데, 진실로 자기에게 없는 것은 반드시 밖에서 구하려 한다"라고 주장함으로써 욕망을 분명히 결핍으로 해석했다. 무릇 사람들이 선해지려고 하는 것은 본성이 악하기 때문이라는 것이다. 성리학에서도 좋은 음식과 의복, 대궐 같은 집, 아름다운 남녀 등을 욕망의 주요 대상으로서 경계하기 때문에 이것들의 결핍이 욕망을 불러일으킨다고 볼 수 있다. 불교 철학은 성리학 못지않게 욕망을 주요한 경계 대상으로 간주하여 죄악시하고 위험시하였다. 특히 불교 철학에서 깨달음은 욕망의 제거로부터 비롯된다. 불교의 12연기에 나오는 욕망인 갈애는 갈증이 심한 사람이 우물가에서 느끼는 욕망에 비유되므로 불교 역시 욕망을 결핍으로 파악한 것으로 볼 수 있다. 도교도 유교나 불교처럼 욕망을 경계하고 위험시한다. 다만 유교와 불교가 욕망과 맞서 싸우려는 경향이 짙은 반면, 도교 철학은 욕망을 그대로 두고 자연스럽게 없애려 한다.

둘째, 전통적인 입장과 달리 욕망을 생산적 활동성으로 파악하는 새로운 흐름이 있다. 이 흐름은 범신론자인 스피노자로부터 시작된다. 어떤 실체가 자신의 속성을 유지하거나 확장하려는 내적인 경향성 혹은 노력을 뜻하는 개념인 '코나투스conatus'를 인간의 본질이라고 본 스피노자는 이성이 욕망을 제어하거나 지배할 수 없다고 여겼다. 이성이 욕망에 휘둘린다는 그의 주장은 훗날 쇼펜하우어와 니체에게 영향을 끼쳤다. 욕망을 결핍으로 파악하는 흐름에서는 결핍된 욕망 대상이 욕망을 유발하기 때문에 욕망의 대상이 중시된다. 이와 반대로 욕망이 욕망의 대상을 만들어 낸다면 욕망에 방점이 찍힌다. 플라톤에 맞서서 스피노자는 『윤리학』에서 어떤 대상이 좋아서 그것을 욕망하는 게 아니라 우리가 그것을 욕망하기 때문에 그것이 좋다는 논지를 편다. 니체도 스피노자의 입장을 이어받아 욕망이나 의지를 가치나 형식을 부여하는 힘이라고 보았다. 그리하여 니체의 힘에의 의지 개념은 스피노자의 코나투스 개념처럼 생산적이고 창조적이며 능동적인 성격을 띤다.

무한 경쟁 속에 있는 현대 자본주의는 이윤의 극대화를 위해 끊임없이 새로운 욕망을 확대 재생산한다. 스피노자와 니체의 뒤를 잇는 들뢰즈는 새로운 것을 생산하고 만들어 내는 욕망의 힘을 긍정적으로 평가한다. 욕망은 끊임없이 운동하면서 무언가를 생산하는 우주의 근본적인 운동 원리라는 것이다. 이것은 스피노자의 '코나투스'나 니체의 '힘에의 의지'와 비슷한 것이다. 나아가 그는 욕망의 주체화와 인격화를 거부하고 욕망 주체라는 용어 대신에 욕망하는 기계라는 용어를 사용하였다.

셋째, 욕망을 모방적 경쟁에 근거하는 정념으로 파악하는 흐름이 있다. 지라르는 일상생활에서 흔히 볼 수 있는 시기와 질투나 부러움과 선망 개념으로 욕망을 이해했다. 그는 욕망 주체와 욕망 대상 사이의 2자 관계가 아닌 욕망 주체와 그가 본받고 싶어 하는 모델, 그리고 욕망 대상의 삼각관계에서 욕망이 생긴다고 보았다. 이를테면, 내가 본받고 싶어 하는 타인이 어떤 욕망 대상을 가지고 있다면 나도 그 대상을 갖고 싶어 그것을 가지려고 하지만 그 역시 그 대상을 빼앗기지 않으려고 한다. 이때 둘은 그 대상을 차지하기 위해 서로 모방적으로 경쟁하게 되는데 이 경쟁이 격해질수록 그 대상에 대한 욕망은 더 커진다. 지라르는 이러한 욕망이 일상생활뿐 아니라 정치·경제·사회·

문화 등 모든 분야에 적용된다고 보았다.

넷째, 욕망을 금기를 위반하려는 정념으로 파악하는 흐름이 있다. 바타유는 금기를 위반하려는 욕망을 에로티즘으로 보았다. 법, 도덕, 관습과 같은 금기는 한편으로는 우리의 생활 질서를 보호하지만 다른 한편으로는 금기를 어기도록 우리를 유혹하고 부추긴다. 어떤 일을 못하게 하면 더 하고 싶은 게 인간의 자연스러운 성정이다. 즉, 금기는 불가침의 신비로운 영역을 만들어 우리가 그 영역에 들어오는 것을 막으면서도 그 영역에 들어오도록 우리에게 손짓한다. 바타유는 멀리 선사 시대에까지 거슬러 올라가 욕망을 탐구했으며, 에로티즘을 통해 동굴 벽화를 해석하고 인류의 원초적 욕망을 드러내었다.

욕망 개념의 이 네 가지 해석이 동서양의 모든 욕망 개념을 포괄하거나 욕망의 전모를 드러낸다고는 할 수 없을 것이다. 하지만 이러한 해석이 욕망 개념의 이해에 효과적임을 부정할 수는 없다. 첫 번째 해석은 대체로 금욕주의와 관련된다. 플라톤은 로고스, 즉 이성이 욕망을 제어하고 지배해야 하며, 또 그럴 수 있다고 보았다. 플라톤의 이러한 사상적 경향은 이성 중심적 금욕주의라고 불린다. 디오게네스는 통 속에서 걸인처럼 살며 아무것도 욕망하지 않은 철학자다. 이러한 금욕주의가 서양 철학사를 2천여 년 동안 지배해 왔다. 그러다가 근래에 들어 니체, 푸코, 바타유, 들뢰즈, 데리다 등이 종래의 이성 중심적 금욕주의에 반기를 들었다. 이들은 모두 이성보다는 광기나 욕망을 강조했으며 금욕주의가 굴종의 길이라고 비판하였다. 이성의 개념, 주체의 개념, 합리성의 개념과 광기를 보는 시각도 시대에 따라 변해 왔다. 16세기에는 광기를 특별한 능력으로 봤지만, 17세기에 들어와 이성을 강조하면서 광인, 범죄자, 걸인, 부랑자, 무신론자, 이교도 등과 같은 사람들을 비정상이라며 감금하기 시작했다. 그러나 18세기에 산업의 발달로 노동력이 부족해지자 거지 등은 교화를 한 후 노동력으로 활용하고 광인들만 병원에 수용하게 되었다.

동양의 유교와 불교도 금욕주의적이다. 그러나 유교와 불교는 플라톤의 금욕주의와는 달리 이성 중심적이지 않다. 유교에서 이理로써 욕망을 다스린다는 사상이 있긴 하지만, 이때의 이는 서양의 이성과 같지 않다. 그것은 지적 능력이라기보다는 인간이 하늘로부터 성품을 받아 천지와 통하는 영적인 능력을 지향하는 포괄적 지성이다. 또한 불교에서도 지적 통찰이 요구되긴 하지만 참선과 같은 수행을 통하여 욕망을 누르고 없앤다. 부처는 '무욕'이 아니라 '소욕'을 칭찬하고 분수를 지켜 만족할 줄 아는 '지족知足'을 강조한다. 그는 욕망의 소멸을 위해 양극단을 버리고 중도로서 극복할 수 있다고 설명하고 있다.

그런데 유교와 노자의 욕망에 대한 가르침도 서로 다르다. 유교에서는 금욕주의를 가르치지만 노자와 장자는 자연으로 돌아가 순박한 본성에 따라 살아가라고 가르친다. 유교 철학에서는 사람의 마음이 욕망의 준동을 항상 감시하고 통제해야 하므로 마치 사람의 마음을 쥐어짜는 것과 같지만, 무위자연 사상은 마음을 비움으로써 자연스럽게 인위적 욕망을 덜어낸다. 외부와 내부에서 욕망이 준동하는 오늘날 노자와 장자의 주문은 비현실적인 것처럼 보인다. 더군다나 장자의 소요유逍遙遊[20]와 만물제동萬物齊同[21]의 경지는 하늘 높이 너무 올라갔고, 심재心齋[22]와 좌망坐忘[23] 같은 수행 방법도 실천이 그리 쉽지 않다. 그러나 도교 철학은 우리의 마음을 활짝 열어 주고 욕망을 배척하지 않으면서 자연스럽게 덜어 내는 방법을 안내해 준다.

이처럼 서양은 물론이고 동양 역시 기본적으로 욕망을 좋지 않게 보았다. 그래서 서양의 이성 중심적 금욕주의처럼 동양의 금욕주의도 욕망을 위험시하고 경계하여 없애려고 하였다. 하지만 동양의 금욕주의는 이성을 통해 욕망을 억누르거나 없애려고 하지는 않았다. 유교 철학에서는 예를 강조하긴 했지만, 안분지족의 삶을 지향했고 호연지기를 기르는 등의 인격 수양을 통해 욕망을 극복하려고 했다. 불교 철학에서는 욕망을 죄악시했으나 호흡과 명상을 통해 거친 욕망을 가라앉히려 했다. 도교 철학에서는 인간 본연의 순박한 본성으로 돌아가 욕망을 잊어버리려 했다. 서양 문물의 절대적 영향 아래 살아가는 우리는 동양 철학의 힘과 가치를 경시, 무시하는 경향이 있다. 그

---

20 '소풍 가서 멀리 노닌다'는 소요유는 '나를 떠나 자유로워진다'는 뜻이다.

21 '만물은 도의 관점에서 본다면 등가이다'라는 장자의 사상. 이러한 관점으로 보면, 귀천이 없고 생사도 동일하며, 생도 사도 도의 한 모습에 지나지 않는다.

22 마음을 가다듬는 방법을 말한다. 이 방법은 마음을 한곳에 두고, 마음과 느낌으로 들으며, 텅 빈 상태를 유지하는 것이다.

23 세상일 잊기를 말한다. 그러기 위해서는 몸을 이완하고, 듣고 보는 것을 잊고, 형체에서 벗어나고 앎을 제거하며, 대자연의 흐름과 하나가 되어야 한다.

러나 서양 철학에 결여된 영적 차원의 인격 수양, 호흡과 명상, 욕망을 억누르지 않고 자연스럽게 잊어버리는 수행 방법은 오늘날 적극적으로 되살리는 게 좋을 듯하다.

아르투어 쇼펜하우어 연보

1788   2월 22일 유럽 폴란드의 항구 도시인 단치히(그단스크)에서 부유한 상인이었던 아버지 하인리히 플로리스 쇼펜하우어Heinrich Floris Schopenhauer와 작가인 어머니 요한나 헨리에테 쇼펜하우어Johanna Henriette Schopenhauer(결혼 전 성은 트로지너)의 장남으로 출생함. 3월 3일 단치히의 마린키르헤 교회에서 세례를 받음. 본래 쇼펜하우어 가문은 네덜란드 사람이었으나 아르투어의 증조부 때에 단치히로 이사했다고 함. 고집스러운 성격의 아버지는 볼테르를 좋아하고 문학에 조예가 깊으며 자유와 독립을 사랑하는 공화주의자였음. 허영기가 있으며 필력이 뛰어난 어머니는 소설과 여행기를 낸 당대 인기 작가였음.

1793   3월(5세) 자유도시 단치히가 프로이센에 합병되자 실망한 쇼펜하우어의 아버지는 재산을 버리고 또 다른 자유도시인 함부르크로 이주함.

1797   6월 13일(9세) 여동생 아델레가 태어남. 7월 프랑스 르아브르에 있는 아버지의 사업 협력업자 그레고아르 드 블레지메르의 집에서 2년간 지내는 동안 그의 아들 앙티메와 친해지며 프랑스어를 배운다. 아버지는 쇼펜하우어가 프랑스어를 확실히 익히길 원했고 그 결과에 무척 만족스러워함.

1799   8월(11세) 프랑스에서 돌아와 룽게 박사의 사립 상업 학교에 입학하여 4년간 공부함. 아버지는 쇼펜하우어가 자신의 뒤를 이어 상인이 되기를 희망했으나, 아르투어는 자신의 집에 드나들던 저명한 문인들의 영향으로 문학, 예술을 동경하기 시작함. 아버지 하인리히는 고등학교에 입학하든지 부모를 따라 여행하든지 선택하라고 해서 아르투어는 여행을 하기로 선택함.

1800   7월(12세) 아버지와 함께 3개월간 하노버, 카를스바트, 프라하, 드레스덴을 여행함.

1803   5월(15세) 아버지의 권유로 상인이 되기로 약속하고 온 가족과 함께 네덜란드, 잉

글랜드로 여행을 했다. 이 여행은 상인이 되기 싫어하는 쇼펜하우어를 달래기 위한 것이었음. 런던에 도착하여 신부 랭카스터의 집에서 머물며 런던 윔블던의 어느 기숙 학교에 12주간 재학하면서 영어 실력을 키움.

1804　(16세) 프랑스를 여행했으며 다시 스위스, 빈, 드레스덴, 베를린을 거쳐 돌아옴. 쇼펜하우어는 여행 도중에 사색하며 많은 일기를 썼는데 삶에 진지한 고민이 많았음. 9월 단치히의 무역상 카브룬에게 상인 실습을 시작했으나 관심이 없었음. 9월 단치히의 마린키르헤 교회에서 안수의례를 받음.

1805　1월(17세) 함부르크의 거상 예니쉬의 상업 사무실에서 수습사원으로 근무하기 시작. 4월 20일 아버지가 창고 통풍창에서 떨어져 사망했는데 실은 우울증에 시달리다 자살한 것으로 추정됨. 이때부터 어머니에 대한 반감을 갖게 됨.

1806　9월(18세) 아버지의 사망 후 어머니 요한나는 상회를 정리한 후 딸 아델레와 함께 바이마르로 이주함. 아르투어만 함부르크에 남아서 상인 수습을 지속함. 쇼펜하우어는 몰래 근무지를 이탈하여 골상학으로 유명한 프란츠 요제프 갈의 공개 강연을 들으러 가기도 했으며, 아버지의 희망대로 상인이 될 생각은 없었음. 10월 문학 살롱을 연 요한나 쇼펜하우어는 괴테 등 유명 작가들과 친교를 맺고 우정을 나누며 활발한 사교 생활을 해 나감.

1807　5월(19세) 어머니의 권유로 상인 수습을 중단한 뒤 6월 고타에 있는 김나지움에 입학함. 고전학자인 교장 되링에게서 매일 2시간씩 라틴어를 지도받았고, 그리스어를 엄청난 열정으로 학습함. 12월 교사 슐체를 풍자하는 시를 썼다가 질책을 들은 후 김나지움을 그만두고 바이마르로 이사했지만 어머니, 여동생과 같은 집에서 살지 않고 다른 집에서 혼자 하숙함. 이 무렵 어머니의 행실에 반감을 품고 이후 불화를 겪게 된다. 바이마르의 아우구스트 대공의 애첩인 배우 겸 가수인 카롤리네 야게만을 짝사랑하게 됨.

1808　(20세) 대학교 입학 준비를 하며 라틴어, 그리스어, 수학, 역사 등을 공부함. 브레슬라우대학 교수 파소우로부터 희랍어를, 김나지움의 교장 렌츠에게서는 라틴어 개인 지도를 받음. 에르푸르트를 방문하여 어느 극장에서 나폴레옹이 주최한 연극들이 공연되었는데 쇼펜하우어는 관람할 기회를 얻음. 연극이 시작되기 전에는 나폴레옹에게 욕설을 해 대더니 연극이 끝난 후에는 나폴레옹에게 극찬을 해 대느라 호들갑 떠는 여성 관객(지위 높은 귀족 여성들)들을 쇼펜하우어는 신랄하게 비난함.

1809　(21세) 쇼펜하우어는 21세의 성년이 되어 아버지 유산의 1/3(1년 이자가 약 50파

운드)을 물려받음. 파운드 역자 확인 필요

1809~1811년   (21세~23세) 괴팅겐대학교 의학부에 입학하여 한 학기 동안 의학을 공부했지만 철학에 더 흥미를 둠. 대학에서 화학, 물리학, 천문학, 수학, 언어학, 법학, 역사 등 여러 강의에 적극적으로 참여해서 공부한다. 쇼펜하우어는 학교의 몇몇 천박한 교수들의 강의보다도 이미 죽고 없는 거의 위인들이 남긴 작품들이 더 가치 있을 때가 많다고 생각함. 강의에 대한 개인적인 감상문과 논평을 많이 썼으며 몇몇 교수들의 의견을 비판하고 논리적으로 반박하는 발언을 서슴지 않음.

1810   (22세) 철학자인 고틀로프 에른스트 슐체Gottlob Ernst Schulze의 강의를 들음. 칸트파 학자인 슐체에게 특히 플라톤과 칸트를 깊이 연구해 보라는 조언을 들음. 스승 슐체의 진지한 조언은 쇼펜하우어에게 큰 영향을 끼침. 겨울 학기에 플라톤, 칸트, 셸링의 저서를 읽음.

1811   (23세) 어머니가 당시 독일 문학계의 거장인 크리스토프 빌란트에게 쇼펜하우어가 철학 전공을 못하도록 설득해 줄 것을 부탁함. 78세인 빌란트는 23세의 쇼펜하우어를 만나 설득은커녕 쇼펜하우어의 태도에 감명을 받아서 '위대한 인물'이 되리라는 예언을 요한나에게 하며 아르투어에게 자상한 조언과 격려를 해 줌. 결국 쇼펜하우어는 제대로 철학을 공부하기로 결심하여 가을에 베를린대학교(현 베를린 훔볼트대학교)로 전학함. 베를린대학교에서는 여러 자연 과학 강의를 들었고, 피히테, 슐라이어마허의 강의도 들음. 당대의 유명 학자였던 셸링, 피히테의 사상을 공부했으나 회의를 품고 이들을 혐오하게 됨. 반면에 고전학자 프리드리히 아우구스트 볼프가 주도하는 고대 그리스 역사와 철학 강의에 쇼펜하우어는 존경심을 표함.

1812   (24세) 플라톤, 칸트 등 여러 사상가를 본격적으로 탐구함. 베이컨, 존 로크, 데이비드 흄 등의 영국 사상가를 깊이 연구함. 슐라이어마허의 강의를 열심히 들었지만 종교와 철학의 합일을 주장한 그에게 커다란 감명을 받지 못했다.

1813   (25세) 오스트리아, 프로이센, 러시아 연합군과 프랑스 나폴레옹 군대 사이에 전쟁이 재발함. 쇼펜하우어는 5월 2일 베를린을 떠나 바이마르에 잠시 머물다가 어머니와 다툰 뒤 루돌슈타트에서 학위 논문인 『충분근거율의 네 겹의 뿌리에 대하여*Über die vierfache Wurzel des Satzes vom zureichenden Grunde*』를 완성함. 이 논문을 예나대학교에 제출하여 철학 박사 학위를 받음. 11월 바이마르로 돌아온 쇼펜하우어는 괴테에게 자신의 박사 학위 논문을 증정함. 괴테는 이 논문을 보고 나서부터 쇼펜하우어를 제대로 지지하였음. 수개월 동안 괴테와 교제하며 색채론에 관해서 연구하

며 토론했고 괴테는 연구에 필요한 지원을 많이 해 줌. 괴테는 가끔 쇼펜하우어를 자기 집에 초대해 다양한 주제를 놓고 대화를 나눔. 동양학자인 마예르와 교제하며 인도 철학을 접하게 되면서 바이마르의 공공 도서관에서 아시아 관련 잡지를 읽고 탐구하기 시작함.

1814   3월(26세) 바이마르의 공공 도서관에서 『우파니샤드』의 라틴어 번역본 『우프넥하트』를 읽고 탐구함. 4월 어머니, 어머니의 친구 게르스텐베르크와 쇼펜하우어는 심각한 갈등을 겪었고, 5월 드레스덴으로 간 다음에는 다시는 어머니를 만나지 않았으나 편지 교류는 가끔 함.

1814~1816년   (26세~28세) 드레스덴에 거주하며 1815년부터 『의지와 표상으로서의 세계 *Die Welt als Wille und Vorstellung*』를 구상하고 집필하기 시작함.

1816   5월(28세) 괴테와 색채론에 관해 토론하며 얻은 결실인 「시각과 색채에 대하여 *Über das Sehn und die Farben*」를 발표.

1818   (30세) 3월 일생의 역작 『의지와 표상으로서의 세계』를 완성하여 12월에 출판일이 1819년으로 인쇄된 초판본이 출간됨. 자신의 책이 역사적 의의가 있다는 것을 확신하던 쇼펜하우어는 1년 동안 100권밖에 팔리지 않자 자신의 책을 몰라보고 무시하는 태도를 취하는 동시대 교수들에 대해 증오심을 가짐. 쇼펜하우어는 괴테의 며느리(오틸리에)와 친분이 있던 여동생 아델레의 편지를 통해 괴테가 이 책을 흡족한 마음으로 읽었다는 것을 알게 됨. 책 출판을 기념 삼아 이탈리아의 피렌체, 로마, 나폴리, 베네치아로 여행함.

1819   봄에는 나폴리를 방문하여 영국 청년들과 교류함. 쇼펜하우어는 영국을 평생 동안 동경했으며 영국인들조차 그가 영국인인 줄 알 정도로 완벽한 영어를 구사함.

1819   4월(31세) 로마를 거쳐 베네치아로 가서 부유하고 지체 높은 여인과 사귐. 그러나 단치히의 은행 물 Muhl이 파산하는 바람에 쇼펜하우어 일가가 심각한 재정적 위기에 처했다는 소식을 듣고 이탈리아에서 급거 귀국함. 어머니는 쇼펜하우어의 충고를 무시하다가 낭패를 겪고 말았음. 여동생 아델레와의 관계도 깨어짐. 바이마르로 돌아와 괴테를 방문함. 베를린대학교 철학과에 강사직을 지원함.

1820   (32세) 봄에 베를린으로 이사. 베오크 교수 입회하에 '원인의 네 가지 다른 종류에 대하여'라는 제목으로 교직에 취임할 시험 강의를 하고 통과함. 베를린대학에 강사로 취임하여 '철학 총론 - 세계의 본질과 인간 정신에 대하여'를 매주 강의함. 강의 계획은 1820~1822, 1826~1831년까지 수립되어 있었지만, 헤겔의 강의와 같은 시간대에 강의하게 해 달라고 요청하는 바람에 수강생이 적어서 한 학기 만

에 강의가 끝나고 말았음. 이후 쇼펜하우어는 자신의 저서 곳곳에서 헤겔, 피히테 같은 강단 철학자에 대한 불만을 표출했고, 이들을 몽상적인 이론을 퍼트려 대중을 속여 먹는 저열한 사기꾼, 대중들의 두뇌를 해치는 난센스 삼류 작가, '철저히 무능하고 간사한 대학교수 패거리'의 두목이라며 비난함. 결국 쇼펜하우어는 철학을 대학교에서 강의한다는 것 자체가 부적합하다고 여겼고 교수들의 파벌 자체를 증오했음.

1821   (33세) 훗날 메돈으로 알려진 여배우 카롤리네 리히터와 비밀 연애를 시작함. 8월 문 앞에서 시끄럽게 떠든 재봉사 카롤리네 루이제 마르케와 심하게 다툰 쇼펜하우어는 이후 5년 남짓 지속된 소송에 시달림. 『하나의 가지』라는 자서전적인 산문 집필.

1822   5월(34세) 두 번째로 이탈리아의 밀라노, 피렌체, 베네치아로 여행. 이탈리아의 문화, 예술, 환경을 경험하고 이에 대해서 배우고 기록함.

1823   5월(35세) 여행을 마치고 독일 뮌헨으로 돌아옴. 여러 질병과 청각 장애를 겪으며 우울한 시기를 보냄. 뮌헨에서 겨울을 보냄.

1824   (36세) 잘츠캄머구트, 가슈타인(스위스), 만하임, 드레스덴에서 체류함. 쇼펜하우어는 "멀쩡히 잘 걷는다는 사실만으로 나와 수준이 대등하다고 여기는 인간들과 가급적 사귀지 않기로 결심했다"라고 일기에 쓰며 고독한 심정을 드러냄. 11월에 데이비드 흄의 『종교의 자연사』와 『자연 종교에 관한 대화』 등을 번역할 계획이었으나 도와줄 출판사를 구하지 못함. 『의지와 표상으로서의 세계』에 대한 악평이 좀 나오기도 했으나 낭만주의 작가 장 파울은 '천재성, 심오함, 통찰력을 가득 머금었으되 대담하면서도 철학적 다재다능함도 과시하는 저작'이라고 호평함.

1825   4월(37세) 베를린으로 돌아와 다시 한 번 강의를 시도하지만 이번에도 헤겔과 강의 시간이 겹쳐 실패함. 우울한 나날을 보내며 스페인어를 열심히 공부함.

1827   5월(39세) 재봉사 카롤리네 루이제 마르케와의 소송에서 패소하여 그녀가 죽을 때까지 매년 60탈러를 지급해야 했음, 소송 비용 300탈러까지 부담해야 했음.

1828   (40세) 어머니와 여동생이 바이마르를 떠나 본에서 생활함. 발타사르 그라시안의 저서를 번역하기 시작

1830   (42세) 「시각과 색채에 대하여」 라틴어본이 『안과학계 소수자들의 논문』 제3권에 수록되어 출판됨.

1831   8월(43세) 콜레라가 베를린에 창궐하자 그곳을 떠나 프랑크푸르트로 피신함. 반면 헤겔은 피난을 가지 않고 있다가 콜레라에 걸려 사망함.

1832	1~2월(44세) 프랑크푸르트의 자신의 방에서만 칩거. 4월 발타사르 그라시안의 저서 번역 완료. 7월 만하임으로 가서 다음 해 1832년 6월까지 머무름.
1833	7월(45세) 프랑크푸르트에 정착하여 평생 그곳에서 거주함. 유행이 지난 옷을 항상 입고 다녔으며 애완견 푸들을 데리고 정해진 시간에 속보로 산책을 했고, 혼잣말로 이상한 소리를 하기도 하여 주민들의 희한한 구경거리가 됨. 쇼펜하우어의 저서가 사람들의 관심을 받고 서서히 알려지기 시작. 이쯤에 쇼펜하우어는 여동생과 어머니와 편지 교류를 했고, 작품 활동으로 나날을 보내던 어머니는 아들을 걱정하는 편지를 보냄.
1835	(47세) 프랑크푸르트에서는 세상을 떠난 괴테를 위해 기념비 건립 계획을 세움. 쇼펜하우어는 당국에 괴테 기념비에 관한 건의서를 제출함. 인류를 위해 온몸으로 활동한 정치인들, 군인들, 개혁자들 같은 위인들을 기념하려면 전신상으로 해야 하지만 머리를 써서 기여한 문학가, 철학자, 과학자들을 기념하려면 흉상을 제작하는 것이 좋다는 주장이었음. 하지만 이 의견은 받아들여지지 않음. 완성된 괴테의 전신상 기념비는 매우 볼품없었고 훗날 미술사학자 프란츠는 이 기념비에 대해 '국가적 재앙'이라고 혹평함.
1836	5월(48세) 자연 과학이 증명해 낸 것과 자신의 학설이 일치한다는 생각을 반영한 『자연에서의 의지에 대하여Über den Willen in der Natur』를 출간. 매우 꾸준히 학문에 매진함.
1837	(49세) 쇼펜하우어는 『순수이성비판』 A판(1판)을 B판(2판)보다 중시하여 칸트 전집 출판에 개입함. 칸트 전집 출판에 관여한 카를 로젠크란츠는 쇼펜하우어의 건의 사항을 받아들여 1판 원고를 실어 출판함. 노르웨이 왕립 학술원의 현상 논문 모집에 응모하기로 결정함.
1838	(50세) 4월 17일 모친 요한나 쇼펜하우어가 72세의 나이로 사망했지만 장례식에는 참석하지 않음. 덴마크 왕립학술원의 현상 논문 모집 공고를 보고 응모하기로 결정함.
1839	(51세) 1월 현상 논문 「의지의 자유에 대하여Über die Freiheit des Willens」로 노르웨이 왕립학술원으로부터 수상함.
1840	(52세) 1월 현상 논문 「도덕의 기초에 대하여Über die Grundlage der Moral」로 덴마크 왕립학술원에 단독으로 지원했지만 입선만 하고 우수상을 받지 못함. 학술원은 '이 시대의 대단한 철학자들'인 헤겔, 피히테 등을 비난했다는 등의 이유로 부당한 판정을 하면서 상을 주지 않음. 이후 쇼펜하우어는 '하찮은 판정'이라 취급했고 이

판정에 반론하는 글을 추가하여 책으로 출판함. 거기서 헤겔을 심각하게 비난한 것은 인정하지만 헤겔이 대단한 철학자라는 것은 인정하지 못한다고 주장함.

1841 (53세) 두 개의 현상 논문을 묶어서 『윤리학의 두 가지 근본 문제Die beiden Grundproblem der Ethik』를 출간하면서 덴마크 왕립학술원 낙선 논문이란 글귀를 덧붙임. 쇼펜하우어는 죽을 때까지 덴마크 왕립학술원에 대해 서운하게 생각함.

1842 (54세) 여동생 아델레를 20년 만에 만남. 재봉사 카롤리네 루이제 마르케 사망.

1844 2월(56세) 『의지와 표상으로서의 세계』 제2판이 두 권으로 확장되어 출간됨.

1845 (57세) 『소품과 부록Parerga und Paralipomena』을 집필하기 시작함.

1846 (58세) 쇼펜하우어의 열혈 추종자 율리우스 프라우엔슈테트가 쇼펜하우어를 만나 제자로 지냄. 특히 도르구트, 베커, 도스 같은 법조인들이 열혈 팬이 되어 쇼펜하우어를 격찬하기 시작함. 쇼펜하우어는 변호사 요한 베커가 자신의 사상을 깊이 이해하고 있으나 그것을 글로 쓰지 않았다며 아쉬운 마음을 드러내기도 함.

1847 (59세) 빌헬름 폰 그비너와 처음 만남. 『충분근거율의 네 겹의 뿌리에 대하여』 개정판 출간.

1848 9월(60세) 프랑크푸르트의 길거리에서 48혁명의 총격전을 목격함.

1849 (61세) 여동생을 마지막으로 만남. 여동생 아델레가 4월 25일 본에서 사망했지만 장례식에는 참석하지 않음. 흰색 푸들이 죽자 갈색 푸들을 입양해 같은 이름인 아트만으로 부름.

1851 (63세) 11월 『의지와 표상으로서의 세계』의 '부록' 격인 『소품과 부록』을 5년간 집필한 끝에 어렵게 출간함. 이 책은 무보수로 출간했기 때문에 10권의 책만 증여받았음. 출판사의 부정적인 예상과는 달리 이 작품은 얼마 안 가 쇼펜하우어의 책들 가운데 가장 많이 팔려 나가고 인기를 끌면서 그의 철학이 일반 대중에게 수용되는 계기가 됨. 『의지와 표상으로서의 세계』도 새삼 대중의 주목을 받게 됨.

1852 (64세) 『노령老齡』 집필. 유언장을 작성한다. 함부르크의 「계절」지에서 『소품과 부록』에 대한 열광적인 찬사를 게재한 책자를 보내옴.

1853 (65세) 영국의 독일어 책 번역가인 존 옥슨포드가 「웨스트 민스터 리뷰」에 「독일 철학에 내재된 우상 파괴주의」라는 글로 쇼펜하우어의 사상을 익명으로 소개하여 최초로 영국에 알림. 독일의 여성 언론인 린트나가 이를 다시 독일어로 번역하여 베를린의 「포스」 신문에 발표함.

1854 (66세) 『자연에서의 의지에 대하여』 제2판 출간. 이 책에서도 쇼펜하우어는 헤겔

과 헤겔의 '교수 파벌' 때문에 독일 철학계가 오염되었다고 비판을 하며 대학교에서 철학을 배우려는 것은 인생 낭비에 불과하니 자신의 사상과 칸트의 사상을 공부하라고 충고함. 12월『시각과 색채에 대하여』개정판 출간. 쇼펜하우어가 가장 하찮은 철학 교수라 불렀던 셸링이 사망함. 리하르트 바그너가 쇼펜하우어에게「니벨룽의 반지」의 헌정본을 보냄. 이를 계기로 쇼펜하우어가 바그너를 알게 됨. 바그너는 쇼펜하우어에게 혹평을 받고 냉대받았으나 개의치 않고 기뻐함. 프라우엔슈테트가『쇼펜하우어 철학에 관한 서간집』공표.

1855   (67세) 라이프치히대학의 철학과가 '쇼펜하우어 철학 원리에 대한 해명과 비판'이라는 현상 과제를 제시함. 여러 대학에서 쇼펜하우어의 사상 관련 강의가 개설되기 시작함. 프랑스 화가 줄 룬테슈츠가 유화로 그린 쇼펜하우어 초상화가 프랑크푸르트 미술 전시회에 출품됨. 다비트 아셔가 '독학獨學의 박사 쇼펜하우어에게 보내는 공개장' 발표.

1856   (68세) 룬테슈츠가 그린 초상화가 화려한 석판으로 나와 판매됨. 라이프치히대학에서 '쇼펜하우어 철학의 핵심 해설 및 비판'이라는 현상 논문을 모집함.

1857   (69세) 카를 G. 벨(법률고문관)이 그 현상 논문에 2등으로 당선. 이 논문을『쇼펜하우어 철학의 개요 및 비판적 해설』이라는 표제로 출판. 쇼펜하우어에 대한 강의가 본대학교와 브레슬라우대학교에 개설됨. 쇼펜하우어의 몇몇 책이 영국, 프랑스에서 번역됨. 프랑크푸르트의 어느 박람회를 구경하면서 유럽에서 매우 보기 드문 오랑우탄을 관찰함. 자주 찾아가서 관찰했으나 관찰할 기회를 너무 늦게 만났다며 한탄함.

1858   (70세) 2월 20일 쇼펜하우어 70세 생일 파티가 열렸고 신문 기사에도 생일 파티 소식이 실림.『의지와 표상으로서의 세계』제3판이 나옴. 룬테슈츠가 쇼펜하우어의 두 번째 유화 초상화를 완성. 유럽 각지에서 쇼펜하우어를 만나기 위해 손님들이 찾아옴. 베를린 왕립학술원에서 쇼펜하우어를 뒤늦게 회원으로 추대하고자 했지만 쇼펜하우어는 나이가 많다는 등의 이유로 거절함.

1859   (71세) 화가 안기르베르트 게이베르에게 유화 초상화를 그리게 함. 젊은 여성 조각가 엘리자베스 네이가 쇼펜하우어 상반신을 조각함. 11월『의지와 표상으로서의 세계』제3판이 출간됨.

1860   (72세) 프랑스『독일 평론』지에 마예르의「쇼펜하우어에 의해 고쳐 쓰인 사랑의 형이상학」게재.『윤리학의 두 가지 근본 문제』제2판 출간. 9월 21일 아침 폐렴 증상을 겪었고, 프랑크푸르트 자택에서 소파에 기댄 채 조용히 숨을 거둠. 26일

프랑크푸르트의 시립 중앙 묘지에 안장됨. 그의 묘비에는 생몰연대 등 일체의 기록 없이 그의 이름만 새겨짐.

1862 쇼펜하우어가 번역한 발타사르 그라시안의 『신탁과 처세술*Das Handorakel und Kunst der Weltklugheit*』이 독일에서 출간됨.

찾아보기